10 €

W0465687

La Guerre de 14-18
racontée par un Allemand

Werner Beumelburg

LA GUERRE DE 14-18

racontée par un Allemand

TRADUIT DE L'ALLEMAND
PAR L. KOELTZ

PRÉFACE DE
GÉRARD CHALIAND

LE GRAND LIVRE DU MOIS

© 1998, Éditions Bartillat pour la présente édition.

Préface

La Grande Guerre

Le comte Alfred von Schlieffen (1833-1913), un ancien compagnon de Moltke, le vainqueur de l'Autriche (Sadowa, 1866) et de la France (Sedan, 1870) qui avait transformé l'Allemagne en première puissance militaire d'Europe, était chef d'État-major général depuis 1891. En tant que tel, il avait pour tâche, en cas d'éventuels conflits, d'imaginer des plans garantissant au mieux la sécurité de l'Allemagne. Or, précisément en 1891, la France – qui voulait récupérer l'Alsace-Lorraine – signait avec la Russie un traité qui faisait de celle-ci un allié de revers. La vieille crainte de Moltke – avoir à lutter simultanément sur deux fronts – prenait corps.

Pour tenter de trouver une réponse à cette menace, Schlieffen, s'inspirant de la manœuvre d'enveloppement par les ailes d'Hannibal à la bataille de Cannes (216 av. J.-C.) où ce dernier écrasa les légions romaines, imagina un plan permettant, en principe, d'éviter une guerre sur deux fronts à la fois. Comptant sur la lenteur du processus de mobilisation russe, Schlieffen pensait qu'il fallait porter à la France un coup décisif afin de la mettre hors de combat, avant de se retourner contre les Russes.

Pour ce faire, compte tenu de la barrière des forteresses à l'est du territoire français, Schlieffen ne voyait pas d'autre alternative, si l'on voulait gagner du temps, que de violer la neutralité de la Belgique en y faisant avancer l'aile droite des forces allemandes tandis que l'aile gauche passerait la Meuse. Toute la cohérence du plan tenait dans la puissance de l'aile droite, destinée à s'emparer de la clef stratégique de Liège puis, en passant par Bruxelles, à se rabattre sur la Somme, l'Oise et Paris. Cette manœuvre d'enveloppement devait anéantir l'armée française, prise en étau.

C'est une erreur rétrospective que de supposer que Schlieffen n'avait pas prévu que la violation de la neutralité belge provoquerait l'entrée en guerre de la Grande-Bretagne. Le stratège allemand estimait que les forces anglaises – d'ailleurs peu nombreuses, les Britanniques ne connaissant pas la conscription – seraient bousculées en même temps que les troupes françaises. En moins de 40 jours, le plan prévoyait l'anéantissement des forces françaises ce qui permettait de retourner la machine de guerre allemande sur le front est, juste à temps pour bloquer l'avance russe en Prusse orientale.

Le 28 juin 1914, l'assassinat de l'archiduc héritier du trône des Habsbourg à Sarajevo est l'incident qui, par le jeu automatique des alliances, déclenche la Première Guerre mondiale.

L'archiduc incarnait la volonté de mieux équilibrer la monarchie austro-hongroise en accordant une place plus importante aux Slaves du Sud. Cette politique se heurtait aux conservateurs de l'État-major qui utilisèrent l'assassinat de l'archiduc pour lancer un ultimatum aux Serbes, non sans s'être assuré du soutien de l'Allemagne.

Le Kaiser donne son appui le 5 juillet. Rien encore ne paraît inéluctable. Dès le 23 juillet, cependant, Poincaré est reçu à Saint-Pétersbourg qui assure la France de son soutien. Huit jours plus tard, c'est la guerre.

Cette guerre dont les Alliés feront porter après sa défaite la responsabilité à l'Allemagne a surtout pour origine un *système d'alliances* où un conflit provoqué par un État, entraîne ceux qui lui sont liés.

Si l'Allemagne, qui se contente de montrer les dents en 1905 à propos de la crise du Maroc avec la France, avait véritablement voulu la guerre, 1904/1905 eût été la date idéale pour appliquer le plan Schlieffen. La Russie venait de subir une défaite terrestre contre le Japon en Mandchourie

(1904) puis un désastre naval (Tshushima, 1905) tandis que des émeutes révolutionnaires avaient lieu dans la capitale. Le comte Schlieffen terminait d'ailleurs son plan cette année-là. C'est l'échec de la diplomatie en juillet 1914, qui provoque le conflit tenu pour néfaste par quelques-uns et souhaité par beaucoup d'autres dans les deux camps. La guerre, selon les conceptions que l'on s'en faisait à l'époque, devait être brève. L'Allemagne pensait terrasser la France avant d'écraser les armées russes. Ces derniers voulaient s'emparer de la Prusse orientale tout en frappant à mort l'Autriche-Hongrie. Les Français estimaient qu'ils pouvaient arriver sur le Rhin.

L'État-major français ne comptait engager en première ligne que les grandes unités d'active. Or la France était, avec l'Irlande, le seul pays d'Europe dont la démographie avait quasiment stagné au cours du XIXe siècle tandis que celle de l'Allemagne avait presque triplé. Le IIe Reich, lui, intégrait des corps d'armée de réserve dans les formations de première ligne et disposait ainsi d'une armée capable de lutter sur deux fronts et de donner à la manœuvre de débordement par la Belgique une puissance que ne soupçonnait ni le haut commandement français ni les généraux britanniques.

Les Allemands, commandés par le colonel Ludendorff, s'emparent, 19 jours après la mobilisation, de Liège. La surprise a joué en leur faveur. Ludendorff devient, par la suite le chef d'État-major des forces allemandes en Prusse orientale et, avec Hindenburg, l'artisan des victoires allemandes sur le front de l'est. Les Belges se battent plus qu'honorablement et se retirent sur Anvers, non sans avoir saboté toutes les communications.

Tandis que les Allemands continuaient leur avance en Belgique, les Français appliquent le Plan XVII préparé par le général Joffre. La 1re et la 2e armée française se ruent sur l'Alsace-Lorraine où elles se font décimer. Une seconde offensive, en direction des Ardennes, connaît le même sort. L'aile droite allemande, son déploiement en Belgique réussi, entame une rapide avance, bouscule les Anglais à Mons, avant que l'État-major français ne se rende compte de l'ampleur du danger.

Cependant le chef d'État-major allemand, Moltke le Jeune, neveu du grand Moltke, avait entre-temps modifié le plan

Schlieffen, affaiblissant relativement l'aile droite au profit de l'aile gauche – erreur qui lui sera fatale quelques semaines plus tard. Joffre ne perdit pas de temps : des troupes furent regroupées afin de renforcer l'aile gauche française. Tandis que les forces allemandes de l'aile droite continuent d'avancer à marches forcées, Moltke, inquiet pour le front de l'est où les Russes paraissent menaçants, renforce celui-ci en prélevant encore deux corps d'armée et une division sur l'aile droite.

Lorsque celle-ci arrive sur la Marne – mouvement dont Joffre a eu connaissance grâce à l'observation aérienne – sa force de frappe est sensiblement amenuisée par les ponctions effectuées par Moltke.

Nous sommes le 1er septembre 1914. Un mois exactement depuis la déclaration de la guerre. Hâtivement, Joffre a massé toutes les troupes disponibles – avec l'aide du gouverneur de Paris, Gallieni.

La bataille d'arrêt de la Marne eut lieu entre le 6 et le 10 septembre. Plus de deux millions de soldats s'affrontent – chiffre jamais atteint jusque-là. Les Français prirent l'initiative et la ruée allemande fut stoppée et même disloquée – situation que les forces britanniques qui se trouvaient en face du vide créé ne surent pas exploiter.

Quoi qu'il en soit, le plan Schlieffen – ou ce qu'il en restait dans la pratique – venait d'échouer par la conjonction de la pusillanimité de Moltke qui disposait de troupes admirables et de la farouche détermination des Français.

Werner Beumelburg a écrit un des rares très bons livres sur la Grande Guerre. Son regard, qui est celui d'un historien mesuré, désireux de respecter les faits, complète admirablement l'œuvre, sur le même sujet, du Britannique Liddell Hart. Mais Beumelburg, avec un rare talent, réussit à mêler à la fois non seulement la guerre continentale et la guerre maritime, mais la relation froide des événements et le conflit tel qu'il est vécu et ressenti par le soldat. À la rigueur de l'historien il joint, de façon sensible, le savoir de la peau. Le sentiment physique de la guerre est ici présent.

Cependant, l'avancée initiale des troupes allemandes détermine, pour la durée du conflit, le théâtre de la guerre à l'ouest. C'est la France qui en paie le prix matériel. Elle en paie aussi le coût humain puisque des grandes puissances engagées dans le conflit c'est elle qui subi, proportionnellement, les pertes les plus élevées.

Peu après la contre-offensive, les deux armées tentent de se déborder en remontant vers la côte belge.

La guerre se stabilise, après la prise d'Anvers par les Allemands (octobre 1914). Dès novembre le conflit devient statique sur un front qui s'étend des Vosges à la Manche. Ces quatre mois n'ont pas coûté moins d'un demi-million de morts aux belligérants.

Désormais on s'enterre, de part et d'autre, dans des tranchées. Le dogme de l'offensive à outrance, sur lequel on a vécu jusque-là, de tous côtés se révèle très coûteux. La puissance de feu avantage la défensive dans les conditions qui furent celles de la Première Guerre mondiale.

Écoutons Werner Beumelburg :

« Dès le premier emploi du feu roulant qui devait mathématiquement aboutir à la destruction et à l'anéantissement complet de la position adverse, la vérité apparaît et montre que les effets pratiques de ce feu ne répondent pas aux attentes théoriques. La supériorité tactique des faibles forces qui restent encore à l'ennemi, écrasé par le feu, sur l'assaillant étroitement massé lorsque celui-ci passe à l'attaque est considérable grâce à la mitrailleuse. Les rangs serrés de l'infanterie qui tente de s'emparer de la position adverse, pourtant proche, sont décimés en quelques minutes. L'avenir s'annonce effroyable. Des bataillons ennemis tout entiers éclatent devant ces nids de résistance répartis comme des îles dans la mer agitée du combat... Ils constituent les piliers de la ligne entre lesquels les réserves viennent ensuite s'intercaler. »

À l'est, la situation n'est pas restée statique. Deux armées russes se dirigent vers Königsberg (Prusse orientale, aujourd'hui Kaliningrad) l'une de l'est, l'autre du nord. Le tandem Hindenburg-Ludendorff est dépêché d'urgence pour faire face. À Tannenberg les Allemands remportent une nette victoire.

Bientôt, autre victoire aux lacs Mazures (Pologne). Mais la poussée russe aura servi à soulager le front ouest. Par ailleurs, tandis qu'elles essuyaient deux échecs face aux Allemands, les troupes russes refoulaient les armées autrichiennes au-delà de la Galicie.

Tandis que le front ouest va quasiment s'immobiliser, celui de l'est – qui s'étend sur une surface infiniment plus vaste – est mobile. À l'ouest la bataille du matériel commence dès 1915. On y voit se dérouler sur un front de quelque vingt kilomètres et sur une profondeur des plus faibles, des batailles d'une concentration inouïe qui décharnent le sol et déciment division après division.

À l'est, la manœuvre, au contraire, se déploie sur des distances considérables : le front se déplace de la Baltique à la Roumanie.

L'année 1915 est dominée par les opérations sur les fronts orientaux et balkaniques. Les armées allemandes dirigées par Hindenburg et Ludendorff enfoncent les lignes russes en mettant hors de combat près de deux millions de soldats. L'extension du théâtre de la guerre est considérable : Italie, Grèce, Empire ottoman. Ce dernier pays dirigé par les Jeunes Turcs s'est rangé aux côtés des Puissances centrales. Une offensive mal préparée durant le rude hiver du Caucase par Enver Pacha tourne au désastre. Tandis que les Jeunes Turcs procèdent à la déportation – et au massacre organisé – de la population arménienne d'Anatolie, les Britanniques, secondés par les Français, tentent un débarquement dans les Dardanelles. La tentative d'investissement de la presqu'île de Gallipoli se révèle un échec coûteux (près de 200 000 morts du côté des Alliés surtout parmi les Australiens et Néo-Zélandais). En face, Liman von Sanders et Mustapha Kemal ne fléchissent pas. Pour soulager l'allié russe rudement bousculé, Joffre lance de coûteuses offensives en Artois et en Champagne : 350 000 Français y trouvent la mort. La guerre se révèle décidément très coûteuse en hommes et en matériel sans amener aucun changement décisif. La stratégie d'anéantissement fait place à la stratégie d'usure.

Le général Falkenhayn, chef d'État-major de l'armée allemande, décide en 1916, de faire plier l'armée française en brisant son moral par l'ampleur de ses pertes : Verdun fut choisi pour faire saigner l'adversaire avant de réaliser une percée. Après une préparation d'artillerie d'une rare intensité, les forces allemandes s'emparent de Douaumont mais essuient de lourdes pertes. Le général Philippe Pétain organise la défense et Verdun tient. Cette bataille coûte aux belligérants plus de 300 000 morts et le double de blessés.

« Les pertes sont terribles de part et d'autre. Ce sont les meilleures formations des deux meilleures armées de l'Europe qui combattent ici l'une contre l'autre », commente Werner Beumelburg.

« D'Azannes d'où est partie l'attaque en février, jusque Verdun, il y a 15 km à vol d'oiseau. Fleury une fois pris, onze kilomètres étaient franchis. Il en restait quatre. Il n'y avait plus qu'une crête entre Fleury et Verdun. Fleury fut le point extrême qu'atteignit l'offensive allemande. »

Les Allemands voulaient imposer à la France des pertes double aux leurs. La stratégie d'usure de Falkenhayn se révèle être un échec, les pertes étant à peu près équivalentes : 163 000 Français pour 143 000 Allemands.

Mais la bataille du matériel paraît tourner à l'avantage des Alliés. Falkenhayn est remplacé par Hindenburg et Ludendorff. Ce dernier décide de minimiser les énormes pertes en vies humaines du côté allemand. Une nouvelle doctrine fut élaborée, suivie en 1917 et 1918, fondée sur une stratégie défensive/offensive économisant les troupes.

Sur le front de l'est, les Russes reprennent l'initiative avec Broussilov (juin 1916) et les Autrichiens sont écrasés, ce qui amène la Roumanie à s'engager dans le conflit aux côtés des Alliés. Ce sera, en fait, la dernière offensive russe avant l'effondrement de 1917.

Entre-temps, la bataille de la Somme se prépare – avec une supériorité nette du côté des Alliés. Quand la bataille se termine à la mi-novembre, les Anglais ont perdu 410 000 hommes, les Français 340 000 et les Allemands plus d'un demi-million. Bilan : 1 250 000 morts pour 40 km de front en 4 mois et demi. Les Français et les Anglais ont obtenu aussi peu de percée sur la Somme que les Allemands à Verdun.

Pendant tout ce temps, la guerre sur mer fait rage. Les Britanniques y ont l'avantage, mais les sous-marins allemands sont terriblement efficaces et bientôt se lancent dans la guerre à outrance.

En 1917, le centre de gravité de la guerre change de direction. Il se déplace vers l'Atlantique où les sous-marins allemands, désormais, ne se contentent plus d'attaquer les navires marchands alliés transportant du ravitaillement des États-Unis, mais aussi les navires d'États neutres.

Cela va faire approuver par le Congrès l'intervention militaire proposée par le président américain Wilson. La guerre en 1917 connaît deux tournants dramatiques : l'entrée en guerre des États-Unis et l'effondrement du front russe entre février et novembre. C'est aussi l'année la plus sombre : les troupes françaises après l'absurde offensive du général Nivelle au printemps sont exténuées et saignées à blanc. En deux jours 120 000 morts et blessés mais Nivelle s'obstine à maintenir l'offensive ce qui provoque des mutineries.

On fit appel à Clemenceau qui choisit de confier à Pétain la réorganisation de l'armée. Ce qui fut fait avec énergie et mesure.

Sur 432 condamnés à mort par les conseils de guerre, 42 furent exécutés. À la crise des combattants fait écho celle des civils : l'arrière est las. La Section française de l'Internationale Ouvrière (SFIO) rompt l'union sacrée à laquelle elle s'était ralliée en 1914 peu après l'assassinat de Jaurès. En Russie, la crise des militaires et des civils se conjugue pour créer un climat propice au coup d'État du parti bolchevique.

Hindenburg et Ludendorff qui, depuis l'été 1916, exercent une influence politique croissante entendent tirer profit de l'effondrement russe : l'armistice leur a été infiniment favorable tout comme peu après, la paix de Brest-Litovsk. L'année 1917 est pour les Alliés aussi celle de la défaite italienne de Caporetto. Seule consolation, sur le front d'Orient, face aux troupes turques, le général britannique Allenby parvient, à Noël 1917, à s'emparer de Jérusalem. Entre-temps, une quarantaine de divisions allemandes sont transférées à l'ouest pour imposer une guerre de mouvement. Le temps est désormais un facteur vital : la supériorité numérique allemande est très provisoire, car les troupes américaines commencent à débarquer.

Quatre offensives allemandes sont lancées entre mars et juillet 1918. Paris est bientôt à nouveau menacé.

Mais le général Foch, qui commande en chef toutes les armées alliées depuis la fin de mars 1918, déclenche, en juillet, une vaste contre-offensive. En août, la totalité du terrain conquis par les Allemands est repris.

À l'automne les ressources en hommes de l'Allemagne ont atteint leurs limites. Les Français, malgré l'apport des troupes coloniales (500 000 hommes dont 100 000 morts) sont à bout de souffle. Les Anglais se trouvent dans une situation plus favorable – colonies et dominions fournissaient près du tiers des 1 800 000 hommes se trouvant sur le front français en 1918. Et, si, en mars 1918, il n'y avait encore que 300 000 Américains, ils sont 1 700 000 en octobre. La victoire est désormais hors de portée pour l'Allemagne. Déjà en Autriche-Hongrie, en Bulgarie, dans l'empire Ottoman, les combats ont cessé.

Les Alliés, de surcroît, disposaient de deux fois plus de canons, trois fois plus d'avions et de 3 500 chars tandis que l'Allemagne n'en avait presque pas.

La guerre était perdue et l'État-major allemand en tire les conséquences avant d'avoir à subir la défaite. Le 11 novembre 1918, les hostilités prirent fin sur le front occidental.

70 millions d'hommes avaient été mobilisés – dont 9 à 10 millions étaient morts. L'Allemagne avait perdu près de 2 millions d'hommes. La France 1,3 million, la Grande-Bretagne 900 000, l'Autriche-Hongrie plus d'un million.

La Grande Guerre est (après la guerre de Sécession américaine) la première guerre totale de l'histoire contemporaine. Elle porte à son paroxysme les conséquences de la Révolution française fondée sur la conception de l'État-nation, de la souveraineté populaire et de la levée en masse.

La démocratie charrie aussi, en marge des droits de l'homme, la guerre de masse. Elle oblige également à convaincre, persuader, manipuler pour emporter l'adhésion ou pour démoraliser. La propagande moderne naît avec la Grande Guerre et elle a été surtout maniée avec le plus de dextérité et de succès par les Britanniques (qui pesèrent lourdement dans l'engagement américain de 1917).

Enfin, la Grande Guerre est porteuse d'un changement majeur dans l'équilibre de la planète. L'Europe s'est appauvrie et endettée (créance américaine de 12 milliards de dollars sur les Alliés). Les États-Unis ont bénéficié d'un enrichissement considérable : leur stock d'or représente 50 % des réserves mondiales à la fin des hostilités.

Les vainqueurs cherchent à faire endosser au vaincu la responsabilité du déclenchement de la guerre et définissent des conditions de paix très dures.

Werner Beumelburg nous apprend qu'une liste des criminels de guerre avait été fournie par les Franco-Anglais qui contenait les noms de 859 personnalités dont Hindenburg,

Ludendorff, l'amiral Tirpitz. Un tel procès, s'il avait eu lieu, aurait été une caricature. Les Allemands avaient fait la guerre et contrairement à ce qu'avait prétendu la propagande anglaise, ils n'avaient pas commis d'atrocités en Belgique. On ne pouvait en dire autant des dirigeants Jeunes Turcs qui, jugés *in absentia* à Constantinople, étaient condamnés à mort pour avoir ordonné la déportation et la liquidation en masse des Arméniens.

Cette Grande Guerre, qui nous paraît aujourd'hui, comme une boucherie inutile, tant elle a ébranlé l'Europe triomphante du début du XXe siècle, aurait eu – pour l'historien froid – une cohérence, si l'Allemagne avait triomphé, tout particulièrement dès 1914. Cela eût évité, à la fois la montée au pouvoir de Lénine et de Staline, comme celle d'Adolphe Hitler. Quant au traité de Versailles, par ses exigences excessives et son iniquité, il portait, non les ferments de la paix, comme le pensaient ceux qui créèrent la Société des Nations, mais le germe de la Seconde Guerre mondiale. Même sans l'aberration du nazisme, le nationalisme allemand ne pouvait que chercher à réviser un statut, qu'aucun des vainqueurs n'aurait consenti à entériner pour lui-même.

Gérard Chaliand
Directeur du Centre d'étude des conflits (F.E.D.)

Première partie

La lutte pour la vie

1
Les coups de feu de Sarajevo

À l'automne 1912 le Grand-Duc de Russie Nicolas Nicolaievitch, qui assiste aux grandes manœuvres françaises comme représentant de l'Empire des tsars, lève au dîner d'adieu son verre rempli de champagne et s'écrie aux applaudissements enthousiastes des officiers français : « Je bois à notre victoire commune à venir ! Au revoir, à Berlin, messieurs ! »

La Russie est encore loin d'avoir terminé ses préparatifs en vue de la guerre. Avec un souci constant, la politique française et l'état-major français veillent à ce que les emprunts de plusieurs milliards qui ont été consentis à la Russie soient employés à accélérer sa concentration contre les Puissances Centrales. De nouveaux emprunts sont imminents. La situation du réseau ferré dans la zone de concentration polonaise demande instamment à être améliorée.

En décembre de la même année la grande conférence balkanique des puissances siège à Londres. Il s'agit de liquider la guerre que la confédération des États des Balkans a déclenchée contre la Turquie sur l'injonction de la Russie. Bien que l'Allemagne et l'Autriche s'y opposent, la Turquie disparaît de l'Europe, sauf un petit coin de terre insignifiant. Une Albanie indépendante est créée, malgré la protestation des États balkaniques qui voudraient bien encore partager entre eux ce pays.

Les grandes puissances tentent, en exerçant la plus grande pression, de mettre un frein aux désirs des vainqueurs cupides. Mais la querelle éclate entre les deux plus grands d'entre eux, la Serbie et la Bulgarie, à propos du butin. Ils se précipitent l'un contre l'autre. La Grèce prend parti pour la Serbie. La Roumanie, qui jusqu'alors s'est tenue à l'écart, se hâte de tomber dans le dos de la Bulgarie et de s'approprier un bon morceau de son territoire. La Bulgarie, qui a porté le poids principal de la campagne contre la Turquie, succombe sous les coups des ennemis qui l'entourent. Elle sort mutilée et affaiblie de ce combat inégal. C'est la Serbie qui profite de son malheur.

L'heure approche pour cette puissance où ses rêves de grande Serbie vont être mûrs. Pendant la guerre des Balkans et à la conférence de Londres la Russie l'a bien secondée.

Avant même qu'à Londres on ne se soit efforcé ardemment, mais vainement, de mettre de l'ordre dans les Balkans, les représentants des amirautés française et anglaise, après des discussions détaillées qui ont duré des années, ont apposé, en septembre 1912, leurs signatures au bas d'une convention navale. Celle-ci est destinée à régler la coopération des deux flottes dans le cas d'une guerre avec l'Allemagne. L'Angleterre prendra sous sa garde toute la Mer du Nord y compris la côte française. La France prendra à son compte la Méditerranée, car on ne sait pas encore avec certitude de quel côté se rangera l'Italie qui, par traité, est toujours membre de la Triple Alliance.

Cette convention, qui fut complétée très peu de temps après par des accords au sujet de la coopération des armées de terre, a son histoire particulière. En février de cette année-là, lord Haldane avait séjourné à Berlin pour discuter avec l'empereur d'Allemagne la possibilité d'une entente anglo-allemande au sujet des constructions navales. Une telle entente ne pouvait être réalisée naturellement que si l'Allemagne renonçait à une partie de son programme de constructions. Le Chancelier impérial, Bethmann-Hollweg, convaincu de l'opportunité d'une entente politique avec l'Angleterre en raison des préparatifs de guerre qui étaient en cours autour des frontières allemandes, était disposé à se montrer conciliant. Mais, comme cela va de soi, on demanda aux Britanniques, à titre de contrepartie, l'assurance qu'ils resteraient neutres au cas où l'Allemagne serait attaquée sur le continent.

Lord Haldane, qui était personnellement d'accord avec Bethmann-Hollweg sur ses propositions, fut rappelé par son gouvernement. L'Angleterre rejeta l'entente proposée et invoqua qu'une telle promesse de sa part pouvait nuire à son amitié avec d'autres puissances.

Elle veut bien de l'entente avec l'Allemagne si celle-ci est seule à faire des sacrifices dans ce but et réduit sa flotte. Elle n'en veut pas si elle doit elle-même de ce fait prendre clairement position. Elle n'a au contraire rien de plus pressé à faire que de donner à ses relations étroites et déjà anciennes avec la France un caractère non équivoque et nettement dirigé contre les Puissances Centrales en concluant avec la France une convention navale et des accords militaires.

Une entente avec l'empire des tsars sur les vieux différends de la politique des deux nations dans le Proche-Orient suit de près.

L'année 1914 arrive, chargée de tensions inouïes, encore à peine supportables.

La Russie conclut avec la France son dernier emprunt de plusieurs milliards. Il doit être employé, ainsi qu'on l'avoue ouvertement, à construire des voies ferrées stratégiques face à l'Autriche et à l'Allemagne. Un conseil de la Couronne russe arrête en février un « programme d'action ». Le Ministre des Affaires Étrangères russe, Samsonov, déclare devant ce conseil que la Russie devra peut-être bientôt « remplir sa mission historique » et s'assurer la maîtrise du Bosphore et des Dardanelles. Il ajoute qu'il n'est pas douteux que ce but ne pourra être atteint que par une guerre européenne.

La Serbie a déjà l'assurance secrète de la Russie que la province autrichienne de Bosnie deviendra sa propriété. Mais on ne songe pas encore en Russie à déclencher la guerre cette année-là. Bien que les préparatifs politiques soient pour ainsi dire terminés, il manque encore bien des choses dans le domaine militaire. Le dernier emprunt français n'a pas encore fait sentir ses effets. Peut-être obtiendra-t-on encore davantage de la France. La Russie se montre disposée à se remettre pendant encore quelques années des fatigues de la dernière décade et à organiser plus rigoureusement la puissance inépuisable que lui confèrent ses ressources en hommes. Des auxiliaires français sont partout à l'ouvrage.

Pendant ce temps la France est presque arrivée à l'apogée de ses efforts militaires du temps de paix. Poussé par les cris de ceux qui demandent sans cesse la revanche, porté par une opinion nationale surexcitée et passionnément agitée par le dernier différend marocain, son gouvernement s'est fait concéder sans aucune peine par la Chambre le service de trois ans. Ses effets se manifesteront bientôt. Pour rendre la transition aussi brève que possible, on a incorporé deux classes à la fois. Depuis plusieurs années l'organisation militaire des colonies a été si poussée qu'en cas de guerre on pourrait rassembler aussitôt un demi-million de Marocains et de Sénégalais pour les employer contre les Puissances Centrales.

L'armée française du temps de paix compte, en 1914, 827 000 soldats de la métropole, ce qui fait par rapport à l'ensemble de la population un taux de 2,16 %. En Allemagne ce taux s'élève à 1,12 %, en Autriche à 0,90 % seulement. La mobilisation française prévoit l'emploi organisé d'un total de 3 781 000 soldats prêts à combattre. En Allemagne ce total n'est que de 3 822 000 bien que l'empire allemand compte près de 30 millions d'habitants de plus. Par tête d'habitant le budget du temps de paix comporte en 1914 en France, 33 marks de dépenses militaires – sans compter les milliards qui ont été donnés à la Russie – en Allemagne, 20 marks.

L'Allemagne vivait en paix de son travail et du bien-être qu'elle avait acquis grâce à son application, à ses qualités et à la main politique heureuse de la génération passée. Elle n'avait qu'à perdre par là guerre, qu'à gagner par la paix. Mais les signes des temps demandaient à être compris. Une nation, qui, entourée d'ennemis en armes, s'en va sans le soupçonner à sa perte dans la jouissance d'une paix trompeuse, est une nation indigne.

Qui aurait soupçonné au milieu du siècle passé qu'en 1913, l'Allemagne, avec 22 milliards 500 millions de marks d'exportation, serait la deuxième grande puissance commerciale du monde et ne serait qu'à 4 milliards et demi derrière la Grande-Bretagne, alors que les États-Unis d'Amérique ne seraient que la troisième puissance avec 17 milliards ?

En 1871, le nouvel empire allemand d'essence bismarckienne comptait 41 millions d'habitants. Ses frontières furent bientôt trop étroites. Au cours des décades qui suivirent nous perdîmes, comme émigrants, une moyenne annuelle de 200 000 habitants en pleine force. Mais l'allure fantastique de notre industrialisation et de notre développement politico-commercial dépassa à pas puissants l'accroissement de notre population. En 1914, les frontières allemandes englobaient 68 millions d'habitants et depuis le début du siècle notre émigration annuelle était tombée à 22 000 têtes en moyenne. Elle n'entrait plus en ligne de compte.

Ce n'est qu'en hésitant et à pas incertains et tâtonnants que l'Allemagne s'engagea dans la voie de la politique coloniale qui lui était imposée par son industrialisation mondiale. Elle se donna comme règle de n'exciter personne et de ne provoquer la rancune de personne. Le traité qu'elle conclut, alors que Caprivi était chancelier, pour échanger l'île de Zanzibar sur la côte orientale d'Afrique contre le petit rocher d'Héligoland dans la Baltique, est une preuve caractéristique de sa réserve et de l'importance que nous attachions avant tout à notre position sur le continent.

Pendant que l'Angleterre et la France étaient occupées à se partager les territoires du monde encore sans maîtres, l'Allemagne se montrait satisfaite de peu. L'allure de notre politique coloniale demeura bien inférieure à celle de notre développement économique. Quand nous nous ressaisîmes enfin et que nous nous décidâmes à agir plus activement, le monde était déjà partagé.

La protection de notre commerce demandait, d'après les principes politiques auxquels obéissaient toutes les puissances, une flotte de guerre puissante. Notre flotte fit de l'Angleterre notre ennemi le plus acharné, parce qu'elle était la manifestation la plus forte et la plus évidente de notre développement commercial aux progrès si rapides.

En raison de ses faibles forces militaires et de sa situation géographique particulière l'Angleterre se sentit incontestablement menacée dans ses intérêts vitaux par la construction de la flotte allemande. Elle ne croyait pouvoir rester en sécurité que tant qu'elle conserverait la maîtrise absolue des mers. Il appartient à la tradition de la politique anglaise d'appliquer ce principe contre toute puissance étrangère qui menace la position de la Grande-Bretagne en tant que dominatrice des mers.

Le 28 juin 1914 éclatent dans les rues de Sarajevo, capitale de la Bosnie, des coups de revolver tirés par un étudiant serbe. Le prince héritier d'Autriche-Hongrie, l'archiduc François-Ferdinand, et son épouse, en sont les victimes.

L'écho de ces coups de feu résonne à travers l'Europe et fait trembler tout le continent.

D'où vient cette haine contre l'archiduc ?

La Serbie, imprégnée de l'idée de nationalité qui caractérise le XIXe siècle, attendait avec impatience la mort du vieil empereur François-Joseph. Le monde entier savait que c'était en premier lieu sa personne vénérable qui servait de lien entre les différentes parties de la Monarchie danubienne désireuses de se séparer les unes des autres. François-Ferdinand, l'héritier du trône, en était persuadé lui aussi. Tous ses efforts tendaient à créer par des réformes intérieures et des concessions aux diverses nationalités un lien nouveau capable de remplacer la figure de François-Joseph. Il se faisait fort de réconcilier les membres ennemis et d'établir un nouvel état de choses.

Mais que serait-il alors advenu de l'accomplissement des plans de grande Serbie ? Ils ne pouvaient être réalisés que par la destruction de l'Autriche-Hongrie. Non, cet héritier du trône barrait la route à la Serbie – il fallait qu'il disparaisse.

Le 4 juillet, le vieil Empereur, digne d'être plaint pour avoir vu tant de malheurs dans sa maison, adresse à son allié impérial de Berlin une lettre manuscrite, où il déclare que l'Autriche-Hongrie ne peut plus assister désormais sans rien faire à l'agitation sans freins russo-serbe dans les Balkans. Le crime de Sarajevo demande réparation.

L'empereur Guillaume expose dans sa réponse qu'il considère, lui aussi, la situation comme sérieuse ; il n'en entreprend pas moins sa croisière habituelle dans les régions du Nord. Les organes officiels de la politique allemande se tiennent, eux aussi, pendant les premiers jours sur la réserve.

On ne croit pas encore à la possibilité d'un conflit guerrier et on s'en remet au travail de la diplomatie. Mais lorsque le danger de guerre, immédiatement menaçant, devient de plus en plus manifeste, l'Allemagne entame une politique de paix énergique.

Le 22 juillet, l'ambassadeur d'Autriche à Berlin donne connaissance au gouvernement allemand du texte de l'ultimatum-réparation qui est déjà parti de Vienne pour Belgrade. Le Chancelier d'Empire en trouve le contenu passablement dur et exprime son étonnement qu'on ne l'ait pas consulté auparavant.

L'ultimatum, remis le 23 juillet à Belgrade, exige du gouvernement serbe une déclaration disant qu'il condamne la propagande grand-serbe et qu'il la réprimera à l'avenir. Une enquête contre l'organisation secrète des assassins, la célèbre « Narodna Obrana », aura lieu en territoire serbe avec la coopération de fonctionnaires autrichiens. Il devra être répondu à l'ultimatum dans un délai de deux jours.

Le lendemain, la Serbie se tourne vers la Russie et déclare à Saint-Pétersbourg qu'elle suivra les conseils qu'on lui donnera. Un jour plus tard, le gouvernement serbe répond au gouvernement autrichien. Cette réponse accepte les demandes de Vienne dans leurs points essentiels. Sur d'autres points elle se dérobe et se réserve. Elle est destinée à retarder encore de quelques jours la décision. La Russie a besoin de temps pour se mettre d'accord avec ses grands Alliés.

Les dépêches succèdent aux dépêches sur les fils qui réunissent Berlin, Londres, Paris, Saint-Pétersbourg, Vienne et Rome. Le conflit sera-t-il « localisé » ou non ?

L'Angleterre et l'Allemagne s'y efforcent en commun. La Russie et l'Angleterre demandent que l'Autriche prolonge de deux jours le délai de l'ultimatum. L'Allemagne recommande à Vienne d'accepter cette proposition. Le Gouvernement allemand prononce des paroles très nettes à Vienne et déclare que l'Allemagne n'est pas prête à se laisser entraîner, par mépris de ses conseils, dans un immense incendie mondial. Berlin demande que Vienne s'explique directement avec Saint-Pétersbourg.

Cet appel pressant arrive trop tard.

Les puissances qui agissent dans l'ombre et qui à Saint-Pétersbourg tiennent les fils, travaillent plus rapidement. Sûre de l'appui russe, la Serbie a ordonné la mobilisation de toute son armée avant même que sa réponse n'ait été remise à l'Autriche. Le ministre d'Autriche demande ses passeports et quitte Belgrade dès le 25 juillet. En réponse à la mobilisation serbe l'empereur François-Joseph ordonne, le 25 juillet au soir, la mobilisation de quelques corps d'armée contre la Serbie.

La Russie, qui s'efforce toujours officiellement avec l'Angleterre et l'Allemagne de localiser le conflit, a abandonné en secret depuis longtemps et effectivement ce rôle de médiateur. Alors que les négociations diplomatiques sont encore en cours, le tsar ordonne, dès la nuit du 25 au 26 juillet, le déclenchement de la « période de préparatifs de guerre », qui est déjà en réalité une partie de la mobilisation même.

L'empereur Guillaume, toujours en croisière dans les pays du Nord, est en correspondance télégraphique avec le tsar, dont les déclarations sont pleines d'assurances d'amour de la paix, bien qu'il ait déjà signé de son nom des documents qui rendent la guerre presque inévitable.

L'Autriche, poussée à agir par la mobilisation serbe et par l'absence de médiation, déclare la guerre à la Serbie le 28 juillet. Maintenant encore elle se garde de toute action qui pourrait être considérée comme un acte d'hostilité à l'égard de la Russie. Une suprême possibilité de « localiser » le conflit demeure encore si la Russie le veut.

Mais elle ne le veut pas. Le 29 juillet elle répond en mobilisant ses corps des districts d'Odessa, Kiev, Moscou et Kazan.

Treize corps se concentrent face à l'Autriche.

Alors, Vienne, contrainte par la nécessité, décrète la mobilisation générale de ses troupes.

L'empereur Guillaume conjure encore une fois le tsar d'arrêter les préparatifs russes. Tandis que le tsar répond évasivement, son entourage lui arrache à Saint-Pétersbourg la mobilisation de toutes les forces russes. On veut prendre de l'avance sur l'Allemagne.

La catastrophe est désormais presque inévitable. On ne peut plus faire qu'une dernière tentative : limiter le conflit à l'Est et au Sud. Tout dépend de l'attitude de l'Angleterre et de la France.

Mais les rôles sont préparés depuis trop longtemps et beaucoup trop à fond. Il n'est plus possible d'arrêter quoi que ce soit. L'Angleterre déclare à Paris qu'elle observera les conventions de 1912, c'est-à-dire que dans un conflit franco-allemand elle se rangera du côté de la France. Le Gouvernement français, dégagé de tout souci, déclare clair et net à l'ambassadeur d'Allemagne à Paris qu'en cas de guerre entre la Russie, l'Autriche et l'Allemagne, la France ne peut garantir sa neutralité et que ses actes seront réglés uniquement d'après ses intérêts. La mobilisation de toutes les forces françaises est décrétée sans autre éclaircissement. Des préparatifs sont déjà en cours dans ce but depuis des jours.

C'est le 1er août 1914.

L'Allemagne fait demander encore une fois à Londres si l'Angleterre restera neutre si l'Allemagne donne la garantie qu'elle respectera la neutralité de la Belgique et laissera la France intacte, y compris ses colonies, à la conclusion de la paix. Londres déclare laconiquement qu'elle conservera les mains libres. En réalité les mains de l'Angleterre étaient déjà liées à celles de la France et de la Russie.

La veille l'empereur d'Allemagne a décrété « l'état de danger de guerre menaçant ». Et maintenant, 1er août, l'ordre de mobilisation est lancé à travers l'empire. La déclaration de guerre à la Russie est proclamée en même temps que lui. L'excès de conscience du gouvernement allemand en ce qui concerne les formes va jusqu'à déclarer également la guerre à la France le 2 août.

Les coups de feu, prémices de la lutte, ont déjà été tirés entre-temps sur toutes les frontières.

2
L'assaut de Liège

Le blé lourd et doré, dans les champs, est mûr et bon à couper. Mais les moissonneurs laissent tomber leurs faucilles et se précipitent vers les casernes.

Les cheminées des usines cessent de fumer. Les hommes qui attisaient les feux des chaudières essuient le charbon de leurs fronts couverts de sueur et font leurs adieux.

Une tempête balaie la terre allemande qui gît sous la fournaise d'un mois d'août brûlant. Elle balaie les salles de classe des écoles supérieures et les vide en un tournemain. Elle se jette dans les bureaux des sociétés et des fabriques et les réduit à un silence soudain. Elle hurle à travers les salles de conférence des universités et disperse leurs occupants à tous les vents. Elle secoue chaque maison où régnait la paix. Elle n'a cure des inquiétudes des pères, des douleurs des mères ; elle ne se soucie ni des femmes, ni des enfants, ni des parents. Elle déchaîne un cri unique qui résonne au loin et domine tous les autres bruits :

« Tout pour le pays ! Tout pour l'Empire ! »

Il est complètement impossible d'accepter immédiatement tous les volontaires qui se présentent. Les refusés se hâtent désespérément de bataillon de dépôt en bataillon de dépôt. Ils se considèrent comme des hommes de moindre valeur jusqu'à ce qu'on ait enfin pitié d'eux.

Les unités ont fort à faire pour exécuter les tâches inouïes que comportent la mobilisation et la concentration. Un mécanisme d'horlogerie se déclenche dont les roues les plus fines s'engrènent partout. Quelques brefs télégrammes en langage conventionnel transforment tout en un énorme mouvement qui se déroule suivant un horaire prévu à la minute. Ils orientent l'ensemble de la vie de la nation dans une autre direction. Ils modifient le visage du pays et font jaillir de terre en tous lieux des phénomènes mystérieux.

Une machine gigantesque travaille, mise en mouvement par une légère poussée de la main et dès cette minute il n'est plus rien dans tout le pays qui ne soit un organe de cette machine.

Les premiers trains militaires roulent vers l'ouest, au-delà du Rhin vers Aix-la-Chapelle, par la vallée de la Moselle vers Trèves, le long de la Nahe vers Sarrebruck, à travers le Palatinat et en Alsace. Les casques recouverts d'un manchon d'étoffe sont ornés de fleurs, les équipements de cuir et les uniformes gris de campagne sont flambants neufs. Les visages rayonnent et les bouches rient.

À Berlin, en face du Reichstag, se dresse un bâtiment puissant, sans ornements, aux formes carrées et bâti en grès rouge ; devant sa façade on voit la statue de Moltke l'aîné. C'est le Grand État-Major. En temps de paix on n'entendait pas beaucoup parler de lui. Les officiers qui en faisaient partie portaient à leur pantalon une bande spéciale rouge carmin et l'on savait qu'ils constituaient l'élite intellectuelle de l'armée.

À partir du moment de la mobilisation ce bâtiment est devenu le cerveau de tout l'énorme appareil que constitue l'armée de campagne allemande.

Depuis qu'en 1906 le comte Schlieffen, héritier du grand Moltke, a quitté le service, c'est le neveu de ce dernier, le colonel-général Helmuth von Moltke, homme silencieux, modeste, laborieux, préoccupé dans son cœur des affaires de son pays, qui y règne en successeur de son aîné. Sa santé n'est pas des meilleures. La proclamation de l'état de danger de guerre menaçant l'a trouvé dans une station balnéaire où il faisait une cure.

La mobilisation dure cinq jours. Point n'est besoin d'adresser une seule question au Grand État-Major. Plus de trois millions d'hommes, presque un million de chevaux, six mille canons de tous calibres et plusieurs centaines de milliers de voitures sont à transporter de leurs lieux de mobilisation dans les zones de concentration des armées de l'est et de l'ouest.

Quinze jours après l'envoi de l'ordre de mobilisation, dix jours après la fin de la mobilisation, chaque homme, chaque cheval, chaque canon, chaque voiture est à sa place et les armées sont rassemblées aux frontières, prêtes à se porter en avant.

Le comte Schlieffen a laissé à ses collaborateurs et successeurs un testament qui dans tout l'État-Major passe pour une sorte de profession de foi. Avant que le rouleau russe soit entré complètement en action et n'ait submergé sans être gêné les pays de l'est, il faut que la décision ait été obtenue à l'ouest et nous ait rendu les mains libres. Il s'agit non pas de vaincre les Français, mais de les anéantir. Une simple victoire stratégique équivaudrait pour nous dans notre situation à une défaite.

Le moyen d'arriver à ce but est de livrer une bataille formidable avec une aile droite puissante et une aile gauche faible. La condition stratégique préalable est que la Belgique prenne ouvertement parti pour nos ennemis, ce à quoi il faut s'attendre.

Les intentions de la stratégie française sont connues. Les Français veulent, par une grande offensive, traverser rapidement la Lorraine et pousser sur Mayence. Leurs cerveaux sont encore hantés quelque peu par la ligne du Main. Pendant qu'avec de faibles forces l'aile gauche allemande contiendra cette offensive qui, étant donné la puissance et l'extrême rapidité de l'attaque allemande, n'arrivera guère à exécution, le gros de l'armée allemande déferlera sans arrêt à travers la Belgique, rencontrera l'ennemi dans le nord de la France, renforcera de plus en plus sa pression à son aile nord et enveloppera le gros des Français, y compris les Anglais qui seront déjà débarqués, dans une bataille qui décidera de la guerre, dans une manœuvre de Cannes d'une envergure gigantesque. C'est la seule opération que la construction du réseau de forteresses de la frontière française de l'est, qui a été activée par tous les moyens, laisse apparaître comme possible. Elle ne peut être réalisée qu'au mépris de la neutralité belge.

Sept armées allemandes sont destinées à agir sur le front ouest. Les 1re, 2e, 3e, 4e et 5e armées se trouvent entre Aix-la-Chapelle et Metz. Elles ont pour mission, conformément au plan de Schlieffen, de pénétrer en France en exécutant une formidable conversion à travers la Belgique et le Luxembourg, autour de Metz comme pivot, et d'y livrer une bataille décisive. Les 6e et 7e armées sont rassemblées entre Metz et les Vosges et entre les Vosges et la frontière suisse. Elles doivent tout d'abord rester dans l'expectative pour voir si et comment l'offensive française de Lorraine se déclenchera.

La concentration dans l'Est a des buts plus modestes. Une seule armée allemande, la 8e, est chargée d'y assurer la protection de la frontière et se rassemble à la frontière de la Prusse Orientale. Le corps de landwehr du général von Woyrsch garde la Haute-Silésie et sert de liaison avec les Austro-Hongrois.

L'État-Major autrichien a à sa tête Conrad von Hoetzendorf, général habile, ondoyant, rempli de plans stratégiques, riche d'idées, allié fidèle de l'Allemagne en même temps que serviteur dévoué de sa maison impériale. Des forces autrichiennes importantes sont destinées à agir contre la Serbie. Cependant une des trois armées en voie de rassemblement face à cette puissance doit être transportée, aussitôt sa concentration terminée, sur le théâtre d'opérations russe.

Cette disposition n'est pas conforme aux conceptions de la Direction suprême des armées allemandes qui considère *a priori* la Serbie comme un théâtre secondaire et qui compte que les Autrichiens masseront leurs forces en face de la Russie pour que l'Allemagne puisse entre-temps livrer un combat décisif à l'Ouest. Des télégrammes sont échangés. Mais Conrad von Hoetzendorf ne croit pas pouvoir renverser sans danger le mouvement déjà déclenché.

Il espère même venir à bout de ses deux buts, marcher puissamment contre la Serbie, dont le prestige de la Monarchie exige le châtiment, et exécuter une attaque audacieuse contre le gros des forces russes qui se rassemble à l'est de la Galicie. Son plan est aussi téméraire que chevaleresque. Il veut par cette attaque accrocher devant les Autrichiens le plus de corps russes possible pour soulager les Allemands dans leur rude tâche défensive dans le nord du front oriental et les aider à réaliser les conditions préalables à une campagne rapide et victorieuse contre la France.

Environ 200 000 Allemands et 900 000 Autrichiens, c'est-à-dire 1 100 000 coalisés, sont opposés dans l'Est à près de trois millions de Russes.

Le 2 août au soir, le ministre plénipotentiaire d'Allemagne à Bruxelles se présente au gouvernement belge et lui remet une note de son gouvernement. Le chancelier d'empire allemand demande l'autorisation de laisser passer librement les troupes allemandes à travers le territoire belge et garantit dans ce cas l'intégralité de la Belgique, et une indemnité convenable. Il prie le gouvernement belge de répondre immédiatement.

Chacun sait que la neutralité de la Belgique n'existe plus qu'en apparence. Depuis longtemps des conventions militaires ont été conclues entre la Belgique et la France. L'organisation des forteresses belges est dirigée uniquement contre l'Allemagne. L'armée belge se rassemble déjà en face de la frontière allemande.

Le 3 août, le roi Albert de Belgique se tourne vers le gouvernement anglais, le met au courant de la démarche allemande et demande son appui diplomatique.

L'ambassadeur d'Angleterre à Berlin se hâte de rendre visite au chancelier d'empire et exige la stricte observation de la neutralité belge. L'Angleterre sait quel service inouï elle rendrait à la France si la concentration allemande était troublée ne fût-ce que quelques jours. Le chancelier déclare à l'ambassadeur que l'Allemagne est prête à donner l'assurance qu'elle ne songe pas à acquérir de territoires belges, même si la Belgique se range aux côtés de ses ennemis. Mais c'est une prétention impossible que d'exiger de l'Allemagne qu'elle assiste sans riposter à la marche à laquelle il faut s'attendre des forces françaises à travers la Belgique.

Le lendemain, en son château de Berlin, l'empereur prononce devant les membres du Reichstag les paroles célèbres : « Je ne connais plus de partis, je ne connais plus que des Allemands. » Les discours des députés au Reichstag répondent à la gravité terrible de la situation. Aucun son discordant. Un puissant mouvement d'enthousiasme saisit l'assemblée lorsque les sociaux-démocrates entrent, eux aussi résolument dans le front unique des partis. De nombreux députés sont déjà en uniforme gris de campagne. Les crédits de guerre sont votés presque à l'unanimité.

Le chancelier d'empire von Bethmann-Hollweg se lève de son siège, à la tribune du gouvernement. En paroles hachées il lit une déclaration dont le point essentiel est que l'Allemagne s'est vue forcée de violer la neutralité de la Belgique.

La décision survient encore pendant la séance. En fait elle n'est plus que la révélation d'un état de faits déjà existant. L'ambassadeur d'Angleterre est introduit dans le cabinet de travail du chancelier au Reichstag et le prie encore une fois de donner l'assurance que l'Allemagne respectera la neutralité belge. Le chancelier ne peut que répondre qu'à cette heure les troupes allemandes ont déjà franchi la frontière belge. Il ajoute néanmoins que l'Allemagne est prête à s'en tenir à ses dernières déclarations si l'Angleterre veut rester neutre.

L'ambassadeur se retire. Le télégraphe joue encore une fois entre Berlin et Londres.

Trois heures plus tard l'ambassadeur se fait annoncer à la chancellerie d'empire et exige une déclaration du chancelier disant que l'Allemagne suspendra son avance en Belgique et rappellera ses troupes. Cette déclaration devra être faite avant minuit. Si elle n'est pas faite, l'ambassadeur a reçu l'instruction de demander ses passeports et de quitter l'Allemagne. La guerre avec l'Angleterre est là.

Dans les Vosges où des éléments de sûreté français et allemands se sont heurtés le long de la frontière, le premier Allemand jette les bras en l'air et s'écroule sur le sol, une balle ennemie dans la poitrine. Le premier mort gît au milieu des herbes.

Quelques croiseurs légers allemands traversent à toute vapeur la Baltique, apparaissent devant Libau et déversent leurs obus sur le port russe. Des troupes d'avant-garde ont des escarmouches à la frontière de Prusse Orientale avec des cosaques rapides.

Les armées, elles, sont encore de part et d'autre en cours de concentration. Celle-ci, malgré tous les efforts, ne peut être terminée avant deux semaines. Jusque-là une impatience fiévreuse ébranle le pays qui a donné ses fils.

Deux semaines ?

Cependant, au bout de quelques jours, comme un éclair dans un ciel orageux, éclate la nouvelle d'un exploit allemand plus brillant que l'assaut des hauteurs de Spickeren, jadis à Sarrebruck, plus audacieux que l'attaque des lignes de Duppel, messagers pleins d'allégresse d'une série d'événements foudroyants !

Liège est tombé !

La formidable place de barrage de la vallée de la Meuse, le pilier de la Belgique, est aux mains des Allemands. Le chant des cloches s'élève sur tout l'empire. Les drapeaux font leur apparition aux pignons des maisons et ne seront guère roulés durant des semaines.

Liège barrait les routes de marche de la vallée de la Meuse. Sa possession était la condition préalable de l'exécution de la grande manœuvre de Schlieffen. Des mesures extraordinaires avaient été prises pour sa conquête.

Quelques brigades d'infanterie, qui n'ont pas encore été portées à leurs effectifs de guerre, franchissent la frontière, tiraillent avec les Belges, et se trouvent le 5 août au soir, comme l'ordre leur en a été donné, à la lisière est et à la lisière sud de la ceinture des forts de la place. Une poignée de cavaliers prend les devants au trot, arrive dans le rayon de la forteresse, est dispersée et exterminée.

À la faveur de l'obscurité de la nuit les brigades commencent leur mouvement en avant. Entre leurs colonnes de marche les forts non maîtrisés demeurent menaçants. De violents combats d'infanterie se déroulent dans tous les coins. Les Belges se défendent opiniâtrement. Des francs-tireurs et des tirailleurs embusqués dans les haies causent de nombreuses victimes. Le plan audacieux ne paraît guère exécutable.

Au centre, la 14e brigade d'infanterie progresse lentement. Le général von Emmich, commandant de tout le détachement d'attaque, est à cheval au milieu des colonnes de marche des bataillons. Dans son voisinage se trouve le général de brigade Erich Ludendorff. Il est quartier-maître général de la 2e armée, qui se rassemble autour d'Aix-la-Chapelle. Son chef l'a envoyé auprès d'Emmich pour suivre au plus près l'attaque de Liège.

La brigade est déployée pour le combat. Les feux de flanc qui partent des haies inquiètent les compagnies. On n'a pas assez d'artillerie sous la main. L'obscurité empêche en outre toute manœuvre.

Les forts belges commencent à retrouver leur voix.

Ludendorff observe le désordre croissant, que l'obscurité accroît encore. On est encore loin de Liège. On n'a aucune nouvelle des autres brigades. Elles sont vraisemblablement encore en dehors de la ligne des forts.

Avant l'aube, le commandant de la 14e brigade, le général von Wussow, est tué. Ludendorff prend spontanément le commandement et entraîne les troupes qu'il a sous la main. Maintenant on va de l'avant sans hésiter. De nouveaux combats s'engagent, qui cessent peu après.

Enfin on a franchi la ligne des forts. La marche devient plus rapide dans la chaleur du jour. Les Belges se replient sans combattre depuis l'aube. Ils sont complètement désemparés par l'audace du coup de main allemand.

Vers midi, après une marche par une chaleur torride, Ludendorff atteint avec sa brigade les hauteurs à l'ouest de la vieille Chartreuse de Liège. Le drapeau blanc flotte sur ses murs. Il est manifeste que les Belges ignorent la faiblesse de leurs adversaires. Mais lorsque l'on fait demander par un parlementaire la reddition de toute la ville, elle est rejetée.

Le soir arrive. La nuit s'étend pour la deuxième fois, mystérieuse et pleine de dangers. Aucun feu de garde ne luit et il ne faut pas songer à s'installer au bivouac. Mais les flammes effrayantes des maisons en feu brillent sur les hauteurs comme des points rouges. On est comme dans une île. On est en l'air. Mais il n'y a pas trace d'indécision.

Le lendemain 7 août, de grand matin, l'événement inouï s'accomplit. Des lignes de tirailleurs allemands descendent des hauteurs vers Liège, occupent les ponts de la Meuse au centre de la ville et montent vers la citadelle au milieu du grouillement affolé de la population. La garnison met bas les armes à la première sommation. Le gros des troupes belges est déjà parti.

La ville est prise. Mais aucun des forts de l'enceinte extérieure n'est encore aux mains des Allemands. Ils n'ont encore reçu aucun projectile.

La chance des combats vient à l'aide des assaillants. La résistance belge s'effondre. Au bout de quelques jours l'artillerie lourde allemande est prête à ouvrir le feu.

Devant les prouesses effrayantes des nouveaux mortiers de 42 centimètres les forts tombent l'un après l'autre. Le 15 août, le dernier bastion et le plus puissant, le fort de Loncin, est démoli. Ses tourelles massives sont écrasées. Son commandant rend son épée.

La porte de la Meuse est ouverte. Un forgeron terrible en a fait sauter la serrure et l'a brisée.

Maintenant on peut y aller comme Schlieffen l'a voulu.

3
Devant Paris

Un effroi soudain s'empare des hauts commandements alliés. La première brèche est ouverte dans le plan d'opération français qui était basé sur une résistance opiniâtre des Belges dans le nord. Mais Namur et Anvers tiennent encore, le gros de l'armée de campagne belge n'est pas encore engagé et l'on ne soupçonne pas encore combien le coin allemand, dont les assaillants de Liège ne formaient que la pointe, est puissant.

Le généralissime français Joffre ne se voit pas encore dans la nécessité de modifier son plan de concentration qu'il a mûrement pesé.

Ses corps se rassemblent derrière les forteresses de l'est françaises, entre Maubeuge, Montmédy, Verdun, Toul, Épinal et Belfort. Ses 1re et 2e armées, appuyées à Épinal et Toul, s'apprêtent à attaquer en Lorraine. Les 3e, 4e et 5e armées, disposées dans le triangle Verdun-Châlons-Mézières-Charleville, ont leurs regards dirigés vers l'est et vers le nord, où l'on s'attend à voir les Allemands déboucher du Luxembourg et de la Belgique méridionale. Autour de Maubeuge le corps expéditionnaire britannique se rassemble aux ordres du Maréchal French. Il est destiné à se joindre aux opérations de l'aile gauche française. Pour le moment les Anglais attendent de voir comment les choses vont se dérouler. Occupés à se concentrer calmement, ils s'imaginent qu'ils sont loin en arrière du front.

Pendant que l'on luttait encore pour Liège, la Direction suprême de l'armée allemande a prescrit au 2e corps de cavalerie, aux ordres du général von der Marwitz, de contourner la place par le nord. Jusqu'au 12 août la cavalerie d'armée refoule les Belges derrière le cours de la Gette en livrant des escarmouches continues.

Cette action, jointe à la chute de Liège, permet aux 1re et 2e armées allemandes, rassemblées dans le nord des provinces rhénanes, de varianter leurs zones de concentration. Les deux armées glissent avec toute leur masse par la porte ouverte de la Meuse et prennent leurs dispositions entre Hasselt et Durbuy pour attaquer l'armée de campagne belge. Celle-ci est établie derrière la Gette de part et d'autre de Tirlemont. Sa liaison avec la deuxième place de la Meuse, Namur, est déjà rompue.

Malgré les nombreuses conférences qui ont eu lieu en temps de paix entre les militaires belges et français, les Belges sont, au moment décisif, dans une incertitude complète sur ce qu'ils doivent faire. Les Français sont loin dans le sud, les Anglais loin dans l'ouest.

Les regards de Joffre sont par trop dirigés du côté de la Lorraine.

Le même jour où la 1re armée allemande se dispose à attaquer les Belges de part et d'autre de Tirlemont, les corps de la 5e armée française sont dans la région Mézières-Charleville, où ils ne font pas un pas en avant. Ils ne savent toujours pas s'ils seront appelés à se porter vers le Rhin par le Luxembourg ou par Givet et Namur en descendant la vallée de la Meuse. Ils persistent dans une inactivité funeste et laissent les Belges en sentinelles perdues dans le nord.

Le 12 août, le corps de cavalerie von der Marwitz se porte à nouveau contre le flanc nord de la position belge ; il est repoussé au cours d'un violent combat et se replie par ordre sur la 1re armée qui le suit. Six jours s'écoulent en combats mouvementés. Il n'y a encore en place que les avant-gardes d'infanterie. Avec une impatience fébrile les Belges attendent dans la direction du sud l'arrivée des Français.

Joffre les rassure, mais ne vient pas.

Alors, le 18 août, la 1re armée du général von Kluck, qui a achevé de se rassembler, se jette de toute sa puissance sur les Belges. Ceux-ci ne considèrent pas encore la partie comme perdue bien qu'ils sachent maintenant que les Français ne peuvent plus arriver à temps. Leur centre, de part et d'autre de Tirlemont, cède pas à pas au cours de violents combats très coûteux pour les deux partis.

Le général von Kluck, fidèle au principe du débordement par le nord, déclenche un groupement d'attaque puissant contre la ligne de retraite des Belges. Dans la nuit du 18 au 19 août, ceux-ci battent en retraite sur Anvers pour ne pas être coupés.

Le mouvement gagne leur aile droite. Quelques heures plus tard la retraite est générale sur tout le front. Ils font encore une faible tentative pour s'arrêter encore une fois derrière Louvain. C'est en vain ; les divisions allemandes ne peuvent plus être contenues. L'armée de campagne belge tout entière disparaît derrière le barrage protecteur des forts d'Anvers.

Au cours de ces combats le général Joffre a enfin pris conscience de la situation. Il voit soudain toute son aile nord découverte. L'armée belge ne prendra plus part à la bataille en rase campagne. Il fait pivoter carrément sa 5e armée et la remonte, face au nord, entre Sambre et Meuse.

Le jour où les Allemands, arrivés sous les yeux des forts d'Anvers, cessent de poursuivre l'armée belge, les Français se trouvent entre Maubeuge et Givet et assistent, immobiles, aux événements qui se déroulent au-delà de Namur.

Cette journée oblige les Français à renoncer définitivement à leurs intentions offensives en Lorraine en direction de l'est. Mais leur offensive elle-même a déjà échoué.

Le 7 août, des fractions de la 1re armée française ont débouché de Belfort par la porte de Bourgogne et ont occupé Mulhouse. La France est dans l'allégresse, la revanche célèbre son premier triomphe.

Paris voit déjà, en pensée, les colonnes des régiments français franchir le Rhin en chantant et se déverser sur Fribourg. La nouvelle cruelle de la prise de Liège est étouffée dans l'ivresse de cet enthousiasme.

Mais les forces puissantes de la 7e armée allemande, aux ordres du colonel-général von Heeringen, sont déjà sur l'ennemi, elles rejettent les Français de part et d'autre de

Mulhouse en des combats sanglants, les talonnent énergiquement et arrivent au bout de deux jours aux abords immédiats de la frontière dans la direction de Belfort. Là elles se heurtent au gros de l'ennemi. Sur ces entrefaites la situation de la 6e armée en Lorraine demande que l'on rappelle quelques divisions de la 7e. Dans la porte de Bourgogne il ne reste que de faibles éléments de sûreté qui sont obligés par la suite de se replier devant une nouvelle offensive française. Le 19 août Mulhouse tombe pour la deuxième fois aux mains de l'ennemi.

Ces combats sont sans importance stratégique. Le centre de gravité des opérations est plus au nord, à la frontière de Lorraine.

Le 15 août, les 1re et 2e armées françaises se portent contre la 6e armée allemande, commandée par le Kronprinz Rupprecht de Bavière. C'est là que Joffre attend la décision. Les meilleures troupes françaises sont rassemblées sur un étroit espace.

On se rappelle que l'intention de Schlieffen était de laisser l'aile gauche allemande sur la défensive stratégique et de ne lui affecter que les forces strictement nécessaires pour cette mission. Mais ce principe avait déjà subi une première dérogation pendant la période d'avant guerre. Le chef d'état-major général Moltke avait en effet décidé de s'opposer avec des forces assez puissantes à l'offensive française entre Metz et les Vosges – offensive admise comme très raisonnable – et d'y obtenir déjà une décision partielle si les circonstances le permettaient. Aussi les 6e et 7e armées avaient-elles été constituées dès leur rassemblement beaucoup plus fortement que leur mission initialement défensive ne le comportait. Cette puissance amena le Haut Commandement à s'écarter à nouveau à plusieurs reprises, au cours de la bataille, de l'idée stratégique fondamentale de Schlieffen.

La 6e armée se compose presque exclusivement de corps d'armée bavarois. Ils brûlent de se mesurer avec l'ennemi.

Mais la Direction suprême de Coblence songe à réaliser d'autres plans, de meilleurs plans avec cette armée. Chacun y est encore pénétré de l'idée schlieffenienne de manœuvre de Cannes. On ordonne aux Bavarois de se replier vers le nord-est sur Sarrebruck et Sarreguemines. Le mouvement de repli devra se poursuivre jusqu'à ce que les Français au cours de leur poursuite soient pris dans une tenaille dont la branche nord sera constituée par la place de Metz, la branche sud par l'aile nord, rapidement renforcée, de la 7e armée à Sarrebourg.

Les Bavarois obéissent, en grinçant des dents, à l'ordre qui les exclut, eux seuls, de la marche en avant et qui les contraint à un rôle, à leur avis, indigne. Les Français suivent timidement. Ils ne comprennent pas pourquoi les Allemands défendent si mal leur frontière. La peur traditionnelle des Bavarois, qu'on leur a dépeints dès l'école comme une horde sauvage d'êtres sans morale et avides de meurtres, se transforme lentement en une présomption méprisante. Des télégrammes filent sur Paris et de là à travers le monde entier. Ils annoncent que les Bavarois redoutés, les troupes d'élite de l'Allemagne, ont été rejetés dès la première attaque et fuient vers la frontière allemande. La route de Sarrebruck est ouverte !

Il en est ainsi pendant quelques jours ! Mais comme les Français n'avancent que très lentement et avec hésitation le commandement de la 6e armée se demande si l'ennemi songe sérieusement à exécuter une offensive en Lorraine et si l'armée pourra réellement remplir sa mission, accrocher des forces ennemies puissantes, si elle continue à se replier. La Direction suprême à Coblence laisse au Kronprinz de Bavière le soin d'en décider ; sa conception de la situation varie de jour en jour. Dans ces conditions le Kronprinz, sous les ordres de qui la 7e armée a été également placée entre-temps, se décide à passer à l'offensive. Faire demi-tour, se précipiter sur l'ennemi, le rejeter d'un seul coup jusqu'au-delà de la frontière et sur la ligne Nancy-Lunéville après un combat meurtrier, tout cela s'accomplit en deux jours. L'aile droite de la 7e armée est entraînée dans le mouvement en avant. La bataille de Lorraine, brève, sauvage, sanglante, déclenchée sans but stratégique, se termine en victoire le 22 août.

Si elle n'a pas réussi à réaliser une manœuvre de Cannes, la Direction suprême allemande peut cependant désormais remplir en toute tranquillité les tâches qui lui incombent dans le nord et qui deviennent de plus en plus formidables. Elle n'a rien à craindre pour le moment dans le sud. L'offensive française en Lorraine a été étouffée en germe. Joffre est devant une énigme. Ces Allemands veulent-ils donc attaquer partout ?

Si les Bavarois s'étaient arrêtés sur la ligne qu'ils avaient atteinte et si la Direction suprême, revenant résolument à son idée stratégique fondamentale, avait prélevé sur eux avec la plus grande rapidité toutes les forces dont ils pouvaient se passer, pour les jeter dans le nord, peut-être la bataille de Lorraine serait-elle aujourd'hui dans l'histoire une victoire éclatante à l'aurore d'une guerre dont la décision aurait été obtenue rapidement.

Mais il en advint autrement. La première faute en entraîne une autre derrière elle. À la surprise du Kronprinz Rupprecht, la Direction suprême lui ordonne « de rejeter sans perdre de temps l'ennemi vers le sud en le coupant d'Épinal ». Elle compte que l'ennemi battu dans les Provinces d'empire sera ainsi complètement anéanti, ou tout au moins formellement accroché et empêché d'envoyer des forces à l'aile décisive. Par contre le général Moltke estime qu'il n'est plus indiqué de transporter à l'aile droite, comme c'était prévu initialement, une fraction importante des 6e et 7e armées, car d'après ses calculs ces corps ne pourront plus arriver à cette aile en temps utile pour la décision.

Mais la poursuite de l'ennemi battu en Lorraine s'enlise déjà au bout de deux jours. Débouchant de leurs organisations défensives de la région de Nancy les Français déclenchent de violentes contre-attaques contre les Bavarois. La 6e armée les repousse victorieusement ; une accalmie survient sur cette partie du front.

Mais ce n'est pas pour longtemps. Le Kronprinz Rupprecht reçoit en effet de la Direction suprême une mission toute nouvelle. La marche victorieuse des armées allemandes d'aile droite et du centre a fait apparaître la possibilité inouïe et fascinante d'un enveloppement général de toutes les forces alliées par les deux ailes. Dans ce but, les 6e et 7e armées perceront la ceinture des places françaises entre Toul et Épinal et pousseront au-delà de la Moselle. Le général Moltke a déjà mis à la disposition de ces deux armées ses dernières réserves stratégiques sous forme de 6 divisions et demie d'ersatz.

L'assaut commence. Sans égards pour leurs propres pertes, les divisions se précipitent sans cesse contre la défensive rigide de l'ennemi. Pendant un certain temps il semble qu'on va pouvoir pousser un coin entre les piliers de la défense, Nancy et Épinal. Mais la résistance se concentre. C'est tout à fait impossible. Il faut interrompre l'attaque. On n'a même pas pu en cette occurrence empêcher les Français de récupérer une grande partie des forces de leurs 1re et 2e armées et de les jeter en hâte vers le nord, où plusieurs jours durant l'effondrement était apparu comme un spectre menaçant dans le ciel de la France...

Cependant le général Moltke prélève alors, lui aussi, un corps sur chacune des 6e et 7e armées et les dirige également vers le nord, où la bataille gigantesque a pris un développement qui fait pâlir tous les événements des autres fronts. Le sort veut que la Direction suprême allemande ne se rappelle que maintenant son idée directrice. Des fautes fatales ont déjà été commises.

« Faites-moi l'aile droite puissante », crie Schlieffen de son tombeau !

Sur les routes de Belgique les colonnes de marche allemandes se pressent en direction du sud-ouest et du sud. La gigantesque conversion autour de Metz comme pivot est en pleine exécution. Au cours de leur avance les armées s'écartent les unes des autres comme les branches d'un éventail.

Une lourde chaleur d'août tombe du ciel. Les sacs pèsent lourdement sur les épaules. Poussière du matin au soir, sueur sans fin. Puis les averses s'abattent en grondant et transpercent les marcheurs jusqu'aux os. La population est hostile et perfide.

Point de halte, point de repos. Chaque jour apporte sa peine. Elle est faite de kilomètres et de route, et le lendemain c'est la même chose.

De-ci, de-là des lignes de tirailleurs se déploient. Les balles de fusil balaient l'air de leur chant aigu. Des mitrailleuses crépitent. L'aboiement des canons de campagne rompt la monotonie.

Des tués, des blessés sont ramenés en arrière. Des prisonniers se tiennent çà et là, hébétés. Parmi les Belges en uniforme bleu-gris il y a déjà des Français. Ils portent encore les vieux pantalons rouges de 1870 et les capotes bleues aux longs pans.

Et maintenant marcher, marcher, marcher.

Dès le 20 août, la 1re armée occupe Bruxelles et, conversant droit au sud-ouest, pousse sans arrêt sur Mons, où se trouvent les Anglais. Devant la précipitation de tous ces événements, c'est à peine si les Tommies peuvent comprendre que c'est à eux que le Dieu des batailles a attribué un rôle aussi inattendu, aussi terrible et aussi lourd de responsabilité.

Semblable à une nuée d'orage embrasée, la 1re armée du colonel-général von Kluck se heurte à Mons avec ses divisions aux Anglais du maréchal French. Le choc a lieu le 23 août, trois jours après qu'elle a traversé Bruxelles en courant ; elle refoule les Anglais dès la première attaque sur Le Cateau et Solesmes. Maubeuge est investi par des éléments de la 2e armée. Des fractions du corps anglais et de la 5e armée française, coupés de leurs unités, se sont réfugiées dans la place. French se défend désespérément au Cateau.

La Direction suprême a détaché un faible corps d'observation pour surveiller Anvers. Le moment n'est pas encore venu de porter un coup à la forteresse que l'on dit la plus puissante du monde.

La 2e armée, aux ordres du colonel-général von Bülow, qui a conversé presque face au sud, s'avance vers la Sambre à l'ouest de Namur et s'y heurte dès le 22 août en un choc farouche, à la 5e armée française ramenée en hâte du sud vers le nord.

Au sud de Namur, que l'on a investi avec des forces importantes, la 3e armée du colonel-général von Hausen est en train d'attaquer de front la ligne Dinant-Givet. Sa poussée opiniâtre l'amène dans le flanc de la 5e armée française du général Lanrezac.

On combat à Charleroi deux jours durant. Les deux armées allemandes, la 2e et la 3e, dont la liaison avec la Direction suprême est trop lâche, laissent passer une grande occasion. La 2e armée attaque l'ennemi trop tôt, la 3e reste longtemps sans pousser son attaque de flanc suffisamment loin vers le sud. Lorsque la 2e armée appelle sa voisine à son secours, celle-ci va jusqu'à oublier son intention de débordement initiale et se contente de soutenir directement la 2e armée.

Le général Lanrezac avec la 5e armée française n'en est pas moins battu et doit se replier en direction de Saint-Quentin. Battant en retraite vers le sud-ouest il laisse s'ouvrir une brèche dangereuse entre son armée et sa voisine de droite, la 4e armée française.

Pendant ce temps la 4e armée du duc Albert de Wurtemberg et la 5e armée du Kronprinz impérial allemand combattent avec les Français, l'une à Neufchâteau, l'autre à Longwy ; l'ennemi résiste opiniâtrement pendant toute la journée du 22 août. Mais le lendemain les deux armées remportent une victoire complète. Poursuivant l'ennemi qui cède, elles ne rencontrent de nouvelle résistance que sur la Meuse. Quand la 4e armée essaie de forcer le passage de la rivière à Sedan et à Donchery l'ennemi déclenche des contre-attaques furieuses. Une crise sérieuse survient momentanément. Enfin, le 28 août au soir, le passage peut être considéré comme acquis. La poursuite continue vers le sud, en direction de l'Aisne. La 5e armée, elle aussi, après avoir lutté entre le 29 août et le 1er septembre, pour enlever dans son secteur les passages de la Meuse, continue à progresser, l'aile droite en direction de l'Argonne, l'aile gauche en direction de Verdun.

Ainsi donc, du 22 août au 1er septembre, de violentes batailles offensives, issues d'une poussée impétueuse, ont été livrées à Mons, Charleroi, Neufchâteau et Longwy. Elles se sont toutes terminées par une victoire.

Le pivot de la formidable conversion de l'aile nord allemande s'est déplacé de Metz sur Verdun.

La bataille gigantesque de l'Ouest est encore loin de la décision.

On n'a encore obtenu partout que des victoires, et non la victoire. La partie la plus lourde de la tâche reste encore à remplir. Tandis que les communications allemandes avec l'arrière deviennent de plus en plus longues et de plus en plus précaires, les Français, eux, se replient sur la solide armature de leur excellent réseau ferré. Ils ont bien été battus partout, ils ont bien été en partie fortement éprouvés ; mais nulle part ils n'ont été frappés à mort.

Après la bataille victorieuse de Mons, la 1re armée allemande attaque à nouveau au Cateau les Anglais du maréchal French, ne s'accordant pas un seul instant de repos. Elle est pénétrée de la conviction qu'elle combat à l'aile décisive et que tout le reste dépend de la rapidité de son avance.

Pour la deuxième fois les Anglais sont refoulés. Le corps de cavalerie français Sordet accourt à leur secours en sauveur et les préserve du pire malheur. Les corps anglais doivent néanmoins se retirer en toute hâte vers le sud et tombent ainsi en plein derrière la 5e armée française du général Lanrezac qui s'est repliée sur Saint-Quentin après la perte de la bataille de Charleroi. Sans prendre haleine le colonel-général von Kluck pousse plus avant avec sa 1re armée. Toujours fidèle au principe de l'enveloppement par le nord de l'aile ennemie découverte, il infléchit ses corps en direction du sud-ouest pour une poursuite débordante. Dans les derniers jours d'août il se mesure sur la Somme avec les troupes de la 6e armée française en voie de formation.

Lanrezac, poussé passionnément par le maréchal Joffre, essaie encore une fois à Saint-Quentin de faire tête à la 2e armée allemande du colonel-général von Bülow. Il en résulte une bataille extraordinairement violente qui dure plusieurs jours. Joffre met tout en jeu pour y obtenir un succès et détourner ainsi le danger terrible qui menace son flanc nord. Mais le malheureux Lanrezac doit se laisser battre pour la deuxième fois. Fortement éprouvé il se replie vers le sud. La bataille de Saint-Quentin devient une victoire complète de la 2e armée allemande.

Entre la 5e et la 4e armées françaises il existe toujours, depuis la bataille de Charleroi, une large brèche. Joffre est en train d'y constituer une nouvelle armée. C'est la 9e armée française, dont le commandant en chef est le général Foch.

Entre-temps, dans le dos de la 3e armée allemande du colonel-général von Hausen, la forteresse belge de la Meuse, Namur, est tombée après trois jours de siège seulement. Les deux corps d'armée qui ont servi à l'attaquer sont immédiatement embarqués par la Direction suprême pour le front oriental, en une méconnaissance regrettable de la situation du théâtre d'opérations occidental. Ils y arriveront trop tard pour y exercer encore une influence sur les événements principaux. Leur absence du front ouest coûtera terriblement cher. Cependant, pour le moment, tout paraît encore en excellente voie. Après les combats victorieux du Cateau, de Saint-Quentin, de Sedan et de la Meuse au nord de Verdun, la conversion de Schlieffen s'accomplit avec une puissance brutale.

La 5e armée allemande enserre déjà Verdun de trois côtés. Son aile droite est au sud de l'Argonne. La 4e a pénétré profondément en Champagne. La 3e a pris Reims. La 2e est déjà à Château-Thierry sur la Marne.

Le 29 août le maréchal French écrit au Ministre de la Guerre anglais Lord Kitchener : « Je ne puis dire que j'envisage le cours ultérieur de la campagne de France avec espoir. Ma confiance dans les capacités des chefs français à mener la campagne à une fin heureuse s'en va rapidement. »

Un général anglais dit qu'il faut ramener les divisions anglaises vers la mer, pendant que la route est encore libre, et les embarquer aussi vite que possible pour l'Angleterre.

Dans les premiers jours de septembre le général von Kluck se trouve avec son armée au nord-est de Paris et prend ses dispositions pour attaquer en direction du sud, en défilant à l'est de la capitale. Ses troupes ont enduré des fatigues terribles, mais leur course victorieuse à travers toute la Belgique et le nord de la France leur a donné un moral d'une résolution absolue qui les rend prêtes à risquer leurs dernières forces pour la dernière décision.

Depuis la fin d'août des aviateurs allemands, avant-coureurs légers des masses qui approchent, jettent des bombes sur la capitale. La population, tirée brutalement de ses rêves confus de victoire et de lauriers, entend le grondement roulant des canons allemands, installés dans la vallée de la Marne près de Meaux. Des patrouilles allemandes viennent rôder jusqu'à la lisière des faubourgs et des forts. C'est à peine si les poursuivants ont encore le contact des Britanniques qui se replient en toute hâte au loin, dans le sud-est de Paris.

Le gouvernement français se réunit en conseil, sous la présidence du Président Poincaré. Tout se passe exactement comme en 1870 ; le parallélisme des événements produit une profonde émotion. Pour la deuxième fois l'heure sonne. La décision est rapidement prise.

Le 2 septembre au soir le gouvernement se replie sur Bordeaux avec le Président.

La ville, qui vit dans la fièvre d'une effroyable décision, n'en sait encore rien.

4
Tannenberg

Aux premières heures du 22 août – les durs combats de la 2e armée pour Charleroi et la ligne de la Sambre viennent précisément de s'engager – une automobile de l'État-Major quitte le Quartier Général de l'armée et roule, aussi rapidement que les routes encombrées de colonnes le permettent, vers Liège et la vallée de la Meuse.

La forteresse est bientôt atteinte. L'homme qui est assis dans l'automobile regarde la contrée plus attentivement comme s'il venait de sortir de profondes pensées. Il jette un regard sur la citadelle et lorsque sa route monte les hauteurs de l'autre rive de la Meuse, son visage devient très grave. Il reconnaît encore parfaitement ce chemin.

Les forêts d'Herbesthal l'accueillent. Partout des colonnes, des colonnes, des colonnes. Les fantassins regardent la voiture et grognent à cause de la poussière qu'elle soulève. De temps en temps l'un d'eux aperçoit les bandes rouges du pantalon de l'officier qui y est assis. C'est un général. On voudrait savoir ce qui se passe derrière ce front large et découvert.

À midi Aix-la-Chapelle est enfin atteint. L'allure de la voiture devient alors plus rapide quoiqu'elle soit bien loin de l'être autant que le désirerait l'officier qu'elle transporte. Les routes sont vides. La contrée a sa physionomie de paix habituelle, on pourrait croire que l'officier est chargé d'accomplir quelque mission au cours d'une manœuvre.

On est en pleine moisson ; on croise de hautes voitures de blé, qui oscillent. Les épis sont dorés et lourds. Les cheminées des fabriques fument à nouveau comme si aucun changement n'était survenu. Des drapeaux flottent à de nombreux pignons.

L'homme de l'automobile sait... que c'est à cause de Liège et de tout ce qui suivit.

Le Rhin. Maintenant la voiture remonte la vallée splendide qu'aucun Allemand ne peut contempler sans émotion. Les aubes puissantes des vapeurs frappent l'eau ; les trains de chalands remontent le fleuve en haletant. Charbon du bassin minier.

De vieux burgs saluent au passage, défilent, disparaissent. Les Siebengebirge, le Hammerstein, les collines d'Andernach. Tout est éclairé par le soleil.

Ont-ils maintenant franchi la Meuse ? Namur est-il déjà investi ? La 1re armée est-elle déjà en place pour encercler les Français et les Anglais, et les anéantir ?

Le bassin de Neuwied. Dans le lointain se dresse déjà le massif d'Ehrenbreitstein. Il regarde par-dessus la plaine comme s'il guettait quelqu'un.

L'homme qui est dans l'automobile tressaille : « Je n'ai plus le droit de penser maintenant au front ouest, c'est fini. Il faut que j'oublie tout. De tout autres choses m'attendent maintenant. »

Dans sa poche il a deux lettres. La première est du chef d'état-major général. « Je ne connais aucun autre homme, lui a écrit Moltke, en qui j'aie une confiance aussi absolue qu'en vous. Peut-être sauverez-vous encore la situation dans l'est. »

La deuxième lettre est du quartier-maître général von Stein : « La tâche est lourde, mais vous en viendrez à bout. »

Entre cinq et six heures du soir l'automobile franchit le vieux pont de la Moselle à Coblence. Elle n'y provoque aucun étonnement. La ville fourmille d'officiers d'état-major et d'officiers de rang élevé.

Ludendorff se présente au Quartier-Général et est reçu immédiatement par Moltke. Leur entretien dure deux longues heures. À 21 heures le train spécial quitte la gare de Coblence. Quelques officiers sont là pour prendre congé. Jusqu'au dernier moment on a eu à régler des questions de service.

Un des premiers renseignements que Ludendorff reçoit dans le train est le texte d'un télégramme qui vient d'arriver de Hanovre. La dépêche dit que Son Excellence von Hindenburg, qui vit dans cette ville comme retraité depuis trois ans, a accepté la demande de l'empereur, lui offrant de prendre le commandement de la 8e armée allemande en Prusse Orientale comme successeur du colonel-général von Prittwitz.

À trois heures du matin le colonel-général von Hindenburg, homme de 66 ans, robuste, de haute stature et de large carrure, monte dans le train à Hanovre. Les deux hommes se voient pour la première fois de leur vie.

Conrad von Hoetzendorf avait constaté dès le début des premières opérations que c'était une faute que de prendre simultanément l'offensive contre la Serbie et la Russie. Les forces de l'armée autrichienne n'étaient pas suffisantes pour une pareille tâche. Aussi avait-il donné l'ordre, alors que la concentration était en cours, de ramener sur le théâtre d'opérations russe, aussitôt la concentration terminée, une des trois armées qui avaient été mises sur pied contre la Serbie, la 2e. L'offensive de Serbie, offensive brève, coûteuse et malheureuse, trouva d'ailleurs sans cela une fin rapide.

Le dispositif autrichien, en face de l'énorme supériorité russe, ressemblait à un nœud de forces étroitement pelotonné, formant bastion au nord-est des Carpathes, autour duquel les Russes étaient en train de se rassembler sur un vaste arc de cercle. Les 1re, 4e et 3e armées autrichiennes occupaient l'espace compris entre le confluent du San et de la Vistule et le cours supérieur du Dniester, espace jalonné par Jaroslau, la place forte de Przemysl et Lemberg. Le détachement d'armée Kummer couvrait à Cracovie l'aile gauche de ce dispositif en liaison avec le corps de landwehr allemand Woyrsch concentré autour de Kattovice. Le détachement d'armée Kövess, groupé derrière le Dniester à l'ouest de Koloméa, couvrait l'aile droite autrichienne.

Du côté ennemi la 4e armée russe, appuyée à Ivangorod, faisait face droit au sud ; la 5e armée, concentrée dans la zone Cholm-Kovel, regardait également face au sud. Au centre, un groupement de forces puissant tenait la zone fortifiée Luzk-Dubno-Rovno, dite triangle de Volyhnie. On trouvait ensuite, au sud et au sud-est, les 8e et 7e armées qui, largement étalées, étaient orientées face à Tarnopol et Czernovice. La 7e armée servait de couverture face à la Roumanie. Dès que la neutralité de cette puissance fut fermement établie, le gros des forces de la 7e armée fut passé à la 8e pour soutenir ses opérations contre la Galicie.

L'ensemble de la concentration russe répondait à l'idée de se jeter dès le début sur les Autrichiens avec une supériorité numérique énorme. Le Grand-Duc Nicolas Nicolaievitch ne se laissa pas non plus détourner de cette idée par la vue des Carpathes qui constituaient un puissant rempart naturel en avant de la Hongrie et du cœur de l'Autriche. Face à l'Allemagne il se contenta d'employer pour le moment deux armées qui se concentrèrent, la 1re autour de Kovno, la 2e entre Grodno et Lomza. Ce ne fut que quand il s'aperçut de la faiblesse trompeuse du dispositif allemand qu'il se décida à prendre ici aussi l'offensive en donnant à son avance la forme d'une gigantesque attaque par les deux ailes. La liaison entre le nord et le sud était assurée par la forteresse de Varsovie, couverte à droite et à gauche par des bastions plus petits.

Comme les Russes avaient à transporter pour leur concentration une masse d'hommes trois fois supérieure et provenant en partie de territoires éloignés, Conrad von Hoetzendorf se crut d'autant plus en droit de prendre l'offensive. Son intention était d'aller donner en plein dans la concentration russe.

C'était une erreur de calcul. Les préparatifs des Russes, entamés bien avant le début des hostilités, avaient annihilé pour la majeure partie l'avance naturelle des Autrichiens. Les milliards français avaient été employés comme il convenait.

Le 20 août, la 1re armée autrichienne aux ordres du général Dankl, constituant un premier groupement d'attaque, se porta en direction du nord-est. Elle traversa le San sur tout son cours, franchit la frontière et tomba le 23 août de part et d'autre de Krasnik en plein sur la 4e armée russe qui de son côté avait déjà commencé également à se porter en avant.

Les Russes, qui n'attendaient pas les Autrichiens aussitôt et ne les croyaient pas aussi agressifs, commencèrent à fléchir après avoir soutenu un violent combat. Le lendemain ils se replièrent sur Lublin et Ivangorod, poursuivis par les

Autrichiens qui les serraient de près. Mais ils s'arrêtèrent en ces points sur des positions de campagne organisées et ne reculèrent plus d'un seul pas, quelle que fût la violence des attaques autrichiennes.

Quelques jours plus tard Conrad von Hoetzendorf porta à l'attaque un deuxième groupement, sa 4e armée, aux ordres du général von Auffenberg. On vit alors se dérouler un tableau analogue au précédent. Progressant rapidement, les Autrichiens franchirent la frontière là où elle est coupée par le Bug et refoulèrent la 5e armée russe en direction de Cholm.

Conrad von Hoetzendorf savait que la décision n'était pas encore obtenue. Bien au contraire il se rendit compte, au cours de la progression de ses armées, que la concentration russe était beaucoup plus avancée qu'il avait cru pouvoir l'admettre. Si seulement il avait eu déjà sous la main sa 2e armée qui, du Danube, en face de Belgrade, était en train d'être transportée train par train à travers la Hongrie !

Mais la situation ne devint critique pour les Autrichiens qu'à partir du moment où l'armée russe du sud, la 8e, renforcée par plusieurs corps de la 7e, déferla de toute la lourde violence de sa supériorité au-delà de la frontière ouverte de la Galicie Orientale. Qu'avait-elle en face d'elle ? La 3e armée autrichienne à Lemberg, et au sud, le faible détachement d'armée Kövess qui n'était destiné qu'à des fins d'observation, mais qui se trouva tout à coup avec ses quelques divisions devant le centre de gravité de l'offensive russe.

La 3e armée, aux ordres du général von Brudermann, appelée initialement à constituer le troisième groupement offensif en direction du nord-est, dut être infléchie carrément vers l'est pour opposer une digue à l'inondation russe. Déjà Hövess était engagé dans un combat désespéré entre Sereth et Zlota Lipa. Déjà Tarnopol et Czernovitz étaient submergés par les vagues russes.

Le 26 août, la situation de l'aile sud autrichienne devint désespérée. La 3e armée, puissamment empoignée par le nord-est, l'est et le sud-est, se défendait de plus en plus faiblement. Kövess se repliait en combattant sur les Carpathes boisées. Il dut abandonner presque toute la Bukovine. Pas un seul bataillon de la 2e armée que l'on était en train de ramener de Serbie par voie ferrée, n'était encore débarqué.

La bataille de Lemberg attira à elle toujours de nouvelles forces. Conrad von Hoetzendorf, reconnaissant la gravité mortelle de la situation, fit faire demi-tour sur place à la 4e armée d'Auffenberg qui avait poussé sur Cholm et la dirigea en hâte sur Lemberg qui était au plus haut point menacé. Privé de son voisin de droite, Dankl tomba de ce fait en grand danger avec sa 1re armée. Il dut se replier en contenant péniblement la poussée russe. Après une bataille sanglante de deux semaines il se trouva à nouveau dans sa position de départ derrière le San. Quel aspect avait son armée !

De l'aile droite le malheur s'étendit de plus en plus vers l'aile gauche. Les régiments de landwehr silésiens du général Woyrsch accoururent à marches forcées par Czentochau et Kielce, pour sauver, de concert avec le détachement d'armée Kummer, l'aile nord de Dankl enveloppée par les Russes et mortellement menacée.

C'est alors que les têtes de la 2e armée arrivèrent enfin de Serbie par la Hongrie et furent intercalées à l'aile droite pour étayer le combat désespéré du détachement Kövess. Mais elles arrivaient trop tard pour avoir encore une influence sur la décision.

À l'ouest de Lemberg, la 3e armée de Brudermann essaya de marquer un dernier temps d'arrêt. Les formations de la 2e armée furent jetées dans la bataille, comme elles arrivaient, entre Kövess et Brudermann, au sud de Lemberg.

Une faible, très faible chance apparut encore une fois d'arrêter la bataille de Lemberg qui faisait rage depuis dix jours.

Mais la 4e armée d'Auffenberg, conversant dans la zone au nord de Lemberg, ne put se décrocher des forces qui la poursuivaient. La 5e armée russe déferla sans arrêt au-delà de Rava Ruska, puis, après avoir été orientée initialement contre Przemysl, fit face au sud, sur Grodek, et continua à pousser de l'avant.

Pour dégager Auffenberg en vue de sa nouvelle mission dans la région de Lemberg, on avait constitué en toute hâte vers Grodek, avec des éléments de son armée, un détachement d'armée aux ordres de l'archiduc Joseph-Ferdinand. Ses troupes étaient affaiblies à l'extrême et presque épuisées par leurs marches forcées des deux semaines passées, par les combats ininterrompus qu'elles avaient soutenus et par leur retraite précipitée.

De nombreux canons et de nombreux prisonniers étaient restés aux mains de l'ennemi. Elles ne soutinrent pas le choc ennemi et se replièrent par Grodek. L'armée Auffenberg fut prise au nord de Lemberg dans une terrible tenaille. La bataille de Lemberg était perdue et dut être rompue immédiatement pour éviter le pire.

Conrad von Hoetzendorf traversa les heures les plus amères de sa vie lorsqu'il vit son plan génial brisé et qu'il dut prendre ses dispositions pour ramener, après des combats héroïques, les débris de l'armée austro-hongroise derrière le San et le Dniester, pour y constituer un nouveau front. Lemberg, la Galicie et la Bukovine étaient perdus.

Mais il advint pire encore. L'armée autrichienne, désorganisée et éprouvée, ne put tenir le San et le Dniester contre les forces russes supérieures. La retraite dut être continuée au prix de lourdes pertes et ne se termina que derrière la Visloka et sur les Carpathes. Les débris des armées autrichiennes s'y accumulèrent, hébétés, désespérés, effroyablement touchés, alors qu'un mois plus tôt elles étaient encore l'orgueil et l'espoir de toute la Monarchie. Elles ne se sont jamais remises des épreuves des premières semaines de la guerre.

La 2e armée, dont les gros n'avaient pas participé aux phases les plus dures de la bataille, barra les cols des Carpathes, formant ainsi une dernière barrière en avant de la Hongrie – un dernier rempart aussi avant l'écroulement final.

Au cours des mêmes journées où les armées allemandes de l'Ouest se heurtent pour la première fois aux Français et aux Anglais à la frontière franco-belge et les rejettent vers le sud en un élan impétueux ; à la même époque où Conrad von Hoetzendorf, plein d'espoir, engage ses armées offensivement vers le nord-est, donc au beau milieu d'une série précipitée d'événements victorieux, une mauvaise nouvelle se répand tout à coup.

Le rouleau russe a rompu la frontière de Prusse Orientale. Des cosaques tuent et pillent à Tilsitt, Insterburg, Goldap, Angerburg et Lyck. Le pays au nord et à l'est de la zone des lacs est en flammes !

Les forêts sans fin de la lande de la Rominte, la contrée des lacs bleus entre Angerburg et Johannisburg et la surface gigantesque de la lande de Johannisburg assistent au combat désespéré d'un groupement de forces allemandes contre des forces russes plusieurs fois supérieures. Le général von Prittwitz commande les Ier, XVIIe et XXIe corps actifs, le Ier corps de réserve, la 3e division de réserve et une seule division de cavalerie, le tout constituant la 8e armée. Elle s'est rassemblée dans la zone Insterburg-Angerburg et a détaché sur son flanc le XXe corps, aux ordres du général von Scholtz, avec mission de protéger toute la frontière sud de Prusse Orientale, de Lyck à Soldau.

Les projets des Russes sont bientôt évidents. Des patrouilles de cavalerie allemande et les quelques aviateurs dont on dispose annoncent que des masses de troupes russes, venant de Kovno, marchent sur Insterburg. Le grand-duc Nicolas Nicolaievitch s'est rendu compte de la faiblesse des Allemands et a donné à sa 1re armée, commandée par Rennenkampf, l'ordre de se porter en avant.

Rennenkampf se met en mouvement avec prudence. Sa masse est composée de huit divisions d'infanterie et de cinq divisions de cavalerie dont celle de la Garde. Il est soutenu en outre par l'idée rassurante que l'armée de son collègue Samsonov, qui est encore plus forte que la sienne, se concentre autour de Grodno. Il n'a rien à craindre, si ce n'est que Samsonov le devance et ne s'empare du butin. Le temps travaille pour lui. On ne peut guère s'imaginer que les Allemands puissent s'opposer avec succès à la progression de ce rouleau.

Conformément à la tradition prussienne, le colonel-général von Prittwitz adopte une défensive agressive. Il rassemble ses divisions encore plus étroitement et se porte vers la frontière. Le 17 août le contact est pris partout avec l'ennemi qui se figurait qu'il avancerait sans peine et presque comme en temps de paix, et qui se voit tout à coup avec étonnement dans l'obligation de se déployer pour le combat.

Cela ne dit rien du tout à Rennenkampf de livrer déjà bataille dans cette région. Samsonov va gagner du temps et pourra peut-être, en venant du sud, cueillir la Prusse Orientale comme un fruit mûr à l'arbre que, lui, Rennenkampf, va secouer. Ce serait une chose ridicule...

Les Allemands combattent avec l'acharnement de gens qui veulent faire payer par du sang chaque pied de leur sol natal.

Rennenkampf doit déployer toute son armée à hauteur de Gumbinnen. Ses divisions subissent des pertes sanglantes. Le 20 au matin la bataille s'engage sur un large front.

Le Ier corps, qui combat à l'aile nord de l'armée allemande, enveloppe l'aile nord russe et la bat. Il semble déjà que la bataille de Gumbinnen va se transformer en une victoire allemande.

C'est alors que survient le changement que le commandement de l'armée avait déjà envisagé en son for intérieur. Le grand-duc, Nicolas Nicolaievitch, adversaire dangereux et qui donne à fond, a décalé sa 2e armée, aux ordres de Samsonov, de sa base de Grodno vers l'ouest pour la porter sur Lomza et Ostrolenka. Et maintenant il vient de la mettre en marche pour pousser sur Allenstein et régler le sort de la Prusse Orientale par le sud. En face de cette armée, le XXe corps, étiré sur un grand front, est la seule pierre qui barre la route à cette avalanche de rochers.

Le général von Prittwitz rompt la bataille engagée dans la partie est de la Prusse Orientale. Ses divisions se replient lentement, tout d'abord dans la zone comprise entre Wehlau et Lötzen, cherchant à s'appuyer à la région des lacs. Rennenkampf croit qu'il a remporté une victoire décisive et s'avance méthodiquement pour ramasser son butin. Il manifeste en lui-même son mécontentement en voyant dans le sud Samsonov se préparer à participer à la moisson alors que bataille et victoire n'ont été que son affaire à lui, Rennenkampf.

À la Direction suprême des armées allemandes, à Coblence, arrivent des télégrammes du colonel-général von Prittwitz disant qu'à son avis la situation dans l'Est ne peut être sauvée qu'en battant en retraite jusque derrière l'obstacle de la Vistule. Moltke répond télégraphiquement qu'il ne croit pas à la nécessité de mouvements de retraite aussi prononcés. Il est sous l'impression des coups de massue du front ouest, qui ont déjà détruit toute l'armée belge.

Il pense aussi au cri de douleur que l'abandon de toute la Prusse Orientale aux hordes russes provoquerait en Allemagne.

Pour la première fois apparaît l'idée hardie de décrocher de Rennenkampf le gros de la 8e armée, de le jeter vers le sud et de livrer une bataille offensive à Samsonov.

La Direction suprême poursuit ce plan activement. Mais elle croit que pour le mener à exécution il faut des hommes plus énergiques et de plus grande envergure.

Hindenburg et Ludendorff sont déjà en route.

Le train spécial, venant de Hanovre, traverse Berlin. Toutes les gares intermédiaires ont reçu l'ordre de l'acheminer le plus rapidement possible. À certaines stations les deux généraux trouvent des télégrammes de la Direction suprême qui les renseignent plus exactement sur les événements de l'Est. Ils savent que dès leur arrivée ils auront à se mettre au travail. Aucune heure ne doit être perdue.

Après Custrin la plaine infinie s'ouvre. Le train poursuit sans interruption sa mélodie saccadée. Le soir tombe une seconde fois. La mélodie continue. Schneidemühl. Les généraux se sont retirés pour se reposer. Il faut que le lendemain ils soient frais et dispos.

Au début de l'après-midi on atteint la Vistule. Marienburg, quartier général de l'Armée.

Premières conférences. Le général von Prittwitz a déjà quitté Marienburg ; l'accueil est glacial. L'état-major a déjà fait du bon travail en vue de la nouvelle décision. Ludendorff voit combien la guerre est tout autre ici. Combien les visages de ces hommes sont soucieux, combien grave est chaque parole. Il songe au front ouest où deux jours auparavant, par une matinée semblable, il a quitté les armées en pleine offensive enthousiaste.

Hindenburg et lui s'assoient ensuite avec le chef du bureau des opérations, le lieutenant-colonel Hoffmann. Celui-ci leur expose les derniers événements. Il dit que dans le sud il faut s'attendre à voir arriver cinq fois autant d'hommes que l'on peut en opposer soi-même dans les conditions les plus favorables. L'artillerie de Samsonov est trois fois supérieure en nombre. On ne sait pas quels sont les projets de Rennenkampf. Son avance hésitante et tâtonnante est assez singulière. Peut-être a-t-il l'ordre de ne se mettre en mouvement qu'en même temps que Samsonov, pour transformer la défaite allemande en un anéantissement. Hoffmann montre aussi un ordre d'armée russe que l'on a trouvé et qui invite Samsonov à coopérer très étroitement avec Rennenkampf. Il doit appuyer son aile droite, à Lyck, directement à l'aile gauche de Rennenkampf.

Hoffmann expose ensuite les contre-mesures qui ont été prises et qui sont déjà en cours.

Derrière le front de Hindenburg, les pensées travaillent. Tout cela est bien, pense-t-il, mais la bataille n'est organisée qu'en vue d'une simple victoire, cela ne suffit pas. Il faut qu'elle aboutisse à une victoire de Cannes. Il faut anéantir Samsonov et non le refouler. Il faut que son sort soit réglé avant qu'il n'ait trouvé le temps de coopérer avec Rennenkampf. Le fait que Samsonov, vraisemblablement dans l'attente d'un succès certain de l'armée Rennenkampf, a orienté son attaque trop fortement vers l'ouest, est une circonstance favorable. Au lieu de marcher sur Johannisburg il se dirige sur Ortelsburg et Allenstein. Il faut que cela lui soit fatal.

Pour obtenir un Cannes il faut que les ailes allemandes soient plus fortes. C'est là l'essentiel. Toute autre considération doit s'effacer devant celle-là. Ludendorff est entièrement d'accord avec Hindenburg sur ce point fondamental.

Il est ordonné ce qui suit :

Le XXe corps, formant le centre du front de bataille, contiendra l'attaque frontale de Samsonov de part et d'autre de Tannenberg. Il aura pour mission d'attirer à lui le plus de divisions ennemies possible. Si l'assaut ennemi est trop puissant, il cédera le terrain pas à pas. La 3e division de réserve et quelques régiments de landwehr et d'ersatz, jusqu'alors employés en couverture de la frontière, renforceront le XXe corps à son aile gauche.

Le Ier corps, transporté par voie ferrée à travers la Prusse Orientale, se formera à droite du centre entre Gilgenburg et Lautenburg. Il poussera, au début de la bataille, sur Neidenburg par Usdau et coupera la ligne de retraite des Russes. La brigade de landwehr Mühlmann sera mise à sa disposition.

L'aile gauche offensive largement débordante de la 8e armée sera constituée par le Ier corps de réserve du général Otto von Below et par le XVIIe corps du général von Mackensen. Below opérera au-delà de la ligne Allenstein-Wartenburg, Mackensen au-delà de la ligne Passenlieim-Ortelsburg.

Le commandement de l'armée se rend à Löbau, pour être immédiatement derrière le centre du front de bataille. Les mouvements pour gagner les zones de concentration seront exécutés sans égard pour l'état des troupes. Il faut qu'ils soient terminés en deux jours.

Devant Rennenkampf il reste... une division de cavalerie. Six régiments de cavalerie, dont deux interviendront encore plus tard dans la bataille de Tannenberg, contre la 1re armée russe qui a été portée entre-temps à treize divisions d'infanterie et un corps de cavalerie !

Tout repose sur la rapidité, tout est mis en jeu en vue du succès. Le facteur principal de tous les calculs est la supériorité du soldat allemand sur le soldat russe. Les troupes qui marchent et combattent déjà depuis dix jours, devront donner à fond et sans réserve.

Si l'opération échoue, non seulement la Prusse Orientale sera perdue, mais l'armée allemande sera encore encerclée et étranglée par Rennenkampf, l'Est allemand sera ouvert jusqu'au cœur de l'Allemagne. Et les noms de Hindenburg et de Ludendorff seront encore prononcés dans cent ans avec mépris par tous les Allemands.

Le 23 août les couleurs se mélangent en un tableau de bataille formidable.

Pendant que les troupes allemandes sont encore en voie de rassemblement, le XVe corps russe se heurte dans l'après-midi à Lahna et Orlau à la division de gauche du XXe corps allemand. Sans cesse de nouveaux régiments russes sortent des forêts et se déploient. Après un dur combat leur attaque est repoussée. Dans la nuit du 23 au 24 août, un second corps russe s'approche et essaie d'envelopper l'aile gauche du XXe corps. Vers le matin les régiments allemands de cette aile reçoivent l'ordre de se décrocher de l'ennemi et de se replier sur une nouvelle position. Les Russes suivent lentement. Devant la nouvelle position leurs masses se déploient une seconde fois pour l'attaque.

La bataille s'étend maintenant sur tout le front du XXe corps.

Les lèvres serrées, le commandement de l'armée allemande considère les lignes minces et flexibles de son centre. Il les voit s'étendre et s'user. Il ne peut pas donner à Scholtz le moindre bataillon de renfort. Tous les fusils, tous les canons sont nécessaires aux ailes. Scholtz le sait. Il ne demande pas à être secouru.

Le 26 août, au matin, la concentration allemande est terminée.

Alors les ailes de l'armée prennent vie. Le Ier corps et la brigade Mühlmann luttent pour la possession d'Usdau où Samsonov se défend désespérément comme s'il pressentait déjà ce qui va survenir. Le 27 août, le village en flammes, bûcher russe, tombe aux mains des Allemands.

Refoulant devant eux le Ier corps russe, les soldats du corps de Prusse Orientale, qui ne songent qu'au salut de leurs foyers, poussent vers le sud jusqu'à Soldau et convergent ensuite vers l'est sur Neidenburg.

Le Ier corps de réserve et le XVIIe corps combattent entre Allenstein et Passenlieim dans le flanc droit de Samsonov. Ils progressent lentement de boqueteau en boqueteau et entre les lacs. Le 27 août les troupes du XVIIe corps de Prusse Orientale, à l'extrême gauche allemande, poussent sur Passenheim et Ortelsburg. Le 28 août elles sont en plein dans le dos des Russes. De Neidenburg à l'ouest et d'Ortelsburg à l'est les branches de la tenaille se referment lentement sur Villenberg.

Depuis le 26 août le XXe corps au centre, renforcé par la division de landwehr von der Goltz, progresse lui aussi. Tension fiévreuse partout. Les troupes commencent à soupçonner pourquoi au cours des derniers jours elles ont dû accomplir un pareil fouillis de marches en apparence insensées. À Hohenstein, où le 28 la lutte est dure et décisive, le centre sent déjà que l'offensive russe faiblit. Samsonov sait-il quelle heure a sonné pour lui ?

À l'état-major de la 8e armée on n'ose pas encore se livrer à la joie de la victoire, qui apparaît déjà çà et là sur les visages. La confiance de Hindenburg est comme une puissance tranquillisante parmi ses collaborateurs.

Le Ier corps russe à Mlava et le VIe corps dans la lande de Johannisburg, qui forment les deux ailes de Samsonov et sont restés en dehors du cercle allemand, se reportent en avant sur Neidenburg et Ortelsburg, bien qu'ils aient été déjà battus une fois sévèrement. Rennenkampf sort enfin de sa léthargie incompréhensible et se met lentement en mouvement. D'après certains renseignements, des fractions d'une nouvelle 9e armée russe, en voie de formation à Varsovie, se hâteraient d'accourir à la bataille. Les Autrichiens viennent d'être obligés d'enterrer à Lemberg dans des conditions effroyables leur offensive de Galicie. Ludendorff et les officiers du bureau des opérations de la 8e armée se demandent s'il faut continuer la bataille jusqu'au bout. Mais Hindenburg décide que l'on s'en tiendra à l'ancien plan.

C'est sous ces menaces, qui zèbrent le cercle d'horizon comme des orages qui approchent avec impétuosité, que s'accomplit le finale émouvant de cette bataille de Cannes.

Les Russes refoulés et comprimés par un anneau d'acier impossible à briser commencent à deviner le sort qui les attend. De tous côtés ils se replient vers le centre dans l'espoir ultime de trouver une issue. Ils se heurtent les uns aux autres, ne se reconnaissent pas et engagent entre eux un combat meurtrier. Leurs colonnes s'allongent lamentablement entre les forêts et les lacs.

Leur commandement devient défaillant. Des états-majors cherchent à s'ouvrir un passage à travers les masses de troupe en désordre. La panique dresse sa tête ricanante de méduse au-dessus des marais.

Le 31 août l'œuvre est terminée. Prussiens de Prusse Orientale et de Prusse Occidentale se donnent la main à Villenberg. La tenaille est fermée. Ce qui survient ensuite n'est que l'effrayante liquidation de ce qui vient de se passer.

Une fois tout fini, 90000 Russes sont prisonniers. Hébétées, leurs colonnes couvrent le champ de bataille et attendent d'être évacuées. Autant de morts et de blessés gisent sur le sol. Des amas de canons, tout l'équipement d'une armée, des véhicules innombrables tombent aux mains des Allemands.

Quelques jours plus tard on trouve parmi les morts un général aux cheveux blancs. C'est Samsonov. Il s'est suicidé.

Autour des feux de bivouac de Neidenburg, Tannenberg, Hohenstein et Ortelsburg, le choral de Leuthen s'élève vers le ciel.

Lorsqu'il apprend le sort de Samsonov, Rennenkampf pâlit. Quels aides diaboliques ont trouvés les Allemands ? Il faut qu'une nouvelle armée ennemie soit entrée en ligne – on ne peut pas imaginer autre chose – car l'ancienne, telle est sa pensée, est là, battue, avec ses gros devant son propre front.

Il voit déjà cette nouvelle armée apparaître devant lui, renforcée par l'ancienne armée battue. Il la voit, enivrée de sa victoire, se lancer à l'assaut pour terminer son œuvre. Comment tenir tête à deux armées quand l'une a déjà été suffisante pour faire disparaître Samsonov de la surface de la terre ?

Lorsque le 5 septembre il est attaqué sur tout son front, il croit savoir que son nouvel adversaire est là. Une seule pensée le domine dès lors : éviter au tsar la perte d'une deuxième armée. Il se replie en combattant.

Mais en fait ce sont les vainqueurs de Tannenberg qui sont accourus à marches forcées, vers le nord-est, comme ils étaient accourus dix jours auparavant dans la direction opposée. Ils n'ont pas eu un seul jour de repos après la bataille. Deux nouveaux corps, retirés du front ouest après la prise de Namur, ont renforcé leurs rangs, le XIe corps actif et le corps de réserve de la Garde.

Rennenkampf se croit en présence de forces considérablement supérieures. À la pensée du sort de Samsonov l'effroi le saisit. Après un bref combat il se replie au-delà de la frontière, laissant derrière lui des milliers de prisonniers et un gros butin. Mais à Saint-Pétersbourg il envoie de longs télégrammes sur la retraite extraordinaire qu'il vient d'exécuter.

En le voyant se replier Hindenburg et Ludendorff froncent les sourcils. Leur intention était de le déborder par le sud et de lui infliger dans les forêts de Suvalki et d'Augustovo le sort de Samsonov. Mais Rennenkampf ne songe à rien d'autre qu'à sauver son armée. Il paie n'importe quoi pour échapper.

Hindenburg pousse son aile droite puissamment en avant. Peut-être pourra-t-on encore atteindre le but cherché. Mais Rennenkampf ne se dérobe que plus rapidement.

Trois semaines après avoir franchi la frontière en direction de l'ouest avec la certitude de vaincre, il la repasse aujourd'hui dans la direction opposée, proclamant comme alors de par le monde qu'il a remporté une formidable victoire, alors qu'en fait il a perdu toute espérance et qu'il ne préserve qu'avec peine du sort de l'armée-sœur ses masses fortement ébranlées.

À la mi-septembre la 8e armée arrête la poursuite de ses corps à l'ouest de Kovno et Grodno, en plein pays ennemi. Ce sont ces mêmes troupes qui il y a un mois à peine, devant la supériorité menaçante de deux armées russes, devaient se replier derrière la Vistule.

De nouvelles tâches les attendent. Le destin des Autrichiens s'est accompli entre-temps.

La Direction suprême a déjà donné ses directives.

5
Le drame de la Marne

Le général von Kluck est à l'est de Paris en face des Anglais deux fois battus. Dans la nuit du 2 au 3 septembre la Direction suprême lui fait savoir qu'elle a l'intention de refouler les Français en direction du sud-est en les coupant de Paris. La 1re armée devra dans ce but suivre la 2e armée en échelon et continuer à assurer la protection du flanc droit de l'ensemble des armées. Les 2e, 3e, 4e et 5e armées refoulent l'ennemi devant elles. L'aile gauche de la 5e armée encercle Verdun de plus en plus près.

Sur le front oriental les corps allemands passent en hâte de la bataille de Tannenberg à la bataille des lacs Mazures, de Samsonov à Rennenkampf.

Deux décisions de la plus grande importance semblent donc se dénouer simultanément. Mais le rideau se lève déjà à l'Ouest sur le début du drame le plus formidable qu'ait vu la guerre mondiale. Ses premières paroles résonnent, sans être entendues de l'Allemagne, parmi l'allégresse de la victoire de Tannenberg et de l'arrivée devant Paris.

De même que pour l'Allemagne deux hommes ont surgi sur le front oriental à l'heure du plus grand danger et sont en train d'y faire tourner le destin, de même le ciel offre aussi à la France deux chefs qui, à l'heure la plus amère pour leur pays, celle où leurs armées battues se replient vers l'arrière, n'ont qu'une seule pensée : ramener la déesse de la victoire aux côtés de la France. Ces deux chefs sont le généralissime Joffre et le gouverneur de Paris, Gallieni.

C'est Gallieni qui le premier aperçoit la possibilité de renverser le destin. Avec une satisfaction terrible il voit que les Allemands défilent à l'est de Paris. Il faut les battre en employant leur propre stratégie, eux qui abandonnent, à l'Ouest, le principe fondamental de cette stratégie, l'enveloppement de l'aile ennemie découverte. Quelle perspective d'avenir au ciel de la France !

Le maréchal Joffre s'empare aussitôt de cette idée. C'est à lui que revient devant l'histoire le mérite de l'avoir transformée en acte avec une logique de fer. Il a ainsi sauvé la France. « Retour offensif », – attaquer en partant du mouvement de retraite – telle va être la nouvelle idée stratégique de l'état-major de Joffre.

Dès la fin d'août une nouvelle armée, la 6e, a été formée. Elle a pour chef le général Maunoury, un des officiers supérieurs les plus capables de l'armée française. Il s'est cependant laissé battre par Kluck dans la région de la Somme et refouler sur Amiens, Maunoury est maintenant sous les ordres du général Gallieni, qui dispose en toute hâte son armée immédiatement au nord-est de Paris, dans le flanc découvert de Kluck. L'essentiel est de dissimuler aux Allemands le regroupement de cette armée. De nouvelles troupes, prélevées sur les 1re et 2e armées, arrivent de Lorraine et d'Alsace.

Mais à quoi bon faire des préparatifs pour envelopper les Allemands par le nord si entre-temps le front franco-anglais se rompt de Paris à Verdun ? Il faut parer à cette éventualité. Joffre envisage donc la possibilité de céder jusqu'à la Seine, de se décrocher de l'ennemi et, tout en se repliant, d'organiser sa nouvelle attaque.

La 5e armée reçoit en la personne de Franchet d'Esperey un nouveau chef énergique, à la place du malheureux Lanrezac. Une nouvelle armée, la 9e, aux ordres de Foch, est intercalée entre les 5e et 4e. Elle reçoit de gros renforts sous forme de régiments africains. Les 4e et 3e armées sont secourues par des éléments des 1re et 2e armées.

Toutes ces mesures sont prises au cours même de la retraite.

Le 4 septembre Joffre communique à ses commandants d'armées ses intentions d'attaque entre Paris et Verdun. Dans la nuit du 5 au 6 septembre il rédige, à son Quartier Général de Bar-sur-Aube, immédiatement en arrière du front de ses armées qui luttent péniblement, l'ordre du jour destiné à ses troupes. Il vise la journée du 6 septembre au matin et contient ces mots superbes : « Au moment où s'engage une bataille dont dépend le salut du pays, il importe de rappeler à tous que le moment n'est plus de regarder en arrière ; tous les efforts doivent être employés à attaquer et à refouler l'ennemi ; une troupe qui ne peut plus avancer devra, coûte que coûte, garder le terrain conquis et se faire tuer sur place plutôt que de reculer. Dans les circonstances actuelles, aucune défaillance ne peut être tolérée. »

Les troupes allemandes, de l'aile nord de von Kluck à l'aile droite de la 5e armée, ne font rien d'autre, depuis trois semaines, que combattre et marcher, marcher et combattre.

Le soleil déverse impitoyablement sur elles ses rayons brûlants comme jadis en Belgique. Des éclopés s'arrêtent sur les bords des routes ; ils gisent là accroupis, le visage boursouflé, congestionné, ruisselant de sueur, un mouchoir sur la tête.

Depuis longtemps déjà il n'y a plus de pain. Les boulangeries de campagne ne peuvent suivre. Toutes les routes sont couvertes d'artillerie et de trains de combat. Les obus sont plus importants que le pain. La viande grasse que livrent les cuisines roulantes écœure, c'est à peine si on peut l'avaler.

Chaque homme traîne deux cents cartouches. Elles le tirent vers le sol comme du plomb. Quand une partie d'entre elles a été tirée, les trains de combats les remplacent. Des cartouches il y en a encore suffisamment.

Les routes sont comme tracées au cordeau et bordées de peupliers géants. On chemine muet, de colline en colline, par un soleil de feu et une chaleur étouffante. Les villages succèdent aux villages. Ensuite c'est la plaine, rien que la plaine.

Pas de fin. Pas de jour de repos. Pas de courrier. Depuis longtemps les chaussettes sont en lambeaux. Avec des mouchoirs, des pans de chemises, des morceaux de toile on se fait des chaussettes russes. Les bottes ont été durcies par la sécheresse et la poussière. Elles font mal et écorchent les articulations. On ne quitte plus ses vêtements couverts de sueur.

Cette marche cessera-t-elle jamais ?

Depuis les batailles des frontières, c'est à peine si on voit encore l'ennemi. On met la hausse à 1 100 mètres ; parfois aussi on la descend jusqu'à 400 mètres. Couchez-vous ! Debout, pas de course ! On ne sait vraiment pas d'où vient ce piaulement chantant qui zèbre l'air en tous sens. Il faut faire un calcul compliqué pour savoir où chercher l'ennemi.

L'artillerie française est excellente. Les petits nuages de ses shrapnells, qui éclatent tout à coup, se déplacent lentement au-dessus des prairies et des champs comme des troupeaux de brebis qui paissent. On se couche où on est et on serre la tête entre les épaules. Une pluie de plomb se déverse sur le sol.

On voit de plus en plus de petits panaches de fumée grise jaillir de terre. Ils font un bruit strident, désagréable. Les blessures qu'ils causent sont terribles. L'obus explosif commence à prendre de plus en plus la place du shrapnell.

Les champs et les bois sont parsemés de bidons, de musettes, de sacs, d'ustensiles de campement. Ils ont tout laissé ! Pourquoi fuient-ils ainsi éperdument ? On dirait une course vers l'intérieur de la France. Ils n'ont pourtant pas de meilleures jambes que nous. Il arrivera bien un moment où ils seront à bout.

Ils se sont embusqués aux lisières des villages, dans les forêts, sur les croupes, dans les fossés des routes. Les balles sifflent, les mitrailleuses crépitent. La tête d'avant-garde se déploie. Le gros de l'avant-garde et le gros de la colonne se portent derrière quelques maisons ou dans un bois et forment les faisceaux. Les hommes s'assoient sur leurs sacs, la tête dans les mains. Les mouches passent en bourdonnant. Un ordre arrive. Le gros de l'avant-garde se déploie et renforce la tête.

Puis ceux d'en face disparaissent tout à coup. On s'en aperçoit au fait que les balles ne miaulent plus. On peut voir, çà et là, à l'horizon, des fractions bleu et rouge disparaître. Leur artillerie tirant par-dessus les hommes qui se replient arrose la route où se rassemble le gros de l'avant-garde.

Maintenant on peut aussi les voir de près. Les prairies sont parsemées de leurs morts et de leurs blessés. Peu de prisonniers. Les blessés demandent grâce avec des regards brûlants de fièvre. Ils pensent qu'on va les abattre comme des chiens sauvages. Leur premier mot est « de l'eau » ! Ils meurent de soif. Ils ne savent pas eux-mêmes pourquoi ils doivent toujours fuir. Cela ne peut plus continuer longtemps ainsi. Une fois pansés, ils montrent les photographies de leurs femmes et de leurs enfants.

Et maintenant, en avant encore une fois ! La tête d'avant-garde est remplacée par une nouvelle tête. Les hommes de liaison, toujours par deux, se rassemblent derrière les maisons, l'arme à la main. Quand deux d'entre eux sont partis, les suivants comptent mécaniquement le nombre de pas qu'ils font. Puis quand ils ont compté jusqu'à cinquante, ils se mettent eux-mêmes en marche. Le gros de l'avant-garde s'ébranle à son tour, puis le gros de la colonne. Les officiers font conduire leurs chevaux en main par les ordonnances. Les pauvres bêtes n'en peuvent plus.

Quand la nuit arrive on s'installe au bivouac quelque part ou au cantonnement dans une grange. La compagnie tout entière tient dans une seule grange. Rien d'étonnant à cela. Encore pas de pain aujourd'hui. La cuisine roulante distribue de la viande de porc bouillie et grasse dans un bouillon clair. Certains sont si fatigués qu'ils ne se lèvent même pas pour prendre leur ration.

Le courrier n'est à nouveau pas arrivé.

Rassemblement demain matin à 6 heures sur la place du marché. La compagnie installe un petit poste aux issues du village.

À Tannenberg on aurait remporté une grande victoire. Tannenberg, cela doit être en Prusse orientale. C'est un général von Hindenburg qui commande là-bas les forces allemandes.

Et cependant, malgré ses fatigues, cette troupe ne parle que de marche et de victoire. Les décisions rapides qui ont été obtenues partout jusqu'à ce jour ont créé chez elle un sentiment de supériorité absolue. Tous se hâtent vers l'ultime grande décision que l'on attend maintenant chaque jour.

Le G. Q. G. allemand s'est transporté de Coblence à Luxembourg. Ses liaisons avec les armées combattantes ne sont que précaires. La distance qui le sépare de l'aile droite, centre de gravité de la bataille, s'élève à vol d'oiseau à quelques centaines de kilomètres. Toutes les armées sont en territoire nouvellement conquis, non encore organisé.

La Direction suprême est fortement gênée dans ses déplacements par le fait qu'elle doit suivre les événements qui se passent dans l'Est. Il manque aussi un organe chargé de diriger de près et suivant ses propres conceptions les opérations des cinq armées qui opèrent entre Paris et Verdun. Les différents commandants d'armée ont été invités à coopérer avec leurs voisins. Mais ils ignorent parfois s'ils doivent porter leur effort à droite ou à gauche. Ils ont trop à faire avec leurs flancs.

Le 4 septembre, alors que Joffre rédige à Bar-sur-Aube son ordre d'attaque, Moltke est obligé de reconnaître, à Luxembourg, que l'idée fondamentale de la manœuvre du front ouest, l'enveloppement de l'ennemi par le nord, a échoué. Paris est inviolé. Les forces allemandes sont bien loin d'être suffisantes pour englober le camp retranché dans leur mouvement enveloppant. Deux corps sont accrochés devant Anvers, un devant Maubeuge. Deux autres corps ont été envoyés dans l'Est après la chute de Namur. Les 6e et 7e armées, dans le sud, ont été trop fortement constituées. On leur a donné en outre les dernières réserves générales et on les a empêtrées dans des missions qui ne sont pas en rapport avec l'idée directrice de la campagne.

Bref, on n'a aucune réserve stratégique à jeter au nord dans la balance pour amener la décision. La 1re armée en est réduite à ses seules forces. Défiler devant Paris, sans le forcer ou l'investir, serait un non-sens.

« Faites-moi une aile droite puissante », disait Schlieffen. Il est trop tard.

Moltke, qui ignore encore complètement à ce moment-là le nouveau danger qui le menace dans la région de Paris, à savoir l'armée Maunoury, cherche à se tirer d'affaire avec une improvisation. Les 1re et 2e armées, à l'aile droite, tiendront Paris en échec. Les 6e et 7e armées, perceront entre Toul et Épinal. Pendant ce temps le centre, composé des 3e, 4e et 5e armées, avancera lentement. L'idée de l'offensive est reportée de l'aile droite à l'aile gauche.

Ce plan dont les ordres d'exécution sont déjà expédiés aux armées, est dépassé par les événements. Le drame va atteindre près de Paris son point culminant et son tournant avec une rapidité qui ne sera que trop grande.

Entre le Quartier Général de l'armée Kluck et la Direction suprême à Luxembourg il n'y a presque plus de liaison. Moltke ne peut pas faire comprendre avec suffisamment de clarté à von Kluck comment il conçoit la nouvelle opération. Son radio qui doit arrêter les 1re et 2e armées à l'est de Paris pour leur faire faire face à la dangereuse capitale, atteint Kluck le 5 septembre dans la matinée, lorsqu'il est déjà sur le point de faire attaquer ses corps au sud en direction de la Seine.

Kluck, de son côté, ne parvient pas à renseigner Moltke sur ses propres intentions et sur les mesures qu'il a prises. Un compte rendu radio-télégraphique qu'il envoie le 5 septembre dans la soirée n'arrive à Luxembourg que 24 heures plus tard.

Kluck se croit encore en pleine victoire. Il continue à refouler les Anglais vers le sud pour atteindre en flanc la 5e armée française qui se replie entre Montmirail et Joches, au-delà du Petit-Morin, devant l'armée de von Bülow. C'est dans cette direction qu'il a dirigé ses regards et toutes ses forces. À l'ouest, face à Paris, il n'a placé qu'un seul corps, le IVe C.R., aux ordres du général von Gronau. Il lui a adjoint de la cavalerie.

Le général von Gronau a, le 5 septembre, au nord de Meaux, des échauffourées avec des éléments de sûreté français qu'il tient pour des fractions de la garnison de Paris. Quelques heures plus tard la force de son adversaire l'étonne. À midi il décide d'entreprendre une action énergique pour mieux déterminer l'importance et la nature de l'ennemi. C'est là une décision d'une grande portée et audacieuse.

Le IVe C. R. est engagé jusqu'au soir dans de durs combats.

À la tombée de la nuit il n'est plus douteux qu'on a en face de soi toute une armée française bien groupée et prête à l'offensive. Le plan de Joffre est dévoilé une nuit trop tôt.

Des comptes rendus sont transmis en toute hâte à Kluck dont l'aile gauche vient précisément d'avoir à nouveau à combattre avec la 5e armée française. S'il ne détourne pas aussitôt ses regards du Petit-Morin pour les porter vers le nord, c'est la catastrophe.

Personne, cette nuit-là, ne ferme les yeux au Quartier Général de la 1re armée. Kluck et son chef d'état-major, von Kuhl, prennent calmement, froidement leurs décisions; celles-ci une fois arrêtées, on passe à l'exécution avec la rapidité de l'éclair.

La journée du 6 septembre commence sur tout le front jusqu'à Verdun au rugissement des canons. Le rideau se lève sur l'avant-dernier acte du drame. C'est la journée de l'offensive générale de Joffre.

Le IVe C. R. du général von Gronau qui, devant la supériorité de l'ennemi, a été replié, pendant la nuit, derrière la coupure de la Thérouanne, est le corps le plus atteint par le choc ennemi. Maunoury se porte vers l'est avec sa 6e armée pour arriver sur les derrières du dispositif allemand. Joffre et Gallieni ont les yeux tournés vers lui, car il est pour eux l'instrument qui doit leur permettre de faire tourner le sort de la bataille et sauver la France. Maunoury pèse avec trois corps d'armée sur le seul corps allemand. Mais les braves Magdebourgeois ne cèdent pas un mètre de terrain.

À midi le premier secours approche enfin.

Kluck a retiré le IIe corps de son front sud pendant la nuit. Les Poméraniens accourent à marches forcées et se jettent dans la bataille aux côtés des Magdebourgeois. Dans l'après-midi la bataille fait rage à l'ouest de l'Ourcq.

Mais Maunoury n'est pas encore à bout de souffle. De nouvelles divisions prolongent son attaque vers le nord. Kluck est obligé, lui aussi, de décrocher son IVe C. A. des Anglais et de le ramener au nord de la Marne. Il y arrivera le 7 septembre au matin. Le 6 septembre au soir la situation dans le nord paraît si critique à Kluck qu'il va jusqu'à amorcer le rameutement de ses IIIe et IXe corps sur son front nord, face à Maunoury. Pour le moment les deux corps sont encore engagés dans de durs combats au sud de la Marne aux côtés de la 2e armée.

La conséquence immédiate de ces décalages est d'amener la 2e armée (von Bülow) à replier son aile droite menacée par la 5e armée française qui la presse, alors que son aile gauche continue à progresser offensivement. Au fur et à mesure que Kluck jette ses corps l'un après l'autre à son aile nord, Bülow est obligé d'infléchir de plus en plus son flanc droit. Dès le 7 septembre une brèche s'ouvre ainsi entre les deux armées. Elle s'agrandit au cours de la journée du 8 et atteint le 9 la largeur inquiétante de 40 kilomètres. Les deux armées, initialement orientées face au sud, ont maintenant leur front tourné vers le sud-ouest. Le regroupement de la 1re armée et l'infléchissement de l'aile droite de la 2e font que celle-ci se trouve maintenant en échelon en arrière et à gauche de la 1re. La brèche qui les sépare est bouchée tant bien que mal par les deux corps de cavalerie Marwitz et Richthofen.

Nulle part l'ennemi n'a gagné de terrain. Au contraire les attaques des 3e, 4e et 5e armées allemandes continuent à progresser. La grande contre-offensive de Joffre n'a obtenu de front aucun résultat. La course victorieuse du centre allemand n'est pas enrayée.

Les 7 et 8 septembre Joffre jette au nord un nouveau corps qu'il a prélevé sur sa 3e armée, et renforce Maunoury qui, en face de l'armée Kluck, se trouve d'heure en heure dans une situation plus difficile. Mais au fur et à mesure que Kluck s'achemine lentement vers la victoire sur cette partie du front, les Anglais et des fractions de la 5e armée française commencent à pénétrer dans la brèche qui s'est ouverte entre Bülow et Kluck. Les corps de cavalerie allemands sont trop faibles. Partout les réserves manquent.

Moltke est enfin obligé de reconnaître dans toute sa gravité la crise terrible qui a éclaté dans le nord. Deux corps des 6e et 7e armées de Lorraine sont bien en route depuis le 5 septembre à travers la Belgique et le Luxembourg. Mais il est impossible qu'ils arrivent assez tôt pour pouvoir encore intervenir dans la bataille engagée.

La journée du 9 septembre amène la décision. Elle débute, tragiquement, par une victoire allemande.

Maunoury ne peut plus tenir. Gallieni lui a déjà envoyé depuis la veille de Paris sur le champ de bataille ses dernières réserves. Des éléments de la 7e division d'infanterie y ont été transportés dans des taxis de la ville de Paris.

À aucun prix Maunoury ne doit céder.

Mais la contrainte de la bataille est la plus forte. Dès le 8 septembre au soir Maunoury a adressé à ses subordonnés un ordre secret en vue de la retraite.

Sur ces entrefaites, le danger qui n'était que menaçant le 8, entre les 1re et 2e armées, devient imminent. Des fractions de l'armée anglaise franchissent la Marne. Deux corps de la 5e armée française se joignent à leur avance, mais ne progressent que légèrement. Ils ont été trop affaiblis par les durs coups qu'ils ont reçus les 6 et 7 septembre de la 2e armée. Des éléments de cavalerie française atteignent Château-Thierry.

Kluck reporte son aile gauche un peu en arrière, pour faire face à ce nouveau danger. L'aile droite de Bülow, qui est également menacée, demeure dans la position de repli qu'elle a occupée pendant la nuit du 8 au 9. La situation entre les deux armées est sérieuse, mais nullement désespérée. Kluck se ressaisit le plus vite.

Il déclenche une contre-attaque puissante contre les Anglais qui ont franchi la Marne.

Moltke ne peut pas embrasser le développement rapide des événements qui se déroulent aux 1re et 2e armées. Cela va trop vite et il est beaucoup trop loin. Tout est déjà fort avancé. Il essaie d'un expédient. Un délégué de la Direction suprême, le lieutenant-colonel Hentsch, part en hâte en automobile pour les armées engagées. Il a pour mission de se renseigner sur la situation de l'aile droite allemande et d'assurer l'unité d'action des différentes armées. Bien qu'il doive tout faire pour solutionner la crise de l'aile droite dans un sens favorable, les instructions qu'il a reçues envisagent aussi cependant la possibilité d'un repli momentané.

Le 8 septembre au soir, Hentsch trouve chez Bülow une appréciation de la situation où l'on sent la gravité mais cependant la confiance. La retraite de la 2e armée est envisagée pour le cas où les Anglais continueraient à pousser le lendemain entre les 1re et 2e armées. Malheureusement on néglige de tirer au clair la soi-disant situation défavorable de l'armée Kluck. Le 9 septembre à midi Hentsch arrive au Quartier Général de la 1re armée.

Elle est en train de remporter une victoire sur Maunoury. Son chef d'état-major se cabre à l'idée de battre en retraite.

Hentsch lui déclare alors qu'à pareille heure la 2e armée est déjà en plein repli. Dès lors il ne reste plus à la 1re armée qu'à ordonner, elle aussi, la retraite.

À ce moment-là conformément à ce qui avait été convenu la veille avec Hentsch, Bülow avait déjà donné effectivement à son armée, l'ordre de se replier derrière la Marne, au reçu de comptes rendus d'aviation annonçant l'avance de l'ennemi au-delà de la Marne et dans le flanc de Kluck. Il ne savait rien de la victoire de la 1re armée sur Maunoury, ni de sa contre-attaque en bonne voie contre les Anglais. Pour la seconde fois on n'avait fait aucune tentative pour faire vraiment la lumière sur la situation de l'armée voisine et sur le danger qui avait surgi dans la brèche entre les deux armées.

Entre-temps la 3e armée, aux ordres du général von Hausen, s'est jetée avec une violence plus grande encore, en partant de son aile droite, sur le point de jonction des 5e et 9e armées françaises près de Sézanne. L'aile gauche de von Bülow – nous sommes encore avant l'ordre de retraite générale de l'armée – tient elle aussi inébranlablement dans cette région. La pression de la 5e armée française s'affaiblit déjà sur tout le front de Bülow.

La situation est ici aussi pleine d'espérance. Mais personne n'est là pour donner les ordres voulus.

Alors Bülow bat en retraite vers la Marne entre Dormans et Épernay. Kluck se replie vers l'Aisne près de Soissons. Les deux commandants d'armée croient sincèrement qu'il ne s'agit que d'un mouvement de repli de peu d'ampleur motivé par la situation tactique. Ils veulent se réorganiser pour reprendre l'offensive.

Les Anglais et les Français ne soupçonnent pas encore combien les lauriers de la victoire sont à leur portée. Ce n'est que tout un jour plus tard qu'ils s'aperçoivent du renversement complet de situation qui est survenu devant Paris. Le bruit s'en répand parmi eux comme une légende. Ils ne le comprennent pas encore. Ils continuent à tâter, incrédules. Les Allemands sont partis.

Paris est délivré ! Le sort a tourné ! Une victoire inouïe a été remportée sur la Marne ! Les Allemands s'enfuient sur tout le front, poursuivis par les Alliés !

L'allégresse se répand, en transports de joie, parmi tous les peuples de l'entente aux écoutes.

Dernier acte du drame.

La nouvelle de la retraite de la 2e armée et peu après de la 1re armée cause à la Direction suprême, à Luxembourg, le 9 septembre au soir, une surprise terrible. Jusqu'à ce moment-là, confiant dans les comptes rendus favorables des armées du centre, on y avait cru à une issue heureuse de la bataille. Les têtes des corps d'armée venant de l'aile sud vont arriver sous peu de jours à Saint-Quentin. Heeringen les suit avec l'état-major de sa 7e armée. Dans trois jours le VIIe corps de réserve, devenu disponible à Maubeuge, sera à La Fère, le IXe corps de réserve, rappelé d'Anvers, sera à Douai.

Moltke part le 11 septembre en automobile pour les armées les plus proches. Il trouve le Kronprinz impérial et le duc Albert de Wurtemberg pleins de confiance. Ils sont surpris de ce qui se passe aux deux armées d'aile droite devant Paris et croient qu'on peut encore amener un changement dans cette région si on ne perd pas de temps.

Une nouvelle espérance s'éveille chez Moltke. Les commandants d'armée lui parlent du fond du cœur. Ce qu'ils disent, il y a songé lui aussi. Les Anglais et les Français ne suivent encore qu'avec hésitation. Cela prouve combien ils se sentent faibles et combien ils s'attendent à une réaction.

Au Quartier Général de la 3e armée du colonel-général von Hausen règne par contre un très grand pessimisme. Son aile droite, qui a déjà été reportée en arrière le 9 septembre pour se lier au mouvement de retraite de la 2e armée, est attaquée à nouveau par des forces françaises supérieures et cède lentement du terrain.

Les objections de von Hausen font sur Moltke une profonde impression d'autant plus qu'elles sont en violente opposition avec l'optimisme du Kronprinz impérial et du duc de Wurtemberg.

Il repart pour la 4e armée. Il y trouve un compte rendu de la 2e armée. Tandis que Bülow y envisage avec confiance la situation sur son propre front, il émet des doutes très sérieux sur la capacité de résistance de l'armée qui est à sa gauche, la 3e armée de von Hausen. Il rend compte qu'il est obligé de tenir compte de l'éventualité d'une percée ennemie à l'aile droite et au centre de la 3e armée et qu'en conséquence il orientera le 12 septembre au matin son propre repli davantage vers l'est, en direction de Reims. En d'autres termes il s'éloignera encore davantage de la 1re armée de von Kluck.

Moltke se rend encore une fois en hâte auprès du commandement de la 3e armée, puis visite aussi celui de la 2e. Il rentre ensuite au Grand Quartier Général.

« Cela devrait pourtant aller », répète-t-il sans cesse en cours de route. Si seulement les 3e, 4e et 5e armées tenaient leurs positions actuelles ! Nous donnerions le temps aux deux armées d'aile de réorganiser leur front plus en arrière. Maubeuge est tombé le 7 septembre. 30 000 Anglais et Français ont été faits prisonniers. Les troupes de siège, le VIIe corps de réserve aux ordres du général von Zwehl, accourent déjà pour se jeter entre les 1re et 2e armées. Cela devrait aller !

Et si cependant ? Il est possible qu'à pareille heure les Français aient déjà tellement progressé entre Kluck et Bülow qu'on n'ait plus le temps de les dégager avec les autres armées ? Et si en outre une percée survient à la 3e armée ? Ne peut-elle pas être déjà en cours ? Est-ce que les 4e et 5e armées, qui sont fortement en pointe vers le sud, ne seront pas alors, elles aussi, exposées à un danger mortel ? Il faut aussi envisager ce cas, le pire.

Mais est-ce que ce n'est pas le contraire qui est le plus vraisemblable ? Est-ce que dans les combats écoulés les Français n'ont pas été battus à plates coutures ? Il n'est guère douteux qu'une nouvelle offensive du centre allemand ne soit couronnée d'un succès rapide. Cela changerait tout.

Lorsque Moltke arrive au G. Q. G., c'est à peine s'il se tient encore debout. Ses collaborateurs ont des mines déprimées. Moltke tient une courte conférence.

Il prescrit aussitôt que les 3e, 4e et 5e armées battront également en retraite. Comme nouveau front il leur indique la ligne Reims-Suippes-Sainte-Menehould. Cela implique pour les éléments de ces armées qui sont le plus au sud un repli de 70 kilomètres.

L'ordre frappe les trois armées comme un éclair attardé qui, l'orage déjà passé, illumine soudain le ciel de ses flammes dans les dernières heures de la soirée.

Repli.

Les régiments sont en plein combat. La chaleur étouffante est insupportable. À Sézanne, à Fère-Champenoise, derrière Vitry-le-François, en direction de Bar-le-Duc.

Les combats continuent avec un acharnement terrible. On tient l'ennemi à la gorge. Chaque pas coûte du sang. Et avec cela cette effroyable chaleur étouffante !

Qu'est-ce qui se passe ? Couchés, ils se hurlent quelque chose de l'un à l'autre. L'artillerie de campagne ne tire plus. À bout de munitions ?

Non ! Les artilleurs déménagent !

À l'œil nu on peut les voir amener les attelages et les avant-trains. Singulier !

Des estafettes galopent des brigades vers les régiments et les états-majors de bataillon. Ils ne veulent pas le croire. C'est complètement impossible. Quelque chose ne va pas.

Il faut constituer immédiatement des arrière-gardes. Les gros se rassembleront à quelques kilomètres plus en arrière. L'objectif de la journée est à huit mille mètres de là. Les blessés seront rassemblés dans les granges, le personnel sanitaire strictement nécessaire demeurera auprès d'eux et ira en captivité avec eux.

Il faut veiller à ce que chacun emporte son sac et ses cartouches. Des fractions de cavalerie appuieront les arrière-gardes. Les commandants de régiments seront garants qu'on ne perdra pas de temps. Les groupes de combat, qui sont couchés déployés sur les pentes sous le sifflement des balles, se trouvent tout à coup en pointe d'arrière-garde. Des coureurs des compagnies le leur crient.

Qu'est-ce ? Et les morts ? Et les blessés qui gisent encore en avant ?

Dans la soirée la chaleur étouffante de la terre et du ciel éclate. La pluie tombe sans arrêt. Les villages sont pleins de colonnes. Il ne faut pas songer à cantonner. Les chevaux laissent pendre la tête. Les conducteurs sont affalés, sans mouvement, dans leurs manteaux.

Il pleut à faire pitié, durant toute la nuit.

À la première lueur du jour, alerte.

Tout est transpercé et glacé. Les cuisines roulantes ont déjà été refoulées plus loin vers l'arrière pendant la nuit, de façon à ne pas embouteiller les routes pendant le jour. Pas de café !

L'artillerie française de campagne a des servants qui sont des gens vraiment matinaux. Devant l'entrée du village les flocons blancs de leurs shrapnells se déplacent déjà lentement comme des moutons qui paissent. Des obus explosifs éclatent avec un bruit désagréable. Maintenant les hommes savent ce qui se passe.

Déjà les mitrailleuses crépitent, les balles commencent à siffler.

Chevaux morts sur la route de retraite. Ils portent encore leur harnachement qu'on a coupé pour les séparer des timons. Sur les bas-côtés gisent encore les hommes qui ont été tués pendant la marche en avant ; on ne peut que les enterrer avec ceux qui viennent de tomber.

La pointe d'arrière-garde aurait reçu un obus en plein dans ses rangs. Chacun regarde autour de soi pour déterminer qui en faisait partie.

De la cavalerie double la colonne. La compagnie détache une nouvelle pointe d'arrière-garde. L'artillerie de campagne n'a pas de munitions. Les colonnes de munitions ont été refoulées plus en arrière.

Celui qui reçoit une blessure reste dans les rangs aussi longtemps qu'il peut encore dire un mot. Les valides le prennent au milieu d'eux pour que les officiers ne le remarquent pas. Ils le voient bien, mais ne disent rien. Chacun sait ce qu'il advient des blessés.

Il ne cesse de pleuvoir.

La pluie a quelque chose de bon. On ne reconnaît plus la région qu'on traverse. On ne voit plus tout ce qu'on abandonne. Pendant combien de temps cela va-t-il durer ainsi ?

« Jusqu'à en crever », dit un homme et il rit amèrement. C'est effrayant d'y penser. On ne doit pas dire pareille chose.

Les compagnies n'ont plus que les effectifs d'une faible section, souvent elles sont conduites par des sergents-majors adjoints. Deux tiers des officiers sont tombés. Et le lendemain il pleut encore.

Le général von Kluck dispose ses corps d'armée entre Soissons et Compiègne ; pour la première fois ils font à nouveau face à l'ennemi. Entre-temps Bülow s'est replié presque jusqu'à Reims. La fameuse brèche qui a été cause de décisions si funestes subsiste toujours.

Joffre s'en aperçoit et pousse résolument les Anglais et sa 5e armée réunis dans sa direction. Déjà des éléments de ses corps franchissent la Vesle. Est-ce que la sombre journée du 9 septembre va se renouveler ? Est-ce que toute la retraite n'a pas eu lieu uniquement pour combler cette brèche ?

Enfin de l'aide arrive du nord. Les vainqueurs de Maubeuge sont là. Le général Zwehl jette son VIIe corps de réserve au sud de Laon, au-devant des Français, sur les longues crêtes de Craonne. Il ne cède pas un pas devant leur assaut furieux et étaie solidement l'aile gauche de la 1re armée.

Le lendemain les premiers régiments du XVe corps, qui se rassemble à Saint-Quentin, le prolongent vers la gauche jusqu'au contact de la 2e armée. Le front est désormais continu.

À la mi-septembre le mouvement de repli est arrêté. Les troupes tournent à nouveau les canons de leurs fusils du côté de l'ennemi. Partout elles attendent avec calme son attaque.

Le front s'étend de Noyon, où le IXe corps de réserve est arrivé à temps, à Reims par Soissons ; de là il traverse la Champagne et gagne la lisière nord de l'Argonne. Au nord de Verdun il se relie à l'ancienne ligne d'avant la bataille.

Les armées allemandes de l'Ouest ont bien abandonné à l'ennemi le champ de bataille et leur grand plan stratégique, mais elles ne lui ont pas cédé la victoire.

Le drame de la Marne est terminé. Une situation toute nouvelle a vu le jour. Le passage de l'avance victorieuse à la retraite précipitée, de la retraite au nouveau demi-tour face à l'ennemi a été chose si rapide et si terrible, qu'encore on ne la comprend guère.

Mais chacun a déjà le vague sentiment qu'un malheur est arrivé.

6
La bataille d'Ypres

Aux jours où les régiments allemands font à nouveau demi-tour pour faire face à l'ennemi, le général Helmuth von Moltke, à bout de forces physiques et morales, s'effondre. Bien que malade à en mourir, il demeure encore quelque temps au Grand Quartier Général. Mais le ministre de la guerre, le général Erich von Falkenhayn, que l'empereur a choisi comme successeur de Moltke, remplit déjà le rôle de chef d'état-major général.

Falkenhayn prend ses fonctions à une des heures les plus amères qu'ait jamais connues l'armée allemande. À l'est Samsonov est bien anéanti, Rennenkampf chassé de Prusse orientale. Mais une nouvelle armée russe apparaît déjà entre les deux armées défaites.

Les Autrichiens battus sont derrière la Visloka et tiennent avec difficulté les cols des Carpathes. Tout à fait au sud, dans l'angle roumain, les régiments russes ont déjà franchi les Carpathes et dirigent leurs regards avides sur la terre promise de la plaine de Hongrie. La fleur de l'armée austro-hongroise gît sur les champs de bataille du San, au sud de Cholm et de part et d'autre de Lemberg. Przemysl est investi, on ne sait pas combien de temps la place pourra tenir. L'appel de Conrad von Hoetzendorf pour obtenir l'aide allemande est pressant et fort.

À l'Ouest le plan génial de Schlieffen a été enterré de part et d'autre de la Marne au tonnerre des canons. La campagne a perdu sa base stratégique. Il faut en trouver une autre, si on ne veut pas renoncer à toute initiative. Les armées allemandes ne sont pas vaincues. Mais leur épuisement est grand et leur désillusion amère. Les pertes sont sévères, surtout en officiers, commandants de régiments, de bataillons, de compagnies.

La situation n'est pas meilleure chez l'ennemi. Tirés de l'ivresse d'une victoire finale imaginaire, les régiments français se réveillent sur l'Aisne, à Reims, en Champagne, en Argonne en un dégrisement sanglant. La victoire demande encore à être conquise. Partout se dresse le mur allemand. Tous les élans sont brisés. Joffre, lui aussi, doit chercher de nouveaux plans.

Falkenhayn est la personnification du calculateur froid et minutieux. Les tableaux fantasques de bataille aux finesses artistiques lui sont étrangers. Il est l'homme des moyens. Il ne fait rien sans avoir réfléchi et sans avoir examiné à fond ce qu'il projette dans toutes ses conséquences imaginables. Son application, son endurance, son calme sont admirables. Non moins grande est l'opiniâtreté avec laquelle il s'en tient à l'exécution de ses plans. Il n'aime pas les surprises. Elles doivent être écartées par le calcul et les prévisions. Personne ne dira de lui qu'il a perdu les nerfs, s'il est survenu quelque événement qu'il n'a pas prévu.

Il y a quelque chose de commun avec tous les généraux prussiens : la volonté de vaincre.

À l'embouchure de l'Escaut, là où la Belgique et la Hollande se touchent, le plus grand camp retranché et la plus grande place d'armes du monde, la forteresse d'Anvers, se dresse invaincue. L'armée de campagne belge, pour autant qu'elle a pu échapper de la bataille de la Gette et à la poursuite, s'y trouve tout entière, forte de 80 000 hommes environ auxquels il faut ajouter 70 000 hommes de garnison.

Deux ceintures de forts puissants entourent le noyau central. Dans un rayon de 6 kilomètres environ, comptés à partir de la ville, se dressent les vieux forts construits en 1860 par le célèbre ingénieur Brialmont. Mais on n'avait déjà plus confiance en eux en temps de paix. Aussi la Belgique a-t-elle construit, dans un rayon de 15 kilomètres en moyenne, une deuxième ligne de forts complètement modernes. Des retranchements, des batteries, des fortifications de campagne, des réseaux bouchent les intervalles. La dépression marécageuse de la Gette forme obstacle naturel.

Il faut qu'Anvers attire à lui à travers la Belgique la nouvelle course victorieuse des divisions franco-anglaises remontant de la Marne. Il ne faut pas qu'il laisse les Allemands en repos. Puis, lors de la grande rencontre finale aux champs de Belgique, dans la marche vers la province rhénane, il formera le puissant pilier nord du front allié. Toute l'Angleterre a les regards sur Anvers. C'est là qu'il faut défendre les intérêts vitaux de l'empire insulaire. La 1re armée allemande, qui a obligé les Belges lors de la bataille de la Gette à se replier sur Anvers, combat au loin en France. Le général von Baeseler est resté en arrière avec le IIIe corps de réserve. Il est établi au sud de la forteresse. Il ne peut pas songer à bloquer ni à investir le gigantesque bastion. Il a suffisamment à faire pour repousser les tentatives des Belges qui veulent pousser sur Bruxelles et menacer les communications allemandes.

La première grande sortie belge a eu lieu le 25 août en même temps que les dures batailles frontières de Charleroi, Neufchâteau et Longwy. Le IXe corps de réserve, jusqu'alors employé à la garde des côtes et qui était en cours de transport vers le front occidental, a aidé à repousser l'attaque et est demeuré jusqu'au 7 septembre à la disposition de Baeseler.

À peine est-il parti pour prendre part aux opérations de la 1re armée, que les Belges déclenchent leur deuxième grande sortie, en liaison cette fois avec la bataille de la Marne. Des éléments du XVe corps, qui se trouvent précisément en cours de transport de l'Alsace vers l'aile droite des armées dans le nord de la France, sont débarqués en Belgique et jetés dans le combat. La division de marine est également arrivée entre-temps. Elle est suivie peu à peu de la 38e brigade de landwehr, de la 4e division d'ersatz, de la 26e brigade de landwehr et de la 1re brigade de landwehr bavaroise.

Mais pour obtenir la décision dans le nord de la France il faut à la Direction suprême des troupes, encore des troupes, toujours des troupes. Elle ne peut pas s'offrir le luxe de laisser une poignée de divisions observer une place, fût-elle la plus grande du monde.

Le 9 septembre Baeseler reçoit l'ordre de préparer l'attaque de la forteresse. S'il ne peut pas l'envelopper, il poussera un coin dans ses murs et la fera tomber. Il recevra en fait d'artillerie lourde tout ce qu'on pourra récupérer sur le front occidental. Les mortiers de 420 qui ont écrasé Liège, Namur et Maubeuge sont prêts. La firme autrichienne Skoda a envoyé sur le front ouest un excellent mortier de 305 tracté. Quelques batteries sont déjà en route pour Anvers.

Le 28 septembre, le premier coup de mortier part avec un bruit sourd. L'obus monte sur sa trajectoire en ronflant, se perd dans l'éther, redescend avec le bruit d'un orgue qui tomberait invisible et provoque dans le fort de Lierre une explosion terrible.

Deux jours durant l'air vibre de bruits d'orgue. Le 2 octobre, les forts de Lierre, Koningshoyckt, Wavre Sainte-Catherine et Waelhem sont transformés en ruines fumantes. Les trois derniers de ces forts sont pris d'assaut par l'infanterie. Le 3 octobre le fort de Lierre est occupé sans combat. Entre les deux villes de Lierre et de Malines une large brèche de 15 kilomètres est ouverte dans la ceinture des forts extérieure.

La coupure des marais et des prairies de la Nethe barre la route aux assaillants. L'eau, sous l'effet de pluies torrentielles, est montée. Un chaos de fils de fer, de haies, de nids de tirailleurs, de tranchées, de positions de batteries, couvre le terrain.

En arrière les vieux forts de la ceinture intérieure sont tapis, menaçants. Leurs pièces longues tirent de leurs gueules brûlantes. Pendant que réservistes, marins et landwehriens, appuyés par des pionniers, forcent la Nethe en des combats sanglants, acharnés, de plusieurs jours, les lourds projectiles s'abattent déjà en bruit d'orgues sur les forts intérieurs.

Le 7 octobre, les Belges et les trois brigades de marins anglais arrivées entre-temps, abandonnent la ligne de la Nethe. L'eau jaunâtre est rougie de sang. L'artillerie de campagne des vaincus demeure enlisée dans la boue. Elle tombe presque intacte aux mains des Allemands.

Au cours de l'avance vers les forts de la ligne intérieure déjà à demi détruits, Baeseler envoie un parlementaire dans la place. Il en demande la reddition immédiate avec hommes et matériel. Si l'on refuse ou si l'on hésite, il commencera à bombarder la ville. Le gouverneur belge se refuse à toute négociation.

Dans la nuit les lueurs des coups de départ des mortiers et des canons longs de gros calibre flamboient partout. Un concert sauvage embrasse tout dans son étreinte, ouverture effroyable de la chute prochaine.

Les assaillants sont arrivés devant les forts fumants de la ligne intérieure. Des grand-gardes ont été poussées en avant. Les troupes sont au bivouac. Personne ne songe à dormir, bien que la dernière semaine ait été suffisamment sanglante. Tous regardent les flammes jaillir sur les cavaliers des forts. Les Belges répondent faiblement.

La journée du 8 se passe. La canonnade continue, aussi intense. L'infanterie se rapproche des ouvrages.

Puis la nuit revient encore une fois. C'est à peine s'il est un fort dont les pièces répondent encore. Elles gisent, brisées, détruites.

À l'aube du 9 octobre l'ordre de donner l'assaut arrive. Le temps est pluvieux. On va de l'avant en un élan irrésistible. Après ce qui s'est passé pour les forts extérieurs, les hommes ont une confiance absolue dans le travail des mortiers.

Quelques heures après, tout le front sud de la ceinture intérieure est rompu. Des incendies couvent dans la ville. La mer des maisons s'étend, grand-ouverte, devant les assaillants.

Dans l'après-midi la dernière résistance s'éteint. Les bataillons pénètrent dans Anvers, s'emparent de Belges et d'Anglais isolés et parviennent, à travers la ville, jusqu'à l'Escaut.

Le gros de l'armée de campagne belge a commencé à se retirer avec les Anglais dès le 7 octobre dans la direction de l'ouest, par Saint-Nicolas. La faiblesse numérique des assiégeants n'a pas permis d'investir la place. Baeseler déclenche aussitôt la poursuite. Il ne reste en arrière que les troupes strictement nécessaires pour surveiller les prisonniers. Plus d'un demi-millier de canons, toute l'artillerie de la place, est au nombre du butin.

Au-delà de l'Escaut, les poursuivants, qui ne comprennent tout d'abord que, la 4e division d'ersatz, se jettent sur les unités qui se replient. Ils parviennent à en rejeter une grande partie en territoire hollandais. Elles y sont désarmées et internées. La majorité se hâte à marches forcées vers l'ouest, talonnée par Baeseler.

C'est une course folle, dont l'allure est unique dans l'histoire militaire. Le 14 octobre, la 4e division d'ersatz est à Bruges. Un jour plus tard, les réservistes débouchent des dunes à Ostende, regardent la mer sans s'arrêter et refoulent sans souffler l'ennemi le long de la côte en direction du sud-ouest, sur Dunkerque.

Entre-temps des événements entièrement nouveaux se sont déclenchés dans cette région.

Le général Falkenhayn transfert aussitôt le Grand Quartier Général allemand de Luxembourg à Mézières-Charleville. Il est maintenant immédiatement en arrière des 1re, 7e, 2e, 3e, 4e et 5e armées engagées entre Noyon et Verdun. Il peut mieux embrasser leurs opérations et donner plus rapidement ses ordres.

Le tableau de la campagne du front occidental a complètement changé. L'aile gauche allemande, de Verdun à la frontière suisse au sud, paraît définitivement figée. Il n'y a pas à attendre d'opérations décisives dans cette région. Au centre également la guerre de position apparaît, forme de guerre toute nouvelle, que l'on accepte provisoirement comme un intermède qui finira rapidement. C'est une chose qui s'est développée d'elle-même, complètement, jour par jour, après des débuts modestes, à laquelle on a à peine fait attention et que l'on a peu provoquée, d'un côté comme de l'autre. Personne ne songe encore qu'une nouvelle science en naîtra un jour.

L'aile droite allemande, composée des 1re et 2e armées entre lesquelles la 7e s'est intercalée, est elle aussi enlisée entre Noyon et Reims. Il n'est pas douteux qu'ici aussi on est arrivé à un état d'équilibre qui exclut momentanément tous mouvements stratégiques.

Mais entre Noyon et la mer s'étend un espace presque vide de 200 kilomètres de large, qui non seulement invite à de nouvelles opérations, mais y contraint carrément. C'est là qu'il faut chercher la décision manquée. On ne peut que revenir aux bases du raisonnement de Schlieffen. Il faut encore une fois appliquer le principe de l'enveloppement par le nord.

Ce qui apparaît tout d'abord comme une idée stratégique et comme un moyen pratique d'obtenir la victoire, se révèle bientôt un expédient. Joffre a reconnu plus rapidement et plus nettement que Falkenhayn l'importance de l'aile nord découverte. Persuadé qu'il n'a plus aucune chance au centre, il mise entièrement sur cette carte.

Une circonstance particulière lui donne en cette occurrence l'avantage sur les Allemands. Alors qu'il attendait encore la victoire au centre, il a déjà concentré une nouvelle armée près d'Amiens. Elle a pour chef le général de Castelnau. Il l'a enlevé de Lorraine tout comme de Moltke en a enlevé Heeringen pour l'envoyer à Saint-Quentin. Mais tandis que la bataille obligeait Moltke à engager Heeringen avec la 7e armée à l'est de Kluck, donc sans profit pour le prolongement de l'aile enveloppante, Joffre a appelé Castelnau pour une mission de plus grande envergure.

La France appelle fièrement cette nouvelle armée « l'armée de poursuite ». Elle doit en se portant d'Amiens sur Saint-Quentin, donner le coup de grâce aux Allemands. Ce que Maunoury n'a pu achever au nord-est de Paris, réussira certainement ici, en haut, là où aucun soldat allemand n'a encore « souillé » de ses bottes le sol français.

Le 21 septembre, l'armée de poursuite, débouchant d'Amiens, entame son mouvement en avant ; on lui a adjoint une nombreuse cavalerie conformément à sa mission spéciale. La victoire paraît presque certaine. Joffre adresse déjà des télégrammes triomphants à Paris.

Mais que se passe-t-il ? Castelnau rend compte qu'il s'est heurté à l'ennemi entre Bapaume et Roye et qu'il se déploie pour combattre. Joffre devient inquiet. Il se console rapidement. Castelnau doit avoir affaire à de la cavalerie allemande qui, étalée en un mince rideau, masque l'espace libre qui s'étend au-delà de l'aile nord ennemie. On en viendra rapidement à bout.

Le Grand Quartier Général français attend fiévreusement la nouvelle de la continuation du mouvement en avant.

Dans la soirée, Castelnau fait savoir qu'il a subi de grosses pertes et qu'il ne peut que difficilement résister aux attaques allemandes. Il est engagé sur tout le front dans des combats violents et ne gagne pas un mètre de terrain au-delà de la ligne atteinte.

Quelles sont les nouvelles forces allemandes qui se trouvent ici devant Castelnau ? Moltke avait amorcé le transfert de la majeure partie de la 6e armée du Kronprinz de Bavière, de

Lorraine à l'aile droite. Falkenhayn active le mouvement à l'extrême et appelle également le commandement de l'armée.

Joffre et Falkenhayn voient tous deux s'évanouir sur la Somme leurs audacieux espoirs. Cependant chacun maintient son plan. La situation les y contraint. Il faut déborder encore davantage par le nord. Joffre est à nouveau plus rapide et plus décidé.

On voit presque le même spectacle se reproduire. Joffre rassemble encore une fois une nouvelle armée à l'ouest d'Arras. Elle a pour chef le général de Maud'huy. Entre Béthune et Arras – les fameuses hauteurs de Lorette sont à mi-distance entre ces deux points – Maud'huy se heurte à l'aile droite de la 6e armée qui vient précisément d'être engagée pour déborder les forces françaises. La lutte pour Notre-Dame de Lorette est farouche. Des deux côtés les vagues déferlent contre la colline. Après des combats meurtriers les ruines de la Chapelle demeurent entre les deux lignes.

Encore une fois le front ouest se fige, prolongé de cent kilomètres vers le nord. Sa direction est exactement nord-sud. S'il était orienté est-ouest, comme entre Verdun et Noyon, les Allemands auraient économisé bien des forces. Par deux fois Joffre les a devancés.

Anvers tient encore. Aucun soldat allemand n'est encore dans l'angle nord-ouest de la Belgique. Toute la côte belge est encore libre et sans maître.

Les Allemands auront-ils ou non en Flandres une base pour leurs sous-marins ? Telle est la question qu'il s'agit de résoudre maintenant et qui se pose dans toute sa rigueur à la Direction suprême de l'armée allemande.

L'Angleterre pressent qu'il s'agit là de son existence. Le gouvernement de Londres se tourne vers le cabinet français et demande avec insistance que l'on tienne mieux compte des intérêts anglais. De graves discussions éclatent entre Joffre et French. Celui-ci n'a pas la moindre envie de laisser le corps expéditionnaire anglais s'épuiser sur l'Aisne, pendant que la côte belge tomberait sans coup férir aux mains des Allemands. À son avis il est déjà suffisant que l'on en soit arrivé là où on est par suite de l'incapacité du généralissime français.

La nouvelle de la chute d'Anvers éclate comme un coup de tonnerre au milieu de cette discussion. Les divisions allemandes se portent déjà à marches forcées sur Ostende. Les Anglais le voient en grinçant des dents. Joffre cède alors, bien que ses voies ferrées de la région du nord soient déjà chargées à l'extrême. Les Anglais quittent en hâte le front de l'Aisne et se rassemblent à l'est de Boulogne, à Hazebrouck. D'autres divisions amenées récemment de la métropole s'y trouvent déjà. Le front est prolongé rapidement vers le nord. French réussit encore à recueillir dans ses rangs, à l'est de Dunkerque, les Belges qui arrivent en toute hâte d'Anvers et qui ont déjà les régiments de Baeseler sur leurs talons.

La mer oblige les combattants à s'arrêter. L'idée de l'enveloppement par le nord est arrivée à son terme final. Remontant toujours davantage vers le nord, à l'ouest et à l'est du front, comme aux échelons d'une échelle invisible, les armées des deux partis ont atteint la mer du Nord. Cependant une étroite base sous-marine est restée aux mains des Allemands. French a besoin de temps pour préparer l'attaque qu'il veut diriger contre elle.

Mais Falkenhayn, lui, veut plus que cette base. Il s'apprête une dernière fois à attaquer ; il veut empêcher que le front ne se fige et arracher la victoire en une bataille en rase campagne en portant un coup terrible le long de la côte.

Les nuits sont déjà fraîches dans les Flandres. On est à la mi-octobre.

Le chaos des villages, des haies, des champs, des allées de peupliers et des cours d'eau est infini. Le pays ressemble à une boîte de construction d'enfant renversée sur le sol.

Les routes sont couvertes de colonnes en marche. Toutes se dirigent vers l'ouest, dans la direction du soleil couchant. Elles arrivent de leurs points de débarquement situés entre Gand et la région sud-ouest de Bruxelles.

Parmi les jeunes gens qui viennent de quitter les bancs de classe on voit marcher des hommes barbus. On dirait une migration des universités allemandes auxquelles on a fait subir une transformation singulière. Les officiers sont, pour la plupart des hommes âgés qui étaient déjà en retraite. Mais l'ardeur de la jeunesse les a gagnés. Les casques et les canons de fusil sont ornés de fleurs et de feuillage. Des chansons de route retentissent du matin au soir. Ce n'est qu'aux heures chaudes au milieu du jour que règne le silence.

Non, on ne veut pas sentir les fatigues de la marche. On serre les dents et l'on regarde, droit devant soi, toujours dans la direction des peupliers.

Le sac pèse et les pieds font mal. Les visages sourient et les lèvres chantent.

Les nuits sont déjà fraîches dans les Flandres.

Vers le matin les brouillards se lèvent et s'accrochent entre les haies, compagnons silencieux de cette marche vers l'avant.

On grelotte sous les tentes. Toutes sortes de pensées montent aussi au cerveau. Mais avec le jour tout reprend son aspect normal. La gaieté juvénile est invincible.

Autour des feux de bivouac les vieux racontent comment cela s'est passé en 1870. Ils se rappellent encore fort bien ce temps, car ils étaient alors eux-mêmes des enfants. Ils décrivent comme on se déploie pour l'attaque, comme on se porte en avant, à droite et à gauche, en une double ligne de tirailleurs et comment on progresse par bonds de groupes en partant des ailes. Mais il est préférable de le faire par sections pour maintenir la cohésion. Les officiers, l'épée au poing, marchent à trente pas en avant du front, les guides à leur droite et à leur gauche, les clairons à côté des commandants de compagnie. L'essentiel est de garder les intervalles et les distances. Puis les clairons sonnent. Chacun connaît cette sonnerie, brève, hachée, sèche, entraînante par sa répétition constante. Les fusils sont déchargés, pour que personne ne trahisse la ligne par une tiraillerie prématurée. Il faut autant que possible que tout se passe à la baïonnette. Jouer de la baïonnette, c'est le plus important. Ceux d'en face n'y résistent pas.

Les jeunes ouvrent de grands yeux et écoutent à ne pas en perdre une parole. On aura devant soi les Anglais. Ce sont des gens qui savent jouer au football et mâcher de la gomme et l'on dit même que chacun d'eux a emporté une raquette de tennis. Mais ils ne voient aussi dans la guerre qu'une sorte de sport, qui ne les intéresse que jusqu'à un certain degré. La campagne est pour eux une espèce de match de football entre Français et Allemands. Ils en sont les arbitres en pantalon blanc et tricot propre. Ils font attention à ne pas trop se salir. Toute l'affaire n'en vaut pas la peine. Devant la 1re armée ils ont décampé comme des lièvres.

Tels sont les bruits qui circulent de bouche en bouche. Personne ne dit aux jeunes que les troupes anglaises sont composées en grande partie de soldats exercés qui ont acquis de l'expérience au cours des guerres coloniales, et dont la force principale est d'utiliser admirablement le terrain.

Ils vivent dans une attente fiévreuse, solennelle, qui augmente de jour en jour. Encore quatre jours peut-être, demain trois... après-demain deux... puis...

Pendant six semaines ils ont été « drillés » dans les garnisons. Principe des sous-officiers : oublier que l'on est un être humain. Ils ont tout accepté volontairement, uniquement pour être bientôt prêts à combattre. Deux semaines de camp à Jüterborg, Döberitz, Münsingen, Elsenborn. Exercices de combat dans le cadre de la division et en même temps instruction de tir forcée.

Dieu ! Quel désordre il y a eu parfois et comme il a fallu se retenir pour ne pas rire des vieux à la barbe blanche ! Maintenant, ici, en campagne, cela marchera ! L'essentiel est que l'on y vienne enfin ! Que cela soit en colonne de groupe, en colonne de marche, en ligne de tirailleurs, en se déployant sur la gauche ou sur la droite, peu importe ! Pourvu qu'on les ait seulement au bout du fusil et de la baïonnette !

Tomber ? Mourir ? Rester grièvement blessé quelque part ? Et l'on entend monter en soi ce chant : « Achève-moi d'une balle, si je ne puis rentrer à la maison. » Et cet autre qui vient du plus profond de l'âme, comme un ton d'orgue et avec peu d'oppression : « Il n'est pas de plus belle mort au monde que celle d'être frappé par l'ennemi... »

Oui... et il monte aussi, quand l'alerte sonne le matin, quand les compagnies se rassemblent sur deux rangs sur la place du marché, et quand au loin dans l'est, bien derrière Courtrai et Gand, « l'aurore, l'aurore sanglante » apparaît au ciel. Les nuits sont déjà froides dans les Flandres.

Quatre corps d'armée de réserve, formés essentiellement de volontaires pour la durée de la guerre, ont été réunis au corps Baeseler pour former une nouvelle 4e armée.

L'ancienne 4e armée, celle de Champagne, a été dissoute. La nouvelle se rassemble entre Ostende et Courtrai et se trouve prête le 15 octobre à attaquer, en direction de Merville, le front compris entre la mer près de Nieuport et la Lys.

La rencontre est terrible. Avec un mépris de la mort sans exemple, les jeunes régiments, observant exactement les principes du règlement de manœuvres, se jettent sur l'ennemi qui utilise en maître tous les avantages du terrain.

Des combats d'un acharnement sauvage et moyenâgeux se déchaînent autour de Dixmude, Bischoote, Langemark, Paschendaele, Becelaere, Hollebeke, Wytschaete et Messines. La fleur de la jeunesse allemande se révèle sans égale dans l'assaut et dans la mort.

Tout en haut, dans le nord, dans les dunes et à l'est du cours de l'Yser, le IIIe corps de réserve, aux ordres de Baeseler, se rapproche de la petite rivière en des combats qui durent dix jours. Le XXIIe corps de réserve prend pour la première fois Dixmude en une bataille de rues sanglante. À Drie Graachten le XXIIIe corps de réserve pousse jusqu'au canal de l'Yser, qui unit la rivière de ce nom à la ville d'Ypres.

Autour du saillant de la vieille métropole des Flandres les XXVIe et XXVIIe corps de réserve s'engagent avec les Anglais dans des combats d'un acharnement formidable. La 6e armée, qui est en liaison avec eux au sud, pousse son aile nord vers le massif des hauteurs plus élevées qui se trouve au sud d'Ypres et qui est couronné par le Kemmel. La bataille fait rage jusqu'à la Lys, sur un front de plus de cent kilomètres. Elle dure deux semaines, sans interruption, phénomène tenu jusqu'alors pour impossible. À la fin d'octobre, il est acquis que la percée ne pourra être réalisée au nord d'Ypres. Les sacrifices sont trop grands. Le terrain offre trop d'avantages aux défenseurs.

À l'extrême nord les Anglais et les Belges, dans leur détresse, font appel à un allié puissant. Le 27 octobre ils ouvrent les écluses de Nieuport. La mer se précipite et inonde le pays jusqu'à Dixmude.

On croit tout d'abord que c'est la nappe souterraine qui est montée par suite des pluies torrentielles. Mais les réservistes du IIIe corps de réserve ont bientôt de l'eau jusqu'aux genoux. Ils sont alors obligés de se réfugier sur des points plus élevés. L'eau leur monte jusqu'aux hanches. Le banc d'eau devient toujours plus large.

Maintenant aucun doute n'est plus possible : la mer est en marche. Pataugeant dans l'eau, ramenant avec peine leurs blessés, les assaillants se replient jusqu'à ce qu'ils retrouvent la terre ferme sous leurs pas.

Les flots séparent les combattants. Au-dessus d'eux les obus croisent sans répit leurs trajectoires.

La bataille ne s'en cramponne qu'avec plus de violence autour d'Ypres.

L'aile nord de la 6e armée est transformée en un groupement de combat spécial dit du général Fabeck. De nouvelles batteries, prélevées sur d'autres parties du front, entrent en ligne. Le 30 octobre l'attaque se déclenche.

Zandwoode et Hollebeke tombent. Le 31, les régiments de la 26e division débouchent de la dépression de la Lys et s'emparent de Messines après un terrible combat rapproché. Leurs regards sont déjà dirigés vers la plaine qui s'étend en arrière d'Ypres.

La bataille tient à un fil. French estime qu'il ne peut plus se maintenir. Mais le général Foch lui rappelle que des secours arrivent du front français. Dès le 4 octobre le général Joffre a formé en effet un « groupe d'armées du nord » aux ordres du général Foch. Toutes les troupes entre la Somme et la côte en dépendent. Le 19 octobre il a intercalé un nouveau détachement d'armée français, aux ordres du général d'Urbal, entre les Anglais et les Belges.

Les unités françaises se jettent dans la bataille à Dixmude et arrachent le village en flammes et en ruine aux volontaires allemands.

Un deuxième groupement de choc allemand est alors formé sous le commandement de Linsingen. Avec une violence terrible il se précipite à nouveau, le 10 novembre, contre le saillant prononcé que forme le front ennemi au sud-est d'Ypres.

Au nord les volontaires prennent d'assaut Dixmude pour la seconde fois et le conservent contre toutes les contre-attaques. Celles-ci sont faites par les meilleurs régiments français.

Linsingen ne progresse pas. French jette de nouvelles troupes dans la fournaise.

Le 11 novembre, en un combat d'un acharnement inouï, la 2e division de la garde prussienne bloque dans des boqueteaux et dans des haies, de part et d'autre de la route d'Ypres à Menin, par Gheluvelt, la nouvelle contre-attaque ennemie.

Les pluies d'automne des Flandres ont déjà commencé. La région se transforme en marécage. Les entonnoirs sont des mollards dont les troupes suivent les bords en des pistes étroites.

Les pertes sont extraordinairement lourdes ; elles atteignent des taux jusqu'alors inconnus.

À la mi-novembre la bataille s'éteint peu à peu en combats de position, sensiblement sur la base de départ du choc initial. Les deux adversaires sont mortellement épuisés. Ils sont couchés face à face à courte distance.

Et c'est là aussi un phénomène inouï et nouveau que l'on puisse rester ainsi des jours, des semaines dans des entonnoirs, à trente mètres les uns des autres. On échange d'une ligne à l'autre, des grenades à main qui éclatent avec un bruit assourdissant. On peut voir quand l'un de ceux d'en face fume une cigarette. On les entend causer à voix étouffée. Pendant le jour il est impossible de lever ne fût-ce que la main au-dessus de la tranchée sans attirer la fusillade. La nuit des fusées éclairantes montent vers le ciel, quand les postes d'écoute vont patrouiller comme des bêtes sauvages.

Du nord, de l'est, du sud-est, les régiments allemands ont les yeux dirigés sur Ypres.

Les tours de l'église Saint-Martin sont crevées. Le toit de la halle aux draps est réduit en miettes. Des incendies couvent dans la ville, qui s'est couchée pour mourir lentement.

7
La campagne de Pologne

Hindenburg et Ludendorff se demandent comment ils pourront secourir le plus rapidement et le plus sûrement les Autrichiens fortement pressés par les Russes. Samsonov est anéanti, Rennenkampf momentanément impuissant, la Prusse orientale délivrée.

La première grande offensive de Nicolas Nicolaïevitch dirigée contre l'aile nord du front austro-allemand en Prusse orientale et contre son aile sud en Galicie n'a obtenu de résultats qu'au sud. Là les Autrichiens, qui ont été fortement éprouvés, sont installés derrière la Wisloka et tiennent les cols des Carpathes. Przemysl avec ses 50 000 hommes de garnison aux ordres du général Kusmanek est investi. La place est assiégée méthodiquement. Ce n'est plus qu'une question de temps pour que les Autrichiens n'aient plus de biscuit ni de conserves de viande.

En Prusse orientale, par contre, l'offensive russe s'est terminée d'une façon plus que lamentable. Mais qu'importe ! Ce n'est que maintenant que les immenses ressources en hommes de l'empire russe commencent à se déverser peu à peu. Les pertes qu'ont subies ses armées – plus de 300 000 hommes – sont rapidement comblées et même plus que compensées.

Paris et Londres se font pressants. La bataille de la Marne vient de finir à l'ouest. Les Alliés ont le pressentiment qu'ils ont, non pas remporté une victoire, mais simplement diminué la pression qu'exerçaient sur eux les Allemands. C'est au tour de la Russie de marcher maintenant et de faire enfin son devoir, car dans quel but lui a-t-on donné des milliards ?

Mais Nicolas Nicolaïevitch prend son temps. Il a vu en Prusse orientale ce dont est capable un adversaire ridiculement inférieur en nombre. Cette fois il ne faut pas improviser. Il veut aller à coup sûr. Il faut obtenir la décision de la guerre.

Dans l'Est il est deux facteurs sur lesquels, à côté de la bravoure et de la résistance des troupes, tout repose.

C'est tout d'abord la science, qui a déjà par deux fois fait ses preuves, du colonel-général von Hindenburg et de son chef d'état-major Ludendorff. C'est ensuite la mobilité fabuleuse des corps allemands sur cet immense espace, mobilité qui est due en premier lieu à l'état excellent du réseau ferré allemand. Ces deux faits caractérisent la guerre sur le front oriental.

Alors que Conrad von Hoetzendorf avec la facilité géniale et presque enfantine de ses raisonnements stratégiques agit trop rapidement, alors que Falkenhayn avec la solidité bien assise, la réflexion méthodique et l'opiniâtreté calculatrice de sa stratégie agit trop lentement, trop froidement, ces deux qualités de l'art militaire se trouvent unies en un mélange presque idéal chez le Haut Commandement allemand du front est. L'Allemagne commence déjà à soupçonner que la double personnalité du chef qui lui a été refusé jusqu'alors par le destin est en voie d'apparaître sur ce front.

Alors que la bataille des Lacs Mazures est encore en plein développement, Hindenburg et Ludendorff étudient et préparent déjà l'aide qu'ils apporteront aux Autrichiens ; ils songent à attaquer en direction de Varsovie en partant de la frontière sud de la Prusse orientale. Ils veulent ainsi tomber par surprise dans le flanc nord des forces ennemies qui se trouvent en Pologne centrale et apporter aux Autrichiens le soulagement qui leur est instamment nécessaire en poussant profondément, le long de ce flanc, sur les derrières des Russes. Falkenhayn rejette cette idée. À son avis il faut appuyer les Autrichiens de plus près : la Pologne du nord-est est trop loin de leurs armées et leur sort pourrait être réglé avant qu'une pareille opération ne fasse sentir ses effets.

Hindenburg fait une concession. Il passera à l'attaque en partant de la région au sud de Posen, sensiblement en remontant la Wartha. Mais il songe toujours à atteindre le flanc nord de l'ennemi. L'idée de la manœuvre de Cannes hante toujours et partout son état-major. On ne veut pas seulement vaincre, mais aussi anéantir l'ennemi.

Falkenhayn rejette également ce plan. Il estime que la Pologne du nord-ouest est, elle aussi, trop éloignée des Autrichiens. Il prescrit que la nouvelle opération devra être déclenchée immédiatement à l'aile gauche des Autrichiens qu'elle prolongera vers le nord. La concentration aura lieu en Haute-Silésie.

Hindenburg et Ludendorff se laissent persuader par les raisons de Falkenhayn. La détresse des Autrichiens fait pencher la balance. Comme cela va de soi les deux chefs mettent tout en œuvre pour remporter également la victoire par cette manœuvre. Mais ils ne perdent pas de vue l'autre possibilité qu'ils ont envisagée. Peut-être pourra-t-on encore la réaliser plus tard.

La concentration demande un certain temps. Les troupes doivent être transportées depuis la partie est de la Prusse orientale jusqu'en Haute-Silésie par la Prusse occidentale, la Posnanie, la Basse-Silésie. On est obligé de ce fait de violer le premier des principes que l'on s'est imposé : faire succéder rapidement les coups de marteau sur l'enclume russe.

L'impossible est rendu possible. Les mêmes régiments qui étaient le 30 août à Tannenberg, le 13 septembre à l'est des Lacs Mazures, se trouvent le 26 septembre en Haute-Silésie, prêts à se porter en avant. Les uniformes ne sont plus des meilleurs – l'intendance ne peut pas aller aussi vite. Les talons se sont tordus et éculés à Angerburg lorsqu'on songeait à se replier derrière la Vistule, puis à Tannenberg, Ortelsburg et Villenberg, enfin quand on est remonté à nouveau par Angerburg sur Kovno et Grodno. Aucune botte ne résiste à de pareilles marches. Les fers des chevaux ne sont plus fameux. Les fantassins ont des barbes de plusieurs jours qui se transforment peu à peu en barbes véritables. Les compagnies ont été recomplétées. On a livré tous les quinze jours une bataille, et chaque fois on s'est remis à marcher comme si le diable s'était mis en tête du mouvement. Et maintenant c'est à nouveau un transport en chemin de fer. Où peut-on bien aller cette fois ? Mais Hindenburg doit le savoir.

Ils ne s'appellent plus 8e armée. Ils se divisent. Quelques corps, sous le nom de 8e armée, restent devant Grodno et Kovno, où Rennenkampf est en train de mettre sur pied sa deuxième armée du Niémen, après que sa première a été si maltraitée. On a même identifié récemment une nouvelle armée, la 10e, au sud de Rennenkampf.

Les vainqueurs de Tannenberg – le XXe corps du général von Scholtz, le XVIIe corps du général von Mackensen, – forment le noyau de la nouvelle armée de Haute-Silésie, la 9e. Le XIe corps et le corps de réserve de la Garde, qui ont déjà participé à la lutte contre Rennenkampf, en font partie eux aussi. La 9e armée a pour chef Hindenburg, qui est en même temps commandant en chef de toutes les troupes allemandes du front oriental. Le corps de landwehr Woyrsch, qui a préservé l'aile gauche des Autrichiens de l'effondrement, lors de leur première bataille malheureuse, passe maintenant à la 9e armée dont il constitue l'aile droite.

Conrad von Hoetzendorf se refuse à céder la direction supérieure de la nouvelle opération, pour autant que les Autrichiens doivent y participer. Ce serait trop demander à la fierté de l'armée impériale et royale. Il lui semble par contre tout naturel de s'y joindre avec toutes ses forces.

Il veut en outre profiter de l'occasion pour tirer de son engourdissement l'armée austro-hongroise tout entière depuis l'embouchure de la Wisloka jusqu'aux Carpathes et jusqu'à la source de la Theiss, en deçà de la Bukovine, et la conduire à une nouvelle victoire, si possible décisive. Les blessures qu'elle a reçues à Lemberg et sur le San la brûlent. Il faut ranimer les espérances de victoire de la monarchie danubienne, profondément déprimées par les événements.

En conséquence la 1re armée autrichienne, aux ordres de Dankl, reçoit l'ordre d'opérer à hauteur de la 9e armée allemande en direction de l'embouchure du San. La 4e armée, jadis commandée par Auffenberg et maintenant par l'archiduc Joseph-Ferdinand, dégagera Przemysl et traversera le San à Jaroslau. Les 3e et 2e armées descendront des cols des Carpathes et reprendront Lemberg et la ligne du Sereth.

Plan hardi, exigence formidable imposée à l'armée austro-hongroise qui n'est pas encore guérie de sa première blessure. Les Autrichiens sont confiants et assez désireux de faire de leur attaque l'offensive principale, pendant qu'en Pologne les Allemands livreraient plutôt un combat d'attente et d'appui : Hindenburg et Ludendorff n'ont ni l'idée, ni le temps d'être jaloux de cette prétention. L'essentiel est que les Autrichiens se portent en avant !

Le 28 septembre la 9e armée débouche de la ligne Cracovie Kreuzburg, le centre à cheval sur la voie ferrée Kattovitz-Kielce-Radom-Ivangorod. Les vainqueurs de Prusse orientale savent ce que c'est que marcher. Mais ici ils vont encore apprendre quelque chose de nouveau.

Des détachements de sûreté russes sont bousculés brutalement. Cinq jours plus tard la 9e armée combat pour la ligne de hauteurs du Lysa Gora, de part et d'autre de Kielce. Deux jours après les hauteurs sont franchies. La 1re armée autrichienne participe valeureusement à la lutte et progresse vigoureusement le long de la Vistule en direction de l'embouchure du San.

Comme il était à prévoir, l'avance des autres armées autrichiennes ne répond pas aux fières espérances de Conrad von Hoetzendorf. La 3e armée dégage bien Przemysl, mais toutes ses divisions restent accrochées au San. La 2e armée, à l'aile droite, n'atteint pas même la plaine de Galicie. Ce n'est qu'en Bukovine qu'on obtient des résultats satisfaisants. Ils ne sont pas suffisants cependant pour que l'on puisse songer à prendre en flanc les Russes par le sud.

Mais le grand-duc Nicolas Nicolaïevitch révèle alors toute la maîtrise de sa stratégie. Dès qu'il s'aperçoit des préparatifs d'attaque allemands en Pologne méridionale, il renverse son plan. Alors que, jusqu'à présent, il avait appliqué l'effort principal de ses opérations à ses deux ailes, en Prusse orientale et en Galicie, il se met à déverser ses masses en Pologne centrale : son but est de s'opposer à l'avance austro-allemande entre Pologne méridionale et Carpathes par une attaque puissante contre le flanc nord allemand, en partant de la région Varsovie-Ivangorod.

Nicolas Nicolaïevitch ne pense pas seulement à repousser l'offensive ennemie. Son esprit guerrier se propose un but beaucoup plus élevé. La saison permet encore de grandes opérations. Plus tard la pluie et la boue transformeront tout.

La concentration de l'énorme masse de troupes, que le monde désignera plus tard sous le nom de « rouleau à vapeur russe », est presque complètement terminée entre Varsovie et Ivangorod. Trente corps d'armée sont prêts à se porter en avant. La manœuvre s'appuie à de puissantes forteresses. Au-delà de la Pologne et de la Silésie il y a Berlin.

Au fur et à mesure que la 9e armée allemande et la 1re armée autrichienne progressent, la pression ennemie devient plus puissante. Bientôt il ne peut plus être douteux qu'on a affaire à des forces bien supérieures. Le développement de la bataille oblige le commandant allié à infléchir de plus en plus ses forces vers le nord-est là où la résistance ennemie est la plus forte. C'est ainsi que la 9e armée allemande, qui était orientée initialement sensiblement sur Ivangorod, reçoit presque comme point de direction Varsovie. La 1re armée autrichienne oblique de l'embouchure du San sur Ivangorod.

Les deux armées continuent encore à avancer. Mais au bout de quelques jours la gravité de la situation devient terrible et manifeste. Le grand-duc déclenche le mouvement de son rouleau à vapeur. Le débordement de l'aile nord de la 9e armée devient imminent. Des ordres d'opérations trouvés sur des officiers russes prisonniers révèlent tout le danger.

Cette heure grave marque la fin de l'offensive austro-allemande. Il faut prendre des décisions entièrement nouvelles.

Les forces de la 1re armée autrichienne, qui avait courageusement participé au mouvement en avant, faiblissent rapidement devant les attaques russes qui débouchent d'Ivangorod. Dankl est ébranlé. Il cède. Au lieu de se replier sur l'axe de sa progression antérieure, en remontant la Vistule, il s'accroche, en une intention fort compréhensible, aux Allemands. Il bat en retraite sur Radom. L'aile sud allemande, y compris Dankl, se trouve alors en l'air, elle aussi. Une brèche s'ouvre entre elle et la 4e armée autrichienne qui a été reportée vers le nord jusqu'à la Vistule. L'absence d'unité de direction stratégique chez les Autrichiens et les Allemands se fait cruellement sentir.

Les têtes des éléments nord de la 9e armée allemande se trouvent devant les ouvrages extérieurs de Varsovie. Les avant-gardes de son centre, à l'embouchure de la Pilica, ont les yeux tournés vers la Vistule qui coule lentement devant elles ; de l'autre côté du fleuve elles aperçoivent le chaos des tranchées ennemies.

Les Russes se sont retranchés comme s'il s'agissait d'une longue guerre de siège, alors que les Allemands étaient encore il y a dix jours à deux cent cinquante kilomètres en Haute-Silésie.

Les états-majors des divisions allemandes sont déjà en train de préparer le passage de la Vistule. Ils ne pensent qu'à une seule chose, à savoir qu'on va attaquer Varsovie et Ivangorod. Des exemples fameux montrent que c'est par des opérations en rase campagne qu'on s'empare des places fortes. Certes les troupes sont affaiblies et épuisées par les dix jours de marches forcées qu'elles ont accomplies à travers la Pologne méridionale et les combats continus qu'elles ont soutenus. Mais Hindenburg et Ludendorff sauront bien ce qu'on peut leur demander.

Ils le savent effectivement. Fidèles à leur principe de préparer chaque manœuvre alors que la précédente se déroule encore, ils ont déjà fait leur plan. Cette fois-ci il ne s'agit plus de déborder et d'anéantir. Cette fois-ci c'est plus amer. On va céder et se replier jusqu'à la position d'où on est parti. Tout abandonner. Les maîtres de la marche en avant stratégique se transforment en maîtres de la retraite stratégique.

Les pluies des régions polonaises font leur apparition. Les routes se défoncent et se couvrent de boue. Des voitures restent en panne, des canons s'enlisent. La plaine de la Pologne du sud s'étend sans fin, ne formant qu'une vaste flaque de boue. Dans le lointain se dresse le Lysa Gora. On l'a franchi il y a dix jours. Maintenant on le passe une seconde fois, en sens inverse.

Les marches sont presque écrasantes tant leurs objectifs sont éloignés. À cela vient s'ajouter l'ordre de détruire de fond en comble toutes les organisations et toutes les installations qui ont une valeur militaire. Le commandement de l'armée y attache la plus grande importance. On a déjà fait partout des préparatifs dans ce sens lors de la marche en avant. Des ponts et des ouvrages de voies ferrées sautent. Des carrefours sont détruits. L'ennemi ne doit rien trouver qui puisse lui permettre d'activer son mouvement. Mais l'éclat le plus brillant de cette retraite modèle et unique est d'ordre moral : pas un seul instant, même chez le simple fantassin, on n'a l'impression que quelque chose ne va pas. Tout s'accomplit dans le plus grand ordre. On sait que le commandement a ses raisons d'agir ainsi. Si on bat en retraite ce n'est que pour se procurer la possibilité d'une nouvelle attaque. Offensive et retraite se fondent en une action stratégique unique en son but. Le soldat ne voit dans ce repli qu'il exécute qu'une partie de sa victoire. C'est le mérite d'un commandement parfait.

Les divisions allemandes se replient sur Czentochau et Kreuzburg pour éviter d'être débordées par le nord.

Le grand-duc met péniblement son rouleau en marche, l'aile droite sur Posen, l'aile gauche sur Breslau. Les Autrichiens abandonnent encore une fois tout ce qu'ils ont conquis et ne s'arrêtent même cette fois que derrière la Dunajec, de part et d'autre de Tarnov.

En ces journées douloureuses, au cours de cette retraite de leurs propres corps fortement éprouvés, la puissance de volonté, la richesse de pensées et la confiance inébranlable en la victoire des deux chefs qui commandent dans l'Est s'emploient déjà à monter une nouvelle manœuvre destinée à faire tourner le sort une seconde fois !

Ludendorff part pour Berlin. Les événements ont pris une tournure telle qu'une explication complète entre la Direction suprême et la Direction des opérations du front oriental paraît indiquée. De Charleville, Falkenhayn se rend également à Berlin. Les deux hommes se rencontrent.

Ludendorff se sent comme dans un autre monde, qu'il ne comprend pas. « La différence entre la tension inouïe, où j'avais vécu depuis le début de la guerre et l'animation de Berlin était trop grande », écrira-t-il plus tard. Les cafés et les lieux de plaisir sont bondés de monde. Une vie joyeuse règne dans les rues. On l'acclame et on salue en lui le vainqueur de deux batailles, le libérateur de l'Est.

Ludendorff en est effrayé. Ses troupes sont en train d'accomplir une retraite qui exige d'elles jusqu'à leurs dernières forces. On ne sait pas encore si le grand-duc s'est entièrement rendu compte des avantages de la situation.

En Pologne la pluie tombe. Depuis longtemps on n'y connaît plus la joie et l'allégresse. Les Autrichiens refluent derrière la Dunajec. C'est presque trop. Ludendorff fait à Falkenhayn un tableau exact de la situation en Prusse orientale et en Pologne. Conrad von Hoetzendorf a demandé instamment des renforts allemands. Mais le général von Falkenhayn ne cache pas que pour le moment il ne peut rien donner. La bataille est déchaînée dans les Flandres et il en attend toujours la décision.

Et à l'intérieur on est en fête, dans l'allégresse de la victoire !

L'explication avec Falkenhayn n'est pas réconfortante. Les deux chefs ont beaucoup de choses sur le cœur. La volonté stratégique de Ludendorff se heurte à la froide ténacité de Falkenhayn. On se quitte insatisfait de part et d'autre.

Falkenhayn a du moins donné son consentement au changement d'organisation dans le commandement du front Est qui lui était suggéré et qui était absolument nécessaire. Hindenburg passe le commandement de la 9e armée à Mackensen. Il est maintenant exclusivement commandant en chef des forces du front oriental et se rend avec son état-major à Posen. Les provinces de Prusse orientale, Prusse occidentale, Poméranie, Posnanie et Silésie lui sont subordonnées en tant que zone des armées.

Quant aux nouvelles opérations projetées Ludendorff n'a pas encore pu en dire quoi que ce soit à Falkenhayn, les plans n'en étant pas encore au point. Il s'agit en effet avant tout de savoir si l'avance des Russes s'est effectivement enlisée et si la 9e armée a retrouvé sa liberté de manœuvre.

Avant qu'à l'intérieur on n'ait pris complètement conscience de l'énorme danger qui a surgi soudainement dans l'Est, le coup destiné à l'écarter s'abat déjà.

On dégarnit à fond de troupes allemandes la zone de concentration initiale de la 9e armée qui est devenue sa zone de retraite. Seul le détachement d'armée Woyrsch y est laissé. Il passe sous les ordres de la 1re armée autrichienne, et celle-ci reporte sa zone d'action entièrement au nord de la Vistule. La 2e armée autrichienne est retirée de l'aile sud, sur le Dniester, et est intercalée à la droite de la 1re armée.

La 9e armée, au cours même de sa retraite, est transportée par voie ferrée dans la zone comprise entre Posen et Thorn, où la garde de la frontière n'a été assurée jusqu'alors que par des bataillons de landsturm. La 8e armée, en Prusse orientale, reçoit l'ordre de céder jusqu'au dernier homme dont elle peut se passer, pour renforcer la 9e armée.

Mais pour ne pas s'exposer à une perte certaine, la 8e armée prend une mesure particulièrement amère. Elle se retire sans combattre du front qu'elle occupe devant Kovno et Grodno, abandonne à nouveau une partie de la Prusse orientale et s'installe sur la défensive sur la ligne Tilsitt-Gumbinnen-Angerburg-Lyck, où l'on a construit entre-temps une position solide. C'est la ligne d'où l'on a débouché jadis pour la bataille des Lacs Mazures, bataille qui a refoulé Rennenkampf et libéré la Prusse orientale.

Enfin, Falkenhayn cède à Hindenburg quelques corps d'armée du front ouest. La bataille d'Ypres s'y est enlisée. Mais ces corps doivent tout d'abord traverser toute l'Allemagne en chemin de fer, ce qui demandera, y compris les marches pour se rendre aux points d'embarquement et pour rejoindre les zones de concentration après débarquement, au moins une semaine. Or Nicolas Nicolaïevitch est déjà en marche. Hindenburg ne peut pas les attendre.

Le 11 novembre Mackensen attaque avec la 9e armée, l'aile gauche appuyée à la Vistule à Thorn, l'aile droite à la Wartha, au sud-est de Gnesen. Ce sont encore une fois les vainqueurs de Tannenberg, des Lacs Mazures, de Varsovie et d'Ivangorod qui entrent en jeu. Ils réapparaissent chaque fois au bout de deux semaines, comme si leurs forces étaient inépuisables. Le grand-duc se trouve en présence d'une énigme.

Deux jours plus tard, alors que Mackensen combat déjà à mi-chemin de Lodz, la décision mûrit. Le centre russe suspend son mouvement. Le rouleau à vapeur s'arrête. Le grand-duc, imperturbable dans son énergie et méprisant tous les coups du sort, jette ses réserves à son aile nord. Cela ne lui sert à rien. Son aile s'infléchit lentement vers l'arrière et se brise. Mackensen arrive devant Lodz, où les masses russes se pelotonnent en un amas désordonné.

Il semble déjà qu'on va pouvoir réaliser à Lodz un nouveau Tannenberg. Mais l'extrême gauche de Mackensen, qui a poussé fort loin de l'avant, tombe de son côté dans une situation des plus graves. Les Russes appellent de nouvelles masses de Varsovie. Le 23 novembre le XXVe corps de réserve et la 3e division de la Garde sont entièrement encerclés. Ils sont près de Brzeziny et combattent dans toutes les directions. « Samsonov sera vengé », pensent les Russes. Et l'on prépare déjà des trains pour évacuer les prisonniers allemands.

Les trois divisions enveloppées font alors demi-tour. On se porte contre les derrières de l'ennemi, la 3e division de la Garde en tête, aux ordres du général Litzmann. Au cours de la nuit le cercle russe est brisé. Les divisions emmènent avec elles tous leurs trains et en outre 10 000 prisonniers.

Mais la force offensive de cette seule armée, contre laquelle le grand-duc, affaiblissant son centre et renonçant à son idée de marcher sur la Silésie, Posen et Berlin, jette corps après corps, s'éteint alors peu à peu. Bien que les corps d'armée allemands de l'Ouest soient maintenant arrivés, on n'avance plus que pas à pas. Lodz est pris le 6 décembre, Lovicz le 13.

Depuis le début de l'offensive de Mackensen le grand-duc a perdu 250 000 hommes et les Allemands ont fait 80 000 prisonniers. L'Est a été sauvé encore une fois. Sauvé par une manœuvre stratégique d'une hardiesse sans exemple.

L'hiver russe étend aussi ses serres sur la Pologne. Mais le grand-duc ne songe pas encore à laisser ses troupes s'installer dans des tranchées.

8
Carpathes et Mazurie

Les reproches que la Russie reçoit de ses alliés de l'Ouest sont sévères. Où sont ses succès ? Quels sont-ils par rapport aux grandes promesses qu'elle a faites jadis ? La perspective d'atteindre Berlin est plus lointaine que jamais. Il faut cependant que la guerre arrive d'une façon ou d'une autre à une décision. On ne peut pourtant pas s'installer tout bonnement dans les tranchées et y attendre pour voir comment tout se déroulera.

Il est évident que pour le moment on ne peut rien obtenir à l'ouest. Français et Anglais ont donné à fond pour bloquer l'attaque de leurs ennemis. La force offensive des armées allemandes a pesé presque exclusivement sur eux et celles-ci sont installées maintenant sur un front solide entre la mer et la frontière suisse.

Mais avant que l'occasion ne soit donnée aux Allemands d'ébranler ce front au printemps prochain, il faut que la Russie intervienne encore. Il faut qu'elle renouvelle une troisième fois son assaut par deux fois malheureux. Les pertes terribles qu'elle a subies ne doivent pas entrer en ligne de compte, pas plus d'ailleurs que l'hiver russe. On peut aussi combattre par la neige et par la glace.

Le grand-duc sait ce qu'il doit à ses alliés. Puisque la première attaque dirigée contre les ailes ennemies a échoué, et que la tentative d'écrasement du centre adverse s'est terminée lamentablement, eh bien, on essaiera encore une fois d'agir sur les ailes. Surtout à l'aile sud. Les combats de novembre ont montré combien les Autrichiens y étaient affaiblis.

On est en décembre. L'hiver russe s'étend, tout blanc, sur l'immense front de Memel à Czernovitz. Aussi, on n'en vient qu'une fois à une opération de quelque importance. Dans le bas, au début du mois, au cours de la bataille de Limanovo qui dure trois jours, les Autrichiens refoulent les Russes qui ont poussé au-delà de la Dunajec entre Tarnow et les Beskides.

Cette opération partielle ne trouble pas beaucoup le grand-duc. Il voit beaucoup plus grand. Froidement, opiniâtrement, il prépare sa nouvelle offensive qui doit conduire ses troupes au-delà de la crête des Carpathes, haute de 2000 mètres et entièrement couverte de neige et de glace.

Ce plan est si grandiose qu'il ne peut naître que dans le cerveau d'un chef slave. Être ménager des hommes qui devront mourir, là-haut, dans les montagnes, on n'y songe pas. On peut encore tout obtenir du soldat russe. Il obéit encore au petit père le tsar comme au bon Dieu. Un million d'hommes a déjà été sacrifié. Un autre million tombera sans murmurer.

Mais ce n'est pas tout : la nouvelle attaque sera aussi dirigée contre les Allemands maudits qui ont mis fin si rapidement à l'offensive du centre russe. Il faut leur enlever l'envie de manœuvrer avec leurs quelques faibles corps sur les milliers de kilomètres de l'ensemble du front et de dicter leur loi, tantôt ici, tantôt là, suivant leurs conceptions stratégiques, aux lourdes masses russes. Or, on ne peut y arriver que par un règlement de comptes complet.

Rennenkampf a disparu de la Prusse Orientale. Le grand-duc n'a pas pu lui pardonner d'avoir été cause, en son temps, par son inaction, de la perte de Samsonov et de l'armée de la Narev. On l'a mis momentanément à la tête de la nouvelle 1re armée, en Pologne centrale. Mais ce poste plein d'honneur n'est qu'un acheminement vers la disgrâce.

Dès septembre 1914 la 10e armée russe, de nouvelle formation, a été intercalée entre l'armée du Niémen de Rennenkampf et les restes de l'armée de la Narev. En octobre l'ancienne armée de la Narev a été fondue avec la nouvelle 10e armée.

Le chef de cette armée est le général Sievers.

Elle reçoit peu à peu tant de corps qu'à la fin de l'année Sievers dispose de plus d'un quart de million d'hommes pour bousculer les faibles formations de landwehr et de landsturm de la 8e armée du général von Below, installée entre Tilsitt, Angerburg et Johannisburg et pour obtenir cette fois un résultat complet.

L'offensive en direction des cols des Carpathes et de la Hongrie doit commencer dans la deuxième semaine de janvier 1915. Sievers reçoit l'ordre de se tenir prêt. Peut-être réussira-t-on à détourner l'attention et les forces des Allemands vers le sud pour les frapper d'autant plus mortellement dans le nord.

L'esprit mobile de Conrad von Hoetzendorf n'est pas défaillant, lui non plus, en cette circonstance. Mais il est une croyance dont il est maintenant complètement libéré. Un double malheur l'a amené à reconnaître qu'il ne peut plus compter sur ses divisions. Si amer que cela soit pour lui, il a besoin d'être aidé sur place par les Allemands pour pouvoir encore une fois tenter la chance.

Falkenhayn est assez avisé pour lui accorder cette aide. Le calme qui règne sur le front occidental, le fait qu'il en est venu, lui aussi, après de sanglantes expériences, à reconnaître qu'on ne peut pas songer pour le moment à une bataille en rase campagne en France, facilitent sa décision. Sa raison lui montre que toutes les victoires que pourraient remporter les Allemands ne leur serviraient à rien si en même temps la catastrophe devenait imminente du fait d'une défaite autrichienne.

Une armée allemande du Sud est formée, sous les ordres du général von Linsingen. Ses troupes proviennent toutes, comme leur chef, du front oriental allemand. Elles traversent en chemin de fer la Silésie, l'Autriche et la Hongrie ; à la Noël elles sont en cours de transport et se rassemblent à Munkacz, derrière la partie centrale des Carpathes. Au début de janvier elles prennent le secteur compris entre la 3e armée autrichienne et le détachement d'armée Pflantzer Baltin qui se trouve en Bukovine. Au point de vue stratégique l'armée du Sud est subordonnée à Conrad von

Hoetzendorf. Par contre toute une série de divisions autrichiennes est affectée à Linsingen.

La neige atteint plusieurs mètres dans les Carpathes. Certains jours particulièrement froids, le thermomètre descend jusqu'à 30 degrés au-dessous de zéro. Les chemins qui mènent au front sont couverts de glace et à peine praticables. Les tranchées des deux adversaires courent face à face, de sommet en sommet, et à travers les pentes balayées par le vent.

Éloignées de leur patrie, incorporées dans le système administratif d'une armée étrangère, chargées d'une mission toute nouvelle pour elles, les troupes allemandes ont à se mettre dans l'ambiance. Il faut que cela marche ! À droite et à gauche, les Autrichiens font preuve d'une camaraderie cordiale et prévenante. La reconnaissance qu'ils éprouvent pour l'aide que leur apportent les Allemands est loyale et franche. Ils savent eux-mêmes ce dont ils souffrent.

Les Allemands ne sont pas venus pour s'installer à demeure dans les Carpathes et pour étudier les beautés naturelles de l'hiver en montagne. À peine ont-ils pris leur place dans l'ordre de bataille que l'ordre d'attaque leur est donné. Conrad von Hoetzendorf et Hindenburg sont d'accord sur la nécessité de parer à l'offensive russe attendue en devançant l'ennemi au nord et au sud par une contre-offensive.

Il semble presque que le Grand-Duc Nicolas Nicolaïevitch poursuit de son côté la même idée. Peu de temps avant le déclenchement de l'attaque austro-allemande projetée, les Russes se mettent en mouvement en Bukovine. Est-ce que par hasard en attaquant en flanc l'extrême sud du front de ses adversaires le Grand-Duc voudrait enlever à leur offensive ses fondements mêmes ?

Pflantzer Baltin se replie avec l'aile sud autrichienne. Bientôt il n'est plus loin de la frontière qui sépare la Transylvanie de la Bukovine. Les Carpathes y étalent leur rempart naturel. Conrad von Hoetzendorf, qui ne veut pas se laisser arracher les bases de sa manœuvre huit jours avant son déclenchement, envoie des renforts à Pflantzer Baltin. Comme l'armée Linsingen, d'autre part, se porte en avant au même moment, Pflantzer Baltin peut sous l'effet de sa progression, faire front à nouveau. Les Russes cèdent. On marche sur Kolomea et Czernovitz.

Linsingen a débouché entre-temps. Les combats avec les Russes sont farouches et confus. L'ennemi ne veut à aucun prix se laisser enlever les vues qu'il a sur la plaine hongroise. Chaque journée d'opérations exige de vastes préparatifs. Les difficultés de ravitaillement en matériel et en vivres sont indicibles. C'est tout un art que d'amener les pièces d'artillerie à l'avant. La nuit la gelée est une torture.

La neige tombe si épaisse que l'on peut à peine voir à cinquante mètres devant soi. L'artillerie de montagne perd l'avantage que lui procure le tir à vue directe. C'est à peine si on peut encore maintenir les liaisons tactiques à l'intérieur de l'infanterie. On s'égare, comme si chaque fraction était un groupe de touristes de haute montagne en terrain inconnu.

À la fin de janvier la crête du massif montagneux est aux mains des Allemands. Aucun Russe n'a plus pied sur le versant sud-ouest des Carpathes. Ils sont accrochés sur les pentes nord des cols.

Il était grand temps. Les préparatifs du grand-duc sont déjà terminés.

Plus de quinze cent mille hommes, aux ordres du général Ivanov, se portent contre le front des Carpathes pour chasser coûte que coûte l'ennemi des crêtes.

Avant même que cette terrible vague russe vienne déferler de la plaine galicienne contre les cols, le sort frappe d'un coup nouveau le grand-duc et la Russie.

Le coup est bref, dur et destructeur. Ce sont les Allemands qui le portent à l'extrême nord. Il coûte encore une fois toute une armée au grand-duc, en l'espace de quinze jours. Il s'abat si inopinément que cette armée disparaît de la surface de la terre avant que le grand-duc ne soit sorti de sa torpeur.

Le général Sievers attend l'ordre d'attaquer la Prusse Orientale. En face de lui les Allemands semblent plongés dans le sommeil hivernal le plus profond. Rien ne bouge chez eux. Il est manifeste qu'ils n'ont aucune idée de ce qui les attend. Sievers fera cette fois du meilleur ouvrage que Rennenkampf. Samsonov n'est pas encore vengé.

Mais pourquoi le grand-duc tarde-t-il ? Sievers s'impatiente. On ne pourra pas à la longue dissimuler une armée aussi formidable aux yeux de l'ennemi, si inattentif et si occupé qu'il soit à d'autres choses.

En attendant les Russes se retranchent. Ils sont si entassés qu'ils se gênent les uns les autres. Le commandement de l'armée n'attache pas une très grande importance à ces travaux de fortification. On va bientôt se porter en avant. Mais il faut bien occuper les bataillons d'une façon quelconque. Le mouvement aide d'ailleurs à combattre le froid qui est considérable même pour des nerfs russes. Pendant ce temps le pays conquis à l'est de la ligne Tilsitt-Johannisburg est pressuré et mis à rude épreuve.

Au début de février la neige commence à tomber abondamment. Les bois de la lande de Johannisburg, de la forêt de la Rominte, les sapins de la région d'Insterburg plient sous son poids. Les chemins en sont recouverts et deviennent méconnaissables.

Tout à coup il se met à geler à pierre fendre par un vent d'est violent et glacial et par un ciel bleu clair.

Le pays se couvre d'un manteau blanc comme dans les contes. Les lacs prennent et se transforment en plateaux d'argent. Dans les tranchées on sait se tirer d'affaire. De petits fourneaux rougeoient dans les abris, répandant du bien-être, et de petits nuages de fumée bleuâtre s'élèvent au-dessus de la neige.

Mais dehors, dans les tranchées mêmes, les sentinelles, engourdies par le froid, restent immobiles comme des statues. Cela ne sert à rien de battre la semelle, de frapper des mains, de mettre des passe-montagnes de laine envoyés de l'intérieur. Il fait un froid à faire pitié. C'est en vain que l'on cherche à se protéger derrière les parapets contre ce vent d'est glacial qui vient de Russie.

Une vraie paix hivernale règne sur tout le front et chacun ne pense qu'à lutter contre le gel. Quelques coups de fusil claquent de temps en temps. Mais ce n'est pas sérieux. On a suffisamment à faire avec le froid.

Au beau milieu de ce conte d'hiver, le 7 février à l'aube, des salves d'artillerie éclatent sur la lande de Johannisburg. Cela sonne comme si la glace des lacs se brisait. Avant que les Russes n'aient eu le temps de s'étonner longuement de la folie soudaine des Allemands, les colonnes de tirailleurs débouchent déjà à travers les dépressions et les clairières enneigées.

Le général Sievers n'en croit ni ses yeux, ni ses oreilles. Que veulent les Allemands dans la lande de Johannisburg ? Il ne s'agit, semble-t-il, que d'une action purement locale. On va engager une division fraîche et les refouler à travers la forêt.

Mais on se rend compte qu'il s'agit d'une irruption profonde : elle a déjà atteint le ruisseau de Pissek, traversé d'un seul élan toute la forêt et se prolonge de plus en plus vers le nord. Au centre l'avance ennemie est déjà de quinze kilomètres environ.

Sievers se mord les lèvres. Son état-major est pris d'une activité fiévreuse. Il faut tout d'abord savoir comment un événement aussi grave a pu se produire. Il doit y avoir quelqu'un qui n'a pas fait son devoir. Si le grand-duc, dont l'attention est entièrement dirigée vers les Carpathes, apprend ce qui s'est passé, le règlement de compte sera sévère. On fera bien de présenter les premiers comptes rendus de l'armée au G. Q. G. sous des couleurs aussi ternes que possible. Il faut que la poche ennemie soit réduite avant que le grand-duc ne connaisse l'étendue de l'irruption allemande.

La nuit est aussi froide que la précédente. Le vent d'est violent se transforme en tempête, qui déferle sans pitié par un ciel clair sur les hommes et les animaux. C'est à peine si on peut encore tenir un fusil. Le froid aux pieds est une souffrance.

Le 8 février, une surprise terrible attend le général Sievers. Tandis que la poche de Johannisburg s'est agrandie jusqu'à atteindre près de trente kilomètres en profondeur et vingt-cinq kilomètres en largeur, la partie nord du front allemand, à l'est de Tilsitt et dans la région de Gumbinnen, a suivi l'exemple de la partie sud. Les forêts situées au nord-est de Gumbinnen et celles de Stallupoenen sont déjà tombées aux mains des assaillants. À l'extrême nord de fortes colonnes ennemies poussent à travers la forêt de Schorell en direction du sud sur Schirwindt et Pillkallen.

À midi un compte rendu annonce que le groupement sud ennemi bousculant tout devant lui, progresse l'aile droite parallèlement au Bobr, l'aile gauche sur Lyck.

Le tableau de la bataille apparaît alors dans toute sa clarté. Avec une rapidité peu commune et dans le plus grand secret, Hindenburg et Ludendorff ont regroupé encore une fois complètement les forces allemandes de l'Est. Ils ont ramassé tout ce qui pouvait être prélevé sur leur centre en Pologne, y ont ajouté les nouveaux corps envoyés par Falkenhayn et en l'espace de quelques jours ont changé entièrement l'aspect du front de ce qui avait été jusqu'alors la 8e armée entre Tilsitt et Johannisburg. Leur but est de surprendre et d'anéantir l'armée Sievers qui est déjà concentrée et pour ainsi dire prête à attaquer, avant qu'elle ait fait un seul pas. Leur moyen : une nouvelle manœuvre de Cannes, un centre faible, deux ailes fortes.

Une nouvelle armée, la 10e, est formée entre Tilsitt et Darkehmen, au nord de l'ancienne 8e. Elle est commandée par le colonel-général von Eichhorn. Below conserve avec la 8e armée le secteur Darkehmen-Johannisburg. Il a devant lui les Lacs Mazures qui le gênent. Mais il doit avec son centre et son aile gauche, comme Eichhorn avec son aile droite, marquer le pas le plus longtemps possible. À Johannisburg et au sud se trouve le groupement Litzmann qui appartient à la 8e armée.

L'aile septentrionale d'Eichhorn constitue la branche nord de la tenaille, Litzmann la branche sud. Ils ont pour mission de pousser assez rapidement et assez puissamment de l'avant pour pouvoir refouler et encercler la masse des Russes entre Suvalki et Augustovo, au milieu du chaos des forêts enneigées. Le centre et l'aile droite d'Eichhorn, le centre et l'aile gauche de Below suivront en réglant sur eux leur mouvement.

L'aile gauche d'Eichhorn est arrêtée à la forêt de Schorell. Le général Sievers a reconnu que c'était là la clef du mouvement d'enveloppement de l'ennemi par le nord. Les Russes tiennent désespérément. Mais Eichhorn pousse un coin au sud des bois sur Stallupoenen et Eydtkuhnen.

Les Russes sont contraints de sortir de la forêt qui les protège. Ils font alors exactement ce que désire Eichhorn. Une faible partie d'entre eux s'enfuit vers l'est pour chercher la protection de Kovno, mais leur gros se laisse refouler en direction du sud-est et presque du sud, sur Mariampol et la lande de la Rominte. Il entre ainsi dans l'enceinte d'Augustovo Stivalki.

Entre-temps le centre allemand s'est rapproché de la ligne Goldap-Lyck. Il livre un combat d'attente pour ne pas parvenir prématurément sur la face ouest de l'enceinte. Des combats violents s'engagent au défilé des lacs de Lyck. Des éléments de landwehr, des fractions du Ier C. A. et du XXXXe corps de réserve attaquent le IIIe corps sibérien et subissent des pertes sanglantes. Les Sibériens repoussent toutes les attaques et n'évacuent le défilé que sous le couvert de la nuit. Le 14 février, ils abandonnent aussi la ville de Lyck.

Sur ces entrefaites Litzmann, défilant devant la place d'Ossoviez, débouche comme l'éclair sur Grodno, puis converse vers le nord et prend ses dispositions pour pousser le long de la forêt d'Augustovo, dans le dos de l'ennemi. En sept jours il a parcouru cent vingt kilomètres par la glace, la neige, la tempête et en livrant de durs combats.

De Grodno et d'Ossoviez des forces russes puissantes attaquent Litzmann par-derrière. Il dirige une partie de ses divisions vers le sud pour les repousser. Mais sa mission principale est de refouler les Russes vers le nord, dans l'enceinte d'Augustovo. De Mariampol et de la lande de la Rominte l'aile enveloppante d'Eichhorn avance à marches rapides.

La manœuvre réussit avant que les Russes ne soient sortis de leur apathie. Le dégel survient tout à coup. La bouillie de neige fondue transforme les routes en étangs. Les quelques chemins qui débouchent des forêts sont à peine utilisables. On ne sait pas encore du côté allemand combien l'enceinte contient de Russes. Tout ce que l'on sait c'est que tout ce qui s'y trouve est perdu.

Les Russes n'exécutent pas de longs mouvements en tous sens comme jadis pendant la bataille de Tannenberg. Ils sont trop entassés pour pouvoir encore se déplacer. Sourdement résignés à leur sort, ils se laissent emmurer.

Alors les Allemands n'en reviennent pas de leur étonnement. Cela ne veut pas finir. De nouvelles colonnes sortent toujours des forêts. L'encerclement a été achevé le 20 février. Jusqu'au 23 on dénombre 110000 prisonniers et 300 canons, plus des convois incommensurables.

La bataille d'hiver des Lacs Mazures s'est terminée par un Cannes d'une plus grande ampleur encore que Tannenberg. La 10e armée russe est anéantie.

Lorsque le général Sievers annonce ce résultat au grand-duc, Nicolas Nicolaïevitch est furieux. Mais il se ressaisit rapidement. Quelques jours plus tard il prépare avec la 12e armée, nouvellement formée sur l'emplacement de celle de Samsonov, une nouvelle attaque de dégagement contre le flanc sud de la position allemande de Prusse Orientale, en partant de la zone Novo-Georgievsk-Ostrolenka. Mais les Allemands le devancent encore une fois et s'emparent de Przasnyscz. Leurs forces sont trop faibles cependant. Au cours de combats sanglants, la 12e armée russe réussit à reprendre la place. Mais les généraux Gallwitz et Morgen brisent ensuite son attaque.

La seconde offensive de Nicolas Nicolaïevitch à l'aile nord de ses armées, contre la Prusse Orientale, a subi le même sort que la première, avant d'avoir pu se déployer.

Après Samsonov, Sievers. Après Tannenberg, les Lacs Mazures.

De la fin de janvier à la mi-mars 1915 les Autrichiens s'efforcent sans arrêt, mais en vain, de dégager leur forteresse de Przemysl. Les Russes repoussent toutes leurs attaques.

La bataille des Carpathes se déchaîne alors, sauvage et terrible.

Le grand-duc, dont l'une des deux attaques de sa double offensive de Prusse Orientale et de Galicie a été brisée si rapidement, met tout en jeu pour gagner l'autre. Il vérifie encore une fois ses préparatifs et trouve qu'il y a encore maintes choses que l'on peut faire. S'il n'y va pas cette fois à coup sûr, il ne sait pas ce qu'il adviendra.

Au milieu de mars il donne l'ordre de déclencher l'attaque.

Alors commence une bataille sans exemple quant au gaspillage des hommes chez l'assaillant. Les premiers assauts ne rapportent rien. On les renouvelle. Çà et là une partie du front autrichien cède, d'une ligne de hauteurs, de quelques kilomètres, de la profondeur d'une pente. Puis la contre-attaque arrive et arrache à l'ennemi le terrain qu'il a gagné. À la fin les assauts russes deviennent journaliers.

Le centre du front est tenu par les régiments allemands. Rien ne plie. Avec sang-froid ils attendent la ruée journalière. Ils voient les cadavres russes s'entasser devant leurs réseaux. Les vagues déferlent et se brisent, l'une après l'autre, en une effrayante monotonie.

Przemysl, affamé jusqu'à la dernière croûte de pain, met bas les armes le 22 mars. Le général Kusmanek est emmené en captivité avec 75 000 Autrichiens. Les Russes reçoivent ainsi un appoint de quelques corps d'armée. Le grand-duc les jette contre les Carpathes. Une fois, deux fois, trois fois, dix fois.

Ils sont décimés et épuisés à en mourir. Le grand-duc les fait relever. Les nouveaux assaillants montent sur les cadavres de leurs prédécesseurs et tombent sans même avoir vu l'ennemi. Les régiments relevés sont recomplétés en arrière du front. L'horreur du combat encore dans les yeux et les oreilles, ils retournent en première ligne et s'y couchent sur les cadavres de ceux qui les avaient remplacés peu auparavant.

Des commandants de corps d'armée sont relevés de leur commandement. Des commandants de division disparaissent dans l'abîme. Des officiers d'état-major aux nerfs plus solides les remplacent. Ils poussent les régiments vers les cols, jour après jour, semaine après semaine.

À Pâques, le corps allemand des Beskides, commandé par le général von der Marwitz, est mis en ligne pour étayer la 3e armée austro-hongroise. Il arrive juste à temps pour empêcher un repli des Autrichiens.

Avril arrive. La neige a fondu et roule en eaux sales des crêtes dans les vallées. Sur le versant qui descend vers la Galicie elle est rougie de sang.

Les réserves de munitions s'épuisent. L'industrie russe ne peut plus suivre l'allure des consommations. Des canons manquent. Pour ce qui est des hommes, c'est encore relativement simple. Le débit des provinces est encore suffisant.

Le grand-duc ne s'aperçoit pas que ses soldats changent. La bataille leur ronge les nerfs. Du poison bouillonne secrètement en eux. Est-ce que leur petit père le tsar peut vraiment vouloir qu'ils versent ainsi leur sang chaque jour ? Est-ce que leur petit père le tsar est aussi cruel ? C'est impossible, leur petit père le tsar est bon. Mais si cependant il en était ainsi ?

À la mi-avril un calme de mort s'étend enfin sur les Carpathes. Des herbes et des fleurs commencent timidement à sortir leur tête du sol.

La folie du Grand-Duc Nicolas a coûté un demi-million d'hommes à la petite mère Russie.

Derrière les monceaux de cadavres l'horizon commence déjà à s'assombrir. L'armée russe est finie. Elle n'en peut plus. Elle n'est plus capable de se relever d'une pareille saignée après tant de batailles coûteuses. Le bilan numérique n'est pas encore inquiétant pour le moment. Mais le bilan des forces morales est désespérant et un indice terrible pour l'été 1915.

Les nombres se voient et on peut apprécier les changements qu'ils subissent. Mais les forces morales et l'esprit se modifient, eux, sans qu'on s'en aperçoive, lentement, insensiblement. Les catastrophes se préparent secrètement, qui effraieront un jour chefs et hommes. C'est là la chose la plus amère.

9
La guerre des croiseurs. Colonies et blocus

Au début de novembre 1914 un message des plus singuliers fut transmis par tous les câbles du monde et parvint aussi en Allemagne. Il disait qu'une escadre de croiseurs allemands, aux ordres du vice-amiral comte von Spee, avait attaqué une escadre anglaise sur la côte ouest du Chili, non loin de Valparaiso, à peu près à hauteur de Coronel. La bataille avait été courte et chaude. Les deux grands croiseurs anglais *Good Hoope* et *Monmouth* avaient été coulés. Le petit croiseur *Glascow* avait échappé, fortement endommagé, à la faveur de la nuit.

Les Anglais avaient subi un échec sensible qui avait été un coup dur pour leur prestige dans le monde. L'Allemagne tressaillit d'allégresse.

Puis pendant un mois on n'apprit plus rien. Les événements de la guerre terrestre accaparèrent l'attention. C'est à peine si quelqu'un songeait encore aux valeureux vainqueurs de Coronel. Seule la Direction des opérations navales et la flotte y pensaient encore. Et avec elles tous ceux dont les maris, les pères, les frères et les fils se trouvaient sur ces navires dans l'Océan Pacifique.

En décembre il arriva ce qui devait arriver. Les câbles donnèrent encore une fois. Une nouvelle bataille. Cette fois sur la côte orientale de l'Amérique du Sud, immédiatement au nord des îles Falkland.

Le vice-amiral comte von Spee a quitté l'Océan Pacifique et est passé dans l'Océan Atlantique en contournant la pointe sud de l'Amérique du Sud. Il veut détruire Port-William, le point d'appui de la flotte britannique aux îles Falkland. Peut-être pourra-t-il par la même occasion porter un nouveau coup aux forces anglaises.

Le 8 décembre de grand matin les bâtiments allemands mettent le cap sur Port-William. Entre 8 et 9 heures, le *Gneisenau* et le *Nuremberg* découvrent le phare du port et reconnaissent à l'intérieur de la rade une série de navires de guerre anglais dont la hauteur leur paraît suspecte.

Au bout d'une demi-heure le premier croiseur cuirassé anglais, le *Kent,* quitte le port et s'approche des deux bâtiments allemands qui se portent alors, eux aussi, au-devant de l'Anglais.

Le comte Spee ne sait toujours pas quelle est la force de son adversaire. À 9 heures et demie, lorsque de la direction de Port-William les premiers obus de très gros calibre tombent dans le voisinage du *Gneisenau,* il envoie à ses deux bâtiments d'avant-garde le radio : « Refuser le combat, rassemblement à toute vitesse. »

À 11 heures l'escadre allemande se rassemble au sud-est de Port-William. Les Allemands peuvent alors voir sortir du port huit gros navires anglais et parmi eux deux croiseurs de bataille.

Ils apprennent ainsi qu'ils ont affaire à des forces vraiment supérieures. L'escadre anglaise a été renforcée par les deux croiseurs de bataille *Invincible* et *Inflexible.* On les a envoyés de la métropole. Auparavant l'escadre ne comprenait que les trois croiseurs cuirassés *Carnavon, Cornwall* et *Kent,* les petits croiseurs *Bristol* et *Glascow* et le croiseur auxiliaire *Macedonia.*

Il est trop tard pour échapper à l'ennemi par une manœuvre. Quelques minutes avant 13 heures, l'*Inflexible* ouvre le feu, à 16 kilomètres, sur le *Leipzig* qui marche en queue de l'escadre allemande.

Peu après les tourelles de l'*Invincible* tonnent aussi.

Le comte Spee sait que l'heure de son escadre a sonné. Les Anglais lui sont de beaucoup supérieurs aussi bien en vitesse qu'en calibre. Le comte prend une décision héroïque. Pour sauver tout au moins les petits croiseurs plus rapides, il ordonne à 13 heures 20 par signal au *Leipzig,* au *Dresden* et au *Nuremberg* de s'éloigner isolément et de quitter le champ de bataille sans s'occuper des grands croiseurs plus lents.

Les trois petits croiseurs infléchissent leur route latéralement. Deux croiseurs cuirassés et un petit croiseur anglais les suivent. Mais les grands bâtiments ayant en tête l'*Invincible* et l'*Inflexible* commencent à déverser leur feu plus puissant sur les deux grands croiseurs allemands.

Un peu après 16 heures, après deux heures de lutte, le bâtiment amiral, le *Scharnhorst,* coule, pavillon flottant. Pas un homme n'est sauvé. L'amiral lui-même périt. À 18 heures 30 le *Gneisenau,* blessé à mort, prend de la bande sur bâbord. Une demi-heure plus tard il s'enfonce dans les flots.

Quant aux petits croiseurs ils restent engagés dans des combats de poursuite avec leurs adversaires jusqu'à une heure avancée de la soirée. Le *Leipzig* et le *Nuremberg* succombent sous les coups de forces supérieures et partagent la mort des grands croiseurs.

Le petit croiseur *Dresden* échappe à ses poursuivants. Trois mois durant il erre sans repos dans l'Océan Pacifique. Puis il est surpris par les Anglais dans des eaux neutres. Il est coulé à coups de canon. Les survivants de l'équipage se font interner au Chili.

Pressentant avec certitude la fin de son escadre, le comte Spee a renvoyé dès le 14 août le petit croiseur *Emden,* commandé par le capitaine de corvette von Muller. L'*Emden* mènera à son gré la guerre de course et troublera le plus qu'il pourra le commerce ennemi.

La légende du vaisseau fantôme devient une réalité dans l'Océan Indien. L'*Emden* tantôt coule un vapeur russe dans les eaux japonaises, tantôt apparaît dans le golfe du Bengale ; il est tantôt devant Madras, tantôt à Malaga. Tantôt il débarque un détachement pour exécuter à terre des destructions, tantôt il échange des coups de canon avec des croiseurs ennemis, tantôt ses obus éclatent dans les réservoirs d'essence des ports et provoquent des incendies gigantesques.

Tout trafic maritime est suspendu. Les capitaines des navires de commerce refusent de prendre la mer sans protection. Les firmes d'expédition ne veulent plus embarquer de marchandises, les sociétés d'assurances font grève. Anglais et

Japonais envoient croiseur sur croiseur. Ils ne parviennent pas à se saisir du diable rapide. Un excellent service de renseignement basé sur des radios captés et sur les interrogatoires des prisonniers capturés lui indique toujours la brèche par où il peut échapper. Les dommages causés au commerce ennemi s'élèvent à des millions.

Mais cela ne peut pas non plus toujours durer ainsi. Le 9 novembre l'*Emden* est devant les îles Cocos, à environ un millier de kilomètres au sud-ouest de Sumatra. Quarante hommes de l'équipage sont à terre pour détruire la station de T. S. F. anglaise.

Le hasard et le malheur veulent que le croiseur anglais *Sydney* arrive. Le combat commence. Les pièces du *Sydney* emploient la même méthode que celle qui aidera plus tard les Anglais à vaincre devant les Falkland. Elles canonnent l'*Emden* à grande distance. Des incendies éclatent. C'est fini. L'*Emden* ne causera plus de dommages ni de frayeur à personne.

Le capitaine von Muller échoue son navire en feu. Une partie de l'équipage tombe aux mains des Anglais.

Pendant ce temps le lieutenant de vaisseau von Mücke est à terre avec ses quarante hommes, tranquillement occupé à détruire la station de T. S. F.

Mais qu'est-ce ? L'*Emden* se met tout à coup en marche et prend le large. A-t-il oublié son détachement ?

Le croiseur anglais est déjà en vue. Sans pouvoir intervenir, le lieutenant von Mücke assiste au drame avec ses gens. Ils voient le navire prendre feu et mettre le cap vers la côte. Le reste, ils peuvent l'imaginer.

La station de T. S. F. est détruite, mais elle a encore eu le temps de télégraphier : « Navire étranger devant l'entrée. »

Mücke se tient caché jusqu'à ce que le *Sydney* soit hors de vue. Il descend alors au port. Une coque de noix de voilier s'y trouve, depuis longtemps dégréée. Il s'appelle *Ayesha* et ne jauge guère plus de cent tonneaux. Mais qu'est-ce que cela devant le fait fabuleux qu'il peut encore naviguer ?

Par la nuit et le brouillard commence une aventureuse randonnée. L'*Ayesha* vogue vers Padang de Sumatra et de là gagne la pleine mer. Pendant un mois, il erre sur les eaux, sans radio, sans carte, sans canon, sans équipement.

Son équipage descend à terre et s'empare de ce dont il a besoin pour vivre. Il espionne les mouvements de l'ennemi qui le talonne. Puis il devient plus audacieux et se livre à la course en petit. Il y a encore des ennemis plus faibles que l'*Ayesha*. Il suffit de se garder de tomber sur de mauvais objectifs.

La chance envoie alors un petit vapeur allemand. La fidèle *Ayesha* est expédiée par le fond au repos éternel. On est maintenant dans une situation bien meilleure. On peut songer à échapper définitivement à l'ennemi.

Dans la monotonie effrayante de la guerre, des batailles, des marches, des masses combattantes et du matériel, cette équipée ressemble à un morceau de romantisme moyenâgeux et à une page des *Mille et Une Nuits*. Mücke débarque avec ses fidèles sur la côte d'Arabie, se met en route vers l'intérieur, se bat avec des bandes bédouines ennemies. Les gens de l'*Emden* n'ont plus guère de cartouches, leurs vêtements sont depuis longtemps en lambeaux. Le soleil de l'Arabie et la soif les dessèchent.

Depuis longtemps, dans le tourbillon des événements, le monde a oublié l'*Emden*. Au milieu de mai 1915 une poignée d'hommes, changés à en être méconnaissables, loqueteux, arrivent à Damas et prétendent appartenir à l'équipage de l'*Emden*. Ils parlent allemand et leurs dires paraissent vrais. Ils n'ont aucune idée de la tournure que la guerre a prise depuis novembre 1914. La dernière chose qu'ils ont apprise est la nouvelle de l'entrée en guerre de la Turquie. C'était en novembre. C'est sur cette nouvelle qu'ils ont bâti leur espoir de salut.

Le 24 mai ils arrivent à Constantinople par la voie ferrée du Hedjaz.

En juillet 1915 le sort frappe le dernier croiseur de course allemand, le *Koenigsberg*, sur la côte de l'Afrique orientale. Quatre croiseurs anglais le pourchassent. Il lui est impossible de faire encore du charbon quelque part. À la fin de septembre 1914, le bâtiment pénètre dans l'embouchure du Rufiyi et, remontant le fleuve, se transforme, au loin, en amont, en une forteresse terrestre. Les matelots se retranchent et posent tant bien que mal des réseaux.

Une longue guerre de position monotone commence. Elle dure tout l'hiver et jusqu'à l'été suivant. La supériorité de l'ennemi devient toujours plus grande, surtout en artillerie. Avec le temps, les Allemands épuisent leurs munitions. Ils ne reçoivent aucun ravitaillement.

Le bâtiment presque anéanti est abandonné le 11 juillet 1915. Les canons en sont enlevés. L'équipage se fraie un chemin à travers l'Afrique orientale et rejoint le détachement du colonel Lettow-Vorbeck.

Maintenant tout est silencieux sur l'étendue des mers mondiales. Le pavillon de guerre allemand ne flotte plus.

Le 20 août 1914, l'ambassadeur du Japon à Berlin remet au gouvernement allemand un ultimatum au nom de son cabinet. Le Japon exige la livraison immédiate du territoire à bail allemand de la baie de Kiaotcheou avec sa capitale Tsingtao. Aucune raison n'est donnée pour justifier cette demande. Le contrat de bail est une affaire purement sino-allemande. Mais le Japon a conclu un accord naval militaire avec l'Angleterre. Son ancienne hostilité à l'égard de la Russie n'est pas telle qu'il ne puisse utiliser cette occasion favorable et peu coûteuse de voler à l'Allemagne sa position de puissance en Asie Orientale.

Le chancelier allemand fait dire à l'ambassadeur du Japon qu'il n'a pas de réponse à donner. L'état de guerre avec le Japon devient un fait.

À Tsingtao le commandement est exercé par le capitaine de vaisseau Meyer-Waldeck. On n'a pris aucune précaution ; personne ne pense à un conflit. Le capitaine sait, maintenant que le Japon a déclaré la guerre, que son poste est perdu. Le 24 août il télégraphie à l'empereur d'Allemagne : « Je réponds que l'on fera son devoir jusqu'au bout. »

Au milieu de septembre les Japonais sont là. Ils ont débarqué 50 000 hommes avec 150 canons de tous calibres. 1 500 Anglais sont avec eux. Ils sont sur le sol chinois ; mais est-ce que l'Angleterre et le Japon s'en soucient ? En quoi cela gêne-t-il les États-Unis d'Amérique ? Des croiseurs anglais et japonais assurent le blocus par mer.

Meyer-Waldeck dispose du IIIe bataillon de fusiliers marins. Les équipages des canonnières *Iltis*, *Jaguar*, *Lucks*, *Tiger*,

Cormoran, renforcent ces troupes. On a besoin à terre des pièces de ces bâtiments, car on n'a presque pas d'artillerie.

Le croiseur austro-hongrois *Kaiserin Elisabeth*, vieux bâtiment sans valeur combative, subit le même sort. Un seul torpilleur, le *S* 90, constitue les forces navales.

Un millier de réservistes accourent des comptoirs allemands en Chine. On a ainsi un total de 5 000 hommes sachant tirer.

À travers la langue de terre de Kiaotcheou une position allemande de campagne s'élève rapidement. Après un violent bombardement l'attaque d'infanterie commence.

Les petits Japonais sont des gens opiniâtres. On le sait par ce qu'ils ont fait pendant leur guerre avec la Russie, lors de l'assaut de Port-Arthur. L'attaque des positions fortifiées est leur spécialité. Ici, du fait de leur multiple supériorité, la lutte est appelée *a priori* à se terminer avec certitude par une défaite allemande.

Les tranchées tombent les unes après les autres en des combats journaliers. Les moyens manquent pour les reprendre. Il n'y a surtout pas assez de cartouches. Il faut s'en montrer extrêmement économe. Les vivres sont rigoureusement rationnés.

Le *S* 90 perce le blocus anglo-japonais, torpille le croiseur japonais *Takatchio*, s'échoue volontairement à la côte et fait interner son équipage en Chine.

Lorsque le dernier obus et la dernière cartouche ont été tirés, lorsque le dernier biscuit a été mangé, lorsque l'ennemi se trouve aux abords immédiats de la ville en flammes, Meyer-Waldeck met fin à une effusion de sang devenue inutile. Quatre mille Allemands sont emmenés en captivité par les Japonais. Les pertes des assaillants sont bien plus sanglantes et s'élèvent au quadruple de ce chiffre.

Le 7 novembre les drapeaux anglais et japonais flottent tous deux sur la place qu'ils ont volée. Les Chinois branlent la tête. Il ne peut être qu'avantageux pour eux que les vainqueurs de la guerre des Boxers se déchirent entre eux.

Le pavillon de guerre allemand flotte encore au Cameroun. Mais il commence déjà à baisser. L'Afrique occidentale et orientale allemandes luttent encore. Le rapt du Togo est déjà accompli. L'Angleterre et la France se partagent ce gain bon marché. Les colonies allemandes du Pacifique, Samoa, la Nouvelle-Guinée, les Carolines, les Mariannes, et les îles Marshall sont occupées et partagées en même temps que Tsintao. L'Angleterre et le Japon sont de la partie. Partout l'Angleterre met la main sur les meilleurs morceaux. Elle postule également l'Afrique orientale et l'Afrique occidentale. Ce sont les plus riches des possessions allemandes. On apaisera la faim de la France avec un morceau du Cameroun. Ses intérêts sont davantage d'ordre continental.

Le principe qui dominait la politique de la flotte allemande avant guerre était en peu de mots le suivant : pour protéger ses colonies et pour garantir sa position de puissance commerciale mondiale, l'Allemagne doit construire une flotte suffisamment forte pour que, comme sur terre, tout adversaire hésite à se risquer à une attaque.

Deux difficultés s'opposaient à l'application de ce principe. En premier lieu le manque de sens du peuple allemand pour d'autres intérêts que des intérêts continentaux. En second lieu la possibilité d'une attaque armée déclenchée de l'extérieur avant que la construction de la flotte ne fût terminée.

Cette attaque, étant donnée la situation, ne pouvait venir que de l'Angleterre. Les efforts considérables de cette puissance pour maintenir son avance sur l'Allemagne et même pour l'augmenter, montraient suffisamment qu'elle n'était pas disposée à laisser le principe sur lequel était basée la flotte allemande arriver à prendre toute sa valeur. En cette occurrence l'Allemagne n'a jamais eu l'intention d'avoir une flotte égale à celle de l'Angleterre.

Les principaux partisans de l'idée directrice que l'on devait suivre en ce qui concerne la flotte étaient, en Allemagne, le sous-secrétaire d'État à l'Office de la Marine, le grand-amiral von Tirpitz, et l'empereur. Le Reichstag et la population ne les suivirent tout d'abord qu'avec hésitation et avec de grands scrupules. Mais finalement le peuple approuva, lui aussi, la politique navale dans la même mesure où il saisit les formidables avantages qui résultaient du développement de notre commerce.

Considérée du point de vue d'un conflit armé avec l'Angleterre, la situation stratégique de la flotte allemande était *a priori* extrêmement difficile. L'Angleterre dominait à l'extérieur et nous étions étroitement cantonnés dans le triangle maritime de la Mer du Nord. Étant donné les moyens de puissance inouïs de l'Angleterre et de ses Dominions, il était facile de prévoir qu'avec nos escadres extérieures nous ne pourrions pas, en venant du dehors, manœuvrer de façon à obtenir des résultats décisifs. Seule la flotte allemande de la métropole pouvait arriver à quelque chose.

Comment fallait-il procéder ? Le grand-amiral von Tirpitz avait considéré dès le premier jour la construction de la flotte sous l'angle de l'idée d'offensive. C'est-à-dire qu'en cas de conflit avec l'Angleterre la flotte allemande devait rechercher les grandes opérations et frapper l'ennemi en bataille rangée. Il va de soi qu'avec ce principe on allait au-devant des intentions stratégiques de l'Angleterre, car personne ne doutait que dès l'ouverture des hostilités l'armada anglaise se concentrerait dans la baie allemande et qu'on en viendrait dans cette zone à une bataille navale d'une importance terrible et décisive.

Dans quelle mesure le principe-base de la construction de la flotte allemande était-il réalisé au début de la guerre mondiale ? Un simple aperçu numérique montre que l'Angleterre était sur le point d'accroître encore son avance par un effort puissant.

En août 1914, l'Angleterre avait au total 60 bâtiments de ligne et 43 croiseurs cuirassés ; sur ces 103 bâtiments, 29 étaient des navires de grand combat. L'Allemagne possédait 35 bâtiments de ligne et 13 croiseurs cuirassés, dont 17 bâtiments de grand combat. Il y avait en construction dans les chantiers anglais 17 bâtiments de grand combat, dans les chantiers allemands 11.

La situation des constructions nouvelles dans les autres classes de bâtiments était encore plus défavorable pour l'Allemagne. L'Angleterre avait 73 petits croiseurs terminés et 21 en construction ; l'Allemagne 41 terminés et 6 en construction. L'Angleterre possédait 289 torpilleurs et était en train d'en construire 30 ; l'Allemagne en possédait 212 et en avait 17 en construction. En ce qui concerne les sous-marins on n'y attachait pas encore de part et d'autre une très grande importance. On n'avait pas encore tiré de grands enseignements sur leur emploi. L'Angleterre en avait 77 en service et 28 en construction, l'Allemagne 28 en service et 12 en construction.

Si on ajoute à ces chiffres les forces navales russes et françaises – les forces russes immobilisaient à demeure une partie de la flotte allemande dans la Baltique, les forces françaises enlevaient à l'Angleterre tout souci quant à la Méditerranée et lui permettaient de concentrer toute sa flotte dans la Mer du Nord, – si l'on songe à la faible force combative de la flotte autrichienne et de la flotte turque, si on tient compte enfin de la situation stratégique défavorable des forces navales allemandes, on en arrive à cette conclusion que dès le premier jour de la guerre navale le tableau de notre situation sur mer serait sombre et inquiétant.

Personne ne songeait alors aux moyens auxquels l'Angleterre aurait recours pour faire de sa supériorité stratégique navale l'arme la plus terrible de tous les temps. La brutalité du blocus naval anglais qui en visant à l'affamement de l'Allemagne, dépassa toutes les limites du droit des gens et engloba sans hésiter tous les neutres, mit brusquement l'Allemagne en face de ce dilemme : Meurs ou combats avec tous les moyens qui seront à ta portée.

La plus grande surprise du début de la guerre fut de ne pas voir apparaître l'armada anglaise. Les escadres allemandes étaient constamment sous pression dans leurs ports de base. Leurs équipages brûlaient de montrer la force combative de leurs bâtiments. Tout était prêt jusqu'au moindre détail.

Mais rien ne se produisit, la mer demeura silencieuse.

À plusieurs reprises la flotte allemande poussa des pointes avec ses forces légères. Elle fit sortir des croiseurs rapides et des torpilleurs. Après plusieurs reconnaissances sans résultat, six petits croiseurs allemands accompagnés de torpilleurs rencontrèrent le 28 août 1914, au nord-ouest d'Héligoland, une forte escadre de combat anglaise aux ordres de l'amiral Beatty. Les Anglais avaient six croiseurs de bataille, trois croiseurs cuirassés, deux petits croiseurs et un grand nombre de torpilleurs.

Renseignés trop tardivement pour se décrocher d'un ennemi par trop supérieur, trop éloignés du gros de la flotte pour l'appeler au combat, les croiseurs allemands durent accepter une bataille sans espoir. Trois d'entre eux, le *Mainz*, l'*Ariadne* et le *Köln* coulèrent après un court combat, percés par les gros obus anglais.

Les mois suivants se passèrent de part et d'autre en reconnaissances. Des dirigeables de la marine furent employés pour bombarder les ports de guerre anglais et Londres. Ils fournirent en outre un travail d'éclairage précieux. Le temps des avions de gros tonnage n'était pas encore arrivé.

Rien ne fut changé dans l'attitude de la flotte anglaise : elle se contenta comme auparavant d'assurer les communications maritimes entre l'Angleterre et la France, de mettre peu à peu hors de cause les croiseurs de course allemands et, quant au reste, de se conserver intacte dans la partie la plus septentrionale de l'Écosse, dans la baie de Scapa Flow et dans le Firth of Forth, parce qu'elle constituait le moyen de puissance le plus considérable de l'empire britannique.

Cette conduite de l'Angleterre était le résultat de considérations politiques et stratégiques froidement examinées. Elle estimait que sa flotte remplirait son but si elle empêchait la flotte de guerre allemande de rompre le blocus. Le vieux principe britannique – ne pas dépenser ses forces et faire porter le fardeau de la guerre sur les épaules des autres puissances – se trouva appliqué en cette occurrence d'une façon parfaitement justifiée. Il fallut de tout autres événements pour amener l'Angleterre à mettre de côté ces considérations et à tout oser.

On en vint encore une fois pendant cette période de la guerre navale à un grand combat. Une escadre de croiseurs allemands sortit à la fin de janvier 1915 pour une reconnaissance et rencontra, le 24 janvier, l'escadre de l'amiral Beatty au Dogger Bank. Cinq croiseurs de bataille anglais accompagnés de sept petits croiseurs et de quelques flottilles de torpilleurs furent engagés contre les quatre croiseurs cuirassés allemands *Derrflinger, Seydlitz, Moltke* et *Blücher*, accompagnés de quatre petits croiseurs et de deux flottilles de torpilleurs. La bataille dura jusque dans l'après-midi. Le *Blücher* fut touché si malheureusement qu'il coula. Beatty dut retirer du combat deux de ses grands croiseurs fortement endommagés. Les deux adversaires abandonnèrent le champ de bataille.

Entre-temps, la guerre navale avait déjà pris un tout autre caractère. Les deux partis se mirent à combattre avec d'autres moyens. L'Angleterre fut la première à commencer.

Le 9 novembre 1914, au cours d'un grand discours au Guildhall, le premier lord de l'amirauté, Winston Churchill, fit les déclarations suivantes aux applaudissements bruyants de ses auditeurs : « Nous avons pour devise : Pendant que la carte de l'Europe continentale se modifie, les affaires de l'Angleterre suivent leur cours normal. Nous avons eu beaucoup de sollicitude et dépensé beaucoup d'argent pour notre flotte. C'est à elle maintenant de nous payer de cette dépense. En fait nous sommes dans la meilleure voie pour y parvenir. L'étranglement économique de l'Allemagne au moyen du blocus maritime demande du temps. Mais patience ! Nous n'en sommes encore qu'au troisième mois. Si nous attendons jusqu'au sixième, jusqu'au neuvième, jusqu'au douzième, alors nous connaîtrons le succès ; celui-ci ne peut mûrir que dans le silence, mais il est aussi sûr que la chute des feuilles en automne. Ruiner l'Allemagne, tel est notre but. »

Quelques jours plus tôt le gouvernement anglais avait décrété le barrage des côtes allemandes, le blocus.

Le droit des gens avait prévu pour l'exécution du blocus et de la guerre commerciale des règles parfaitement définies. Celles-ci étaient incluses dans la déclaration dite de Paris, au bas de laquelle l'Angleterre avait également apposé sa signature.

En ce qui concerne la guerre commerciale, il était dit, qu'en cas de conflit armé, le commerce neutre ne pourrait être troublé en principe ; que les navires neutres pourraient transporter comme fret des marchandises de toute nature à destination ou en provenance des belligérants. La seule exception à cette règle était que les bâtiments des puissances ayant proclamé le blocus avaient le droit de saisir la contrebande dite de guerre, c'est-à-dire les marchandises destinées à la conduite de la guerre.

On distinguait la contrebande directe et indirecte. À la première appartenaient les armes, les munitions et le matériel de guerre. Lorsqu'ils étaient découverts ils pouvaient être saisis sans restriction. La contrebande de guerre indirecte comprenait les moyens de guerre indirects, tels que les vivres, les matières premières, le bétail et l'argent. Ils ne pouvaient être saisis que quand ils étaient formellement destinés à un des partis belligérants. Il est clair que cette dernière prescription était de la plus grande importance pour les pays neutres adjacents aux Puissances Centrales. Les possibilités d'existence de leur commerce et de leur économie dépendaient de son maintien.

En ce qui concerne le blocus, il était dit qu'il pouvait être décrété à condition d'être « effectif », c'est-à-dire que l'Angleterre pouvait barrer l'accès de la côte allemande dans la mesure où ses moyens de guerre lui permettaient d'exécuter effectivement ce barrage. C'était le cas pour la frontière allemande touchant à la Mer du Nord et à la Baltique. Un bâtiment neutre arrêté en cherchant à percer le blocus effectif échouait comme « prise » à la puissance qui avait décrété le blocus. Le blocus devait être annoncé au préalable régulièrement.

La déclaration de blocus anglaise du 4 novembre était sur ces points en accord avec la déclaration de Paris. Mais les événements prirent bientôt un tout autre cours.

Si les principes du droit des gens qui viennent d'être cités avaient été appliqués, les nations neutres adjacentes aux Puissances Centrales – Pays-Bas, Suisse, Italie, Roumanie, Danemark – auraient pu livrer à ces Puissances autant de matériel de guerre direct et indirect qu'elles auraient voulu. Les neutres auraient eu en outre l'entière possibilité d'importer d'autres pays par voie de mer du matériel de guerre indirect tel que vivres et matières premières. Personne n'aurait pu les empêcher de livrer ensuite aux Puissances Centrales par voie de terre les produits qu'elles auraient importés.

Or l'Angleterre engloba dans le blocus les neutres avoisinant les Puissances Centrales, comme s'il n'y avait entre eux et les belligérants aucune sorte de différence. La guerre d'affamement dirigée contre ces Puissances se trouva donc de ce fait en contradiction avec le droit des gens tel que l'Angleterre l'avait elle-même reconnu.

Cette violation du droit frappa les neutres avec la plus grande rigueur. Ils se turent et prirent leur parti de la violation de leur neutralité. Ils ne possédaient pas, il est vrai, de moyens suffisants pour se défendre et s'ils s'étaient défendus ils auraient couru le danger d'être entraînés dans la chute des Puissances Centrales. Ils ne trouvèrent pas non plus d'avocat pour défendre leurs droits comme la Belgique en avait jadis trouvé un si promptement. La seule puissance qui eût pu assumer ce rôle de défenseur de la justice et des faibles, les États-Unis d'Amérique, admit que l'Angleterre ne fît même pas exception à son propre égard. Son industrie, ses capitaux et sa politique travaillaient alors pour les Alliés. Ses intérêts étaient d'un autre bord que ceux du droit des gens et des petits pays neutres. On n'avait pas encore découvert les fameuses « lois humanitaires », car on ne pouvait pas encore les appliquer contre l'Allemagne.

Le blocus anglais contre les neutres ne se laissa arrêter par aucune considération. Il se transforma avec le temps en un réseau de bureaux répandus ouvertement sur tous les pays neutres dont ils contrôlèrent le commerce. Le système des « listes noires » qui excluait du trafic mondial toute firme neutre qui ne se conformait pas aux prescriptions anglaises, compléta ce contrôle. Bientôt il n'y eut plus de commerce libre. Il n'y eut plus que des concessions anglaises.

C'est ainsi que naquit, des prescriptions du droit des gens, cette arme terrible et sans exemple par sa brutalité, avec laquelle l'Angleterre, « au nom de la civilisation et de l'humanité » fit la guerre à l'Allemagne et... la gagna.

En même temps que les petits croiseurs et les torpilleurs qui sortirent au début d'août 1914 de la baie allemande pour éventer l'armada anglaise, dix sous-marins allemands quittèrent la passe de Wilhelmshafen et gagnèrent la haute mer.

Que voulait-on faire avec eux? On avait été d'avis jusqu'alors que les sous-marins ne pouvaient être employés qu'en liaison avec les gros bâtiments. Mais comme leur vitesse était beaucoup plus faible que la leur, on les avait négligés avant la guerre bien que l'on appréciât à leur juste valeur leurs possibilités tactiques d'attaque par surprise à la torpille.

Les commandants de sous-marins furent d'un autre avis. Ils estimèrent qu'on pouvait les employer isolément en raison de leurs propriétés et demandèrent qu'on en fît l'essai. L'amirauté accepta de faire cette tentative.

Au bout de cinq jours huit bâtiments furent de retour à leur base. Deux ne rentrèrent pas. Leur sort avait été celui qui devait échoir par la suite à tant d'autres qui les suivirent. Les flots recouvrent leur destin de leur silence éternel.

Les huit bâtiments rentrés au port rendirent compte qu'ils avaient poussé jusqu'au voisinage de la côte anglaise. Ils n'avaient rien vu de l'ennemi et n'avaient pas eu non plus l'occasion de faire usage de leurs torpilles.

Après quelques jours de repos on les fit sortir à nouveau. Cette fois, ils rentrèrent tous. Ils n'avaient encore découvert aucun Anglais.

Mais on était fixé maintenant sur deux points. On savait en premier lieu que les Anglais se tenaient sur la réserve et ne recherchaient pas la bataille navale ; en second lieu que les sous-marins étaient parfaitement en situation de remplir des missions lointaines et d'agir pendant longtemps isolément.

Quinze jours passèrent. On n'entendit plus parler des sorties des sous-marins. Puis deux événements furent annoncés coup sur coup qui mirent le monde entier aux écoutes.

Le 8 septembre, l'*U* 21, lieutenant de vaisseau Hersing, coula d'une torpille à Édimbourg, c'est-à-dire en pleine zone de concentration de l'armada anglaise, le croiseur anglais *Pathfinder.*

Le 22 septembre, près de Hoek-van-Holland, bien au-delà du barrage tendu autour des eaux allemandes, trois croiseurs anglais, le *Cressy,* le *Hogue* et l'*Aboukir,* s'enfoncèrent au fond des flots. Le tireur qui les avait frappés était le lieutenant de vaisseau Otto von Weddigen, son bâtiment était l'*U* 9.

La déclaration de Paris était déchirée en morceaux. L'Angleterre n'en avait pas tenu compte et avait institué une forme personnelle de blocus et de guerre commerciale répondant à ses intérêts. Celle-ci n'avait plus rien de commun avec les règles établies antérieurement.

Quant aux conséquences de sa façon d'agir l'Angleterre ne s'en souciait nullement. Pour autant qu'elles auraient pu être de nature politique, le gouvernement anglais se fiait à la tolérance de l'Amérique et à la dépendance dans laquelle les pays neutres d'Europe se trouvaient vis-à-vis de la Grande-Bretagne du fait qu'elle avait la maîtrise des mers. On n'envisageait pas la possibilité de conséquences militaires. Comment l'Allemagne, forteresse assiégée et presque hermétiquement investie, pourrait-elle trouver un moyen de briser le lien dont l'Angleterre l'avait jugulée ?

Mais les événements prirent encore une fois un autre cours que celui qui était prévu. Les premières courses et les premières attaques victorieuses des sous-marins contre les bâtiments de guerre ennemis et dans leurs propres eaux ouvrirent les yeux de l'amirauté allemande. Quelles possibilités insoupçonnées s'offraient là ! Percer le blocus de la Mer du Nord et faire la guerre commerciale suivant les nouveaux principes établis par l'Angleterre elle-même. Si on s'y mettait avec énergie il n'était nullement impossible, semblait-il, de renverser complètement la situation sur mer et de bloquer à son tour l'île anglaise. L'épée que la Grande-Bretagne avait tirée du fourreau serait ainsi employée contre elle-même.

On entreprit immédiatement les calculs nécessaires et en attendant on fit sortir de plus en plus de sous-marins. En octobre un de ces bâtiments resta dehors près de trois semaines et fit le tour complet des Iles Britanniques. Ce n'était qu'un voyage d'essai, mais la preuve d'une possibilité de manœuvre insoupçonnée était faite. Les barrages de mines anglais de la Mer du Nord n'étaient rien pour ces chasseurs secrets des profondeurs. Ils passaient par-dessous. En novembre les calculs se trouvèrent terminés. L'amirauté s'adressa alors au chancelier d'empire et lui demanda l'autorisation d'ouvrir la guerre de commerce et de blocus contre l'Angleterre et ses alliés.

À la fin de décembre le chancelier répondit, après de longues et minutieuses études de la question, que le gouvernement comprenait fort bien l'opportunité militaire du plan qui lui était proposé et qu'il ne soulevait pas non plus d'objection concernant le droit des gens. Mais il fallait avoir des égards pour les neutres qui auraient à souffrir du nouvel état de choses. Ce n'était que quand la victoire de l'Allemagne sur terre serait complètement assurée que l'on pourrait envisager de plus près la guerre sous-marine.

C'était un refus. Il fallait cependant que la guerre sous-marine fût un moyen d'obtenir la victoire. Si on ne voulait l'employer qu'une fois la décision obtenue, elle n'avait plus de sens. D'un autre côté le chancelier avait ses bonnes raisons. Il était déjà d'avis à cette époque-là que le déclenchement de la guerre sous-marine amènerait l'Allemagne à entrer en guerre avec les États-Unis de l'Amérique du Nord. Or en pareil cas le sort militaire des Puissances Centrales lui paraissait réglé.

Mais le chancelier von Bethmann-Hollweg n'avait pas compté avec l'opinion du peuple allemand. Sous l'impression de la violation du droit des gens commise par les Britanniques, l'irritation s'accrut rapidement et puissamment en Allemagne. On commença à reconnaître où l'ennemi voulait en venir avec sa conduite de la guerre. Si on ne saisissait pas encore toute la gravité terrible de la volonté d'anéantissement anglaise, on soupçonnait cependant parmi le peuple qu'il s'agissait de vie ou de mort.

Le désir d'une réaction allemande devint de plus en plus violent. Personne ne pouvait comprendre que l'Allemagne dût renoncer à utiliser une arme dont l'ennemi avait provoqué l'emploi et qui de l'avis de la marine était appelée à avoir une importance inouïe.

Ce fut une instruction du gouvernement anglais autorisant et recommandant aux navires de commerce britanniques de naviguer sous pavillon neutre qui fit pencher la balance. C'était un chef-d'œuvre de violation du droit des gens et une provocation extraordinaire envers les neutres. On cherchait ainsi à induire les sous-marins allemands en erreur, à protéger le commerce anglais et surtout à mettre le gouvernement allemand en conflit avec les neutres. En un froid calcul la conduite de la guerre navale anglaise englobait les biens et la vie des neutres. Cela ne souleva aucune tempête d'indignation dans le monde. Quand les conséquences inévitables d'un tel procédé devinrent manifestes, ce fut contre... l'Allemagne que se tourna cette indignation.

Le gouvernement anglais avait envoyé son instruction secrète le 31 janvier. Le 4 février l'Allemagne déclara zone de guerre et de blocus les eaux entourant l'Angleterre y compris la Manche. Il était recommandé à la navigation neutre de contourner les Iles Britanniques par le nord. À partir du 18 février, était-il dit, tout bâtiment de commerce ennemi rencontré dans la zone du blocus sera coulé. Les bâtiments neutres devaient être traités suivant les règles du droit des gens et de la déclaration de Paris, mais on soulignait cependant formellement les dangers qu'ils courraient du fait de l'instruction contraire au droit des gens du gouvernement britannique. Le gouvernement allemand se considérait donc encore comme lié par les anciennes prescriptions, bien que celles-ci fussent déjà violées par l'Angleterre.

Il se produisit alors un fait singulier. Le gouvernement des États-Unis adressa à l'Allemagne une note de protestation, extraordinairement dure, dans laquelle il déclarait qu'il répondrait par une rupture des relations diplomatiques à une violation du droit des gens par l'Allemagne. Le fournisseur de guerre des Alliés sortait de sa réserve diplomatique. L'Océan était déjà couvert de bâtiments portant à bord des munitions américaines. Les commandes augmentaient de jour en jour et annonçaient des affaires d'une ampleur incommensurable. On ne pouvait suffire aux livraisons.

Le chancelier d'empire s'attendait à une intervention de l'Amérique. Dès le début il n'avait accepté qu'à regret le déclenchement de la guerre sous-marine. Il répondit rapidement et poliment à la note américaine. Il est manifeste, disait-il, que Washington n'a pas compris le sens de l'avertissement allemand. Nous cherchons uniquement à torpiller les bâtiments ennemis et nous ferons tout notre possible pour assurer la sécurité de la navigation « légitime ».

En fait l'ordre suivant fut donné encore une fois formellement aux sous-marins : « Les bâtiments naviguant sous pavillon neutre ne doivent pas être attaqués à moins qu'ils ne soient reconnus avec certitude comme ennemis. » Pratiquement c'était rendre impossible l'attaque efficace de ces bâtiments. Du fait de leurs possibilités tactiques les sous-marins s'exposaient en effet à un danger mortel s'ils procédaient à une enquête préalable, effective. La guerre de commerce et de blocus allemande perdit ainsi, avant même qu'elle ne fût déclenchée, la plus grande partie de son efficacité du fait de l'intervention de l'Amérique.

Un ordre est un ordre. La guerre de commerce commença malgré les protestations de l'amirauté qui ne voulait pas l'ouvrir dans de telles conditions. Les conséquences furent telles qu'on devait s'y attendre. Il n'y avait sur mer aucun bâtiment de commerce portant pavillon ennemi. Les Anglais n'étaient pas fous à ce point. Ils avaient arboré le pavillon neutre.

Les valeureux commandants de sous-marins, obéissant à l'ordre funeste qu'ils avaient reçu, vinrent en surface et s'approchèrent des bâtiments pour vérifier leur neutralité. Les navires « neutres » firent feu sur eux avec les pièces qu'ils avaient installées en secret à leur bord. Maint sous-marin dut payer de sa perte la discordance des instructions. L'Angleterre versait une prime sérieuse à tout commandant de bâtiment de commerce qui coulait un sous-marin bien que, du fait qu'il n'était pas combattant, il ne fût nullement en droit de le faire. Ce fut la guerre de francs-tireurs sur mer.

Ainsi paralysée dans son action la guerre sous-marine languit, coûteuse. L'Allemagne notait avec satisfaction le tonnage ennemi coulé. Mais son importance n'était nullement en rapport avec le but poursuivi. Sans être gênés, évités avec respect, les obus américains traversaient l'Océan sur des bateaux lourdement chargés. Ils allaient ensuite sur le front occidental se déverser sur les soldats allemands par la bouche des canons français et anglais. Du matériel de guerre de toute nature suivit ensuite. Les affaires connurent une prospérité fantastique et les actions de l'acier montèrent à la bourse de New York à des hauteurs prodigieuses.

En avril 1915, le sous-marin allemand *U* 27 émergea dans la Manche devant un bâtiment portant pavillon neutre, se rapprocha de lui et l'arraisonna pour vérifier sa neutralité et sa cargaison. Pendant ce temps les Anglais – car c'étaient eux et le bâtiment s'appelait le *Baralong* – pointèrent leurs pièces camouflées. Ils tiraient bien. Quelques coups au but détruisirent le sous-marin et le coulèrent. Les marins allemands qui ne furent pas engloutis avec lui dans son sein se maintinrent sur l'eau en nageant, privés de tout secours. Les Anglais saisirent alors leurs fusils et tirèrent sur les têtes des nageurs. Quelques-uns échappèrent et montèrent sur un vapeur anglais qui était dans le voisinage. Les gens du *Baralong* les y suivirent et les abattirent l'un après l'autre.

L'incident n'eut pas d'écho dans le monde.

Dans les premiers jours de mai le paquebot anglais *Lusitania* prit la mer à New York. Il avait à bord des obus américains. L'ambassadeur d'Allemagne à Washington avait signalé le fait et averti la population qu'il ne fallait pas l'utiliser. Le 7 mai le *Lusitania* fut torpillé. Les munitions qui se trouvaient à bord sautèrent. Le navire coula rapidement. De nombreux Américains périrent noyés.

Le monde entier poussa un cri d'indignation.

Les États-Unis envoyèrent à l'Allemagne une nouvelle note et demandèrent des indemnités pour les pertes que les citoyens américains avaient subies sur un vapeur anglais, porteur de contrebande de guerre et qu'ils avaient utilisé à leurs risques et périls malgré les avertissements. Ils demandèrent en même temps que la guerre de commerce allemande fût immédiatement limitée pour éviter que de pareils cas ne puissent se reproduire. C'était dire que l'Allemagne devait permettre à tout bâtiment de munitions ennemi d'installer un citoyen neutre sur ses soutes à munitions pour se protéger ainsi de tout danger. Accepter cette demande c'était renoncer à la guerre sous-marine. Le commandant d'un sous-marin assaillant ne pouvait jamais savoir si quelque neutre n'était pas caché quelque part sur le bâtiment ennemi. L'Amérique jetait toute sa puissance dans la balance pour enlever à l'Allemagne l'arme qui devait frapper l'Angleterre et dont celle-ci avait reconnu toute l'importance.

Le 5 juin sous la pression du chancelier d'empire un ordre fut envoyé à l'amirauté disant qu'il n'était plus permis de torpiller les grands paquebots, même s'ils étaient reconnus comme ennemis. La réponse allemande aux États-Unis se référait à cet ordre qui fut aussi communiqué en même temps à l'Angleterre.

Londres triompha tout en participant de toutes ses forces aux cris d'indignation qui s'élevaient contre la barbarie allemande. Les Anglais savaient maintenant que pour être complètement tranquilles ils n'avaient qu'à charger leur matériel de guerre sur de grands paquebots.

Le secrétaire d'État von Tirpitz, le chef de l'amirauté von Bachmann et le chef de la flotte, l'amiral von Pohl, demandèrent à être relevés de leurs fonctions. L'amiral von Bachmann fut remplacé par l'amiral von Hoetzendorf. Tirpitz et Pohl durent rester à leur poste sur l'ordre de l'empereur qui les invita en outre à s'abstenir à l'avenir de toute immixtion dans la politique du gouvernement d'empire.

La guerre sous-marine continua avec de lourdes pertes pour l'Allemagne. Bien des bâtiments ne rejoignirent pas leur base. Otto von Weddigen lui aussi ne rentra pas.

L'intérieur continua aussi à apprendre chaque mois les chiffres de tonnage coulé.

En août 1915, il fut également interdit aux commandants de sous-marins de couler les petits paquebots.

10
Champagne, Lorette, Arras

Premier mois d'hiver sur le front ouest. Première nuit de Noël loin des foyers familiaux, dans les tranchées et les abris, derrière les réseaux de fil de fer, au poste d'écoute dans les têtes de sape, dans les cantonnements d'alerte. Dans les dunes de Nieuport, dans les bois déchiquetés d'Ypres, sur les hauteurs de Lorette, au Chemin des Dames, autour de Reims, en Argonne, dans le saillant de Saint-Mihiel, au Donon, au Vieil Armand.

Phénomène que n'avait encore pressenti aucune imagination guerrière, si hardie fût-elle. Une double ligne figée, accrochée à des tranchées et à des obstacles artificiels, de la mer à la Suisse. Ligne sans interruption, comportant plusieurs positions l'une derrière l'autre, réunies entre elles vers l'avant et vers l'arrière par des boyaux de communication. Ligne capable de déployer une puissance inouïe par le moyen d'un organisme aux nerfs ténus et prêt à fonctionner à tout instant. Des yeux du guetteur de tranchée au commandant de compagnie, du commandant de compagnie par fusée à l'état-major du bataillon et de là à l'artillerie de campagne aux positions de batterie défilées.

À peine les assaillants sont-ils sortis de leurs tranchées pour traverser la zone neutre qui sépare les deux fronts que déjà le tir de barrage ennemi passe en hurlant au-dessus des tranchées adverses et s'abat sur eux.

Déjà l'énorme appareil aux mille ramifications entre en jeu tout entier, des deux côtés, déclenché par une simple pression, par la première fusée à chenille à boule jaune lancée de la tranchée avancée.

Déjà les réserves des tranchées de deuxième ligne sont alertées et se précipitent vers l'avant, en paquetage d'assaut, par les boyaux de communication. Déjà les moyens de liaison jouent vers la droite et vers la gauche.

Déjà l'officier d'état-major de la division fait des calculs sur ses cartes de secteur en rassemblant les comptes rendus des régiments et en les groupant pour en faire une synthèse de la situation. Tout est déjà en vie au loin à l'arrière jusqu'au quartier général de l'armée.

Tout est en tension, en une seule et formidable tension. De l'arrière on voit le tableau chaotique du bombardement et on entend ses bruits multiples. De temps en temps on perçoit aussi le crépitement sec et grêle des mitrailleuses.

Mais cela ne sert à rien, il faut attendre les comptes rendus. Tout dépend maintenant de ceux qui sont à l'avant dans les tranchées, qui visent, tirent, visent et tirent. Les coups de départ et d'arrivée des pièces d'artillerie se distinguent encore à peine les uns des autres. L'air est balayé de craquements et d'éclats au-dessus des tranchées, des boyaux de communication, des positions de batterie. On dirait qu'une double masse de nuages de fumée emmêlés les uns aux autres s'étend sur la bande de terrain qui sépare les deux fronts.

Après des heures le bruit s'apaise. Le formidable appareil commence à se détendre et à se calmer. On se met à étudier ce qui est arrivé. Tout le monde veut des comptes rendus. Plus ceux-ci s'en vont vers l'arrière, plus ils s'enflent. Chaque organe de commandement y joint un additif. Exhortations, louanges, critiques. Au bout de plusieurs jours les comptes rendus reviennent en sens inverse. Ils se sont transformés en instructions. Guerre du papier.

À l'avant aussi on a fait entre-temps le bilan de l'affaire.

C'est une somme d'entonnoirs nouveaux qui fument encore, de tranchées bouleversées, de réseaux déchiquetés, de têtes de sape perdues et verrouillées. Les commandants de compagnie établissent leur liste de pertes d'après les comptes rendus des sections et répartissent à nouveau leurs hommes. Le ravitaillement arrive de la cuisine roulante. Pendant la nuit on double le nombre des guetteurs des tranchées.

Le lendemain, entre la nuit et l'aube, tout le monde est accroupi dans les abris, ceinturon bouclé, prêt au combat. Personne n'a l'autorisation de dormir. On fait le relevé des consommations de munitions et le bataillon demande leur remplacement. Il faut nettoyer les mitrailleuses.

Pendant la nuit les blessés s'en vont en clopinant par les boyaux vers les postes de secours. Les infirmiers arrivent et emportent sur des brancards ceux qui ne peuvent marcher. Les cadavres des morts sont transportés vers l'arrière par des hommes des corvées de ravitaillement. Le cimetière militaire est près du cantonnement de l'état-major du régiment. L'aumônier divisionnaire les ensevelira demain tous ensemble.

Dehors, dans la zone entre les deux lignes de tranchées adverses, on peut distinguer au clair de lune des points gris-bleu dispersés. Personne ne les enterrera. De temps en temps on voit jaillir le panache noir d'un percutant qui explose.

Peu avant l'aube l'artillerie allemande tire quelques rafales en représailles sur les tranchées ennemies.

Le printemps est encore loin.

La neige a recouvert d'un drap blanc tout le terrain neutre qui sépare les positions. Les trous d'obus fraîchement ouverts se détachent en taches noires sur ce drap. Les tranchées forment de fines artères sombres sur sa surface claire. Les aviateurs ont maintenant beau jeu pour fixer sur leurs photographies, à un cheveu près, le tracé des positions. La science de cette nouvelle guerre fait des progrès chaque jour.

Le printemps est encore loin. Mais les Français et les Anglais se considèrent maintenant comme obligés à leur tour de soulager leur allié russe. Nicolas Nicolaïevitch s'est plaint avec raison que les Allemands retirent leurs corps d'armée les uns après les autres du front occidental pour les transporter dans l'Est. Ils ne sont pas assez accrochés à l'Ouest. L'armée allemande du Sud a déjà été identifiée dans les Carpathes. Les Russes, qui sont sur le point de déclencher pour la deuxième fois leur attaque contre les ailes allemande et autrichienne, en Prusse Orientale et dans les Carpathes, demandent que l'on exécute une action parallèle sur le front ouest. Joffre est d'accord. L'armée française a eu passablement de repos pendant l'hiver. On peut frapper un coup puissant.

Le 7 février 1915 le drame qui doit trouver sa fin dans les forêts qui s'étendent entre Augustovo et Suvalki commence à se dérouler à la frontière de la Prusse Orientale. Le 16 février, Joffre entame à l'Ouest une bataille qui constitue le début d'une époque toute nouvelle de l'histoire militaire. C'est la bataille de percée et de matériel. Certes ce n'est encore qu'un commencement qui n'a rien de commun avec l'horrible déchaînement des batailles futures. Mais c'était alors un phénomène d'une formidable nouveauté qui imposa au moral des combattants comme aux réserves en hommes et au ravitaillement en matériel des exigences imprévues. Un signal, un avertissement, un coup de fanfare.

Le 16 février, en Champagne, depuis des mois déjà région de friction, des attaques françaises commencent, entre Perthes et Tahure. Elles sont repoussées.

Le 18 février, au matin – on est en pleine journée d'hiver et la neige recouvre tout – sur une bande de dix-huit kilomètres de front, entre Souain et Massiges, un bombardement violent se déclenche sur les tranchées allemandes.

On attend une attaque et on tient les réserves prêtes. Les compagnies de première ligne sont accroupies dans les abris, prêtes à repousser l'assaut, et guettent le moment où l'artillerie française allongera son tir. Tous les états-majors et toutes les batteries surveillent avec impatience la montée des premières fusées à chenille qui indiqueront que l'attaque d'infanterie est déclenchée.

À midi aucune attaque n'a eu lieu.

Par contre le feu de l'artillerie française, après une légère accalmie, a augmenté d'intensité. Il tombe maintenant, plus puissant, sur les communications arrière et sur la zone des batteries allemandes. Puis il se concentre à nouveau, plus violent, sur les tranchées avancées. Ils viendront sans doute dans l'après-midi.

Le soleil baisse.

Ici, à l'avant, tout fume sous la brutalité toujours aussi intense du bombardement. Il ne finit pas, il s'accroît encore. Dans leurs comptes rendus de fin de journée les compagnies font savoir qu'elles ont subi de lourdes pertes du fait de la puissance des tirs ennemis. Par endroits les coureurs ne peuvent même plus passer.

Le tableau qui résulte des comptes rendus est imprécis. Les tranchées et les abris ne sont nullement organisés pour résister à un tel bombardement. Quelques régiments manifestent l'intention de faire relever pendant la nuit leurs bataillons de position par leurs bataillons de réserve parce qu'ils doutent de la capacité de résistance de leurs compagnies de première ligne qui ont été fortement éprouvées. On peut maintenant compter avec certitude que l'attaque aura lieu à l'aube.

Après minuit le feu redouble. L'artillerie lourde intervient avec ses pièces à tir courbe. On le reconnaît au bruit étouffé des départs et au hurlement profond des arrivées. Auparavant on n'employait de l'artillerie lourde que pour attaquer les places fortes. Les comptes rendus de la nuit transmis vers cinq heures du matin sont alarmants. Les commandants de régiments ordonnent à leurs unités de se trouver à l'aube en alerte renforcée. Les divisions tiennent leurs réserves prêtes.

L'aube arrive enfin, mais l'attaque n'a pas lieu.

Le bombardement continue sans faiblir. Ce n'est plus, entendu de loin, qu'un grondement et un tremblement unique et sourd, comme un roulement étouffé sur la peau d'un tambour gigantesque.

Cela dure toute la journée. Et aussi toute la journée suivante. Cela dure en tout trois jours et trois nuits.

Le 21 février, jour où entre Suvalki et Augustovo 100 000 Russes capitulent et où l'armée Sievers est anéantie, cinq divisions françaises passent à l'attaque en épaisses colonnes.

Les tranchées allemandes sont nivelées et bouleversées jusqu'à en être méconnaissables. Les obstacles sont rasés. Les mitrailleuses en grande partie détruites. L'artillerie de campagne allemande a beaucoup souffert.

Les états-majors de commandement sont en grand souci. Qui arrêtera l'attaque ? Des fusées à chenille montent, s'ouvrent et retombent en s'éteignant peu à peu. Çà et là. Quelque chose est donc encore en vie à l'avant.

Il y a encore plus de vie à l'avant qu'on ne le croit à l'arrière. Le tir de l'artillerie française s'allonge et se déroule sur les positions arrière allemandes. Délivrés de l'hébétement du bombardement qui les a accablés durant des jours, les Rhénans du VIIIe corps actif et du VIIIe corps de réserve, les Bas-Saxons de la 19e division de réserve sortent en grimpant de leurs abris éboulés, placent leurs mitrailleuses dans les excavations des tranchées et sur les lèvres des entonnoirs, visent et ouvrent le feu sur les épaisses colonnes qui traversent la zone neutre enfumée qui sépare les positions.

Vois là, à droite et à gauche, là aussi quelque chose est encore en vie. On le reconnaît au grouillement dans les entonnoirs et à la dispersion soudaine des Français. Partout les mitrailleuses crépitent. Le barrage d'artillerie se déclenche.

Dès le premier emploi du feu roulant qui devait aboutir mathématiquement à la destruction et à l'anéantissement complets de la position allemande, la vérité apparaît et montre que les effets pratiques de ce feu ne répondent pas aux effets théoriques. La supériorité tactique des faibles forces qui restent encore à l'ennemi écrasé par le feu sur l'assaillant étroitement massé constitue une notion toute nouvelle qui ne pourra être déterminée que par l'expérience. La première journée de la première bataille de matériel laisse ainsi déjà entrevoir qu'il faudra que cette bataille prenne une tout autre ampleur pour obtenir des résultats certains. L'avenir s'annonce effroyable.

Les colonnes françaises doivent se déployer pour combattre. Cela n'a rien de commun avec une marche la cigarette à la bouche et l'arme à la bretelle à travers la position allemande. Il faut tout d'abord conquérir cette position par une attaque d'infanterie.

Pendant qu'à l'avant les quelques mitrailleuses allemandes encore existantes combattent sous la protection du barrage pour défendre leurs tranchées nivelées, les réserves s'engagent peu à peu. Au bout de quelques heures l'équilibre de la bataille est déjà rétabli. La journée se termine par une victoire défensive complète. Les pertes allemandes ont été lourdes jusqu'au début de l'attaque d'infanterie. Mais après le déclenchement de cette attaque les pertes françaises ont été effroyablement sanglantes.

La bataille continue, marquée par un engagement puissant de matériel. Des crises surviennent par endroits. Mais l'ennemi ne sait pas les exploiter. Elles n'entraînent que la perte de quelques éléments de tranchée isolés. L'insuffisance des réserves est grande du côté allemand. Mais ce que l'ennemi n'a pu obtenir lors de son formidable engagement initial, il ne l'obtiendra par aucune improvisation ultérieure. Les Français ne réussissent ni à créer une large poche dans le front allemand, ni à le refouler, ni à plus forte raison à réaliser leur percée en direction de Rethel.

Dans la dernière décade de mars Joffre est obligé de suspendre son offensive sous la forme qu'il a employée. Il s'est épuisé, par ses propres moyens. La bataille d'hiver de Champagne se liquéfie en même temps que la neige.

Dans l'Est, le grand-duc a repris l'offensive. Ses divisions perdent leur sang dans les Carpathes. À l'Ouest, c'est enfin au tour des Anglais. Mais le moment n'est pas encore là où la Grande-Bretagne sera prête à engager toutes ses forces sur le continent. Le maréchal French se contente d'une attaque du nouveau genre sur une base beaucoup plus étroite que les Français. Le 10 mars, il attaque Neuve-Chapelle au nord du canal de La Bassée. N'ayant pas eu de succès il arrête aussitôt l'opération.

Deux fois encore des actions locales sont déclenchées sur d'autres points du front. Au début d'avril les Français cherchent à couper le saillant de Saint-Mihiel. La tentative échoue. À la fin d'avril, les Allemands font à Ypres leur premier essai de grande envergure pour rendre les positions ennemies mûres pour l'assaut en émettant des gaz depuis leurs tranchées.

L'opération réussit complètement. Mais la percée obtenue n'est pas exploitée. On n'y était pas préparé.

En avril le grand-duc est à bout de forces. Il doit avouer que sa formidable dépense d'hommes devant les cols des Carpathes ne lui a procuré aucun gain. Il n'a pas encore la moindre notion de la gravité des conséquences de sa défaite. Il croit qu'un peu de repos suffira pour remettre ses troupes en état d'attaquer à nouveau. Il ne soupçonne pas encore quel orage s'amoncelle contre lui et que le coin qui va enfoncer son front est déjà prêt.

Par contre les Français et les Anglais ne se cachent pas que la situation dans l'Est a pris un caractère très inquiétant. Joffre persuade French qu'un puissant effort franco-anglais est nécessaire pour préserver leur allié oriental de graves échecs. French ne peut s'empêcher de partager cette opinion.

Joffre propose un plan de double offensive, les Anglais attaquant à Arras, les Français à Reims. C'est son idée favorite que de percer en ces deux endroits et de prendre le centre allemand en tenaille. Mais French qui voit maintenant ce qu'on attend des Anglais fait des objections. Il manque d'artillerie, dit-il. En fait, il veut ménager ses corps.

Comme le temps presse et qu'il faut faire quelque chose, Joffre cède. Les Français engageront toutes leurs forces, les Anglais se contenteront de les soutenir. On tombe d'accord sur une offensive commune de vingt kilomètres de front, entre Béthune et Arras, au point de jonction des armées françaises et britanniques. Les Anglais n'auront rien d'autre à faire que de renouveler leur attaque du mois de mars. Mais les Français mettront tout en jeu pour obtenir une percée au nord de la Scarpe. Le centre de leur front d'action sera marqué par le massif des hauteurs de Lorette.

En février, l'offensive allemande contre l'armée russe de Sievers avait coïncidé avec l'offensive française de Champagne – bataille d'hiver de Mazurie, bataille d'hiver de Champagne. En mai, la terrible attaque allemande de la Dunajec devance l'attaque franco-anglaise – bataille de percée entre Gorlice-Tarnov, bataille de percée entre La Bassée et Arras.

Encore une fois, le sort partage la victoire inégalement. Pendant que Gorlice-Tarnov se développe peu à peu jusqu'à provoquer la chute de tout le front russe entre la Baltique et la Roumanie, il ne reste aux mains des Français et des Anglais, après des combats meurtriers, que quelques villages détruits et un tas de pierres qui jadis s'appelait la Chapelle de Notre-Dame-de-Lorette.

C'est un vieux coin orageux que le massif de hauteurs entre Béthune, Arras et Douai. Depuis qu'en octobre 1914 le premier fantassin allemand a pris pied sur la colline de Lorette et que pour la première fois des balles françaises ont sifflé de la forêt de Bouvigny et de la lisière de Carency, il n'y a pas encore eu de repos dans cette région.

De l'est, en venant de Souchez, le massif s'élève assez brusquement, puis s'étend en direction de l'ouest sur environ quatre kilomètres en descendant peu à peu. De son sommet les vues sont étendues sur les dépressions de l'Artois et les champs de cheminées de Lens, Béthune, Arras et Douai. C'est là le centre de l'industrie houillère du nord de la France ; les mines touchent aux mines, les crassiers aux crassiers.

Mais la colline de Lorette, entourée de bois et de villages silencieux, est comme une île dans cette mer de fumée, de cheminées, de marteaux, de puits de mines, de crassiers et de voies ferrées.

Sur la face occidentale de la hauteur se trouve la chapelle.

Jadis, au temps où les chevaliers français combattaient en Artois contre les Anglais, on tenait pour certain que celui qui possédait Notre-Dame-de-Lorette avait aussi la victoire en main. Cette légende fut aussi vivante dans cette guerre que dans le passé. Chaque poilu des tranchées situées à l'ouest de la chapelle apercevait ses ruines et attendait impatiemment le jour où on les arracherait aux Allemands. Trois fois déjà elle avait changé de mains, puis elle était restée entre les deux lignes. En mai le front traversait la croupe du nord au sud, passait de part et d'autre de la chapelle et laissait les villages d'Ablain et de Carency aux Allemands.

Le 7 mai 1915 de grand matin, le feu roulant passe en trombe au-dessus de la partie française du front d'attaque, depuis le sud du canal de La Bassée jusqu'à la Scarpe, près d'Arras.

Contrairement à ce qu'ils ont fait en Champagne, les Français ne pilonnent les positions allemandes que pendant deux jours, mais d'autant plus puissamment. Les Anglais se contentent dans leur secteur, au nord du canal, d'une préparation normale et ne font précéder l'action de leur infanterie que d'un feu roulant de quarante minutes. À l'aube du 9 mai, l'attaque d'infanterie se déclenche sur tout le front, nourrie par douze corps d'armée ; en arrière la cavalerie est prête à agrandir aussitôt la poche d'irruption et à passer à la manœuvre en terrain libre.

Des deux côtés on a déjà appris quelque chose et on est mieux préparé cette fois aux surprises terribles de la bataille défensive ; bien qu'il y ait encore un abîme gigantesque avec ce qui se passera plus tard. Malheureusement les Allemands n'ont pas encore compris suffisamment que l'on ne doit exposer que le moins d'hommes possible à la grêle dévastatrice du feu roulant et que l'on doit tenir des réserves prêtes à contre-attaquer à la limite extrême de la zone du barrage roulant. Cependant le système de la contre-attaque automatique, bien qu'encore non réglementé et non entré dans les principes tactiques fermes, est déjà employé par la troupe comme une sorte de moyen de défense personnel.

Les Français, eux non plus, ne sont pas restés inactifs. Ils ont reconnu en Champagne que la principale difficulté de leur attaque ne se présente que quand l'infanterie est sortie de la zone de protection directe du feu de leur propre artillerie. Ils en ont tiré la conclusion que ce feu doit se déplacer comme un rouleau le plus longtemps et le plus loin possible devant l'infanterie d'assaut. On obtient ce résultat en poussant les batteries en avant par échelons dans de nouvelles positions.

Mesures et contre-mesures se contrecarrent. Mais comme les réserves d'infanterie allemandes sont plus mobiles que l'artillerie française, l'avantage reste du côté du défenseur.

Les Anglais ne gagnent absolument rien au nord du canal. Les Français, eux, chassent les Allemands d'Ablain et de Carency et occupent les ruines de la Chapelle de Notre-Dame-de-Lorette.

Le commandement allemand craint que la nouvelle situation n'ait des conséquences fâcheuses. On est refoulé à l'extrême pointe orientale de la colline et il faut s'attendre à une attaque de flanc partant de Carency. Dans la soirée l'ordre est donné d'abandonner complètement la hauteur et de replier le front jusqu'aux abords de Souchez.

Dès le lendemain des troupes fraîches sont à pied d'œuvre et en une attaque énergique rejettent sur la crête les Français qui n'ont pas encore eu le temps de s'organiser sur le terrain conquis. Ablain, Carency et la Chapelle demeurent cependant aux mains de l'ennemi. La bataille s'accroche au sol en avant de ces points. Des monceaux de cadavres sont entassés autour de la Chapelle.

Joffre essaie encore une fois de venir à bout de l'ennemi par des attaques répétées. Il trouve pour cela l'expression « grignoter le front allemand ». Mais les Français mordent sur du métal et s'y brisent les dents. Il se passe ici ce qui s'est passé jadis en Champagne. La situation telle qu'elle était à l'issue de la première attaque et de la première contre-attaque ne subit plus aucun changement. Est-ce que les forces mises en œuvre seraient encore trop faibles ? Est-ce que la bataille de matériel demanderait à être engagée dans de tout autres mesures et avec de tout autres moyens ?

À la fin de mai, la bataille d'Arras se morcelle en actions isolées, au moyen desquelles les Allemands d'un côté, les Français de l'autre cherchent à rectifier le tracé de leur position. Puis les règles de la guerre de position qui sont devenues avec le temps des lois fermes et des habitudes presque immuables entrent à nouveau en vigueur ici aussi.

La colline de Lorette est un conglomérat sauvage d'entonnoirs et d'éléments de tranchées. Aucun arbre, aucun buisson ne verdit plus sur sa crête. Les réseaux de fil de fer, déchiquetés par la bataille, réapparaissent timidement.

Les morts gisent non enterrés entre les lignes. Des patrouilles sortent pendant la nuit. De temps en temps une fusée à chenille jaune déchaîne pour dix minutes le vacarme infernal du barrage.

Souchez est un amas de pierres. Sous les décombres, dans les caves effondrées, les réserves et les états-majors de bataillon vivent accroupis. Pendant la journée le soleil d'été brûle impitoyablement. Lorsqu'il n'y a pas d'avion dans le ciel on peut s'asseoir en plein air et prendre un bain de soleil. Mais lorsqu'un tir de surprise s'abat sur les ruines avec sauvagerie et avec un rugissement qui grandit avec la rapidité de l'éclair, chacun disparaît dans son trou comme des rats. Tout ce qui vit est balayé.

Pendant la nuit les cuisines roulantes arrivent. Les hommes de corvée des compagnies des tranchées de première ligne sont déjà là. Accroupis à l'entrée des trous des caves ils fument silencieusement une cigarette. Les ustensiles de campement cliquettent doucement. De la colline l'écho d'un tir de surprise descend vers eux, assourdi. Il doit tomber sur la position de la « chaire » au sud de la chapelle.

La soupe fumante est ensuite distribuée. Et les porteurs disparaissent comme des ombres dans les boyaux qui montent vers les pentes.

Le grand drame de l'Est déroule ses scènes durant l'été et l'automne et se transforme en une tragédie pour l'armée du tsar. Joffre et French se trouvent en présence de tâches toutes nouvelles. Comment faut-il contraindre les Allemands à transporter à nouveau l'effort principal de la guerre sur le front ouest ?

Joffre revient à son ancien plan. Mais cette fois, il propose une double offensive à Arras et à Reims. C'est entendu, dit French, mais dans ce cas les Français devront prendre aussi à leur compte la plus grande moitié de l'attaque du nord. Joffre s'en tient à son choix. L'Angleterre ne s'étant toujours pas décidée à introduire le service militaire obligatoire les Français sont obligés de porter à nouveau les trois quarts du fardeau de l'offensive.

N'ayant pas pu obtenir le succès en février en Champagne avec cinq cents pièces d'artillerie, Joffre veut essayer cette fois de l'obtenir en Artois et en Champagne en en employant cinq mille. Les munitions américaines arrivent inépuisablement.

Les deux batailles seront déclenchées le même jour.

Du 19 au 25 septembre le feu roulant déferle sur les positions allemandes, interrompu seulement par instants. Les Anglais se montrent à nouveau plus économes que les Français. Le 25, avant même qu'il ne fasse clair, l'attaque d'infanterie commence entre Béthune et Arras au nord, entre Souain et Massiges en Champagne.

Les divisions allemandes ont fortement souffert des effets terribles du bombardement. Dans la plupart des régiments de première ligne, il ne reste plus que des débris. Les réserves stratégiques sont inexistantes. Tout est employé dans l'Est ou dans le Sud, en Serbie, où une nouvelle campagne est en cours. Le destin se venge presque des exploits hardis accomplis dans l'Est.

Les Anglais atteignent la petite ville de Loos, entre La Bassée et Lens. Les réserves locales des divisions bouchent la brèche et tendent des bretelles sur ses flancs. Des contre-attaques refoulent à nouveau le front adverse.

Pour la deuxième fois les Français descendent des pentes de Lorette sur Souchez et Givenchy. Souchez demeure en leurs mains. Les combats sont coûteux pour les divisions allemandes et créent par moments une situation sérieuse. L'engagement, goutte à goutte, de leurs faibles réserves leur permet d'empêcher l'ennemi d'ajouter de nouveaux gains à la poche qu'ils ont faite. L'exiguïté des disponibilités et l'importance des pertes interdisent de reprendre par des contre-attaques le terrain perdu. On en reste aux pertes locales du premier jour.

En Champagne, les affaires prennent encore une tournure plus critique. De Souain à Somme-Py la défense allemande se disloque sous la pression terrible du bombardement et des assauts massifs de l'ennemi. Le commandement n'a sous la main aucune réserve stratégique.

En fait l'ennemi a réussi à réaliser dans cette région une percée locale. Le commandement de la 3e armée songe à battre en retraite sur Rethel. Mais les flancs qui se sont créés dans le front tournent leurs feux vers l'intérieur de la poche. L'ennemi privé de l'appui de son barrage roulant, hésite et ne s'aperçoit pas des avantages de la situation. Enfin de faibles réserves arrivent aussi et se jettent dans la brèche. Le crépitement des mitrailleuses recommence et oblige les colonnes françaises à se coucher. Au soir du deuxième jour le danger de percée peut être considéré comme écarté.

Pour la première fois, en cette guerre si riche en changements, on voit apparaître en fait de novation « le nid de tirailleurs », la poignée d'hommes étroitement concentrés qui, après avoir échappé à l'horreur du feu roulant, s'accrochent dans quelques entonnoirs et dominent tout le champ de bataille en furie, en avant, à droite, à gauche et en arrière, de leurs fusils et de leurs mitrailleuses.

Des bataillons ennemis tout entiers éclatent devant ces nids de résistance répartis comme des îles dans la mer agitée du combat. Ils se pelotonnent comme le hasard, le courage humain, la chance les a réunis. Ils constituent les piliers de la ligne entre lesquels les réserves viennent ensuite s'intercaler. Il arrive qu'ils soient coupés pendant plus d'un jour et plus d'une nuit. Les fusées éclairantes sont les seuls moyens dont ils disposent pour indiquer à leurs camarades qu'ils sont encore en vie et qu'ils comptent être dégagés.

Il arrive aussi parfois qu'un seul obus ennemi de gros calibre les anéantissent complètement.

C'est sur ces îlots de grand combat que se formèrent ces maîtres de la bataille défensive dont tout dépendra plus tard lorsque cette bataille prendra ses formes les plus grandioses et les plus terribles.

En octobre la double bataille s'enlise elle aussi. Un nouvel hiver de guerre surgit lentement.

L'année 1915 a donné un nouveau visage à la guerre sur le front ouest et lui a assigné une nouvelle direction. Elle n'est cependant qu'une transition vers les deux années à venir. C'est à ces dernières qu'il était réservé de développer les phénomènes nouveaux jusqu'à leur plein épanouissement et d'imposer aux hommes et au matériel des exigences dont on ne pouvait encore se faire aucune idée à cette époque.

Le front occidental continuait à tenir, inébranlé. Mais autour de lui, sur les théâtres d'opérations du monde, des changements formidables s'étaient accomplis.

11
Lemberg, Varsovie, Vilna

La décision de la Direction suprême des armées allemandes de transférer jusqu'à nouvel ordre l'effort principal de la guerre de l'Ouest à l'Est ne fut ni prise en un jour, ni exécutée d'un seul coup. Elle prit plutôt naissance au cours des mois et fut déterminée d'une façon décisive par le cours même des événements.

Ses partisans les plus énergiques étaient les hommes de l'Est, Hindenburg, Ludendorff et Conrad von Hoetzendorf. Falkenhayn ne les suivait qu'avec hésitation. Mais lorsqu'il eut acquis la conviction qu'il était possible d'accomplir des actes décisifs, il fit tout ce qui était en son pouvoir pour envoyer aux armées de l'Est les forces dont elles avaient besoin pour l'accomplissement de leurs gigantesques missions. Il le fit alors que la situation à l'Ouest était extrêmement tendue et prit ainsi volontairement à son compte une responsabilité inouïe.

Une fois la décision mise à exécution, la situation politique amena sans cesse le commandement à prendre de nouvelles décisions dans le même sens. Dès février 1915 on put compter avec certitude sur l'entrée en guerre de l'Italie. Il était à prévoir que de ce fait une très grande partie des armées autrichiennes serait accrochée au nouveau front adriatique. Il parut dès lors doublement important d'affaiblir au préalable les Russes d'une façon décisive. L'épuisement croissant de l'armée austro-hongroise poussait à agir dans le même sens. À cela vint s'ajouter la nécessité de tenir compte de l'attitude de la Roumanie dont la neutralité prenait des formes de plus en plus douteuses. On s'exposait, en effet, de toute évidence à voir cette puissance succomber aux sollicitations de l'Entente si les événements prenaient dans l'Est une tournure défavorable.

Enfin, la situation dans les Balkans demandait également à être éclaircie. La guerre de l'Europe centrale avait fait sauter depuis longtemps ses barrières et avait englobé dans son incendie l'extrémité sud-orientale de l'Europe, et même, l'ensemble du territoire turc jusqu'au Caucase, jusqu'au golfe Persique et au canal de Suez. L'Allemagne avait toute raison d'avoir des craintes pour l'armée turque, mal ravitaillée et affaiblie par deux dures guerres.

Depuis février les préparatifs de l'Entente en vue d'une double attaque sur Constantinople étaient manifestes. L'Angleterre et la France rassemblaient en Égypte un corps expéditionnaire pour attaquer les Dardanelles. La Russie concentrait une puissante armée à Odessa pour réaliser enfin ses rêves balkaniques. Si Constantinople tombait, la route de la Russie était ouverte et la puissance militaire et économique de l'Entente et de l'Amérique pouvait pénétrer librement dans l'Empire des tsars. Il ne fallait, en aucun cas, en arriver là. La Bulgarie, aigrie par la trahison serbe de 1912, n'attendait qu'une occasion favorable pour entrer dans le conflit aux côtés des Puissances Centrales. Il fallait aller au-devant d'elle pour vaincre ses derniers scrupules.

C'est ainsi que le plan d'une campagne de Serbie prit naissance de bonne heure au Grand Quartier Général. Mais l'écrasement de la Russie parut une condition préalable de ce plan.

Là encore, Falkenhayn fut longtemps hésitant. Il lui fut difficile de se faire à l'idée d'ajourner son plan serbe en faveur du plan russe. Finalement ce fut encore la nécessité de tenir compte de la situation des alliés autrichiens qui fut déterminante. Le danger de voir la monarchie danubienne s'effondrer parce qu'attaquée au nord-est par les Russes, au sud-ouest par les Italiens, au sud par les Serbes et peut-être au sud-est par les Roumains, était déjà à cette époque le plus grand souci du Grand Quartier Général allemand. Or en cette occurrence c'était l'adversaire russe qu'il fallait attaquer en premier lieu parce que le plus puissant et le premier saisissable.

La décision d'attaquer la Russie une fois prise, de nouvelles discussions se manifestèrent bientôt sur le lieu, les effectifs et le but stratégique des nouvelles opérations. Les plans de grande envergure de Hindenburg et de Ludendorff se heurtèrent encore une fois aux froids calculs de Falkenhayn. Le commandant en chef des forces de l'Est était d'avis qu'il fallait en partant de Kovno-Grodno au nord, du front des Carpathes au sud, constituer une gigantesque tenaille à deux branches pour encercler et anéantir en Pologne tout le centre russe. Un plan d'une telle audace et d'une telle ampleur était contraire à la stratégie méthodique de Falkenhayn. Il fit allusion aux résultats, évidemment bons au point de vue tactique, mais déficients au point de vue stratégique, des batailles de février, pendant lesquelles on avait cherché en vain à obtenir quelque chose d'analogue en attaquant Sievers au nord et Ivanov dans les Carpathes. Son entêtement se transforma en une opposition invincible. Il ne céda pas non plus lorsque Conrad von Hoetzendorf prit le parti de Hindenburg.

Falkenhayn disait – jamais la divergence funeste de conception entre le commandement des forces de l'Est et la Direction suprême n'apparut plus brutalement qu'au cours de la grande campagne de l'Est de l'été 1915 – qu'il ne pouvait être question que d'une opération à buts limités, les moyens étant eux-mêmes limités. « Si je divise encore en deux ces moyens limités et si je les emploie moitié au nord, moitié au sud, je cours le danger de ne rien obtenir. Si je réussissais cependant, dans le cas le plus favorable, à obtenir au nord et au sud la percée désirée, la limitation de mes moyens m'interdirait, elle, toute exploitation stratégique d'importance. Il ne peut donc être question que de concentrer les moyens disponibles. »

Cette concentration doit s'effectuer sensiblement au centre du front pour garantir la liberté stratégique dans les deux directions. C'est la concentration qui assure la plus grande certitude de percer. Exploiter la percée sera l'affaire des décisions ultérieures. On pourra renouveler la percée ou prendre d'autres décisions. La liberté d'action reste garantie. Étant donné la limitation des forces disponibles, le but à atteindre ne peut être d'anéantir les Russes, mais seulement de les affaiblir suffisamment. Enfin Falkenhayn avait aussi des raisons d'ordre politique. Tandis que Hindenburg et Ludendorff voulaient obtenir l'anéantissement de leur adversaire russe, Falkenhayn, lui, voulait démoraliser la Russie en lui portant sans cesse de nouveaux coups à objectifs limités, afin de l'amener à conclure une paix peu onéreuse avec les Puissances Centrales.

Hindenburg et Ludendorff durent obéir aux directives de la Direction suprême. On choisit comme zone de percée le front autrichien entre la Vistule et le col de Dukla. L'attaque devait être exécutée par une armée allemande. Les préparatifs furent tenus rigoureusement secrets pour profiter du facteur surprise.

La direction de l'opération fut assurée par le Commandement suprême de l'armée austro-hongroise qui assuma dès lors le commandement de tout le front oriental de la Bukovine à la Pilika, au sud de Varsovie. La Direction suprême de l'armée allemande fut transférée du front ouest en Haute-Silésie.

Le Commandant en chef des forces allemandes de l'Est reçut l'ordre de dissimuler et d'amorcer l'attaque principale par une action par surprise dans l'extrême nord. L'intention que le commandant en chef de l'Est avait songé à réaliser en son temps avec cette action ne fut pas exprimée, mais il en était tenu compte du fait que l'on s'efforçait de se procurer une base de départ favorable pour le cas où le cours de la campagne permettrait de réaliser le grand mouvement projeté initialement par Hindenburg et Ludendorff.

À l'Ouest la période sanglante de la bataille de matériel commence. On y voit se former un type de combattant complètement nouveau. On y voit se dérouler, sur un front de quelque vingt kilomètres et sur une profondeur des plus faibles, des batailles d'une concentration et d'une masse inouïes, qui décharnent le sol et pilonnent division après division.

À l'Est la guerre, sortant de sa torpeur hivernale, se déroule en de vastes mouvements sur un espace énorme.

Elle débute par une percée du genre de celles du front occidental. Elle aboutit à une manœuvre continue, dans des directions toujours nouvelles, aux objectifs toujours nouveaux, sur des distances formidables et aux ampleurs insoupçonnées. Pendant un mois on peut dire que le front Est, depuis la Baltique jusqu'à la Roumanie, se déplace sans cesse sur une étendue de près de 1 500 kilomètres.

À l'Ouest il n'est plus d'improvisation ni de décisions stratégiques. Ce n'est plus le penseur de batailles qui dirige, mais le calculateur qui tient en ses mains le ravitaillement en matériel. À l'Est, toute la guerre repose sur les deux notions d'improvisation et de manœuvre stratégique.

À l'Ouest, la bataille se décide d'après la résistance des fameux nids de défense installés dans les entonnoirs et qui maîtrisent le terrain sur quelques centaines de mètres avec leurs armes. À l'Est, c'est le rendement des colonnes qui réalisent en combattant et en marchant les pensées stratégiques du commandement.

Jamais une même guerre n'a présenté en même temps deux physionomies aussi différentes.

Dans l'Est, les actes succèdent aux actes comme un drame vivant ; ils se déroulent sur des théâtres entièrement différents et s'agencent durant des mois pour constituer un tout. La raison et le cœur ne peuvent suivre ce drame que s'ils conservent une vue d'ensemble. S'arrêter aux détails, si grands soient-ils, est chose impossible. La loi dramatique qui tantôt contient, tantôt semble arrêter les événements, tantôt progresse à pas puissants, tantôt change de scène comme en un libre arbitraire et tantôt s'accroche et se concentre avec toute sa tension sur un point unique, exige impérieusement qu'on suive ce drame à l'allure de son cours. Il est impossible de s'arrêter et de réfléchir avant que tout n'ait atteint les buts assignés par le destin.

Le rideau se lève le 27 avril 1915.

Dans l'extrême nord, entre Memel et Tilsitt, le détachement d'armée allemand Lauenstein submerge avec des forces très faibles les Russes qui ne s'attendaient à rien, pousse rapidement en direction du nord sur Chauli et occupe le 7 mai le port balte de Libau. Des éléments de cavalerie battent le terrain jusqu'au voisinage du golfe de Riga et jusqu'aux lisières de Mitau.

Le grand-duc ne se laisse pas tout d'abord départir de son calme. À la fin cependant le danger lui paraît assez grand. Il jette rapidement vers le nord des renforts qu'il prélève sur son centre polonais. En cette occurrence son regard est toujours dirigé vers le front de la Narev entre Ossovietz et Przasnysz. Il connaît son adversaire. C'est là qu'il attend l'attaque de Hindenburg contre le flanc nord du centre russe.

Pendant que les Allemands traversent toute la Courlande, le choc principal frappe, le 2 mai, les Russes sur la Dunajec entre Tarnov et Gorlice alors qu'ils ne l'attendaient nullement et n'y étaient nullement préparés.

Le colonel-général Mackensen commande la nouvelle 11e armée allemande et la 4e armée autrichienne qui l'avoisine à droite. Il a pour chef d'état-major le colonel von Seeckt. Le conseiller technique du commandement de l'armée en matière d'artillerie est le colonel von Berendt. Le corps de la Garde, le Xe corps, aux ordres du vainqueur de Liège, Emmich, le XXXXIe corps de réserve aux ordres du général von François, une division prussienne et une division bavaroise ainsi qu'un corps d'armée autrichien constituent la force d'attaque. De grosses masses d'artillerie sont concentrées.

On ne peut pas s'offrir comme les Français et les Anglais le luxe d'une préparation d'artillerie de plusieurs jours. Le matériel n'est pas suffisant. Ce qui n'est pas possible au point de vue durée sera remplacé par l'intensité.

Le 1er mai après-midi, cela se déclenche. Cela continue calmement et méthodiquement la nuit suivante, nuit de printemps, claire et chaude. Le 2 mai, au matin, le feu se concentre avec une violence inouïe. Quatre heures durant. L'artillerie russe ne donne pas signe de vie. À 10 heures précises l'attaque d'infanterie commence.

Dans la soirée, la première position russe est partout enlevée. Les assaillants se trouvent devant la seconde. L'artillerie serre pendant la nuit. Le 3 mai, la deuxième position tombe. Le 4, Mackensen est sur la Wisloka. Le 5, il franchit la rivière. Alors la retraite russe commence. Des réserves qui accourent sont entraînées dans le mouvement. La percée est réalisée. L'exploitation stratégique se déclenche.

Déjà les Russes cèdent de l'autre côté de la Vistule, en Pologne méridionale. Déjà leurs colonnes descendent des cols des Carpathes du nord. Déjà 150 000 prisonniers et 200 canons ont été dénombrés.

Le 9 mai, les Russes se replient derrière le San et sur Przemysl. De part et d'autre de la forteresse des troupes allemandes et autrichiennes s'approchent du fleuve en combattant. Les Carpathes centrales sont dégagées elles aussi.

Alors le grand-duc se réveille. Il se montre pour la dernière fois un grand chef de guerre, imperturbable et qui ne se laisse ébranler par rien. Avec une violence extrême il pousse l'armée du général Ivanov entre Stanislau et Czernovitz contre l'aile autrichienne méridionale, pour changer la situation sur le San par une contre-attaque téméraire.

Pflantzer-Baltin n'est pas à la hauteur de cet assaut désespéré. Il se replie sur les Carpathes à travers la Bukovine. Déjà il semble que le destin veuille récompenser le grand-duc.

Mais à l'ouest de Pflantzer-Baltin se trouve un adversaire dont les régiments n'attendent que le signal de se porter à l'attaque. C'est l'armée allemande du Sud du général Linsingen. À la manœuvre hardie du grand-duc il est répondu par une manœuvre aussi hardie. Linsingen perce le front russe et pousse en direction du nord sur Stryj. Les Russes doivent se replier au-delà du Dniester. Linsingen ne les laisse pas souffler. Il atteint ainsi son but. Le général Ivanov est obligé d'affaiblir son front d'attaque de Bukovine pour pouvoir être plus fort en face de Linsingen. Pflantzer Baltin reprend pied. Le danger au sud est écarté.

Les événements se déroulent sans arrêt. Mackensen a déjà repris le rôle de marteau. Pendant que Linsingen atteint la ligne du Dniester, l'artillerie lourde allemande écrase les fortifications de Przemysl. Des régiments bavarois mettent baïonnette au canon et donnent l'assaut aux trois forts du nord.

Le 3 juin, la forteresse est aux mains des Allemands, les Russes ont perdu le pilier de la position du San. Ils ne se défendent qu'avec plus d'acharnement à l'est de la rivière.

Les Austro-allemands doivent se regrouper pour l'attaque. Cela demande un certain temps.

Le 12 juin, après un feu roulant, la 11e armée se porte en avant entre Przemysl et Jaroslau. Les Russes ont établi en toute hâte de nouvelles lignes de défense. Ils sont des maîtres dans ce domaine.

En quatre jours Mackensen se fraie un passage et le 15 juin se trouve au nord de Grodek, devant une position russe bien organisée et occupée par des troupes fraîches.

Le 19 au matin, la percée réussit dans cette région. C'est la troisième depuis Tarnov-Gorlice. La position de Grodek s'effondre. Le groupe d'armées autrichien du général Boehm Ermolli qui encadre Mackensen à droite, et qui comprend dans ses rangs le corps allemand des Beskides, aux ordres du général von der Marwitz, enfonce le front russe au sud de ce point.

Le 22 juin les Coalisés récoltent le plus beau fruit de leurs peines. Boehm Ermolli occupe après un court combat la capitale de la Galicie, Lemberg.

Entre-temps Linsingen a déjà franchi le Dniester. Pflantzer-Baltin s'est joint, lui aussi, à la progression vers l'est. En Pologne méridionale le front s'est déjà mis en mouvement auparavant.

Depuis le début de mai près d'un demi-million de Russes ont été faits prisonniers. Plus de mille canons ont été capturés. L'armée russe, pour autant qu'elle est impliquée dans les combats, est dans un état inquiétant.

La nécessité de se réorganiser, mais surtout l'intention de changer complètement de direction et de théâtre d'opérations, amènent les Coalisés à arrêter leur poursuite des vaincus sur le Bug, à l'est de Lemberg. Entre la Pilica, au centre polonais, et Czernovitz à la frontière roumaine, les Russes sont refoulés. La Galicie et la Bukovine sont presque entièrement délivrées et une partie de la Pologne méridionale est en outre conquise.

Le premier acte est terminé. L'armée russe a reçu une profonde blessure. L'avenir montrera si elle est mortelle.

Un grand résultat stratégique et politique a déjà été atteint. Le grand-duc s'est vu forcé de jeter sur le front autrichien l'armée qu'il avait préparée à Odessa pour agir sur Constantinople. Le danger qui menace cette ville demeure limité au côté sud où le corps expéditionnaire franco-anglais a pris pied dans la presqu'île de Gallipoli sous la protection d'une flotte anglaise. Le général allemand Liman von Sanders assiste les Turcs. Des sous-marins allemands, qui sont passés par Gibraltar et la Méditerranée, ont pénétré jusque dans les Dardanelles et combattent les bâtiments anglais. C'est là tout ce que les Allemands peuvent faire pour le moment pour les Turcs.

Du côté adverse, ce que le commandement allemand craignait depuis longtemps est devenu une réalité. Les Italiens ont estimé qu'il était bon et avantageux pour eux de se joindre aux Alliés. Les Autrichiens sont obligés de diriger vers le sud près de la moitié de leur armée. Leur situation stratégique favorable leur assure de grands avantages. L'ère des batailles de l'Isonzo commence. C'est une chance inattendue dans ce malheur que les mêmes corps autrichiens qui avaient été défaillants à un point si inquiétant en Russie, se battent d'une façon excellente contre les Italiens. Mais c'est un surcroît de charge énorme pour les Allemands que d'être obligés de prendre à leur compte les trois quarts du front oriental. La suite des opérations va reposer désormais presque exclusivement sur leurs épaules.

Avec sa stratégie méthodique, Falkenhayn n'est arrivé que lentement et à regret à la conviction que les résultats jusqu'alors obtenus dans l'Est ont dépassé ses espérances et incitent à poursuivre les opérations dans un cadre plus grand. Mais il demeure encore un adversaire énergique d'une « continuation sans bornes » et s'en tient à son principe des objectifs limités. Contrairement à l'opinion de Hindenburg et de Ludendorff, il est d'avis que la méthode qu'il a employée, la conduite par étapes de la campagne, a fait ses preuves. Il s'obstine à s'y tenir et repousse froidement le plan proposé par le commandant en chef des forces allemandes de l'Est pour prendre l'ennemi dans une grande tenaille en partant de Kovno-Grodno au nord et de Lemberg au sud. Hindenburg en réfère à l'empereur. Mais l'empereur couvre son chef d'état-major.

Falkenhayn estime qu'une action directe sur le centre russe est la seule opération judicieuse et sûre. Le centre russe, appuyé sur Varsovie et Ivangorod, forme, depuis le grand changement de front qui s'est accompli dans le sud, un vaste saillant vers l'ouest. Si l'on fait pression sur son flanc nord en partant de Przasnysz-Lomza et sur son flanc sud en partant du front entre Vistule et Bug, on fera tomber tout l'arc de cercle polonais. Peut-être réussira-t-on même une victoire de Cannes si l'attaque du nord et l'attaque du sud se rejoignent à Brest-Litovsk.

En même temps que s'effectuait le regroupement des troupes, une modification complète a été apportée à l'organisation du commandement. Pour mieux avoir en main la conduite des opérations Falkenhayn a formé tout d'abord deux groupes d'armée allemands, à savoir : le groupe du nord qui est commandé par l'ancien commandant en chef des forces allemandes de l'Est, le général-feldmaréchal von Hindenburg, dont le front s'étend de la Baltique au secteur d'Ivangorod, et qui a sous ses ordres l'armée du Niémen – auparavant détachement d'armée Lauenstein – ainsi que les 10e, 8e, 12e et 9e armées et le détachement d'armée Woyrsch ; le groupe d'armées du sud qui est commandé par le général-feldmaréchal von Mackensen et qui comprend la 11e armée, la nouvelle armée du Bug aux ordres de Linsingen et les 4e et 1re armées autrichiennes. Il englobe le front compris entre Ivangorod et la région de Lemberg. Par la suite, en août, l'aile droite du groupe d'armées Hindenburg – 9e armée et détachement d'armée Woyrsch entre Varsovie et Ivangorod – sera constituée en groupe d'armées du centre aux ordres du général-feldmaréchal Prince Léopold de Bavière. De Lemberg à la frontière roumaine le front est tenu par le groupe d'armées autrichien Boehm Ermolli composé de la 2e armée autrichienne, de l'armée allemande du Sud – autrefois Linsingen, maintenant comte von Bothmer – et de la 7e armée autrichienne. La conduite stratégique des groupes d'armées allemands est entre les mains de la Direction suprême allemande installée en Haute-Silésie.

Le 13 juillet, le général von Gallwitz perce entre Przasnysz et Lomza avec la 12e armée et atteint la Narev en une progression rapide. Le grand-duc, qui attend depuis longtemps la double action contre son centre, jette alors au-devant de lui de fortes réserves. L'attaque est bloquée. Il faut pousser l'artillerie en avant pour forcer la ligne de la Narev qui est puissamment fortifiée.

Quelques jours après, le groupe d'armées Mackensen attaque entre Vistule et Bug, principalement avec la

11e armée et l'armée du Bug. Au début il avance rapidement sur Lublin et Cholim. Mais par la suite la situation prend une tournure analogue à celle de la Narev. Le grand-duc fait tout pour étayer les flancs de son centre polonais.

Sur ces entrefaites il lui apparaît qu'il n'est plus en état d'exécuter une contre-opération de grande envergure. Le sort a tourné. Il a subi trop de pertes au cours des batailles de Galicie. Mais s'il ne peut plus se tirer d'affaire en attaquant, il use d'autres moyens avec la même désinvolture, la même énergie et la même rapidité.

S'il résiste opiniâtrement sur ses flancs ce n'est que pour permettre le décrochage rapide et complet de tout son centre. Le jour même où Gallwitz atteint la Narev et où Mackensen pousse sur Lublin et sur Cholm, Nicolas Nicolaïevitch est déjà en train de tirer en toute logique les conséquences de la situation qu'il a aussitôt reconnue.

Le front russe de Pologne s'ébranle. Tous les corps d'armée qui sont à l'ouest de Varsovie et d'Ivangorod se replient. La 9e armée du prince Léopold de Bavière et le détachement d'armée Woyrsch s'accrochent aux talons des corps en retraite. Les Russes subissent de lourdes pertes. Ce n'est que derrière la Narev et la Vistule que se forme un nouveau front de défense, qui s'appuie sur les forteresses russes les plus puissantes, Ivangorod, Varsovie, Novo-Georgievsk, Pulstuk, Rozan et Ostrolenka.

L'énergie du grand-duc a empêché encore une fois les Coalisés de remporter une victoire de Cannes. Falkenhayn essaie, par de nouvelles improvisations, de tirer un avantage aussi grand que possible de la situation acquise. Le 27 juillet, en une attaque brillante, le détachement d'armée Woyrsch franchit la Vistule au nord d'Ivangorod, sur un front étroit, et maintient sa tête de pont contre des actions ennemies puissantes. Presque en même temps Mackensen entreprend une seconde attaque et pousse un coin profond entre Lublin et Cholm vers le nord-est. Quelques jours plus tard Gallwitz franchit à son tour la Narev et pénètre profondément entre Ostrolenka et Lomza dans les lignes russes. Mackensen et Gallwitz ont pour point de direction Brest-Litovsk. La tenaille menace de se fermer.

Percé au nord et au sud, le centre russe tombe dans une situation désespérée et terrible, que le grand-duc lui-même ne parvient pas à maîtriser. L'épuisement et l'usure de ses troupes sont plus forts que son énergie. Elles sont à bout. Il leur a trop demandé.

Nicolas Nicolaïevitch n'a plus, en ces journées si amères pour lui, qu'une seule pensée. Il ne veut à aucun prix subir le sort de Samsonov et de Sievers. Il veut bien que l'on dise de lui qu'il a été battu, mais il faut qu'on le dise avec respect. Il cède carrément toute la partie centrale de son front et impose à ses troupes, que frôle déjà le spectre de la panique et de la dissolution, des efforts inouïs.

L'abandon du saillant stratégique, que bordent au nord la Narev, à l'ouest la Vistule, au sud le Bug, constitue en fait le commencement de la fin. Jamais plus les Russes ne pourront manœuvrer dans leur zone de concentration naturelle, qui a été renforcée artificiellement à l'aide de nombreux milliards d'argent français. La région marécageuse du Pripet les menace déjà sur leurs derrières, impitoyable, terrible, les bras sinistrement ouverts.

Le 5 août, Varsovie tombe sans combat. La chute d'Ivangorod suit rapidement. Son sort a toujours été lié à celui de sa grande sœur, dans les temps heureux comme dans les temps malheureux. Puis c'est le tour de Pulstuk et Rozan.

Le 20 août, le vainqueur d'Anvers, Beseler, enlève Novo-Georgievsk après un siège de courte durée et y fait 100 000 prisonniers.

Le malheur s'étend, lourd de destin, vers le nord. Les places d'Ostrolenka, Ossoviez et Lomza, les trijumeaux puissants de la Narev qui, maintes fois, ont fait leurs preuves, tombent après une courte attaque.

Le 4 septembre, la chute de Grodno, le pilier sud du front du Niémen, ferme le cycle des forteresses vaincues, cycle qui a coûté en un seul mois au grand-duc ses armes défensives les meilleures et les plus solides, les appuis indispensables, de toutes ses opérations offensives.

Entre-temps la retraite de ses divisions s'est transformée en fuite. Elles laissent chaque jour derrière elles des dizaines de milliers de prisonniers épuisés, des centaines de canons et de voitures et un matériel innombrable. Ce n'est pas la résistance des vaincus, mais les efforts démesurés imposés aux troupes par des marches aussi considérables et par les difficultés de jour en jour plus grandes du ravitaillement en vivres et munitions, qui finalement imposent l'arrêt de la poursuite allemande.

Brest-Litovsk constitue le point final de ce second acte. Il est enlevé le 26 août par la 9e armée.

Le centre russe a été refoulé en quatre semaines de la Vistule jusque derrière les places du Bug. La distance s'élève à 250 kilomètres. De Grodno, le nouveau front court droit au sud jusqu'à Brest, il suit ensuite le cours du Bug jusqu'en Galicie et rejoint à l'est de cette province la ligne atteinte au cours du premier acte, ligne qui longe la Zlota Lipa et le Dniester jusqu'à la frontière roumaine.

Une tranche de travail considérable a été à nouveau abattue.

Entre-temps le troisième acte du drame a déjà commencé.

Il a pour prélude la tragédie personnelle de l'adversaire le plus fort et le plus redouté des Coalisés dans l'Est. Le grand-duc Nicolas Nicolaïevitch abandonne le 8 septembre, sur l'ordre de son impérial neveu, le commandement suprême des armées russes et est nommé commandant en chef des troupes du Caucase. La petite mère la Russie demandait une victime. C'est là une chose bien russe et bien tsariste que d'avoir pris pour victime précisément celui dont la volonté, l'habileté et l'énergie inflexible avaient sauvé sans cesse les armées russes du pire destin.

Nicolas II a pris lui-même le commandement de ses troupes. Le petit père le tsar est arrivé, tout va mieux marcher. Mais cet homme hésitant, rongé par les doutes, hostile intérieurement à la guerre, qui met en jeu comme dernier moyen l'éclat et l'autorité de sa couronne, n'est qu'une ombre. Les deux généraux Broussilov et Ivanov sont les véritables acteurs. Avec les politiciens de Saint-Pétersbourg ils sont les têtes du tout-puissant parti de la guerre.

Ils poussent maintenant le tsar à consolider son trône chancelant en versant de nouveaux fleuves de sang et en faisant de nouvelles hécatombes de ses sujets sacrifiés ; ils l'y poussent aussi impitoyablement qu'ils ont travaillé sciemment en temps de paix à la guerre et qu'ils ont jadis trompé froidement et cyniquement leur maître avec l'ordre de mobilisation.

Ils surestiment leur force et l'action suggestive du commandement du tsar. Plus mauvais chefs d'armées que le grand-duc ils ne savent que jeter leurs divisions de front au-devant de l'ennemi. Ils possèdent la brutalité et le manque de ménagement du grand-duc. Ils n'ont pas son habileté stratégique.

Leurs plus forts adversaires du front oriental, Hindenburg et Ludendorff, travaillent calmement et avec esprit de suite. Par deux fois l'inconséquence de Falkenhayn leur a enlevé la possibilité de chercher une décision complète. La direction des opérations principales du premier et du second actes, en Galicie et en Pologne, a été soustraite à leur influence. Ils voient que de grandes victoires ont été obtenues, mais ils remarquent avec amertume que l'on s'enfonce toujours plus profondément en Russie, sans obtenir la victoire, qui est si impérieusement nécessaire pour éliminer une fois pour toutes la Russie du rang des ennemis de l'Allemagne.

On est au début de septembre. Les opérations durent depuis quatre mois déjà. Encore un mois et demi et la période d'automne empêchera de les poursuivre. Falkenhayn a refusé en juillet de laisser l'opération s'étendre « sans limite ». Mais n'est-on pas tombé précisément avec sa méthode dans l'illimité ?

L'occupation d'une bande aussi vaste de territoires conquis exige de grosses masses de troupes. À Varsovie on a installé un gouvernement général sous les ordres de Beseler. La remise en état des chemins de fer détruits – les Russes ont une voie plus large, – le rétablissement des routes et des ponts, la prolongation inouïe des lignes d'étapes, tout cela demande du temps, du matériel et des hommes. Or ce sont précisément les trois facteurs sur lesquels il faut faire des économies.

Suivant l'exemple de 1812 les Russes ont laissé derrière eux un pays transformé en désert. Maisons et villes ont été incendiées. Le bétail a été poussé dans les marais et les forêts où il meurt de faim. La population a été chassée de ses foyers. Des colonnes immenses de ces malheureux s'accumulent entre les lignes des deux partis et doivent être ravitaillées par l'administration allemande.

Pendant que la poursuite du centre russe s'enlise lentement près de Brest-Litovsk, Hindenburg et Ludendorff proposent pour la troisième fois de faire jouer à la dernière heure la grande tenaille.

Ce plan a maintenant un tout autre aspect que la première et la deuxième fois. Si l'on veut obtenir encore aujourd'hui un résultat complet, il faut déborder, au nord par Dunaburg-Vilna, en direction de Minsk, au sud par le triangle de forteresses de Volhynie, Luzk, Dubno, Rovno, pour aboutir des deux côtés derrière les marais de Pinsk. Opération d'une ampleur énorme. Sera-t-elle encore exécutable ? Est-ce que les troupes pourront encore fournir un semblable effort ?

Coup de surprise. Falkenhayn donne son consentement. Conrad von Hoetzendorf est aussitôt de la partie et approuve nettement l'exécution de l'opération pour autant que les troupes autrichiennes ont à y prendre part au sud.

C'est chose inutile que de discuter pour savoir si la grande manœuvre d'aile aurait été exécutable la première fois en mai, si elle l'eût été la seconde fois en juillet ou encore plus tard en septembre. C'est un fait qu'en septembre elle était plus difficile qu'en juillet, et en juillet qu'en mai. C'est un fait également qu'en septembre il fallut lui enlever des forces puissantes avant même qu'elle ne fût déclenchée. Le groupe d'armées Mackensen fut dissous. Mackensen lui-même fut envoyé avec la 11ᵉ armée sur le front serbe pour réaliser enfin le plan de Falkenhayn. L'armée emmena avec elle toute une série de bonnes divisions. D'autres divisions durent être cédées au front ouest, où les Anglais et les Français se préparaient en Artois et en Champagne à leur double grande bataille de matériel.

Depuis le début du grand drame, Hindenburg et Ludendorff n'avaient jamais perdu de vue un seul instant l'extrême nord. Ils avaient essayé sans cesse de maintenir et d'améliorer les possibilités de leur grande manœuvre d'aile. C'est dans cette intention que dès la fin d'avril et au début de mai ils avaient occupé avec le détachement d'armée Lauenstein la moitié de la Courlande jusqu'à la ligne Windau-Chauli-Kovno. Plus tard le détachement d'armée, avait été transformé en armée du Niémen, aux ordres du général Otto von Below.

Pendant que le deuxième acte se déroulait en Pologne centrale, Hindenburg avait fait au nord un nouveau pas. Sans demander un seul homme et un seul canon de plus que la Direction suprême ne l'avait prévu, il avait attaqué au début d'août, avec la 10ᵉ armée, les ouvrages extérieurs de Kovno.

L'armée du Niémen avait débouché déjà auparavant, pour une nouvelle attaque, de la ligne qu'elle avait atteinte en mai. Otto von Below avait franchi la Dubissa, conquis Chauli et poussé en même temps vers le nord en direction de Riga et vers l'est en direction de Dunabourg. Pendant que la 10ᵉ armée s'emparait le 18 août de la place de Kovno, l'armée du Niémen avait porté son aile nord en demi-cercle autour de Riga et occupé Mitau. Son aile droite avait poussé jusqu'à mi-chemin de Kovno et de Dunabourg où elle était entrée en liaison avec la 10ᵉ armée.

Tel était le dispositif quand commença le troisième et dernier acte du drame.

Les groupements d'attaque du nord et du sud se mettent en mouvement presque en même temps.

La 8ᵉ armée du général von Scholtz et la 12ᵉ armée du général von Gallwitz débouchent de la région de Grodno vers le nord-est. La 10ᵉ armée du général von Eichhorn et l'armée de Niémen du général Otto von Below partent de la zone de Kovno et de la région plus au nord. Leur direction d'attaque s'étend de l'est jusqu'au sud-est. Les quatre armées forment le groupement de choc du nord qui doit tout d'abord envelopper Vilna, puis pousser sur Minsk.

Le 19 septembre Vilna tombe après de violents combats. La progression continue sans arrêt et on atteint à la fin du mois la ligne Postany-Smorgon. La 10ᵉ armée exploite le succès vers le nord et parvient jusqu'aux abords de Dunaburg. En descendant la Duna le nouveau front court par Jacobstadt et Friedrichstadt jusqu'à Mitau et touche la mer à l'ouest de Riga. Des bâtiments de guerre allemands ont la maîtrise du golfe de Riga. Les Russes prennent des mesures pour défendre Pétersbourg, qu'ils croient menacé par un corps de débarquement allemand.

Dans le sud également les affaires se déroulent favorablement au début. L'esprit hardi de Conrad von Hoetzendorf ne limite pas la part des Autrichiens à l'attaque qui doit pousser par le triangle fortifié de Volhynie. Il veut mettre en mouvement toutes les troupes qui tiennent le front depuis Kovel, au sud de Brest-Litovsk, jusqu'à la Bukovine, front qui passe par la ligne du Bug, à l'est de Lemberg, puis longe la Zlota Lipa et le Dniester. Ce sont la 1re armée autrichienne (Puhallo), la 3e armée autrichienne (Boehm Ermolli), l'armée allemande du Sud (Bothmer), et la 7e armée autrichienne (Pflantzer-Baltin). Elles occupent une étendue de 250 kilomètres.

Le 31 août Puhallo prend la place de Luzk, avancée occidentale du triangle de Volhynie. Le 8 septembre, Dubno, le pilier sud, est enlevé. Les Autrichiens poussent plus avant sur Rovno et progressent lentement en combattant à travers les puissantes organisations de campagne qui font de tout le triangle un système défensif unique. Les deux armées du sud, Bothmer et Pflantzer-Baltin, avancent jusqu'au Sereth.

Mais il en est ici comme dans un drame où les forces qui s'opposent au dénouement se dressent encore une fois peu avant sa fin et menacent de modifier en leur faveur tous les résultats acquis jusqu'alors. L'heure de la dernière grande réaction des masses russes au cours de cette campagne sonne. Le fait qu'elle ait pu prendre un développement aussi dangereux montre avec une évidence douloureuse à quel point d'usure en étaient arrivées les troupes autrichiennes malgré leurs puissantes victoires de l'année.

Le dernier acte du grand drame de l'Est de l'année 1915 annonce déjà d'une façon fatidique l'avenir où un drame plus grand encore trouvera son dénouement fatal sur le même théâtre. L'offensive que les Russes déclenchèrent en septembre 1915 contre les Autrichiens et qui empêcha la manœuvre stratégique générale d'atteindre son couronnement suprême ne fut qu'un signe avant-coureur de la fameuse offensive de Broussilov de 1916 qui, conjointement à l'offensive de la Somme sur le front occidental, fut le prélude du changement amer, et l'on peut aujourd'hui dire décisif, du cours de la guerre.

Le général Ivanov a rameuté de l'intérieur de la Russie tout ce qui pouvait encore y être ramassé, dépôts de recrues, formations du train, bataillons de travailleurs, unités de dépôt et cavalerie. Mal équipées, dépourvues de tout moral guerrier, conscientes de leur sourde infériorité, ces divisions sont engagées contre les Autrichiens. Leur attaque doit coïncider dans le temps avec les efforts français et anglais en Artois et en Champagne. L'Entente croit encore une fois pouvoir donner une autre tournure au drame russe. Elle évoque le souvenir du miracle de la Marne. Elle compte que tous les événements de l'année 1915, qui sont suffisamment amers pour les Alliés, seront révisés et renversés d'un seul coup.

Le groupement d'attaque du nord, dirigé par Hindenburg et Ludendorff, se trouve, conformément au programme fixé, entre Vilna et Minsk. Au sud l'avance des Autrichiens a été enrayée, la réaction d'Ivanov s'annonce déjà.

En cette période, le centre russe continue à s'effondrer de plus en plus. Les armées du groupe d'armées du prince Léopold de Bavière atteignent la ligne Baranovitchi-Pinsk. Les Russes ont maintenant les marais redoutés du Pripet immédiatement dans le dos. Broussilov a employé à son tour la recette que le grand-duc a utilisée en août dans le saillant de Varsovie : retraite à tout prix, sans égard pour les pertes ; éviter coûte que coûte un enveloppement.

Ivanov peut maintenant commencer sa contre-offensive.

À la fin de septembre les divisions russes nouvellement rameutées se heurtent sur le Sereth à l'aile sud des Autrichiens. Pflantzer-Baltin se replie du Sereth sur le Dniester et la Zlota Lipa. Il subit des pertes extraordinairement lourdes qui équivalent à la dissolution de quelques divisions.

Mais l'armée allemande du Sud est à son poste. Bothmer passe des forces puissantes à son voisin de droite. On réussit à enrayer le choc russe entre la Zlota Lipa et le Sereth. Au début d'octobre la contre-attaque allemande se déclenche et ramène rapidement le front sur le Sereth. Là il s'immobilise en guerre de position.

Ivanov renouvelle aussitôt sa manœuvre plus au nord contre l'armée Boehm Ermolli et l'armée Puhallo dans le triangle de Volhynie. Il cherche toujours, intentionnellement, les secteurs tenus par les Autrichiens. Même tableau. Les Autrichiens subissent des pertes extraordinairement élevées en prisonniers et se replient. Une poche profonde se crée dans le front.

Mais l'armée allemande du Bug qui les encadre au nord et qui est commandée par Linsingen procède exactement comme l'armée du Sud. Elle converse face au nord, cède des forces à Puhallo et rétablit l'équilibre. Dubno reste aux Russes, Luzk aux Allemands. À la fin d'octobre le front s'immobilise ici aussi en guerre de position.

Ivanov se concentre encore une fois pour un dernier choc. Linsingen riposte aussitôt et lui enlève chacun de ses gains locaux.

Alors Ivanov se trouve, lui aussi, à bout de ressources. Ses attaques ultérieures ne sont plus que des convulsions.

Le troisième et dernier acte du drame est terminé.

Le bilan de cette campagne gigantesque est suffisamment terrible pour les Russes. En six mois ils ont perdu trois millions d'hommes. Deux millions sont morts, un million est prisonnier. Le nombre des canons perdus est impossible à déterminer et s'élève à plusieurs milliers. C'est autant d'hommes et de canons que l'armée russe en possédait après la mobilisation de 1914.

La Courlande, la Lituanie, la Pologne sont aux mains des Allemands. La Galicie et la Bukovine sont délivrées. Seize places fortes – c'est-à-dire toutes les places dont la Russie disposait en face de l'Allemagne et de l'Autriche, à l'exception de Dubno et de Rovno – sont tombées. Il est difficile de s'imaginer comment cette armée, si terriblement éprouvée, pourrait un jour redevenir capable d'une grande action.

Sous la pression de Falkenhayn le gouvernement allemand donne à comprendre à Saint-Pétersbourg que l'Allemagne est prête à signer une paix honorable avec le tsar. La Direction suprême sait l'intérêt énorme qui s'attache à la conclusion d'une paix avec la Russie. Les tâches qui incombent à l'armée allemande et au peuple allemand commencent à s'enfler à l'infini malgré tant de brillantes victoires.

Le tsar ne saisit pas cette faveur suprême du Destin. Son entourage, dont il est prisonnier, le pousse aux mesures extrêmes. Ces gens-là savent que leur rôle est fini s'ils terminent la guerre maintenant même par une bonne paix.

Le Gouvernement russe refuse. La France et l'Angleterre triomphent. La Russie et l'Allemagne laissent passer la chance inappréciable que leur offre le destin. La perte de cette chance coûtera au tsar et son trône et sa vie. À l'Allemagne elle ne coûtera pas seulement les fruits de cette campagne formidable ; on constate, à considérer les choses après coup, qu'elle portait déjà en soi le germe de son effondrement. Il n'est que trop juste que cette chute ait entraîné aussi dans son tourbillon ceux qui, à Pétersbourg, firent alors échouer la paix.

Le destin les a balayés et dispersés de par le monde, pour autant qu'ils ne sont pas tombés victimes des balles ou de la hache de leurs propres concitoyens.

Le drame gigantesque de 1915 n'a donc été que le prélude d'un drame plus grand encore. Le drame des armées se transforme en drame des peuples.

12
Isonzo, Dardanelles, Serbie

Trois facteurs caractérisent l'année 1915. Le premier est l'apparition sur le front occidental de l'ère des batailles défensives qui déjà annonce l'accroissement énorme que prendra ce genre de lutte au cours des deux années suivantes. Le second est la grande campagne de l'Est qui, malgré une suite ininterrompue de victoires et de conquêtes considérables, ne fut pas suffisante cependant pour éliminer la Russie des rangs de nos ennemis. Le troisième est l'extension croissante des théâtres d'opérations vers le sud et le sud-est, c'est-à-dire en Italie, en Serbie-Grèce et à tout le territoire de la Turquie.

Ces trois facteurs ont un trait fondamental commun de double nature. Ils marquent la volonté de nos adversaires de continuer la guerre par tous les moyens et d'étendre dans la mesure du possible ses théâtres. Ils marquent d'autre part la nécessité croissante pour l'Allemagne d'assumer des tâches toujours plus grandes. Nos alliés deviendront ainsi pour nous une aide indispensable et bienvenue en même temps qu'une lourde charge. Par considération pour eux nous serons contraints de disperser nos forces toujours davantage et de nous détourner du seul but qui pouvait être décisif, à savoir terrasser nos deux grands adversaires, les Russes à l'Est, les Français et les Anglais à l'Ouest.

On peut suivre facilement, de 1915 à la fin de la guerre, le développement gigantesque de ce double principe, volonté d'anéantissement de l'Entente, contrainte pour l'Allemagne de disperser ses moyens. Sa réalisation croissante deviendra finalement pour nous une fatalité à l'impitoyabilité de laquelle, ni la bravoure ni la tension de tous les moyens matériels ne pourront résister. Dès 1915 on voit déjà apparaître ces théâtres d'opérations d'où trois ans plus tard, après des exploits que le monde n'avait jamais vus, notre malheur prit son cours.

La genèse de l'entrée en guerre de l'Italie restera toujours pour cette puissance un chapitre humiliant. Son désir d'atteindre ses buts politiques ne peut rien y changer. L'Italie était unie à l'Allemagne et à l'Autriche par la Triple Alliance dont le caractère était de nature défensive. Les conventions militaires prévoyaient pour le cas de guerre que quelques corps d'armée italiens seraient mis initialement à la disposition du front allemand d'Alsace.

Le gouvernement italien se servit du prétexte que l'Allemagne et l'Autriche avaient été les premières à notifier à d'autres puissances une déclaration de guerre régulière pour déclarer aussitôt à Berlin qu'il considérait que le cas d'alliance ne jouait pas. Il donna l'assurance qu'il resterait neutre dans la guerre qui éclatait. Ce fut le premier pas. La France put alors diriger sans la moindre inquiétude ses corps de la frontière italienne sur le théâtre d'opérations du nord-est. L'Angleterre se trouva débarrassée de tout souci en Méditerranée.

Le second pas suivit bientôt. Le gouvernement italien en vint à se faire payer sa neutralité. Plus la guerre dura, plus la situation devint tendue pour les Puissances Centrales et plus le prix qu'il demanda devint élevé. Le gouvernement allemand envoya l'ex-chancelier prince Bülow à Rome. Le prince jouissait d'un grand prestige en Italie. Il avait pour mission de régler le marchandage pénible auquel les circonstances nous contraignaient. L'Italie augmenta encore une fois son prix.

Le troisième pas du gouvernement italien fut sa prise de contact secrète avec l'Angleterre et la France. On commençait à comprendre à Rome les avantages du négociant qui voit ses marchandises désirées de deux côtés à la fois. Mais les Puissances occidentales demandèrent à l'Italie plus que sa neutralité ; elles lui demandèrent de participer à la guerre. Elles lui promirent que tous ses désirs nationaux seraient satisfaits et lui accordèrent, provisoirement sur le papier, le Tyrol jusqu'au Brenner, l'Istrie, la Dalmatie, une influence prédominante en Albanie et une part du butin turc espéré. Cela leur fut facile, car tout se faisait aux dépens des pays avec lesquels elles étaient en guerre. L'offre était claire, grande et tentante pour l'Italie à condition qu'elle s'accommodât de la rupture avec ses anciens alliés et de l'incertitude de l'issue de la guerre.

Le prince Bülow alla aussi loin que les égards dus à notre allié autrichien le permettaient. Sous la pression allemande, le gouvernement de Vienne se déclara prêt à donner satisfaction à presque toutes les demandes italiennes.

Rome n'y vit qu'un prétexte pour augmenter encore une fois ses exigences. Les Autrichiens grincèrent des dents. Cela ne servit à rien ; il fallait essayer tous les moyens pour éviter que la guerre ne prît une nouvelle extension. Vienne se déclara également prêt à renoncer à Trieste.

Mais les Italiens songèrent alors que cette façon de réaliser leurs buts nationaux pouvait avoir éventuellement des conséquences désagréables en cas de victoire des Puissances Centrales. Il leur parut plus sûr de mettre tout le poids de leurs forces du côté de ceux qui cherchaient à obtenir le démembrement de ces puissances. Pendant qu'à Vienne et à Berlin les négociations continuaient encore en apparence, Rome signa, le 24 avril 1915, avec Paris et Londres une convention secrète qui obligeait l'Italie à entrer en guerre dans un délai de quatre semaines.

Alors se produisit un événement inattendu. Le 2 mai, le front russe fut rompu à Tarnov-Gorlice. Les armées austro-allemandes commencèrent une course victorieuse sans précédent. Les pertes russes devinrent terribles et s'accrurent si rapidement qu'elles dévorèrent à l'avance tout l'appoint d'hommes que l'Entente pouvait attendre de l'Italie. Le front russe continua à se déchirer vers le nord et vers le sud comme une toile usée. À l'Ouest survint la journée du 9 mai entre La Bassée et Arras. Malgré des efforts et des sacrifices considérables les divisions anglaises et françaises ne parvinrent pas à pousser au-delà de quelques villages pilonnés.

Rome commença à s'inquiéter. Mais il était trop tard. L'Entente s'en tint à la signature qu'elle avait reçue. Elle n'était pas disposée à se laisser tromper. Une flotte anglaise destinée aux Dardanelles et toute la flotte française étaient en Méditerranée ; les longues côtes de l'Italie s'offraient à elles sans défense.

L'Italie fit alors le dernier pas. Le dernier jour du délai de quatre semaines prévu dans le traité secret, elle déclara la guerre à son alliée, l'Autriche. Elle s'abstint momentanément de faire la même démarche vis-à-vis de l'Allemagne. Même avec la meilleure volonté il ne lui aurait pas été possible de trouver un prétexte pour justifier une telle action. Les Italiens se heurtèrent cependant, peu de temps après que les premiers coups eurent été tirés sur le nouveau théâtre d'opérations, à une division allemande luttant épaule contre épaule aux côtés des Autrichiens.

La majeure partie du nouveau front n'était pas favorable à des actions offensives italiennes. Au nord, les Alpes du Tyrol formaient une sorte de rempart naturel insurmontable. Une seule possibilité s'offrait pour de telles actions, à savoir de part et d'autre de Gorizia, dans le secteur côtier de l'Isonzo.

Le général Cadorna poussa pas à pas ses divisions vers ce secteur. Sa lenteur prudente laissa aux Autrichiens le temps de prendre leurs dispositions. Conrad von Hoetzendorf n'avait laissé en avant de Gorizia que de faibles éléments de sûreté. Son intention était de se concentrer plus près des montagnes pour s'y défendre. Il était obligé de rester sur la défensive jusqu'à ce que la campagne russe fût arrivée à décision.

À la grande surprise des Autrichiens les Italiens ne parvinrent pas à refouler ces éléments de sûreté. Ce n'est qu'à ce moment-là que Conrad von Hoetzendorf se décida à pousser sa défense plus avant, à peu près sur la ligne où s'étaient trouvées jusqu'alors ses fractions avancées.

La série des batailles de l'Isonzo commença. Il y en a eu presque une douzaine dans le cours des années. Elles coûtèrent aux Italiens des fleuves de sang et ne leur procurèrent que des gains locaux sans importance.

Par la suite, deux ans plus tard, une seule armée allemande suffit pour balayer l'armée italienne et la jeter des pentes des Alpes dans la plaine. Ses divisions refluèrent dans un état de dissolution lamentable à travers la plaine de Vénétie et se réfugièrent derrière la Piave.

La guerre contre l'Allemagne n'a jamais été populaire en Italie. Ce n'est qu'après la poussée des armées austro-allemandes jusqu'à la Piave que le gouvernement, faisant allusion à la détresse de la patrie, parvint à créer parmi la population une mentalité guerrière qui se tourna aussi contre l'Allemagne.

Bien qu'affaiblie par deux guerres et lésée par les négligences de son administration intérieure, la Turquie savait qu'elle était liée à la vie et à la mort à l'Allemagne et à l'Autriche. La Russie et l'Angleterre n'attendaient que l'occasion d'achever « l'homme malade du Bosphore ». Les revendications de la Russie quant à Constantinople et aux Dardanelles étaient déjà garanties dès le temps de paix par des accords conclus avec l'Entente. L'Angleterre se réservait comme mets de choix la Palestine et la Mésopotamie. La France était candidate pour la Syrie. Bref il suffit de regarder la carte territoriale qui est née après la guerre pour reconnaître les buts que poursuivait l'Entente en faisant la guerre à la Turquie.

Jusqu'en octobre 1915, la Turquie fut laissée à elle-même en ce qui concerne la conduite de la guerre. Nous n'avions aucun moyen de lui prêter un appui de quelque importance. La Serbie, la Roumanie et la Bulgarie, qui était alors encore neutre, nous barraient la route par voie de terre, la flotte anglaise et française par voie de mer. La mission militaire allemande, qui résidait déjà à Constantinople en temps de paix, sous les ordres du général Liman von Sanders, et les deux croiseurs allemands, le *Goeben* et le *Breslau,* qui s'étaient réfugiés dans les Dardanelles au début de la guerre, furent les seuls secours que nous lui apportâmes directement. Par la suite quelques sous-marins, qui réussirent la traversée audacieuse du détroit de Gibraltar, vinrent s'y ajouter.

Les Turcs combattirent courageusement dans le Caucase contre les Russes, en Mésopotamie contre les Anglais, sur les bords du canal de Suez contre les Anglais et leurs peuples auxiliaires. Le mauvais état de leurs communications avec l'arrière qui ne pouvaient se faire que par voie de terre rendit leur tâche difficile. Des échecs sérieux survinrent au Caucase. Mais ce ne fut que la préparation de l'attaque directe de Constantinople qui donna à la situation de la Turquie un caractère de gravité mortelle. L'intention de l'Entente de s'ouvrir par la force une liaison avec la Russie se heurta en cette occurrence à l'intention de l'Allemagne de porter secours coûte que coûte par voie de terre à la Turquie. Mais l'Angleterre se mit au travail bien avant que les Allemands n'aient pu entreprendre cette action. Dans le courant de l'hiver 1914/1915 un corps expéditionnaire anglo-français puissant se rassembla en Égypte. Pour que l'attaque pût se faire de deux côtés à la fois les Russes préparèrent une armée à Odessa.

L'opération débute par un prélude sanglant. Le 18 mars 1915, les Anglais et les Français envoient une grosse flotte contre les Dardanelles pour forcer les détroits. Une cinquantaine de bâtiments cuirassés apparaissent devant les forts côtiers turcs qui ont été aménagés sous la direction allemande. Une canonnade terrible, déclenchée par trois cents pièces lourdes de marine et un millier de pièces moyennes, commence. Les forts côtiers doivent économiser leurs munitions à l'extrême. La Turquie n'a pas de fabriques de munitions utilisables. Des sous-marins allemands interviennent. L'armada ennemie tombe dans des champs de mines et subit de lourdes pertes. Dans la soirée elle bat en retraite après qu'une demi-douzaine de ses bâtiments ont été coulés. Elle cherche un refuge plus sûr dans les îles grecques de Lemnos et de Tenedos.

Alors l'acte principal commence.

Cinq divisions provenant d'Angleterre, des Indes et d'Australie, trois divisions provenant de France et de ses colonies, sont transportées d'Égypte à Tenedos et Lemnos. Les îles grecques sont territoire neutre. Cela ne fait rien. Un matériel incommensurable est stocké pour la campagne.

Le jour de Pâques de l'an 1915, le 25 avril, l'armada franco-anglaise quitte son repaire et s'échelonne devant les forts turcs depuis le golfe de Saros jusqu'à Tenedos. La canonnade recommence. Au bout de plusieurs heures des barcasses et des canots lourdement chargés se détachent des navires et voguent vers la côte sous la protection de la grêle de feu des bâtiments.

Huit points de débarquement sont prévus. En trois d'entre eux la manœuvre réussit. Les Turcs, qui sont trop dispersés et qui sont fortement éprouvés par le feu de l'artillerie, ont besoin de temps pour se ressaisir. Il en résulte que les Français ont pris pied sur la côte asiatique, à Kum Kalé, les Anglais en face, à la pointe sud de Gallipoli, au Cap Hellès et un peu au nord à Ari Burnu. Une fois que le général Liman von Sanders, qui dirige les Turcs, reconnut les points de débarquement, il peut manœuvrer avec ses réserves maintenues en arrière. Conformément à la vieille tradition osmanique, les Turcs se précipitent sur le mélange des unités débarquées. Des combats d'une sauvagerie effroyable s'engagent. Les Orientaux préfèrent la baïonnette et le couteau à l'arme à feu.

Les Anglais débarquent de nouvelles troupes. Les Turcs amènent des renforts. Si l'artillerie des navires ennemis n'était pas là et si les Turcs ne souffraient pas de leur manque malheureux de munitions, ce serait chose facile de nettoyer la côte. Les assaillants ne progressent pas d'un seul pas en dehors du rayon d'action de leur artillerie.

Après trois jours de combat sanglants les Français sont rejetés à la mer, sur la côte asiatique, immédiatement en dessous des ruines de l'ancienne Troie. Les Anglais sont refoulés jusqu'au bord de l'eau et peuvent à peine se déplacer.

La défense s'organise de mieux en mieux. Les assaillants font une dépense énorme de forces. Ils emploient peu à peu, au lieu des huit divisions initialement prévues, vingt divisions. En juillet, les Anglais réussissent encore une fois à débarquer plus au nord. Mais ici aussi ils ne peuvent déboucher de l'étroite bande de terrain où ils sont accrochés.

Le nombre des sous-marins allemands augmente. L'*U* 21, commandé par le capitaine de vaisseau Hersing, torpille deux cuirassés britanniques.

Dès le premier jour l'affaire est pour les Anglais une mauvaise affaire. Elle se transforme en catastrophe lorsque l'Allemagne s'ouvre par la force le chemin de Constantinople à travers la Serbie.

L'opération a commencé à Pâques. Trois jours avant Noël, les Anglais réembarquent dans la nuit et le brouillard la majeure partie de leurs troupes. Le reste suit le 9 janvier 1916. 200 000 hommes ont été peu à peu mis à terre. Les pertes s'élèvent à 150 000 hommes. Une douzaine de bâtiments cuirassés reposent au fond de la mer devant les détroits. Constantinople est délivré de tout danger. Le prestige de l'Angleterre en Orient a subi un coup sérieux.

Le dénouement de l'expédition de Gallipoli coïncide avec celui de la campagne de Serbie qui a été menée en un mois et demi, pour ainsi dire la montre à la main, par des troupes allemandes, autrichiennes et bulgares.

Depuis l'échec sérieux que les Autrichiens ont essuyé dans les premiers mois de la guerre sur le front serbe, le calme règne le long de la Save et du Danube. Les Serbes et les Monténégrins, affaiblis et appauvris par deux guerres balkaniques, se contentent d'accrocher des forces autrichiennes importantes. Ce n'est que l'entrée en guerre de la Turquie et surtout le danger qui menace, au printemps 1915, Constantinople par le nord et par le sud, qui amènent impérieusement les Puissances Centrales à s'occuper de la Serbie parce qu'elle se trouve sur le chemin direct de leur allié turc.

Cependant la grande campagne de l'Est les oblige à remettre sans cesse l'exécution de leur plan. Mais Falkenhayn et Conrad ne le perdent pas de vue un seul jour. Enfin dans les derniers temps de l'automne il paraît exécutable. Le fait que la Bulgarie se montre disposée à participer à l'opération fait pencher la balance.

À la fin de septembre 1915, la 3e armée autrichienne et la 11e armée allemande se rassemblent en Hongrie méridionale, en face de Belgrade. Les Autrichiens se trouvent à droite de la ville, le long de la Save, les Allemands à gauche, le long du Danube. Les Bulgares ont disposé leur 1re armée au nord-ouest de Sofia près de la frontière serbe. Leur 2e armée se rassemble au sud-ouest de Sofia, dans la zone de Kustendil, pour appuyer indirectement les opérations des Coalisés dans le nord. La 3e armée autrichienne, la 11e armée allemande et la 1re armée bulgare sont placées sous le commandement commun du général-feldmaréchal von Mackensen.

Elles ont en face d'elles 400 000 Serbes et Monténégrins. Ceux-ci ont l'expérience de la guerre et ont joui d'un long repos. Ils combattent dans un terrain montagneux éminemment apte à la défensive et luttent pour protéger leurs foyers. Les larges cours de la Save et du Danube constituent des obstacles protecteurs devant leurs fusils.

Le 6 octobre, la canonnade retentit au-delà des deux fleuves. Il a plu pendant la nuit. Un léger brouillard couvre les eaux. Aux premières heures de l'aube des centaines de pontons quittent la rive nord, remplis de fantassins lourdement chargés. Les sapeurs du génie apportent du matériel de pontage sur la rive. L'artillerie de campagne est prête, attelages harnachés. Les cavaliers sont à la tête de leurs chevaux. Ceux qui restent sur la rive nord attendent, retenant leur respiration, ce qui se passe de l'autre côté.

On n'entend rien tout d'abord. Enfin le feu des canons serbes résonne, à peine perceptible à travers le bruit de l'artillerie amie. Puis c'est aussi le crépitement grêle des mitrailleuses.

Une heure passe jusqu'à ce qu'on en ait appris davantage. On a réussi à occuper une petite bande de terrain. Mais les Serbes se défendent avec le plus grand acharnement. En bien des endroits on en est venu au combat à la baïonnette.

Vers midi la situation s'éclaircit. Les troupes allemandes qui sont engagées au centre de la 3e armée autrichienne ont pris pied dans les deux îles des Bohémiens dans le cours de la Save, au sud-ouest de Belgrade. À leur gauche les premiers bataillons autrichiens sont sur la rive sud du Danube, immédiatement en dessous de la citadelle de Belgrade. À Semendria et en deux autres points en aval, la 11e armée allemande a forcé le passage. Partout il n'y a que de faibles éléments d'infanterie sur la rive ennemie. Ils courent le danger d'être jetés à l'eau par les Serbes et anéantis.

On attend la nuit avec impatience. Alors bataillons après bataillons franchissent le fleuve.

À l'aube du 8 octobre, l'infanterie s'élance partout à l'assaut. Les Serbes doivent abandonner la rive qu'ils ont défendue avec acharnement. Dans la soirée on s'est donné déjà suffisamment d'air vers l'avant pour que le passage de l'artillerie puisse commencer.

Le 9 octobre, Belgrade tombe. Le drapeau autrichien et le drapeau allemand flottent ensemble sur la citadelle.

Les combats continuent à être extraordinairement durs. Les Coalisés tombent déjà dans les montagnes et dans les vallées encaissées que l'ennemi sait défendre en maître. Les positions y succèdent aux positions, préparées par un travail de plusieurs années.

On atteint lentement une ligne qui court par les hauteurs, sensiblement à dix kilomètres au sud du Danube et de la Save. Les Serbes s'y sont rétablis. Il a fallu enlever l'une après l'autre jusqu'à sept positions organisées.

Il faut se décider à exécuter une percée régulière dont la préparation d'artillerie demande du temps. Au milieu d'octobre l'attaque se déclenche. Le front serbe se disloque. On parvient alors rapidement et sans arrêt jusque sur les hauteurs de Kragujevac.

Enfin, presque une semaine plus tard, la 1re armée bulgare se trouve prête, elle aussi, à se porter en avant. Avec un ardent désir de vengeance les Bulgares se précipitent sur leurs frères qui leur sont tombés dans le dos lors de la seconde guerre balkanique et qui les ont dépouillés de tous leurs gains.

Pendant que, le 2 novembre, Kragujevac, incendié par les Serbes, tombe aux mains des Coalisés, les Bulgares atteignent sur un large front la Morawa, au nord et au sud de Nisch. La campagne est déjà décidée.

La 2e armée bulgare à Kustendil a une double mission. Elle doit en poussant vers le Vardar d'Uskub, couper la retraite des Serbes battus vers la partie sud de leur pays. Elle doit empêcher en même temps les Anglais et les Français, qui ont débarqué dès octobre à Salonique, de franchir la frontière grecque et de se porter au secours des Serbes. Les deux buts sont atteints.

Au prix de fatigues indicibles les armées du nord poursuivent les Serbes en retraite, par la neige, les montagnes et la glace. Empoignant l'ennemi de trois côtés à la fois elles s'entassent elles-mêmes de plus en plus étroitement dans la zone pauvre en routes et n'ont plus suffisamment de liberté de mouvement. Mackensen se décide aussitôt à retirer du front quelques divisions. Elles se rendent en Hongrie et peuvent après un court repos être acheminées vers l'ouest.

Les Serbes sont en pleine dissolution. Leur fuite est désordonnée, ils laissent en arrière des quantités énormes de matériel.

Ils atteignent ainsi les champs de Cassovie, à Pritchina. Une dernière tentative de défense est étouffée dans l'œuf. Le 23 novembre, les débris de l'armée détruite se sauvent dans les montagnes de l'Albanie. Quelque 50 000 hommes se rassemblent peu à peu à Durazzo et sont transportés à Corfou par des navires italiens.

Les champs de Cassovie enneigés sont couverts de soldats et d'hommes affamés et mourants de froid. Des convois et des batteries gisent çà et là, abandonnés. 150 000 Serbes sont prisonniers. 100 000 sont morts ou ont été blessés. Les autres ont quitté leur sol national avec leur vieux roi. Le pays tout entier est aux mains des vainqueurs. Et tout cela en un mois et demi.

L'attentat de Sarajevo a trouvé une vengeance terrible.

Comment les Français et les Anglais sont-ils venus à Salonique dans ce port de la Grèce neutre ?

C'est là un chapitre particulier de l'histoire des violations de neutralité de l'Angleterre, pendant cette guerre où elle était entrée pour punir la violation de la neutralité de la Belgique. Le président du conseil des ministres grecs, Venizelos, agissant en opposition consciente avec son souverain constitutionnel, le roi Constantin, conclut avec la France et l'Angleterre une convention secrète qui doit permettre aux deux puissances de débarquer des troupes à Salonique. Première nouveauté dans l'histoire de la diplomatie.

Seconde nouveauté, l'Entente déclare que cet accord purement privé et des plus singuliers est un traité d'État et commence à débarquer malgré les protestations grecques.

Venizelos est congédié par son roi, la Grèce invoque sa neutralité. L'Angleterre et la France donnent à entendre qu'elles considéreront la Grèce comme ennemie si elle prend des mesures contre la violation de son territoire. Sous leur pression, le roi Constantin doit démobiliser son armée. Les troupes de l'Entente à Salonique passent rapidement de 50 000 à 200 000 hommes.

La 2e armée bulgare, qui a poussé de la zone de Kustendil sur Uskub, empêche par son mouvement que les Serbes battus ne soient recueillis, comme il était projeté, par les troupes de l'Entente qui se sont portées de Salonique en territoire serbe en franchissant la frontière grecque. Comme les Bulgares ne sont plus nécessaires dans le nord pour porter le coup de grâce aux Serbes, ils conversent face au sud et rencontrent, à la fin de novembre, sur la ligne Prilep-Stumica, les Anglais et les Français commandés par le général Sarrail.

Sarrail accepte une bataille, est rejeté vers le sud et doit se replier sur la frontière grecque, en longeant le Vardar. Entretemps les armées du nord des Coalisés en ont fini sur les champs de Cassovie avec les Serbes. Mackensen jette des forces puissantes contre le nouveau front macédonien. Tout est prêt pour refouler le corps de débarquement au-delà de la frontière et pour le jeter à la mer à Salonique.

Alors arrive un ordre de Falkenhayn disant de respecter la neutralité de la Grèce malgré l'avance anglo-française et d'arrêter la poursuite à la frontière grecque.

Falkenhayn croit avoir de bons motifs pour donner cet ordre. Il ne veut pas d'une part donner à l'Entente le semblant d'un prétexte pour obliger la Grèce à prendre part à la guerre. Il veut en outre, en laissant subsister un front macédonien, amener les Bulgares à continuer à accrocher des forces importantes de l'Entente. Sinon les Bulgares pourraient avoir envie de mettre fin à leur participation à la guerre après avoir atteint en Macédoine tous leurs buts nationaux sans exception.

Jamais le destin n'a démenti plus terriblement un froid calcul. Car peu de temps après la Grèce fut contrainte malgré tout par l'Entente à prendre part à la guerre. La dispersion des forces allemandes, que Falkenhayn avait toujours considérée comme un danger infini et qu'il avait toujours combattue, ne fut qu'augmentée par son ordre. Le front de Macédoine devint en automne 1918 le point de départ de l'effondrement militaire des Puissances Centrales.

Tout cela ne pouvait être prévu à cette époque. Quoi qu'il en soit, l'année 1915 se terminait pour les Puissances Centrales sur des résultats excellents et d'une ampleur à laquelle on ne s'attendait guère.

La Russie était à bout de forces et ne semblait plus devoir être un adversaire sérieux de quelque temps. Les fronts défensifs de l'Ouest et d'Italie étaient restés inébranlés malgré les efforts violents de l'ennemi. En Turquie tout danger était momentanément écarté. Le chemin de l'Orient était ouvert. La Bulgarie combattait du côté allemand. La Roumanie avait manifestement perdu toute envie de se joindre à l'Entente.

Partout il semblait que la conduite des opérations méthodique et progressive de Falkenhayn avait fait ses preuves.

Les négligences et les fautes malheureuses de Moltke n'étaient pas encore compensées, mais tout paraissait en excellente voie dans ce sens.

Sur tous les fronts on s'était préoccupé de créer une situation solide et durable. Falkenhayn pouvait penser à la partie la plus dure de sa tâche.

La décision à l'Ouest.

Deuxième partie

Enchaînés

13
L'attaque de Verdun

Le front occidental gît sous une couche de neige. On dirait qu'il est paralysé.

Mais tout cela n'est qu'apparence. De part et d'autre les officiers d'état-major savent bien qu'il ne s'écoulera plus grand temps jusqu'à ce qu'un jour, à l'aube, le hurlement du feu roulant se fasse entendre en un point quelconque de cette ligne de front figée.

Les hommes qui sont à l'avant, dans les tranchées, le savent tout autant. Leur savoir provient de ce sentiment, de cet instinct que dix-huit mois de front ont formé et qui ne trompe presque jamais. Les fusiliers allemands le sentent aussi sûrement que les poilus français et les tommies.

Mais où cela commencera-t-il ?

On est déjà à la mi-janvier et il ne s'est encore rien passé d'important. La routine journalière de la guerre de position domine tout de ses mille règles, qui, nées avec le temps, remplissent déjà d'épais règlements. Il est étonnant de voir avec quelle exactitude cette nouvelle forme de guerre est paragraphée, depuis la consigne du poste des fusées-signaux des sapes avancées jusqu'aux fonctions presque mathématiques de l'officier d'état-major de division. On ne peut même plus s'imaginer que cet édifice bureaucratique puisse être un jour ébranlé et renversé par un coup puissant.

On dirait presque que la guerre de position est devenue déjà un but en soi, une nouvelle forme de vie pour des millions d'êtres humains, forme de vie se différenciant surtout des conditions d'existence du temps de paix par une plus grande mortalité.

De temps en temps la monotonie journalière est interrompue par le déclenchement soudain d'actions locales limitées. Alors les fils ténus du réseau de transmission envoient la nouvelle avec la rapidité de l'éclair jusqu'aux Quartiers Généraux ennemis. Serait-ce déjà la grande affaire ? On l'attendait cependant en un autre endroit ! Ou bien l'ennemi aurait-il changé d'idée ?

Des ordres sont lancés de droite et de gauche. Des réserves, tenues prêtes depuis longtemps pour les cas graves, sont alertées. Les commissions de gare ont leurs instructions préparées pour le cas A, pour le cas B, pour le cas C. Il suffit de lancer des mots conventionnels.

Mais pendant que les regards sont fixés sur ce secteur du front brutalement réveillé, l'oreille guette déjà les autres endroits où l'on s'attend à la percée. Ce n'est certainement qu'une manœuvre destinée à détourner l'attention... à moins que, cependant ? Il faut attendre des renseignements plus précis. Et surtout que l'on ne dépense pas trop tôt les réserves ! Que l'on conserve son sang-froid et que l'on n'écoute pas trop les cris d'appel des points du front qui sont frappés. Tout ce que l'on sait pour le moment avec certitude de l'affaire imminente, c'est qu'elle sera beaucoup plus terrible que toutes les affaires passées et que ce sont les Allemands qui la conduiront.

La fin de janvier arrive.

Le 28 janvier, la tension paraît enfin se dissiper. À Frise, dans la vallée de la Somme, le bombardement allemand s'abat depuis l'aube sur un large front. Les réserves françaises sont alertées. À midi l'attaque d'infanterie allemande se déclenche. Elle ne porte que sur un front étroit d'un peu plus de trois kilomètres. Dans la soirée le Grand Quartier français sait qu'il ne s'agit encore une fois que d'une manœuvre de diversion.

Au cours des deux nuits suivantes, entre le 29 et le 31 janvier, des Zeppelins allemands atteignent la banlieue de Paris et y laissent tomber leurs lourdes bombes. Paris sait que cela doit être un signal.

Il paraît de plus en plus certain que l'ennemi a l'intention d'empoigner les Français là où ils sont les plus forts.

À Verdun.

C'est une contrée aux paysages presque sans charme. Pauvres villages de paysans, collines aux forêts basses, champs modestes, ravins aux pentes boisées qui courent en tous sens et qui çà et là se réunissent en vallonnements. Plus on s'approche de Verdun, en venant du nord, plus les ravins deviennent profonds, plus les collines et les côtes deviennent puissantes, plus les bois aux feuillages caducs de diverses essences deviennent misérables.

Un seul sillon traverse en son centre du sud-est au nord-ouest cette région montagneuse, en multiples détours, et y forme exception. C'est la dépression de la Meuse. Large et fertile, elle serpente entre les collines, couverte de jardins, de champs cultivés, de fermes, de villages aimables, de clochers pointus, de canaux, de prairies et de routes.

De Consenvoye sur la Meuse, le front allemand monte vers l'est jusqu'en face du bois de Beaumont, descend dans le bois des Caures et atteint au Cap de Bonne-Espérance, au sud-ouest d'Azannes, le môle est de cette ligne de hauteurs.

Entre Gremilly et Ornes il entre dans la dépression des ruisseaux lents, des prairies, des marais, des hautes forêts. Il atteint bientôt Étain, dont il longe au plus près la lisière ouest. Puis il tourne droit au sud et court à travers la plaine de Woëvre jusqu'aux hauteurs de Combres, où il rejoint à nouveau la chaîne des Côtes Lorraines.

Il forme ainsi un demi-cercle gigantesque de quinze kilomètres environ de rayon autour de la puissante forteresse, qui en occupe presque exactement le centre.

Verdun est un des piliers du front français. Les Français le savent très bien. La nature leur prête de bon gré son appui. Il n'est pas de forteresse qui ait une situation aussi favorable. Déjà en temps de paix Verdun était considéré comme le môle le plus puissant et le plus vaste du front est. Et maintenant, durant une année et demie de guerre de position, où l'on a été sans cesse à demi encerclé par l'ennemi, on a fait de la région montagneuse un labyrinthe unique d'organisations fortifiées.

Une ceinture de forts puissants couronne de sommet en sommet les deux rives de la Meuse. Le fort du Bois-Bourrus et le fort de Marre dominent de la rive gauche la dépression de la Meuse. Belleville, Saint-Michel, Souville, Tavannes et Moulainville protègent les côtes lorraines au nord-est. Une demi-douzaine d'autres forts se trouvent au sud-est et au sud. Formant avancées vers le nord deux bastions puissants couvrent les collines. Ce sont les deux frères jumeaux, Douaumont et Vaux. Le Destin les a désignés pour jouer les rôles principaux dans le combat meurtrier qui va se dérouler. Leurs noms sont burinés dans l'âme d'une génération d'hommes.

Une série d'ouvrages intermédiaires s'étend entre les forts. Un nombre considérable d'abris bétonnés couvre le terrain comme un damier. Les positions succèdent aux positions, formant chacune un fouillis de tranchées, d'obstacles, de points d'appui et d'abris souterrains. Il n'est aucune brèche qui ne puisse être battue de flanc, des deux côtés, par des batteries bétonnées. Il n'est aucun ravin qui ne soit barré et verrouillé plusieurs fois par des organisations de campagne. Il n'est aucune colline qui ne soit dominée par une autre, aussi fortifiée. De quelque côté que l'on pénètre, on tombe partout dans un réseau aux fines mailles d'organisations défensives raffinées. Partout on est surplombé, flanqué, vu et livré à une réaction concentrique.

C'est cette contrée montagneuse qui a été choisie comme théâtre du combat le plus terrible, le plus écrasant, le plus rongeur des âmes et des corps du front occidental et de toute la guerre.

Hindenburg et Ludendorff sont d'avis qu'il faut tout d'abord terrasser complètement la Russie avant de passer à l'attaque décisive de l'Ouest. Ils proposent une grande opération contre l'aile sud des Russes pour amener en même temps la Roumanie, dont l'attitude est toujours plus douteuse, à prendre nettement position. Conrad von Hoetzendorf suggère une grande campagne contre l'Italie. Avec l'aide de l'Allemagne il veut pousser du Tyrol sur Venise et provoquer ainsi la chute de tout le front italien.

Falkenhayn rejette ces propositions. Il estime que la Russie est suffisamment affaiblie pour qu'on la tienne en échec avec de faibles forces. Une nouvelle grande opération dans l'Est donnerait à l'Entente la possibilité de déployer à l'Ouest toute sa force offensive. Les Anglais se sont décidés finalement à instaurer le service militaire général et obligatoire. En été, ils seront deux fois plus forts qu'actuellement. Il faut les devancer. L'Italie est un théâtre secondaire. Il est sans importance pour la situation générale que le front y coure le long de l'Isonzo ou dans la plaine vénitienne. On ne peut pas pousser jusqu'à Rome.

La France, dit Falkenhayn, est l'adversaire qu'il s'agit de terrasser. Sur tous les autres fronts il faut livrer un combat d'attente. Si on peut convaincre la France, par une opération guerrière, qu'elle n'a plus rien à espérer militairement, la guerre se trouvera décidée de ce fait en faveur de l'Allemagne. La volonté énergique de l'Angleterre d'anéantir l'Allemagne, que Falkenhayn considère dans sa perspicacité comme la force morale la plus puissante de l'Entente, repose sur la force de résistance de la France. Si on frappe cette dernière force on détruira les fondements de la première. C'est là la seule possibilité de terminer la guerre. Il faut la saisir car on ne retrouvera peut-être jamais une situation aussi favorable.

La froide logique de Falkenhayn est si impérieuse que toutes les instances intéressées s'y soumettent. Il est encore l'homme dont la conduite de la guerre a fait manifestement et brillamment ses preuves l'année précédente. Il est encore l'homme qui par sa force de volonté, son coup d'œil et sa prudence a conduit l'armée allemande, depuis le malheur de la Marne, par une œuvre stratégique méthodique, à une position offensive pleine d'avenir. Seul Conrad von Hoetzendorf reste à l'écart, bougonnant. Il est déjà décidé à suivre ses propres voies. Son esprit mobile ne supporte pas de se courber devant l'entêtement de Falkenhayn. Le sort en a puni durement et rapidement les Autrichiens.

Comment ce froid calculateur qu'est Falkenhayn en vient-il à l'idée héroïque et presque insensée en apparence d'attaquer Verdun ? Pourquoi, lui qui fut toujours l'homme des expédients et de l'économie stratégique, choisit-il précisément comme point d'attaque, l'endroit le plus fort du front ennemi ? N'est-ce pas une vieille loi de la conduite de la guerre, de frapper l'adversaire à l'endroit le plus faible et de le désarçonner de cette façon ?

Mais ici aussi sa logique fait pencher la balance, bien qu'il y ait là comme une contradiction. Il estime que la percée massive sur un large front est au-dessus de nos forces. À son avis, il nous faut travailler avec des moyens limités pour ne pas nous épuiser et pour pouvoir intervenir à tout moment sur d'autres fronts si la situation nous y contraint. Il faut empêcher l'ennemi de se dérober, de nous accrocher avec de faibles forces et de nous attaquer ailleurs en même temps. Nous ne pouvons le faire qu'en le prenant à partie là où il ne peut perdre aucun mètre de terrain sans le défendre de toutes ses forces. Ce point, c'est Verdun. Il faut y allumer un incendie qui ne sera pas trop violent, mais qui sera continu et dont les flammes consumeront lentement l'armée française. Il faut l'allumer de façon à avoir la possibilité de l'entretenir longtemps pour qu'il atteigne son but. Il faut appliquer une pompe aspirante au corps de la France afin de lui retirer lentement, mais sans arrêt, sa force vive par ses veines ouvertes.

C'est ainsi que sans s'en douter Falkenhayn a cédé à la suggestion de la bataille de matériel qui, dès 1915, a commencé à l'Ouest à dominer ses adversaires. Mais alors qu'à cette époque il s'agissait encore de la percée en tant que but et que la bataille de matériel n'était qu'un moyen, maintenant pour la première fois la bataille de matériel devient un but en soi. Ce changement inouï dans la conduite de la guerre reçoit en quelque sorte pour la première fois sa légitimation stratégique.

Dans les premiers jours de février la neige tombe. Puis il pleut. Des tempêtes se déchaînent sur la contrée.

L'attaque est fixée au 12 février 1916. Mais il est impossible de respecter la date convenue. Tout n'est que boue, saleté, eau. La mise en place de l'artillerie lourde n'avance pas.

On est obligé de retarder l'offensive de quelques jours, puis de toute une semaine. C'est une circonstance fâcheuse. Troupes et véhicules sont entassés, sans abris convenables, sur un étroit espace. Les Français montrent par la violence accrue de leurs tirs que les préparatifs ne leur ont pas échappé. Heureusement que le mauvais temps empêche tout au moins les aviateurs ennemis de prendre l'air.

Le 20 février la 5e armée, aux ordres du Kronprinz impérial, rend compte que tout est prêt. Le 21 février dans la matinée le bombardement allemand – 1 500 pièces de tous calibres – se déclenche entre Consenvoye et Azannes, c'est-à-dire entre la Meuse et la plaine de Woëvre, sur un front qui n'atteint pas 15 kilomètres.

Il s'abat de toute sa puissance sur les positions françaises de Brabant, Haumont, Beaumont et Ornes. Il tombe en harcèlements violents sur les cheminements. Il verrouille les ravins par des tirs de barrage et se déverse comme grêle en tirs de destruction brutaux sur les collines. On ne peut pas encore songer, vu la distance, à bombarder les forts. Il faut se contenter pour le moment de les battre avec des pièces lourdes longues.

Le temps est acceptable, mais toujours pluvieux et froid. Les troupes d'assaut sont montées dans les tranchées avancées pendant les dernières nuits. Le feu de l'artillerie française n'est pas trop violent. On dirait qu'en face on se tient sur l'expectative pour déterminer s'il ne s'agit pas encore d'une diversion. Le général Herr, commandant en chef de la région de Verdun, compte en tout cas sur une action de ce genre. Dès le 21 après-midi des groupes de fantassins allemands pénètrent dans les tranchées ennemies et s'y nichent en bien des endroits.

Le bombardement allemand se poursuit pendant la nuit du 21 au 22 avec la même intensité ; il se renforce à l'aube, diminue vers midi, puis reprend dans l'après-midi du 22 avec la plus grande violence. L'artillerie lourde et très lourde bat en feu roulant les premières lignes françaises.

Dans l'après-midi, à une heure tout à fait inaccoutumée, le rideau de feu de l'artillerie quitte tout à coup les positions françaises et vient s'abattre sans que l'oreille ait remarqué ce changement, sur les réserves et les cheminements où il forme barrage.

L'infanterie allemande est partie à l'attaque sur tout le front. Elle débouche des boqueteaux au nord de Consenvoye. Elle submerge le Bois d'Haumont pilonné et fumant. Elle monte en longues files du bois des Caures et pousse sur Beaumont. Elle descend en groupes puissants du Cap de Bonne-Espérance, traverse le ravin et atteint déjà les tranchées françaises de l'Herbebois.

Ses équipes s'incrustent partout, installent leurs mitrailleuses et ouvrent le feu. La nuit tombe déjà lentement.

Les soutiens français passent à la contre-attaque. Il leur faut pénétrer dans la fournaise du bombardement allemand. Les mitrailleuses les obligent à se jeter dans les entonnoirs et dans les tranchées.

Et cela continue ainsi jusqu'à ce que l'obscurité soit complète. Il recommence à pleuvoir. De longues colonnes de prisonniers refluent vers l'arrière à travers la première position. Le chaos des tranchées est un désert. Partout gisent des blessés, amis et ennemis.

La nuit elle-même est remplie du crépitement des mitrailleuses et des éclatements stridents des grenades à main. Des rafales d'artillerie de campagne s'abattent encore.

Bien avant l'aube la bataille reprend avec toute sa violence. Les Français savent maintenant que l'attaque est sérieuse.

Le temps reste mauvais. Les troupes n'ont pu être ravitaillées pendant la nuit que pour une très faible part. Toutes les voies d'accès sont couvertes de colonnes de munitions. Les cuisines roulantes avec leur repas bouillant sont restées au loin à l'arrière, à Romagne et Azannes, et ne peuvent pas avancer. À l'aube elles rejoignent leurs cantonnements et les hommes des trains régimentaires en profitent.

À peine peut-on apercevoir sa main quand on la met devant ses yeux que déjà la bataille d'infanterie bouillonne, craque et crépite à nouveau sur tout le front.

On combat pour chaque bout de tranchée, pour chaque humble nid de résistance, pour chaque saillant de bois déchiqueté, pour chaque emplacement de batterie bouleversé, pour chaque mètre de réseau de fils de fer.

On combat pour les vallonnements et les ravins, pour les pentes remplies d'abris. Les Allemands sont-ils à la crête, les Français s'accrochent à mi-pente. Les Allemands sont-ils à mi-pente, les Français défendent le fond du ravin. Les Allemands sont-ils dans le fond, les Français tirent de la mi-pente de l'autre versant.

La lutte est particulièrement farouche pour le haut des croupes où attaques et contre-attaques, débouchant de part et d'autre des versants, se heurtent tout à coup. Chaque mètre de terrain est couvert de sang et d'une multitude de cartouches, de grenades et d'obus.

Mais on progresse.

Dans la soirée Brabant, Haumont et Samogneux sont pris. Le bois des Caures est aux mains des Allemands. On est déjà à la lisière du bois des Fosses, qui n'est qu'un champ de ruines terriblement barbelé, emmêlé, semé de tranchées et d'abris. La ferme des Chambrettes est conquise. Ornes est presque atteint. L'infanterie est engagée à ses abords dans un combat acharné, indécis.

Une série de positions de batteries françaises sont prises, toutes avec leurs pièces. Les Français n'ont pas eu le temps de mettre leurs canons en sûreté. Des mitrailleuses brisées gisent partout, mais personne ne peut songer à les rassembler. Chaque minute est agitée. Il n'est plus de seconde où l'on n'entende quelque détonation.

On a fait des prisonniers, ramassé du butin et conquis des tranchées. Les pertes sont lourdes. Il y a toujours de nouvelles positions derrière celles qu'on a prises. Il faut pousser l'artillerie en avant ; elle perd le contact de l'infanterie. On arrive maintenant à proximité des forts. On le perçoit nettement à l'accroissement du feu ennemi.

La nuit tombe encore une fois.

Le 24 février la physionomie de la lutte est tout d'abord la même : progression au prix de violents combats, pas à pas. De Samogneux les assaillants atteignent la cote 344. La lisière du village de Louvemont, qui domine un chaos de ravins remplis de réseaux de fils de fer, est conquise. Beaumont et Ornes tombent. Le Bois des Fosses est entièrement nettoyé. La hauteur située derrière Ornes tombe elle aussi. Les assaillants atteignent le ravin Brûlé et au-delà le bois de l'Hermitage. Ils arrivent jusqu'aux abords du village de Bezonvaux.

Dans la soirée de cette journée du 24 février, le commandant de la région fortifiée de Verdun, le général Herr, rend compte au généralissime Joffre qu'il a l'intention d'évacuer toute la rive droite de la Meuse y compris les côtes Lorraines et tous les forts. Il ajoute que ses divisions sont battues et ne sont plus capables de résister, qu'il espère pouvoir tenir la rive gauche de la Meuse si on lui envoie, assez rapidement les réserves dont il a besoin.

Le maréchal Joffre répond qu'il le place sous les ordres de la 2e armée, qui a pour chef le général Pétain. Pétain passe pour le meilleur officier de l'armée française. Le fameux 20e C. A., qui a fait maintes fois ses preuves, approche du champ de bataille. Quelques-unes de ses formations sont déjà intervenues la veille.

« Tout chef qui, en cette période, donnera un ordre de retraite sera traduit devant un conseil de guerre », dit Joffre.

Une nuit terrible se passe.

La matinée du 25 février débute par de nouveaux échecs sur plusieurs points du front. Les troupes battues n'en peuvent plus. Peu avant que le ravin Brûlé ne s'élargisse en plaine près de Bézonvaux, le ravin d'Hassoule se détache de lui et s'enfonce vers le sud. Il est étroit, long et presque rectiligne. À son horizon ouvert apparaît une croupe puissante, largement étalée, sur laquelle les explosions de l'artillerie lourde soulèvent des panaches de fumée semblables à de gigantesques drapeaux noirs. C'est le Douaumont.

Les Brandebourgeois, les Westphaliens, les grenadiers de Hesse-Nassau qui portent le poids de toute l'attaque, subissent de lourdes pertes. Mais leur esprit offensif n'est pas brisé !

Dans l'après-midi de cette journée, la bataille prend une ampleur décisive.

Heure après heure des bataillons entiers sont dévorés. On dirait une fonte de neige inouïe que rien ne peut arrêter. Les assaillants sentent que la résistance française faiblit. Les tranchées ne sont plus défendues aussi opiniâtrement. Le barrage de l'ennemi ne se déclenche plus aussi rapidement. Les contre-attaques font défaut. On peut voir des colonnes françaises se replier. Le tir de l'artillerie donne l'impression de ne pas être coordonné. Les nouvelles troupes du 20e Corps ne sont pas encore en action.

Pendant que la bataille d'infanterie bouillonne dans tout le secteur, une action particulière se déroule au centre, que l'on ne le remarque guère de part et d'autre. Une poignée de Brandebourgeois du 24e régiment d'infanterie traversant le glacis nord du Douaumont arrive aux abords immédiats du fort. Le Douaumont est soumis à un bombardement violent de l'artillerie allemande, le feu des Français s'abat beaucoup plus au nord. En un tournemain les Brandebourgeois sont dans le fossé de l'ouvrage et grimpent l'escarpe qui conduit à la partie centrale. La garnison qui devant le bombardement destructeur s'est réfugiée dans les casemates, ne soupçonne nullement que l'ennemi est tout proche.

Le sifflement des balles de mitrailleuses balaie l'air autour des bastions. Celles-ci sont installées dans le village de Douaumont, en particulier dans le clocher que les Français ont occupé. La garnison du fort est entièrement surprise. Les Brandebourgeois poussent dans les couloirs souterrains comme dans un terrier de renard largement ramifié : ils poussent dans une direction, reviennent, puis repartent dans une autre. Les Français sont accroupis dans les casemates et se rendent[1].

Les explosions des obus de l'artillerie lourde retentissent en haut sur les voûtes. Il faut un certain temps pour que les Brandebourgeois sachent que le fort leur appartient. Quant aux états-majors supérieurs ce n'est qu'au cours de la nuit qu'ils apprennent le changement de situation.

De l'autre côté, plus à l'ouest, là où le village de Louvemont est tombé dans l'après-midi, on progresse vers la côte du Poivre. Le bombardement français faiblit maintenant très nettement. Les mitrailleuses ne tirent plus.

L'ennemi est-il battu ?

26 février au matin.

Franchissant la côte de Talou, les assaillants parviennent jusqu'à la lisière de Vacherauville. Au-delà de la Meuse le terrain monte lentement vers le fort de Marre. Le fort crache du feu. Les pentes sont piquetées de positions de batteries. Il est impossible de se dérober à leurs vues et à leurs coups.

Toute la côte du Poivre est prise. On est sur son versant sud. En face, se dressent, menaçants, le Fort de Belleville et la Côte de Froide-Terre, ligne continue d'emplacements de batteries organisés.

Le fort de Douaumont a été conservé. Mais à l'ouest de l'ouvrage se trouve le village du même nom. Il constitue une position de campagne qui forme un centre de résistance unique.

---

1. Note du traducteur. Ce récit de la prise de Douaumont n'est pas conforme à la réalité. Chacun sait que le fort de Douaumont n'a pas été défendu, ayant été évacué par ordre du commandement avant la bataille. Il n'avait pas de garnison.

Entourés de trois côtés les Français s'y sont installés comme s'ils ne voulaient pas s'en laisser chasser, même par le diable.

Les batteries de la Côte de Thiaumont dominent merveilleusement le village. Les vagues d'infanterie montent l'une après l'autre de Fleury sous la protection d'un barrage dense comme grêle et renforcent sa garnison. C'est de ce point que le fort est le plus menacé. Aucune attaque ne peut amener l'ennemi à céder.

Le bois du Chapitre, le bois de la Caillette, le bois Fumin crachent sans interruption des rafales de barrage. Chacun des trois bois est un nid de batteries dont le feu a des effets terribles. Le Douaumont et la côte de l'Hardaumont qui lui est adjacente à l'est, doivent encaisser tout ce bombardement. On a l'impression que même pas une souris ne peut y rester en vie.

Les forts de Saint-Michel, Souville, Tavannes et les positions de la Laufée déversent nuit et jour leurs tirs de destruction de gros calibres dans les ravins au nord de Douaumont, qui sont remplis d'artillerie allemande et que doit traverser tout le ravitaillement allemand. Le spectacle n'est pas beau dans ces ravins.

À l'est de Vaux les Français se sont repliés lentement, depuis la nuit du 24 au 25 février, du saillant d'Étain sur les côtes Lorraines, à travers la plaine de Woëvre. Ils se sont installés au pied des côtes dans des positions longuement préparées. Le feu de leurs innombrables batteries établies sur les pentes les domine. De là-haut ils peuvent observer tout mouvement chez les Allemands. Par contre les grands bois qu'ils ont dans le dos leur permettent à eux-mêmes de déplacer leurs réserves sans qu'elles soient vues.

Aucun indice d'accalmie dans cette bataille acharnée. Au contraire, le feu de l'artillerie française augmente sans cesse d'intensité.

L'artillerie allemande, préparée a une consommation considérable de munitions mais surprise cependant par une défense aussi inouïe, est obligée de commencer à les économiser. Elle a bien suffisamment d'obus dans ses parcs, mais c'est leur transport aux emplacements de batterie qui se heurte à des difficultés. Les colonnes subissent des pertes sévères en hommes et en chevaux. Parfois elles n'arrivent même pas jusqu'aux positions.

Les Français ont amené deux corps d'armée frais. Les troupes d'attaque allemandes sont les mêmes que celles du 22 février. On n'a pas prévu chez elles une relève aussi rapide. L'usure est plus grande qu'on ne l'avait pensé ! Les effectifs de combat des compagnies sont réduits de moitié.

Des contre-attaques françaises, quoique locales, déclenchent le 26 février de violents combats d'infanterie qui durent toute la journée. Ce sont encore les Allemands qui sont les assaillants. Mais en bien des points ils sont déjà contraints au rôle de défenseurs. Ils encaissent tout, sans abandonner un mètre de terrain. Mais ils ne réalisent pas non plus ce jour-là de progrès notables.

La journée du 26 est la première depuis le 22 février qui ne soit pas marquée par des gains de terrain importants.

Or chaque journée qui s'écoule sans résultat pour l'assaillant est une journée qui augmente la supériorité du défenseur.

Il n'est pas douteux que la bataille s'est enlisée. Si on veut la poursuivre, il faut que ce soit par d'autres moyens.

La plupart des ravins de la rive droite de la Meuse descendent des hauteurs vers le fleuve. De ce fait ils sont complètement exposés aux feux de flanc de la rive gauche. Les Français se rendent compte de cet avantage et l'exploitent à fond.

Leurs nids de batteries du bois des Corbeaux, du bois de Cumières et de la région du Mort-Homme augmentent de jour en jour. Ils peuvent pour ainsi dire tirer dans le dos des assaillants de la rive droite. Le feu de l'artillerie lourde longue du Bois Bourru, du fort du même nom et du fort de Marre, balaie en hurlant presque tous les ravins entre Vacherauville et le Douaumont.

C'est une situation tout à fait intenable.

Les batteries allemandes ne peuvent plus venir à bout de leur double adversaire qui les attaque de front et dans leur flanc ouest. Le ravitaillement souffre terriblement. Ou bien on réussira à pousser l'ancien front d'attaque de la rive est suffisamment en avant pour que les Français soient obligés aussi d'abandonner la rive ouest, ou bien il faudra aussi prendre l'offensive sur cette rive. Comme la première hypothèse est rendue pour le moment impossible par la résistance française, la seconde seule peut être envisagée.

Ainsi donc, au bout de quelques jours déjà, le cours de la bataille oblige à doubler l'étendue du front d'action.

Pendant que sur la rive est de la Meuse attaques et contre-attaques se heurtent en vagues toujours nouvelles, se mélangent et s'absorbent, le spectacle du 22 février se renouvelle sur la rive ouest.

Le 6 mars, le bois de Forges tombe après un combat farouche. Il est situé près de la Meuse, immédiatement en face de Consenvoye, point où l'aile droite de l'attaque allemande se trouvait le 22 février. Les villages de Forges et de Regnéville suivent bientôt. Le front français est maintenant coupé de la Meuse. La ligne atteinte par l'attaque de la rive est est rejointe à Champneuville et Vacherauville.

C'est alors que commence la partie la plus dure de l'attaque occidentale.

La bataille d'infanterie fait rage jour après jour. La position allemande est portée lentement en avant. Chaque mètre de terrain conquis doit être conservé contre une série de contre-attaques. Au bout de deux semaines la côte de l'Oie, au sud de Regnéville, est prise. Le bois des Corbeaux, le bois de Cumières et le village du même nom sont aux mains des Allemands.

Le Mort-Homme est à moitié conquis. Le mamelon nord-ouest est occupé par les Allemands, le mamelon sud-ouest par les Français. Des combats à la grenade furieux se déroulent, indécis, dans l'ensellement entre les deux mamelons.

Pendant que les journaux français et allemands se livrent une lutte acharnée pour savoir si le Mort-Homme appartient à l'assaillant ou au défenseur, les Allemands sortent encore une fois, le 20 mars au soir, de leurs entonnoirs, franchissent l'ensellement sur lequel le barrage s'abat avec un bruit de ferraille et escaladent aussi le mamelon sud-ouest, dont ils arrachent mètre après mètre à l'ennemi.

Le même jour les bataillons allemands passent encore à l'attaque entre le bois de Malancourt et le village de Bethincourt. Dans la soirée leurs lignes se trouvent aux abords de la cote 304 qu'elles ont atteints de trois côtés à la fois. Mais ils ne parviennent plus à enlever la hauteur. Du bois de Malancourt on a pénétré jusque dans le bois d'Avocourt, qui lui est adjacent. Mais on ne peut dépasser sa lisière sud.

Ce combat, déclenché en partant du bas-fond des deux villages de Malancourt et Béthincourt et dirigé contre le massif de la cote 304 et la colline des Termites qui l'avoisine à l'ouest, s'est déjà déroulé sous la forme horrible qui sera plus tard le type des combats de Verdun.

Suivant le barrage roulant de l'artillerie, les groupes de fantassins sautent d'entonnoir en entonnoir, en lançant des grenades et en capturant de petites fractions ennemies. On ne sait plus si on court sous le barrage ami ou ennemi. On voit à peine ce qui se passe à gauche et à droite. On ne reconnaît que ce qui est à proximité immédiate. Tout se compose d'actions isolées qui traînent souvent pendant des heures sans lien avec l'ensemble de l'opération.

Parfois on reste couché deux heures durant à vingt mètres de l'ennemi, sans pouvoir bouger. Jusqu'à ce qu'on réussisse à mettre une mitrailleuse en position quelque part dans son flanc sur le rebord d'un trou d'obus, et à tirer dans ses lignes.

Alors on suit ceux d'en face à grandes enjambées en marchant sur le bord des entonnoirs, pour leur couper la retraite et les encercler. Par moments on voit leurs têtes et les canons de leurs fusils.

Tout à coup une mitrailleuse crépite chez eux, dans une position arrière. On s'accroupit dans les entonnoirs et on attend jusqu'à ce que la pièce ait un enrayage, ou qu'un obus lui règle son compte ou bien encore qu'elle ait épuisé ses munitions.

Personne ne se préoccupe des tirs de l'artillerie qui, privée d'objectifs définis, tape de tous côtés.

On ne peut plus parler d'attaque ni d'assaut proprement dits. Ce qui se passe est complètement étranger à toutes les règles établies pour l'attaque d'infanterie. On ne peut y trouver ni début nettement marqué, ni fin, ni surtout une méthode quelconque. On va tout simplement d'entonnoir en entonnoir, et ce n'est que l'ensemble des actions isolées, complètement indépendantes les unes des autres qui, synthétisé à l'arrière par les états-majors, donne l'image d'une action coordonnée.

Souvent cette addition des mètres carrés de terrain conquis, des prisonniers capturés, des mitrailleuses et des canons pris, des pertes subies et des munitions dépensées n'est faite que bien des heures plus tard, parfois après toute une nuit seulement.

Comment reconnaîtrait-on à l'avant ce qui s'est passé ? On n'a fait que changer d'emplacement dans le champ d'entonnoirs. On a capturé quelques prisonniers. On a traversé une position de batterie dévastée et on a subi de lourdes pertes.

Combien a-t-on gagné de mètres ? À quelle heure ? Combien de temps cela a-t-il duré ? Combien d'hommes était-on ce matin ? Que sont-ils devenus ? Combien est-on encore ? Peut-être y a-t-il une équipe tout entière à quarante mètres plus loin, dont on ignore l'existence.

Tout cela est impossible à dire. Les aviateurs d'infanterie détermineront la ligne atteinte en prenant des photographies et en traçant des traits sur leur carte. Pendant la nuit on cherchera à établir la liaison à droite et à gauche et à prendre contact avec l'état-major du bataillon. Les commandants de compagnie s'efforceront de constituer une sorte de ligne avancée continue.

Le sergent-major de la compagnie établira plus tard la liste de pertes, à l'arrière, au train régimentaire, et l'enverra au bataillon. Ici, à l'avant, il s'agit seulement de se préparer pour continuer ce qu'on a fait jusqu'alors.

Maintenant tout le terrain compris entre le bois d'Avocourt, sur la rive ouest de la Meuse, et le fort de Vaux sur la rive est, ne constitue plus qu'un seul front de bataille bouillonnant.

Le G. Q. G. français a rameuté résolument ses réserves stratégiques. Chaque jour de nouveaux régiments arrivent. Les Allemands s'en tiennent au principe de l'offensive avec une obstination farouche.

Leur pompe aspirante travaille. Elle aspire sans arrêt à grands flots le sang ennemi. Les pertes françaises atteignent déjà le chiffre de cent mille hommes. Les pertes allemandes, supportables pendant les premiers jours, augmentent au fur et à mesure que la résistance s'accroît.

Les pertes journalières du défenseur sont encore supérieures à celles de l'assaillant. Mais on peut déjà prévoir le moment où elles s'équilibreront.

La pompe commence à aspirer de deux côtés à la fois.

L'été arrive. La chaleur torride de juin brûle la côte du Poivre, la côte de Froide-Terre, le glacis sud de Douaumont et les trois bois pilonnés de la Caillette, du Chapitre et de Fumin.

C'est l'été. Mais ici, en haut, il n'y a pas de verdure.

Il n'y a plus de tranchées. Il n'y a plus que des entonnoirs et de la terre retournée. Les bois sont des amas de troncs d'arbres calcinés. Les routes ont disparu. Les villages ont été balayés comme par une tornade. Des tas de pierres blanches indiquent l'endroit où ils se trouvaient jadis.

Entonnoirs, nids de batteries, réseaux de fils de fer, abris effondrés. Au milieu de tout cela, des hommes aux capotes couvertes de boue et déchirées, avec des mitrailleuses, des grenades, des lance-mines, des fusils, des tentes et des ustensiles de campement.

De jour, on ne voit rien de vivant. La nuit, les relèves se font. Des fusées éclairantes s'élèvent et répandent une clarté vacillante. Alors tout le monde se plaque sur le sol et ne bouge plus. Des rafales font résonner les ravins. Le barrage ratisse le sol par vagues furieuses. Haut dans les airs, les obus de gros calibre cheminent dans les deux sens sur leur trajectoire en bruyant doucement.

Des avions décrivent des orbes du matin au soir au-dessus du champ d'entonnoirs. Ils se relaient pour que l'observation ne soit pas interrompue pendant une seule minute. Ils notent les moindres mouvements, si misérables soient-ils, ceux de deux coureurs, d'une poignée de porteurs de soupe, d'un transport de blessés. Ils comptent les toiles de tente qui sont tendues sur les trous d'obus humides. Ils repèrent les endroits où pendant la nuit une piste s'est formée parmi les entonnoirs. Si les relèves sont passées par là la nuit précédente, elles en feront autant la nuit suivante. Il faudra arroser l'endroit de quelques rafales. Ils repèrent le moindre tas de terre frais, qui permet de conclure à la construction d'un abri, le moindre petit nuage de fumée blanc qui trahit une batterie en action.

Ils rapportent au commandement leurs minutieuses annotations pour lui permettre d'établir une répartition raffinée des tirs de l'artillerie qui dans cette région ne s'est plus tue depuis longtemps. Pas même pour une seule minute, pour une misérable petite minute.

De part et d'autre on amène toujours de nouvelles divisions.

Elles arrivent pour deux semaines dans ce désert tonnant, fondent, sont retirées du front et s'en vont dans un secteur calme refaire leur force combative.

Au bout de trois semaines elles sont de nouveau là. Peu à peu, presque toute l'armée allemande de l'Ouest et toute l'armée française passent par le champ de bataille.

C'est l'époque où Verdun devient une notion concrète, bien définie. Les Français l'appellent le Moulin, les Allemands, l'Enfer.

Le village de Douaumont a bien été obligé d'y croire finalement : les bataillons allemands ont poussé au-delà de la côte de Thiaumont. Ils sont solidement accrochés de l'autre côté.

Dans la dernière décade de mai, il y a eu une surprise terrible.

Après une violente préparation d'artillerie qui a broyé tout ce qui se trouvait au sud de Douaumont en fait de forces allemandes, mais qui n'a pas semblé cependant une chose extraordinaire, les Français sont apparus tout à coup sur le fort. Ils en ont occupé toute la partie sud-ouest avec l'observatoire cuirassé principal. La garnison allemande, à l'intérieur, a pris ses dispositions de défense.

Deux jours durant ce fut un combat mi à ciel ouvert, mi souterrain, portant tous les caractères d'une préparation précise, une série d'actions isolées des plus minutieuses et de coups de main par surprise. Finalement on parvint à mettre en batterie quelque part dans le fossé du rempart quelques lance-mines lourds et à rendre l'observatoire inoffensif. Les Français durent alors redescendre sur Fleury d'où ils étaient partis.

De nouvelles divisions allemandes entrent encore une fois en ligne. Le 1er juin, le bois de la Caillette tombe. Le 2 juin, le fort de Vaux. Ici ce fut le contraire de ce qui s'était passé au Douaumont. Pendant des jours les Français restèrent à l'intérieur, dans les casemates, les Allemands à l'extérieur, sur les superstructures. Et les journaux entrèrent à nouveau en lutte pour savoir qui possédait le fort. À la fin les vaillants défenseurs se rendirent.

Peu à peu la côte de Thiaumont tout entière, le bois du Chapitre, le bois Fumin tombent aux mains des Allemands.

À la fin de juin on parvient à conquérir les débris du village de Fleury.

Mais on ne peut les conserver. Les Français font tous les sacrifices pour les reprendre.

Les pertes sont terribles de part et d'autre. Ce sont les meilleures formations des deux meilleures armées de l'Europe qui combattent ici l'une contre l'autre. Au bout de quelques jours, la ligne allemande s'accroche à la voie ferrée au nord de Fleury.

Le fort Saint-Michel, le fort de Souville, le fort de Tavannes et les pentes de la Laufée couvertes de batteries concentrent leur feu sur cet espace. La descente de la gorge sud du Douaumont vers la voie ferrée de Fleury est la zone la plus battue de ce coin si riche en surprises infernales.

Le monde s'est habitué déjà depuis longtemps à ce spectacle. Il sait qu'il n'a plus à attendre ici de choses sensationnelles. Les communiqués des deux armées n'ont plus rien d'intéressant à signaler sur Verdun. Le « bombardement habituel » devient la formule laconique journalière.

Les divisions continuent à se relever. Beaucoup sont là déjà pour la deuxième fois, quelques-unes pour la troisième fois. Elles passent par le « Moulin », sont recomplétées et retournent, au « Moulin ».

Parfois du côté allemand on rationne les munitions des batteries. On se dit que les Français seront contents, eux aussi, de pouvoir faire des économies et qu'ils suivront certainement cet exemple.

Ils n'y songent pas. Ils ont des obus autant qu'ils en veulent. Ils en ont plus qu'ils ne peuvent en tirer. L'Amérique tout entière travaille pour eux. Ils saisissent toutes les occasions que leur offrent les tirs, pourtant bien faibles, de l'artillerie allemande pour répondre. Alors celle-ci est obligée de dépenser en un seul jour pour se défendre tout ce qu'elle a péniblement épargné.

Bientôt l'activité des Français augmente. Tout indique qu'ils préparent des contre-offensives de grand style.

Les périodes pendant lesquelles les divisions allemandes doivent rester en secteur dans la zone d'entonnoirs deviennent chaque fois de plus en plus longues. Le rationnement des dépenses de munitions devient sévère. Les troupes reçoivent des instructions formelles leur prescrivant de ne demander le barrage de leur artillerie qu'en cas d'attaque ennemie nettement reconnue.

C'est presque trop exiger dans ce terrain où l'on se trouve face à face à courte distance dans un champ d'entonnoirs découvert et sans défenses accessoires.

Il arrive déjà parfois que l'artillerie française pilonne un secteur au point qu'il ne reste même pas un seul Allemand pour lancer la fusée destinée à demander le barrage et que les Français apparaissent tout à coup devant les abris du commandant du bataillon. La reprise de telles bandes de terrain coûte beaucoup d'hommes et de munitions. Or il faut économiser les uns et les autres.

On peut évaluer les pertes subies de part et d'autre jusqu'à la fin de juin à un demi-million d'hommes au total. Environ 250 000 d'entre eux ont été tués. Un quart de million de morts en quatre mois. Et tout cela sur une bande de terrain étroite que les noms de quelques anciens villages, de forts détruits, de bois pilonnés, de ravins et de croupes suffisent à désigner.

D'Azannes, d'où l'attaque est partie en février, jusqu'à Verdun, il y a 15 kilomètres à vol d'oiseau.

Fleury une fois pris, onze de ces kilomètres étaient franchis. Il en restait quatre. Il n'y avait plus qu'une crête entre Fleury et Verdun.

Fleury resta le point extrême qu'atteignit l'offensive allemande.

14
L'offensive de Broussilov

Qu'entreprit l'Entente pour soulager son front devant Verdun ?

Pendant près d'un mois entier on eut l'impression que, cette fois encore, le calcul de Falkenhayn allait se vérifier. La réaction offensive de l'ennemi se borna à quelques faibles contre-attaques sur d'autres points du front occidental. Était-il donc vrai que le Moulin de Verdun broyait les réserves françaises à une telle allure et dans une telle mesure ?

Au Grand Quartier Général allemand on se mit à faire de vastes calculs. On compara le nombre total des divisions françaises au nombre de celles qui étaient dépensées devant Verdun. On calcula, d'après les relèves que l'on put identifier par prisonniers, le nombre des divisions qui s'usaient successivement. On nota la grandeur des pertes subies par l'ennemi en certains points et on en tira des conclusions pour l'ensemble du front d'attaque. On évalua les dépenses de matériel et les renforts disponibles dans les dépôts.

On crut trouver dans les résultats de ces calculs une explication logique de la passivité française sur le reste du front. Tout allait bien. Le pompe aspirante travaillait exactement comme on l'attendait. Il ne s'agissait plus que de la maintenir en action.

Le moral du côté allemand était encore entièrement confiant. À tous les critiques qui signalaient le manque de résultats visibles de ses opérations, Falkenhayn pouvait répondre que son offensive servait en premier lieu à user l'ennemi et en second lieu seulement à atteindre un résultat stratégique.

Lorsque enfin, en mars, l'Entente déclencha sa première offensive de dégagement de grand style par la préparation et l'exécution, celle-ci se produisit sur le théâtre et fut exécutée par l'adversaire auxquels on s'attendait le moins.

Elle vint de Russie.

L'armée du tsar vit encore !

Les généraux russes ont travaillé pendant tout l'hiver avec une logique de fer et en mettant en œuvre tous les moyens existant à l'intérieur de l'empire des tsars déjà frappé à mort. Les ressources inépuisables de l'Amérique ont été aussi mises à la disposition de la Russie par la voie du Japon. Le soldat russe est las de la guerre. Le poison de la décomposition intérieure le travaille déjà. Mais il obéit encore aux ordres du tsar et de ses officiers.

La partie nord du front russe est couverte de neige, de glace. Elle est engourdie. Quelques obus tombent de temps à autre. Sur la plupart des points les tranchées des deux partis sont si éloignées les unes des autres que chacun des adversaires peut croire qu'il est seul. Et si le Russe s'avisait un beau jour de se replier avec armes et bagages, on ne le remarquerait peut-être que beaucoup plus tard.

Quelques balles suffisent à repousser les patrouilles russes qui, de temps en temps, battent le terrain en avant des tranchées.

Les troupes allemandes, parmi lesquelles il y a beaucoup de landwehr, de régiments de cavaliers à pied et de formations de landsturm, forment une chaîne ténue entre Riga et Minsk, c'est-à-dire entre la Mer Baltique et les marais de Rokitno. Ce sont les deux groupes d'armées Hindenburg et prince Léopold de Bavière. Le front autrichien commence au Stochod, mélangé de détachements d'armée allemands.

Le choc russe est dirigé principalement contre la 10e armée allemande, qui est commandée par le colonel-général von Eichhorn, et qui est installée dans la zone en avant de Vilna. Au centre du champ de bataille se trouvent les lacs Narotsch et Vischniev, surfaces de glace couvertes de neige et entourées de marais gelés. Six divisions allemandes pourvues d'une faible artillerie, au total 66 bataillons, ont à recevoir l'attaque de près de 400 bataillons. Près de 1 000 canons appuient les Russes, nombre étonnamment élevé pour le front oriental.

Mais quelle différence entre le texte orgueilleux de l'ordre d'attaque russe qui prescrit de « refouler l'ennemi au-delà des frontières de l'empire sacré de Russie » et l'état de ces pauvres bataillons, à demi affamés, mal équipés, effroyablement las de la guerre, que leur propre artillerie est prête à fouetter.

Le même jour où on leur lit l'appel patriotique du tsar, on leur communique aussi un autre ordre où il est dit : « Les réserves de l'artillerie dirigeront immédiatement leurs feux sur les unités qui hésiteront à avancer en présence de l'ennemi ou qui feront mine de vouloir se rendre. Les blessés légers seront ramenés de force sur la ligne de combat ; il en sera de même des hommes qui se mutileront. Une chaîne épaisse de postes de police militaire suivra les troupes combattantes. Aucun soldat en état de combattre ne devra franchir cette ligne vers l'arrière. »

Deux jours avant l'attaque le temps change et passe subitement de la gelée craquante à un dégel épouvantable. Il dégèle si fort que la couche de glace qui couvre les lacs fond en un rien de temps. Les marais s'amollissent. Les parallèles de départ des assaillants et les tranchées des défenseurs se remplissent d'eau. Les abris sont inondés.

L'ordre d'attaque russe est basé sur l'hypothèse que les lacs et les zones marécageuses sont franchissables. Il faudrait l'annuler, car il est presque impossible d'exposer au feu concentrique de l'ennemi, sur les étroites portions de terrain sec, les masses destinées à l'attaque. Maintenir la date de l'offensive c'est pousser littéralement les bataillons à la mort dans les marais.

Le général Ewert, commandant en chef du groupe d'armées d'attaque, n'hésite pas un seul instant. Il maintient l'ordre donné. On sait que le secret de l'offensive a déjà été livré à l'ennemi. Cela pousse à agir vite. On sait aussi qu'il ne serait guère possible de faire une seconde fois des préparatifs aussi considérables. C'est pourquoi on attaquera, même s'il en doit en coûter certainement dix mille hommes de plus.

Le 18 mars 1916, à 6 heures du matin, la préparation d'artillerie russe commence exactement d'après la méthode du front occidental. Entre 10 et 11 heures les bataillons russes débouchent en colonnes épaisses et se déroulent devant les positions allemandes, entre les lacs et au nord.

Le barrage de feu allemand s'abat parmi eux. Il fauche des bataillons entiers de ce bétail humain amorphe et sacrifié. De nouvelles colonnes les talonnent par-derrière. Sur la plupart des points les assaillants n'arrivent même pas aux abords des tranchées allemandes. La bande de terrain entre les deux lignes se couvre de monceaux de cadavres.

Dans l'après-midi il ne reste plus aucun Russe vivant entre les positions, en dehors des blessés graves gémissants. Les hommes valides sont accroupis dans leurs tranchées de départ, muets et désespérés. Ils attendent les nouveaux ordres d'attaque prévus pour la nuit. L'artillerie a déjà recommencé à travailler. Il est clair que la prochaine attaque trouvera les Allemands encore mieux sur leurs gardes. On peut déterminer à l'avance avec certitude quelle sera son issue. Mais il faut attaquer cependant.

La tragédie se renouvelle pendant la nuit. Elle n'est pas aussi sanglante, car les fantassins russes à la clarté diffuse de la lune trouvent l'occasion de rester en arrière ou tout simplement de faire les morts. On constate cependant à l'aube que les monceaux de cadavres sont devenus beaucoup plus grands. On peut dire que des assaillants de la veille il n'est resté que des débris infimes.

Le dégel les oblige à progresser toujours par les mêmes bandes étroites de terrain sec, qui sont exposées au feu frontal de la défense.

De nouveaux bataillons russes attaquent. Ils ne connaissent pas encore la terreur, on leur a dit à l'arrière que la victoire était déjà pour ainsi dire acquise et qu'il ne s'agissait plus que de poursuivre et d'anéantir les Allemands en fuite.

Le commandement suprême russe étend sa zone d'attaque. Une nouvelle offensive est déclenchée plus au nord dans la région de Dunaburg, une troisième, le 21 mars, entre Mitau et Jacobstadt, immédiatement aux abords du golfe de Riga.

Pendant qu'un calme de mort s'établit dès le 25 mars devant le front de l'armée Eichhorn, les masses russes déferlent encore à quelques reprises à Dunaburg et Jacobstadt. Puis tout finit, ici aussi.

Une semaine plus tard, c'est à peine si l'on constate sur tout le front nord une différence avec la période qui précédait l'attaque. Celle-ci est passée comme un nuage sanglant. On n'en saurait plus grand-chose, sans les monceaux de cadavres, les entonnoirs frais et les parapets éboulés des tranchées.

L'affaire a coûté encore une fois 120 000 hommes au tsar. On n'a obtenu aucun résultat, même indirectement. La Direction suprême allemande n'a pas envoyé un seul soldat du front Ouest pour participer à la bataille défensive dans l'Est.

Un second adversaire se jette aussi sur la brèche pour soulager les Français à l'Ouest. Mais on est si habitué à ses tentatives qu'on le voit venir avec calme. Ce sont les Italiens.

Le 13 mars 1916 commence la cinquième bataille pour la ligne de l'Isonzo : elle n'est que la répétition monotone des quatre batailles précédentes. Cinq jours d'attaque d'infanterie du matin au soir, quelques bouts de tranchées pris, perte de 40 000 hommes, communiqués enthousiastes aux descriptions pompeuses, qui doivent illusionner sur la vanité sanglante de ce qui s'est passé.

Loin d'avoir obtenu par son attaque récente un soulagement du front occidental, le général Cadorna n'a même pas retardé les préparatifs que Conrad von Hoetzendorf a faits entre-temps sur le front italien.

Conrad von Hoetzendorf agit contrairement aux avertissements formels de Falkenhayn. La mésentente a atteint son plus haut point entre les deux chefs. L'Autrichien ne peut pas oublier que l'Allemand ne s'est pas montré disposé à appuyer ses plans dans les Balkans et contre l'Italie. L'Allemand ne consent pas à prêter à l'Autrichien pour poursuivre des buts qui n'ont aucune importance pour la décision générale le matériel précieux que constituent ses troupes et qui est déjà tout juste suffisant.

Le fait que l'attaque de Verdun se poursuit méthodiquement, le second fait que l'offensive russe de mars a pu être repoussée si facilement, enfin ce troisième fait que la nouvelle attaque de Cadorna sur l'Isonzo, s'est effondrée sans espoir, poussent Conrad von Hoetzendorf à continuer à suivre sa propre voie. On ne lui donne pas de troupes allemandes ! Eh bien, il mènera son affaire avec les troupes éprouvées de la monarchie danubienne, les Tyroliens, les Styriens, les Carinthiens, les Hongrois et les Bosniaques. On montrera aux Allemands qu'on est encore capable de faire quelque chose. Le prestige de la Monarchie rabaissé par tant de batailles malheureuses en Russie demande pour la dernière fois à être relevé !

Les préparatifs sont vastes, poussés à fond et tout à fait dans le style de la méthode de percée qui est devenue maintenant presque classique. L'idée stratégique fondamentale est claire, simple et de grande envergure. Conrad veut percer au nord entre l'Adige et la Brenta, gagner la plaine par Asiago et Arsiero et par une progression rapide sur Vicence et Venise faire tomber et anéantir tout le front italien jusqu'à la Mer Adriatique et jusqu'à l'embouchure de l'Isonzo.

Le secteur d'attaque est large de 45 kilomètres. Il faut enlever tout d'abord des positions montagneuses extraordinairement difficiles, puis la ligne des forts italiens du plateau des Sept Communes, puis la ligne solidement fortifiée Arsiero-Asiago. Une fois cela fait, on pourra songer à la grande opération en terrain libre.

Les rapports entre les deux chefs d'état-major généraux sont devenus si froids que Falkenhayn n'est même pas renseigné sur la date exacte de l'offensive.

Le groupe d'armées de l'archiduc Eugène, désigné pour conduire l'attaque, exécute ses préparatifs avec tant de minutie que les Italiens sont tirés, le 14 mai, de leur quiétude pour une surprise terrible. Un bombardement puissant s'abat sur leurs positions montagneuses entre Adige et Brenta. Pour la première fois au cours de la guerre, ils ont une notion de ce que c'est qu'un feu roulant et de ce que c'est que tenir sous ce feu. Il n'est pas douteux qu'une grande attaque est imminente dans cette région.

Le lendemain la bataille d'infanterie commence.

Avec une bravoure étonnante les Autrichiens prennent d'assaut les positions montagneuses de l'ennemi. Il semble que l'esprit de l'ancienne armée habsbourgeoise, qui a combattu victorieusement dans tant de guerres et qui a couvert ses drapeaux d'une gloire immortelle, se réveille.

La progression impose aux troupes les plus grands efforts. Les tués et les blessés graves roulent dans l'abîme vertigineux. Le combat de feu d'une sauvagerie horrible se déroule à travers des ravins. On traverse des crevasses et des champs de neige. Les pièces d'artillerie doivent être démontées pour pouvoir être portées en avant à dos de mulet en plusieurs fardeaux.

Au bout de trois jours, les trois positions italiennes sont percées, toutes les trois.

La bataille continue de sommet en sommet. Les ouvrages cuirassés du plateau tombent. À la fin de mai les Autrichiens donnent l'assaut à Asiago et Arsiero. Tout le dispositif d'artillerie italien, environ 300 pièces, est en leurs mains. Ils ont fait plus de 30 000 prisonniers.

Quelle différence avec les attaques italiennes de l'Isonzo !

Derrière Asiago et Arsiero se trouvent les dernières chaînes de montagne. Mais il est nécessaire de regrouper les corps d'attaque, de mettre l'artillerie en place, d'amener des munitions. Dans une semaine environ on pourra entreprendre la seconde action qui conduira dans la plaine. La décision est proche !

Les armées se sont brillamment battues. Une vague de fierté et d'allégresse déferle à travers toute la monarchie et ranime encore une fois l'esprit de résistance et le désir de vaincre. Cadorna se prépare déjà à replier rapidement son front de l'Isonzo. La plaine de Vénétie qui a déjà vu tant de victoires autrichiennes est là, tentante.

C'est ce moment où toutes les espérances hardies tendent à devenir encore une fois une réalité que le destin choisit non seulement pour décourager terriblement les Autrichiens, mais encore pour donner en quelques semaines un aspect tout nouveau à la guerre.

Jamais, peut-être, durant toute la guerre, l'imminence de la victoire et l'imminence de la défaite n'ont été aussi rapprochées dans le temps. Jamais le renversement de situation n'a été aussi nettement visible. Jamais les efforts moraux et matériels imposés à un peuple n'ont subi un accroissement aussi brutal, aussi terrible que pendant ce mois de juin de l'année 1916.

Le 4 juin commence la grande offensive de Broussilov contre les Autrichiens.

Le 24 juin la bataille de la Somme se déclenche à l'Ouest.

La nouvelle offensive des Italiens sur l'Isonzo consécutive à ces actions, l'entrée en guerre de la Roumanie et son invasion de la Transylvanie, enfin l'offensive de l'armée de l'Entente de Salonique vers la Macédoine, ne sont que des corollaires ou des accompagnements de ces deux événements gigantesques.

Le réveil sur le front oriental est brutal.

Les organes de commandement allemands et autrichiens se trouvent en présence d'une énigme lorsque, le 4 juin au soir, l'événement se produit avec une clarté qui ne permet plus le doute. Toute l'œuvre stratégique de l'année 1915 paraît menacée, sinon détruite, par ce seul coup formidable. Le front est brisé.

On calcule et on calcule encore comment il se fait que les Russes, dont les attaques dans le nord ont été cependant repoussées facilement, ont pu obtenir ici, en bas, un succès aussi rapide. On était préparé à l'idée qu'il fallait s'attendre dans quelques semaines à une grande offensive du groupe d'armées russe Broussilov en direction de Varsovie et Lemberg. On admettait comme une certitude que cette action coïnciderait dans le temps avec l'offensive anglo-française du front occidental qui s'annonçait d'une façon de plus en plus visible. Mais tous les renseignements sur l'ennemi disaient unanimement que les Russes étaient encore en train de faire leurs préparatifs. La majorité de leurs troupes était encore concentrée dans le nord en face du groupe d'armées Hindenburg.

Et maintenant ce coup qui, en trois jours, coûte à l'Autriche, toute une armée, qui fait sauter le front, le disloque et aboutit à la perte de presque toute l'artillerie de secteur !

Que se passe-t-il chez les Autrichiens ? Que va-t-il arriver si cela continue ainsi ?

En un seul jour tous les lourds soucis que les Hauts Commandements coalisés éprouvent pour l'Ouest et pour le Sud passent brutalement à l'arrière-plan et sont dominés formidablement par le coup de fanfare de l'Est. En cette sombre journée l'unité des opérations, qu'on a laissé se perdre malheureusement, se trouve rétablie d'une façon que personne n'attendait.

Voyons les faits en eux-mêmes, froidement.

Le Haut Commandement russe qui, pour le moment, n'a pas beaucoup plus de troupes sur le front autrichien que les Autrichiens eux-mêmes, se décide, sous la pression des Français à l'ouest et des Italiens au sud, à faire une tentative d'attaque énergique en partant de la région de Rovno et Dubno dans le triangle de Volhynie. Le général Broussilov, qui doit conduire l'offensive, ne marche qu'à regret. Il lui déplaît complètement d'attaquer sans avoir terminé ses préparatifs. Le plan initial prévoyait en effet, qu'il prendrait l'offensive à la fin de juin en même temps que les Français à l'Ouest. Mais il lui faut obéir. Il n'en pense pas moins cependant davantage à une démonstration qu'à une attaque répondant à une grande idée stratégique.

Le 4 juin les bataillons russes passent à l'assaut après une préparation d'artillerie modérée.

Il se passe alors quelque chose que les Russes eux-mêmes ne veulent pas croire tout d'abord. Le front de la 4e armée autrichienne éclate presque sans avoir offert de résistance. C'est à peine si on en vient à des combats d'infanterie sérieux. Les Autrichiens sont faits prisonniers, par régiments entiers, par des adversaires qui sont las de la guerre et qui n'ont nulle envie d'attaquer. Ce sont surtout des unités tchèques et slovaques. Les bons corps d'armée dont Conrad von Hoetzendorf dispose encore sont à Asiago et à Arsiero sur le front du Tyrol.

Les Russes s'aperçoivent alors de l'importance de l'heure qui vient de sonner. Presque sans combattre ils s'emparent des batteries, des parcs et des convois, des dépôts de vivres et des quartiers généraux autrichiens. Les faibles réserves austro-hongroises ne cherchent nullement à opposer une résistance de longue durée. Il n'est pas même question de panique ou de fuite. Le front tombe tel qu'il est aux mains de leurs ennemis étonnés.

Le 7 juin les Russes sont à Luzk. Ils étendent rapidement leur poche à droite et à gauche. Au bout d'une semaine et demie leur avance atteint 60 kilomètres de profondeur. Kovel et Vladimir Volynsk sont directement menacés. Cela ne suffit pas. Broussilov s'est aperçu que la situation était étonnamment favorable et il se met énergiquement à l'exploiter. Dès le lendemain de la prise de Luzk il lance les divisions de son extrême sud, celles qui se trouvent à la frontière de la Bukovine, à l'attaque de la 7e armée autrichienne. Dans l'état où elles sont, sans préparatifs spéciaux. Il sait maintenant comment il faut s'y prendre.

Ses prévisions se réalisent avec une précision singulière. L'armée Pflantzer-Baltin, qui a combattu si souvent avec énergie et succès en Bukovine, se disloque rapidement et se replie, fortement éprouvée, à travers cette province. Ici aussi les pertes en canons et matériel sont sérieuses, les pertes en prisonniers étonnantes. Au bout de quelques jours les Russes se trouvent devant les cols des Carpathes bien à l'ouest de Kolomea. Lemberg est menacé par le sud.

Broussilov fait logiquement un nouveau pas en avant. Il a ouvert une large brèche au nord, à Luzk, dans le front autrichien, une seconde au sud, à Kolomea. Alors il se porte de front au centre, contre Lemberg. Son objectif n'est pas de réaliser un Tannenberg stratégique par enveloppement de toute l'armée autrichienne. Il a vu que la méthode plus simple et plus rapide de l'attaque frontale est suffisante pour anéantir les divisions autrichiennes là même où elles se trouvent.

En une semaine il refoule l'armée Boehm Ermolli du Sereth sur le cours supérieur du Bug et de la Zlota Lipa en lui infligeant de lourdes pertes.

La situation dans l'Est qui, il y a deux semaines, était encore sûre et claire, est devenue si critique qu'elle n'est plus guère supportable. Personne ne peut dire si cette tension pourra être dissipée ou si la grande rupture fatale ne va pas survenir.

Au nord des forces autrichiennes qui ont été si durement battues à Luzk se trouve le groupe d'armées allemand Linsingen, composé des détachements d'armée Bernhardi, Marwitz et Litzmann. Bien que le Russe mette tout en œuvre pour les accrocher par des attaques frontales, Linsingen prend ses contre-mesures après mûre réflexion. Il voit aussitôt qu'il lui faut aussi intervenir avec ses forces en faveur du front autrichien s'il veut éviter le pire. Falkenhayn promet de nouvelles divisions du front ouest. Elles sont déjà en cours d'embarquement en France bien que la tension y soit, là aussi, très grave. Tant que cette aide ne sera pas arrivée il faudra que Linsingen demande à ses troupes l'impossible.

Repliant peu à peu son flanc droit vers le Stochod pour ne pas perdre contact avec les Autrichiens qui cèdent, il récupère sur son front déjà peu dense toutes les forces dont il peut encore se priver sans agir à la légère. Il les amène à marches forcées de Kovel à Vladimir Volynsk, les répartit parmi les Autrichiens, et les engage au milieu du mois contre-offensivement.

Cela produit un effet miraculeux.

À peine les Russes aperçoivent-ils les casques allemands et soupçonnent-ils le nouvel esprit offensif qui anime l'ennemi qu'ils se replient. Les poursuivre est chose impossible étant donnée la faiblesse numérique des troupes et cela d'autant plus que la pression russe sur Kovel devient nettement plus forte. Il faut se contenter de colmater le front. Mais celui-ci a de nouveau une ossature.

L'attaque russe s'arrête. On laisse les régiments allemands au milieu des Autrichiens pour éviter de nouveaux échecs. Au début de juillet, Broussilov a reperdu une si grande partie du terrain qu'il a conquis dans le secteur de Luzk que ce qui lui en reste ne constitue plus qu'un demi-cercle de 40 kilomètres de rayon autour de la ville. Il faut s'en tenir là.

Broussilov cherche encore une fois à reprendre l'initiative qui lui a été enlevée. Il ne songe pas encore à avouer son insuccès. À des centaines de kilomètres plus au nord, à Baranovitchi, il attaque le front du groupe d'armées Léopold de Bavière. Ses efforts sont vains et se terminent exactement comme son offensive de mars contre l'armée Eichhorn. Les Russes ne gagnent pas un mètre de terrain sur les divisions de landwehr allemandes. Leurs pertes sont lourdes.

Entre-temps une autre armée allemande a rempli au sud, à Lemberg, la même tâche que Linsingen à Kovel. C'est l'armée du Sud du général von Bothmer. Aux jours critiques du milieu de juin on n'avait du côté allemand qu'un souci : est-ce que l'armée du Sud résistera ou succombera à la terrible pression que les Russes exercent sur les deux ailes autrichiennes battues ? La question de savoir si on pourra encore conserver la Galicie avec Lemberg ou s'il faudra continuer la retraite jusque dans les Carpathes en dépend.

Mais l'armée Bothmer tient.

Pendant qu'à sa gauche la 2e armée autrichienne de Boehm Ermolli se replie de Tarnopol sur Przemyslany, pendant qu'à sa droite la 7e armée de Pflantzer-Baltin se replie aussi de Czernowitz jusque dans les Carpathes derrière Kolomea, l'armée du Sud se retire pas à pas en combattant autant que le lui permet la nécessité de garder le contact avec ses voisins d'aile enfoncée. Elle arrive ainsi dans une position établie au sud-est et en avant de Lemberg.

Elle y barre aux Russes la route de la capitale de la Galicie et ne consent à l'ouvrir devant aucune injonction. Tout en cédant continuellement des unités à droite et à gauche aux fronts autrichiens qui se sont infléchis, elle trouve encore suffisamment de force pour accrocher les Russes par des attaques incessantes et pour amener leur offensive à s'enliser peu à peu. À la fin de juin la situation est aussi rétablie dans le sud, sensiblement à la même époque que dans le nord.

Mais au prix de quels sacrifices, de quelles sombres perspectives pour l'avenir !

Les Autrichiens ont perdu plus d'un demi-million d'hommes. Les Russes ont ramassé plus de deux cents canons. Mais ce qui est le plus inquiétant, c'est le nombre effroyablement élevé des prisonniers, environ 300 000, chiffre que l'on n'avait guère connu jusqu'alors, même lors des défaites russes.

La perte de terrain serait plus supportable. Néanmoins sa répétition aboutirait à un nouvel abandon de la Galicie et de la Pologne méridionale. Comment l'Autriche surmonterait-elle un tel échec ?

L'offensive d'Italie a dû être arrêtée immédiatement, bien que pleine de promesses. On a besoin de tous les hommes dans l'Est pour compenser tout au moins partiellement les pertes énormes que l'on a subies. Le front du Tyrol doit être reporté loin en arrière d'Arsiero et d'Asiago. La majeure partie du terrain montagneux si brillamment conquis retombe aux mains des Italiens. L'Italie est dans l'allégresse. On peut déjà constater que Cadorna fait des préparatifs en vue de sa sixième bataille de l'Isonzo. Si les Autrichiens allaient être défaillants là aussi ! Leurs quelques bons corps d'armée ne peuvent pourtant pas être partout à la fois ! On ne peut pas prévoir ce qui se passera.

Le front oriental, de Kovel à la Bukovine, est un mélange bigarré de troupes allemandes et autrichiennes. Il faut y mettre de l'ordre. Il faut savoir de quel rendement l'armée autrichienne est encore capable et comment on peut l'aider.

La première conséquence de ces événements terribles est que les Autrichiens consentent enfin à approuver une meilleure répartition du haut commandement. Le colonel-général von Hindenburg prend la direction de tout le front est depuis Riga sur la Baltique jusqu'aux pieds des Carpathes. La faible partie du front qui reste jusqu'à la frontière roumaine est placée sous les ordres de l'héritier du trône austro-hongrois, l'archiduc Charles. Le général von Seeckt, ex-chef d'état-major de Mackensen, lui est adjoint comme chef d'état-major. Un grand nombre d'officiers allemands l'accompagnent.

Il ne peut être question désormais pour les Coalisés de poursuivre prochainement dans l'Est de grands buts. Il n'y a plus pour eux qu'une mission : consolider le front et réorganiser l'armée autrichienne. Constatation amère qui s'est imposée à eux en quelques semaines.

Mais là ne s'arrête pas leur malheur. Les conséquences politiques de la défaite commencent à se dessiner nettement, elles aussi. On ne peut plus douter que les Roumains succomberont à l'action diplomatique de l'Entente qui accompagne les événements du théâtre d'opérations oriental. Le front Est va recevoir de ce fait, du côté ennemi, un appoint de près d'un million de combattants. La Hongrie va être prise en tenaille de deux côtés à la fois.

Bien que cette perspective soit presque catastrophique, il ne reste rien d'autre à faire que de commencer les préparatifs militaires en vue de lutter contre ce nouvel adversaire.

C'est au milieu de cette atmosphère étouffante, chargée de tensions inquiétantes et déjà sillonnée d'éclairs flamboyants, qu'éclate le grondement des milliers de canons qui préludent à l'Ouest, sur les rives de la Somme, à la bataille de matériel la plus sanglante, la plus longue et la plus formidable par l'étendue de son front, de toute la guerre.

Le Destin a levé le bras pour porter aux Coalisés le coup mortel.

15
La bataille de la Somme

C'est une petite rivière, qui a tous les attraits de la Picardie, et qui prend sa source aux environs de Saint-Quentin, décrit vers le sud un large arc de cercle dont le point le plus méridional est à Ham, puis serpente vers le nord jusqu'à Péronne et de là coule en direction générale de l'ouest vers Amiens. De Bapaume descend une autre rivière, encore plus petite, l'Ancre, qui la rejoint au sud d'Albert.

Il n'y a pas de grandes élévations de terrain dans cette région. Aucune ne dépasse 150 mètres. De plates collines viennent finir peu à peu les unes dans les autres. Des boqueteaux remplissent les ravins. Les champs sont lourds et fertiles, les prairies humides et d'un vert foncé. Aucune colline d'où on ne puisse voir les pointes des clochers de quelques villages. Quatre villes d'une étendue modeste limitent la contrée, Albert, Bapaume, Péronne et, au sud, la plus petite d'entre elles, Chaulnes. Ce sont des bourgs au meilleur sens du mot et ils ont déjà derrière eux un passé célèbre.

En août 1914 la guerre passa pour la première fois sur ce coin de terre. Ce fut quand la 1re armée allemande du colonel-général von Kluck combattit avec la 6e armée française de Maunoury. Puis en septembre la guerre s'y installa, lors de la course à la mer.

Depuis lors il n'y eut plus de changement. La guerre conserva ici un caractère presque aimable, tandis que successivement, dans le nord, sur les hauteurs de Lorette et à Arras, dans le sud, en Champagne et à Soissons, on livrait de formidables batailles. Il resta toujours dans la contrée un peu de ce charme idyllique que la petite rivière devait donner en temps de paix aux habitants de ses rives.

Des deux côtés les positions sont organisées avec tous les raffinements et tout le confort des tranchées que près de deux ans de guerre ont apportés. Réseaux de fils de fer, tranchées de tir, boyaux de communication, tranchées de repos, abris souterrains, positions de batteries, postes de commandement, positions verrou et bretelles, baraquements pour les soutiens, cantonnements – tout est dans le meilleur ordre et comme installé pour l'éternité. Les places aimables de Bapaume et de Péronne, deux villes d'étapes du genre le plus agréable, offrent toutes sortes de distractions. Séjours en première ligne, en réserve et au repos, alternent régulièrement.

Chaulnes est la moins bien partagée. Le front passe juste contre la lisière ouest de la petite ville. Là, pas de vie d'étapes joyeuse ; les règles de la première ligne y règnent. De Chaulnes le front court au nord par Vermandovillers, Soyécourt et Dompierre, jusqu'à Curlu où il atteint la Somme. Il franchit alors la petite rivière, touche Maricourt et Mametz, traverse la grande route d'Albert à Bapaume à la Boiselle, puis parvient à Thiepval, Beaumont et à la lisière est d'Hébuterne et de Fonquevillers. S'il est orienté en général du nord au sud, il fait cependant un saillant vers l'est entre la Boiselle et Soyécourt, saillant qui a son point le plus proche de Péronne là où il coupe la Somme près de Curlu.

L'idée de choisir cette bande de la Picardie, comme base de départ de la bataille décisive de l'Ouest, est apparue chez les Français en même temps que le plan même de cette bataille. Ce fut pendant l'hiver 1915/16 lorsque les chefs politiques et militaires des deux pays se rencontrèrent pour discuter du plan d'opérations de l'année 1916. Le concept de la bataille subit à différentes reprises des modifications quant à sa nature et à son ampleur, mais son idée fondamentale subsista et fut exécutée sous sa forme initiale.

On se demanda tout d'abord pourquoi les efforts que l'on avait faits jusqu'alors n'avaient pas abouti à des résultats particuliers malgré la grande supériorité matérielle dont on disposait. Est-ce que le principe de la bataille de matériel était quelque peu faux ? Y avait-il une autre possibilité de réaliser la percée du front ennemi ? Non, le principe était juste, mais son application demandait encore plus de moyens que par le passé. Il fallait continuer à développer le système en accroissant d'une façon plus grandiose, et même jusqu'à l'absolu, sa sécurité.

Pour cela il fallait tout d'abord du temps pour pouvoir accumuler du matériel. Les deux alliés furent d'accord pour dire que l'on pouvait attendre, même au risque de voir les Allemands prendre les devants avec une grande offensive. Il ne s'agissait plus en l'occurrence de stratégie au sens passé, il s'agissait seulement d'accumuler le matériel et les divisions.

Les fabriques de munitions de France, d'Angleterre et d'Amérique travaillèrent dès l'hiver en vue de la bataille de matériel prochaine. Les Anglais passèrent au service militaire général et obligatoire et doublèrent leurs effectifs jusqu'à l'été. Les Colonies et les Dominions furent mis à contribution avec une tout autre ampleur que par le passé. L'Angleterre se montra disposée à prendre à son compte un tiers du front d'attaque.

L'offensive devait s'étendre sur un front de 80 kilomètres environ. On voit déjà par là que dans cette bataille on allait employer de tout autres mesures que dans les actions antérieures. Autrefois on attaquait tout au plus sur 20 ou 25 kilomètres. L'attaque allemande de Verdun avait eu lieu sur un front qui n'atteignait pas encore 15 kilomètres.

L'intensité de l'offensive ne devait pas avoir à souffrir du fait que son front était plus étendu. Au contraire, la densité moyenne au kilomètre des batteries d'artillerie et de tous les autres matériels devait être au moins deux fois plus grande que par le passé. C'était en premier lieu la masse d'artillerie lourde et très lourde qu'il fallait multiplier.

Toutes les quantités devenant plus grandes, il fallait que la durée de la préparation d'artillerie reçût, elle aussi, une extension correspondante. Le bombardement étant multiplié en puissance et en durée, il fallait aussi accroître son action en profondeur à l'intérieur du système de positions ennemies et pour cela lui faire englober non seulement les troupes combattantes, mais encore les réserves, les voies ferrées, les quartiers généraux des états-majors supérieurs, les cantonnements et les villes d'étapes.

La spécialisation du feu sur les objectifs les plus importants ne devait pas avoir à souffrir de sa concentration et de son accroissement d'intensité. Déclencher un feu roulant de plusieurs heures sur un espace non occupé et sans valeur tactique n'était que gaspillage. Par contre l'emploi d'une quantité double de munitions sur une zone fortement occupée par des batteries était appelé à avoir fatalement un effet certain. Certain, en pareille hypothèse, veut dire mortel.

Le moyen utilisé pour obtenir la spécialisation du feu fut l'emploi massif et nouveau des forces aériennes.

On leur imposa trois missions, à savoir le réglage des tirs d'artillerie lourde sur les objectifs reconnus et le contrôle permanent des effets de ces tirs par photographies et observation ; le bombardement des arrières ennemis par des masses d'escadrilles ; enfin, en troisième lieu, la lutte contre les forces aériennes ennemies. Une quatrième mission, qui prit plus tard une importance formidable, apparut au cours de la bataille et se développa de plus en plus après des débuts modestes. Ce fut l'attaque directe de l'infanterie ennemie à la mitrailleuse.

Une deuxième nouveauté de cette bataille allait être l'emploi massif des obus à gaz. Les Allemands avaient été les premiers à utiliser dans une mesure limitée les gaz de combat. L'Angleterre et la France avaient alors découvert le procédé technique pour les fabriquer. Leurs moyens leur permettaient de les employer en masse. La nature du terrain de la région de la Somme avec ses nombreux ravins offrait de grands avantages pour leur utilisation. Les gaz ne pouvaient s'y dissiper et y faisaient sentir leur plein effet. Il fut prescrit de tenir certaines zones ennemies, avant tout les nids de batteries, pendant des jours sous le bombardement à obus toxiques pour y asphyxier tous les êtres vivants. Surtout pendant les nuits, quand tous les organes de ravitaillement étaient en mouvement. On avait alors la perspective d'obtenir des résultats des plus marqués.

Si dans la bataille future la mission principale était dévolue en toute intention au matériel, il fallait cependant que l'homme fût prêt à cueillir les fruits de ses effets. L'augmentation de la masse des troupes d'attaque devait aller de pair avec l'augmentation du matériel. Les expériences que l'on avait faites jusqu'alors montraient que l'on ne devait pas agir en pleine puissance uniquement le premier jour d'assaut. Il fallait manifester une égale puissance les jours et les semaines suivants. Seuls la durée de la pression et son maintien à un niveau également élevé promettaient le succès. Il fallait charger le front ennemi, le comprimer, le tendre, le disloquer et finalement le faire tomber en morceaux. Réaliser la percée du premier élan passait pour une notion stratégique démodée. Elle appartenait déjà à l'histoire.

On comptait disposer pour la première période de la bataille de 80 divisions environ. À une division par kilomètre, cela faisait 80 kilomètres de front d'attaque. Selon la durée et le cours de la bataille les divisions d'attaque devaient être relevées par des divisions prélevées sur les fronts calmes. Du matériel il y en avait plus qu'il n'en fallait. Des hommes en on avait suffisamment pour tenir plusieurs mois.

Alors Verdun survint.

Le G. Q. G. français dut puiser de plus en plus pour se défendre parmi les divisions destinées à la bataille décisive. Elles fondirent à une allure inquiétante. C'était comme un tonneau dont la bonde était ouverte.

Mais ce cas était également prévu. Si tout dans le plan de cette superbataille de matériel était calcul réfléchi et dépourvu de fantaisie et tendait constamment à atteindre toujours le chiffre maximum, il en fut de même dans ce domaine ; on se dit que les divisions que les Allemands dépensaient pour attaquer à Verdun leur manqueraient, à eux aussi, par la suite pour se défendre sur la Somme. Il y avait un moyen simple de compenser l'avantage qu'ils s'efforçaient d'obtenir par la force sur la Meuse. Il suffisait de veiller à ce que leurs pertes fussent aussi importantes que les pertes françaises.

Un calcul optimiste permettait même d'y trouver un avantage pour l'Entente. Grâce à l'introduction du service militaire obligatoire en Angleterre, grâce à la mobilisation des colonies, grâce enfin à la possibilité de dépenser une plus grande quantité de munitions, le rapport des forces en présence se modifiait, à pertes égales, en faveur des Anglais et des Français. Vu d'en face, chaque journée de bataille à Verdun était une perte pour les Allemands quand elle n'était pas compensée par des gains stratégiques. Or en fait de gains stratégiques il n'y avait plus lieu d'en attendre dans cette région.

Le changement que la continuation de l'attaque allemande de Verdun amena à apporter aux bases de la bataille décisive future de la Somme, se traduisit encore d'une autre façon. Au fur et à mesure que les Français subirent des pertes sur la Meuse, la part relative que les Anglais durent prendre à la bataille prochaine alla en augmentant. Fixée tout d'abord au tiers du fardeau de l'attaque, la participation anglaise atteignit bientôt la moitié, puis finalement les trois quarts de ce fardeau avant même que la bataille ne fût commencée. Au cours de cette dernière la part de la France s'accrut à nouveau dans la mesure où les pertes anglaises augmentèrent et où la France elle-même fut dégagée à Verdun.

Dès qu'ils constatèrent que Verdun ne leur apportait pas le succès attendu, les Allemands s'attendirent à une grande attaque de l'Entente pour l'été. Au début de juin ils reconnurent aussi, avec une certaine exactitude, que cette attaque aurait lieu dans le secteur de la Somme.

Ils se préparèrent tant bien que mal à se défendre avec les forces dont ils disposaient. Il était à prévoir que du côté allemand, ce serait l'homme qui aurait à porter la plus grosse part du combat et non pas le matériel comme chez les assaillants. Cet homme n'avait jamais encore été défaillant.

Néanmoins, comme on s'en tenait avec opiniâtreté à l'attaque de Verdun, la disproportion des forces en présence au début de la bataille de la Somme fut considérable. Elle s'exprima en quelques chiffres crus. Sur le front d'attaque, réduit à 40 kilomètres au lieu des 80 du plan initial, il y avait le 30 juin, 37 divisions du côté des assaillants contre 7 du côté des défenseurs. Trois de ces dernières venaient d'arriver de Verdun, fatiguées, et n'étaient guère utilisables. La supériorité de l'Entente en artillerie et en matériel de toute nature atteignait le sextuple.

Telle était la situation dans les coulisses et dans les cahiers d'enregistrement des états-majors lorsque le 24 juin le rideau se leva. Pendant qu'il se levait encore lentement, l'ouverture commença.

Et cette ouverture montra déjà avec une certitude angoissante que quelque chose de complètement nouveau, d'inouï dans son accroissement horrible, allait être donné en spectacle.

Cette ouverture est un feu roulant d'une semaine.

Une semaine compte sept jours. Un jour comprend une journée et une nuit. Chacune compte douze heures. Une heure compte soixante minutes. Le tremblement roulant et assourdissant que des milliers de tubes de canons font déferler sur ces 40 kilomètres ne s'arrête pas une seule minute.

Il y a des pièces dans chaque dépression du terrain, les batteries touchent les batteries. Il y a des pièces à chaque lisière de village ; elles ont à côté d'elles des tas d'obus qui sont recomplétés chaque nuit par les colonnes de munitions. Les colonnes puisent dans les dépôts, les dépôts dans les trains de munitions, les trains dans les fabriques et dans les navires, qui traversent chaque jour l'Océan. Les approvisionnements sont inépuisables.

Il y a des pièces derrière chaque ferme. Des obusiers, des canons de campagne, des pièces à tir tendu, des pièces à tir courbe. Il y a des pièces dans tous les boqueteaux, les nids de batteries touchent les nids de batteries.

Elles possèdent des listes exactes couvertes de chiffres qui règlent leur action comme le programme de travail d'une fabrique.

Il y a des canons le long des routes, les uns derrière les autres, afin qu'ils ne se gênent pas mutuellement, toujours à 30 mètres de distance. Mortiers aux tubes courts et épais, pièces longues sur de hauts affûts.

Il y a des pièces disséminées sur les larges croupes, à moitié enterrées, couvertes de toiles et de branches pour ne pas être vues des avions.

Il y a des pièces au loin en arrière jusqu'en bordure de la zone des étapes, sur les pentes et dans les vallées, si loin du front que l'on pourrait se demander ce qu'elles y font. Ce sont les gros mortiers de 28 cm et plus, les pièces lourdes longues de 32 cm sur voie ferrée, les pièces de marine de 38 cm et les tubes monstrueux des pièces courtes de 400.

Tout cela tire d'après des tableaux précis, aux calculs minutieux et présentés avec art. Tout cela fournit un feu continu régulier. Tout cela se concentre sur les tranchées, les cheminements, les positions de batteries et les zones des soutiens. Tout cela change d'objectifs suivant des calculs singuliers, frappant tantôt ici, tantôt là, afin qu'il ne reste pas un centimètre par où quelqu'un puisse échapper.

Des aviateurs survolent le terrain depuis le premier rayon de soleil jusqu'au crépuscule et même jusqu'à l'obscurité complète. Ils survolent le système de positions allemand comme des oiseaux silencieux, immobiles, car on ne perçoit aucun ronronnement de moteurs dans le bruit infernal des canons. Ils règlent le tir de l'artillerie, déterminent les points qui sont encore à battre et ceux qui le sont déjà assez. Ils enregistrent tout et prennent trois fois par jour des photographies pour découvrir à terre avec leurs loupes, sur leur table de travail, le moindre petit changement. Ils rédigent alors leurs comptes rendus qui sont adressés aux commandants d'artillerie divisionnaires. Ceux-ci corrigent d'après cela leurs plans d'emploi.

Des groupes d'agiles petits avions de bataille planent haut dans les airs au-dessus d'eux et font de joyeuses cabrioles. Ils empêchent des avions allemands de voir quoi que ce soit dans la zone bombardée. Et lorsque malgré tout un avion allemand ose s'y risquer, ils se précipitent sur lui de toutes parts comme des essaims d'abeilles et le chassent.

Pendant la nuit ce sont les escadrilles de bombardement qui arrivent l'une après l'autre. Elles déversent leurs bénédictions tonnantes sur les quartiers généraux et sur les nœuds de voie ferrée, au loin à l'arrière. Des faisceaux lumineux de projecteurs et des obus éclairants au magnésium illuminent la voûte du ciel.

Des ballons captifs tiennent l'air, au loin à l'horizon, les uns à côté des autres. Ce sont les yeux des pièces de très gros calibres. Ils sont indolents et immobiles dans l'atmosphère comme de grosses saucisses gonflées. Le matin, quand le jour se lève, ils sont déjà là. Le soir, quand l'obscurité tombe, ils sont toujours là. Leurs regards sont dirigés fixement sur l'étroite bande de terre qu'ils ont à observer et notent minutieusement chacun de ses tressaillements. Les quelques ballons allemands ne peuvent guère s'élever. En un tournemain les avions de chasse ennemis sont là, les mitraillent du haut des nuages et crachent sur eux leurs balles traçantes. En une seule journée neuf ballons allemands sont descendus.

Des milliers et des milliers d'obus à gaz éclatent avec un faible bruit. Les dépressions se remplissent nuit après nuit de brouillard blanchâtre. Pendant des heures les artilleurs ne peuvent approcher de leurs pièces infectées. Les colonnes de munitions et les cuisines roulantes ne viennent pas aux batteries. Les pertes en gazés sont grandes, bien que l'on dispose de bons masques à gaz.

Les Français et les Anglais ont beaucoup appris dans le passé. Les masses inépuisables de leurs dépôts de munitions leur viennent en aide pour exécuter leur nouvelle méthode de bombardement roulant.

Autrefois ce pilonnage était d'une monotonie presque simpliste. Maintenant on a trouvé des moyens raffinés. Toutes les pièces changent tout à coup d'objectifs ou se taisent même entièrement pendant quelques minutes dans un secteur donné. Les débris des défenseurs, quittant les ruines de leurs abris, se précipitent à leurs mitrailleuses. Les réserves se rassemblent sans attendre d'ordre. Tous songent, avec le sentiment qu'ils vont être délivrés d'une tension intolérable, à la bataille d'infanterie. On croit déjà entendre le crépitement des mitrailleuses. Mais il n'y a rien. Au milieu des unités en mouvement le bombardement roulant s'abat à nouveau avec une double violence.

On broie non seulement les corps, les organisations défensives et les pièces, on pilonne aussi les âmes. Cela durera encore longtemps. On n'a même pas fixé à l'avance combien de temps le bombardement devra durer ; cela peut être trois, quatre, cinq jours. Quand ce n'est pas suffisant, on y ajoute encore quelques journées. On a beaucoup de temps devant soi puisqu'on a plus d'obus qu'il ne faut. On ne veut qu'une chose – aller à coup sûr. Le front doit être amolli, pulvérisé, réduit en poussière, retourné dix fois, brassé et pilonné. L'attaque d'infanterie ne commencera pas avant.

Pendant la nuit des patrouilles poussent jusqu'aux abords de cette zone infernale. Les réseaux de fils de fer sont détruits afin qu'ils ne gênent pas la progression. Par-dessus les tranchées avancées on établit des ponts de madriers pour pouvoir faire passer l'artillerie quand le moment sera venu.

Pendant les premières nuits ces patrouilles se heurtent encore à l'ennemi. Ses mitrailleuses tirent. Ses fusées éclairantes s'élèvent en vacillant. Son barrage se déclenche rapidement et s'abat entre les deux positions.

Au cours de la troisième et de la quatrième nuit c'est déjà plus silencieux. Ce n'est qu'isolément que les fusées s'élèvent. Le barrage, déclenché tardivement, est peu dense et comme épuisé.

Au cours de la cinquième nuit les patrouilles rendent compte qu'un silence de mort règne chez l'ennemi. Elles n'ont rien pu trouver de vivant.

Alors le bombardement roulant dure encore un jour et une nuit.

Puis l'aube du 1er juillet se lève.

Il semble tout d'abord que cette journée ne sera elle aussi qu'une horrible répétition des journées passées. L'heure du lever du jour, heure d'attaque préférée, passe sans que le moindre changement soit survenu. Le front tout entier est recouvert d'un nuage de poudre noirâtre, mêlé de vapeur rougeâtre, qui sort des localités pilonnées.

Le soleil se lève enfin.

La journée est chaude et brûlante. Les avions ennemis sont à l'œuvre aujourd'hui en essaims plus nombreux encore qu'auparavant. Tous les ballons captifs aux couleurs jaunes sont en ascension.

Dix heures arrivent sans que rien ne soit changé à ce tableau.

Le feu est ininterrompu et d'une densité brutale. Les plus lourds calibres pilonnent la zone où, il y a une semaine encore, couraient les premières positions.

Encore une demi-heure.

Alors, sans qu'on constate quoi que ce soit de l'arrière, la grêle de fer quitte la zone avancée et s'abat sur la deuxième ligne, les cheminements et les positions de batterie, qui ont été encore une fois fortement gazées pendant la nuit.

Ce qui devait arriver arrive.

Les colonnes d'infanterie ennemies, suivant leur barrage roulant, se faufilent parmi les entonnoirs frais et fumants. Il est 10 heures et demie précises.

Sur la plupart des points des 40 kilomètres du front elles apparaissent, quinze minutes à une demi-heure plus tard, à hauteur des postes de commandement des bataillons allemands, où elles rencontrent la première résistance.

Ce qui est plus en avant n'existe plus. Depuis des jours déjà on n'y a plus trouvé signe de vie. Le feu roulant a tout enseveli. Çà et là quelques hommes reviennent encore à l'arrière, que le hasard a préservés. Ils ne savent rien de leurs camarades. Combien sont tombés vivants aux mains de l'ennemi, ils ne peuvent le dire. Ils ne doivent pas être nombreux. La veille déjà les compagnies ne comptaient plus que quelques fusils.

Çà et là les mitrailleuses crépitent déjà. Quelques fusées à chenille s'élèvent aussi.

Les artilleurs sortent en rampant de leurs abris, appelés par les guetteurs. Ils courent à leurs pièces en traversant l'espace découvert qu'arrose le feu terrible et les dents serrées, déclenchent le barrage. La grêle des obus de gros calibre qui arrive en hurlant met hors de combat les équipes de servants les unes après les autres. Les tubes sont broyés par des coups au but et enfouis dans la terre.

Il ne s'écoule pas longtemps avant que les restes des équipes ne voient surgir tout à coup, des nuages de poudre et de fumée, les lignes de tirailleurs ennemies devant les emplacements de leurs pièces.

Alors ils tirent à vue directe et à courte distance. Sans qu'on ait été prévenu le combat s'engage pour les positions de batterie.

Des soutiens allemands passent à la contre-attaque.

Çà et là de petits détachements tiennent encore dans la zone avancée avec quelques mitrailleuses. Le bombardement continue à tonner sans la moindre diminution d'intensité.

Comme toutes les tranchées sont nivelées, tous les abris écrasés, tous les réseaux détruits et toutes les positions de barrage balayées, le combat se concentre autour des ruines des localités. Là il y a encore quelques caves dont les voûtes ont résisté.

Le flot des bataillons assaillants déferle dans les intervalles libres. À droite et à gauche, les vagues contournent les villages ; chacun d'eux devient une île ; on s'y défend dans trois, parfois dans quatre directions.

De nombreuses positions de batterie sont perdues avec leurs pièces.

Avant même que le soleil ait atteint son point le plus haut, on combat, sur la plus grande partie du front, pour la zone qui contenait autrefois la deuxième position allemande. Elle n'est plus qu'une notion géographique. Tout est champ d'entonnoirs.

Les petits boqueteaux, broyés par le bombardement, chaos de branches noires, de fils de fer, de cadavres et de trous d'obus, jouent le même rôle que les villages. La résistance se concentre en leur intérieur. Les lignes de tirailleurs ennemies doivent se porter en avant quatre, cinq, six fois. Chaque fois elles sont refoulées par les quelques hommes noircis qui y sont encore vivants.

C'est un champ de bataille formidablement disloqué, morcelé.

Les deux artilleries tirent sur lui sans répit. Elles toucheront bien quelque chose. L'infanterie combat là où le crépitement des mitrailleuses l'arrête.

Les réserves peinent à travers le barrage, se dispersent à travers les entonnoirs. Elles se portent dans la direction que leur indiquent les fusées qui s'élèvent, le martèlement confus des mitrailleuses et les groupes d'ennemis qui se montrent de temps en temps.

Il n'est plus question d'une ligne continue. On s'est partout porté l'un au-devant de l'autre, débordé, encerclé et verrouillé. Il arrive que l'on combatte à fronts renversés, que l'on soit à l'angle droit l'un par rapport à l'autre, et que Français, Allemands, et à nouveau Français et Allemands, soient l'un derrière l'autre.

En maints endroits des groupes ennemis ont pénétré de plus de trois kilomètres dans la position. Ils s'y sont nichés avec des mitrailleuses et aucune contre-attaque ne peut les refouler. Ils s'efforcent d'appeler des renforts de leurs arrières. Mais ces renforts ne peuvent pas progresser à travers le feu de leur propre artillerie qui tombe encore au loin derrière ces groupes. Non loin de là ils sont encore en retrait jusque dans l'ancienne position.

Il est complètement impossible d'embrasser tout ce tableau et d'adapter de part et d'autre les feux d'artillerie aux multiples changements qui se sont produits. On ne pourra pas établir un front cohérent et ordonné avant le début de la nuit. Il sera peut être possible à ce moment-là, d'après les comptes rendus des troupes de première ligne, de se faire une idée de la situation pour bâtir les opérations du lendemain.

Au cours de la nuit on a les certitudes suivantes :

Au nord de la route Albert-Bapaume les Anglais n'ont obtenu aucun résultat. Là où ils ont pénétré dans le système des positions allemandes, ils en ont été refoulés par des contre-attaques. Au sud de la route, à La Boisselle et à Mametz, ils se trouvent entre les anciennes première et deuxième positions allemandes. Ils peuvent dans cette région avoir gagné en moyenne mille mètres dans la zone des entonnoirs.

Les Français ont été plus heureux. Dans la direction de Maricourt et de Combles ils ont poussé jusqu'à la lisière ouest du village d'Hardécourt. Le village de Curlu est entre leurs mains. Dans cette région la majeure partie des positions de batterie allemandes ont été perdues. Sur la rive sud de la Somme ils ont occupé les ruines des villages de Frise, Becquincourt, Dompierre et Fay. Plus au sud, entre Fay et Chaulnes, là où le front d'attaque se termine, ils ont gagné tout aussi peu de terrain que les Anglais à l'aile nord.

Quel déploiement de forces et quels modestes résultats !

Mais on n'en est qu'au premier jour. On sait ce qui va se passer. Déjà l'artillerie ennemie pilonne à nouveau tout le secteur. Déjà les dépressions se remplissent à nouveau de gaz. On ne constate pas la moindre différence avec les journées qui ont précédé l'attaque.

Comment les lourdes pertes allemandes seront-elles comblées ?

Il faut répartir les divisions d'intervention pour soulager les divisions de position. Celles-ci n'ont plus que l'effectif d'un bataillon. Il faudrait les relever au cours de la nuit. Mais la situation des réserves ne le permet pas. Des jours passeront jusqu'à ce que les disponibilités du groupe d'armées et de la Direction suprême soient arrivées. Jusque-là il s'agira de tenir et de perdre aussi peu de terrain que possible.

On s'en tient là. L'issue de la bataille dépendra au cours des journées suivantes des quelques petits groupes qui dans chaque secteur de division sont encore en état de se défendre. Les faibles réserves s'usent déjà au cours de leur marche vers le front à travers la grêle de feu. Les pertes en matériel et en personnel d'artillerie sont si grandes qu'il ne peut plus être question d'un barrage continu.

Le lendemain, la lutte d'infanterie se concentre davantage autour des villages. Lorsque l'un d'eux est perdu, la plupart du temps tout le terrain intermédiaire jusqu'au village voisin est englobé dans sa perte.

L'artillerie ennemie a déjà saisi toute l'importance tactique des villages. Le feu, qui s'abat sur ces amas de décombres, est vraiment infernal. Les attaques se renouvellent du matin au soir. Après chaque attaque les aviateurs arrivent et observent en planant au-dessus du nouveau bombardement rugissant.

Mais l'heure sonne encore une fois.

Les vagues des assaillants se concentrent de tous côtés. Les réserves allemandes ne peuvent approcher. Le barrage aérien de l'ennemi ne laisse même pas passer un aviateur qui pourrait jeter des cartouches et des vivres. Après un dernier ouragan de feu craché par des centaines de tubes les assaillants surgissent des entonnoirs et pénètrent dans les amas de ruines sans que l'on perçoive de défense d'infanterie.

Ils ne trouvent que des morts, couchés en travers des mitrailleuses. Des blessés gisent accroupis, les yeux grands ouverts, dans des trous de murs. Une poignée de vivants est faite prisonnière. Ils sont blottis, hébétés, couverts de boue, égarés, indifférents, dans les caves. C'en était trop.

Au soir du deuxième jour les villages d'Assévillers et d'Herbécourt sont pris par les Français. Une poche dangereuse, profonde de 4 kilomètres environ, s'est formée en face de Péronne. Comme on n'a aucune chance de tenir le lendemain la ligne actuelle contre de nouvelles attaques, on est obligé de replier le front pendant la nuit sur Biaches et la Maisonnette.

Ce mouvement nécessite plus au sud un repli sur Barleux. On a maintenant la Somme immédiatement dans le dos. On n'est plus qu'à trois kilomètres en avant de Péronne, que les assaillants convoitent ardemment. Il est impossible de reculer davantage. Mais on a au moins l'avantage d'être sur des positions que l'on peut organiser. L'ennemi est obligé de déplacer son artillerie. On gagne du temps. C'est tout ce qu'on peut gagner pour le moment.

Abstraction faite de cette avance en direction de Péronne, on a conservé, sur tout le front de combat, la ligne de la veille.

Mais le bombardement recommence déjà, de Fouquevillers au nord, à Chaulnes au sud, sur l'ensemble des 40 kilomètres. Le point culminant de la bataille est encore loin d'être atteint.

Mais y a-t-il eu au fond un point culminant ?

Une étude historique rétrospective permet de faire les constatations précises suivantes :

La première période de la bataille embrasse les journées du 1er au 5 juillet. Elle constitue un assaut général unique et continu sur tout le front d'attaque. C'est la première grande tentative de percée. Elle s'arrête sur la ligne La Boisselle (sur la route Albert-Bapaume)-Contalmaison-Montauban-Hardécourt-Monacu-Feuillères-Biaches-Barleux-Estrées. Elle a donc porté en moyenne de 4 kilomètres vers l'est le saillant initial formé par le front en direction de Combles et Péronne.

La deuxième période est incomparablement plus longue que la première. Elle s'étend du 6 juillet au 22 août et se compose d'une série ininterrompue d'actions isolées. Elle est conçue sous forme de bataille d'usure. Son gain territorial est extrêmement modeste. Il se limite aux villages d'Ovillers, Pozières, Longueval et Maurepas. D'une façon générale la poche a donc été agrandie vers le nord de cinq kilomètres en largeur et trois kilomètres en profondeur. À cela s'ajoute au centre, à Maurepas, un étroit élargissement. L'effet d'usure de cette seconde période a été cependant sérieux et continu.

La troisième période est la plus dangereuse. Elle est destinée, par une série d'attaques générales presque journalières sur toute l'étendue du front, à ramasser la récolte de la seconde période, de l'usure. Elle s'étend du 23 août à la fin de septembre. On y compte environ quinze journées dites de grand combat, les autres journées étant remplies d'actions offensives isolées continues. Jusqu'au milieu de septembre il n'y a pas de grands changements dans le tracé du front. Mais dans la deuxième quinzaine du mois on sent pour la première fois une diminution sensible de l'énergie défensive. À la fin de septembre le front passe par la ligne Thiepval-

Courcelette-Gueudecourt-Lesbœufs-Morval-Frégicourt-Rancourt-Bouchavesnes-Cléry-Biaches-Barleux-Belloy-Soyécourt. La poche est maintenant notablement élargie ; elle commence au nord à Thiepval, s'avance jusqu'à cinq kilomètres de Bapaume, embrasse Péronne et rejoint l'ancienne ligne à Soyécourt. Elle a 25 kilomètres de large et, en ses points extrêmes, 15 kilomètres de profondeur.

La quatrième et dernière période est caractérisée par l'affaiblissement de la force offensive ennemie. Elle s'étend du 1er octobre au milieu de novembre. La défense ne traverse plus de crises et il n'y a plus que des changements de front locaux et insignifiants. Le matériel engagé est encore énormément grand. Mais la violence des attaques d'infanterie est brisée. Elles s'affaiblissent rapidement, toujours plus rapidement. Au milieu de novembre elles s'éteignent complètement.

La bataille se termine pour l'Entente avec une perte de trois quarts de million d'hommes. Plus exactement avec une perte de 410 000 Anglais et 341 000 Français. Les pertes des Allemands sont évaluées à un demi-million d'hommes. Cela fait au total 1 250 000 hommes pour 40 kilomètres de front et en quatre mois et demi. La dépense de matériel ne peut être déterminée avec assez d'exactitude. Elle a été énorme et se chiffre à de nombreux millions d'obus, de nombreux milliers de canons et de nombreuses centaines d'avions.

La bataille a absorbé peu à peu 105 divisions ennemies et 70 divisions allemandes. Ces divisions ont été engagées deux fois, trois fois et encore davantage. À chaque engagement elles ont perdu, en quelques jours, deux tiers de leurs effectifs de combat, aussi bien d'un côté que de l'autre. L'artillerie allemande a dépensé pendant la bataille en moyenne sept jeux de canons. 350 pièces sont tombées aux mains des assaillants.

Aucune journée de ces quatre mois et demi ne s'est écoulée sans feu roulant, aucune sans action de quelque importance. On peut dire que vingt-cinq journées environ ont été des journées de grand combat sur l'ensemble du front.

Le résultat de cette bataille terrible ne peut être évalué ni d'après les modifications du front ni d'après les pertes en hommes, ni d'après le matériel mis en jeu.

Qui fut vainqueur, qui fut vaincu ?

Une seule chose est certaine, c'est que les Français et les Anglais ont tout aussi peu obtenu la percée sur la Somme que les Allemands à Verdun.

Pour les Français, à Verdun, la défense est passée par une crise au début de la bataille, pour les Allemands, sur la Somme, la crise s'est produite pendant son dernier tiers.

Si on cherche maintenant à déterminer l'importance que la bataille a eue sur la décision finale de toute la guerre, on tâtonne dans une obscurité presque complète. Toute mesure exacte fait défaut. Il n'y a pas eu de décision visible. Et cependant l'issue de la guerre a ses causes profondes dans ces batailles. Les exposer est plus affaire de sentiment que de raisonnement.

Les pertes sanglantes de l'Entente ont été plus élevées que celles des Allemands. Mais elles n'ont pas été décisives.

Le réservoir d'hommes de l'Entente est resté plus grand, même si on ne tient pas encore compte de la participation de l'Amérique.

Les pertes en combattants expérimentés et en officiers ont été également sévères de part et d'autre.

Les pertes en matériel ont été lourdes pour l'Entente, mais elle pourra les combler. L'Allemagne peut encore remplacer les siennes, elle aussi, pour le moment. Mais si on se place au point de vue de la continuation de la guerre elles ne sont déjà plus remplaçables. Le débit des fabrications de matériel de remplacement tient encore le pas avec les consommations. On pourra même encore l'accroître sérieusement, comme l'expérience l'a montré. Mais tout accroissement nous rapprochera du moment où les fabrications de matériel de remplacement ne pourront plus suivre les consommations qui deviendront toujours plus considérables. Du côté de l'Entente ce danger n'existera pas.

Mais il est aussi une autre observation qui modifie d'une façon essentielle le tableau.

Le soldat de l'Entente, conformément au rapport des matériels, n'est exposé qu'à un sixième environ des effets du bombardement que doit supporter le soldat allemand. Il supporte d'autre part ces effets réduits à un sixième pendant un laps de temps beaucoup plus court que l'Allemand. La supériorité numérique des effectifs de l'Entente lui permet de se remettre plus rapidement. Le soldat allemand doit, lui, supporter un fardeau six fois plus lourd, pendant un temps beaucoup plus long et beaucoup plus souvent. Il n'est relevé la plupart du temps que quand sa division n'est plus que scories. Il est déjà à cette époque beaucoup plus mal équipé que ses adversaires. Il faut partout faire des économies. Enfin sa nourriture, elle aussi, commence à baisser sérieusement de qualité.

Plus la guerre durera, plus ces facteurs se feront sentir. À leur effet actuel vient donc encore s'ajouter le fait aggravant que le soldat de l'Entente peut compter sur un soulagement de sa situation, tandis que le soldat allemand doit s'attendre à voir la sienne devenir de plus en plus mauvaise.

C'est en cela que gît la part invisible de la décision, part la plus importante. Elle est d'ordre moral.

Dans une épreuve aussi infernale les esprits se différencient. Une petite partie des survivants tend à devenir ce type du soldat allemand des batailles défensives que rien ne peut plus ébranler. C'est le véritable héros de cette guerre. Au cours des batailles suivantes le nombre de ces preux ira en fondant. La loi cruelle de l'usure les aura dévorés. Leurs corps seront devenus pourriture devant Verdun, sur la Somme, dans les Flandres. L'armée allemande sera ainsi privée peu à peu et invisiblement de son seul appui sûr et irremplaçable.

La plus grande partie des survivants est sortie de l'horreur de la bataille de matériel en apparence intacte et saine, mais intérieurement elle est déjà devenue tout autre, imperceptiblement. Elle n'en sait rien encore elle-même. Le second bombardement roulant l'amènera plus rapidement au point où l'énergie s'engourdit. Le troisième plus rapidement encore. Son moral est devenu plus sensible aux effets de la bataille de matériel, sa force nerveuse plus faible. Elle ne manque pas de bonne volonté ni de patriotisme. Cependant le germe de l'engourdissement gît déjà dans son âme. Plus la guerre durera, plus les influences d'une autre nature se feront sentir en elle, plus cela ira mal pour elle.

Tout va dépendre désormais de la nature de la force nerveuse des hommes de l'intérieur qui seront envoyés en renforts à l'armée. Si elle augmente, elle pourra encore surmonter des épreuves plus dangereuses. Si elle diminue, elle engendrera, avec le temps, une disproportion aux effets incalculables, et d'autant plus funestes qu'en contrepartie les effets du matériel iront en s'accroissant.

Tous ces phénomènes s'accomplissent, à leurs débuts, invisiblement, subrepticement, on peut même dire sans être connus de ceux dans la poitrine desquels ils se passent. Peu nombreux sont ceux qui les sentent, nul ne les reconnaît.

Et à l'origine de cette évolution invisible on trouve la bataille de la Somme.

16
Hindenburg

Falkenhayn n'était pas homme à perdre la tête et à s'effondrer. Le changement terrible de situation, qui s'était abattu de toutes parts en quelques semaines sur l'Allemagne comme un orage gigantesque, le trouva à son poste comme aux temps plus heureux de son commandement suprême qu'il exerçait maintenant depuis près de deux ans.

Il n'eut pas le temps de faire des comparaisons entre la situation qu'il avait trouvée jadis au départ de Moltke et la situation qui venait de se développer.

Savait-il encore dans quelles circonstances on l'avait alors appelé de son poste de ministre de la guerre prussien ? À l'Ouest, le plan génial de Schlieffen venait de s'effondrer deux semaines avant sa réalisation complète... les armées allemandes venaient d'être arrêtées à grand-peine après une retraite terrible qui les avait frappées comme un coup de tonnerre en pleine décision victorieuse... les Français et les Anglais, poussés par l'enthousiasme de leurs peuples, étaient sur le point de porter le coup de grâce à l'armée allemande vacillante en la débordant par le nord... À l'Est, malgré Tannenberg et les Lacs Mazures, l'armée russe partie de la Pologne Centrale était en marche, avec ses millions d'hommes, vers l'Allemagne ; les Autrichiens, battus à plate couture et repliés derrière les Carpathes, appelaient désespérément les Allemands à leur secours... Les Serbes eux-mêmes se préparaient à envahir la plaine hongroise...

Autant de souvenirs, autant de cauchemars.

Puis ce furent les batailles de débordement du front ouest qui trouvèrent à Ypres leur point culminant et leur fin ; la période où il fallut repousser les attaques furieuses de l'Entente, la bataille d'hiver de Champagne, les batailles de printemps en Artois, les batailles d'été et d'automne à Arras et encore une fois en Champagne ; la série des victoires formidables de Hindenburg dans l'Est, la Russie presque terrassée ; la campagne de Serbie qui ouvrit la route de la Turquie, campagne modèle par sa conception et son exécution.

Il avait fallu un an et demi à Falkenhayn pour rétablir les conditions préalables du succès qui avaient été perdues sur la Marne. Tant qu'il ne fut pas entièrement persuadé qu'il ne pouvait plus être menacé sur aucun autre point du théâtre de la guerre par un coup qui mettrait en danger son opération contre son ennemi principal, il se refusa à donner l'ordre de déclencher la bataille décisive.

Mais dès que sa conviction fut faite, il donna cet ordre. L'attaque de Verdun commença.

Alors survint ce que Falkenhayn avait voulu précisément éviter par son travail stratégique d'une année et demie. Le front oriental fut ébranlé. Chose plus grave encore, il se disloqua. Son effondrement enleva au grand plan de décision de Falkenhayn à l'Ouest sa base la plus indispensable.

Et tandis que la base de sa bataille décisive chancelait, cette bataille elle-même commençait, elle aussi, à devenir incertaine. Il devint évident que ses lois invisibles ne répondaient plus aux calculs du chef d'état-major général, bien qu'en apparence tout parût aller pour le mieux. Mais ce fut précisément cette concordance apparente avec les prévisions qui l'amena à maintenir opiniâtrement et malheureusement son plan initial.

Et il en fut ainsi jusqu'en cette matinée qui avec un fracas semblable à celui du tonnerre révéla l'erreur de calcul que l'on avait faite, troisième coup pour Falkenhayn et le plus dur. Matinée du 1er juillet 1916 où, à 10 heures et demie, 37 divisions ennemies déclenchèrent la bataille de la Somme.

Dix jours plus tard Falkenhayn dut ordonner l'arrêt provisoire de l'attaque de Verdun. Il se vit obligé de prendre lui-même cette mesure qui jetait à l'abîme son grand plan, couronnement de son travail de deux années.

La bataille de la Somme était au zénith de sa fournaise terrible. En août – deux ans après le début de la guerre ! – le front allemand de l'Ouest trembla. Un frémissement traversa ses membres. La pression s'accrut de jour en jour. Quelques pierres se détachèrent de son édifice. Des fissures apparurent. Les coups de marteau continus de l'ennemi relâchèrent ses joints. La pression des Français augmenta également devant Verdun. Il fallut envisager qu'ils allaient passer à de grandes attaques pour reprendre le terrain qu'ils avaient perdu au printemps.

À l'Est Broussilov continuait ses assauts. On parvint momentanément à se défendre en colmatant de plus en plus le front autrichien avec des troupes allemandes. Mais il fallut le faire aux dépens du front occidental. La crise parut du moins surmontée dans l'Est.

Par contre, dans la partie sud du front oriental ce ne fut pas seulement une crise, mais une catastrophe brutale qui devint menaçante.

On savait que la Roumanie allait exploiter la détresse effroyable des Puissances Centrales pour provoquer, par une campagne de courte durée, la décision de la guerre tout entière au profit de l'Entente et s'assurer ainsi une place de choix lors de la répartition du butin. La Transylvanie tout entière était ouverte à ce nouvel ennemi. Il n'était même pas possible d'amener des forces pour organiser une couverture si modeste qu'elle fût face à la Roumanie. Trois divisions allemandes, que Falkenhayn avait expédiées de l'Ouest malgré Verdun et la Somme, durent être orientées en toute hâte vers le front des Carpathes pour protéger les Autrichiens. La situation dans le sud, pour employer un mot brutal, était désespérée.

Restait le faible espoir que les Roumains, avant de se déclencher, attendraient que leur récolte fût rentrée. Il s'évanouit. Le 27 août 1916 la Roumanie déclara la guerre à l'Autriche. Le lendemain le gouvernement allemand remit ses passeports au ministre roumain.

En ce même jour, un autre adversaire se dressa aussi sur ses ergots. L'Italie, qui avait remporté pour la première fois, au début d'août, au cours de sa sixième bataille de l'Isonzo, une victoire partielle sur les Autrichiens dont les forces s'affaiblissaient de plus en plus, – elle avait pris la tête de pont de Gorizia avec la ville du même nom – déclara également officiellement la guerre à l'Allemagne. Elle voulait avoir des titres en vue de la répartition du butin que l'on s'attendait à ramasser à bref délai. En même temps Cardona prépara sa septième bataille de l'Isonzo. Partout on sentait l'approche de temps nouveaux.

Le front macédonien bouillonnait déjà lui aussi. L'armée du général Sarrail, portée à un demi-million d'hommes, s'apprêtait à pousser à travers la Bulgarie et à tendre la main aux Roumains. C'était la prise à revers de tous les Balkans, l'anéantissement de la Bulgarie, le nouvel isolement de la Turquie qui luttait déjà péniblement, la reprise de la Serbie, le coup de grâce frappant les Puissances Centrales parderrière, par la Hongrie, Budapest, Vienne... Le spectre de la défaite apparaissait courbé derrière le Danube et se redressait. Il n'y avait plus rien à espérer des Autrichiens.

Pendant qu'un demi-million de Roumains déferlaient par les cols de Transylvanie, pendant que Broussilov faisait encore une fois un effort suprême, pendant que la lutte atteignait son paroxysme sur la Somme, pendant que l'Italie commençait la septième bataille de l'Isonzo et que Sarrail attaquait en Macédoine... Falkenhayn, en ce voisinage immédiat de la défaite, travaillait à la préparation de cette campagne brillante et singulière qui allait anéantir la Roumanie en un rien de temps et mettre en fuite le spectre des Balkans.

Le lendemain de la déclaration de guerre de la Roumanie l'empereur appela du Quartier Général du front oriental au G. Q. G. à Pless, en Silésie, le commandant en chef des forces de l'Est, le général-feldmaréchal von Hindenburg et son chef d'état-major, le général Ludendorff.

Le chef du cabinet militaire de l'empereur, le général von Lyncker, se rendit au nom de son chef suprême au bureau du chef d'état-major général et l'informa que les deux généraux étaient convoqués pour le lendemain. L'empereur, dit-il, s'est vu obligé de consulter le général-feldmaréchal et son chef d'état-major sur la situation créée par la déclaration de guerre de la Roumanie.

Falkenhayn était en plein travail. Ses pensées étaient en Roumanie.

Lorsqu'il comprit ce qu'on attendait de lui, il remercia le chef de cabinet militaire pour sa communication.

Dans l'après-midi il demanda par écrit à être relevé de ses fonctions de chef d'état-major général.

Le lendemain matin, Hindenburg et Ludendorff arrivèrent à Pless. Ils furent tout aussi surpris que Falkenhayn. Hindenburg fut nommé chef d'état-major général de l'armée de campagne. Ludendorff devint son premier quartier-maître général.

L'ancien chef d'état-major général fut prié par son successeur de prendre le commandement de la 9e armée allemande, en Transylvanie, à qui était réservée la mission d'obtenir la décision sur la Roumanie.

Falkenhayn prit le commandement de cette petite armée de trois divisions, qui n'étaient pas encore arrivées, en face d'un demi-million d'ennemis qui étaient déjà en mouvement. Il prit cette petite armée lui qui était, il y a un instant encore, généralissime de la plus grande et de la meilleure armée qu'ait connue l'histoire du monde. Sans un mot d'amertume et sans arrière-pensée, il se plaça sous les ordres de celui qu'une différence de caractère, de plus grands dons de chef de guerre et l'amour de tout le peuple allemand avaient porté à sa place.

Hindenburg chef de la Direction suprême de l'armée !

Malgré toute la détresse de l'heure, le peuple allemand tressaillit d'allégresse. L'armée respira. Le soldat allemand qui combattait sur la Somme, devant Verdun, à Riga, près des marais de Rokitno, dans les Carpathes et en Macédoine, releva la tête. Cent cinquante millions d'êtres humains dirigèrent leurs regards vers cet homme qui concentrait sur lui, depuis Tannenberg, le respect et la confiance de la nation comme aucun autre homme.

Dans son allégresse le peuple ne comprit pas que personne n'était capable de changer d'un seul coup l'aspect inquiétant de la situation, de transformer défaite en victoire, détresse en allégresse, faiblesse en puissance ; mais sa confiance était solide et inébranlable. Le sentiment de savoir l'homme qu'il fallait à la place qu'il fallait permit de surmonter toutes les menaces de faiblesse et insuffla à tous une volonté de sacrifice dont la puissance parut inépuisable.

L'effet produit par la nomination de Hindenburg à la Direction suprême de l'armée fut plus grand que l'aurait été l'annonce d'une victoire formidable.

Hindenburg et Ludendorff ne soupçonnèrent rien dans leur âme de ce mouvement d'allégresse qui poussait toute l'Allemagne à leur offrir son cœur à mains ouvertes. Peut-être cette allégresse les effraya-t-elle au contraire.

Ils savaient quelle était la situation... Ils savaient qu'il ne leur restait rien d'autre à faire qu'à se porter, avec une ferme volonté et des idées claires, au-devant du danger d'effondrement là où il était le plus menaçant.

Ils n'eurent pas besoin de chercher ce point. C'était la Roumanie. Mais tous les événements étaient terriblement et étroitement embrouillés. La première condition pour qu'ils pussent se débarrasser de leur nouvel adversaire était que les autres fronts tiennent. L'Est leur parut le plus sûr. Ils connaissaient les choses de ce front par une expérience de deux années.

Ils partirent donc pour l'Ouest afin de parler aux hommes qui y portaient sur leurs épaules le lourd fardeau de la responsabilité et pour voir les troupes à la résistance desquelles on avait déjà demandé des efforts si indicibles et auxquelles ils allaient être obligés de demander des efforts encore plus grands pour améliorer la situation.

Ce qu'ils virent sur ce front leur montra toute la gravité de leur mission.

Ils virent des commandants d'armée et des chefs d'état-major dont les visages sans joie et surmenés disaient déjà tout avant même d'avoir commencé à exposer leur situation. Ils virent l'artillerie qui leur réclama à grands cris des munitions pour pouvoir se défendre contre la supériorité du matériel ennemi. Ils virent les commandants de division qui les supplièrent de leur envoyer plus de renforts. Ils virent les aviateurs qui leur dirent qu'ils étaient presque désarmés en face de la supériorité ennemie.

Ils virent ces soldats qui entre deux batailles de matériel se reposaient dans de mauvais cantonnements, l'épouvante de la mort derrière eux et devant eux. Ils virent leurs visages pâles et leurs yeux creux.

Donne-nous plus d'artillerie, disaient ces yeux, donne-nous plus d'obus afin qu'on puisse contenir l'ennemi. Nous sommes disposés à faire tout, tout – mais il y a trop à faire. On nous abat les uns après les autres ; ce n'est plus qu'une affaire de calcul. Cette fois cela a encore marché. Mais entends-tu comme le bombardement reprend ? Aujourd'hui ce sont les autres qui sont dans la fournaise, demain ce sera à nouveau notre tour. Dans une semaine nous ne serons plus là, nous non plus. D'autres viendront de l'intérieur ou d'autres fronts. Mais il en sera pour eux comme pour nous.

Donne-nous plus d'artillerie, c'est l'essentiel. Mais veille aussi à ce que nous ayons plus à manger. C'est au-dessus des forces humaines de supporter tout cela quand par surcroît on est affamé. Est-ce que vraiment l'intérieur ne peut pas donner davantage ? On entend dire cependant que là-bas nombreux sont ceux pour qui tout va bien. Est-ce juste ? Nous ne nous plaignons pas, mais nous pensons cependant qu'il serait meilleur pour l'ensemble que chacun porte une part égale du fardeau.

Et puis, est-ce vrai, comme on nous l'écrit de l'intérieur, qu'on ne fait la guerre que pour l'empereur, les capitalistes et les généraux ? Que nous aurions déjà la paix depuis longtemps s'ils n'étaient pas là ? Non, nous savons bien que c'est un non-sens, et nous sommes prêts à donner notre vie pour la patrie. Il n'y en a pas beaucoup qui écrivent ces choses, un seulement de temps en temps. Mais est-ce que cela devrait être permis cependant ?

Ah, tu vois notre détresse. Partout, dans tous les coins, elle apparaît. Il nous faut aussi beaucoup plus de mitrailleuses. C'est la seule arme avec laquelle nous puissions nous défendre. Tu vois nos uniformes en loques ; notre maigre soupe dans la cuisine roulante et notre portion de pain qui a déjà été diminuée, elle aussi.

Tu vois tout, car tu es Hindenburg. Et nous savons que tu vas faire cesser tout cela immédiatement ; quelques jours seulement et tout sera changé. Mais il en est grand temps aussi. Nous croyons en toi, en la victoire, en la patrie et c'est pour cela que demain nous retournerons volontiers à la bataille, là-bas, à l'avant.

Écoute seulement comme cela roule. Après-demain nous ne serons plus.

Dans la première semaine de septembre, la nouvelle Direction suprême donna l'ordre de suspendre définitivement l'attaque de Verdun. Et pour soulager le front de la

Somme tous les secteurs calmes du front occidental durent céder plus d'artillerie, d'avions et de divisions qu'ils ne l'avaient fait jusqu'alors.

Au cours de ces mêmes journées la Direction suprême adressa au gouvernement d'empire les premières de ses lettres qui formèrent par la suite les bases de ce qu'on appela le programme Hindenburg. Ce programme avait pour but d'organiser d'une façon plus rigoureuse la production du matériel neuf et d'utiliser à plein les ressources humaines et matérielles du pays au profit de la conduite de la guerre.

L'organisation du commandement fut simplifiée sur tous les fronts.

Sur le front ouest, la 4e armée seule resta directement subordonnée à la Direction suprême. Les 6e, 1re et 2e armées (ces deux dernières sur le front de la Somme) constituèrent désormais, avec la 7e armée, le groupe d'armées du Kronprinz Rupprecht de Bavière. Les 3e et 5e armées, les détachements d'armée C, A et B, formèrent le groupe d'armées du Kronprinz impérial. Par la suite les trois détachements d'armée précités furent organisés en groupe d'armées du duc de Wurtemberg.

Les points les plus agités du front occidental étaient la région de Lille, Arras et la Somme dans le secteur du Kronprinz de Bavière, la zone de Soissons, la Champagne et la région de Verdun dans le secteur du Kronprinz impérial.

Dans l'Est le général-feldmaréchal prince Léopold de Bavière prit le commandement de la partie du front comprise entre Riga et les Carpathes, commandement qui avait été assuré jusqu'alors par Hindenburg. Le général von Woyrsch prit l'ancien groupe d'armées du prince Léopold. Le groupe d'armées Boehm Ermolli, qui avait été jusqu'alors sous les ordres du Haut Commandement autrichien et qui se composait des 2e et 3e armées autrichiennes et de l'armée allemande du Sud, fut subordonné, lui aussi, au commandant en chef des forces allemandes de l'Est. Le front oriental face à la Russie se trouva donc désormais tout entier sous un commandement allemand.

Seul le groupe d'armées de l'archiduc Charles, face à la Roumanie, conserva son indépendance officielle. Il avait pour chef d'état-major le général von Seeckt. Il comprenait la 9e armée allemande aux ordres de Falkenhayn et la 1re armée autrichienne aux ordres de von Arz. Ces deux armées n'existaient pour le moment que sur le papier ; quelques formations de landsturm, c'était tout ce qu'il y avait en Transylvanie pour barrer la route aux Roumains.

En face de la partie sud de la Roumanie, dans l'angle bulgare de la Dobroudja se rassemblait le groupe d'armées Mackensen, composé d'unités allemandes et bulgares. Les unités bulgares de Macédoine auxquelles étaient joints quelques bataillons allemands, étaient conduites par le général Otto von Below que l'on avait fait venir de Courlande. En Turquie, le commandement effectif était exercé par le général Liman von Sanders, chef de la mission militaire allemande. Seul le front italien restait pour le moment en dehors de l'influence directe de la Direction suprême des armées allemandes. Mais un changement survint ici aussi, à l'automne 1917, quand on se décida à frapper l'Italie.

L'unité des opérations de la Quadruplice se trouvait ainsi presque entièrement assurée. C'était chose naturelle que la direction générale appartînt aux Allemands. Comme les commandements d'armées locaux étaient en outre confiés presque partout à des généraux allemands, le travail de l'appareil de commandement stratégique ne pouvait en être que plus coulant.

Mais ce n'était pas seulement le général allemand qui devait intervenir sur presque tous les fronts. À peu de chose près c'était le soldat allemand, fantassin, artilleur, sapeur, cavalier, aviateur, qui portait tout le fardeau de la guerre sur ses épaules, depuis la Baltique jusqu'à l'Adriatique, depuis le golfe de Riga jusqu'à la mer Noire, depuis la Macédoine jusqu'au canal de Suez.

Et son chef s'appelait maintenant Hindenburg.

17
Roumanie

Rarement campagne a été entreprise avec des moyens plus insuffisants. Presque jamais commandement n'a dû vivre pareillement au jour le jour, aussi bien au point de vue des décisions stratégiques que des forces militaires. Tout est contraire aux Puissances Centrales.

On est au début de septembre. Il est impossible de prendre l'offensive avant un délai de trois semaines. Actuellement les troupes qui doivent attaquer sont encore devant Verdun, en Courlande, en Macédoine, et même en Turquie. Il faut ratisser tous les fronts pour récupérer partout quelques bataillons. Et ces bataillons doivent tout d'abord être équipés pour la guerre de montagne et être transportés en Transylvanie. Et l'on ne dispose que d'une seule voie ferrée, montant de la plaine hongroise.

Admettons cependant que l'on parvienne à racler au total quelques divisions : est-ce que les Roumains nous feront la grâce d'attendre qu'elles soient rassemblées ? Ils n'ont qu'à continuer à avancer. Les quelques unités autrichiennes de landsturm ne peuvent pas, avec la meilleure bonne volonté, arrêter les seize divisions à effectifs de guerre qui sont en marche vers elles.

Admettons encore que les Roumains nous laissent le temps nécessaire : les pluies d'automne vont commencer dans quelques semaines. Même si on fait complètement abstraction du fait qu'il faudra tout d'abord traverser le large massif des Alpes de Transylvanie, dont les sommets atteignent 2000 à 3000 mètres, les plaines de Valachie seront un bourbier marécageux et détrempé. On aura des distances formidables à parcourir. Les lignes d'étapes se distendront comme des fils de caoutchouc. Le ravitaillement se heurtera à des difficultés inouïes, car l'ennemi en se repliant laissera naturellement le pays nu comme un désert.

Admettons néanmoins que l'on parvienne à surmonter toutes ces difficultés. Que feront les Russes ? Il n'est pas possible de croire que Broussilov restera inactif. Il risquera tout, car il sait que la situation ne sera plus jamais aussi favorable. Et les Français ? La bataille de la Somme fait toujours rage avec autant de violence qu'au commencement. Le front macédonien commence déjà à bouger. La septième bataille de l'Isonzo est déjà déclenchée.

Et cependant !

On n'a jamais douté depuis le début que c'était offensivement qu'il fallait conduire la campagne contre le nouvel ennemi. Il faut enfin se débarrasser une bonne fois pour toutes du danger qui menace de surgir des Balkans. Il faut stabiliser le front oriental sur une ligne bien nette partant de la Baltique et aboutissant à la mer Noire. Si on parvient à terrasser la Roumanie, l'effet moral sera considérable sur nos ennemis et sur ceux qui songent peut-être encore à se joindre à eux.

Mais la Valachie renferme avant tout d'énormes quantités de grains, de bétail, de pétrole et de minerai de fer. L'Allemagne a besoin de vivres. Nos sous-marins et nos aviateurs ont besoin d'essence. Notre artillerie a besoin de tubes de canons et d'obus. Le fait que l'Allemagne est coupée du monde fait déjà sentir ses effets. Chaque boisseau de céréales, chaque quintal de viande, chaque hectolitre de pétrole ou chaque tonne de minerai a déjà une importance inquiétante pour les Puissances Centrales.

Risque considérable et perspective d'un grand gain.

Le seul poste actif et sûr de ce compte est la valeur du soldat allemand. Or la Direction suprême sait qu'il se montre d'autant meilleur que, dégagé de la sourde pression de la bataille de matériel, il entre davantage dans la guerre de mouvement en terrain libre.

Les yeux tournés vers la Transylvanie qu'ils convoitent et vers la plaine hongroise, les Roumains commettent leur première faute stratégique. Ils forment avec le gros de leurs forces trois grosses armées, qui poussent vers le nord à travers les Alpes de Transylvanie. Le plus pressé pour eux est de mettre leur butin en sûreté.

Dans cet empressement ils négligent leur front sud en Dobroudja. Entre le Danube de Tutrakan et la mer Noire, ils ne rassemblent qu'une armée. Ils comptent sur le général Sarrail qui doit pousser avec l'armée de l'Entente à travers la Macédoine et étrangler les Bulgares par le Sud.

Il est vrai que le Haut Commandement roumain se croit en droit de ne pas attacher une trop grande importance au danger qui peut venir de la Dobroudja. Il sait que le groupe d'armées Mackensen ne comprend que trois divisions bulgares, auxquelles sont adjoints au total un bataillon d'infanterie, un régiment de landsturm et un régiment de cavalerie allemands. La 217e division et le 45e régiment d'infanterie allemands et le VIe corps d'armée turc ne sont qu'en cours de transport. Ils ne peuvent pas apparaître avant trois semaines dans ce coin perdu de l'Europe. D'ici là il semble impossible que Mackensen entreprenne quelque chose.

Il le fait cependant.

À peine une semaine après la déclaration de guerre, le 4 septembre 1916, à l'aube, le groupement Mackensen, longeant le Danube, franchit la frontière. Le lendemain soir la place forte roumaine de Tutrakan est entourée. Le troisième jour Tutrakan est pris. 28 000 Roumains sont faits prisonniers, 100 canons capturés.

La 4e armée roumaine a été frappée et bousculée en pleine concentration. Son groupement d'aile droite a été anéanti avant d'avoir fait un seul pas vers l'ennemi. De faibles débris, au milieu desquels se trouve le général en chef, s'enfuient pendant la nuit au-delà du Danube et transmettent l'effroyable nouvelle à Bucarest.

Avant que l'ennemi ne soit revenu de son désarroi, Mackensen est déjà devant Silistrie. Le 9 septembre cette place est également enlevée. Les Roumains évacuent précipitamment toute la partie sud de la Dobroudja et s'installent défensivement sur une position solidement organisée, au sud de la voie ferrée Czernavoda-Constanza. Ils ne savent toujours pas comment cela leur est arrivé.

Huit jours après l'ouverture de la campagne, des formations russes doivent accourir pour étayer le front de leur nouvel allié. Mackensen reçoit peu à peu les renforts allemands et turcs qui lui étaient destinés.

Reconnaissant leur première faute, les Roumains retirent aussitôt des forces assez importantes de Transylvanie et les transportent par voie ferrée vers la Dobroudja, où ils s'attendent à un deuxième coup de Mackensen.

Mais cette tentative pour réparer leur première faute devient, dans les circonstances nouvelles, une seconde faute.

La première opération de Mackensen n'avait été conçue par la Direction suprême allemande qu'à titre de diversion et pour couvrir accessoirement son flanc en Dobroudja en vue d'une avance ultérieure au-delà du Danube en direction de Bucarest. C'est en partant du nord, de Hongrie, qu'elle avait projeté de déclencher son attaque principale. Si celle-ci n'a pas été entreprise en même temps que l'offensive de Mackensen, c'est uniquement parce qu'il n'y avait encore personne pour l'exécuter.

Pendant ce temps les trois armées roumaines ont pénétré profondément jusqu'à la mi-septembre en Transylvanie par le col de la Tour Rouge et par Cronstadt. Elles l'ont fait cependant avec une lenteur étonnante. Pour gagner du temps et éviter une marche d'approche, les zones de concentration de la 9e armée allemande ont été poussées si près des points atteints par les Roumains que l'on pourrait croire que ceux-ci sont frappés de cécité.

Le 20 septembre la 1re armée roumaine se trouve à Hermannstadt, la 2e à Fogaras, la 3e sur le cours supérieur de l'Olt. Elles ont mis vingt jours pour gagner 60 kilomètres et ceux-ci ne leur ont été disputés que par quelques bataillons de landsturm autrichiens. Elles se rassemblent en ces points pour se porter dans la plaine par Karlsburg et Klausenburg.

Elles sont pleines de confiance. Leur calcul semble se réaliser. Il semble que les Allemands et les Autrichiens ont été si surpris et si paralysés par leur avance qu'ils ne songent pas à se défendre. Les territoires « conquis » sont couverts en grande hâte d'un réseau d'autorités administratives. Des communiqués proclamant l'allégresse des « libérés » sont lancés dans le monde entier. Mais les libérés, d'origine et de langue allemandes, pensent à tout autre chose qu'à manifester de l'allégresse.

Les mauvaises nouvelles qui arrivent du front de Dobroudja n'influent pas le moins du monde sur la confiance en la victoire dont les Roumains font preuve dans le nord. Pourvu qu'on ait la Transylvanie ! Ce n'est pas en Dobroudja, mais à Bucarest et à Vienne que la paix sera dictée.

Le 17 septembre Falkenhayn arrive au quartier général de la 9e armée. Il s'est contenté jusqu'alors de se faire affecter, en restant en contact étroit avec la nouvelle Direction suprême, toutes les troupes qu'il était possible de lui donner. Hindenburg et Ludendorff ont accédé à ses demandes jusqu'à l'extrême limite. Le corps alpin bavarois, qui n'a toutefois que la valeur d'une division et qui est commandé par le général Krafft von Dellmensingen, a été prélevé sur le front de Verdun. La 76e division de réserve arrive par voie ferrée de Courlande, la 187e d'Alsace. Avec des régiments de cavalerie bavarois et saxons on constitue un corps de cavalerie aux ordres du général Schmettow. Les Autrichiens donnent une division de honved hongroise et quelques régiments de landsturm. Telles sont les forces qui composent la 9e armée allemande, en voie de constitution à Karlsburg. En face d'elle, dans la région d'Hermannstadt, la 1re armée roumaine assiste, à courte distance, presque sans y prêter d'intérêt, au rassemblement de son adversaire.

Au nord-est de la 9e armée, la 1re armée autrichienne s'est constituée sous les ordres du général Arz. Elle est encore beaucoup plus faible que sa sœur allemande. On ne peut lui assigner qu'une opération de soutien contre la 3e armée roumaine sur le cours supérieur de l'Olt.

Encore faut-il en cette occurrence se réserver la possibilité de lui céder quelques bataillons allemands, au cas où la 3e armée roumaine se déciderait à se porter en avant énergiquement.

Quant à la 2e armée roumaine, au centre, à Fogaras, il faut presque, bon gré mal gré, ne pas s'en occuper au début. On ne dispose plus d'aucun bataillon ni d'aucune batterie. Il faut que la 1re armée roumaine à Hermannstadt soit battue avant que la 2e n'entre en action. Que s'est-il passé en 1914 entre Tannenberg et les Lacs Mazures ? Il faut employer ici la même méthode que contre Samsonov et Rennenkampf. De sa réussite dépendra le cours de la campagne.

Une opération mémorable et singulière commence le 21 septembre 1916.

Le corps alpin, avec l'artillerie de montagne qui lui a été adjointe, déborde presque sans être éventé la faible aile ouest de la 1re armée roumaine. Par d'étroits sentiers de montagne, par des sommets boisés, par d'étroits ravins et des pentes escarpées ses régiments poussent à fond de l'avant et s'emparent du col de la Tour-Rouge. Ils arrivent ainsi dans le dos de la 1re armée roumaine, font demi-tour face au nord et attendent ce qui va se passer. Le col, la route et la voie ferrée sont tombés en leurs mains, avant que le gros de l'ennemi, à Hermannstadt, ne se soit rendu compte de ce qui était survenu.

Cela s'est passé en trois jours.

Falkenhayn n'a pas encore mis en mouvement le gros de son armée. Il ne sait pas encore ce qu'est en train de faire la 2e armée roumaine. Si elle se jette sur son flanc est découvert, il lui faudra prendre d'autres décisions. Il faut déterminer ses intentions par la force.

Le corps de cavalerie Schmettow pénètre dans l'intervalle entre la 1re et la 2e armée roumaine. Il remplit rapidement sa mission. La 2e armée roumaine se précipite sur les régiments de cavalerie, qui se replient lentement en combattant sur le flanc est de Falkenhayn. Celui-ci gagne ainsi le temps dont il a besoin.

Le 26 septembre il attaque de front le gros de la 1re armée roumaine à Hermannstadt. Les Roumains se sont retranchés et se défendent opiniâtrement. Ils ne veulent pas se laisser arracher à vil prix la victoire et le butin qu'ils ont rêvés. La bataille se déroule sur place, puis se déplace lentement en direction du sud. La résistance roumaine à Hermannstadt diminue dans la même mesure que la pression de la 2e armée roumaine s'accentue contre le corps de cavalerie Schmettow et le flanc est de Falkenhayn. On commence lentement à tourner autour d'un axe dont le pivot se trouve entre la 1re et la 2e armée roumaine.

C'est alors que l'occupation du col de la Tour-Rouge fait sentir ses conséquences.

Les régiments du corps alpin, qui tiennent l'unique route de retraite de la 1re armée roumaine sont aux aguets, face au nord et n'attendent qu'un ordre pour se jeter sur l'ennemi qui se replie d'Hermannstadt vers le sud. La route se remplit de colonnes. Tout à coup un feu d'artillerie et de mitrailleuses s'abat sur elles, du sud, du haut du col de la Tour-Rouge.

L'horreur s'empare de cette région. Le gros de la 9e armée venant d'Hermannstadt s'accroche aux talons de l'ennemi. Il ne se laisse pas décrocher. Il ne lâche pas l'ennemi pendant une seule heure.

Du col de la Tour-Rouge les Roumains sont assaillis par les régiments bavarois. La route de la vallée se couvre de cadavres, de voitures, de canons et d'effets d'équipement. Vu d'en haut le coup d'œil est terrible.

Dans leur désespoir les Roumains se tournent encore une fois vers le nord. Falkenhayn les refoule. Ils essaient à nouveau de prendre le col d'assaut, dans le sud. Les Bavarois les repoussent avec des pertes sanglantes.

Bientôt il n'est plus possible de bouger sur la route. Des colonnes de munitions démolies, des centaines de chevaux morts, des unités qui arrivent de tous côtés sans ordre, l'encombrent entièrement. Maints bataillons attaquent de leur propre initiative. D'autres s'assoient sur la route et attendent, hébétés, ce qui va advenir de ce désordre chaotique. Jadis, à Tannenberg, tout s'était déroulé derrière un rideau de forêts. Ici tout est visible comme sur une scène placée en contrebas.

Le gros de la 9e armée est déjà si proche que l'on voit à l'œil nu ses éléments de tête escalader les hauteurs.

Alors, c'est la panique. Puis la fuite. Deux jours durant, attaqués par le nord et par le sud, comprimés dans des serres de fer, les Roumains s'échappent à droite et à gauche. Des débris désordonnés, abandonnant tout leur matériel, n'écoutant plus aucun ordre, se sauvent vers l'aile gauche de la 1re armée et vers la 2e armée de Fogaras. Le commandant de l'armée prescrit à ses corps de se dissoudre : chacun cherchera à se sauver comme il pourra ; on se rassemblera ensuite à nouveau au sud du col.

Le commandant de la 2e armée roumaine a repris ses esprits plus rapidement que Rennenkampf en son temps. Il attaque le flanc gauche de Falkenhayn avec une grande violence et obtient des résultats. Déjà l'aile droite de la 1re armée autrichienne chancelle, elle aussi. Le danger qui menaçait le centre du front de Transylvanie, danger que l'on avait dû accepter jusqu'alors en ayant pleinement conscience, mais sans avoir le moyen de l'écarter, devient tout à coup imminent et considérable.

Mais Falkenhayn est libre maintenant. Il prescrit au corps alpin de faire face au sud et de tenir la ligne du col sous sa protection. Il se dirige lui-même avec la majeure partie de son armée vers l'est, sur Fogaras. Dès le 4 octobre, quatre jours après la fin de la bataille d'Hermannstadt, il attaque le flanc gauche de la 2e armée roumaine, la refoule sur son centre et apparaît devant Cronstadt.

Là, la résistance de l'ennemi se concentre autour du Geisterwald. Cela ne sert à rien. L'artillerie allemande prépare l'attaque. L'infanterie s'élance à l'assaut en enveloppant l'ennemi. La résistance s'effondre. Les Roumains refluent à travers la ville.

Ils ont laissé sur le Geisterwald une cinquantaine de canons. Un combat de rue se déroule à travers Cronstadt. Le 8 octobre la ville est nettoyée. Le lendemain le col de Predeal, au sud de la ville, est pris d'assaut. La crête des Alpes transylvaines est atteinte ici aussi et avec elle la frontière roumaine. Battue, ayant perdu la moitié de ses effectifs, la 2e armée roumaine, fortement désorganisée, rentre chez elle, en descendant les pentes sud des montagnes.

À ce moment les Autrichiens s'ébranlent eux aussi. La 3e armée roumaine, qui se voit si soudainement et si inopinément isolée sur le sol transylvain, fait demi-tour le plus vite possible et disparaît au-delà des cols des Carpathes en direction du Sereth. Épuisée, elle y cherche le contact des Russes, elle qui était destinée à entraîner en Hongrie l'aile russe sud pour remporter la victoire décisive. Broussilov doit céder des divisions pour étayer son allié.

Quel renversement en vingt jours !

On a remporté une grande victoire. Mais ce n'est pas encore la décision.

Il apparaît bientôt que les forces dont on dispose ne sont pas suffisantes pour terminer l'œuvre commencée. Du côté adverse les Russes amènent toujours de nouveaux renforts. Pour soulager les Roumains en face de Falkenhayn ils prennent à leur compte presque tout le front de la Dobroudja. Il ne reste dans cette région qu'une seule division roumaine à côté de six divisions russes.

Les officiers français qui dirigent les opérations en Roumanie, sont maintenant mieux familiarisés avec la situation. Ils voient qu'après les lourdes fautes qu'on a commises au début, il faut travailler maintenant en se fixant des buts à longue échéance. On constitue donc tout d'abord un front organisé le long des cols de Transylvanie. On commence à exécuter des contre-attaques locales pour amener les Allemands à disperser leurs forces. Mais on ne perd pas de vue un seul instant le danger qui peut provenir de Cronstadt.

C'est là, ainsi calcule le G.Q.G. roumain, que Falkenhayn va chercher à réaliser la percée pour marcher sur Bucarest et faire sa jonction avec Mackensen. C'est là que le chemin est le plus court, c'est là que les possibilités stratégiques sont les plus tentantes.

Au milieu d'octobre l'hiver s'annonce, très prématuré, au grand mécontentement des assaillants. Les cols se couvrent de neige sur plusieurs mètres de hauteur. Il gèle à faire pitié. Les troupes, qui ne sont pas équipées pour séjourner en hiver en montagne, souffrent énormément.

Les combats acharnés ne manquent pas non plus. Les Roumains savent tout l'intérêt qu'ils ont à conserver la ligne des montagnes. Ils combattent avec une opiniâtreté remarquable. Un jour, dans la dernière décade d'octobre, les Bavarois prennent d'assaut, sans préparation d'artillerie, le col de Vulkan, à l'aile ouest de la 9e armée. Ils cherchent à exploiter leur succès, à forcer l'entrée dans la plaine. Mais les Roumains amènent rapidement de fortes réserves. Les régiments bavarois doivent se replier en livrant des combats pénibles et coûteux. Ils conservent le col malgré de violentes attaques. À juste titre, les Roumains se vantent d'avoir remporté un succès.

La gelée et la neige se transforment alors en humidité et en pluie. Les averses d'automne se déclenchent.

La situation de Mackensen en Dobroudja n'est pas agréable non plus. Son armée, composée d'éléments disparates – Bulgares, Turcs, Autrichiens et Allemands – est soumise à de violentes attaques russes partant de la ligne Czernavoda- Constanza. Le dernier jour de septembre, les Roumains font une tentative qui témoigne d'autant de courage que de coup d'œil stratégique. Ils jettent à Routschouck, loin derrière le flanc gauche de Mackensen, quelques régiments au-delà du Danube pour faire tomber le front de Dobroudja. Mackensen, prenant rapidement sa décision, rameute toutes les troupes qu'il peut atteindre, fait enlever par la flottille autrichienne du Danube les bateaux d'équipage de ponts roumains et capture après un court combat toutes les unités qui ont franchi le fleuve.

À peu près au même moment où l'assaut du col de Vulkan se déclenche sans pouvoir se transformer en grande opération, Mackensen attaque encore une fois le front russo-roumain de Dobroudja.

La chance des batailles se montre plus favorable. La 3e armée bulgare avec les troupes allemandes qui lui sont affectées, traverse presque toute la Dobroudja et s'empare de la ligne Constanza-Czernavoda y compris ces deux villes. Les Bulgares font pression pour que l'attaque soit continuée. Mais la Direction suprême allemande a conçu des plans de plus grande envergure. Contrairement à la demande pressante des Bulgares le front de Dobroudja est ramené un peu en arrière, dans la direction du sud. On peut mieux s'y installer sur la défensive.

Toutes les unités qui peuvent être récupérées, en particulier la 217e division allemande qui vient d'arriver, sont retirées du front de Dobroudja.

Est-ce qu'on va terminer la campagne sur une pareille situation ? Avec deux fronts nouveaux, l'un en Transylvanie, l'autre en Dobroudja, où les surprises les plus désagréables peuvent survenir à tout montent ?

La Direction suprême n'y songe pas. De nouvelles divisions sont en cours de transport. La formidable tension qui régnait sur la Somme a enfin diminué et on peut manœuvrer un peu plus librement.

Les plans sont déjà faits, les ordres déjà donnés.

Le 11 novembre 1916, alors que les Roumains ont toujours les yeux fixés sur Cronstadt comme s'ils étaient fascinés, un groupement d'attaque allemand puissant disloque leurs positions dans la région du col de Vulkan et du col de Szurduk.

Les Roumains y jettent en toute hâte des renforts. Cependant ils pensent encore qu'il ne s'agit que d'une diversion. Ils maintiennent le gros de leurs réserves au nord de Ploesti, en face de Cronstadt.

Cette mesure leur est fatale.

Le groupement de choc allemand nettoie les cols, disloque les positions de montagne de l'ennemi l'une après l'autre, ne prête aucune attention aux forces adverses qu'il a sur sa droite et sur sa gauche et au bout de trois jours atteint les dernières hauteurs. La Valachie s'étale largement devant ses yeux.

C'est le général Kühne qui a mené l'opération avec quatre divisions qui sont arrivées récemment de l'Ouest.

Il est suivi par les 7e et 6e divisions de cavalerie qui ont été amenées depuis peu dans la région et qui sont placées sous le commandement éprouvé du général Schmettow. Elles ne peuvent pas combattre dans la zone montagneuse ravinée.

Mais là-bas dans la plaine, en Valachie, c'est là qu'est leur mission.

Il pleut à torrents. La neige fond dans les montagnes. Leurs eaux s'enflent puissamment et descendent en mugissant dans la vallée.

Les régiments de Poméranie et de Prusse occidentale du général Kühne descendent avec elles. À peine ont-ils atteint la plaine, qu'ils conversent fortement à gauche. Le corps de cavalerie vient se placer à leur aile Sud et s'ouvre au trot en éventail.

Maintenant cela peut commencer.

Les Bavarois du corps alpin se jettent avec fureur sur les positions roumaines au sud du col de la Tour-Rouge. Il faut qu'ils accrochent solidement l'ennemi pour que Kühne puisse les empoigner en flanc.

Mais le G.Q.G. roumain se rend compte maintenant, lui aussi, de ce qui se passe dans ce coin. Il appelle ses réserves et les jette sur Targa Jiu où une position de recul est préparée. Targa Jiu constitue maintenant le pilier ouest de tout le front roumain du Nord. Il faut qu'il soit conservé coûte que coûte.

Le 16 novembre une bataille acharnée s'allume dans cette région. Elle dure sans interruption pendant deux jours. Les Bavarois débouchent du nord, des montagnes. Les régiments poméraniens et de Prusse Occidentale viennent de l'ouest, franchissant le Jiul grossi. Des deux côtés on fait irruption dans les positions roumaines. Dans le sud, la cavalerie de Schmettow, en un large mouvement débordant, pousse au trot sur les derrières de l'ennemi.

La résistance roumaine prend fin. La fuite à travers la Valachie commence. Le général Kühne et le général Schmettow descendent le cours du Jiul sur Craïova. Ils ont à décrire l'arc extérieur de la grande conversion. Du Juil ils se dirigent vers l'Olt en direction de Caracal. Déjà la Valachie occidentale est entre leurs mains.

L'horizon est en flammes. Les récoltes brûlent dans les granges. Les réservoirs de pétrole géants brûlent. Les puits brûlent avec de longues colonnes de fumée d'un noir de poix. Les carreaux de charbon brûlent. Les fermes brûlent. Tout brûle. Obéissant à l'ordre de l'Entente les Roumains sont en train de détruire leur pays. Des ingénieurs anglais et français surveillent le travail de destruction. Toute la pluie que le ciel déverse pour empêcher cet anéantissement insensé ne suffit pas à enrayer cette folie.

Derrière l'Olt se trouvent des divisions roumaines qui ont été rameutées récemment d'autres fronts. Elles savent qu'il s'agit maintenant de défendre Bucarest. Il y aussi à nouveau des Russes parmi elles.

Mais les infatigables régiments de cavalerie de Schmettow apparaissent si soudainement à l'est de Caracal, sur la rive de l'Olt, qu'ils en occupent les passages en un tournemain. Ils ne les rendront jamais plus.

Entre-temps Krafft von Dellmensingen est déjà arrivé avec son corps alpin jusqu'à la région de Pitesti. Le front roumain sur le cours inférieur de l'Olt est donc déjà menacé également d'être pris à revers par le nord. De la direction de Cronstadt le groupement du général von Morgen est en marche sur Ploesti.

Kühne, Krafft von Dellmensingen et Morgen sont orientés concentriquement sur Bucarest. Le premier vient du sud-ouest, le second du nord-ouest, le troisième du nord.

Et c'est alors qu'un quatrième apparaît dans le sud : Mackensen.

Dans le plus grand silence il a modifié complètement son dispositif. Il n'a laissé sur le front de Dobroudja que quelques divisions bulgares et deux divisions turques. Il a formé lui-même avec la 217e division allemande, une division du VIe corps turc et deux divisions bulgares, un nouveau groupement. Avec un régiment de cavalerie prussien, un bulgare et un turc il a constitué la division de cavalerie von der Goltz. Toutes ces forces se trouvent au sud de Bucarest, à Sistova, de l'autre côté du Danube et attendent le moment opportun.

Il est venu maintenant.

Dans la nuit du 23 au 24 novembre, les sapeurs allemands et autrichiens commencent à passer les troupes avec des centaines de bateaux. Les Roumains ne s'en doutent pas. À midi tout est sur l'autre rive. On jette un pont de bateaux, long de 900 mètres, chef-d'œuvre technique du génie. La flottille autrichienne du Danube le protège.

Puis c'est la marche en avant sur la capitale ennemie.

Dès le lendemain les cavaliers de la division von der Goltz et du corps Schmettow se donnent la main. La liaison entre l'armée Falkenhayn et le groupe d'armées Mackensen est établie. Les Roumains abandonnent précipitamment leurs positions de l'Olt et se replient sur l'Argesch. Ils vont désormais utiliser jusqu'à leur dernier homme pour protéger la capitale.

Le général français Berthelot se montre un bon chef de guerre.

Il se rappelle qu'en son temps Hindenburg s'est jeté tout d'abord avec toutes ses forces sur Samsonov et qu'après l'avoir anéanti il s'est retourné contre Rennenkampf. Il affaiblit à fond le front nord roumain à Pitesti et Ploesti et jette toutes ses troupes sur son nouvel adversaire dans le sud. Son plan est de battre rapidement Mackensen, de l'anéantir, puis de s'en prendre ensuite à Falkenhayn. Des divisions russes accourent encore une fois.

C'est ainsi que prend naissance la bataille de l'Argesch, devant les portes de Bucarest.

Mackensen tombe dans une situation difficile, car l'infanterie du groupement Kühne n'est pas encore arrivée. Ses régiments de cavalerie ne sont pas suffisants pour couvrir son flanc gauche.

Le 2 décembre la pression devient extrême. La 217e division, à l'aile gauche, combat désespérément pour sauver ses canons. Elle est presque coupée. Une division turque se jette dans la brèche. Mais elle n'est pas suffisante, elle non plus, pour rétablir la situation.

C'est une demi-journée angoissante et l'ennemi devient toujours plus puissant. Les régiments poméraniens et de Prusse occidentale du groupement Kühne accourent à marches forcées. Ils laissent en arrière tous leurs bagages et tous leurs impedimenta pour pouvoir se déplacer plus rapidement.

Au moment où la détresse est la plus grande, ils arrivent enfin, se précipitent sur l'ennemi, disloquent son front et poussent un coin au-delà de l'aile gauche de Mackensen et de l'Argesch.

Leur action décide de toute la bataille. Les divisions roumaines cèdent. Elles n'ont plus qu'un seul souci, sortir à temps de la poche où elles se trouvent et qui se rétrécit de plus en plus par le nord, l'ouest et le sud. Au centre de cette poche se trouve la capitale.

Le 5 décembre Mackensen envoie quelques officiers à Bucarest pour exiger la reddition de la place. Le commandant d'armes répond qu'il va quitter la ville immédiatement avec toutes les troupes et demande qu'elle ne soit pas considérée comme place de guerre. Dès l'après-midi Mackensen fait son entrée dans la ville. La remise des pouvoirs administratifs par les autorités civiles demeurées en fonctions s'accomplit régulièrement.

De l'autre côté de la ville l'armée roumaine s'enfuit, désorganisée, dans la direction du nord-est. La décision de la campagne est obtenue.

La poursuite commence.

En trente jours elle conduit les troupes alliées de Bucarest au Sereth – soit à plus de deux cents kilomètres.

Elle fait tomber tout le reste du front de Transylvanie, de la région au sud de Cronstadt jusque dans les Carpathes. Au milieu de décembre elle renverse également à nouveau le front de Dobroudja.

Elle s'effectue par une pluie torrentielle. À une allure qui permet à peine aux poursuivants de respirer. Les chaussures et les uniformes tombent en loques. Les munitions s'épuisent. Les cantonnements sont antédiluviens. Le pain ne peut plus suivre. La cavalerie doit donner sans cesse. Les chevaux sont décharnés et desséchés comme des squelettes.

L'armée roumaine, entrée en campagne trois mois auparavant pour faire pencher la balance en faveur de l'Entente et lui donner la victoire, entre en dissolution. Des milliers d'hommes désertent, regagnent leurs foyers et s'habillent en civil. Le nombre des prisonniers augmente de jour en jour. On compte 170 000 Roumains et Russes. Plus de 300 canons sont capturés. Un matériel innombrable tombe aux mains des vainqueurs.

Finalement il ne reste presque plus que des Russes sur la ligne de combat. En fait d'unités roumaines il n'y en a plus guère ici, dans la plaine. Seule l'ex-3e armée est demeurée intacte, mais dans le nord, dans les Carpathes, où elle s'appuie aux Russes.

Pour la dernière fois l'ennemi battu essaie de résister avec l'aide des Russes. Il se retranche de part et d'autre de Rimnicul Sarat. On est à la Noël. Le deuxième jour des fêtes, l'affaire se trouve réglée, elle aussi. L'ennemi se replie jusqu'à la rive est du Sereth et du Trothus.

Pendant la dernière décade de janvier le calme se rétablit dans la région. Toute la Roumanie est aux mains des Coalisés, sauf une partie de la Moldavie et l'étroit saillant nord de la Dobroudja. Le nouveau front court des Carpathes à l'embouchure du Danube en longeant le Sereth et le Trothus. Allemands, Autrichiens, Bulgares et Turcs ont combattu côte à côte. Chacun a fait son devoir.

Mais maintenant les troupes sont à bout de forces. Elles ont autant besoin de repos que les débris de leur adversaire.

La neige tombe sans arrêt.

Les règles de la guerre de position prennent le dessus, ici aussi, calmement, naturellement.

18
Skagerrak

Qu'est-il advenu des deux plus grandes flottes du monde pendant que les armées de terre passent de bataille en bataille, d'événement en événement ? Qu'est-il advenu des sous-marins dont les exploits au début de la guerre, dans la Baltique, sur les côtes anglaises, à Gibraltar, aux Dardanelles, à Salonique ont conquis les cœurs de tous les Allemands et l'admiration du monde ? Qu'est-il advenu des bâtiments cuirassés, des croiseurs rapides, des torpilleurs, des Zeppelins ?

La gigantesque Armada anglaise, de plus en plus renforcée par des bâtiments neufs du type le plus moderne, gît immobile, depuis des mois dans la baie de Scapa Flow et dans le Firth of Forth. Elle ne songe pas à s'exposer aux lourds obus des cuirassés allemands, aux torpilles des sous-marins. Elle n'en a pas besoin. Elle sait qu'elle agit par sa seule présence et qu'elle barre la mer du Nord.

La flotte allemande se laisse dicter la loi par la flotte anglaise ; elle reste abritée derrière les champs de mines de la baie allemande. Guerre de position sur mer, interrompue seulement par quelques pointes hardies de forces légères, par les courses des sous-marins et par les patrouilles des contre-torpilleurs et des petits croiseurs. Par ailleurs rien que travail de mines. Les Anglais posent les leurs de la Hollande à la côte danoise, les Allemands infectent les eaux des ports anglais.

Des chercheurs de mines travaillent des deux côtés. C'est un labeur acharné et épuisant qui coûte beaucoup de victimes. Mais c'est tout autre chose que ce qu'on s'était figuré de la guerre sur mer.

Parfois on en vient à de petits combats. De temps en temps un bâtiment de guerre saute. Sa perte est enregistrée. De temps en temps un sous-marin lance une torpille heureuse. Le fait est cité dans le communiqué. De temps en temps des flottilles de torpilleurs se rencontrent ou bien un croiseur léger qui est venu donner de trop près dans la ligne de tir des pièces de gros calibres, coule, percé de coups.

La guerre sous-marine se traîne péniblement, ligotée des pieds et des mains. Des bâtiments disparaissent sans qu'on apprenne quoi que ce soit sur leur fin. Des navires de commerce font la guerre aux taupes de la mer avec une brutalité de gens d'affaires. Ils s'en vantent et le monde entier les applaudit. L'Angleterre paie une prime pour tout sous-marin coulé. Les États-Unis envoient navire de munitions sur navire de munitions sous pavillon neutre. Du fait de l'imprécision des ordres il est impossible aux sous-marins de couler ces navires. Pendant ce temps le blocus produit ses effets. Personne dans le monde n'élève la voix pour protester contre la lutte engagée contre les vieillards et les enfants. Les neutres laissent de plus en plus limiter leurs droits. Ils ont admis depuis longtemps qu'ils doivent se soumettre sans conditions aux exigences de la conduite de la guerre navale anglaise. Que pourraient-ils faire alors que le plus grand d'entre eux, celui qui devrait leur servir de porte-parole, s'est rangé manifestement du côté de l'Entente ?

L'Allemagne n'a pas encore compris que la rupture du blocus ou son emploi contre ses promoteurs eux-mêmes est devenu la question fondamentale de la guerre. Le sort de l'Allemagne en dépend. L'importance de cette question n'est apparue qu'à quelques-uns. On s'en occupe bien, on livre bien des combats acharnés contre ceux qui pensent autrement, on en appelle bien à l'opinion publique et l'on cherche bien à influencer de telle ou telle façon les idées du peuple ; on ne saisit pas encore cependant dans toute son ampleur la gravité terrible de la situation.

Hésitant entre deux dangers le gouvernement d'empire croit encore devoir accepter celui dont les effets sont moins visibles et moins frappants : l'étouffement silencieux des forces vives de l'Allemagne par le blocus. L'autre danger on veut l'écarter coûte que coûte. C'est l'entrée en guerre des États-Unis.

La Marine fait pression pour obtenir le droit de déclencher la guerre sous-marine sans restrictions. La Direction suprême de l'armée se joint à elle. Le gouvernement d'empire refuse. L'empereur hésite entre les deux opinions, mais il finit toujours par se ranger, au moment décisif, du côté du chancelier. On prend des décisions et on ne les exécute pas. On donne des ordres dont l'exécution est impossible. On laisse aux Anglais le temps de perfectionner leurs moyens de défense techniques contre les sous-marins. La tension entre les autorités compétentes devient de plus en plus insupportable. La population participe avec passion à ces luttes d'opinions. Sous les yeux de l'ennemi extérieur, le peuple et les autorités se divisent en deux partis. Personne ne commande.

Le grand-amiral von Tirpitz, partisan énergique d'une plus grande activité de la flotte et de la guerre sous-marine sans restrictions, est contraint de prendre sa retraite. Le chancelier a remporté une victoire. Le successeur du grand-amiral est obligé de déclarer formellement, avant de prendre ses fonctions, qu'il n'essaiera pas de regimber. L'effet sur l'opinion est tout autre qu'on ne s'y attendait. Au lieu de se calmer le combat devient beaucoup plus violent. Le peuple croit de moins en moins en une conduite énergique de la guerre par le gouvernement d'empire. La fissure devient plus profonde.

« L'Angleterre ne peut être frappée que par la guerre commerciale », dit la Marine. « Nous pouvons terminer la guerre en huit mois avec les sous-marins. »

« Tant qu'il y aura une possibilité de maintenir l'Amérique hors du conflit, l'emploi de ce moyen de combat n'est pas à recommander », réplique le gouvernement d'empire.

« Si nos ennemis continuent à jouir comme maintenant de toute liberté économique et si nous continuons à être coupés du monde comme nous le sommes, la fin de la guerre sera renvoyée aux calendes grecques », dit la Direction suprême de l'armée.

« La question de la guerre commerciale est une question politico-navale qui est du domaine du chancelier », répond l'empereur.

« Il faut chercher à convaincre l'Amérique et les autres pays neutres de la contrainte où nous nous trouvons, puis passer aux actes », déclare la Marine et la Direction suprême de l'armée l'approuve.

« Bien, dit l'empereur, on peut faire cet essai. »

« Il est inutile », pense le gouvernement d'empire, « il est manifeste que l'Amérique se joindra ouvertement à nos ennemis, si nous commençons la guerre commerciale sans restrictions. »

Le chancelier approuve néanmoins la décision. Il le fait en quelque sorte pour calmer les autorités militaires.

L'essai durera jusqu'au 1er avril 1916. Quelques jours avant cette date le paquebot anglais *Sussex* saute dans la Manche. On ne peut établir s'il a heurté une mine ou s'il a été torpillé. Des Américains étaient à bord.

Le gouvernement d'empire demande des explications à la Marine. La note de protestation américaine attendue arrive bientôt. Elle contient une menace de guerre non voilée. Il s'ensuit un nouvel ordre à la Direction de la Marine lui prescrivant formellement de ne plus faire à l'avenir la guerre sous-marine que conformément à la convention sur les prises. Bien que l'Angleterre ait depuis longtemps passé outre aux règles du droit des gens en matière de guerre commerciale, bien que l'Allemagne, dans sa détresse, l'ait suivie aussi dans cette voie, l'Allemagne revient aux anciennes règles : sous la menace de guerre de l'Amérique, en apparence encore neutre.

« La convention sur les prises », c'est pour les sous-marins l'obligation de ne couler aucun bâtiment de commerce ennemi avant de l'avoir minutieusement visité et d'avoir contrôlé ses papiers. Or sur l'ordre de l'Angleterre presque tous les bâtiments de commerce se sont armés de canons, contrairement au droit des gens. Apparaître en surface c'est donc pour les sous-marins s'exposer sans défense à ces canons. C'est pour eux et pour leurs équipages un danger dont ne peut plus prendre la responsabilité.

Le chef de la flotte de haute mer télégraphie à tous les sous-marins qui sont au large de rentrer au port. Il fait savoir au gouvernement que la guerre de commerce a cessé. Ce n'était pas ce qu'on voulait. Le mécontentement s'accroît puissamment dans l'opinion publique. On cherche à amener le chef de la flotte à un compromis.

« Tout ou rien », dit-il, « je ne peux pas sacrifier mes bâtiments pour le prestige du gouvernement, si le résultat militaire doit être nul. Donnez-moi un ordre que je puisse exécuter. Ce n'est pas mon rôle de jouer la comédie. »

On en reste là. Rien n'est fait.

Qui commande la flotte de haute mer ?

C'est un homme nouveau, depuis que celui qui l'avait commandée jusqu'alors, l'amiral von Pohl, est parti, malade, pour mourir peu après. Depuis le 15 janvier 1916 c'est l'amiral von Scheer. C'est un homme d'action.

Il s'est trouvé d'accord avec Tirpitz pour penser que la flotte doit être amenée à se battre. Il ne faut pas se laisser dicter la loi plus longtemps par les Anglais. Certes on ne peut pas compter anéantir l'Armada britannique, mais on peut lui porter de tels coups que la volonté de guerre de l'Angleterre s'affaiblisse. Guerre de commerce sans restrictions, d'une part, engagement à fond des forces de la flotte de haute mer, d'autre part, tels sont les buts de la nouvelle Direction de la flotte.

Tirpitz s'en va. L'empereur le laisse tomber. Scheer demeure. C'est une chance pour la Marine et pour toute la conduite de la guerre. Il commence aussitôt à agir. Il veut exciter la flotte anglaise jusqu'à ce qu'elle se montre disposée à combattre.

Le 31 janvier, neuf zeppelins de la Marine cinglent vers la côte ouest de l'Angleterre, principalement vers le port de Liverpool. Ils atteignent tous leurs buts. Quinze tonnes de bombes éclatent sur terre pendant la nuit. Au retour un zeppelin est contraint d'amerrir dans la Mer du Nord. Le vapeur de pêche anglais *King Stephan* aperçoit l'appareil et son équipage en train de sombrer. Il ne fait pas un mouvement pour les sauver. Les attaques aériennes se succèdent rapidement. Cinq aviateurs anglais survolent la côte allemande de la Mer du Nord pour détruire avec des bombes les hangars des aéronefs. Deux d'entre eux sont obligés d'atterrir en terre allemande. Les trois autres rejoignent leur navire. Aucune bombe n'a atteint son objectif.

Le 11 février, trois flottilles de torpilleurs allemands rencontrent une escadre de croiseurs anglais sur le Dogger Bank. Échange de coups de canon, torpilles, manœuvre, nouvelle attaque. Le petit croiseur anglais *Arethuse* heurte une mine et est abandonné par son équipage.

Des croiseurs légers allemands apparaissent devant les ports anglais. Ils rentrent sains et saufs. Le 24 avril, c'est le tour d'une escadre de grands croiseurs. Ils bombardent Yarmouth et Lovestoft. Ils tirent quelques centaines de coups et rentrent intacts à leurs bases.

Le nombre des sous-marins allemands qui apparaissent devant les ports de guerre anglais devient de plus en plus grand. Ils sont disponibles pour cette mission maintenant que la guerre de commerce a cessé. Ils se mettent aux aguets devant les ports ennemis, se relèvent les uns les autres, font des patrouilles et surveillent l'Armada dans ses repaires. De temps en temps une de leurs torpilles envoie un adversaire par le fond. L'opinion publique anglaise demande des représailles.

« Où est notre grande flotte ? » crient les journaux, les orateurs populaires, l'armée, les politiciens, l'homme de la rue. « Faut-il nous laisser faire ainsi ? »

Le gouvernement de Londres trouve la pilule amère. On va punir les Allemands, déclare-t-il publiquement. La grande flotte commence à bouger.

Quelques escadres sortent d'abord isolément.

Mais un jour...

La Mer du Nord qui n'a vu jusqu'alors que la fumée des chercheurs de mines, les coques blanches des petits croiseurs, le périscope des sous-marins et les ombres noires des torpilleurs, assiste à quelque chose de nouveau.

À la marche d'escadre des cuirassés.

Chacun d'eux est une forteresse de fer et d'acier. Chacun d'eux est un nid de batteries aux calibres formidables. Chacun d'eux est un arsenal, une concentration de force énorme. Chacun d'eux a plus de mille hommes d'équipage.

Des torpilleurs et des croiseurs entourent les colosses dans toutes les directions. Les sous-marins se tiennent à leurs côtés, invisibles. Des avions et des dirigeables les survolent.

La pointe est suivie de l'avant-garde, l'avant-garde du gros. Derrière le gros marchent les arrière-gardes. On dirait une lourde armée cuirassée de fer. Une fumée noire jalonne sa route d'horizon en horizon. Ils marchent en lignes et par files, six de front. Les gueules des grosses pièces pointent hors des tourelles.

Ils marchent lentement. La mer bruit sur leur proue et le long de leurs parois de fer. Les hélices broient l'eau. Tout en eux est gris et sévère, tout n'est qu'amas de fer. Malheur si tout cela prend vie.

Par des cheminements bien connus ils traversent les barrages de mines. Ils continuent à avancer lentement, monotonement, d'heure en heure, sans changer de formation. 45 000 hommes d'un côté, 60 000 de l'autre et aucun n'est visible. 225 canons de plus de 28 centimètres de calibre d'un côté, 380 de l'autre.

Les premiers obus sont déjà en place dans les canons en avant des culasses. Une pression suffit. Le commandant de l'artillerie est dans le blockhaus central. Autour de lui des tableaux et des moyens de transmission. Chacun est à son poste dans cette marche au combat. Les torpilles sont dans les tubes, prêtes à être lancées.

Des messages radios chantent de toutes parts. De navire à navire. Entre la pointe, l'avant-garde, le gros et l'arrière-garde. Entre dirigeable et navire. Entre bâtiment du chef d'escadre et bâtiment amiral. Entre bâtiment amiral et Direction de la Marine à terre. Là on capte les radios que les grandes stations émettrices transmettent à la flotte ennemie. Ils sont chiffrés, mais on peut les déchiffrer. Leur cadence, leur fréquence, leur longueur, leur accumulation à certaines heures... tout indique déjà que quelque chose de particulier est déclenché.

Chez l'ennemi il en est de même.

Se rencontrera-t-on aujourd'hui ? Ou bien n'y aura-t-il encore rien ?

Les dirigeables doivent faire demi-tour, le temps est bouché.

La mer est lisse comme un miroir. L'avant-garde marche à cent kilomètres, en avant du gros.

On navigue de part et d'autre à quatorze nœuds à l'heure. Deux géants qui se cherchent. Ils ont déjà beaucoup entendu parler l'un de l'autre, mais ils ne se sont pas encore rencontrés en duel mortel. Ils tâtonnent de tous côtés avec leurs éclaireurs. Mais la terre est ronde. Même avec les instruments les plus précis on ne peut pas voir au-delà de la courbure de la mer.

Ils captent les radios de leur adversaire et ne peuvent pas les lire. Ils soupçonnent déjà qu'ils sont au large tous les deux et qu'ils se cherchent. Leur désir de combattre augmente. Mais ces signaux Morse qui se succèdent, fins et nets, ne leur révèlent pas si l'ennemi est, à trente ou trois cents kilomètres. Peut-être défilent-ils l'un à côté de l'autre sans se voir. Peut-être vont-ils se rencontrer tout à coup à fronts renversés quand après s'être cherchés en vain ils seront déjà sur le chemin du retour. Peut-être sont-ils séparés par toute la largeur de la Mer du Nord.

Tout n'est que sentiment, rien n'est certitude. Il semble acquis tout au moins qu'il ne faut plus s'attendre à une rencontre dans la journée. L'après-midi est déjà entamée. Il faut prendre des décisions pour savoir quelle conduite on adoptera pendant la nuit.

Il est 15 heures lorsque deux torpilleurs allemands qui appartiennent à l'avant-garde arrêtent un cargo danois qui vogue seul sur la mer. C'est à vrai dire une mesure superflue, mais peut-être apprendra-t-on quelque chose d'intéressant.

Les deux bâtiments se rangent le long du Danois.

Le petit croiseur *Elbing*, qui appartient également à l'avant-garde découvre alors tout à coup, dans le nord de ce groupe, les panaches de fumée de deux bâtiments qui semblent également se diriger vers le cargo. Il met alors à son tour le cap sur lui.

Avant qu'il ne l'ait atteint les premiers obus éclatent déjà sur le miroir de la mer. Les panaches de fumée qui s'approchent rapidement du nord, sont ceux de deux petits croiseurs anglais qui ouvrent immédiatement le feu sur les deux torpilleurs allemands.

Les appareils radios fonctionnent tandis que les salves d'obus éclatent déjà plus violentes. L'avant-garde allemande se rapproche en hâte.

À l'horizon, dans le nord, de nouveaux panaches de fumée apparaissent. Le temps est clair maintenant, les vues nettes. Il n'est pas douteux que l'on a affaire à une puissante escadre ennemie.

À cent vingt kilomètres dans le sud de son avant-garde, l'amiral Scheer navigue avec le gros de la flotte. Vers 16 heures, les premiers comptes rendus radios de sa pointe l'atteignent. La situation n'est pas encore claire. L'amiral porte la vitesse de marche de quatorze à quinze nœuds.

Sur ces entrefaites les panaches de fumée signalés dans le nord de l'avant-garde allemande se développent sur un front de plus en plus large. On compte déjà au moins dix gros bâtiments. Vingt à trente contre-torpilleurs et croiseurs légers sont au milieu d'eux.

De part et d'autre les forces légères de combat sont engagées.

Les colosses d'acier des gros navires de bataille se déploient lentement. À 16 heures 48 minutes, la première salve allemande jaillit des tourelles doubles. Une demi-minute plus tard les pièces de gros calibre anglaises répondent. Le combat des avant-gardes est commencé.

Bientôt ce n'est plus qu'un craquement de salves unique et continu. La mer est fouettée de fontaines blanches verticales. On dirait une danse d'innombrables jets d'eau. Les corps noirs des torpilleurs se trémoussent.

De puissantes colonnes de fumée s'élèvent comme des arbres aux fûts élancés. Des obus cheminent en hurlant sur des trajectoires invisibles par-dessus l'essaim des forces légères. Les salves roulent et chacune est un ouragan tonnant.

Un peu après 17 heures, le croiseur cuirassé anglais *Indefatigable* coule sous le feu du croiseur cuirassé allemand *von der Tann*.

Un nuage de fumée noire s'étale largement à l'endroit où il se trouvait en dernier lieu. Une série d'explosions effroyables jaillit de ce nuage.

Puis, tandis que la fumée se dissipe, on voit le corps géant du navire s'incliner sur le travers à la surface de la mer. Il se rapetisse rapidement. Tout à coup la mer l'attire sans bruit dans ses profondeurs.

Il est entre 17 et 18 heures. On se trouve à cent cinquante kilomètres à l'ouest de la côte du Jutland, juste en face de l'ouverture de la baie de Skagerrak. Le 31 mai 1916 après-midi.

L'avant-garde allemande est conduite par l'amiral Hipper. Il a avec lui les croiseurs cuirassés *Lützow*, *Derfflinger*, *Seydlitz*, *Moltke* et *von der Tann*. Ce sont les meilleurs bâtiments allemands et les plus puissants. Cinq petits croiseurs et trente torpilleurs constituent ses forces légères.

En face de lui l'avant-garde anglaise est sous les ordres de l'amiral Beatty. Celui-ci dispose de six navires de bataille, quatre bâtiments de ligne, douze petits croiseurs et 29 torpilleurs. Les Anglais ont mis, eux aussi, leurs meilleures unités en avant. Les quatre bâtiments de ligne appartiennent au type *Queen Elizabeth*, le type anglais le plus puissant.

Aucun des deux adversaires ne sait si le gros de l'ennemi est proche ou de combien il est encore éloigné. Mais chacun des chefs d'avant-garde est déjà en liaison avec son propre gros. Les deux gros font pleine vitesse pour reprendre le contact de leur avant-garde.

Hipper s'efforce d'accrocher l'ennemi et de le maintenir sur place jusqu'à ce que le gros des forces allemandes soit là. Beatty veut au contraire attirer Hipper sur le gros anglais afin qu'on puisse l'écraser rapidement avec une supériorité formidable.

Les colosses tonnants sont face à face à 13 kilomètres de distance. La mer est remplie du tumulte des petits croiseurs et des torpilleurs qui s'entremêlent dans des combats furieux. C'est à peine si l'on remarque, au milieu de cette surface de mer couverte de nuages de fumée et tressaillante d'explosions, que deux torpilleurs allemands et quatre anglais coulent à pic. Deux autres torpilleurs anglais atteints de graves avaries et incapables de manœuvrer errent au gré des flots. Quelques petits croiseurs ont fortement souffert.

Une demi-heure après l'ouverture de la bataille se déroule un drame formidable, qui attire sur lui tous les regards et même ralentit un montent l'allure furieuse de la canonnade. Il s'accomplit en quelques minutes, semblable à une horrible fantasmagorie.

Au milieu de l'escadre anglaise se trouve un des navires de bataille les plus puissants, le *Queen Mary*. Il tire violemment de toutes ses tourelles. Les salves des croiseurs cuirassés allemands tombent près de lui. Pour sortir de ce voisinage inquiétant il exécute une manœuvre.

Une nouvelle salve de quatre obus de 380 arrive en hurlant. On entend un choc éclatant au son clair. Une seule fontaine d'écume s'élève derrière le *Queen Mary*. Où sont les trois autres coups ?

Ils ont frappé le pont supérieur cuirassé et le flanc du bâtiment. Une lueur crue jaillit tout à coup. Des éclats de fer sifflent alentour. Chacun pense que les obus ont éclaté sans percer la cuirasse. Le bâtiment continue à se déplacer calmement. Ses tourelles tirent. Rien n'indique qu'un changement se soit produit.

Une minute après seulement, deux nouveaux projectiles arrivent en hurlant. Encore une fois un choc au son clair qui fait trembler tout le navire. Une faible fumée sort de deux trous ronds percés dans son flanc. Mais pendant dix secondes seulement. Alors survient la catastrophe.

Le bâtiment semble vouloir soudain se soulever de la surface de la mer. Une gerbe de flammes rouges accompagnée d'un coup de tonnerre terrible s'élève de sa partie centrale comme d'un cratère, souffle vers le ciel et se transforme en un gigantesque nuage noir de poix. Une seconde explosion à l'avant. Des morceaux de fer, des plaques de cuirassement, des tourelles tournoient dans les airs comme des jouets d'enfants.

Le *Queen Mary* se brise en deux en son milieu. Proue et poupe se dressent verticalement. Elles restent un moment toutes droites, puis s'enfoncent rapidement dans la profondeur des eaux comme si une force invisible les attirait. Partout des tourbillons. Les grandes hélices apparaissent à la poupe comme des spectres vivants. Elles tournent encore lentement, péniblement. Puis elles s'arrêtent et disparaissent.

Un pin noir énorme se dresse sur la mer. Il s'étale de tous côtés, puis laisse retomber ses branches. Il recouvre et cache toute la flotte anglaise. Tout s'est accompli si rapidement que le *Tiger* qui suit le *Queen Mary* ne peut qu'à grand-peine dévier sa route. Les éclats s'abattent sur son pont avant comme une pluie de cendres brûlantes après l'explosion d'un volcan.

La canonnade, ralentie et paralysée pour quelques minutes, hurle à nouveau de toute sa violence. La mer est recouverte d'un voile gris de vapeur et de fumée. Les lueurs des coups de départ des pièces scintillent de part et d'autre comme des points de feu étincelants.

Beatty n'a pas encore pu atteindre son but, attirer les Allemands sur le gros anglais. Hipper ne le lâche pas.

Au bout de trois quarts d'heure les panaches de fumée du gros allemand apparaissent à l'horizon du sud encore éloignés. C'est l'amiral Scheer avec ses escadres de haute mer.

Beatty sait maintenant à qui il a affaire. Toute la flotte de haute mer allemande est là. Il échange des radios avec l'amiral Jellicoe qui arrive du nord-ouest avec le gros anglais. Jellicoe fait son calcul. En y comprenant les avant-gardes il y aura 22 bâtiments de ligne allemands contre 28 anglais, 5 croiseurs de bataille ou cuirassés allemands contre 16 anglais, 11 petits croiseurs allemands contre 23 anglais et 62 torpilleurs allemands contre 81 anglais.

Jellicoe se décide à accepter la bataille bien que le crépuscule commence déjà. Il donne l'ordre à Beatty de battre en retraite immédiatement et de faire route en arrière vers le nord-ouest. Il conservera lui-même sa route vers le sud-est. Si Beatty réussit à attirer derrière lui la flotte allemande, les Anglais formeront, au moment de la rencontre des deux flottes, un vaste demi-cercle ouvert vers le sud. Ils veulent attirer la flotte allemande dans ce demi-cercle pour l'anéantir par un feu concentrique.

Jellicoe a l'avantage de connaître déjà à peu près la force de son adversaire, Scheer ne sait pas encore si Beatty est tout seul ou si le gros anglais est derrière lui. Il constate néanmoins avec étonnement que Beatty fait route non pas vers l'Angleterre, c'est-à-dire vers l'ouest, mais vers le nord-ouest et même finalement vers le nord. Hipper poursuit son ennemi en retraite sous une violente canonnade réciproque. Mais les bâtiments anglais sont plus rapides que les allemands.

Le soleil se couche, dans le nord, derrière les silhouettes, nettement détachées des bâtiments anglais. Une légère brume se pose sur la mer et enveloppe l'ennemi de ses voiles. Vers 19 heures la canonnade entre les avant-gardes faiblit. Les croiseurs de bataille allemands ne peuvent plus atteindre les navires ennemis. La brume qui augmente les cache par moments complètement.

La situation est meilleure pour les Anglais. Ils voient les bâtiments allemands se détacher comme des ombres grises sous les dernières lueurs du jour, qui viennent de l'ouest et du nord-ouest.

De temps en temps les tourelles tirent encore. À partir de 19 heures le vent tourne peu à peu vers l'ouest sud-ouest. L'avant-garde allemande qui poursuit maintenant l'ennemi en direction du nord-est tombe dans la fumée de ses propres bâtiments et pour un moment ne voit plus rien du tout de l'ennemi. Bien que les forces légères allemandes s'efforcent de talonner les Anglais le contact tactique est cependant perdu complètement pendant un certain temps.

L'amiral Scheer dont le gros marche à toute vitesse depuis 17 heures – il avait cent vingt kilomètres à rattraper – songe à rompre le combat. Doit-il se laisser attirer de nuit et dans l'obscurité dans une situation dangereuse ? Doit-il se laisser entraîner aussi loin de ses bases ? Le fait que Beatty a modifié sa route pour marcher déjà presque nord-est est, est de plus en plus préoccupant.

Les réflexions de Scheer sur la rupture de la poursuite ne sont pas encore arrivées à un résultat que les torpilleurs et les croiseurs qui marchent à la pointe de l'avant-garde allemande se trouvent engagés tout à coup dans un nouveau combat. Chose curieuse le nouvel adversaire vient du nord-est tandis que Beatty a pris route entre-temps droit vers l'est. Des torpilleurs rendent compte qu'il s'agit d'une escadre ennemie qui comprend de nombreux bâtiments de ligne. Mais on constate bientôt qu'on a seulement affaire à trois croiseurs de bataille.

On ne sait pas encore si ces bâtiments appartiennent au groupement adverse avec lequel on a combattu jusqu'alors ou s'il s'agit d'un nouvel adversaire.

En quelques minutes un nouveau combat violent se déclenche qui prend un caractère très sérieux pour l'avant-garde allemande. Les croiseurs de bataille ennemis tirent de très loin, les croiseurs cuirassés allemands ne sont pas encore assez près d'eux et souffrent de ce que leurs vues sont insuffisantes.

Le petit croiseur *Wiesbaden* reçoit de si nombreux obus de gros calibre qu'il doit rester sur place incapable de bouger.

Le *Pillau* reçoit un coup au but qui le frappe mortellement, mais il peut encore prendre part aux différentes manœuvres.

Après une demi-heure de combat environ un torpilleur annonce que d'après les dires d'un prisonnier ennemi du destroyer *Nomade* soixante gros bâtiments anglais sont dans le voisinage.

Si ce renseignement est exact, il ne peut plus y avoir de doute que l'heure de la grande épreuve est venue.

Que s'est-il passé ?

L'amiral Scheer a fait serrer le gros de la flotte allemande tout contre son avant-garde. Dans un quart d'heure il pourra déjà la faire intervenir dans la bataille. Mais il ne sait pas encore avec certitude s'il a en face de lui tout le gros anglais.

Jellicoe est mieux partagé. Depuis qu'il sait que toute la flotte allemande de haute mer approche, il manœuvre entièrement d'après un plan arrêté. Tandis que sur son ordre Beatty s'est replié vers le nord-est avec son avant-garde, il a déployé son gros en forme de demi-cercle. L'avant-garde allemande est venue donner en plein dans ce demi-cercle.

Le gros anglais fait route maintenant vers l'est. Les croiseurs de bataille de Beatty poursuivis par les Allemands se déplacent sur la corde de l'arc que forme Jellicoe. Celui-ci a envoyé trois croiseurs de bataille au secours de Beatty. Ils doivent accepter le combat avec l'avant-garde allemande pour que Beatty, faisant route aussitôt vers l'est, puisse prendre la tête du gros anglais.

Beatty exécute l'ordre. Il se trouve bientôt en tête de l'Armada. À une vitesse modérée il met le cap sur le Jutland. Le gros suit, prêt au combat, bâtiment après bâtiment. Il faut s'attendre à voir la grande bataille se déclencher d'une minute à l'autre.

L'amiral Hipper se voit canonné de minute en minute par de nouveaux adversaires. Et Scheer n'est pas encore tout à fait arrivé.

Il est impossible de venir à bout de l'ennemi avec les seules forces de l'avant-garde. Les tirs de gros calibre qui provenaient jusqu'alors de la direction du nord-est s'étendent maintenant rapidement vers le nord et le nord-ouest.

Les nuages de fumée de l'Armada britannique obscurcissent l'horizon.

Hipper donne l'ordre de faire demi-tour vers le sud. Il le donne à regret, car c'est abandonner le *Wiesbaden* qui est blessé à mort. Mais il lui faut tenir compte avant tout de la situation de l'ensemble de ses bâtiments. Il lui faut sortir coûte que coûte du demi-cercle de mort qui l'étreint.

Le demi-tour s'effectue.

À peine est-il terminé qu'enfin, enfin le gros allemand approche. Étroitement concentré, il arrive à toute vitesse, navire après navire, en ligne de file. L'amiral Hipper avec ses croiseurs cuirassés se met à sa tête.

Se conformant au mouvement de l'ennemi, Scheer ordonne de marcher vers l'est. Les deux flottes courent presque parallèlement. Les Anglais font route de plus en plus vers le sud-est et vers le sud. Jellicoe, s'appuyant sur la plus grande vitesse de ses bâtiments, veut déborder l'ennemi et le couper de ses bases côtières. L'énorme demi-cercle de l'Armada britannique, ouvert initialement vers le sud, tourne ainsi lentement son ouverture vers le sud-ouest et l'ouest. Le tableau se déplace comme sur une formidable cible tournante.

La plus formidable canonnade navale de l'histoire du monde commence à rugir. L'horizon obscurci flamboie des lueurs de départ qui se succèdent d'un bout de la ligne à l'autre comme des colliers de perles scintillants.

La bataille atteint bientôt son point culminant.

Les noirs navires cuirassés sont à 11 000 mètres les uns des autres. La clarté du jour gît dans le nord-ouest, juste au-dessus de l'horizon, noyée par un mélange jaunâtre de brouillard, de poudre et de fumée. Elle rend la découverte des Anglais par les Allemands plus difficile, elle montre les Allemands aux Anglais en silhouettes très nettes.

Le *Wiesbaden* tire encore. Les bâtiments de bataille anglais l'accablent de leurs gros calibres. Les croiseurs cuirassés allemands couvrent leur petit frère mourant. Sous le feu meurtrier des croiseurs cuirassés *Lützow*, *Grosser Kurfurst*, *Markgraf*, *Kronprinz* et *Kaiser*, le navire de bataille anglais *Defense* quitte au bout de quelques minutes la surface de la mer et coule au fond des eaux. Immédiatement après, un incendie formidable éclate sur le *Warrior*. Il doit quitter en flammes la ligne de combat et coulera la nuit suivante en cherchant à rejoindre le Firth of Forth. Le croiseur de bataille *Warspite* reçoit une série de gros coups qui le mettent hors de combat.

Sur la partie orientale du champ de bataille la vengeance frappe le croiseur anglais *Invincible* qui, un an et demi auparavant, a scellé le sort de l'escadre de croiseurs de von Spee, devant les îles Falkland. Percé comme un tamis il se couche sur le flanc et s'enfonce dans les profondeurs. C'est le *Lützow* qui l'a vaincu.

On combat toujours autour du *Wiesbaden.* Ses grands frères ne l'abandonnent pas. Le destroyer anglais *Shark* est détruit, le destroyer *Acosta* transformé en un amas de ferraille. Le torpilleur allemand *V* 48 est coulé. Le *Wiesbaden* tire toujours, quoiqu'on ne le maintienne sur l'eau qu'à grand-peine. Ce n'est qu'au cours de la nuit suivante, vers 2 heures du matin, que la mer l'accueille dans son sein.

Sous le tonnerre de l'artillerie lourde anglaise le bâtiment amiral du commandant de l'avant-garde allemande, le vaillant *Lützow* reçoit de graves blessures. Le *Derfflinger* est déchiqueté comme un géant bardé de fer après une dure bataille. Il fait feu de toutes ses tourelles tandis que par des trous énormes l'eau pénètre dans son corps par milliers de tonnes. Blessé à mort il reverra pourtant sa patrie.

Scheer reconnaît que la continuation de ce combat parallèle meurtrier permet aux Anglais d'utiliser à plein leur grosse supériorité. Au milieu du rugissement de la bataille la flotte allemande exécute une manœuvre étonnante.

Ses bâtiments de combat font demi-tour sur place et se dirigent vers l'ouest. La flotte tout entière prend du champ pour éviter l'enveloppement.

Le *Lützow* est si éprouvé qu'il peut à peine faire son demi-tour. Quatre torpilleurs l'assistent. Ils tentent de le dérober aux vues de l'ennemi au moyen d'un rideau de fumée pour lui permettre d'échapper en direction du sud-ouest. Les Anglais concentrent le feu de leurs grosses pièces sur le navire blessé à mort.

Au milieu d'une grêle de projectiles l'amiral Hipper passe sur le torpilleur *G* 39. Il remet le commandement des croiseurs de bataille au commandant du *Derfflinger.* Vers

10 heures du soir l'amiral Hipper atteint le *Moltke* et peut reprendre le commandement.

Entre-temps le *Lützow* parvient péniblement à se soustraire à l'ennemi et à suivre le reste de la flotte.

Jellicoe ne suit pas les Allemands vers l'ouest. Il suppose que Scheer va essayer, en décrivant un vaste arc de cercle vers l'ouest et le sud-ouest, de gagner sa ligne de retraite vers l'Allemagne. Il veut coûte que coûte l'en empêcher en maintenant sa route au sud, afin de se trouver le lendemain matin entre la flotte allemande et ses bases. C'est là qu'il veut l'accrocher. Il n'attache aucune importance à continuer encore la bataille dans la soirée ou dans la nuit. Il perdrait de nuit l'avantage que lui confèrent sa supériorité numérique et sa plus grande vitesse. Or il a besoin de cet avantage pour triompher de la supériorité de l'artillerie allemande, du meilleur cuirassement des bâtiments allemands et de l'esprit offensif endiablé de leurs forces légères.

Déjà au bout d'une demi-heure ce calcul se révèle faux. Scheer ne pense pas à se laisser couper de ses bases par Jellicoe. Après s'être assuré de l'état de ses bâtiments et avoir changé de formation, il donne l'ordre de faire une seconde fois demi-tour, dans la direction de l'est cette fois, et d'attaquer à nouveau l'ennemi.

Les quatre croiseurs cuirassés allemands de la classe du *Lützow* constituent la pointe de l'attaque qui s'exécute en forme de coin. La troisième escadre les suit de près. La masse des torpilleurs allemands se tient sur les flancs.

Le feu anglais coiffe terriblement les vaillants croiseurs cuirassés. Le *Derfflinger* où l'eau continue à s'engouffrer sans arrêt se trouve à nouveau parmi eux. Il reçoit coup sur coup. Une partie de ses soutes à munitions brûle. La moitié de ses tourelles sont détruites. Un seul obus a tué soixante-quinze hommes de l'équipage. Cependant le géant continue à combattre.

Les torpilleurs passent alors à l'attaque, couverts par le feu des croiseurs cuirassés et des bâtiments de ligne qui sont arrivés.

Les navires de bataille ennemis doivent aussitôt détourner leurs feux des croiseurs cuirassés allemands. Ils cherchent en manœuvrant à échapper aux torpilles. Le torpilleur allemand

S 35 est coulé par un feu concentrique. De nouvelles flottilles piquent vers l'ennemi. L'attaque terminée, elles couvrent de fumée tout l'espace compris entre les Allemands et les Anglais. Puis elles rejoignent leur gros.

La flotte allemande a réussi à se décrocher de l'ennemi. L'amiral Scheer sait qu'il s'agit maintenant de ne pas se laisser couper. Il fait mettre le cap par toute la flotte sur le sud-est, puis sur le sud sud-est pour atteindre le Horns Riff. En cette occurrence il ne cherche nullement à échapper aux Anglais, il veut les attaquer pour la troisième fois et les percer. Il ne recule pas non plus devant un combat de nuit.

Une légère clarté règne encore sur la mer. Quelques divisions navales anglaises poussent encore une fois vers le sud-ouest dans la direction des Allemands. Entre 21 et 22 heures un combat s'engage au cours duquel les bâtiments allemands attaqués se replient vers l'ouest sur leur gros.

À 22 heures il fait enfin nuit. Jellicoe continue sa route vers le sud. Il croit en cette occasion que la flotte allemande le suit dans la même direction. Il veut faire demi-tour le lendemain matin pour recevoir les Allemands avec ses canons pointés vers le nord.

Les Anglais marchent à 17 nœuds, les Allemands à 16. Scheer suppose toujours le gros de l'ennemi sur son est à lui et se prépare à la bataille de percée de nuit qui lui ouvrira la route du Horns Riff. Jellicoe cherche son ennemi, comme il a été dit, dans son nord.

À partir de 22 heures, les Anglais font donc route presque au sud, les Allemands au sud-est.

Comme les bâtiments anglais marchent plus vite que les allemands, la pointe, puis le gros anglais dépassent la pointe allemande pendant qu'en même temps, du fait de leurs routes différentes, les flottes se rapprochent à nouveau.

Un peu après 23 heures, en pleine obscurité, la canonnade reprend. Des croiseurs et des torpilleurs anglais qui cherchent le contact de leur propre gros se heurtent à des croiseurs allemands qui forment la pointe de leur avant-garde. Le petit croiseur *Frauenlob* est coulé après un vaillant combat. Plusieurs anglais sont fortement endommagés.

Mais ce n'est là qu'un lever de rideau. Quelque temps après des croiseurs cuirassés interviennent de part et d'autre dans l'effroyable combat de nuit. Les torpilleurs trouvent abondamment à travailler. Le croiseur cuirassé anglais *Blackprince* est coulé. Le chef de flottille *Tipperary* le suit. Plusieurs destroyers subissent le même sort. Plusieurs autres bâtiments fortement touchés quittent le champ de bataille.

Pendant près de trois heures les combats de nuit se traînent sans que les deux flottes soient en situation de se faire une image de la situation. Scheer croit qu'il est en bataille de percée avec la flotte anglaise suivant la même route que lui dans son est. Jellicoe estime qu'il n'a affaire qu'à des forces allemandes secondaires pendant que le gros allemand se trouve toujours dans son nord faisant route vers le sud.

La vérité est qu'entre 23 heures et 2 heures du matin la flotte allemande coupe la route de la flotte anglaise derrière son gros et en avant de son arrière-garde.

Le petit croiseur *Rostock* est torpillé par un torpilleur anglais. Dans l'obscurité le bâtiment de ligne *Posen* éperonne le petit croiseur *Elbing* et le blesse mortellement. Le *Rostock* et l'*Elbing* peuvent suivre la flotte à petite allure, mais dans le courant de la nuit leurs chefs se voient dans l'obligation de les couler à l'approche des forces ennemies.

Passé 2 heures du matin, la bataille diminue d'intensité. Dans l'ouest, à l'horizon, des navires anglais brûlent tels des torches de poix et éclairent le ciel de leurs lueurs. Des obus isolés éclatent à la surface de la mer.

Vers 3 heures une tragédie particulière se joue au loin dans le nord. Le *Lützow*, qui a supporté le poids principal de la bataille de la soirée, est resté en arrière blessé à mort depuis 22 heures.

Quatre torpilleurs sont à ses côtés. Il cherche encore à quitter le champ de bataille et à rejoindre la terre allemande. Mais cela ne va plus. À partir de 2 heures, le géant menace à tout instant de se coucher sur le flanc. Il peut encore à peine se déplacer. Son équipage est recueilli par les torpilleurs. Une, deux, trois torpilles, des gerbes de flammes, des sifflements et des craquements, puis il s'enfonce dans les profondeurs de la mer. Les torpilleurs se hâtent de rejoindre la flotte.

Des salves d'obus éclatent encore une fois. Un peu après 3 heures du matin une flottille de torpilleurs anglais attaque l'arrière-garde allemande. Le vaisseau de ligne *Pommern* est coulé. Le torpilleur *V* 4 le suit. Les Anglais se retirent.

Le calme survient. La flotte allemande maintient sa route sur le Horns Riff. L'un derrière l'autre les bâtiments grincent dans l'obscurité.

À l'est le ciel se couvre peu à peu des lueurs de l'aurore. Les colosses cuirassés gris sortent lentement de l'ombre de la nuit.

De grand matin les dirigeables allemands prennent l'air. Ils fouillent la mer pour trouver l'ennemi. Depuis 4 heures du matin Scheer est près du Horns Riff avec ses vaisseaux.

La nuit est passée comme un rêve brûlant.

Le gros de Jellicoe n'est pas découvert. Ainsi qu'on l'apprendra plus tard l'amiral anglais était encore d'avis dans la matinée que le gros allemand se trouvait toujours dans son nord. Pendant la nuit, à 3 heures, il a fait faire demi-tour à toute sa flotte pour rencontrer les Allemands à l'aube, alors qu'à ce moment-là la flotte allemande était déjà en marche dans son sud-est en direction du Horns Riff. Le 1er juin vers midi il était à nouveau avec son gros immédiatement au sud du champ de bataille de la veille au soir.

Puis il a mis le cap sur l'ouest sans essayer d'arrêter Scheer encore une fois. Il en avait assez.

À 15 heures la flotte allemande, couverte de gloire et de blessures, entre à Wilhelmshaven et jette l'ancre.

Un croiseur de bataille, le *Lützow*, quatre petits croiseurs, le *Wiesbaden*, le *Frauenlob*, le *Rostock* et l'*Elbing*, un vaisseau de ligne, le *Pommern*, et cinq torpilleurs ne sont plus là. Plus de deux mille cinq cents braves marins gisent au fond des flots.

Trois grands bâtiments de combat, trois croiseurs cuirassés, huit torpilleurs, six mille hommes au total, telles sont les pertes des Anglais. La grande épreuve est surmontée.

La grande, la seule, la dernière.

19
L'armée et l'intérieur

Un nouvel hiver de guerre commence, le troisième.

La crise terrible qui menaçait les Coalisés à l'automne 1916, a été surmontée. La campagne de Roumanie a eu la plus grande part dans ce résultat. Mais pour la mener à bien il a fallu que les autres fronts tiennent.

La rage de Broussilov s'est apaisée. Les Russes sont maintenant réellement à bout de forces. Le spectre de la Révolution commence à se dessiner visiblement sur le ciel de l'Orient. Il faut cependant laisser un nombre important de divisions de ce côté, pour être protégé contre les surprises de toute nature.

Le calme s'est aussi rétabli sur le front de Macédoine. Le général Sarrail n'a plus rien pu obtenir après la prise de Monastir. Le front germano-bulgare de Macédoine est solide. En Turquie tout paraît assuré pour un certain temps. Au Caucase et en Arménie le front turc tient. En Mésopotamie on a réussi à infliger aux Anglais, à Kut et Amara, une défaite sérieuse qui les a rejetés loin dans le sud de Bagdad. Ils ne seront pas capables de grandes actions avant le printemps suivant. Les entreprises turques contre le canal de Suez sont restées sans résultat, principalement parce que la proclamation de la guerre sainte n'a pas eu d'effet chez les Arabes. L'or anglais et la politique anglaise ont eu plus de succès.

Cadorna a perdu sa septième bataille de l'Isonzo, comme les cinq premières. La sixième fait exception avec la prise de la tête de pont de Gorizia. Définitivement brisée dans l'Est, la force de l'armée autrichienne est cependant encore suffisante pour tenir le front italien.

Et la bataille de la Somme s'apaise, elle aussi, enfin.

Français et Anglais sont épuisés. Mais les Allemands ont terriblement souffert, eux aussi ; on le constate sur un autre point du front occidental. Dans l'ancien coin de Verdun, là où la bataille déclenchée en février n'a pas encore connu un seul jour de repos, ils subissent deux graves échecs. Le 24 octobre 1916 les Français reprennent les ruines du fort de Douaumont. Les 15 et 16 décembre, ils portent leur attaque jusqu'aux abords d'Ornes. Ils reprennent une partie importante du terrain qu'ils ont perdu au printemps. L'effet moral en est considérable. Les divisions allemandes qui se trouvent dans ce secteur et qui sont toutes passées plusieurs fois par Verdun et par la bataille de la Somme, n'en peuvent plus. Des réserves rapidement rameutées parviennent à tenir la nouvelle position et à l'améliorer par des contre-attaques. Les pertes sont lourdes, surtout en prisonniers.

Puis le calme survient enfin aussi devant Verdun. Au début de janvier 1917 la bataille expire en guerre de position. Sur la Somme une paix de mort règne dès la mi-décembre. Verdun a survécu à sa sœur, plus jeune et plus vorace, la Somme. Maintenant toutes les deux sont mortes, étouffées par leur violence même.

Les deux adversaires ont un besoin énorme de repos. Les fatigues de l'année écoulée ont été trop grandes. Matériellement et moralement on leur a trop demandé. Maintenant que va-t-il se passer ?

Il faut préparer la nouvelle année, la paix est plus éloignée que jamais. C'est celui qui aura le plus de souffle et qui réussira à devancer l'autre dans ses nouveaux préparatifs, qui attaquera le premier.

Est-ce que les pertes que l'Allemagne a subies pendant la bataille de la Somme peuvent encore être comblées ? Est-ce qu'en outre les ressources de l'Allemagne en hommes et en matériel pourront encore être augmentées suffisamment pour pouvoir tenir pied à l'accroissement des forces ennemies ? Est-ce qu'elle pourra encore maintenir ses alliés en état de combattre ?

Si l'on se voit contraint de donner à ces trois questions des réponses négatives, alors la guerre est perdue et il faut la terminer le plus vite possible. Si au contraire les réponses sont affirmatives, ce serait un crime que de ne pas prendre les mesures les plus sévères pour pouvoir utiliser toutes les forces disponibles.

Dès le premier jour de leur entrée en fonctions, Hindenburg et Ludendorff sont d'avis que les forces existent et qu'il suffit de les mobiliser. Deux jours après leur nomination ils adressent au Chancelier une courte lettre où ils lui annoncent l'envoi d'un programme détaillé, dont ils demandent l'exécution et qu'ils qualifient de condition préalable à une issue victorieuse de la guerre. Ils ne lui laissent aucun doute sur le fait qu'ils considèrent la situation comme très sérieuse.

En attendant ils entreprennent la partie de la réorganisation qui concerne l'armée même. Dans ce domaine ce sont avant tout les conséquences des grandes batailles défensives qu'il faut tirer. Un hiver rempli du travail le plus astreignant commence. La division d'infanterie est instruite plus nettement que jusqu'alors à mener le combat par elle-même dans son secteur. Elle doit être mobile pour pouvoir être jetée à tout moment sur les points du front menacés. Elle doit pouvoir être retirée d'un front de combat et intercalée dans un autre dans le temps le plus court. Elle doit être un corps permanent constitué en soi et dont les différents membres sont habitués à travailler en commun. Elle comprend maintenant trois régiments d'infanterie, un régiment d'artillerie de campagne et les armes auxiliaires – sapeurs du génie, lance-mines, troupes de transmission et formations sanitaires – nécessaires à un corps tactiquement indépendant. La majorité des parcs et convois sont affectés aux armées et deviennent organes de secteur pour ne pas alourdir les transports rapides des divisions.

Chaque division a son secteur de combat dont elle est responsable. Celui-ci a de deux à dix kilomètres et plus, suivant la situation tactique. Plusieurs divisions sont réunies pour former un groupement, plusieurs groupements pour former une armée. Les armées sont subordonnées à un groupe d'armées, les groupes d'armées à la Direction suprême. Celle-ci s'est transférée à nouveau sur le front ouest après l'arrêt des combats sur le front est. Elle s'installe à Bad Kreuznach.

Les divisions ne sont pas toutes sur le front en même temps. Une partie d'entre elles constituent la réserve stratégique de la Direction suprême. Les groupes d'armées et les armées ont aussi leurs réserves propres. Elles stationnent dans la zone des étapes et complètent leur instruction pour les nouvelles formes de grand combat qui sont nées de la bataille de matériel. Les divisions de position et les divisions réservées alternent entre elles de temps en temps. Des cours sont organisés pour familiariser peu à peu la troupe avec les nouveaux règlements de combat. Les recrues instruites dans les bataillons de dépôt de l'intérieur sont amenées au front le plus tôt possible. Elles y reçoivent, dans des dépôts de recrues spéciaux, une deuxième instruction basée exclusivement sur les exigences du combat. La nouvelle guerre devient une science. Les enseignements tirés par les meilleures unités sont triés, vérifiés, réglementés et adoptés pour la généralité.

Pour être en situation de transporter rapidement et efficacement l'effort principal de la défense sur les endroits menacés, la Direction suprême crée, une série de formations spéciales qui lui sont directement subordonnées et qui sont destinées à être données aux armées engagées dans de grands combats. Elle a ses propres régiments d'artillerie de campagne et dispose surtout de la masse de l'artillerie lourde. Elle constitue des détachements spéciaux de mitrailleurs d'élite, 83 détachements de 36 mitrailleuses lourdes. Elle forme des bataillons d'assaut spéciaux avec des hommes choisis, pour les engager sur les points du front où la lutte est difficile, en vue de reprendre le terrain perdu. Toutes ces armes spéciales sont très mobiles et pour la plupart motorisées. Elles peuvent changer avec une grande rapidité de point de stationnement.

La cavalerie a fini son temps sur le front ouest. La forme nouvelle de la bataille de matériel l'a mise hors de cause. On a besoin, en outre, de chevaux pour l'artillerie, dont les échelons ont de gros déficits. La plupart des régiments de cavalerie sont transformés en bataillons de cavaliers à pied. Pour le moment on épargne encore ce sort aux vieux régiments de l'active. Plus tard ils devront y passer, eux aussi. La guerre n'a pas d'égards. Les cavaliers échangent leur selle contre une tranchée.

L'infanterie reçoit peu à peu trois fois plus de mitrailleuses. Chaque bataillon se voit doté d'une compagnie de mitrailleuses lourdes. Chaque compagnie de fusiliers dispose aussi maintenant de six pièces légères du modèle récemment mis en service. C'est là un accroissement considérable de la puissance de feu de l'infanterie. Les possibilités de destruction du feu roulant le rendaient nécessaire.

L'artillerie de campagne est pourvue progressivement d'un nouveau canon un peu plus lourd, mais portant plus loin. Cette transformation de l'armement ne s'effectue cependant que très lentement. Le nombre des pièces est peu à peu presque doublé. L'artillerie lourde a été sextuplée depuis 1914.

On peut se faire une idée de l'augmentation de l'aviation en songeant qu'Hindenburg, dans son nouveau programme, demandait une fabrication mensuelle de mille appareils neufs. En 1914, l'armée de campagne allemande tout entière ne possédait qu'une fraction de ce taux de sortie mensuel. En 1914 il n'y avait que 20 pièces contre avions, en 1918 il y en aura plus de cent fois plus.

Le programme de renforcement de l'armée ne put être réalisé qu'à une allure beaucoup plus lente que celle qui était prévue dans les intentions de la Direction suprême. On ne l'entreprit que morceau par morceau parce que les conditions préalables de son exécution commençaient à faire défaut de toutes parts. Quand on parait à un inconvénient on en créait un autre. Écartait-on celui-là, trois autres surgissaient. La guerre contre les matières dont on manquait devint une lutte non moins acharnée que celle du front. On atteignit des chiffres de production qu'on aurait qualifié autrefois de fantastiques. L'industrie et l'économie eurent des rendements sans exemple. Mais ils ne furent pas suffisants cependant pour ne pas laisser s'accroître l'infériorité matérielle où l'on se trouvait déjà en 1916 vis-à-vis de l'ennemi. L'avance de l'Entente, à qui le monde entier était ouvert, devint toujours plus grande. Elle puisait dans l'inépuisable.

Située au cœur de l'Europe l'Allemagne était devenue depuis 1870 un atelier industriel formidable, où l'on travaillait pour les besoins de l'univers entier; elle importait annuellement avant la guerre des quantités énormes de matières premières et de vivres. En 1913 ses importations s'élevaient à près de 12 milliards de marks. Dans presque tous les domaines il nous fallait recourir à l'étranger. Notre charbon et notre fer eux-mêmes n'étaient plus suffisants pour ravitailler nos millions de fabriques. Depuis longtemps déjà notre agriculture ne couvrait plus nos besoins intérieurs. Un quart de nos vivres provenait déjà de l'extérieur.

Il y avait bien un plan de mobilisation militaire. Mais il n'y avait pas de plan économique. Lorsque la catastrophe éclata, ni les exploitations isolées, ni l'ensemble des exploitations, ni l'État en tant que facteur économique n'y étaient suffisamment préparés. Notre formidable mécanisme reçut un choc terrible qui l'ébranla jusque dans ses fondements.

La majeure partie des valeurs économiques de l'étranger : navires, marchandises, exploitations, firmes, clients fut perdue d'un seul coup. Il n'y eut presque plus d'importation de matières premières que l'on pût travailler, de produits finis que l'on pût acheter. Le fleuve vivant de notre production et de notre commerce se tarit. Les hommes, qui en avaient assuré jusqu'alors la direction et l'exécution, coururent en flots énormes prendre les armes. Les ateliers de l'économie se vidèrent en quelques jours. Les marchandises existantes n'eurent plus preneur. Il n'y eut plus de commandes en quantités suffisantes. Le crédit cessa au moment où on en avait le plus besoin. Un bras de fer s'abattit sur le mécanisme aux millions de rameaux et de rouages. Le marché du travail s'effondra complètement en une semaine.

Ce que l'armée possédait en fait de matériel et ce qui était stocké dans les magasins sera bien suffisant, disait-on, pour les quelques semaines que durera la guerre. Il y avait alors, même parmi les cercles dirigeants, des optimistes qui comptaient sur une durée aussi courte du conflit. Le peuple était fermement persuadé que la guerre serait terminée au plus tard à la Noël 1914.

La guerre durant, le problème de la transformation de l'économie aux fins de productions de guerre se posa de lui-même. Il s'amplifia peu à peu et devint finalement une avalanche d'une grandeur gigantesque.

Il fallut tout d'abord se faire une idée d'ensemble des existants en matières premières. Personne n'avait songé en temps de paix à établir une telle statistique. Il fallut donc remédier le plus vite possible et dans les conditions les plus difficiles à ce qu'on avait négligé.

L'industriel Walther Rathenau fut le premier à attirer l'attention du ministère de la guerre prussien sur la nécessité de trouver ces remèdes. Le ministère de la guerre créa une « section des matières premières de guerre ». Rathenau en prit tout d'abord la direction. « L'expérience réussit », dit-il lui-même, « au bout de quinze jours on commença à voir clair, au bout de trois mois nous fûmes renseignés. »

C'est-à-dire que nous sûmes que nos matières premières étaient suffisantes pour une guerre qui durerait un an. Cette situation fut encore estimée à ce moment-là tout à fait satisfaisante et tranquillisante. Personne ne pensait qu'une guerre d'une telle ampleur pourrait durer plus d'un an. Aucun peuple d'Europe ne pourrait tenir plus longtemps. On comptait que la décision militaire serait obtenue bien avant la fin de ce délai. Qui pouvait alors penser que la guerre ne serait pas décidée par les armes ? C'était contraire à toutes les notions existantes.

On continua à avancer pas à pas. Au bout de peu de temps déjà il apparut qu'il fallait s'assurer les matières premières disponibles en les réquisitionnant. Puis il fallut répartir les quantités saisies entre les fabriques existantes au moyen de sociétés à demi étatisées. C'est ainsi que prirent naissance les sociétés de guerre. Des domaines économiques de plus en plus nombreux furent englobés dans cette évolution.

Plus les stocks se réduisirent, plus les prix montèrent. Là aussi l'État dut bientôt intervenir en fixant des prix maxima. Cette fixation fut tout d'abord limitée aux denrées qui étaient directement nécessaires à l'industrie de guerre. Peu à peu elle s'étendit aux autres besoins industriels. Finalement elle frappa également les besoins journaliers de la population et même les vivres.

Si la fixation des prix maxima ne fut qu'une mesure de police, imposant des prix aux commerçants privés, on fut bientôt contraint de faire un pas de plus. Il parut de moins en moins de marchandises sur le marché au fur et à mesure que les approvisionnements diminuèrent et que les commerçants n'ayant plus d'intérêt à vendre aux prix fixés, conservèrent leurs disponibilités. Le gouvernement passa au système de l'économie forcée, qui enleva aux vendeurs particuliers la disposition de leurs marchandises et les remit à l'État. La question des prix donna naissance à la question des quantités, et celle-ci prit une allure toujours plus menaçante. Dans la dernière période de la guerre, il n'y avait plus rien à acheter qui ne fût soumis à l'économie forcée.

Qui devait produire le matériel de guerre ? Les possibilités des exploitations d'État et militaires furent vite épuisées. L'industrie privée dut intervenir. Sa transformation commença de ce fait. Elle alla en s'accentuant au fur et à mesure que la guerre dura et que les besoins des civils furent limités au profit des militaires. Finalement il n'y eut plus guère d'exploitation industrielle, qui ne travaillât directement ou indirectement pour les besoins de la guerre et n'exécutât des commandes de l'État. Seul un appareil supérieurement organisé et d'un niveau technique inégalé pouvait supporter une telle transformation. Il n'y a pas dans toute l'histoire du monde d'événement comparable à celui-là.

À partir du printemps 1915 la conduite de la guerre économique subit un nouveau développement. Si on voulait assurer pour une assez longue période les besoins croissants de l'armée, il fallait comprimer sérieusement les besoins de l'intérieur. La grande période de souffrance commença. À peine perceptible au début pour l'individu isolé, elle gagna du terrain sans se faire remarquer et secrètement. Par la suite elle devint une oppression morale et matérielle d'une grandeur historique. Aucun peuple n'eut à subir pires souffrances au cours d'une guerre.

On commença à rassembler d'une façon en apparence inoffensive tous les vieux objets d'entretien qui n'étaient pas indispensables. Bientôt ce furent les chaudières de cuivre, les poignées de porte, les revêtements des wagons, les panonceaux des firmes. Puis cela se généralisa et l'on prit les cloches d'église pour en faire des obus. Après ce fut la chasse au caoutchouc. On n'épargna aucune enveloppe de bicyclette, aucun pneu d'automobile. Et cela s'accrut toujours davantage.

On passa ensuite à la fabrication de succédanés pour les objets d'usage courant indispensables. Il n'y eut plus de semelles de souliers en cuir. Elles furent faites en carton. L'habillement subit une transformation singulière. Le coton et la laine disparurent des vêtements civils. Chardons, écorce, houblon, genêt les remplacèrent.

Le papier devint une matière première principale, on employa le papier à la place du fer, le papier à la place du cuir, le papier à la place du drap. Finalement le civil n'eut plus grand-chose sur le corps qu'on aurait pu employer pour le front. Ici aussi une organisation de mauvaise augure fut chargée non seulement d'ordonner le remplacement des matières par des succédanés, mais encore de contrôler la nécessité de remplacer les objets en les soumettant à un examen préalable méticuleux. Le système des bons, si risible et si grotesque qu'il fût en soi, aida autant à tenir que la fabrication des obus.

Tout cela fut loin de suffire. Des sauveurs intervinrent encore une fois. Ce furent les chimistes. Les modifications qu'imposèrent leur esprit et leur application touchent au merveilleux. Dès 1915 nous n'aurions plus eu de poudre si on n'avait pas réussi à récupérer l'azote de l'air et à nous libérer du salpêtre étranger. Nous apprîmes à fabriquer chimiquement du caoutchouc. On tira de l'alcool des déchets de cellulose, du pétrole des schistes, de la glycérine du sucre, du soufre du gypse. Les chimistes travaillèrent dans leurs laboratoires comme des alchimistes modernes. Et ils trouvèrent les merveilles désirées.

Hindenburg et Ludendorff demandèrent alors peu à peu que la production jusqu'alors obtenue fût doublée et triplée dans tous les domaines. Le double d'obus, le double de cartouches, le triple de mitrailleuses et de canons et un millier d'avions par mois. Tout cela pour l'été 1917.

On créa un Office de guerre. Le général Groener fut mis à sa tête. Cet office comprenait une section chargée de régler les questions de main-d'œuvre, une seconde les questions d'habillement, une troisième la fabrication des armes et des munitions, une quatrième le contrôle et la répartition des matières premières, une cinquième les importations et les exportations, pour autant qu'elles existaient encore. L'Office dépendait du ministère de la guerre prussien, mais possédait presque des pouvoirs dictatoriaux.

On constata bientôt que la difficulté principale de la réalisation du programme Hindenburg résidait dans la question du ravitaillement en charbon et dans la construction des nouvelles fabriques que l'accroissement des demandes de matériel rendait nécessaire. L'allure des fabrications se ralentit sérieusement malgré l'énorme tension de toutes les forces. Le charbon et le fer furent placés sous le contrôle de commissaires d'empire spéciaux. On essaya tous les moyens. Les chiffres de production tombèrent néanmoins dans les deux domaines avec une régularité inquiétante. Le manque de bras et la crise des transports s'accrurent de mois en mois. L'impossible resta insoluble. En 1913, l'Allemagne extrayait 190 millions de tonnes de charbon, en 1917 elle n'en extraya plus que 167. En 1913 nous produisions 19 millions de tonnes de fer, en 1917 nous n'en produisîmes plus que 11.

La fabrication du matériel de guerre de toute nature s'accrut cependant du fait du programme Hindenburg d'une façon énorme et presque fantastique. En une seule année on fabriqua un nombre de fusils tel qu'on aurait pu en doter 60 corps d'armée du temps de paix, chaque corps compté à 40 000 hommes. La sortie mensuelle des mitrailleuses atteignit le chiffre de 9 000 pièces (en 1913 : 200 ; en 1916 : 2 300). Il faut y ajouter 200 millions de cartouches par mois.

De juin à octobre 1917 le nombre total des mitrailleuses existant sur le front passa de 29 000 à 56 000.

Après la bataille de la Somme l'armée de campagne disposait de 2 500 lance-mines en chiffres ronds. Un an plus tard elle en avait 16 000. Au cours de la seule année 1917 on en fabriqua 30 000.

La production mensuelle des pièces d'artillerie de campagne monta à 2 000 pièces (en 1915, 300). La Direction suprême disposait de 7 000 canons lourds.

En temps de paix les fabriques de l'armée livraient mensuellement environ 200 tonnes de poudre. En 1915 ce chiffre monta à 4 000 ; en 1916 à 6 000 et en 1917 à 14 000 tonnes. Si on mettait l'un derrière l'autre tous les trains de munitions qui en 1917 furent envoyés de l'intérieur au front, cela ferait un convoi s'étendant de Hambourg à Constantinople par Berlin, Vienne et Sofia.

Les demandes du programme Hindenburg n'étaient pas limitées à l'accroissement matériel de la production de guerre. La Direction suprême donna également son avis sur la façon de se procurer les travailleurs nécessaires à cet accroissement de production.

Le service militaire général était dû de la 19e à la 45e armée. Les hommes valides et aptes à faire campagne de ces classes étaient à peu d'exception près sur le front, dans la zone de guerre ou à l'instruction. Les pertes étaient énormes, mais pouvaient encore être comblées. On parvint même à renforcer l'armée à un tel point qu'en 1918 il y avait sur le front et dans les territoires occupés 5 300 000 hommes malgré les gros déchets de toute nature. 2 700 000 étaient en service militaire à l'intérieur. Au total on incorpora pendant toute la guerre, 13 millions 200 000 hommes y compris les hommes qui étaient dans l'active au début des hostilités. C'est-à-dire que plus d'un Allemand sur cinq, y compris vieillards, femmes et enfants, porta l'uniforme de soldat.

Hindenburg demanda que le service militaire obligatoire s'étendît à tous les hommes de 16 à 60 ans. Les trois classes supplémentaires ainsi gagnées vers le bas, et les quinze classes supplémentaires gagnées vers le haut devaient fournir les travailleurs nécessaires au programme d'équipement. La plupart des hommes de ces classes étaient déjà employés dans l'industrie. Il fallait créer maintenant un moyen légal de toucher aussi les hommes restants.

La militarisation projetée de la production de guerre ne fut pas étendue en vue de tenter de supprimer un des excès les plus graves et qui minait de façon inquiétante le moral patriotique. Le travailleur employé à réaliser le programme d'équipement était en sûreté dans ses foyers auprès de sa femme et de ses enfants et touchait un salaire relativement élevé. Le soldat du front, lui, ne touchait que quelques pfennigs et devait exposer sa vie jour et nuit. Le jeune travailleur, qui avait pris la place du travailleur plus âgé appelé à combattre au front, était à la maison un grand homme. Ses poches étaient pleines d'argent. L'action éducatrice de ses compagnons de travail plus âgés lui faisait défaut. L'organisation syndicale lui imposait des devoirs, qu'il ne pouvait comprendre et dont il ne pouvait assumer la lourde responsabilité, car toute base lui manquait pour cela. La discipline fut envoyée au diable. Puis un beau matin arrivait le jour où il devait revêtir l'uniforme gris de campagne, se soumettre à la discipline militaire et défendre sa patrie avec sa vie pour une somme d'argent ridicule. Bientôt ce changement brutal ne lui parut plus naturel. Il l'accueillit comme une contrainte, comme un malheur, comme une chute dans la masse des damnés de l'extérieur. La différence entre son ancienne existence et la nouvelle était trop grande.

Le gouvernement d'empire déclara aussitôt que l'extension de la durée du service militaire demandée par Hindenburg et la militarisation de l'industrie de guerre étaient inexécutables. Gouvernement, partis du Reichstag, syndicats et autorités militaires de l'intérieur négocièrent pendant trois mois. Le 2 décembre 1916 le Reichstag accepta la nouvelle « loi sur le service auxiliaire ». L'obligation légale de travailler fut établie. Elle fut à nouveau levée en partie par des prescriptions limitatives particulières. Comme du fait de l'attrait des hauts salaires presque tous les travailleurs utilisables avaient déjà afflué dans l'industrie, le travail obligatoire fut un coup d'épée dans l'eau. Les forces nouvellement récupérées se révélèrent presque inutilisables. Le travail féminin mis en œuvre dans la plus large mesure remplit bien les espérances que l'on avait mises en lui, mais il ne put combler les vides existants.

Pour arriver à réaliser tout au moins une partie du programme Hindenburg, la Direction suprême dut avoir recours a un système des plus inquiétants : la mise en sursis des hommes prit une extension déplorable. Jointe à la différence criante de salaire entre les militaires et les civils, elle devint le plus grand cancer de toute la période de guerre. Le ver de la discorde, de la faiblesse, du mépris de la patrie, rongea la moelle de l'Allemagne. Le sursitaire devint l'heureux envié, le soldat du front le malheureux maudit.

Jusqu'au milieu de 1918 le nombre des hommes astreints légalement au service militaire qui furent cédés par l'armée à l'industrie, s'accrut jusqu'à s'élever à près de 2 500 000. Parmi eux 1 200 000 étaient aptes à servir sur le front. Ils avaient sur leurs camarades qui demeuraient au front non seulement l'avantage d'échapper au danger de mourir, mais ils touchaient encore à l'intérieur le même salaire que tous les travailleurs de l'industrie et n'étaient plus soumis à la législation militaire plus sévère. On ne pouvait certes pas employer l'un à côté de l'autre deux travailleurs dont l'un aurait touché le salaire de l'industrie et l'autre les quelques sous du militaire, et cela, pour le même travail. Mais on ne chercha pas à créer un juste équilibre en abaissant le salaire général de l'industrie et en augmentant conformément la solde des militaires.

Lorsque l'industrie essaya par ses propres moyens d'abaisser les salaires, des grèves éclatèrent qui prirent avec le temps une grande ampleur. La chute de la force morale de l'Allemagne se trouva révélée avec la soudaineté de l'éclair par ces grèves. C'est à ce moment-là que commença la triste époque qui représenta à la sensibilité des esprits naïfs et excités le service militaire comme une déchéance et une marque de sottise. Le patriotisme fut ainsi tué pour la première fois.

Si les travailleurs n'étaient que des hommes, les entrepreneurs n'étaient pas non plus des anges. Dans un peuple sain et animé de sentiments nationaux la figure du profiteur de guerre jouera toujours un rôle méprisable. Le gouvernement d'empire prit pour principe de laisser le plus possible la main libre aux entreprises privées. Ce n'est que de cette façon qu'il croyait pouvoir satisfaire les exigences énormes des besoins de l'armée. Ce principe a fait ses preuves. L'industrie fut la première à déclarer que le programme Hindenburg était exécutable. Son organisation, sa souplesse, son énergie firent des prodiges. Le fit-elle par profit, pour avoir des dividendes et des traitements de directeurs aussi grands que possible, ou bien pour cette même patrie pour laquelle, sur le front, le soldat combattait pendant des années, souffrait et mourait pendant qu'à l'intérieur les principes qui avaient régi le travail de toute sa vie dépérissaient ? Le fait que le type méprisable du profiteur de guerre ait pu prendre naissance porta une lourde atteinte au moral de la nation. Ce fut là la deuxième cause qui tua notre patriotisme. Le matérialisme égoïste commença à prendre la place des idéals nationaux.

Pendant que nous péchions beaucoup par notre propre faute, l'attaque la plus terrible contre le patriotisme vint de l'extérieur. Le peuple commença à souffrir de la faim.

En temps de paix l'Allemand consommait par jour pour se nourrir 320 grammes de farine, 140 grammes de viande et 56 grammes de graisse. En 1918 il ne reçut plus, contre des cartes, et après des heures d'attente devant les magasins, que 116 grammes de farine, 18 grammes de viande et 7 grammes de graisse. La quantité minima des calories journalière nécessaire à un homme bien portant s'élève à 2 300. En 1918 l'Allemand ne reçut plus que 1 000 calories.

D'après les calculs de l'Office de la Santé d'empire 121 000 personnes moururent en 1916 des suites du blocus de la faim, en 1918 297 000 et pendant toute la guerre plus de 750 000. En 1918 le nombre des décès par tuberculose pulmonaire fut double de celui de 1913. Le nombre des mères qui moururent des suites d'accouchement fut double également. L'anémie, l'amaigrissement, les maladies de l'estomac et de l'intestin, les maladies de peau prirent des proportions terribles. Une génération tout entière fut si troublée dans sa croissance que les conséquences de la famine se firent sentir bien après la fin de la guerre. Qui pourrait compter les centaines de milliers d'êtres humains qui moururent encore de la guerre après la guerre ?

En 1913 on avait tué en Allemagne 18 millions de porcs. En 1918 on n'en tua plus que 2 millions et demi. Un porc de 1918 ne pesait plus que la moitié d'un porc de 1913. Par contre le nombre des chevaux – et des chiens – abattus, tripla. En 1913 on avait consommé, en chiffres ronds, deux millions de quintaux de viande, en 1917 on ne consomma qu'un quart seulement de cette quantité. Si on considère l'année 1913 comme une année normale, on constate qu'en 1918 on ne récolta plus que 55 % du seigle, 66 % du blé et 56 % des pommes de terre récoltés en 1913. À cela il faut ajouter la suppression presque complète des importations qui, en 1913, couvraient en moyenne le quart de la consommation. Toutes les denrées exotiques que nous étions habitués à consommer en temps normal, firent naturellement complètement défaut. Il n'y avait ni oranges, ni chocolat, ni thé, ni café, ni margarine faite avec des graisses de plantes étrangères. On se tira d'affaire avec des succédanés impossibles. On but du thé de feuilles de framboisiers, on porta des vêtements de papier et on mangea des choux-navets desséchés. Les chevaux et le bétail reçurent des feuilles d'arbres à la place de foin. La maigre ration de pain journalière était faite pour moitié avec des pommes de terre. Comme denrée à étendre sur le pain on employait tout ce qui pouvait être transformé en marmelade.

Obéissant à une loi toute naturelle, les hommes se défendirent contre cet affamement systématique. Mais le pays étant hermétiquement isolé de l'extérieur, l'individu ne put améliorer son sort qu'aux dépens de ses voisins. Le commerce illicite, la tromperie, la violation des règlements devinrent presque une nécessité. La notion de ce qui est moral et immoral ne put plus conserver de valeur devant des restrictions aussi draconiennes. L'instinct de la conservation domina peu à peu toute crainte. Ses conséquences, compréhensibles et par trop pardonnables quand il s'agissait de se procurer l'indispensable, devinrent méprisables, irritantes et démoralisantes quand le luxe et le gaspillage osèrent en secret et ouvertement se transformer en débauche. On ne pouvait faire disparaître de telles monstruosités à l'aide d'arrêts et de circulaires.

Le vice et l'égoïsme trouvent toujours des chemins secrets. Quand le moral général est en baisse, ils s'affichent de plus en plus au grand jour; ils ne passent plus finalement pour méprisables et on en vient à les considérer comme le droit naturel de ceux qui en ont les moyens.

Personne ne saurait jeter la pierre au modeste mercanti du temps de guerre, rongé de soucis; mais le débauché qui tirait des avantages de la détresse de ses concitoyens doit être mis au pilori comme le profiteur de guerre. Ces excès furent la troisième cause qui tua le patriotisme du peuple allemand.

Satisfaire les demandes en hommes et en matériel de l'armée, rechercher les travailleurs nécessaires aux productions de guerre, nourrir la population, tels ont été les trois grands problèmes de la conduite de la guerre à l'intérieur. Un quatrième s'y ajouta moins visible extérieurement et cependant en fin de compte aussi décisif que les autres.

La guerre coûte de l'argent. C'est à l'État, communauté des citoyens, de la diriger. C'est à lui de la payer. Mais les moyens de paiement proviennent en fin de compte des citoyens. C'est aux instituts argentiers de l'État qu'il appartient de rendre ces moyens liquides. Il faut payer les salaires et les traitements des militaires, les indemnités de ceux qui sont restés à l'intérieur et dont les soutiens sont partis. Il faut payer la fabrication du matériel de guerre et les frais d'adaptation à la production de guerre. Il faut payer l'achat des matières premières et les transports, les traitements des fonctionnaires et des civils dont l'État s'est assuré les services. Il faut ouvrir des crédits pour ne pas laisser s'effondrer la vie économique. Il faut payer les importations. Toutes les dépenses de l'économie privée passent ainsi de plus en plus à l'État. Ses dépenses normales atteignent des sommes démesurées, fantastiques, grotesques. Il est tout aussi important d'assurer leur paiement régulier que de protéger la valeur de la monnaie, pour qui des déplacements aussi formidables sur le marché de l'argent constituent une menace des plus graves.

Du fait de la déclaration de guerre la banque d'empire allemande prit, en tant qu'institution financière d'État, la plus grande importance. Les bases de ses nouvelles missions furent fixées par des prescriptions légales. Elle augmenta d'une façon continue sa réserve d'or en faisant appel à l'or privé. On fonda des caisses de prêt pour remédier à la détresse du crédit. Les bons des caisses de prêt furent mis en circulation comme des billets de banque et comblèrent ainsi le manque de moyens de paiement qui s'était bien vite manifesté. On ne put cependant satisfaire par ces procédés les besoins d'argent de l'empire qui s'enflaient d'une façon gigantesque. Pour avoir immédiatement des ressources importantes, la banque d'empire émit, avec autorisation légale, des bons du trésor d'empire. Ils servirent de change à trois mois. Ils devaient être rachetés avant ce délai par l'empire. Ils pouvait le faire de deux façons : ou bien par augmentation des rentrées d'impôts ou bien par transformation des bons du trésor en papier à long terme avec intérêt.

Le gouvernement employa presque exclusivement le procédé de la transformation en emprunts fixes. On craignait, en serrant trop fortement la vis des impôts, de diminuer la capacité de rendement de l'économie dont tout dépendait. On reporta le fardeau de la guerre, dans la mesure du possible, sur l'après-guerre. L'idée que nos ennemis nous paieraient des dommages de guerre joua aussi un certain rôle en cette circonstance.

Quant aux emprunts ils ne pouvaient naturellement être émis qu'à l'intérieur, tandis que nos adversaires disposaient du marché de presque tout l'univers, en particulier du marché américain. Dans ses traits essentiels le financement de la guerre par la banque d'empire allemande fut un renouvellement constant du même procédé. Les dépenses courantes, acquittées sous forme de bons du trésor, créaient un nouveau pouvoir d'achat, qui se déversait dans l'économie. Les emprunts de guerre qui se succédaient tous les six mois retiraient de l'économie ce moyen d'achat superflu, qui menaçait la valeur de la monnaie et le transformait en papiers d'État à longs termes et à intérêt.

Il y eut successivement neuf emprunts. Ils rapportèrent au total 98 milliards de marks. Les résultats du premier d'entre eux dépassèrent toute attente. Ils couvrirent non seulement les bons du trésor mis en circulation entre-temps, mais fournirent encore à l'État une réserve de disponibilités. Mais les dépenses courantes s'enflèrent avec la rapidité d'une avalanche. Les souscriptions aux emprunts ultérieurs ne purent les compenser. Le renversement de situation se produisit à l'automne 1916. Le montant des bons du trésor en circulation, non convertis en emprunts fixes, augmenta d'une façon inquiétante. À la fin de 1918 la totalité des dettes à court terme de l'empire (billets de banque en circulation, bons des caisses de prêt et bons du trésor à libre cours) s'élevait à plus de 60 milliards de marks contre 5,3 en 1913. Cet accroissement inouï des moyens de paiement en circulation avait été rendu possible par une loi qui avait dégagé la banque d'empire de l'obligation de payer ses billets en or. Cette loi avait été votée dès le début de la guerre. Elle avait supprimé pratiquement l'étalon-or. C'est là qu'il faut chercher les prémices de l'anéantissement ultérieur de notre monnaie, qui atteignit son effroyable point culminant lors de l'inflation de 1923.

Ce fut avec hésitation et avec la plus grande prudence que l'on s'engagea dans la seconde voie, permettant d'assurer le financement des dépenses de guerre, la levée de nouveaux impôts. Les gains énormes de l'industrie n'amenèrent eux-mêmes le gouvernement à agir dans ce sens que peu à peu bien que cette industrie travaillât presque exclusivement à des commandes de l'État et qu'elle n'eût guère de risques à courir devant les besoins illimités de ce dernier. Il estimait, en effet, ainsi que cela a été dit précédemment, qu'on ne pouvait pas, en temps de guerre, accroître encore la lourde charge qui pesait sur le peuple. La création de nouveaux impôts fut plus un moyen de combattre les excès intérieurs que l'impression d'une volonté décidée de se procurer dès le temps de guerre la plus grande part possible des ressources financières. Les recettes des impôts d'empire passèrent de 2 milliards 200 millions de marks en 1914 à 6 milliards environ en 1918. Mais si l'on tient compte pour 1918 de l'accroissement des transactions commerciales, du roulement plus rapide des moyens de paiement et de la diminution déjà acquise de la valeur de l'argent, l'augmentation relative des rentrées d'impôts pendant la période de guerre doit être considérablement diminuée.

La totalité des paiements effectués par l'empire pendant les hostilités aux fins de la conduite de la guerre s'élève a 147 milliards de marks, soit une moyenne mensuelle de 2 milliards 800 millions. Ces dépenses ne comprennent naturellement qu'une partie des frais réels de la guerre. Les pertes subies par la propriété privée, les pertes résultant du traité de paix et toutes les dépenses d'empire qui doivent être considérées comme des conséquences de la guerre et qui pèseront encore pendant des dizaines d'années sur le budget de l'État n'y sont pas comprises. Les tributs qui nous ont été imposés n'y sont pas englobés, eux non plus. Les frais réels de la guerre ne peuvent pas être déterminés d'une façon suffisamment approchée. Ils s'élèvent à des centaines de milliards de marks.

20
La croisade des Américains

Les besoins de l'armée en hommes et matériel furent assurés grâce à des efforts inouïs. L'intérieur dut donner à fond. Personne ne pouvait douter qu'une telle tension n'aurait des conséquences fâcheuses.

La Direction suprême s'en rendait parfaitement compte, elle aussi. Elle remarqua bientôt qu'à l'intérieur de l'Allemagne des forces bougeaient qui constituaient une menace pour l'esprit de patriotisme de la nation et pour l'idée que la guerre devait être conduite avec une grande fermeté. Le gouvernement d'empire avait une autre conception que la Direction suprême sur la nécessité de combattre ces tendances.

Une situation des plus troubles prit ainsi naissance avec le temps. Les deux autorités chargées de la conduite de la guerre morale, militaire et politique, le gouvernement d'empire et la Direction suprême, étaient sous l'influence de deux hommes de caractère totalement différent et opposés l'un à l'autre intérieurement. D'un côté Ludendorff, de l'autre Bethmann. Il n'était guère de question fondamentale de la guerre sur laquelle les deux hommes fussent d'accord. Ni sur le programme d'armement, ni sur la question sociale, ni sur la question de la guerre sous-marine, la direction politique et la direction militaire n'étaient du même avis.

Le règlement des questions politiques n'était pas du ressort de la Direction suprême. Mais lorsque les effets de la politique touchaient directement l'armée, Hindenburg et

Ludendorff sortaient de leur réserve. Ils le faisaient de la seule façon qui leur était possible, à savoir en exprimant leur manière de voir devant l'empereur. Ils évitèrent tout ce qui pouvait les entraîner à participer à la lutte des opinions.

Mais le désaccord des autorités dirigeantes ne pouvait pas rester caché à la longue au public. Le peuple commença à se diviser en deux camps. Pour les uns la Direction suprême était un symbole, pour les autres c'était le Chancelier. La lutte devint passionnée et acharnée. Les blessures, que la volonté de guerre de la nation reçut du fait de cette lutte des deux opinions, restèrent inguérissables.

Dans ces eaux troubles du différend politique, des pêcheurs dont les buts n'avaient plus rien de commun avec l'amour de la patrie, se mirent à l'ouvrage. La lutte fratricide de l'opinion publique les favorisa. Certaines personnalités qui estimaient que l'affaiblissement et le renversement du pouvoir de l'État pouvaient au mieux faciliter leurs plans, commencèrent à se livrer à un travail d'excitation politique. La haute trahison germa déjà sous la surface, forma des cercles secrets, se glissa dans les fabriques et les exploitations, gagna les dépôts des unités de l'intérieur, les navires de la flotte, qui depuis la journée glorieuse du Skagerrak était à nouveau inactive dans les ports, et trouva çà et là un chemin vers le front.

Que fit-on pour agir contre ce poison mortel ?

Le chancelier d'empire essaya d'un côté d'attacher le peuple plus étroitement aux autorités existantes en lui accordant des droits politiques. Sur sa proposition l'empereur promit d'introduire également en Prusse l'égalité du droit de vote. On annonça des réformes sociales. La situation ne s'améliora pas. L'abîme de méfiance entre le gouvernement et une grande partie de l'opinion devint plus profond.

La Direction suprême observait, elle aussi, les conséquences de la discorde intérieure. Comme il lui était impossible d'agir directement sur la nation, elle dut se contenter d'écarter de l'armée l'esprit de relâchement et d'agir contre lui là où il se montrait. La correspondance des hommes du front avec l'intérieur fut soumise à un contrôle croissant. Les recrues furent soustraites le plus tôt possible à l'influence de l'intérieur et transférées dans l'atmosphère plus virile de la zone des armées. Finalement des officiers plus particulièrement qualifiés furent chargés dans chaque unité d'agir sur les hommes au moyen de séances d'instruction et de conférences. On lutta aussi bien contre la propagande ennemie que contre le travail souterrain dont les racines cachées étaient à l'intérieur.

Toutes ces mesures n'étaient dirigées que contre les manifestations du mal et non contre le mal lui-même. Elles n'eurent pratiquement d'autre effet que de créer une opposition entre l'intérieur et l'armée et d'attiser l'esprit de méfiance. Elles étaient condamnées à rester stériles, parce qu'elles manquaient de toute base morale et que celle-ci ne pouvait être créée qu'en Allemagne même.

À l'intérieur également, des hommes soucieux et sérieux, n'ayant aucune fonction officielle, se rendirent compte, eux aussi, de tout cela. Ils se mirent à l'œuvre pour faire naître des mouvements politiques destinés à s'opposer aux manifestations de relâchement. Ils croyaient que le fondement du mal résidait dans le fait que le bourgeois allemand ne savait pas pour quels objectifs de guerre positifs il combattait. Ils croyaient qu'à elle seule l'idée de guerre de défense ne suffisait pas pour maintenir la volonté de tenir. Il faut, disaient-ils, présenter au peuple un programme de buts de guerre nettement défini, aux exigences visibles et ne pas mesurer trop étroitement ce programme. Il faut lui faire comprendre que la paix doit être telle qu'elle enlèvera carrément à nos ennemis toute envie de nous attaquer à nouveau par surprise.

C'est de ces principes que naquit en 1917 le « parti de la patrie ». Il obtint le contraire de ce qu'il visait. À la lutte pour les réformes politiques et à la lutte sur la façon de conduire la guerre vint s'ajouter une autre lutte, non moins acharnée, irritante et honteuse, la lutte pour les buts de guerre. « Voyez », chuchotaient les meneurs clandestins, « les voilà enfin devenus honnêtes maintenant ; ils vous disent sans ambages que vous avez l'honneur de mourir pour accroître leur puissance. C'est pour que l'industrie, en acquérant les bassins de minerai de fer belges et français, obtienne de plus hauts dividendes, c'est pour que les généraux reçoivent le commandement de l'armée polonaise, c'est pour que les princes puissent monter sur les trônes de Pologne et de Courlande, c'est pour cela que l'on fait la guerre ! »

Mais ceux qui dès le début avaient considéré la guerre comme une guerre purement défensive s'opposèrent passionnément à la transformation de leur thèse parce qu'ils l'estimaient funeste.

Ainsi, pendant que la volonté d'anéantissement de nos adversaires dressait un mur de fer, de faim et de mort autour des frontières de l'Allemagne, la lutte fratricide faisait rage à l'intérieur de notre pays. Pour le malheur de l'Allemagne et la satisfaction de ses ennemis, la discorde releva la tête de plus en plus dangereusement. Et on la combattit de plus en plus faiblement, de plus en plus mollement.

Peu de temps après que la Roumanie se fut jointe à nos ennemis, le chancelier chargea l'ambassadeur d'Allemagne à Washington d'entrer en liaison avec le président des États-Unis pour lui suggérer l'idée de faire une démarche en faveur de la paix.

L'ambassadeur répondit qu'une tentative en vue de gagner actuellement le président Wilson aux intentions du gouvernement d'empire serait vaine ; que le président était entièrement absorbé par la prochaine élection et que tant qu'il ne saurait pas s'il était réélu il ne ferait certainement pas de démarches politiques aussi étendues.

Le chancelier d'empire prit un autre chemin. L'achèvement de l'écrasement de la Roumanie et le rétablissement de l'équilibre sur les autres fronts lui parurent le moment favorable à une démarche. Le 12 décembre 1916, il remit à tous les représentants autorisés des pays neutres à Berlin une déclaration du gouvernement allemand dans laquelle l'Allemagne proposait d'entamer immédiatement des négociations de paix. Aucune indication plus précise n'était donnée sur les propositions de paix allemandes. Il était dit simplement que les délégués allemands apporteraient pour les négociations des instructions qui, le gouvernement d'empire en était convaincu, pourraient constituer les bases d'une paix durable.

Les journaux des États de l'Entente répondirent par des cris de mépris et de triomphe. L'offre de l'Allemagne n'était, à leur avis, qu'un indice de faiblesse et une tentative pour obtenir par la ruse ce qu'elle ne pouvait plus obtenir par la force des armes. Quant aux hommes d'État de l'Entente ils montèrent à la tribune de leurs parlements et embouchèrent la même trompette, Briand en France, Lloyd George en Angleterre, Sonnino en Italie. Le ministre des Affaires Étrangères russe lui-même se joignit à eux. Ils ne se servirent tous de la déclaration allemande que pour attiser, d'un commun accord, l'esprit combatif de leurs nations.

Entre-temps Wilson avait été réélu. Il fut dépité de voir que le gouvernement allemand avait fait une démarche de paix sans avoir eu recours à lui. Mais comme il avait basé sa propagande électorale sur la promesse d'intervenir énergiquement en faveur de la paix, il se décida malgré tout à faire une tentative. Le 18 décembre il adressa une note à toutes les puissances belligérantes ainsi qu'aux principales puissances neutres et leur proposa « de faire un sondage pour déterminer dans quelle mesure le temps de la paix vers laquelle toute l'humanité aspirait avec un désir ardent et toujours croissant, était proche ».

Les Puissances Centrales répondirent au président dès le 26 décembre. Elles se placèrent, dans leur note, sur le terrain suivant : elles déclarèrent qu'un échange de vues direct entre les belligérants était le chemin le meilleur et le plus court pour arriver à une entente. Elles renouvelèrent leur proposition du 12 décembre, d'après lesquelles des délégués plénipotentiaires des puissances belligérantes devraient se réunir immédiatement dans une localité neutre.

Les Puissances de l'Entente prirent leur temps. Le 30 décembre, elles répondirent tout d'abord à la démarche de paix allemande du 12 décembre par un bref refus, sans aborder l'objet de la question. « Reconnaissant parfaitement la gravité mais aussi les nécessités de l'heure, les gouvernements alliés, étroitement unis entre eux et en plein accord avec leurs peuples, refusent de prendre en considération une proposition sans sécurité et sans importance. »

Le 10 janvier 1917, elles remirent à l'ambassadeur américain à Paris une note commune adressée à Wilson. Il y était dit : « Les Puissances alliées sont d'avis qu'il est impossible d'obtenir dès aujourd'hui une paix qui leur assure les réparations, les restitutions et les garanties auxquelles elles ont droit. »

Comme buts de guerre elles indiquaient « en premier lieu la restauration de la Belgique, de la Serbie et du Monténégro, la restitution des provinces et des territoires qui ont été arrachés autrefois aux Alliés par la force et contre la volonté des populations ; la libération des Italiens, Tchèques, Slaves, Roumains et Slovaques de la domination étrangère ».

Ce n'était qu'une périphrase pour désigner la livraison de l'Alsace et de la Lorraine et le démembrement de la Monarchie danubienne.

Enfin elles utilisèrent aussi leur déclaration pour faire de la propagande contre la volonté de résistance intérieure des Puissances Centrales en disant : « Si les Alliés veulent soustraire l'Europe à la violence brutale du militarisme prussien, ils n'ont jamais eu naturellement l'intention de chercher à anéantir les peuples allemands et de les faire disparaître du monde politique. » Elles exigèrent que l'Allemagne ne fût pas admise aux négociations avec l'égalité de droits et se réservèrent dès ce moment-là la faculté de lui dicter la paix.

Jamais une démarche en faveur de la paix ne fut repoussée d'une façon plus brutale et plus blessante.

L'Allemagne se décida alors à jeter dans la balance le dernier de ses moyens de conduite de la guerre, moyen à propos de l'emploi duquel le gouvernement, la Marine, la Direction suprême, les partis et l'opinion avaient lutté avec acharnement pendant des années. Il n'était plus guère douteux que sa mise en œuvre à ce stade de l'évolution politique ferait des États-Unis notre ennemi ouvert. On accepta cette éventualité en se rendant entièrement compte de sa gravité. Il n'y avait plus rien d'autre à faire.

À regret, déjà tourmentée intérieurement par un doute lancinant, l'Allemagne saisit sa dernière arme, celle qu'elle avait laissé reposer plusieurs années. Mais l'ennemi avait eu le temps de préparer ses moyens de défense. Il avait eu surtout le temps de créer dans le monde une atmosphère de haine et de calomnie, qui éclata sauvagement quand l'Allemagne se décida enfin à agir.

En décembre 1916 les autorités de la marine soumirent encore une fois à la Direction suprême un exposé des possibilités que nous donnait l'arme sous-marine. Elle comptait pouvoir couler mensuellement 600 000 tonnes. Le commerce maritime anglais se trouverait ainsi réduit en cinq mois de 39 % de son ampleur normale. Faisant entrer en outre en ligne de compte la mauvaise récolte mondiale de 1916 et l'accroissement de tonnage nécessaire pour les transports militaires, la Marine croyait pouvoir convaincre l'Angleterre qu'il lui était impossible de continuer la guerre, même en cas d'intervention de l'aide américaine. L'amirauté ajoutait que la condition préalable du succès était que la nouvelle guerre commerciale commençât au plus tard le 1er février 1917, afin que la décision fût obtenue avant l'entrée en ligne de tous les renforts américains et avant la nouvelle récolte. La Marine s'engagea, en toute responsabilité, à briser la volonté de guerre de l'Angleterre avant le 1er août 1917, c'est-à-dire en cinq mois.

« Je suis entièrement d'avis que la guerre avec l'Amérique est une affaire si sérieuse que tout doit être fait pour l'éviter », dit le chef de l'Amirauté. « Mais la crainte de la rupture ne doit pas nous conduire à reculer d'effroi devant l'emploi de l'arme qui nous promet la victoire. »

La Direction suprême examina si elle serait en état de terminer la guerre sur terre dans un avenir prochain en faisant uniquement usage de moyens militaires. Elle dut, à son grand regret, se donner une réponse négative. Pour mener la guerre offensivement les forces dont elle disposait n'étaient pas suffisantes, malgré tous les efforts qui avaient été faits par le front et par l'intérieur et il en serait ainsi tant que la Russie serait encore en campagne. On ne croyait pas pouvoir compter de si tôt sur un changement dans ce pays. Par contre, pour mener la guerre défensivement à l'Ouest les forces existantes étaient suffisantes jusqu'à nouvel ordre, même en faisant entrer en ligne de compte l'appoint des divisions américaines.

On était pleinement conscient de l'entière gravité de la décision. Mais une fois la décision prise, tous les moyens furent mis en jeu.

Aussitôt que l'offre de paix allemande eut été rejetée par l'Entente, Ludendorff demanda à Bethmann de faire reprendre immédiatement la guerre sous-marine sous sa forme la plus rigoureuse. Il employa en cette occasion un moyen de pression très puissant en déclarant qu'autrement il ne pourrait plus assumer la responsabilité de la continuation de la guerre.

Le 9 janvier 1917 l'examen final de la question eut lieu au Quartier Général allemand à Pless. L'empereur présidait. Les représentants de la Direction suprême, de la Marine et du chancelier d'empire étaient présents.

Mais la décision véritable avait déjà été prise auparavant. Le chancelier constata que maintenant l'empereur était entièrement de l'avis des militaires. Il songea à se retirer. Il ne croyait pas pouvoir assumer contre sa conviction la responsabilité terrible de l'entrée en ligne de l'Amérique aux côtés de nos ennemis. Il avait lutté pendant deux années et demie pour éviter cette journée. Deux années durant il s'était laissé volontairement reprocher d'être faible et hésitant et son nom était considéré comme entaché, dans de vastes milieux de la nation.

Mais il ne se retira pas. Loyalement désireux de faire ce qui convenait pour sa patrie dans les circonstances présentes, il resta en fonction. Il ne voulait pas compromettre par sa démission la guerre sous-marine au moment où elle était devenue une chose inévitable. Il ne voulait montrer ni à l'opinion publique allemande ni à l'Entente que le fonctionnaire le plus élevé de l'empire ne croyait pas à l'efficacité de cette arme. Il exigea de lui-même la discipline que l'on exigeait de tout soldat allemand. Il approuva donc une décision qu'il considérait comme funeste.

Hindenburg et Ludendorff étaient partisans d'un changement de chancelier. Ils ne croyaient pas qu'un homme dont le cœur et la raison rejetaient l'arme sous-marine fût capable de défendre son emploi vis-à-vis de l'étranger. Ils se promettaient un meilleur effet moral à l'intérieur et à l'extérieur si en même temps qu'on usait de cette arme on appelait au pouvoir un homme dont la force et la volonté de guerre auraient la pleine confiance du peuple.

L'empereur refusa de changer de chancelier.

Pour des motifs militaires l'annonce de la guerre sous-marine sans restriction ne fut faite que le 31 janvier 1917. Elle fut déclenchée le 1er février.

Le 4 février, le gouvernement des États-Unis rompit les négociations diplomatiques avec l'Allemagne. Il recommanda à tous les neutres d'adopter la même attitude.

Le 5 avril, Wilson déclara la guerre à l'Allemagne.

La saisie par l'Amérique de tous les navires qui se trouvaient dans les ports américains depuis le début des hostilités, pour autant qu'ils appartenaient à l'Allemagne et à ses alliés, fut la première conséquence de l'entrée en guerre des États-Unis.

La deuxième fut la saisie de tous les biens privés allemands.

Sous la pression anglo-américaine presque tous les États de l'Amérique du Nord et de l'Amérique du Sud imitèrent les États-Unis.

Tous ces États, suivant l'exemple des grands, saisirent sans ménagement les biens privés allemands.

Le président Wilson succomba à son rêve ambitieux d'être l'arbitre du monde. L'industrie et la finance américaines étaient préoccupées de la sécurité de leurs investissements du fait de leur participation toujours plus grande à la conduite de la guerre de l'Entente. Le peuple américain succomba à la campagne de propagande la plus raffinée que le monde ait jamais connue, ainsi qu'à ses propres conceptions naïves. L'Allemagne, coupée de l'univers, n'avait aucun moyen de lutter contre cette campagne.

La propagande de l'Entente, pour l'exécution de laquelle la question des frais ne jouait aucun rôle, provoqua un renversement complet de toutes les notions. L'Américain moyen, à l'humanité duquel on faisait appel, ne trouva rien à redire au fait que des millions et des millions d'obus acquis contre bon argent comptant étaient expédiés en Europe pour déchiqueter des soldats allemands. Mais l'idée que l'empire allemand, gouverné par des autocrates barbares, menaçait de ruiner tout le monde civilisé y compris l'Amérique fit de lui un croisé, agitant dans sa tête des idées de lutte pour la liberté et de droit des gens. Délivrer l'Allemagne de ses propres oppresseurs, étouffer le militarisme, tels étaient les buts de guerre du citoyen américain. C'est sous cette bannière qu'il traversa l'Océan. C'est sous cette bannière qu'il monta dans les tranchées et se soumit aux exigences les plus dures du militarisme qu'il combattait ardemment.

Le blocus de la faim et la mort de centaines de milliers de civils allemands, les tourments causés par les privations, qui s'abattirent sans ménagement sur les vieillards, les femmes et les enfants, ne trouvèrent aucun écho dans l'âme des

Américains. Les bombes des aviateurs français qui tuèrent à Carlsruhe 80 enfants et en blessèrent autant ne l'émurent pas. Mais les soi-disant exactions commises en Belgique, les attaques des zeppelins contre les ports de guerre anglais, l'envoi au fond de l'eau de navires de commerce fortement armés, les levées de travailleurs dans les territoires occupés, tout cela lui fut présenté, en une déformation déréglée et périlleuse, sous forme d'appétit de meurtre, de mains d'enfants coupées, de femmes violées et lacérées en morceaux, de cadavres déchiquetés, de maisons incendiées de gaieté de cœur, de pillage vandalesque, afin qu'il pût s'en rassasier. Aucune légende n'était trop stupide pour agir sur l'esprit de l'homme naïf de l'autre rive de l'Océan.

Wilson s'était fait élire avec l'aide des Américains allemands. Il leur avait promis solennellement de pratiquer une politique de neutralité absolue à l'égard des deux partis. Mais lorsque les Américains allemands essayèrent par une interpellation au sénat d'obtenir l'interdiction d'exporter des munitions américaines, Wilson déclara qu'ils péchaient contre le principe de la liberté du commerce et de l'industrie qui faisaient de brillantes affaires avec ces livraisons. Il refusa de procéder à toute intervention quelle qu'elle fût parce qu'elle constituerait une injustice.

Entre la rupture des relations avec les États-Unis et la déclaration de guerre de Wilson le centre de gravité des événements politiques changea brusquement de scène et passa d'une extrémité à l'autre de l'énorme théâtre de guerre. L'effondrement du colosse russe parut enfin devenir un fait. Attendu depuis plus d'un an, mais sans cesse retardé par l'énergie brutale des détenteurs du pouvoir et par les ressources humaines inépuisables de l'empire des tsars, il fut cependant une surprise complète au moment où il se produisit.

De Riga à la Mer Noire la ligne des tranchées s'étendait sans présenter la moindre brèche. Depuis qu'au début de janvier, à l'extrême sud du front, le drame de la campagne roumaine avait cessé de résonner, un calme d'engourdissement complet régnait partout. Derrière la barrière des tranchées, nouvelle frontière entre l'Europe Centrale et l'Europe Orientale, le processus gigantesque de la dissolution, conséquence naturelle des efforts démesurés que l'on avait imposés au peuple russe, suivait son cours bouillonnant.

Depuis longtemps déjà des événements d'une nature singulière étaient survenus sur le front est. Les soldats russes quittaient souvent leurs tranchées et créaient d'eux-mêmes une sorte d'armistice. Ils parlaient sans se gêner des faits qui se passaient derrière leurs lignes où s'étendait l'empire incommensurable, encore plein de mystères et de forces formidables malgré son engourdissement ; le petit père le tsar était pour eux un homme fini, qui n'avait plus rien à dire. Ils ne voulaient plus non plus obéir à leurs généraux. Ils disaient que la situation dans les grandes villes de l'intérieur, en particulier à Pétersbourg et à Moscou, était effroyable ; que femmes et enfants mouraient de faim, qu'aucune journée ne s'écoulait sans émeutes. Bien qu'on leur eût supprimé presque toute liaison avec leurs foyers, ils apprenaient cependant tout ce qui se passait par des courriers spéciaux qui arrivaient jusqu'à eux habillés en soldats, comme renforts militaires, mais qui n'étaient en fait que des représentants des partis révolutionnaires. Ils disaient que tout était prêt ; qu'aussitôt que Pétersbourg donnerait le signal ils déposeraient leurs officiers et nommeraient des conseils de soldats. Ils proposaient aux Allemands de faire la même chose afin de terminer ainsi la guerre le plus rapidement possible.

Ils consentaient encore à rester sur le front. Ils y trouvaient en fin de compte, tout au moins à manger, tandis qu'à l'intérieur ils seraient morts de faim. Ils faisaient leur service entièrement à la façon des civils. Ils allaient et venaient comme bon leur semblait et trompaient leurs officiers chaque fois que l'occasion s'en présentait. Leurs armes acquirent une importance particulière, mais celle-ci n'avait plus rien de commun avec leur importance réelle. Ils emportaient chez eux secrètement fusils et mitrailleuses et les échangeaient contre des vivres et du tabac. Quand leur artillerie se laissait aller à tirer quelques douzaines d'obus, ils envoyaient de la ligne d'infanterie un messager à l'arrière pour se plaindre que l'armistice inofficiel ait été troublé. Auprès des Allemands ils s'excusaient en disant que leurs officiers en étaient responsables et que le moment n'était pas encore venu de leur refuser ouvertement l'obéissance.

Les troupes allemandes reçurent des instructions nettement définies sur la conduite qu'elles devaient tenir. L'idée essentielle était qu'il fallait répondre à toute action militaire des Russes par une action correspondante, mais que par ailleurs il fallait laisser s'achever sans le troubler de l'extérieur le mouvement de dissolution intérieure. Sur la demande du gouvernement d'empire on renonça à toute opération d'importance.

On évita tout ce qui pouvait encore réveiller en Russie l'instinct national et la volonté de se défendre. On en vint même à penser que l'on pourrait de cette façon s'acquérir l'amitié reconnaissante des nouveaux détenteurs du pouvoir. Il en résulta que l'Allemagne, avec la patience angélique d'un observateur scientifique, laissa, pendant des mois, libre cours à l'évolution intérieure russe, alors que toute journée pendant laquelle elle devait laisser ses divisions dans l'Est équivalait à une bataille perdue.

Au début de 1917 les troubles dus à la vie chère prirent le dessus dans les grandes villes russes. Leurs desseins politiques et leur unité d'organisation étaient manifestes. Les orateurs, qui surgirent comme des champignons sortent de terre, critiquèrent avec la plus grande violence les mesures du gouvernement, s'opposèrent à la continuation indéfinie de la guerre et demandèrent l'abolition de la domination réactionnaire du tsar et de ses généraux. Les fanfares du bolchevisme résonnaient déjà, par endroits, dans ces réclamations. Le gouvernement n'eut plus la force de trancher dans le vif. Les quelques tentatives qui furent faites dans ce sens échouèrent par suite de l'intervention des partis modérés, qui s'efforcèrent de réaliser un compromis.

Pour ne pas perdre la direction des mouvements de réforme et pour éviter la domination menaçante des radicaux, le centre bourgeois et les socialistes modérés se firent les porte-parole d'innovations étendues. De l'autre côté les représentants de la réaction ne laissèrent pas le tsar leur échapper des mains. Ils le traitèrent comme un prisonnier et refusèrent toute concession. Ils sentaient que leur domination serait finie s'ils commençaient à faiblir et à céder devant l'opinion populaire. Trop de fautes étaient inscrites au débit de leur compte.

L'arc se trouva ainsi tendu à l'excès. En février 1917 des négociations agitées furent engagées au parlement russe, à la Douma. On fit encore appel au tsar ; on formula encore des vœux ; on ne proféra aucune menace. Mais les paroles prononcées contre les politiciens responsables et les militaires n'en furent que plus violentes. Aux politiciens on reprocha leur mauvaise administration, leur corruption et leur trahison, aux militaires leur sottise et leur incapacité. Mais aucun esprit de conciliation ne s'étant encore manifesté à ce moment-là, les attaques prirent un objectif plus vaste. Elles furent dirigées contre tout le système et ses représentants les plus en vue ne furent plus épargnés. L'abdication du tsar fut discutée ouvertement à la Douma, sans soulever aucune objection. Les temps étaient mûrs. Devant ce signal public de la révolution la réaction passa à son dernier acte. Elle obligea le tsar à signer le décret de dissolution de la Douma. Celle-ci répondit en se déclarant en permanence de son propre arbitre. La lutte était imminente.

Dès ce premier conflit constitutionnel la direction de la révolution menaça déjà de passer aux éléments radicaux. Des révoltes de militaires et d'ouvriers éclatèrent à Saint-Pétersbourg. Le combat pour le pouvoir se trouva déjà porté dans la rue. Il apparut avec une évidence effroyable que le bolchevisme radical disposait d'une puissance parfaitement et rigoureusement organisée. Des coups de fusil éclatèrent sur la Néva. Des unités se dissocièrent et formèrent des bandes de pillards. Le drapeau rouge fut hissé sur les toits et flotta sur les bâtiments publics. La flotte de guerre mutinée, venant de Cronstadt, apparut, pavillon rouge au mât, devant Pétersbourg et menaça de bombarder la ville. Des magasins de vivres et des maisons de commerce furent pris d'assaut. Des barricades furent élevées dans les rues. Les prisons furent ouvertes de force. La terreur remua ses serres et rampa à travers les rues.

La révolution passa par-dessus le tsarisme comme si son sort était déjà une affaire réglée. On en était déjà à la lutte acharnée entre les deux tendances révolutionnaires, les Mencheviks, associés aux Cadets, et les Bolcheviks. L'abdication forcée du tsar, le 16 mars, ne fut plus qu'un acte secondaire de ce drame.

En ce moment où le monde entier et les Bolcheviks eux-mêmes estimaient déjà qu'ils avaient gagné la partie, il apparut, à la surprise générale de tous, que la Russie était transformée en une république de nuance très modérée dont les chefs marchaient bras dessus bras dessous avec les ministres d'Angleterre et de France. L'étonnement fut encore plus grand lorsqu'au jour de son entrée en fonctions ce gouvernement appela le peuple et l'armée à lutter énergiquement contre le pouvoir réactionnaire des Puissances Centrales et déclara que les démocraties occidentales d'Angleterre et de France étaient dans cette lutte les alliées fidèles de la Russie révolutionnaire. Le membre le plus radical de ce gouvernement révolutionnaire, M. Kerenski, endossa rapidement un uniforme militaire et commença avec un torrent de phrases à réveiller l'esprit combatif du soldat russe.

L'Angleterre et la France se mirent aussitôt, avec une hâte suspecte, à reconnaître les nouveaux détenteurs du pouvoir. Elles laissèrent tomber sans la moindre manifestation de sentimentalité le faible tsarisme qui n'était plus capable d'être pour elles un allié.

L'impossible arriva. Le soldat russe, cet animal débonnaire et patient, oublia encore une fois ses idées bolchevistes et fit confiance aux nouveaux prédicateurs qui lui faisaient comprendre que sa mission était d'être le champion de la civilisation et de l'humanité. Pendant deux années et demie il s'était fait tuer pour son petit père le tsar. Il se montra prêt maintenant à faire la même chose pour le bien des démocraties occidentales, dont il n'avait guère entendu parler jusqu'alors.

Un renversement grotesque de toutes les notions fut tenté et réussit sur tout le front ; de Riga à l'embouchure du Danube, on entendit bientôt résonner à nouveau le crépitement des mitrailleuses et le roulement de la canonnade. Ils se déclenchèrent avec hésitation, comme s'ils n'avaient plus confiance en leurs propres sons. Au bout de peu de semaines, ils devinrent plus intenses. Les Russes disparurent à nouveau dans leurs tranchées et oublièrent la camaraderie envers leurs frères allemands, qu'on leur avait appris à considérer sous un tout autre angle. La guerre sortit de son engourdissement, péniblement, passagèrement, comme à regret.

Ce ne fut plus qu'un dernier sursaut avant l'effondrement.

La Russie, saignée à blanc, se releva encore une fois lorsqu'elle entendit dans une demi-inconscience l'ordre d'attaque habituel. Personne ne le comprit mieux que l'Entente. Utilisant froidement le manque de perspicacité et la crédulité des nouveaux détenteurs du pouvoir russe, l'Angleterre et la France poussèrent la Russie dans les bras du bolchevisme. Leur calcul était clair et simple. Elles avaient encore besoin de la Russie jusqu'à ce que l'aide des États-Unis pût se faire sentir dans toute son ampleur. Peu importait si par la suite elle était la proie des chacals.

Leur calcul se révéla exact. Attaquée et accrochée intentionnellement à cette époque par ses adversaires du front occidental, l'Allemagne n'avait pas encore et elle n'eut jamais plus les mains libres pour prononcer des paroles décisives en Russie. Elle dut d'autre part laisser dans l'Est environ 80 divisions, soit un tiers de toutes les forces de son armée de campagne, pour être prête à faire face à tous les événements.

Elle ne put donc rechercher la décision ni à l'Ouest, ni à l'Est et dut s'en remettre entièrement aux effets de la guerre sous-marine. La guerre devint une course entre l'action des sous-marins et l'équipement militaire de l'Amérique. Les fronts puissants dont avait dépendu jusqu'alors toute décision furent condamnés à l'attente et soumis en même temps à une pression terrible.

21
Préparatifs

Le même jour où les journaux de l'Allemagne et de l'Europe entière se remplissent des nouvelles sensationnelles venant de Pétersbourg et mettent le monde entier en agitation, le 16 mars 1917, on lit dans la presse, en termes assez couverts et discrets, que les troupes allemandes de l'Ouest ont abandonné d'une façon singulière quelques éléments de terrain. Des comparaisons avec la carte montrent qu'il s'agit d'une partie de l'ancien champ de bataille de la Somme. Le communiqué allemand est encore silencieux.

Quatre jours plus tard, – en Russie le tsar vient précisément d'être contraint d'abdiquer – les regards de toute l'Europe passent brusquement de l'Est à l'Ouest. La presse de l'Entente, à qui les nouveaux événements avaient presque coupé la parole dans les premiers jours, pousse un hurlement d'allégresse.

Les communiqués français et anglais annoncent une victoire d'une ampleur considérable. Personne n'est frappé par le fait qu'on n'a pas entendu parler auparavant de bataille. Il n'est plus douteux que les troupes allemandes de l'Ouest sont en train de se replier sur un front de plus de 150 kilomètres. Le mouvement s'accomplit entre Arras et Soissons, englobant tout le champ de bataille de la Somme et le secteur Oise-Ailette.

Le communiqué allemand se contente de mentionner sèchement l'exécution d'une retraite ordonnée, méthodique et préparée de longue main dans une meilleure position. En son point le plus éloigné, à Saint-Quentin, cette retraite atteint une profondeur de 40 kilomètres.

Qu'est-il arrivé ?

Hindenburg et Ludendorff se servent d'un moyen de défense entièrement nouveau. Contrairement au principe jusqu'alors en vigueur – résultat de la bataille de matériel – qui veut que l'on considère comme une défaite tout mètre carré de terrain perdu et comme une victoire tout mètre gagné, ils font usage de l'avantage considérable que leur confère le fait d'être établi en territoire ennemi. Ils mettent ainsi la confiance de l'opinion publique et de l'armée à une rude épreuve. Elle sera surmontée. Personne en Allemagne, une fois la première émotion passée, ne se laisse induire en erreur par les cris de victoire de l'ennemi. Quant aux troupes, qui sont touchées par la retraite, elles ne ressentent que soulagement et reconnaissance.

Aussitôt après la fin de la bataille de la Somme la Direction suprême est passée à un examen approfondi de la nouvelle situation. Elle savait, déjà à ce moment-là qu'en 1917 elle serait obligée de rester sur la stricte défensive à l'Ouest. Verdun et la bataille de la Somme avaient coûté trop cher. Il s'agissait donc de créer les conditions les plus favorables pour la défensive.

Le point le plus faible du front ouest était sur la Somme. La gigantesque bataille de quatre mois avait laissé derrière elle une grosse poche, en face de Bapaume et de Péronne. Au nord et au sud de cette poche au contraire le front allemand formait deux forts saillants vers l'Ouest ; celui du nord, en face d'Albert, avait pour base Arras-Bapaume, celui du sud – beaucoup plus grand – en face de Compiègne, avait pour base Péronne-Soissons. Il était presque évident que les commandants en chef alliés utiliseraient aussitôt que possible les avantages de cette situation stratégique.

Aux avantages qui s'offraient à l'assaillant correspondait un désavantage non moins grand pour le défenseur. Les deux saillants de son front étaient exposés à des attaques de flanc venant du nord et du sud. Ils immobilisaient des forces puissantes et allongeaient le front artificiellement. Si au contraire on se repliait sur une ligne droite allant d'Arras au Chemin des Dames, au sud de Laon, par Saint-Quentin, le tableau changeait d'aspect d'un seul coup. La somme des avantages passait du côté du défenseur.

Le front se trouvait raccourci de 50 kilomètres environ. On économisait de nombreuses réserves appelées à accroître la mobilité de la défensive. Les dangers d'être pris en flanc disparaissaient. La troupe s'installait sur une nouvelle position que l'on pouvait construire dans le courant de l'hiver en tenant compte des enseignements tirés pendant la dernière année. Les divisions ne subissaient plus la pression morale du champ de bataille de la Somme qui dès lors pèserait exclusivement sur l'ennemi.

Mais on enlevait avant tout à l'ennemi – plus la date de la retraite serait proche de celle qu'il envisageait pour sa nouvelle attaque – toutes les bases tactiques de son opération. Il se verrait condamné à reprendre tous ses préparatifs. Et cela dans un terrain qui serait pour ainsi dire rasé, du fait que toute possibilité d'y trouver des abris et des cantonnements y serait systématiquement supprimée.

Dès décembre 1916 on songea à se servir de cet avantage. Tout dépendait de la conservation la plus rigoureuse du secret. Quand on songe que plus de 65 000 hommes – soldats des bataillons de travailleurs et ouvriers civils – travaillèrent pendant quatre mois à la construction de la nouvelle position et que de nombreux bataillons de pionniers durent préparer la destruction de la bande de terrain à évacuer, la réussite dont fut couronné l'effort fait pour assurer la conservation du secret semble presque un miracle.

On posa 500 kilomètres de voie ferrée pour pouvoir amener le matériel destiné à la nouvelle position. 1 250 trains, de 40 wagons chacun, vinrent d'Allemagne pour apporter le matériel. 450 péniches chargées à plein chacune de 5 000 tonnes de ciment et de sable circulèrent sur les canaux du nord de la France pour permettre la construction des bétonnages. Des convois sans fin et de nombreuses formations d'étapes furent employées à ramener en arrière de la nouvelle ligne tout le matériel utilisable de la zone à évacuer. Les divisions de combat qui étaient au repos durent, elles aussi, prêter leur concours.

Le 4 février 1917 le premier acte de ce mouvement formidable se déclenche. Tandis que les troupes de combat restent encore dans l'ancienne position, les enlèvements et destructions commencent en arrière d'elles.

La guerre est dure. Cette pauvre bande de terre maudite apprend à la connaître dans toute son amertume. Aucune localité, aucun village, aucune église, aucune maison, aucune route, aucun pont, aucune voie ferrée, aucun bois, aucun arbre fruitier n'est épargné. Tout doit être détruit. Le principe qui veut que l'on fasse en sorte que les conditions de stationnement soient les plus défavorables possibles pour l'ennemi dans cette zone, l'exige.

La population est évacuée pour la majeure partie dans la région des étapes. Une autre partie est concentrée dans certaines localités pour y être laissée à l'ennemi. Tout être humain, qui n'est pas utilisable pour des buts de guerre, est une charge pour l'Allemagne. La politique d'affamement anglaise en est la cause.

Tout le matériel mobile, tout le matériel immobile pour autant qu'il peut servir à des buts militaires, doit suivre. Meubles, cloches d'église, poutres, objets en métal, tout est évacué vers l'arrière par les convois. Toute une bande de terrain se met en mouvement suivant un plan préparé à l'avance dans le moindre détail. Ce qui reste en arrière n'est que désert, paysage lunaire mort. L'acharnement de la guerre ne connaît aucune pitié.

Les troupes suivent enfin. En six jours, du 16 au 21 mars, elles exécutent leurs mouvements. L'ennemi, dont les aviateurs sont parvenus malgré tout à découvrir finalement les vastes préparatifs allemands, compte fermement que ses adversaires ne se replieront que quand il lancera son attaque. Aussi le déclenchement de l'évacuation le surprend-il complètement. Il lui faut plusieurs jours pour reprendre ses esprits.

Lorsqu'il trouve les positions allemandes vides, il suit avec hésitation, à pas incertain. Il croit encore à quelque vaste piège. Des combats sans importance s'engagent avec des arrière-gardes allemandes. Tout se déroule méthodiquement suivant des horaires et des bonds fixés à l'avance. En aucun endroit ne surviennent des incidents imprévus. Les troupes accomplissent cet exploit brillant dans le plus grand calme et avec le plus grand soin.

Au-delà de Bapaume, Péronne et Chaulnes, l'horreur de la bataille de la Somme disparaît à l'horizon occidental. On dirait que l'on sort de l'enfer pour monter à la vie. Les entonnoirs, les lambeaux de tranchées, les abris défoncés, les cavernes, les fossés, tout ce qui depuis neuf mois pesait sur la poitrine des hommes comme une avalanche reste en arrière.

On marche vers une contrée qui porte encore les traits de la civilisation. Là-bas il y aura des maisons, où l'on passera ses jours de repos. Il y aura encore des arbres, qui au printemps se pareront de feuillage vert. Il ne s'écoulera plus beaucoup de temps d'ici là. Il y aura des chemins, des routes, des champs encore cultivés, des jardins et des prairies, de vraies prairies verdoyantes avec des fleurs.

La vie invite encore une fois à se reprendre. Les damnés pourront encore une fois revoir la lumière du jour. Si l'on pouvait aussi laisser en arrière les souvenirs ! Mais on pourra bien les supporter quand on n'aura plus à contempler sans cesse les lieux où l'on a vu tant d'horreurs !

Là-bas on trouvera une vraie position. Meilleure encore et plus commode, plus protégée que les positions de Lorraine et des Vosges, que l'on a connues en passant, entre deux grandes batailles, en demi-rêve, pour quelques semaines, afin de s'y refaire. Les nouvelles positions seront bien meilleures, elles seront presque des chefs-d'œuvre de l'art des organisations défensives.

Là-bas on n'aura pas à se dire chaque nuit que des patrouilles ennemies, qu'aucun réseau n'aura arrêtées, apparaîtront soudain au milieu des lignes amies. Cette tension terrible de toutes les minutes disparaîtra. Le séjour dans les entonnoirs humides, où l'on vit impuissant, lamentablement protégé contre la pluie par une toile de tente, l'impossibilité de bouger pendant des jours sous les yeux fureteurs des aviateurs, le bombardement incessant des cheminements du lever au coucher du soleil, tout cela cessera encore une fois.

On ne sera pas obligé de passer toujours auprès des mêmes groupes de cadavres que l'on connaît si bien et que personne ne peut enterrer. Les ruines noires des villages dévastés ne regarderont plus chacun. Le souffle de la mort qui balaie largement cette bande de terre maudite entre

Albert, Bapaume, Péronne et Chaulnes, les quatre sœurs, s'éteindra.

Est-ce possible ? Il faut d'abord être sorti de ces entonnoirs noirâtres au fond boueux, il faut d'abord marcher librement, il faut d'abord voir une prairie couverte d'herbe et une maison avec des fenêtres, pour comprendre qu'un changement aussi inouï s'accomplit véritablement.

Est-il vrai qu'on n'aura plus à geler dans ces cantonnements d'alerte lamentables, survivance d'un bombardement qui a fait rage pendant quatre mois ? Est-il vrai qu'on courra à nouveau dans une tranchée profonde de deux mètres, pourvue de caillebotis et étayée par des planches, que l'ennemi ne pourra pas épier ? Est-il vrai qu'on s'assoira dans des abris souterrains profonds de dix mètres, dont les parois seront de bois clair, où l'on pourra accrocher des cartes postales de la maison ? Où dans un coin brûlera si possible un petit poêle et où le bruit du bombardement ne descendra même plus jusqu'aux oreilles de ceux qui y seront installés ? Est-il vrai qu'il y aura des relèves régulières ? Qu'on pourra dans l'abri fumer tranquillement une petite pipe ?

Quelle félicité que d'avoir sa part de telles jouissances ! Cela doit être un changement analogue à celui qu'on éprouve quand on passe de l'enfer au ciel !

Une semaine durant, l'Entente triompha de sa soi-disant victoire. Mais ses états-majors grinçaient déjà des dents. Les Allemands leur avaient fait une mauvaise farce.

Lorsque l'opinion publique eut attendu en vain, en Angleterre et en France, la communication des chiffres énormes de prisonniers et de canons capturés répondant à une telle victoire, la propagande de l'Entente fit un changement de front hardi. On avait tiré tout le profit possible de l'exaltation de la victoire. Un but plus profitable s'offrit alors. Une vague de haine, de calomnie, d'absence de critique et de poison, fut déversée sur le monde entier. Les destructions de la zone évacuée, qui avaient été une nécessité de guerre des plus amères pour les troupes allemandes, furent transformées faussement en un vandalisme sauvage. Des hommes d'État, des députés, des professeurs en fonction et des officiers s'unirent à la presse sur un mot convenu, pour exciter la population de leur pays et lui donner une nouvelle volonté de guerre. Des télégrammes sans fin furent envoyés au-delà de l'Océan, où ils furent acceptés sans réserve par la presse américaine et contribuèrent à donner au naïf Américain l'enthousiasme guerrier nécessaire. Les neutres furent travaillés par un feu roulant de communiqués remplis d'atrocités. L'Allemagne utilisa les rares voies qui lui étaient ouvertes pour faire de longues déclarations statistiques et élever des protestations. On n'y prêta presque aucune attention. Elles restèrent sans écho à l'intérieur des murs qui s'élevaient autour des Puissances Centrales.

Les clameurs d'indignation de l'ennemi répondaient à un calcul aussi froid que le plan d'opérations de son état-major. Depuis longtemps déjà le travail auquel était soumis son opinion publique était centralisé en des mains fermes et habiles, qui le dirigeaient discrètement et l'alimentaient en mots d'ordre agréables aux gouvernements. L'ennemi avait une conduite de guerre par la propagande comme il avait une conduite de la guerre politique et militaire.

Il s'agissait, en étourdissant l'opinion publique et en détournant son attention, de sortir de la situation fatale où l'on était tombé. La révolution en Russie, les effets désastreux au-delà de toute attente de la guerre sous-marine sans restriction pendant les deux premiers mois, la constatation que l'aide active de l'Amérique ne s'était pas encore fait sentir, rendaient déjà cette situation suffisamment pénible. À cela venait s'ajouter maintenant le fait que les Allemands s'étaient soustraits à l'Ouest par leur retraite stratégique à l'attaque générale imminente des Alliés.

Tout le plan d'attaque dut être remanié dans la mesure où il était encore exécutable. Sur ce des semaines passèrent. Tous les facteurs qui s'étaient prononcés contre lui, acquirent une force nouvelle. Quelle peine, quels combats, la mise sur pied de ce plan n'avait-elle pas coûtés pour obtenir l'unité des Alliés et l'accord des gouvernements et des militaires.

À la fin de la bataille de la Somme les Anglais et les Français espéraient encore qu'il leur serait possible de reprendre la lutte dans le même secteur au bout de peu de temps, peut-être au bout de deux mois déjà. Deux mois de repos d'hiver, calculaient-ils, seront suffisants pour combler les pertes fantastiques de matériel des quatre derniers mois et remettre les troupes en état de reprendre l'offensive. Cet espoir les aida tout d'abord à s'illusionner sur le manque de résultat de leur bataille décisive. Les succès des Français à Verdun les confirmèrent dans cette conception optimiste.

Mais ils virent alors se dérouler devant eux brutalement, d'un seul coup, avec un éclat pareil à celui d'une série d'éclairs effrayants, l'effondrement de la Roumanie. Tous les espoirs qu'ils avaient mis dans les Balkans s'effondrèrent comme un château de cartes. Sarrail, lui aussi, dut arrêter son offensive macédonienne. Les Russes se trouvèrent tout à coup en grand danger à leur aile gauche. La Grèce ne voulait toujours pas se soumettre, chasser son roi de son trône et suivre Venizelos dans les bras de l'Entente et dans la guerre contre les Puissances Centrales.

Lorsqu'au milieu de tels changements on se mit à faire le bilan de l'année 1916, le tableau fut tout autre. Les Français avaient perdu énormément de sang. La fleur de leur armée était restée devant Verdun et sur les rives de la Somme. Si leur matériel était remplaçable avec l'aide de l'Amérique, la situation de leurs renforts en hommes était presque désespérée. Le pays était atteint d'une lassitude profonde de la guerre. Ni la propagande, ni les élucubrations de la presse ne pouvaient dissimuler cette situation. La majorité du Parlement était déjà d'avis que la France avait fait suffisamment de sacrifices pour la cause commune et que c'était maintenant au tour des autres.

L'abattement était si grand que le gouvernement dut même sacrifier le grand héros des deux premières années de guerre, le vainqueur déifié de la bataille de la Marne, le sauveur de la patrie. La renommée du maréchal Joffre périt sur la Somme comme la stratégie de Falkenhayn avait sombré devant Verdun.

Si dans sa détresse extrême l'Allemagne avait mis sa confiance dans le vainqueur de Tannenberg, le sauveur de l'Est, la France, elle, s'accrocha à la renommée, alors en pleine floraison, du jeune général Nivelle, qui, comme successeur de Pétain au commandement de la 2e armée, avait transformé en défensive l'attaque furieuse des Allemands à Verdun. Sa tête était entourée d'un nimbe rayonnant. On voyait en lui la jeunesse, l'énergie, l'élan et l'inspiration divine. Aucun autre que lui n'aurait peut-être pu amener la France à demi saignée, lasse de la guerre, à un nouvel assaut massif plus grand encore que les précédents. Pétain, à l'intervention de qui l'on devait dans les premiers jours sombres de Verdun le salut de la place et qui avait reçu par la suite le commandement du groupe d'armées du centre, resta à l'écart, mécontent. Il avait compté que le poste de commandant en chef lui serait donné.

Lorsque Nivelle entra en fonctions, le pessimisme avait pris pied solidement dans le gouvernement et aussi dans une grande partie de l'armée. Sa demande tendant à déclencher une nouvelle offensive frappa toutes les autorités comme un coup de fouet. Le gouvernement mit en doute la possibilité d'une telle opération. Il était d'avis qu'il fallait attendre que l'Amérique pût participer activement à la guerre.

Nivelle attira son attention sur la guerre sous-marine, sur l'effondrement imminent de la Russie. Il lui montra que la France perdrait la guerre si elle ne faisait pas un suprême effort. Le gouvernement se soumit à sa volonté plus forte. Il le fit sans enthousiasme et sans confiance en l'opération.

Le général Pétain et le général Foch, qui commandaient sur la Somme, haussèrent les épaules. Ils tenaient la théorie du « grand coup » de Nivelle, appelé à remplacer la bataille d'usure et de matériel, pour une fantaisie. Le gouvernement fut à nouveau préoccupé quand il connut l'opinion de spécialistes aussi éprouvés. Le commandant en chef anglais, le maréchal Haig, déjà dominé par l'idée d'attaquer la base sous-marine allemande des Flandres occidentales, ne put être rallié au projet de Nivelle qui consistait à attaquer au centre du front français. Il s'y opposa avec une obstination polie, mais opiniâtre. Lorsqu'il consentit cependant à l'accepter, ce ne fut qu'à contrecœur. Quand il attaqua en Artois, il songeait déjà à la Flandre.

C'est alors que survint la retraite des armées allemandes dans la position Siegfried, qui détruisit complètement les bases sur lesquelles reposait le plan de Nivelle. Il s'en tint néanmoins fermement à son « grand coup », mais il ne l'envisagea plus que sur le front au nord d'Arras et à l'est de Soissons. Il fallut tout modifier dans un délai très court. Le changement survenu en Russie nécessitait que l'on agisse au plus tôt, pour enlever aux Allemands la possibilité d'intervenir militairement dans l'Est.

Nivelle vainquit toutes les résistances. Il ne se soucia pas de ce que tout le monde lui prophétisait un malheur. Il serra les dents et commanda quand on lui opposa de la passivité. Il obligea Haig à participer à l'opération et livra à son propre gouvernement un combat acharné. Quelques jours avant son « grand coup », sa colère se tourna encore une fois passionnément contre ce gouvernement indécis. Lors du grand conseil de guerre de Compiègne, où le cabinet s'était rendu en hâte pour formuler, à nouveau, à la dernière minute, ses objections, il demanda fièrement à être relevé de son poste.

« Ni ceux auxquels je dois obéir, ni ceux qui doivent m'obéir ne me soutiennent », s'écria-t-il.

Le gouvernement n'eut pas le courage de l'écarter.

Du fait du raccourcissement du front ouest entre Arras et Soissons le commandement de la 1re armée allemande était devenu disponible dans ce secteur. La Direction suprême le fit entrer en ligne sur le front du groupe d'armées du prince impérial, en Champagne. Les préparatifs d'attaque considérables des Français et des Anglais, que l'on repéra presque sans discontinuité sur tout le front jalonné par Lille, Arras, Soissons, Reims et l'Argonne, amenèrent aussi le déplacement de quelques divisions. Des dix divisions au total qui avaient été récupérées à la suite du repli sur la position Siegfried quelques-unes vinrent en Champagne, les autres restèrent en réserve dans leur ancien secteur.

Une fois la retraite dans la position Siegfried terminée, le front ouest fut réparti en trois groupes d'armées, à savoir : le groupe d'armées du Kronprinz Rupprecht de Bavière qui s'étendait de la Mer du Nord à La Fère et avait sous ses ordres la 4e armée (général Sixt von Armin), la 6e (von Falkenhausen), la 2e (von der Marwitz) ; le groupe d'armées du Kronprinz allemand qui s'étendait de Saint-Quentin à Verdun inclusivement et qui comprenait la 7e armée (von Boehn), la 1re (Fritz von Below), la 3e (von Einem) et la 5e (von Gallwitz) ; le groupe d'armées du duc Albert de Wurtemberg qui s'étendait de Verdun à la frontière suisse et qui comprenait les détachements d'armée C, A et B.

Il était difficile de dire sur quel point du front entre Lille et l'Argonne, l'ennemi déclencherait son attaque principale. Une seule chose était sûre, c'était que la zone comprise entre Arras et Soissons ne serait pas touchée par elle provisoirement. Il aurait fallu plusieurs semaines aux Alliés pour déployer leurs moyens, dans cette bande de terrain rasé, en vue d'une bataille de matériel. On ne pouvait admettre qu'ils attendraient aussi longtemps : l'eau leur arrivait déjà jusqu'au cou.

La Direction suprême estimait logiquement que le saillant central du front allemand ayant disparu, l'attaque ennemie serait déclenchée sur ses deux flancs, c'est-à-dire par les Anglais devant Arras, par les Français entre Soissons et l'Argonne. On admettait non moins judicieusement qu'étant donné la grande étendue de leur champ d'attaque possible les Français épargneraient la région centrale de Reims.

Restait à savoir maintenant si l'armée allemande avait réussi à s'adapter à son nouveau procédé de combat, si ce procédé lui-même était utilisable et si les efforts industriels considérables que l'on avait imposés à l'intérieur étaient suffisants pour une grande bataille.

La majeure partie des divisions avaient joui au cours de l'hiver d'un repos assez long. Par repos, il faut entendre qu'elles avaient étudié le nouveau procédé de combat et qu'elles s'étaient exercées à l'appliquer. Les officiers d'état-major et des corps de troupe avaient suivi des cours d'instruction spéciaux. La réorganisation de l'armement des unités – triplement du nombre des mitrailleuses et des lance-mines, augmentation sérieuse de l'artillerie – était terminée. Les bataillons d'assaut, parfaitement exercés et composés d'hommes résolus, étaient prêts à entrer en action. L'artillerie de réserve générale était concentrée derrière les secteurs menacés et pouvait intervenir dans un délai très bref. Les divisions de position connaissaient les nouvelles missions qu'elles avaient à remplir dans la défensive. Les positions elles-mêmes avaient été complètement remaniées d'après les nouveaux principes. Des divisions d'intervention étaient tenues prêtes derrière les divisions de position, familiarisées jusqu'à la compagnie avec leurs missions de contre-attaque.

Les forces aériennes qui avaient été notablement renforcées assuraient pour la première fois à l'armée allemande la supériorité de l'air tout au moins sur les points de combat principaux et donnaient au soldat des tranchées un sentiment de tranquillité et de confiance. Les escadrilles de chasse étaient particulièrement bien dressées. Le capitaine Boelcke, trop tôt tombé, leur avait laissé en héritage son esprit et sa technique. Parmi ses élèves Manfred von Richthofen brillait déjà à la première place.

L'artillerie n'avait plus besoin d'économiser ses munitions. Le barrage, vérifié au cours de nombreux contrôles, s'abattrait à l'endroit voulu avec une précision réjouissante. Quel soulagement pour le fantassin de première ligne quand il vit que l'ennemi recevait à peu près autant d'obus que lui-même !

Mais la question la plus importante était de savoir si les troupes avaient aussi senti le sens de la nouvelle tactique. N'y avait-il pas un risque inouï à mettre dans la tête du soldat, contrairement à tous les principes tactiques du passé, cette notion : « Tu ne combattras plus dans la tranchée de première ligne, mais autour d'elle. En cas de grande attaque ennemie tu évacueras la zone avancée en te repliant habilement et tu te porteras sur la ligne de résistance principale située loin en arrière. Tu te soustrairas à la grêle destructrice de la zone de feu avancée – non pas pour abandonner cette zone mais pour la reprendre en contre-attaquant. »

Il y avait une exigence morale inouïe dans ce principe qui faisait un devoir au soldat de se replier et le chargeait ensuite de se jeter à nouveau dans la fournaise.

Il y avait plus encore. En répartissant en échiquier les points de résistance dans une zone profonde on disloquait l'ancienne première ligne continue en nids isolés. On allait intentionnellement au-devant de la tendance dangereuse de la grande bataille, qui disloquait déjà par elle-même toute action d'ensemble en actions isolées. On dispersait la force de résistance du commandement entre de nombreux petits points qui, ainsi que le montrait l'expérience, étaient appelés à être isolés par le feu roulant. Cette mesure qui exigeait maintenant de chaque individu l'énergie de commandement qui autrefois était l'apanage du commandant de compagnie et du commandant de bataillon constituait une seconde exigence morale d'une grandeur extraordinaire.

Troisième point enfin. On prêchait aux soutiens, aux réserves et aux éléments des divisions d'intervention prêts à s'engager « de contre-attaquer automatiquement ». C'est-à-dire qu'ils ne devaient plus attendre que l'ordre de leurs supérieurs les porte à l'attaque. Aussitôt que d'après leur propre conception de la situation ils constataient que l'ennemi avait occupé la zone avancée de la position et que les troupes de secteur ne parvenaient pas à le rejeter par leurs propres moyens, ils devaient intervenir dans la direction qui leur avait été antérieurement fixée. C'était à côté des exigences d'ordre moral une exigence aussi grande d'ordre tactique. Le soin de reconnaître le moment exact dont dépendaient tant de choses était laissé à l'intelligence du chef subordonné qui, s'il agissait à faux, mettait en jeu la vie de sa troupe comme la sienne propre et compromettait en outre la réussite de la contre-attaque.

La dissolution voulue du combat en volonté individuelle et action individuelle répondait à l'effet disloquant de la lutte, au cours de la bataille de matériel. En allant au-devant de cet effet, on voulait avant tout diminuer les pertes. Il ne fallait pas que les hécatombes catastrophiques de la dernière année se renouvelassent. Le matériel soldat qui avait l'expérience de la défensive était réduit d'une façon si effroyable qu'il fallait absolument le disperser. Il fallait tout faire pour le conserver. Tout dépendait de lui et non de la masse numérique. C'était le bien le plus précieux de la conduite de guerre, la dernière expression de la volonté de défense de la nation. Il était irremplaçable. Toute la production de guerre, tout le travail de l'intérieur, des politiciens, des autorités, des états-majors, des chemins de fer, des étapes, des hôpitaux, en un mot tous les événements et tous les actes ne servaient en fin de compte qu'à ce but, permettre à ce défenseur de faire au moment voulu un usage judicieux de sa mitrailleuse. S'il ne le faisait pas ou ne pouvait plus le faire, tout le reste devenait caduc. La guerre était perdue.

Le soldat de 1917 est complètement différent de celui de 1914. Trois années de guerre l'ont complètement transformé extérieurement et intérieurement. Verdun et la Somme ont marqué son âme de leur sceau.

Il ne s'élance plus à l'assaut en rangs serrés, il ne se met plus à genoux suivant les mouvements ordonnés par le règlement. Il ne sait plus ce que c'est que le « sentir les coudes », la « direction », le « chef de file », l' « intervalle » et la « distance ». Le règlement de manœuvres n'existe plus pour lui que quand il est dans la zone des étapes pour se reposer et se refaire. Chefs et subordonnés se sentent un peu risibles quand ils doivent s'y exercer à saluer en portant l'index et la troisième phalange du médium à la coiffure. Ils le font avec un laisser-aller débonnaire et parce que c'est prescrit ainsi, souvent aussi avec une rage intérieure.

Il ne se précipite plus, méprisant la mort et le serment de fidélité à la patrie sur les lèvres, entre les « Debout pour un bond ! Pas de course ! » et les « Couchez-vous ! » par les prairies et les pentes, à vingt mètres derrière son commandant de compagnie, qui s'élance le premier en avant l'épée au poing. Il n'y a plus d'appels de clairon et on ne sonne plus le rassemblement.

Si de temps en temps il pousse encore un hourrah ! son cri est un cri de chasse ardent, lugubre, provoqué par l'excitation nerveuse et la concentration farouche de toutes ses énergies, et jeté d'entonnoir en entonnoir sous les yeux de l'ennemi.

C'est un être singulier, silencieux, qui supporte pendant des jours le bombardement avec tous les symptômes extérieurs de l'indifférence. Son uniforme se distingue encore à peine de la terre, où il séjourne. Il est rapiécé, raccommodé, recousu dix fois à gros points. Il n'en touche pas de nouveau et n'en a pas non plus l'ambition. L'un porte des bottes, l'autre des brodequins avec des jambières. Il a sur la tête un casque d'acier, sous la cloche grise duquel son visage pâle, couvert de poils, est plongé comme sous une ombre épaisse.

Le col de sa vareuse est ouvert. Son fusil, dont les parties brillantes sont entourées d'un morceau de toile, est suspendu par la bretelle à son épaule comme celui d'un chasseur. À la main il tient un gourdin noueux. À son ceinturon pend sa musette et son bidon. Dans sa musette il y a un morceau de lard, une tranche de pain, une boîte de ferblanc qui contient du miel artificiel ou un succédané de graisse, la dernière carte postale de la maison, des cartouches et un crayon. Dans le bidon, tantôt du café d'orge ou du thé de feuilles de ronces avec une sorte d'eau-de-vie, la gnole divisionnaire.

À côté de sa musette pend un couteau court dans un étui de cuir. Plus tard l'étui fut de tôle : il n'y avait plus de cuir. Il porte au cou par une courroie un pot singulier semblable à un herbier de botaniste ou à une boîte de conserve. C'est son masque à gaz qu'il ne laisse jamais en arrière. Il sait ce qui en dépend.

Il a aussi des passions particulières. L'un sculpte le bois, l'autre joue aux cartes, un troisième collectionne les étuis de cartouches. Mais la félicité suprême c'est la cigarette. On s'offre une cigarette pour se dire bonjour et se dire au revoir. Pour s'encourager, par reconnaissance ou par sympathie. L'officier l'offre à son subordonné, le subordonné à son officier. La fiancée envoie des cigarettes à l'ami de son fiancé, la mère au camarade de son fils, la femme du capitaine à l'ordonnance de son mari, le fabricant à ses employés qui sont au front. Les cigarettes valent plus que les poignées de main. On peut renoncer à la marmelade ou au boudin de déchets de viande, mais on ne renonce pas à la cigarette.

Au blessé qui gît les lèvres blanches et le visage exsangue dans la tranchée, on met naturellement une cigarette dans la bouche. Quand il ne peut déjà plus parler, la légère lueur montre qu'il est encore en vie. Le prisonnier se fait bien voir de celui qui l'a pris en lui livrant rapidement sa provision de cigarettes. À la dernière minute avant l'attaque, le matin à l'aube, quand on est dans la tranchée, grelottant et sans la moindre envie de parler, on fume encore une cigarette. On tient la main à demi fermée au-dessus de son feu pour qu'on ne le voie pas. Et lorsque la fusée qui annonce l'heure H monte en se dodinant lentement et en se déployant avec mille précautions on éteint son mégot contre la crosse de son fusil et on le fourre dans la poche de sa vareuse. Combien de cigarettes n'ont pas été fumées jusqu'au bout !

Le soldat se réjouit de recevoir des lettres de chez lui. Mais quand il les lit, la plupart du temps il en a assez après les premières lignes. Toujours les mêmes plaintes : la ration de pain diminue ; avec les cartes de pommes de terre, après des heures d'attente, on n'obtient rien ; quant au sucre il n'y en a plus un seul gramme à la maison depuis deux semaines. Les enfants sont malades ; rien d'étonnant à cela, il n'y a plus de charbon. Le beau-frère a disparu en Russie, laissant six petits enfants et une femme souffreteuse. Le jeune Schnoesel de la maison à côté gagne un beau salaire à la fabrique de munitions, il fume les cigarettes les plus chères, a un fameux toupet et se moque des imbéciles qui se font casser la figure au front. Quand aura-t-on enfin la paix ? Dans une réunion, il y en a un qui a dit récemment que si on ne l'avait pas encore c'était uniquement parce que les Allemands étaient toujours victorieux, ce qui obligeait toujours les autres peuples à continuer à combattre, bien qu'ils fussent eux-mêmes disposés à conclure la paix.

À quand la paix ? Comment peut-on le savoir et au fond en quoi cela regarde-t-il chacun ? Le commandant ne peut pas la faire, le sous-officier d'ordinaire non plus, le sergent-major non plus. Sait-on même encore comment cela a commencé ? Cela continue toujours de même et le mieux est de ne pas y penser.

Trois jours de première ligne, trois jours en soutien, trois jours en réserve, puis à nouveau relève en première ligne. Un coup de main, trois morts par éclats d'obus, un autre par une grenade amie. Six blessés et un prisonnier. Tir de destruction. La nuit, trois heures de bombardement à gaz. Le matin deux fois le barrage ; pourquoi, personne n'en sait rien. Puis à l'aube un combat d'avions très haut dans le ciel. L'un d'eux est descendu et tombe comme une torche de poix en feu. Dans l'après-midi un coup en plein sur un abri de la compagnie voisine. Les hommes ont trop écopé. Ils sont assis dans la tranchée comme des poulets ficelés et rien ne les fait réagir. Dans la soirée encore une fois le barrage. Pendant la nuit corvée de soupe. Deux heures de sentinelle aux fusées ; vers le matin, coureur au P. C. du bataillon. Reçu du vieux deux cigarettes, de l'herbe atroce.

La paix ? Non, cela ne sert à rien d'y penser.

Puis un beau jour, c'est le pilonnage du bombardement roulant.

Tout s'écroule, successivement. Les tranchées, les abris, les réseaux, tout cela n'a été construit, au prix de mois de travail, que pour être écrasé en quelques heures. Aujourd'hui c'est le tour de cet abri, demain ce sera le tour de celui-là, au gré du hasard. Cette nuit c'est la corvée de soupe qui prend. La nuit suivante le nid de mitrailleuses voisin. La troisième nuit, le commandant de compagnie avec toute sa liaison. Aujourd'hui il a encore soixante fusils dans le secteur de la compagnie. Le lendemain encore quarante. Le surlendemain encore vingt – et après ? Peut-être, s'ils attaquent, y aura-t-il encore une mitrailleuse qui tirera, peut-être n'y en aura-t-il pas. Peut-être y aura-t-il quelques hommes qui parviendront encore à la ligne de résistance principale pour apporter le renseignement – peut-être n'y en aura-t-il pas.

Au bout de quelques jours la région est telle qu'elle doit être quand la bataille d'infanterie doit commencer. Entonnoirs, entonnoirs, entonnoirs.

Le bombardement roulant s'abat encore une fois avec une fureur insensée. Ceux qui sont encore en vie sentent avec un instinct qui surgit d'un état de demi-conscience, que ce sera enfin pour aujourd'hui.

Cela se déroule suivant un programme nettement arrêté. Tout d'abord le barrage roulant s'allonge. C'est comme si une main invisible balayait tout soudainement, comme si la terre se déplaçait tout à coup de quelques centaines de mètres et glissait sous l'ouragan de fer chaotique. Cela se produit d'un seul coup.

Et ce coup est le signal.

Au même moment les autres sont déjà là, eux aussi. Une tension traverse le terrain. Du chaos pilonné un faisceau d'énergies jaillit çà et là sous forme de quelques hommes noircis, à demi affamés, égarés. La terre les crache des galeries effondrées, des tranchées éboulées, des entonnoirs géants. Habitants fantastiques des enfers. Avec rage et joie ils se reconnaissent les uns les autres par-dessus les entonnoirs.

Et maintenant au travail.

Déjà les mitrailleuses sont en place au rebord des entonnoirs. Déjà cela crépite partout, musique coupée, grêle, confuse, cassante. Cela siffle en tous sens sur un chant léger. Une sauvagerie s'éveille, une violence, une fièvre de chasse, dont l'excitation est incroyable après les six jours d'hébétement passés.

Tandis que la lutte se concentre çà et là, suivant les lois du champ d'entonnoirs, autour de quelques points isolés, les soutiens venant de l'arrière, se précipitent déjà vers l'avant. La contre-attaque automatique commence presque en même temps que l'attaque. De petits groupes arrivent et se jettent dans les trous d'obus. Des officiers entraînent la poignée d'hommes qui se trouve dans leur voisinage et contre-attaquent de leur propre initiative. On les voit sauter au-delà des crêtes et bondir comme les poupées gigotantes d'un théâtre de marionnettes.

De petits nuages blancs de grenades à main éclatent avec un bruit sourd que suit aussitôt un coup de cymbales. Un grésillement et un chant semblables à des voix grêles de chat s'étend sur tout, réseau invisible tendu horizontalement sur le champ d'entonnoirs, traits fulgurants et gerbes venant de toutes parts ; balles de mitrailleuses et de fusils. Les panaches de fumée des obus qui explosent, oiseaux noirs, qui sautent effrontément, avides de querelles, sur les parapets des tranchées, se mêlent à ce chant, d'abord avec un bruit sourd, puis aussitôt après avec un déchirement sauvage.

Cela fourmille et cela grouille. Cela se groupe, cela se multiplie jaillissant de part et d'autre de sources invisibles. Cela se flanque. Cela se pousse mutuellement. Cela crie farouchement et cela tire debout, dans la supertension d'une fièvre de chasseur. Cela se rit sauvagement les uns aux autres avant de tirer le cordeau de la grenade à main. Cela s'accroupit au milieu de la tourmente dans un entonnoir et allume une cigarette. Tout est vie, tout est tension extrême et chaos.

Personne ne *la* voit, qui court, vive et excitée dans la confusion. Aucune balle ne la touche. Même quand elle fait à l'un d'eux un croc-en-jambe qui le fait tomber et s'affaler dans un trou d'obus, il ne la voit pas. Elle court au hasard entre amis et ennemis ; sa mobilité est fabuleuse, muette et fatale. Là, elle retourne tout un groupe, accroupi dans un entonnoir. Là, elle saute au cou d'un isolé. Une pression à la gorge et il est déjà à terre. L'odeur du sang l'a rendue complètement folle et elle ne sait déjà plus qui elle doit saisir.

Personne ne la voit, personne ne pense à elle dans ce chaos – et cependant elle est l'acteur principal, le maître sombre et silencieux du champ de bataille.

Le soldat qui lutte dans le grand combat, est une somme d'expérience et d'instinct, un spécialiste du champ de bataille ultra-moderne, auquel tous les phénomènes, humains et techniques, sont familiers comme la petite table de multiplication l'est au simple fusilier. Il se meut dans une tout autre existence. La différence entre ses conditions de vie actuelle et celles du temps de paix ne serait pas plus grande s'il passait brusquement de la terre à la lune.

Il connaît tout. Son oreille contrôle instinctivement les bruits. Il connaît les départs, les arrivées et les explosions. Il se fait une image du dispositif de l'ennemi d'après la situation des gerbes de ses mitrailleuses. Il sent ce qui se passe à droite et à gauche bien qu'il ne puisse le voir.

Son nez connaît toutes les odeurs du champ de bataille, l'odeur du chlore, l'odeur des gaz, l'odeur de la poudre, l'odeur des cadavres et toutes les nuances qui les séparent. Il travaille en liaison avec l'avion d'infanterie en étalant des panneaux blancs dans les entonnoirs. Il s'entend avec l'artilleur, au milieu du hurlement du combat, par le moyen de ses fusées, rouges, vertes, jaunes, à une seule étoile, à plusieurs étoiles, en grappes, en les lançant une ou plusieurs fois. Il lui demande directement le barrage, le tir de destruction, le tir de flanquement, l'allongement et le raccourcissement du tir. De nombreuses batteries réagissent sur ses signaux de l'avant, car il est le chef suprême du champ de bataille. Il gouverne.

Il possède à fond les moyens de transmission et les liaisons, qui deviennent d'autant plus lamentables que la bataille a moins de fantaisie. Il connaît les pigeons voyageurs, les appareils optiques, la télégraphie par le sol, le téléphone, les chiens de liaison, et sait qu'en fin de compte tout dépend cependant de lui-même et de ses jambes.

Il peut tirer avec la mitrailleuse lourde et la mitrailleuse légère, avec le lance-mines et le lance-grenades, sans parler de la grenade à main et du fusil qui sont son pain quotidien. Il connaît les lance-flammes et les bombes d'avion. Il distingue tous les calibres du 75 au 420, le tir tendu et le tir courbe. En examinant la ceinture sautée d'un obus ennemi, il sait aussitôt si la pièce est une pièce de marine anglaise, un obusier français ou un canon long américain. Il s'y connaît en fait d'obus explosifs à fusée ultra-sensible, qui arrivent avec une trajectoire extrêmement tendue, font un entonnoir à peine visible, mais ont des gerbes d'éclats aux effets d'autant plus effrayants. Il sait quand l'ennemi tire à coups de grosses marmites, ces écraseuses d'abris, qui s'enfoncent tout d'abord dans la terre avant d'éclater avec un déchirement sourd, souterrain. Les lourdes mines, qui se dodelinent dans l'air avec tant de bonhomie, lui sont aussi familières que les petites qui semblent des jouets d'enfants.

Il connaît la guerre de mines, avec ses différentes galeries souterraines, entrelacées, galeries transversales, galeries de logement et galeries de combat. Il sait quand le moment est venu d'écraser l'ennemi en faisant exploser un fourneau et quand il faut évacuer une galerie pour ne pas être soi-même écrasé. Il connaît l'appareil d'écoute et les instruments de mesure des sapeurs du génie. Il peut placer un cadre de mine réglementaire comme un mineur.

Le combat de sape à vingt mètres de distance demande à être conduit de tout autre façon que le combat pour les traverses de tranchées et les entrées d'abris. Il connaît le métier des groupes de choc ; il sait comment on fait tomber de flanc et comment on barre une tranchée. Il est capable de servir comme lanceur de grenades à grande distance, comme lanceur à courte distance, comme tireur, comme nettoyeur d'abris et comme guetteur arrière d'une équipe.

Il sait déjà comment il faut se tirer d'affaire avec les chars, ces nouveaux spectres terrifiants des jours de grand combat, suprême essence de la matérialisation du champ de bataille. Il sait reconnaître les chars mâles des chars femelles, connaît leur angle mort, les points faibles de leurs chenilles, la répartition de leur cuirasse. Il sait qu'on peut en venir à bout avec la nouvelle balle à noyau d'acier et avec les fusils anti-chars, qui par leur grandeur rappellent les mousquets du Moyen Âge et qui doivent être servis par deux hommes. Mais le plus sûr est d'avoir dans le voisinage un canon de campagne avancé qui tape à vue directe sur le monstre.

Que ne connaît-il pas ? Il n'y a plus de surprises pour lui : la mort elle-même ne le tire pas de son calme. Elle est trop près de lui ; elle est à tu et à toi avec lui comme avec chacun de ses camarades et comme tous le sont entre eux. Sera-ce la grave blessure et le renvoi à l'intérieur, la fosse commune, la tombe isolée, le cimetière militaire près de l'hôpital d'étapes ou la pourriture à l'avant, quelque part dans le champ d'entonnoirs, après avoir été trois fois enfoui, puis trois fois remis au jour ? C'est comme pour la paix. Le mieux est de ne pas y penser.

Ce soldat de la troisième année de guerre, cet homme silencieux, sale, déshabitué de toute joie, et qui de temps en temps sourit d'un air à demi enfantin, à demi embarrassé ; ce soldat qui se retrouve à peine quand il est en permission dans ses foyers et qui respire presque de soulagement quand il est de nouveau au front avec ses camarades, c'est sur lui que repose tout, tout, tout.

La grande épreuve était imminente ; ce qui pouvait être fait, était fait. Après un hiver de travail incessant derrière les tranchées enneigées, le printemps se leva pour la tourmente la plus formidable qui ait jamais soufflé en quelques semaines sur le front ouest.

D'après les estimations les Anglais et les Français disposaient au total de cinq armées d'attaque comptant 90 divisions fraîches. Plus de 9000 pièces étaient prêtes. Pour la première fois quelques centaines de chars roulaient vers le front pour montrer leur puissance en une attaque massive. Les avions étaient plusieurs milliers.

Tout cela était accumulé, comme un large nuage d'orage, entre Arras et l'Argonne. Les éclairs sillonnait déjà le ciel. La lourde tension allait en augmentant et devenait insupportable. Cela se concentrait comme un spasme, déchirant la terre, frappant le sol, roulant avec un bruit de chaînes, crachant des flammes çà et là.

Un printemps aux nuits fraîches de clair de lune, aux journées de ciel bleu magnifique, parsemé de légers nuages d'argent moutonnés, prenait tranquillement ses aises sans se douter de rien. Comme un pinson qui se poserait sur un tube de canon pour chanter sa petite chanson. Les fleurs semblaient vouloir s'ouvrir plus tôt que d'habitude.

Elles n'y parvinrent pas.

Quelques jours avant la danse, des groupes de choc allemands trouvèrent, lors d'un coup de main sur l'Aisne, un ordre d'armée français qui contenait toutes les indications voulues sur l'attaque, date, nature, ampleur et objectif.

Entre-temps cela s'était déclenché sur le front anglais, dans le secteur d'Arras.

Le 9 avril, le lundi de Pâques, par un soleil souriant.

22
La triple bataille de printemps

Une semaine durant, le feu de l'artillerie anglaise s'intensifie entre Lens au nord et Bullecourt au sud, de part et d'autre d'Arras, sur un front de trente kilomètres au total.

Le lundi de Pâques, aux premières heures du jour, l'ouragan de feu se déchaîne avec une violence inouïe, craché par quatre mille tubes de canon. Dans la nuit les positions arrière et les batteries ont subi un violent bombardement à gaz.

Le soleil n'est pas encore levé, mais tout annonce une journée merveilleuse de printemps.

Le front, dont la partie nord est située en deçà des célèbres hauteurs de Lorette, dont le centre court autour de la ville d'Arras souvent harcelée et qui rejoint dans le sud la nouvelle position Siegfried, tremble sous l'avalanche. Une brume grise le recouvre. Des centaines d'avions sont déjà là. Leurs corps souples scintillent dans les cabrioles folles du combat aérien.

Le commandement allemand est confiant. Il se fie à la nouvelle tactique défensive.

Mais qu'est-ce ?

Les derniers renseignements que l'on reçoit de l'avant disent que l'attaque d'infanterie paraît imminente. On a déjà vu des chars. Les avions ennemis piquaient jusqu'à terre. C'était peu avant sept heures. Effectivement on voit monter quelques fusées qui demandent le barrage. Puis c'est un silence angoissant, en pleine tourmente de la bataille de matériel.

Les avions d'infanterie, qui sous la protection des avions de chasse poussent loin vers l'avant, annoncent que l'on peut observer de forts détachements ennemis dans la zone de combat avancée. Des chars s'avancent lentement en rampant.

Les états-majors de division se tranquillisent. Conformément au nouveau procédé les compagnies allemandes se sont certainement repliées sur la ligne de résistance principale. Elles vont maintenant passer à la contre-attaque.

Le feu roulant s'abat avec la même intensité. Il est très gênant pour l'artillerie allemande de ne pas savoir où se trouve actuellement la première ligne amie. Elle ne peut pas participer à la contre-attaque et doit continuer à laisser tomber son barrage dans la zone qui séparait les deux fronts. Les aviateurs rendent compte que des fractions ennemies ont dépassé en beaucoup d'endroits la ligne de résistance principale. Pour autant qu'on peut observer, elles sont hésitantes sur l'attitude qu'elles doivent tenir ultérieurement. Leur barrage roulant les a quittées et tombe loin en avant d'elles. Mais il n'en est pas moins singulier qu'elles ne rencontrent aucune résistance d'infanterie.

Où sont les contre-attaques ?

Les commandants d'artillerie divisionnaire rendent compte qu'ils ont perdu quelques batteries. Les Anglais sont en plein dans la position d'artillerie. Où est l'infanterie allemande ?

Trois heures après le déclenchement de la bataille d'infanterie l'incertitude se dissipe.

C'est suffisamment effrayant. La plupart des commandants de brigade font savoir qu'ils n'ont littéralement plus rien à leur disposition. Les contre-attaques des soutiens et des réserves ont été déclenchées dès l'aube, peu après l'attaque. Tout est déjà fini depuis longtemps. Elles ont dû se déployer en plein au milieu du barrage ennemi qui se déplaçait lentement. Le barrage est passé sur elles et a tout broyé. Depuis on ne sait plus rien sur leur compte. Mais on peut supposer ce qui leur est arrivé, sinon comment les Anglais seraient-ils dans la position d'artillerie ?

Les divisions d'intervention sont alertées depuis minuit. Elles se sont mises en marche vers le champ de bataille depuis le commencement de l'attaque. Avant que leurs premiers échelons puissent atteindre la ligne d'infanterie il s'écoulera encore des heures. Et il n'y a pour ainsi dire plus rien sur le front. Depuis les postes de commandement de régiments et de brigades on peut voir les chars anglais circuler en tous sens sur le champ de bataille. Les comptes rendus sur les pertes d'artillerie se multiplient.

Quelle chance que les Anglais soient aussi rigides ! S'ils saisissaient l'occasion par les cheveux ils pourraient sans être gênés marcher l'arme à la bretelle à travers la brèche bâillante qui s'est ouverte de façon si funeste. Ils avaient l'intention de percer et maintenant qu'ils y ont réussi ils ne savent que faire.

Les divisions de position ramassent fiévreusement leurs derniers hommes, compagnies de sapeurs, de lance-mines, artilleurs, dépôts du train et dépôts de recrues. À l'avant, les commandants de régiments combattent sur une seule ligne avec leurs adjoints, leurs officiers d'état-major et leurs ordonnances. Quelques batteries cherchent à amener leurs avant-trains pour sauver leurs pièces. D'autres font sauter leurs tubes et emportent leurs culasses.

Les chars circulent en tous sens en tirant.

On arrive ainsi à midi. Heures angoissantes, angoissantes. Tous les organes de commandement jusqu'aux états-majors d'armée, de groupes d'armées et jusqu'à la Direction suprême déploient une activité fiévreuse. Personne ne peut dire ce que les prochaines heures vont apporter. Il faut regarder la réalité en face.

Les Anglais ne sortent pas de leur engourdissement. À quoi pensent-ils ? Ils ne peuvent pas s'adapter à la situation. Maintenant encore ils ne connaissent que l'ordre qu'ils ont reçu le matin dans de tout autres conditions. Leurs chefs subordonnés ne font preuve d'aucune activité et n'ont aucun entendement pour les situations nouvelles. Ils remplissent les entonnoirs, s'installent et attendent que les divisions d'intervention allemandes fassent leur apparition sur le champ de bataille. On dirait qu'ils ont complètement oublié qu'ils sont les assaillants.

Après-midi. Enfin, enfin !

Les divisions d'intervention arrivent. Tout le monde respire, soulagé. Alors qu'auparavant on attendait dans une tension sourde, maintenant chacun fait pression pour obtenir des résultats visibles. Les états-majors supérieurs ne peuvent se passer de poser toujours les mêmes questions pour savoir pourquoi telle chose n'a pas eu lieu, pourquoi on n'a pas encore occupé tel point, pourquoi l'avance est arrêtée en tel endroit et pourquoi elle est si lente en tel autre.

À l'avant l'aspect est tout autre. Les troupes viennent de loin. Elles sont sur les jambes depuis minuit. Les cuisines roulantes sont restées en arrière. On n'a pas le temps de prendre les liaisons nécessaires avec les divisions de position. L'artillerie des divisions qui arrivent ne connaît pas le tracé de la première ligne. Personne ne le connaît d'ailleurs à ce moment-là.

C'est dans ces conditions qu'épuisée par la marche, sans ordres spéciaux et sans préparation d'artillerie suffisante, l'infanterie doit attaquer l'ennemi qui s'est accroché en profondeur dans le système de positions allemandes. Le rideau de feu du barrage anglais est presque ininterrompu. Il faut le traverser. Les pertes sont lourdes. Derrière lui on se heurte à un adversaire solidement installé, dont les liaisons sont organisées, qui travaille en commun avec son artillerie et qui est à peine touché par le bombardement allemand qui s'abat en un mauvais endroit.

Dans ces conditions il n'y a pas grand-chose à faire. Les nouvelles divisions annoncent les unes après les autres dans la soirée qu'elles ont dû arrêter leur progression à cause de leurs trop grosses pertes. On combat encore. En maints endroits on a remporté des succès. Mais jusqu'à la tombée de la nuit l'infanterie anglaise passe à de nouvelles attaques massives ; on est content de pouvoir tenir la ligne que l'on vient d'atteindre.

Pendant la nuit tous les états-majors s'emploient à organiser la défense. Une nouvelle artillerie se déploie et entre en position. De nouvelles unités d'infanterie sont portées en ligne.

Mettre tout ce monde en liaison les uns avec les autres, débrouiller dans l'obscurité et sous le feu, sans connaître la région et sans contact avec l'arrière, les compagnies qui se sont complètement mélangées entre elles, c'est un travail de Sisyphe. Chacun cherche l'autre. Personne ne sait dans quel secteur il se trouve. Des officiers ont avec eux des hommes de plusieurs régiments. Beaucoup d'hommes sont si épuisés qu'ils gisent, apathiques, comme des morts vivants, dans des trous et ne réagissent plus devant rien.

Il est impossible de songer à un ravitaillement régulier. Qui ira chercher à manger, pour qui, où et quand ?

On se débrouille comme on peut. Il faut que cela aille. Dès les premières lueurs de l'aube la préparation de la nouvelle attaque commencera.

Quelle heure est-il donc ? Et les pertes ? Où peut être le nouveau poste de commandement du bataillon ? N'est-il pas possible de trouver des brancardiers pour aider les nombreux blessés qui gisent çà et là ? L'artillerie amie sait-elle que nous sommes ici et ne va-t-elle pas demain matin, à la première demande de barrage, taper en plein au milieu de nous ? A-t-on des balles à noyau d'acier pour combattre les chars dont l'intervention est vraisemblable ? Qui a une idée de l'endroit où l'on peut se procurer de l'eau pour les réservoirs réfrigérateurs des mitrailleuses ? On a beaucoup trop peu de bandes de cartouches ici, où peut-on en trouver d'autres ? Qui a les fusées ? Qui a les panneaux d'aviation ? Qui sait à peu près dans quelle direction se trouvent les Tommies les plus proches ?

Cent questions. Aussi importantes les unes que les autres. De chacune d'elles tout peu dépendre demain.

Journée noire que cette première journée d'emploi du nouveau procédé défensif.

Franchissant, la zone avancée allemande et la ligne de résistance principale, les Anglais ont pénétré d'un seul coup profondément dans les positions de batteries. Sur vingt kilomètres de front, de part et d'autre d'Arras, on a perdu environ six kilomètres de terrain en profondeur. Malheureusement, avec tout ce qui est dedans. Les pertes des assaillants sont certainement lourdes. Celles des défenseurs sont angoissantes.

On ne les connaîtra dans toute leur grandeur que par la suite. Les divisions de position du secteur submergé ont perdu en moyenne les deux tiers de leurs effectifs de combat. Quelques-unes sont pour ainsi dire décimées. Il faut compter sur une perte de 10 000 prisonniers et 200 canons. C'est effrayant.

À quoi cela tient-il ? Est-ce que le nouveau procédé défensif était mauvais ? A-t-il été mal employé ? C'est difficile à trancher. Mais il faut immédiatement être fixé à ce sujet. Le front français entre Soissons et l'Argonne commence déjà à trembler. On possède les ordres français et l'on sait que cela ne doit plus durer que quelques jours.

Faut-il renoncer au nouveau procédé ? Faut-il que la Direction suprême dans un ordre général rétablisse l'ancienne tactique de la défensive rigide sans aucun égard pour les pertes ? Ce serait au dernier moment jeter une incertitude infinie dans la troupe et lui enlever la confiance dans le commandement et dans ses propres armes. Et pourtant il faut éviter coûte que coûte que ce qui s'est passé se renouvelle. Le front allemand ne peut pas supporter deux coups semblables.

On constate bientôt à quoi cela tenait. Ou tout au moins à quoi cela tenait vraisemblablement. Les divisions engagées n'avaient pas appliqué assez largement les principes du nouveau procédé, Le haut commandement local ne s'était pas, lui non plus, affranchi suffisamment des anciens principes défensifs auxquels il était habitué.

Il en était résulté une chose hybride, un monstre tactique. À l'avant tout était étroitement entassé, en arrière les distances étaient trop grandes. Toute la force défensive de l'infanterie était accumulée entre la première ligne et la ligne de résistance principale. Elle avait été écrasée, comme il fallait s'y attendre, par le bombardement terrible. Les contre-attaques locales n'avaient pas été exécutées comme la nouvelle tactique l'exigeait, en partant des zones moins battues, mais avaient dû se déployer à l'intérieur de la zone pilonnée. La masse de l'artillerie de campagne était trop rapprochée et avait été également écrasée par le barrage roulant. Par contre les divisions d'intervention avaient été disposées si loin du front que leur engagement n'avait pu avoir lieu que quand l'ennemi était déjà installé solidement dans la zone conquise.

Voilà ce qui s'était passé. C'est une chance que le commandement n'ait pas perdu son sang-froid et n'ait pas pris de mesures trop hâtives qui se seraient peut-être fait chèrement payer. La situation est cependant déjà suffisamment tendue comme cela.

Dès le lendemain on peut dire que la crise est surmontée. Les divisions se sont acclimatées. Le premier effroi est passé. Les expériences amères de la journée écoulée ont été une cruelle leçon. Nulle part les Anglais ne font de nouveaux progrès. Partout où ils cherchent leur salut dans des attaques partielles ils sont repoussés. Mais la bataille n'en est pas encore finie pour cela, ni gagnée.

Le commandement allemand a dès ce jour-là son appareil défensif si fermement en main qu'il peut déjà songer à chasser les Anglais de certains points d'irruption particulièrement gênants. Ces attaques révèlent d'une façon tranquillisante la force combative des divisions allemandes.

Avec des tirs de mitrailleuses tirant de points dominants, des lance-mines et des pièces de campagne avancées, on barre la ligne de retraite de l'ennemi. Les groupes de choc d'infanterie s'élancent alors en avant, pénètrent dans le front adverse, travaillent à droite et à gauche, se rejettent réciproquement les Anglais et capturent un important butin de prisonniers et de mitrailleuses.

Le troisième jour, le 11 avril, les Anglais déclenchent de nouvelles attaques massives. Les défenseurs n'ont plus peur. Pour la première fois également la défense systématique contre les chars a le dessus. Des tireurs d'élite, pleins de calme, laissent venir les monstres jusqu'à cent mètres et les accablent alors d'une grêle de balles à noyau d'acier.

Dans le secteur d'une seule division, sur la partie sud du champ de bataille, sept chars sont mis hors de combat par l'artillerie tirant à vue directe. Des douze chars engagés dans cette région trois seulement peuvent échapper en prenant la fuite.

Plus près d'Arras encore, l'attaque anglaise prend la forme d'un reflux tumultueux sous le feu des mitrailleuses allemandes. Les fuyards forment avec les vagues d'assaut qui suivent un amas dense dans lequel s'abat le feu concentrique allemand. Les pertes sont terribles.

Sur la route d'Arras à Cambrai surgissent, à l'étonnement sans borne de l'infanterie allemande, des éléments de cavalerie anglaise. Ils ont donc cru en face – deux jours trop tard – que la percée était réalisée. La cavalerie se déploie à cheval pour le combat et s'avance comme si elle n'avait devant elle qu'une poignée de traînards. Au bout d'un quart d'heure tout est réglé. Les cavaliers refluent. Hommes et chevaux roulent confusément, mêlés les uns aux autres.

Les défenseurs sont moins heureux au nord d'Arras. Ils y perdent les hauteurs de Vimy après des combats indécis. Comme après les pertes terribles du 9 avril il faut se montrer extrêmement économe en fait de réserves, on renonce à exécuter une contre-attaque de grand style. Mais la perte des hauteurs nécessite un repli du front à droite et à gauche.

Pour ne pas se laisser mettre dans un état d'instabilité dangereux la 6e armée prend, dans la nuit du 12 au 13, une position qui forme un demi-cercle autour de Lens, à l'ouest de la ville, puis passe par Arleux, Rœux et Monchy-le-Preux et aboutit à Bullecourt. Les Anglais ont réussi à refouler le front allemand à dix kilomètres environ d'Arras et à lui infliger de lourdes pertes. Mais ils n'ont pas pu obtenir de résultat stratégique.

Sir Douglas Haig croit que maintenant il a fait son devoir. Au fond l'attaque dans la région d'Arras ne l'a jamais enthousiasmé. Ce n'est que sous la pression de Nivelle qu'il s'y est décidé. Plus que jamais il regarde du côté des Flandres. L'amirauté anglaise et le cabinet de Londres gémissent sur les conséquences dévastatrices de la guerre sous-marine. Le maréchal Haig est un homme d'une opiniâtreté inébranlable.

L'attaque contre la base sous-marine allemande est préparée par les Anglais depuis l'hiver. Pendant que son armée donne l'assaut en Artois, sir Douglas ne pense qu'à la Flandre. Dans le bas, en Artois, il ne dépense aucun obus, aucun Tommie de trop, car ils pourraient lui manquer dans le haut par la suite quand il y livrera sa bataille. Prenant rapidement sa décision, il déclare le 14 avril : « Cela suffit. Mes divisions ont besoin de repos. Que les Français voient maintenant s'ils peuvent obtenir quelque chose. »

Tandis que le maréchal Haig commence déjà à déplacer lentement ses moyens d'attaque vers le nord, Nivelle se prépare à rentrer la grande moisson qu'il a envisagé de récolter entre Soissons et l'Argonne ; Nivelle, qui inquiète son gouvernement, Nivelle à propos de qui ses subordonnés haussent les épaules en souriant avec pitié. Nivelle, que ses soldats appelleront deux semaines plus tard le buveur de sang.

Le généralissime français veut avec sa triple bataille y aller à fond. Lorsque le maréchal Haig parle de s'arrêter, Nivelle lui démontre le contraire. L'Anglais est obligé de se soumettre encore une fois pour ne pas compromettre l'unité des opérations alliées. Contraint, il accepte d'attaquer une deuxième fois entre Arras et Douai aussitôt que Nivelle, employant le procédé inverse, aura accroché les réserves allemandes sur la partie française du front.

Les Français exécuteront une double attaque. En premier lieu dans le secteur de l'Aisne, en direction du nord, sur Laon ; en second lieu au centre, en Champagne, en direction de Rethel. Une fois qu'on aura ainsi brisé le front allemand en trois endroits et qu'on aura atteint Douai, Laon et Rethel, la grande manœuvre de mouvement à laquelle Nivelle veut arriver pour terminer la guerre, pourra commencer.

Nivelle a concentré 55 divisions, 5 300 canons et 80 chars. On dispose de 10 millions d'obus. 5 millions de grenades et 170 millions de cartouches d'infanterie ont été distribués. Le front d'attaque a 70 kilomètres ; épargnant le coin de Reims il s'étend de Laffaux, dans la région de Soissons, jusqu'à Souain au milieu de la Champagne.

Le même jour où la bataille d'infanterie se déclenche à Arras, la préparation d'artillerie commence dans le sud. Les roues de la puissante machine s'emboîtent les unes dans les autres avec leurs dents d'acier.

Nivelle laisse le bombardement se déchaîner durant une semaine. Lorsque les divisions du maréchal Haig se sont à nouveau enlisées dans les entonnoirs d'Arras, Nivelle donne à l'infanterie française, l'ordre d'attaquer – « L'heure est venue. Ayez confiance et soyez courageux. Vive la France ! »

C'est à l'aube du 16 avril.

Les 6e et 5e armées françaises s'élancent à l'assaut de la 7e armée allemande, entre Vailly et Brimont, au nord-ouest de Reims, avec les masses de leur infanterie aux formations denses. Elles ont en arrière d'elles leur 10e armée qui doit manœuvrer en terrain libre une fois la percée réalisée.

À 7 heures les fusées demandant le barrage commencent à danser.

Pendant la préparation d'artillerie les Français ont essayé, en faisant exécuter des coups de main presque toutes les nuits par leur infanterie, de maintenir les troupes allemandes dans leur zone de combat avancée jusqu'au moment de l'attaque. Ils connaissent déjà la nouvelle tactique défensive de leurs adversaires. Mais l'infanterie allemande ne se laisse pas induire en erreur. On sait en outre par des déclarations de prisonniers que la bataille d'infanterie doit commencer ce jour-là.

Les Français ont introduit dans leur tactique une seconde nouveauté : elle consiste à éviter le barrage allemand en passant dessous. Leur infanterie d'assaut a été mise en place si en avant que ses premières vagues sont déjà dans la zone avancée de l'ennemi avant que le feu de la défense ne se soit déclenché. Leurs vagues d'infanterie ont reçu l'ordre de se mettre en mouvement presque en même temps que le barrage roulant.

L'artillerie allemande n'est pas restée inactive, elle non plus. Toutes les nuits, mais surtout au cours de la dernière, aux heures les plus différentes, elle a accablé le système des positions françaises de rafales de tirs de destruction. Peu de temps avant l'attaque attendue son tir d'anéantissement s'abat dru comme grêle sur les positions de départ ennemies. Grâce au programme Hindenburg on peut déjà puiser plus hardiment dans les stocks.

Il n'y a plus de réseaux de fils de fer. Ils sont détruits.

Les assaillants pénètrent dans la zone avancée. Des escadres de chasse tourbillonnent au-dessus d'eux. Les Fokker allemands sont déjà au travail.

Le barrage allemand tombe sur les tranchées de départ françaises. Le barrage roulant français avance lentement. Il s'arrête au bout de peu de temps sur la ligne de résistance principale allemande.

Les Français rapprochent leurs deuxième et troisième échelons d'attaque au contact immédiat du premier, pour les soustraire vers l'avant au bombardement massif allemand. De ce fait ils rassemblent à l'avant des masses d'hommes considérables qui ont trop peu d'espace pour se déployer.

Durant la première demi-heure la fusillade a été faible. Mais maintenant cela change. Quand les Français arrivent dans le rayon d'action de la ligne principale de résistance allemande celle-ci est déjà garnie par les soutiens des régiments de position.

Ces soutiens ont laissé passer sur eux le barrage roulant français qui se déplace suivant un horaire prévu et se sont ensuite élancés en avant au pas de course. Le barrage a perdu ainsi contact avec ses propres troupes d'assaut. Il passe au-dessus de la deuxième position allemande et laisse l'infanterie française se heurter sans appui, en colonnes épaisses, à la ligne de résistance principale allemande renforcée.

Le feu de l'infanterie se déchaîne alors de toute sa violence. Mitrailleuse à côté de mitrailleuse. De leurs canons brûlants les balles vont frapper en tous sens dans les rangs des assaillants et leur causent des pertes terribles. Peu à peu les Allemands parviennent aussi, au moyen de fusées, de liaisons avec les avions et de comptes rendus des observatoires, à décrocher leur propre barrage de la position française et à le rapprocher de leur ligne.

Les Français se trouvent ainsi pris entre les deux branches d'une tenaille de feu inexorable.

On combat déjà pour quelques groupes d'entonnoirs. Tout est déjà disloqué en actions isolées sur un espace très étroit. On peut déjà dire que le premier assaut a échoué bien que les assaillants n'aient pas encore pu se déployer.

En maints endroits les vagues françaises qui suivent portent encore l'attaque en avant. Elle pousse à travers les nids de résistance allemands et s'y écoule par petits filets. Là où la supériorité ennemie est trop grande et trop opiniâtre, les régiments allemands doivent se replier dans la ligne de protection de l'artillerie.

Vers midi les Français sont parvenus dans la région de Vailly jusqu'au Chemin des Dames, qui court sur une crête étroite, de Laffaux à Craonne, exactement d'ouest en est ; une deuxième poche s'est formée également au Winterberg, contrefort du Chemin des Dames, près de Craonne.

Ces deux irruptions sont regrettables, mais ne sont pas inquiétantes. Il ne s'agit pas de conserver coûte que coûte quelques kilomètres de terrain mais bien de garder intact l'appareil défensif. Il est certain que les divisions de position sont partout maîtresses de la situation, sans que les divisions d'intervention soient encore entrées en jeu.

Les premiers échelons de ces divisions, montant du fond de l'Ailette, qui court au nord du Chemin des Dames, se déploient déjà. Ils attaqueront déjà dans une heure. Pendant la nuit les divisions de position seront retirées du front pour que l'on puisse disposer le lendemain de nouvelles troupes d'intervention.

Tout semble donc être parfaitement en ordre. Partout on a confiance. On compte fermement que d'ici la fin de la journée on aura repris possession de toute la zone avancée jusqu'à l'Aisne.

Entre-temps Nivelle a été victime d'une erreur terrible.

Lorsqu'on lui annonce qu'à Vailly et à Craonne on a remporté des succès assez importants, il croit que la bataille est déjà mûre pour la décision. Il est entièrement dominé par sa théorie du « grand coup ».

En se refusant instinctivement à reconnaître le principe de la bataille de matériel de longue durée, il tombe dans l'excès contraire. Il voit déjà la décision obtenue, là où elle ne l'est pas encore.

À midi il ordonne à la 10e armée, qui se trouve derrière les 6e et 5e de se porter en avant avec toute sa masse d'infanterie pour pousser, au-delà du Chemin des Dames, en direction de Laon, entre les deux armées qui combattent en avant. Il veut être à Laon dans la soirée.

Cet ordre décide de la bataille, mais dans un tout autre sens que celui envisagé par Nivelle.

L'infanterie de la nouvelle armée se mêle à celle des deux premières, par gros paquets, en plein feu allemand. Des masses s'arrêtent, qui continuent toujours à être alimentées par l'arrière. Aucun ordre, aucune demande visant à suspendre ce renforcement ne passe de l'avant à l'arrière. Tandis qu'à l'arrière on pense qu'en avant la victoire est en bonne voie, à l'avant ce n'est qu'un combat pied à pied désespéré. Les yeux sur la victoire, les états-majors jettent toujours de nouvelles masses dans la fournaise.

Des flots de sang coulent sur les pentes sud du Chemin des Dames.

Le commandement français ne s'est pas encore rendu compte de son malheur. L'appareil une fois en mouvement ne peut pas être arrêté. De nouvelles vagues bleu horizon entrent toujours dans la zone de feu de la défense. Elles ne progressent que pour être abattues sur les monceaux de cadavres des précédentes.

C'est terrible, encore plus terrible que lors des attaques en masse des Russes.

C'est à ce moment-là que les divisions allemandes d'intervention arrivent sur le champ de bataille, en bon ordre et déjà déployées pour la contre-attaque. Leur avance arrête et condense encore d'avantage les masses françaises. Celles-ci se défendent désespérément. Comme elles ne peuvent ni avancer ni reculer elles s'installent dans les trous d'obus. Ce que ne peuvent obtenir les états-majors de l'arrière, la mort l'obtient en peu de temps. Bientôt les masses sont si éclaircies qu'elles peuvent se déployer. Leur façon de combattre devient alors ordonnée et méthodique, mais ce n'est plus qu'en vue de la défensive.

Les divisions d'intervention allemandes bouchent les plus grandes brèches du nouveau front et atteignent une ligne qui correspond à peu près au tracé de l'ancienne ligne de résistance principale. Une fois là on renonce à de nouvelles attaques. Il faut organiser la défense pour être prêt le lendemain.

Les trois fières armées d'attaque de Nivelle ont été disloquées en un seul jour. Il a tout mis sur une seule carte et tout perdu. Il ne veut pas encore en convenir. Mais les comptes rendus qui lui parviennent de ses divisions dans le courant de la nuit, parlent un langage trop clair. Les pertes sont effroyables.

Le généralissime français espère encore. Il n'a encore déclenché que la première moitié de son grand coup. L'attaque de Champagne centrale est fixée au lendemain matin. Douze divisions françaises y attaqueront quatre divisions allemandes. Là aussi il a fait pilonner le front pendant huit jours.

Le matin à l'aube cela se déclenche, comme on s'y attendait également, entre Prosnes et Auberive, sur quinze kilomètres de front. Le printemps s'est enfin effrayé. Il tombe une pluie mêlée de neige.

Les Français réussissent à pousser, dans leur premier élan, jusqu'aux hauteurs au sud de Nauroy et de Moronvillers. En haut, sur l'étroit plateau du Mont Cornillet, la bataille s'enlise et ne veut redescendre d'aucun côté. Ici aussi les Français subissent des pertes terribles comme au Chemin des Dames.

Le 17 avril au soir Nivelle sait qu'il n'a plus rien à espérer. En grinçant des dents, il se soumet à la contrainte de la bataille de matériel contre laquelle il s'est insurgé jusqu'à présent si passionnément.

Attaques et contre-attaques se succèdent dans tout le secteur de la bataille gigantesque. Le succès revient tantôt à l'un, tantôt à l'autre des adversaires. Il n'est plus question que d'objectifs limités, il n'y a plus de plans stratégiques. On ne peut plus espérer obtenir la percée que du hasard et non de l'usure des forces adverses.

La défense qui s'est parfaitement adaptée à la situation devient de jour en jour meilleure et plus sûre. Les divisions allemandes apprennent à jouer avec une grande virtuosité de leur nouveau procédé tactique. La troupe a de plus en plus confiance en lui.

Le 23 avril le maréchal Haig est obligé d'entrer en jeu à nouveau. Non pas pour achever la grande percée stratégique, mais pour dégager Nivelle dans le sud. La deuxième partie de la bataille d'Arras commence. Elle ne rapporte plus rien aux Anglais.

Pendant ce temps Nivelle sacrifie de plus en plus au Moloch de la bataille de matériel. Il ne peut pas se le concilier. Tout ne fait qu'empirer. Le fleuve de sang s'élargit.

Le mois de mai arrive. La bataille se concentre encore une fois en de grandes attaques d'ensemble sur un large front. Le 7 mai les Français parviennent à descendre du Chemin des Dames dans le fond de l'Ailette. La contre-attaque allemande les rejette déjà au bout de quelques heures au-delà de la crête.

La bataille n'a plus que des sursauts, mais ne parvient pas à s'apaiser. Ce sont les Allemands qui, maintenant, ne veulent pas lâcher la partie avant d'avoir conquis une position susceptible d'être conservée pendant longtemps. Les actions succèdent aux actions. Il ne se passe presque pas de jour sans qu'on attaque par surprise en un point du Chemin des Dames après une minutieuse préparation. Des parties du front français tombent par morceaux.

Nivelle essaie encore une fois d'agir par grandes contre-attaques. Il ne peut plus rien changer au résultat de la bataille. Il était déjà acquis dès le premier soir. Il est irrévocable. Tout le reste n'est que continuation, entêtement, consolation, parce que Nivelle ne veut avouer à aucun prix ce que tout homme perspicace sait déjà dans son pays.

La France a subi une défaite terrible. Elle ne peut être comparée qu'à la défaite des premières semaines de la guerre, lorsque sur la Marne le sort du pays ne tenait qu'à un fil.

La bataille d'Arras a coûté à Sir Douglas Haig 180000 hommes. Nivelle a dû dépenser pour la double bataille de l'Aisne et de Champagne 130000 Français environ.

Le 15 mai, alors que la bataille dure encore, Nivelle est relevé de ses fonctions de commandant en chef. Maintenant que le buveur de sang a perdu la partie, le gouvernement trouve le courage de prendre cette décision. Il a derrière lui le Parlement surexcité. À Paris chaque civil déclare qu'il avait prédit l'échec qui est survenu. On en fait retomber toute la faute sur Nivelle.

Il s'en va sans dire un mot. On lui donne comme successeur le général Pétain. Celui-ci a atteint son but.

Avant même que Nivelle ne soit parti, le désastre commence à gagner d'autres milieux. De nombreuses divisions françaises se mutinent. Elles forment des conseils de soldats, arborent des drapeaux rouges et déclarent qu'elles veulent marcher sur Paris, pour déposer le gouvernement et faire la paix.

En peu de temps les mutineries s'étendent à plusieurs corps d'armée. Il est manifeste qu'il y a un lien entre les différents foyers d'émeute. Les régiments se refusent à remonter en tranchées. Ils veulent rentrer chez eux.

Le Parlement nomme des commissions d'enquête. Non pas contre les mutins, mais contre les chefs, qui, d'après l'avis de leurs subordonnés, ont commis des négligences militaires. Les débats sont agités et pleins d'incidents. Le ministre de la Guerre est appelé à rendre des comptes. Il concède qu'on a trop demandé à l'armée et déclare sans ambages que la France est à bout de forces. Le général Pétain doit promettre qu'il n'entreprendra aucune offensive avant l'arrivée des Américains.

« Une triste année » s'est abattue sur la France. Sous le couvert de la tension terrible de la dernière offensive, un accès de faiblesse se fait jour librement et s'étend rapidement. La réaction survient. Le mot de trahison est prononcé, circule déjà en secret et rencontre partout des oreilles avides de l'entendre.

L'Entente se trouve plongée subitement dans une crise plus grave et plus terrible que celle qui a frappé les Puissances Centrales neuf mois auparavant.

Le point est atteint où la force de l'Allemagne, après trois années de tension inouïe, est près de triompher d'un monde d'ennemis. La Russie est terrassée, la Serbie et la Roumanie ont disparu de la carte du monde. De grandes bandes de territoires sont occupées à l'Est. Au Caucase, en Mésopotamie, sur le canal de Suez, en Macédoine, partout l'ennemi est contenu d'une main ferme. L'Italie attend déjà avec angoisse le coup qui doit la frapper. Le front ouest est intact et en se défendant vient de provoquer cette crise chez l'ennemi. La France est en état d'impuissance, ses soldats se mutinent, ses civils demandent la paix, ses politiciens discutent de trahison et de révolution. La fière Angleterre gémit sous le poids de la guerre sous-marine, qui au cours du mois vient d'atteindre son point maximum.

Toute cette association de puissances, qui sont tombées sur l'Allemagne, petites et grandes, républiques et monarchies, blancs, jaunes et noirs venus de tous les coins du monde pour ramasser du butin, – Slaves, Romans, Anglo-Saxons, Marocains, Canadiens, Australiens, Indiens, Chinois, Japonais, Portugais, Grecs – tous ces peuples qui ont spéculé sur la chute de l'Allemagne, regardent hébétés du côté de la puissance qui seule peut encore leur porter secours. On fait appel aux États-Unis d'Amérique pour obtenir la décision.

La moitié du monde n'a pas suffi pour vaincre la forteresse de l'Europe centrale. Le soldat allemand règne en maître sur les champs de bataille, des Flandres à la Mésopotamie, de Riga à l'Isonzo. Le sous-marin allemand bat les mers, de la mer Noire aux Indes Occidentales, de l'Océan Glacial à l'Équateur.

Sans s'en soucier le Destin continue son chemin. Une nouvelle série d'événements, chaînons de cette lutte formidable au-delà de toutes mesures, va commencer à se dérouler.

Troisième partie

L'effondrement

23
La résolution de paix

Dans l'Est, le front s'étend encore sur une longueur de 1 500 kilomètres, de Riga à l'embouchure du Danube. Quatre-vingts divisions allemandes environ, Autrichiens, Bulgares et Turcs non compris, y sont accrochées. Trois puissants groupes d'armées – de la Baltique aux Carpathes celui du prince Léopold de Bavière, de la Bukovine à la Transylvanie celui de l'archiduc Joseph, en Roumanie celui du maréchal von Mackensen – sont inactifs et attendent ce qui pourrait bien arriver.

Un jour il se passe quelque chose. Des troupes allemandes et autrichiennes du groupement du général von Linsingen attaquent en avril sur le Stochod. Le front russe se déchire comme une toile usée. On fait sans peine des milliers de prisonniers.

Le gouvernement d'empire se tourne vers la Direction suprême. L'attaque est contraire aux accords conclus, elle met en danger la politique de l'Office des Affaires Étrangères. Les Russes ne doivent pas être dérangés. Linsingen doit arrêter immédiatement son attaque.

Les Russes ne doivent pas être dérangés, bien qu'il soit connu depuis longtemps que les ambassadeurs de l'Entente à Saint-Pétersbourg tiennent fermement en main le gouvernement soi-disant révolutionnaire. C'est une situation complètement incompréhensible. Chaque journée qui s'écoule rapproche l'aide américaine. Chaque journée que les troupes allemandes passent en plus dans l'Est est une perte irréparable. Le gouvernement d'empire et la Direction suprême n'ont cessé de souligner eux-mêmes que la décision devait être obtenue avant l'arrivée des Américains parce qu'ensuite elle serait douteuse.

Dans l'Est, non seulement il ne se passe rien, mais l'impossible survient. Au lieu de ramener 80 divisions de l'Est vers l'Ouest, pour y gagner la guerre, il faut au contraire envoyer encore une fois des divisions allemandes de l'Ouest vers l'Est pour y sauver la situation.

En juin on voit enfin clair. Les Russes projettent de déclencher une offensive générale sur presque tout le front. On l'apprend par des prisonniers et des déserteurs. Cela paraît tout d'abord impossible. Mais on reçoit ensuite des confirmations de source non douteuse.

Depuis le milieu de juin, Kerenski s'est élevé au rang de dictateur, de petit Napoléon. Son conseiller militaire et véritable chef de l'armée est le général Broussilov. Il s'est mis à la disposition du nouveau régime et a accepté que les comités révolutionnaires contrôlent ses actes. Kerenski se montre aux troupes étonnées en brillant uniforme de fantaisie, que parent les décorations de l'Entente. Il attise la lutte pour les idéaux de l'humanité et de la démocratie.

Mais la Direction suprême reprend en main les rênes militaires. Cinq divisions roulent de l'Ouest vers l'Est. Leur mission est de faire table rase.

Les divisions arrivent à temps pour empêcher l'effondrement complet des Autrichiens, exactement comme un an auparavant. Cette Russie mystérieuse est en déclin, mais son armée décomposée intérieurement, trois fois lasse de la guerre, est encore assez forte pour disloquer le front autrichien.

L'entreprise des Russes n'a rien de commun avec une attaque militaire bien ordonnée. Les soldats révolutionnaires de Kerenski s'avancent en grandes hordes après un bombardement violent. Dès que quelques mitrailleuses seulement crépitent, ils se dispersent et on ne peut plus les déterminer à reprendre l'attaque.

Tout se renouvelle. Une partie des divisions autrichiennes attaquées passe aux Russes sans résistance comme il y a presque un an. Le 1er juillet ceux-ci obtiennent des succès assez importants à l'ouest de Tarnopol, en face de la 2e armée autrichienne. Une division allemande rétablit l'équilibre le 3 juillet.

Le cours des événements ne prend l'allure d'une catastrophe que le 8 juillet. Ce jour-là l'attaque russe se produit entre le Dniester près d'Halicz et les Hautes Carpathes dans la région du col des Tartares, en particulier de part et d'autre de Stanislau. Le front y est tenu par les Autrichiens de la 3e armée du colonel-général Tersztyansky. En deux jours l'armée révolutionnaire des « las de la guerre » progresse de vingt kilomètres. À Kalusz des casques allemands apparaissent enfin. Tout finit aussitôt. L'offensive est étouffée comme un feu de paille, sur lequel on verse soudain un seau d'eau.

Les Autrichiens se trouvent dans une situation terrible. Leurs troupes sont divisées par la diversité de leurs origines nationales. Des formations tchèques et d'autres formations slaves ne servent aux armées qu'avec une mauvaise volonté évidente. Leurs officiers ne peuvent maintenir leur cohésion qu'au prix des plus grands efforts. Du fait de cette situation l'armée autrichienne n'a plus qu'une faible valeur militaire. Il faut ajouter à cela que l'administration autrichienne est obligée de lutter à l'intérieur du pays avec des difficultés incomparablement plus grandes que l'administration allemande. Il en résulte des perspectives désespérées pour l'avenir. L'Autriche est presque arrivée à la fin de ses possibilités guerrières.

Les divisions allemandes sont déjà prêtes. Elles savent qu'il faut maintenant en finir définitivement en Russie. Toute l'offensive de Kerenski n'a été, du point de vue militaire, qu'une mascarade sanglante.

Mais du point de vue politique elle a produit cependant un effet, un effet irrémédiable.

Peu de temps avant ces événements, les présidents du Conseil anglais et français se rencontrent à Paris. Le vieux Ribot – le tigre Clemenceau n'est pas encore au pouvoir – dépeint à Lloyd George la situation avec une franchise sans fard. Il lui dit que la France est à bout. Il ne lui cache ni les mutineries de l'armée, ni la lassitude générale du pays, ni les difficultés qu'on rencontre avec le Parlement.

Lloyd George souligne que l'aide de l'Amérique est imminente. Ses premières troupes sont déjà sur le sol français. Il conjure les Français de ne pas abandonner la cause commune.

Ribot hausse les épaules. La France ne peut plus attendre. Avant que les Américains puissent intervenir d'une façon décisive des mois s'écouleront. Qu'arrivera-t-il entre-temps si les Allemands terrassent la Russie et attaquent l'Italie par surprise. Il faut s'attendre à ces deux actions à très bref délai et avec certitude, maintenant que les Allemands peuvent respirer à l'Ouest. Ils seraient fous s'ils ne profitaient pas de cette occasion.

Lloyd George voit combien la situation est sérieuse en France. Il comprend que le moment est venu de prendre des décisions héroïques. Il confère avec le maréchal Haig et lord Robertson, chef d'état-major général anglais. Il pose des questions à ses collègues du cabinet de Londres. Il calcule et examine avec l'énergie d'un homme résolu. Finalement, il fait aux Français une offre sans fard et sans détours.

Il déclare ni plus ni moins que la Grande-Bretagne est prête à prendre sur ses épaules le fardeau principal du théâtre d'opérations occidental. Tenu à la gorge par la tenaille de la guerre sous-marine, au milieu d'alliés effondrés et de militaires qui doutent, ce civil prend la responsabilité pleine et entière de mettre sans réserve tous les moyens de son pays sur la carte de la victoire.

Mais si l'Angleterre consent désormais à donner à fond, Lloyd George avec sa froide raison, exige une contrepartie de la part des Français. Ils devront, en employant les moyens les plus rigoureux, remettre leur armée en état de combattre et ramener leurs politiciens à l'observance de la discipline patriotique dans l'intérêt de la victoire. Ils devront en outre, que les Américains soient arrivés ou non, reprendre part à l'offensive commune dès que leur situation intérieure le permettra.

Ribot hésite encore à accepter ces conditions. Il n'y consent que quand un fait d'une tout autre nature survient.

Exactement comme un an auparavant, lors du commencement de l'offensive de Broussilov et de la bataille de la Somme, le Destin déclenche presque simultanément, en une répétition brutale, toute une série d'événements. Leurs effets se concentrent contre l'Allemagne et changent à nouveau de fond en comble la situation en quelques semaines. Pour la deuxième fois au cours de cette guerre inouïe le Destin se range du côté ennemi.

Le premier de ces événements est l'offensive de Kerenski. Bien qu'elle ne soit qu'une bulle de savon brillante, elle sert cependant à attiser à nouveau la volonté de guerre de l'Entente et constitue pour les politiciens un moyen bienvenu de détourner l'attention de l'opinion publique de la crise de l'Ouest.

Le deuxième événement n'est tout d'abord que peu visible, mais il n'en est que plus terrible. L'empereur Charles d'Autriche-Hongrie, successeur du vieux François-Joseph, se détourne de son allié.

Le troisième est le déclenchement de la bataille des Flandres.

Le premier et le troisième touchent l'armée allemande. Le soldat allemand qui a fait ses preuves dans cent batailles, et qui est toujours prêt à mourir, les surmonte tous deux.

L'infidélité de l'empereur Charles remonte à six mois déjà quand elle devient manifeste. Le 21 novembre 1916, le vieil empereur François-Joseph a fermé ses yeux fatigués. Avec lui l'Autriche-Hongrie a perdu le dernier souverain dont la figure respectée maintenait la cohésion des différentes parties de la Monarchie qui tendent à se séparer. L'Allemagne n'a pas moins perdu. Elle a perdu en pleine détresse un allié fidèle, jamais inconstant.

Les coups de feu serbes qui, en été 1914, ont été le prélude de l'incendie mondial, ont frappé le seul Habsbourg dont la fidélité à l'Allemagne n'était pas douteuse. Du fait de sa mort la succession est passée au jeune archiduc Charles, le petit-neveu de l'empereur Joseph. C'était un homme faible, cédant facilement à des influences énergiques, et avide de succès extérieurs. Son épouse, l'impératrice Zita, était de la famille des Bourbons. Elle était française de pensée et de sentiment.

Le jeune empereur commença aussitôt à gouverner. Conrad von Hoetzendorf reçut le commandement du front du Tyrol. Il était trop indépendant pour son nouveau maître.

Le général von Arz fut nommé chef d'état-major général. Le comte Czernin, diplomate habile, persuadé de la nécessité de chercher une paix de conciliation, même au prix de gros sacrifices, devint ministre des Affaires Étrangères.

Il se mit aussitôt à l'œuvre. La mère de l'impératrice Zita appela auprès d'elle, en novembre 1916, dès le mois de la mort de l'ancien empereur et avec l'assentiment du nouvel empereur, ses deux fils qui servaient dans l'armée belge et leur communiqua que son gendre, le jeune empereur, voulait absolument faire la paix.

En mars 1917, l'intrigue continua. Charles et Zita reçurent secrètement à Vienne les deux lieutenants belges et leur remirent une lettre écrite de la main même de l'empereur avec mission d'en faire un emploi approprié à Paris. Son contenu était terrible. L'empereur, après avoir exprimé tout d'abord son admiration pour les exploits de la France, promettait ensuite de tout mettre en œuvre pour amener son allié allemand à renoncer à l'Alsace-Lorraine. Les deux princes, était-il dit dans la lettre, devaient porter ce fait « discrètement et sans que cela soit remarqué » à la connaissance du président de la République française, Poincaré.

Une semaine plus tard, le 31 mars 1917, Poincaré avait en main le message de l'empereur.

Le ministre des Affaires Étrangères autrichien ne sut rien de cette démarche. Lorsqu'il l'apprit par la suite, l'empereur nia tout devant son propre ministre et couvrit ce mensonge de sa parole d'honneur.

Pendant que ses deux beaux-frères étaient en route pour Paris avec sa lettre, l'empereur chargea son ministre des Affaires Étrangères, qui ne soupçonnait rien, d'entrer en négociations avec le chancelier allemand à Berlin au sujet d'un programme de paix minimum. On y prévoyait comme base fondamentale l'intégrité absolue de l'Allemagne et de l'Autriche-Hongrie. La fidélité de l'empereur d'Autriche à l'alliance était déjà si ébranlée qu'il se livrait à ce double jeu.

Peu de temps après l'empereur Charles se rendit personnellement à Bad Hamburg avec son ministre et y rencontra l'empereur Guillaume et le chancelier. Le Habsbourg eut le front d'affirmer sa fidélité à l'alliance et, s'appuyant sur les rapports de fidélité réciproques absolus des deux nations, de demander à l'Allemagne d'être prête à renoncer à l'Alsace-Lorraine si on ne pouvait obtenir la paix autrement. Ne soupçonnant pas qu'à ce moment-là Poincaré connaissait déjà les intentions de l'empereur d'Autriche, l'empereur Guillaume et le chancelier d'empire repoussèrent avec indignation la suggestion des Autrichiens. Charles repartit pour Vienne après avoir donné ce baiser de Judas à sa fidélité à l'alliance.

Ils ne restèrent pas longtemps tranquilles à Vienne. Ils continuèrent à s'avancer pas à pas dans la voie où ils s'étaient engagés. Au milieu d'avril l'empereur Guillaume reçut une lettre de l'empereur Charles à laquelle était joint un mémoire du comte Czernin. Celui-ci y dépeignait la situation de l'Autriche et des Puissances Centrales sous les couleurs les plus sombres. De fortes exagérations y avaient été mises avec intention. L'empereur Charles voulait coûte que coûte amener l'empereur d'Allemagne à se montrer disposé à faire la paix. Le ministre concluait son mémoire en disant que l'Autriche était à bout de forces et que l'Allemagne ne pourrait plus compter sur son aide à la fin de l'été de l'année courante.

Le chancelier répondit à Vienne par une lettre dans laquelle il s'efforçait de relever la confiance défaillante des Autrichiens. Mais il parlait à des oreilles qui ne voulaient pas entendre.

Ce n'était pas encore assez. Czernin fit savoir au chancelier allemand qu'il était en possession d'une offre de paix en règle de l'Entente. Le chancelier se rendit aussitôt à Vienne. Avec de grands airs mystérieux, Czernin lui parla d'une tentative de l'Entente en vue de conclure une paix séparée avec l'Autriche. Il déclara que par la voie d'un intermédiaire absolument sûr, mais dont il s'était engagé sur l'honneur à taire le nom, une offre concrète était parvenue à Vienne. Mais, dit-il, l'Autriche ne fera pas la paix sans ses Alliés.

Le comte Czernin agissait de bonne foi. Il n'avait encore aucune notion de la genèse de cette « entremise de paix ». Il ne connaissait que les derniers faits. Les beaux-frères de l'empereur, qui avaient causé avec Poincaré, avaient fait savoir que l'Entente ne pourrait envisager une paix séparée avec l'Autriche que si les demandes italiennes concernant le Tyrol et l'Adriatique recevaient également satisfaction.

L'empereur Charles, ne disant mot de sa lettre, avait laissé le comte dans l'idée qu'il s'agissait d'une proposition de paix provenant de l'Entente.

Bethmann conseilla à Czernin de continuer l'affaire avec prudence et sans précipitation. Il ne fut plus parlé de l'Alsace-Lorraine.

Lorsque après des semaines Bethmann demanda à Czernin ce qu'il était advenu de la question, Czernin déclara que l'autre partie n'avait plus donné signe de vie.

Entre-temps l'Entente, après avoir connu tout d'abord la lettre de l'empereur Charles à ses beaux-frères, avait aussi reçu par la suite le mémoire de Czernin. Elle apprit ainsi explicitement par la plume d'un ministre responsable que l'Autriche était à bout, qu'elle serait contrainte de conclure une paix séparée au plus tard à l'automne et que l'Allemagne ne serait plus non plus en état de supporter les rigueurs d'une nouvelle campagne d'hiver.

Le hasard voulut que le mémoire arrivât à Paris précisément au moment où Lloyd George et Ribot négociaient. On parla de la lettre de l'empereur Charles que Poincaré avait lue. Ribot proposa de continuer les négociations. Il persuada Lloyd George de se rendre avec lui à Rome pour amener les Italiens à se montrer disposés, eux aussi, à faire la paix. C'était nécessaire parce que, dans son traité secret d'avril 1915, l'Entente avait garanti à l'Italie que toutes ses demandes seraient satisfaites.

Lloyd George hésita. Il avait à choisir entre les sacrifices d'une nouvelle campagne, que l'Angleterre devrait supporter presque exclusivement jusqu'à l'arrivée des Américains, et la possibilité qui méritait d'être prise très au sérieux d'une paix à buts limités. Sous la pression de la guerre sous-marine il fit preuve de faiblesse.

Le voyage à Rome fut préparé. Par la voie des beaux-frères de l'empereur Charles on fit comprendre à celui-ci qu'il fallait que les demandes italiennes fussent satisfaites, elles aussi, avant que l'on pût parler de paix séparée. Pour la première fois l'Entente envisagea sérieusement la possibilité de faire la paix.

Le lendemain tout se trouva fini. Triomphant, Lloyd George avait en main le mémoire Czernin. Toute son énergie se réveilla. Le voyage à Rome fut aussitôt décommandé. Le contact avec l'Autriche fut rompu. Le mot d'ordre fut à nouveau : guerre jusqu'à effondrement des Puissances Centrales. La victoire était certaine sous la seule condition que l'on parvînt à surmonter la crise jusqu'à l'apparition des Américains.

À la fin d'avril le comte Czernin fait venir à lui le député Erzberger et lui raconte le détail des efforts de paix autrichiens. Il lui donne à lire son mémoire et lui en fait faire une copie. Il le prie d'agir sur les représentants du peuple allemand dans le sens d'une paix de renoncement.

Erzberger est effrayé de ce qu'il apprend. Il met au courant toute une série de camarades de son parti et de parlementaires amis et leur communique également le mémoire. Ceux-ci constatent aussitôt qu'ils ont été trompés par le gouvernement et par la Direction suprême.

L'histoire n'établira peut-être jamais par qui le mémoire de Czernin est tombé aux mains de l'ennemi. Les intéressés emporteront leur secret avec eux dans la tombe. Une seule chose est certaine, c'est qu'il parvint à des Allemands qui étaient intéressés à la défaite de leur pays. Entre eux et l'ennemi il n'y avait plus grande distance.

Cela continue sans arrêt.

Le Reichstag est mécontent du gouvernement. Une quantité de matières inflammables s'est accumulée en politique intérieure. La querelle au sujet de la guerre sous-marine, des buts de guerre, de la question russe et de la question polonaise, de la censure militaire, des questions sociales, des impôts et du problème parlementaire, ne s'arrête plus maintenant un seul jour.

En avril l'empereur a envoyé son message de Pâques. Il y a promis à la population de la Prusse le droit de vote direct et secret tel qu'il est valable pour le Reichstag. La loi sera préparée de façon à entrer en vigueur à la fin de la guerre.

Les partis prussiens en sont mécontents. Ils veulent des actes et non des promesses. Ils se méfient que la Couronne ne promette aujourd'hui pour oublier demain. On dit que la Direction suprême s'est rangée du côté de la réaction, qu'elle est opposée à toute concession en politique intérieure, sous prétexte que ce serait un indice de faiblesse vis-à-vis de l'extérieur. Nouvelle émotion, nouveaux soupçons. Hindenburg et Ludendorff sont mêlés à la querelle intérieure.

Les tiraillements entre la Direction suprême et le gouvernement d'empire deviennent toujours plus graves. La Direction suprême rend pour la plus grande part le gouvernement responsable de la situation politique intérieure regrettable. L'empereur s'efforce de s'entremettre. Partout des fissures que l'on bouche tant bien que mal mais qui se rouvrent aussitôt.

Hindenburg et Bethmann-Hollweg se rencontrent pour avoir une explication. Elle se déroule protocolairement sans amener de rapprochement moral. Ludendorff et Bethmann s'écartent depuis longtemps l'un de l'autre. Il n'y a pas de conciliation possible entre les deux caractères, aussi opposés que des éléments ennemis, quoique appelés cependant à travailler en contact très étroit aux deux postes les plus importants.

Finalement Hindenburg écrit à l'empereur : « La chose la plus inquiétante actuellement est l'affaiblissement du moral de la nation. Nos alliés ont besoin, eux aussi, d'être étayés, sinon on courra le danger de les voir s'effondrer. Il y a lieu de se demander si le chancelier est capable de trouver une solution à ces questions, qui doivent en recevoir une judicieuse, sinon nous sommes perdus. »

Cela équivalait à demander le renvoi du chancelier.

Le 6 juillet – depuis la veille le Reichstag est à nouveau réuni, une lourde tension pèse sur lui, les couloirs ressemblent à une ruche – le député Mathias Erzberger prononce un grand discours, dont la teneur surprend non seulement le gouvernement, mais aussi la majeure partie des membres de son propre parti.

Il décrit la situation de l'Allemagne comme presque désespérée. Il déclare que la guerre ne peut plus être gagnée militairement, que la guerre sous-marine a échoué presque complètement, que l'on est à bout économiquement. Finalement, il invite le Reichstag à former immédiatement une majorité qui aura pour mission de rechercher une paix d'entente et de renoncement à toutes les conquêtes. Il propose dans ce but d'adopter une résolution de paix contenant un programme déterminé.

Erzberger et les députés qui approuvent sa démarche ne cherchent pas à obtenir coûte que coûte la démission du chancelier d'empire. En voulant amener le Reichstag à constituer une nouvelle majorité parlementaire, ils désirent réaliser une concentration étroite du plus grand nombre de partis possible pour former un front défensif face à l'extérieur et pour combattre à l'intérieur toutes les tendances poursuivant des conquêtes, telles qu'elles sont représentées en particulier par le parti de la patrie. La question du changement de chancelier ne devient aiguë que sur l'intervention de la Direction suprême. Deux actions venant de deux directions complètement opposées et procédant de motifs tout à fait différents se rencontrent dans la lutte contre le gouvernement d'empire.

Aussitôt après le discours d'Erzberger, la Direction suprême entre en jeu, dès le jour même. Hindenburg et Ludendorff prient l'empereur de vouloir bien entendre le lendemain leur avis sur ce discours. L'empereur convoque les deux généraux à Berlin.

Le chancelier apprend leur convocation et les devance le lendemain chez l'empereur. Il conjure celui-ci de ne laisser à aucun prix la Direction suprême intervenir dans la question. La situation au Reichstag ne pourrait qu'en devenir plus grave.

Lorsque Hindenburg et Ludendorff se présentent, ils essuient un refus brutal. L'empereur se refuse à discuter avec eux la situation provoquée par le discours d'Erzberger. Les généraux retournent le jour même à leur poste au Grand Quartier Général.

Le 12 juillet, le Kronprinz se rend de Charleville à Berlin pour causer avec son père. Il reçoit auparavant les chefs de partis du Reichstag. Il ressort de cet entretien qu'aucun d'eux ne soutient le chancelier. C'est la fin de Bethmann. Les partis de gauche et du centre voient en lui un obstacle à leur résolution de paix. Ceux de droite veulent un chancelier qui dépouille la démarche de paix prochaine de sa faiblesse et ramène le Reichstag sur le terrain d'une conduite de la guerre énergique.

L'après-midi le Kronprinz rend visite à l'empereur et lui fait part de ce qu'il a appris des chefs de parti. L'empereur hésite. Il ne veut pas éloigner Bethmann.

Le chancelier se présente pour faire son rapport, le Kronprinz se retire.

L'empereur et le chancelier discutent la résolution de paix. Bethmann a déjà commencé à négocier avec les partis une forme de résolution qui soit également acceptable pour le gouvernement. Il croit que tout est en bonne voie. Il se figure encore qu'il a la confiance de la majorité du Reichstag et de l'empereur.

Le chef du cabinet militaire entre dans la salle de délibération. Il a un compte rendu à faire. L'empereur et le chancelier l'écoutent en silence.

Il annonce qu'Hindenburg et Ludendorff ont rédigé leurs demandes de démission et qu'elles sont déjà parties de Kreuznach pour Berlin.

Bethmann pâlit. Il est terriblement surmené. Les émotions des derniers jours lui ont été mauvaises. Il se lève et déclare d'une voix basse que l'empereur ne doit pas envisager un seul instant la démission de chefs d'armée aussi méritants et qui jouissent de la confiance unanime de la nation.

Il continue ensuite son exposé jusqu'à la fin. Puis il se retire.

Le lendemain sa demande de démission est là. Hindenburg et Ludendorff sont revenus de Kreuznach à Berlin sur l'ordre de l'empereur. Celui-ci les reçoit très froidement et fait appel à leur discipline militaire. Pour conclure l'entretien il leur fait savoir qu'il vient d'accepter à l'instant la demande de démission du chancelier.

L'après-midi un entretien a lieu entre Hindenburg, Ludendorff et les chefs de partis politiques. Hindenburg, en paroles graves, les met en garde contre l'acceptation de la résolution de paix qui serait un aveu de faiblesse vis-à-vis de l'étranger. Il prie les représentants du peuple de contribuer à raffermir en Allemagne l'esprit d'union, de confiance et de volonté de sacrifice. Il leur demande de conserver à l'armée, qui va se trouver devant de nouveaux combats difficiles, l'appui moral de l'intérieur sans lequel le soldat ne peut pas remplir son devoir.

Les députés du centre et des gauches exposent aux représentants de la Direction suprême les raisons qui les incitent à accepter la résolution de paix. Ils signalent la situation à l'intérieur, la méfiance qui existe dans de vastes milieux de la nation contre les dirigeants responsables de la Direction politique et dont on attend une renonciation formelle à toute intention de conquête. Ce n'est que par l'union de la majorité du peuple sur le terrain d'une paix de conciliation qu'ils croient pouvoir réaliser les conditions indispensables pour que la nation continue à tenir. Ils attirent à nouveau l'attention des généraux sur le danger terrible qui surviendrait à leur avis si le gouvernement et les organes militaires responsables n'adoptaient pas sans équivoque une attitude conforme à celle de la majorité du Reichstag. Ils déclarent enfin que tout nouveau chancelier devra également se placer sur le terrain de la résolution qui doit être arrêtée, si on ne veut pas encore augmenter la discorde au sein de la nation.

Il n'en résulte aucun rapprochement. Le Destin est inexorable. Il n'y a personne pour amener toutes les autorités à s'unir sur un but commun.

Hindenburg et Ludendorff retournent dès le jour même au G.Q.G. Ils se rendent parfaitement compte qu'ils n'ont rien obtenu. Les négociations parlementaires sur la résolution continuent à Berlin.

L'empereur désigne le directeur ministériel docteur Georges Michaelis pour succéder à Bethmann-Hollweg. On dit de lui qu'il est un excellent fonctionnaire de l'administration. Par ailleurs on n'en a jamais entendu parler auparavant. Sa nomination ne solutionne pas le conflit avec la majorité du Reichstag et donne encore moins satisfaction à la demande de la Direction suprême qui veut un chancelier de guerre énergique.

Le 19 juillet le Reichstag accepte avec sa nouvelle majorité la résolution de paix. Le gouvernement le suit. La Direction suprême l'approuve également, car elle ne peut obtenir davantage.

La résolution dit entre autres :

« Le Reichstag allemand aspire à une paix d'entente et de réconciliation durable entre les peuples. Les cessions de territoire obtenues par la force, les violences politiques, économiques et financières sont inconciliables avec une telle paix. Le Reichstag rejette également tous les plans qui visent à créer l'isolement économique et à brouiller les peuples après la paix. La liberté des mers doit être assurée. Seule la paix d'ordre économique ouvrira la voie aux relations amicales entre les peuples. Cependant tant que les gouvernements ennemis ne le comprendront pas, tant qu'ils menaceront l'Allemagne et ses Alliés de conquêtes et de violences, le peuple allemand restera uni comme un seul homme et continuera à tenir et à lutter inébranlablement jusqu'à ce que son droit à la vie et au développement ainsi que celui de ses alliés soient assurés. »

Le même jour où le Reichstag accepte cette décision, à la pointe du jour, les divisions allemandes percent le front russe en Galicie orientale après une préparation d'artillerie et un bombardement à obus toxiques de courte durée. Elles disloquent du premier coup les masses de Kerenski, poussent en direction de Tarnopol et provoquent l'effondrement de tout l'édifice artificiel.

Les unités russes qui sont touchées par l'attaque entrent en dissolution. Les soldats rentrent de leur propre arbitre dans leurs foyers. Des conseils de soldats décident d'arrêter la lutte pour éviter les effusions de sang.

La Galicie orientale et la Bukovine sont conquises en une poussée ininterrompue. Les troupes du front des Carpathes se joignent au mouvement. À la fin du mois les Allemands sont profondément engagés à l'intérieur de la Russie. La progression continue jusqu'aux frontières de la Moldavie.

Les mesures sont déjà prises en d'autres points du front pour poursuivre énergiquement l'œuvre commencée jusqu'à la décision finale. La bulle de savon de l'offensive Kerenski crève avec bruit. La Russie s'écroule comme un château de cartes. Partout où l'armée allemande attaque, le front mûr se disloque.

Et c'est alors que des dépressions d'Ypres, du champ de bataille abreuvé de sang et des cimetières où les cadavres des volontaires de guerre allemands pourrissent depuis les journées d'octobre 1914, jaillit la bataille des Flandres.

L'horreur de la bataille de matériel va atteindre son point culminant.

24
Flandres

Partout, presque sur tous les fronts, notre mère la terre éprouve pour ses fils un reste de pitié. À la vérité elle n'a pas le temps de recueillir en son sein tous les morts ; la ruée vers les tombes est trop grande. Mais elle prête son aide aux vivants.

Les trois quarts de l'existence en guerre de position se déroulent dans des abris souterrains. Là il y a encore un dernier reste d'humanité, de foyer, de bien-être. À huit mètres de profondeur sous la terre vierge, cent vingt fois cent quatre-vingts centimètres de bois de coffrage, une table faite de planches grossières clouées, un treillis de fils de fer comme couchette, une toile de tente devant l'entrée et quand cela est possible le luxe de deux sorties sur deux escaliers fortement inclinés, et c'est tout.

Là on joue aux cartes, pendant des heures et des nuits. Là on écrit des lettres, avec un misérable morceau de crayon, sur du papier blanc vendu par la cantine. Là on jase sur la maison. Là on chante des chansons, tristes et mélancoliques, comme la série des chansons de soldats allemandes. On gît accroupi l'un auprès de l'autre et on ne sait pas où mettre ses jambes. On fait des plaisanteries et on emploie pour cela un langage vraiment peu châtié.

C'est là qu'est logé le commandant de compagnie avec son état-major, c'est-à-dire avec sa famille, plantons, ordonnances, coureurs, brancardiers, conducteurs de chiens de liaison, colombophiles. La famille est des plus variées. L'un est du Mecklembourg, un autre de Souabe, un troisième de Westphalie. L'un est chez lui boulanger, l'autre ramoneur, le troisième étudiant, le quatrième boueux. L'un grogne contre le mariage, l'autre le vante, le troisième est fiancé et ne dit rien. De temps en temps l'un d'entre eux change, suivant les volontés de la guerre. Les autres ne portent pas longtemps son deuil et le nouveau s'adapte rapidement à la tradition de la famille.

Ils ont été sur l'Aisne, en Champagne, sur les hauteurs de Combres, au Douaumont. Ils connaissent le Mont-Haut, le Chemin des Dames, la forêt de Saint-Gobain, les hauteurs de Lorette et le Mort-Homme. Ils prononcent Saint-Quentine et Raims et Verdune, comme on écrit ces noms en allemand et leurs comparaisons entre les différents endroits ne visent qu'à déterminer celui où c'était le plus sale. Ils ont une technique de langage parfaitement déterminée que la guerre de position a fait naître. Ils parlent de « canon à ragoût » quand il s'agit de la cuisine roulante ; de « salut de l'âme monté » quand il s'agit de l'aumônier divisionnaire. Pour désigner un violent bombardement on dit que « l'air est lourd » ; les gros obus sont des « marmites » ; on ne dit pas qu'on monte en position, mais qu'on y « tremble ». Tout un dictionnaire vivant a déjà pris naissance.

Plus en arrière, à peu près dans la position des soutiens, réside l'état-major du bataillon. Là la famille est deux fois plus importante. On y trouve en plus l'officier de liaison de l'artillerie, l'officier adjoint et l'officier d'ordonnance. Ainsi qu'on le voit la composition est déjà beaucoup plus distinguée qu'à la compagnie et une couverture bigarrée de quatre-vingts centimes, étendue sur la table de planches témoigne d'un confort correspondant. Quant au reste l'air est le même que partout ailleurs. Il est ce qu'il doit être quand vingt êtres humains sont entassés dans quelques mètres cubes.

Non loin de là est le poste de secours. En périodes calmes c'est un lieu de détente et de distraction. Des médecins et des pharmaciens ont la réputation d'y fabriquer une liqueur avec toutes sortes d'ingrédients. On ne sait pas si cela sent davantage le cigare, le phénol ou l'homme. En tout cas, c'est une odeur qui s'imprègne. Là fleurit l'écarté, le double coup et le bridge et l'entretien porte souvent sur des questions spirituelles.

Plus en arrière, là où on peut déjà marcher en dehors des boyaux, réside le régiment. C'est là que commence véritablement la civilisation. Le langage y est presque poli, les rudes expressions du front commencent à s'y adoucir. On fait déjà attention à la correction et on ne songe plus seulement à la cordialité. Il y a plusieurs pièces, dont au moins celle du commandant du régiment est tapissée de sacs à sable coupés et ornée de moulures de bois.

Le commandant du régiment est assis sur une vraie chaise et son lit de camp a une paillasse. Il dispose d'un sac de couchage qui est aéré, chaque jour. Quand le secteur est tout à fait calme il n'est pas étonnant d'y voir un lit aux draps blancs.

Le front a ses règles parfaitement définies. Elles sont aussi immuables que l'alphabet et leur emploi permet de déterminer l'importance de la lutte beaucoup plus sûrement que les statistiques de l'état-major.

La guerre du front et la guerre du papier sont en rapports inverses. Plus le front est calme, plus nombreux sont les papiers qui circulent entre les états-majors sous forme de rapports, de comptes rendus à dates fixes, de tableaux, de mesures tactiques, de directives, de réclamations et d'exhortations. Cela atteint parfois un tel degré que la guerre du papier devient un but en soi et que la guerre du front n'est plus qu'un phénomène secondaire. En secteur calme c'est l'officier adjoint, le secrétaire de compagnie, le sergent-major et le secrétaire du bataillon qui sont les as en matière de grand combat. Mais dans le véritable grand combat du front le papier disparaît.

À l'avant on n'arrive jamais à dormir déshabillé. Au bataillon on quitte déjà les vareuses. Au régiment les culottes. La brigade porte en général des pyjamas. La division dort dans de vrais lits.

Tout à fait à l'avant il n'y a pas d'abris ; on gît accroupis dans des entonnoirs ou dans des sapes. L'abri du commandant de compagnie est à quatre mètres sous terre. Celui du bataillon à huit mètres. Le régiment et la brigade ont dix mètres de terre au-dessus d'eux. La division a des abris bétonnés.

À l'avant il n'y a pas d'eau pour se laver. Le commandant de compagnie peut, s'il a une ordonnance dégourdie, se laver le visage et les mains une fois par jour. Le régiment se lave les mains avant de puiser dans les bouteillons la soupe de la cuisine roulante. La brigade avant de se mettre à table. La division prend un bain toutes les semaines.

Le front tout entier, pour autant qu'il ne tressaille pas sous les coups du grand combat, connaît encore un reste de bien-être et de bonne humeur. Partout il y a encore un souffle, un air, un soupçon de la vie de l'intérieur. Ce ne sont que des indices modestes, mais ils existent encore.

Ce n'est que dans les Flandres qu'il en est autrement. Les Flandres font exception.

Ici la terre s'est alliée au Moloch de la bataille ; ils ont conclu ensemble un contrat perfide. La terre se refuse à être compatissante pour les hommes. Elle ne leur donne aucun centimètre en profondeur ; rien, absolument rien. Elle est plus avare et plus dure qu'aucun être vivant et elle a à son service un employé puissant : l'eau.

Il y avait jadis ici des villages florissants aux clochers gothiques pointus, aux toits de tuiles rouges, entourés de jardins et de champs fertiles. Il y avait jadis ici des ruisseaux silencieux et discrets dans les fonds de prairies, le Steenebeek, le Kortebeek, le Haanebeek et leurs deux frères un peu plus grands, la Lys et l'Yser. Comme une bande d'argent tracée au cordeau le canal d'Ypres se déroulait de Drie Grachten sur l'Yser à Boesinghe, passait devant l'ancienne métropole d'Ypres, rampait nonchalamment à travers les élévations de terrain entre Zillebeke et Hollebeke et cheminait ensuite tout droit à travers la dépression jusqu'à la Lys vers Comines.

Autrefois la forêt d'Houthulst était une vraie forêt avec des oiseaux, des lapins et des renards ; de fraîches allées passaient devant des pavillons forestiers tels qu'on en voit dans les rêves et les haches des bûcherons résonnaient à travers les futaies. Il y avait des clairières où les lièvres célébraient leurs noces ou dressaient leurs oreilles quand au loin, entre Staden et Langemark, ils entendaient siffler le train à voie étroite.

Autrefois il y avait ici des êtres humains, des paysans aux larges carrures, calmes et blonds, des paysannes aux costumes bariolés dont la richesse se révélait au nombre de leurs jupons, des êtres humains solides, travailleurs infatigables et contents de vivre. Ils ne laissaient passer aucune fête populaire à Ypres, ils étaient de tous les amusements et allaient ensuite à la messe de Saint-Martin pour y prier avec grande ferveur. À cette époque-là les arcades gothiques de la halle aux draps dispensaient encore leurs ombres fraîches.

Autrefois l'eau était ici l'amie des hommes : leur sœur, leur protectrice, la porteuse de leurs fardeaux, la fertilisatrice de leurs champs, la joie de leurs yeux.

Maintenant les villages sont des tas de pierres, la halle aux draps et Saint-Martin des débris de murs noircis. La forêt d'Houthulst est une insulte à la nature, elle n'est qu'un chaos de branches, de fils de fer et de terre bouleversée. Pas un renard, pas un lièvre, pas un oiseau. Où sont les ruisseaux, le ruban argenté du canal ? Où sont les êtres humains ? Où sont les fonds de prairies ?

De Dixmude à la Lys par Langemark, Hollebeke, Wytschaete et Messines, tout est boue liquide, grise, grise, toujours grise. Les ruisseaux et le canal ont été affouillés et comblés par les explosions des obus. L'eau a tout inondé. L'ouverture des écluses de Nieuport a fait monter le niveau de la nappe souterraine. Ce n'est jamais sec ici. Trois coups de bêche et l'eau sourd déjà. Un obus éclate, trois minutes après son entonnoir est déjà plein d'eau. Dix mètres de boyau de communication, au bout de deux jours c'est un canal. Le terrain praticable est mou et élastique comme si on marchait sur de la viande en putréfaction. Il est complètement impossible de créer un couvert de terre quelconque qui puisse tenir.

Mais comment se tirer d'affaire ? Comment se protéger malgré tout contre les obus et les balles ?

L'organisation des positions en Flandres est une lutte terrible, opiniâtre et presque vaine contre l'humidité et qui dure des années. Des centaines de milliers de sacs à sable remplis de terre sont amenés à l'avant et entassés les uns sur les autres. L'eau les amollit et les fait descendre dans la boue. Des centaines de kilomètres de pistes sont couverts de caillebotis. On en amène des trains entiers. La boue les mange avec une persévérance obstinée. Toute levée de terre artificielle, si petite soit-elle, toute colline où il y avait autrefois un moulin à vent, est employée pour organiser un misérable abri. Mais on n'arrive guère à se protéger, même contre les plus petits obus. Comme d'autre part l'artillerie ennemie découvre très rapidement les emplacements de ces abris, ceux-ci ne sont en fin de compte que des pièges à hommes. Le désir foncièrement humain d'avoir un toit sur la tête devient ici des centaines de fois une cause de malheur.

Il faut trouver un moyen qui soit plus fort que l'eau. C'est le béton. Avec le temps, de nombreux trains de gravier et de ciment sont déversés dans la plaine des Flandres. Comme la terre se refuse à les recevoir, il faut poser les casemates sur le sol même. Elles ressemblent à des dés, ont une sortie vers l'arrière, contiennent une petite chambre intérieure de quelques mètres cubes et sont dissimulées aux vues des aviateurs au moyen de terre rapportée, entassée tout autour d'elles.

C'est dans ces logis désespérants, répartis en échiquier sur la plaine, que se concentre tout ce qui est vivant. C'est là que séjournent les troupes de position, les états-majors, les équipes de pièces. C'est dans leurs intervalles qu'a lieu pendant la nuit toute la circulation. Ils servent de points d'orientation dans ce terrain uniforme, où les kilomètres carrés se valent en fait de pauvreté, de nudité, de monotonie boueuse.

Mais les aviateurs perfectionnent très rapidement leur art. Ils apprennent à déterminer l'emplacement de ces îlots de béton au moyen des pistes de circulation nocturne. Ils observent chaque coureur et chaque brancardier et repèrent l'endroit où il disparaît tout à coup. Dès que l'un d'eux a le moindre soupçon d'avoir découvert une de ces casemates il fait balayer la zone où elle se trouve par des pièces lourdes longues tirant du fond des arrières. Et cela durant des heures avec une persévérance infatigable, tout en continuant avec son avion à décrire sans arrêt des orbes au-dessus de point suspect.

Il arrive un moment où un obus met à nu un morceau de béton blanchâtre. L'affaire se liquide alors rapidement. Un tir de pilonnage s'abat sur l'abri découvert, des shrapnells arrosent les environs afin que personne ne puisse échapper. Au besoin l'aviateur intervient lui-même avec sa mitrailleuse. Il n'y a rien à faire. Cela dure jusqu'à ce que le bloc s'effondre avec un craquement sourd ou bien jusqu'à ce qu'un obus le prenne par-dessous et le renverse sur son entrée. C'est fini, au suivant. Il y a des aviateurs qui deviennent des spécialistes éminents dans ce genre de travail. L'essentiel en l'occurrence est d'avoir de la patience.

Les misères de l'artillerie, dont les pièces doivent renoncer à être couverte de terre, sont terribles. Il faut traîner les munitions de loin dans des paniers. Les colonnes de ravitaillement ne peuvent pas traverser la mer de boue. Et quelles quantités d'obus on dépense ! Les pièces sont en pleins champs, dissimulées tant bien que mal avec des grillages, des planches, de vieilles portes et tout ce qu'on peut trouver. Les servants sont accroupis quelque part, dans le voisinage dans des boîtes en béton. Les aviateurs ennemis connaissent très exactement les emplacements de batterie. Ils n'ont qu'à observer le terrain quand l'infanterie allemande demande le barrage. Son artillerie est alors obligée de tirer, bien qu'elle sache parfaitement qu'en agissant ainsi elle se livre à l'ennemi. Deux heures plus tard la vengeance arrive. Les canonniers travaillent à leurs pièces, sans être abrités. Ils tirent jusqu'à ce qu'un coup malheureux renverse pêle-mêle canon et servants.

Dans ce chaos de forces et d'éléments ennemis il n'est rien qui assure aide et protection. Ici tout est condamné à l'anéantissement ; il n'y a pas de principes qui permettent de se dérober. Les conditions de la bataille de matériel ne peuvent pas être plus parfaites. Ici elle peut déployer sa force terrible. Celui que la balle ou l'éclat d'obus a oublié est englouti par l'eau. Celui que l'eau n'atteint pas est écrasé par sa casemate de béton démolie. Celui que sa casemate de béton méprise est cueilli par les aviateurs. Celui qui échappe aux aviateurs, l'eau l'attend à nouveau. Et tandis qu'il se défend avec la dernière énergie contre cet élément, la balle et l'éclat d'obus l'atteignent enfin.

Le jour rivalise avec la nuit, la nuit avec le jour. La clarté livre l'homme à l'adversaire qui le guette, la nuit le livre à l'eau qui est partout. L'uniformité du terrain l'induit en erreur.

Quand il existe un point de repère, il attire tout de suite le feu de l'ennemi sur lui. Se couche-t-il, l'eau l'oblige à se relever. Se lève-t-il, les obus l'obligent à se coucher. Doit-il se porter en avant dans la bataille, des fusées du front l'accueillent et on le salue avec une grêle de percutants. Veut-il après des jours échapper à l'enfer pour aller se reposer quelque part, tout est sombre, noir, trompeur, pour qu'il reste le plus longtemps possible exposé aux effets des forces ennemies.

Telles sont les Flandres. Et c'est partout la même chose, que l'on soit installé à l'écluse de Drie Drachten, au pont de Boesinghe, à la gare de Langemark, au moulin de Saint-Julien, au parc du château de Hooge ou à l'église de Zandwoode. L'écluse, la gare, le moulin, le parc et l'église ne sont plus que des données dont se servent les états-majors et les cartes pour désigner certains points de la zone d'entonnoirs. Le cerveau a besoin de repères, la faculté de représentation humaine ne peut pas se tirer d'affaire sans points qu'elle puisse désigner. Peut-être est-ce là aussi un reste de nostalgie, un dernier souffle de désir, livré sans remède à cette absence de fantaisie, à cette monotonie.

Telles sont les Flandres que Sir Douglas Haig, le froid calculateur dont la stratégie est aussi dépourvue de fantaisie et aussi monotone que ces lieux, a choisies comme théâtre de sa bataille la plus personnelle.

Le maréchal Haig a entrepris son travail avec tout le calme, toute la ponctualité, toute la ténacité dont seul le caractère britannique est capable. Ses préparatifs ont commencé au cœur de l'hiver. Mais maintenant que la situation des Alliés est devenue extraordinairement tendue sur le front ouest à la suite de l'échec sanglant d'Arras, de l'Aisne et de Champagne, on l'assaille pour qu'il déclenche immédiatement sa bataille.

Il n'y songe pas. Il ne la déclenchera pas un jour plus tôt qu'il ne l'a prévu dans son programme. Pas un jour avant que le dernier canon ne soit en place, avant que le dernier obus ne soit dans son dépôt, avant que le dernier char ne soit dans sa position de départ, avant que le dernier aviateur ne soit prêt à partir.

Il n'attache aucune importance au secret. Il ne veut pas vaincre d'ailleurs par la surprise. Il veut monter un atelier, dont le feu soit constamment au rouge, dont le marteau puisse travailler pendant des mois, et dont la réserve de charbon, de fer et de forgerons fasse honneur à une solide économie et à une entreprise au capital puissant.

Les Allemands peuvent bien repérer tout ce qu'ils veulent. Les obus qu'ils dépenseront avant la bataille leur manqueront par la suite. Ils peuvent amener toutes leurs divisions disponibles. C'est précisément le but de l'entreprise. On veut faire fondre les forces de l'adversaire dans un four. Plus l'ennemi se concentrera pour se défendre, plus l'idée fondamentale de la bataille se manifestera clairement.

Ici pas de finasseries stratégiques, pas de raffinements tactiques. Un seul moyen sûr, qui remplacera tous les autres et qu'on emploiera toujours à nouveau. Pilonner une bande de terrain, puis l'occuper, pilonner la bande suivante et l'occuper. Et ainsi de suite.

On n'emploie pas de cavalerie et on ne rédige pas d'ordres d'opérations de grande envergure. On n'assigne pas d'objectifs journaliers car, même quand ils ne sont éloignés que de dix kilomètres à vol d'oiseau, ils sont beaucoup plus loin que la lune, mesurés à la nature de cette bataille. À quoi bon ? On pilonne, on pilonne à nouveau, on occupe à nouveau. Ici pas de fantaisie, rien qu'un système. On joue cartes sur table. Voici quels sont mes moyens, dit l'Anglais ; je les mets en œuvre ; oppose-leur tes moyens et nous verrons, comment cela tournera.

Pour montrer sa bonne volonté aux Français, Sir Douglas Haig entreprend deux mois à l'avance l'opération qu'il avait conçue comme lever de rideau de la bataille des Flandres. Certes il perd par-là toute possibilité d'effet stratégique sur l'opération principale, mais comme, pour le Britannique, il ne s'agit nullement de stratégie, mais uniquement de matériel, il ne s'en soucie pas davantage.

Il peut déclencher son affaire avec d'autant plus de tranquillité de conscience que les préparatifs de cette opération sont terminés depuis longtemps jusque dans le moindre détail.

Au sud d'Ypres, entre le canal près de Zillebecke et la coupure de la Douve à l'ouest de Warneton-sur-Lys, s'étend une ligne de hauteurs modérées, dont les points les plus élevés, à Saint-Éloi et Wytschaete, atteignent environ quatre-vingts mètres. Depuis qu'en novembre 1914 les régiments allemands ont pris d'assaut les villages de Wytschaete et de Messines en des combats farouches, le front allemand forme dans cette région un saillant vers l'ouest qui englobe la ligne de hauteurs. Les Anglais sont accrochés en bas, dans la plaine.

En 1915, la guerre y a engendré un nouveau genre de combat. Le sol qui est sans nappe d'eau souterraine, contrairement à la région située immédiatement aux abords d'Ypres, a été creusé comme une mine par les deux partis. Ce ne furent tout d'abord que des tentatives timorées. Puis avec le temps ces travaux devinrent un système, qui fut porté finalement à une certaine perfection.

On y trouvait des galeries de quatre kilomètres de long, qui descendaient jusqu'à soixante mètres sous terre. Des galeries entières ont été construites à plusieurs étages et reliées entre elles. Une mine singulière a ainsi pris naissance, où personne ne cherche les trésors de la terre, mais l'ennemi, la taupe, dont on entend les bruits de forage et dont on a appris à déterminer avec une précision toujours plus grande le système de galeries au moyen d'appareils de mesure ingénieux.

Il arrive parfois que deux galeries se rencontrent, dans les profondeurs de la terre, et qu'un combat souterrain acharné se déroule dans la nuit et l'obscurité. On se surpasse réciproquement quant à l'emploi des moyens de destruction raffinés. On déverse perfidement des gaz dans les galeries ennemies. On découvre des méthodes de combat particulières pour lier le combat souterrain au combat à l'air libre. C'est là qu'est la plus grande difficulté, car ceux qui sont sous terre ne savent pas ce qui se passe en haut, et ceux qui sont en haut n'ont aucune vue sur ce qui se déroule en bas. Sauf quand de temps en temps ils ressentent la pression sourde d'une explosion souterraine. Sur les autres fronts on ne fait la guerre qu'horizontalement. Ici cela ne suffit pas. Les deux systèmes de position se sont étendus verticalement, offrant des possibilités toutes nouvelles.

Avec le temps on en vient à attaquer par-dessous les positions de la surface. On pousse tout d'abord une galerie en avant, on la protège au moyen d'un système de galeries secondaires et on calcule la situation de la position de surface. Puis on charge la mine. Pendant des jours des centaines d'hommes traînent de la dynamite. On bourre le fourneau avec des milliers de sacs à sable afin que l'explosion n'ait pas de choc en retour dans le système de galeries ami. Puis un beau jour on fait sauter le fourneau, pendant qu'en haut on empêche l'ennemi de faire le moindre mouvement en déclenchant sur lui un violent barrage.

Plus la guerre de mine dure, plus les charges deviennent fortes, plus les objectifs deviennent étendus. On en est déjà aux explosions combinées qui éclatent simultanément en plusieurs points. Le système d'écoute devient toujours plus perfectionné, l'attaque plus difficile, les moyens de camouflage de l'ennemi plus habiles. On vit sans cesse sur un tonneau de poudre ; tandis qu'en haut, à la surface, la lutte prend de plus en plus le caractère d'une guerre de position solidement organisée, l'effort principal de la lutte descend dans les profondeurs du sol.

On tombe cependant sur la nappe d'eau souterraine. La terre se refuse à ce que l'on descende davantage. Elle en a assez de ce jeu de taupes. Mais elle ne s'efforce pas d'agir avec justice. Les Allemands qui minent par le haut sont impuissants contre la nappe d'eau souterraine. Les Anglais qui minent en partant du bas des hauteurs peuvent encore drainer leurs galeries. La terre leur permet de descendre encore une couche plus bas.

Du côté allemand on s'aperçoit de cette situation dangereuse et l'on cherche à remédier à ce désavantage par tous les systèmes de pompage possibles. On immobilise ainsi de nouvelles ressources en hommes alors qu'on est déjà obligé de les économiser. On s'efforce systématiquement d'amener l'apaisement en renonçant à de nouvelles explosions, puis avec le temps en arrêtant aussi le travail de mine. On ne fait plus qu'écouter pour observer ce que font les Anglais et être couvert contre toute surprise.

Les Anglais, eux aussi, ne semblent plus prendre grand plaisir à la guerre souterraine. Pendant l'hiver 1916-17 cela devient de plus en plus calme. Finalement une paix complète paraît régner sous terre.

Des spécialistes déclarent du côté allemand que si on veut mettre fin radicalement à la guerre de mine il faut replier tout le front dit saillant de Wytschaete. Si on reste sur les hauteurs, des surprises seront toujours possibles. Ils ajoutent que les Anglais ont pu faire des préparatifs étendus sans qu'on n'ait rien eu à constater de précis. La nature de la guerre de mine leur permet d'attendre le moment qui leur convient ; cela peut durer des mois sans qu'on ne remarque rien.

Les doutes deviennent d'autant plus forts que les préparatifs terrestres de l'ennemi deviennent plus visibles sur tout le front des Flandres, y compris le saillant de Wytschaete. L'état-major du groupe d'armées du Kronprinz Rupprecht estime, lui aussi, que l'évacuation préalable du saillant est le moyen le plus sûr de parer au danger. D'autres autorités sont plus confiantes. Chose singulière, ce sont précisément les organes de commandement locaux qui sont hostiles à une évacuation, parce que la position actuelle leur paraît plus favorable à la défense. Les discussions se poursuivent sans hâte particulière pendant des mois.

Elles sont encore en cours quand dans les derniers jours de mai, alors que la bataille d'Arras et la bataille de l'Aisne et de Champagne s'apaisait, le bombardement anglais augmente visiblement d'intensité, dans la région des Flandres. Comme la construction de la nouvelle position sur la corde du saillant de Wytschaete n'est pas encore assez avancée, on estime plus judicieux de rester dans la position du saillant pour repousser une attaque éventuelle. On pourra toujours en cas de besoin se replier sur la position de la corde.

Quelques jours plus tard le bombardement ennemi dont la violence s'est accrue systématiquement, prend le caractère d'une préparation d'attaque. Les cinq divisions allemandes de la position du saillant sont dans de bons abris. On pense pouvoir surmonter dans une certaine mesure la période du feu roulant.

Les 4, 5 et 6 juin un ouragan de feu se déchaîne qui par sa puissance annonce que le grand combat est proche. Il faut s'attendre d'un jour à l'autre à l'attaque d'infanterie.

Le 6 juin, dans la soirée, le bombardement s'apaise sans motif visible au grand étonnement des défenseurs. La nuit est presque tranquille. Des troupes se portent à l'avant, pour remplacer des unités écrasées. On travaille activement à améliorer les éléments de tranchées démolis.

Entre 3 et 4 heures du matin, le 7 juin, à la première lueur de l'aube, un avion anglais jette une fusée verte.

Elle n'est pas encore éteinte que le feu roulant se déchaîne d'un seul coup. Une grêle de fer s'abat sur les positions allemandes et les couvre.

Au milieu de ce bruit effroyable c'est à peine si on remarque que sur un large espace la terre tremble et oscille comme si quelqu'un lui avait donné une poussée formidable. Les chocs se succèdent rapidement. On dirait que des vagues traversent les profondeurs du sol.

Tout le monde est occupé par la lutte qui se déroule à ciel ouvert. La tragédie qui se joue au sein de la terre s'accomplit sans être vue. En de nombreux endroits ce n'est que par des explosions sourdes qu'elle atteint la surface et forme d'énormes cratères où des compagnies entières pourraient prendre place.

À peine la brume de fumée et de poussière est-elle un peu dissipée que la lutte s'engage aussi pour les cratères qui se sont ouverts mystérieusement. En bas tout est fini, silencieux pour toujours, enterré et balayé ! Aucun être humain n'y jettera plus jamais un regard.

Sur un front de dix kilomètres, les Anglais ont fait sauter dix-neuf mines. Leurs fourneaux étaient presque tous placés sous le système des galeries allemandes jusqu'à soixante mètres de profondeur. Ainsi qu'on le saura plus tard, ils avaient envoyé au total quarante wagons de dynamite.

Douze divisions anglaises attaquent. Des chars escaladent en masse les hauteurs. Des avions de chasse déchargent leurs bandes de cartouches sur le sol. Le bombardement fait rage, se concentre en barrage roulant et se met en mouvement.

Les divisions allemandes, terriblement éprouvées, n'opposent qu'une faible résistance. Les deux villages de Wytschaete et de Messines sont immédiatement perdus. Des vagues d'attaque anglaises franchissent la crête et descendent vers le canal.

Sur les pentes orientales quelques résistances s'accrochent. De nombreuses batteries tombent aux mains de l'ennemi.

Elles étaient pour la plupart immédiatement en arrière de la crête.

Vers midi les divisions d'intervention arrivent pour s'engager.

Elles se déploient à l'est du canal. Les Anglais, qui occupent maintenant la ligne de hauteurs, peuvent les voir et faire tomber leur barrage devant elles. Le passage du canal leur cause de lourdes pertes.

Les attaques dirigées contre les hauteurs perdues donnent lieu à un labeur sanglant, qui demeure presque vain. Plus elles durent, plus les pertes augmentent. Dans la soirée le commandement revient à son ancienne intention d'abandonner le saillant. L'évacuation s'effectue dans des conditions terribles. La nouvelle position est occupée pendant la nuit. Elle n'est qu'à demi terminée et aussi défavorable que possible. Elle s'étend dans la dépression du canal entre Hollebeke et la Lys près de Warneton. Les hauts de terrain sont définitivement perdus.

Soixante-sept canons sont restés aux mains des Anglais, ainsi que sept mille prisonniers. Les pertes en tués et blessés, dues principalement à l'effet destructeur des explosions, sont beaucoup plus élevées. Les Anglais ont atteint complètement leur objectif, limité *a priori*.

La bataille a encore des soubresauts durant une semaine. Puis elle s'arrête lentement.

Il s'écoule encore plus d'un mois avant que le maréchal Haig n'ait terminé ses préparatifs dans le secteur principal de la bataille des Flandres entre Drie Grachten et Hollebeke. À son aile nord se trouve la 1re armée française et quelques unités belges. Leur mission n'est qu'une mission d'appui. On ne peut pas encore demander beaucoup aux Français. Le choc véritable sera exécuté par onze divisions anglaises en première ligne et neuf en seconde ligne. En face d'elles, la 4e armée du général Sixt von Arnim a huit divisions en position et sept en soutien. L'étendue du champ de bataille s'élève à 25 kilomètres.

La quantité d'artillerie et de munitions que les Anglais ont accumulée est fantastique. Mais les Allemands ont fait, eux aussi, les plus grands efforts pour être aussi puissants que possible dans la bataille. La consommation de munitions de la défense sera bientôt si élevée que dans le seul secteur de la bataille on tirera plus d'obus en un seul jour que pendant toute la guerre de 1870-71.

Les deux adversaires ont rameuté toutes leurs disponibilités en armes auxiliaires. L'air fourmille d'avions. Et l'on voit se dérouler pour la première fois ces grandes batailles aériennes où quatre-vingts appareils et plus sont engagés en même temps.

La masse d'artillerie lourde est indénombrable.

On peut presque dire qu'il ne reste plus de place pour de nouveaux canons, malgré son échelonnement en profondeur. Il a fallu une organisation peu commune pour déplacer pièces et munitions sous le feu ennemi et dans la boue.

Des centaines de chars de combat sont prêts. Le terrain est presque idéal pour leur emploi. Ce n'est que par la suite que le bourbier deviendra par trop impraticable pour eux aussi.

Les effets et l'ampleur du matériel mis en jeu dans cette bataille sont si considérables que l'homme y est refoulé à l'arrière-plan, bien qu'il s'agisse cependant uniquement de l'anéantir. Il n'est plus qu'un objet, un enjeu. En réalité c'est le matériel qui lutte contre le matériel. Le barrage roulant, le char, l'avion, la casemate bétonnée, la table de tir, les statistiques et les moyens de transmission jouent le rôle principal. Entre eux l'homme est broyé.

La transformation intrinsèque du principe de la bataille se manifeste de la façon la plus évidente par la diminution du feu d'infanterie et par l'accroissement fantastique du feu de l'artillerie dans le temps, en profondeur et en densité. Des journées entières de grand combat ne sont presque exclusivement qu'une lutte d'artillerie où celle-ci ne voit rien de son adversaire et travaille uniquement d'après ses tables de tir et d'après la carte. Les aviateurs, qui eux évoluent en dehors de la zone de feu terrestre, prennent à leur compte le contrôle et la correction du travail accompli par le matériel. On ne peut plus rien faire depuis la surface du sol. Les conditions de la lutte ne permettent plus d'assurer à terre l'unité de direction du combat et de la conduite du feu.

La disproportion entre les effets du matériel et le rôle joué par l'individu devient mortelle dans cette bataille ; elle est presque dans le rapport de cent à un. Les possibilités d'action personnelle se bornent à diriger le matériel. Les vertus du fantassin n'entrent en valeur que dans le court instant où, entre les deux barrages ami et ennemi, les restes des deux infanteries opposées se trouvent face à face.

Aux jours de grand combat il est permis à l'individu d'agir pendant une demi-heure, à condition que le matériel l'ait épargné jusque-là. Tout le reste est impuissance, immobilité dans un entonnoir boueux, repli éventuel dans des endroits moins battus, attente de la mort sous le pilonnage. Bref, tout n'est que forces visant à la destruction de la valeur personnelle. Le parti qui est sûr de gagner est celui qui réussit à conserver intacts pendant toute la journée le plus grand nombre d'hommes possible et chez ces hommes le plus d'énergie combative. C'est en somme la seule mission qui reste encore à l'homme. Elle est purement passive et exige de lui un effort nerveux formidable.

Le hasard décide ainsi du combat dans chaque secteur particulier, car on ne peut pas qualifier autrement l'effet du matériel. De la majorité des hasards qui surgissent de part et d'autre résulte une sorte de tableau d'ensemble, que l'on peut seul apprécier. Ce tableau s'exprime par le fait qu'au bout d'un certain temps on peut dire : « L'ennemi s'est emparé du village de L. », ou bien : « La contre-attaque de la N^{e} division a repris quatre cents mètres de terrain jusqu'au Steenebeek. »

En réalité tout cela n'est pas exact et ne constitue qu'un expédient pour faire comprendre la situation. Il n'y a plus de village de L., ni de dépression du Steenebeek. Il n'y a pas non plus de contre-attaque au sens des données tactiques. Quelques groupes d'hommes, dont la plupart appartiennent à la N^{e} division, qui a été engagée la veille à peu près dans ce secteur, ont rampé sous le barrage des entonnoirs qu'ils occupaient dans d'autres entonnoirs plus avancés. D'après des photos d'avions on a progressé de quatre cents mètres environ. Beaucoup de gens n'ont pas su qu'on allait entreprendre une contre-attaque. Ils n'ont fait que se joindre au mouvement. D'autres n'ont obéi qu'au désir de s'échapper vers l'avant de la zone de matériel.

Il n'y a pas de ligne. Les aviateurs eux-mêmes ne peuvent avec leurs photos identifier que quelques groupes dispersés.

Les éléments qui se trouvent à l'avant et qui provoquent les modifications extérieures locales du combat ne sont que les dernières ondes encore à peine mouvantes des masses ordonnées et disciplinées qui ont été mises en mouvement de l'arrière et qui ont traversé la zone des effets du matériel comme à travers un tamis d'acier. La plupart sont restés accrochés dans le tamis. La concentration initiale est entièrement disloquée, ses forces vives sont paralysées, pulvérisées, brisées.

Par la suite, quand la bataille atteignit son point culminant, il arriva parfois que le mouvement venant de l'arrière ne parvint même pas à l'avant. Le matériel étouffait tout, la force vive restait dans le tamis. En avant c'était le désert, l'espace mort, la zone n'appartenant à personne. De part et d'autre le chaos faisait rage, aveugle, insensé, sans forme et personne ne pouvait plus l'arrêter.

En pareils cas la bataille de matériel se surpassait et engendrait son propre paradoxe. Le matériel restait seul à combattre. Puissance terrible, violente, chargée d'énergie et faite seulement d'explosions, mais cependant puissance morte, sans âme, incapable de toute action propre comme une pierre qui gît depuis des siècles au même endroit. Lutte de deux géants aveugles, qui se tournent le dos et se combattent en jetant vers l'avant des pierres dans la direction où chacun suppose son adversaire.

Comment décrire cette bataille ? Concentration de mille forces et de mille énergies vivantes, somme de faits concrets, elle n'est cependant, en tant que tout, qu'une chose presque abstraite, insaisissable.

Les modifications locales qu'elle provoque sont si minimes qu'elles semblent sans importance. Les événements tactiques pris isolément ne se distinguent en rien les uns des autres. C'est une répétition monotone et sans fin du même tableau. Sa seule manifestation visible est toujours et toujours le bombardement. Visible ? Il est, lui aussi, dans son ensemble, si dense, si gris, si uniforme qu'il se transforme en un voile de brume qui recouvre le champ d'entonnoirs et indique l'endroit où se trouve la zone de matériel. Que ce soit à Bixschoote, à Langemark, à Paschendaele ou à Gheluvelt, ni le sol où cela se déroule, ni l'événement qui se déroule, ne change. Tout est si impersonnel, si neutre en couleurs, en sons et en effets, qu'on ne peut même pas s'imaginer quelque variante.

Les journées se ressemblent. Lorsque l'histoire constate que dans la période du 31 juillet au 10 novembre il y a eu seize journées particulières de grand combat, cela n'est également exact qu'à un certain point de vue. C'est exact si on envisage les ordres, les changements locaux, la quantité de matériel dépensée et le nombre d'hommes qui, de l'arrière, ont été jetés en plus dans la zone de matériel. Mais ce sont là des grandeurs qui ne peuvent être mesurées qu'à l'arrière. En avant, c'est le matériel, la boue, l'impuissance, la gadouille qui sont les maîtres. Aux jours de grands combats ce n'est aussi que champ d'entonnoirs, bombardement, chars, avions, bombardement et toujours de nouveau, bombardement. Peut-être y a-t-il en plus, çà et là, le sifflement grêle des projectiles d'infanterie dans la bande de terrain où la zone de matériel d'un des partis touche la zone de matériel de l'autre. Mais cette limite s'efface, elle aussi, de plus en plus. Les zones mordent déjà l'une sur l'autre, dans le désir de saisir le plus possible les éléments les plus avancés de l'adversaire. Quiconque est passé à travers le tamis tombe dans les engrenages de l'avant.

Cette bataille ne connaît plus d'attaque au sens de toutes les guerres et de toutes les batailles passées. Elle n'est que le non-sens presque absolu auquel trois années de guerre sur le front ouest ont rabaissé ce qu'on appelait autrefois stratégie.

En ce sens la bataille des Flandres est unique en son genre. Elle dit : « Si vous, commandants en chef des deux partis, vous ne trouvez pas le moyen de vous dégager de ce non-sens, si à l'avenir vous continuez à ne voir que le matériel et si vous renoncez à votre intelligence, vous ne serez que des inutiles et on pourra mettre à votre place des machines à calculer. »

Le 20 juillet, le bombardement anglais augmente tellement d'intensité qu'on peut dire que l'action a commencé.

L'artillerie allemande se réserve encore et veut attendre un moment déterminé que l'on saisira au sentiment, pour ne pas se dépenser prématurément. Puis, à peu près à partir du

23 juillet, elle commence son travail de défense systématique. Elle emploie largement le bombardement par obus toxiques. Chaque nuit les positions de batterie ennemies sont gazées. On n'a pas besoin de faire de calculs trop précis – il y a des positions de batterie partout, on est forcé de les atteindre. Les Anglais perdent ainsi 14 000 hommes du seul fait des gaz avant que leur attaque d'infanterie ne se déclenche.

Peu à peu, sans précipitation, le bombardement augmente de violence des deux côtés. La machinerie est en marche. L'allure de la défense se règle sur celle de l'attaque. Cela se déroule suivant des enseignements rigides. Partout on se met à calculer. Les données du tir, le ravitaillement en munitions, le remplacement des pièces, la profondeur de la zone à battre, les changements d'objectifs. Partout les aviateurs et les ballons contrôlent les tirs. On dirait un grand bureau aux milliers de filiales. Cela se passe presque scientifiquement, comme dans un office de statistiques.

Les statisticiens anglais s'intéressent en premier lieu aux dépenses de munitions. Les Allemands se préoccupent surtout des pertes en hommes. Ces deux objets ne sont que les deux faces de la même action. L'un conditionne l'autre. Tous deux convergent en deux courbes statistiques. Pour le maréchal Haig il s'agit de saisir le moment où les courbes se toucheront. Pour les Allemands, il s'agit d'éviter le plus longtemps possible que les deux courbes se rencontrent, c'est-à-dire que la courbe de leurs propres pertes reste toujours un peu en dessous de celle des dépenses de matériel ennemies.

En fait les deux statisticiens tâtonnent presque dans le vide, en ce qui concerne la courbe ennemie. Ces courbes se tracent d'une façon invisible sous la violence de l'action du matériel et ne se révéleront dans leurs effets qu'au jour de l'attaque.

Celle-ci se déclenche le 31 juillet. C'est véritablement la seule date précise de cette bataille, car on ne peut pas dire le jour exact où elle a commencé quant à sa préparation d'artillerie ni le jour où elle a fini en novembre. Quant aux dates où se sont produits les changements locaux durant son cours elles n'ont aucune importance pour son bilan ainsi que cela a déjà été dit.

L'allongement du barrage roulant s'effectue si lentement, que sur ce point également il est impossible de dire avec précision à quel moment il s'est produit, d'autant plus que le champ de bataille ne présente ni une position ni une ligne d'infanterie.

Les conglomérats du champ d'entonnoirs qui sont désignés sur les cartes sous les noms de Langemark et de Bixschoote, sont atteints par des fractions françaises et anglaises. Les zones de matériel s'y recoupent ; les deux artilleries écrasent cet espace. Là où courait autrefois le Steenebeek, de petits détachements allemands très dilués, sortent dans l'après-midi de la zone de matériel dont les Anglais ont coiffé la position allemande. Ce ne sont plus que de faibles groupes. Il y a deux heures, ils étaient encore, à la lisière extérieure de la zone de matériel, des régiments entiers, les régiments bien en ordre des divisions d'intervention fraîches.

Lentement les limites des zones de matériel se reportent en arrière vers le côté anglais. D'après le communiqué Bixschoote et Langemark ont été repris dans la soirée après un dur combat. Mais, Bixschoote est perdu pour la deuxième fois et définitivement.

Sur le reste du front, tout demeure dans l'ancienne situation en ce qui concerne le tracé des lignes. D'après le langage technique des communiqués les attaques ennemies ont donc été repoussées victorieusement.

La nuit suivante, le lendemain et le surlendemain, cela continue dans le même style, tout de lourdeur opiniâtre et de dépense de matériel insensée. Des deux côtés de nouvelles troupes entrent dans le rayon d'action du matériel. De légers combats s'engagent, çà et là, au centre. Aucune modification quant aux emplacements. Chacun reste sur ses anciennes positions dans le champ d'entonnoirs.

Tableau d'ensemble le 3 août : Le premier grand assaut des Flandres a été repoussé après avoir perdu quelques éléments de position sans importance. Ici aussi le langage employé n'est qu'un expédient. On ne peut parler ni d'assaut, ni de position.

Suit une période de pluie qui complète le bourbier. Le matériel ne s'en préoccupe pas. La bataille d'artillerie continue avec la même intensité. Toute action d'infanterie est impossible. Le 10 août les communiqués signalent que de nouvelles attaques déclenchées sur un large front ont été repoussées.

Le 16 août, nouvelle journée de grand combat. Cela se passe exactement comme le 31 juillet. L'endroit, où se trouvait autrefois Langemark, tombe à nouveau entre les zones de matériel, c'est-à-dire que Langemark est pris par les Anglais. Puis le matériel se replie, c'est-à-dire que Langemark est réoccupé par les Allemands.

À midi même incident. Langemark est perdu. Les Anglais arrivent jusqu'aux abords de Poelkapelle. D'après les communiqués il y aurait eu crise en ce point parce que les Anglais ont traversé presque toute la zone de matériel allemande. En fait, ils n'y ont pensé qu'après coup comme partout ailleurs. Ils ne songeaient nullement à percer.

Dans la soirée les zones de matériel se reportent à nouveau en arrière. Elles se recoupent à Langemark. Elles sont sorties de leur cadre rigide. Les nombreux va-et-vient de la journée les ont diluées. Pendant la nuit il faut les resserrer et les renforcer.

Cela continue de la même façon. Les communiqués ont du mal à trouver de nouvelles expressions pour définir cette monotonie dépourvue de fantaisie. Ce n'est toujours que bombardement roulant et boue, où des hommes mènent une existence presque incroyable. L'usure est énorme des deux côtés. C'est l'affaire des experts calculateurs des bureaux d'opérations des états-majors que de veiller à ce que l'afflux des divisions fraîches s'adapte à la courbe du matériel.

D'entonnoirs en entonnoirs les zones de matériel se déplacent vers la forêt d'Houthulst (ce n'est déjà plus une forêt !), vers Paschendaele (conglomérat d'entonnoirs, légèrement coloré en rouge par les briques pulvérisées) et vers Gheluvelt sur la route d'Ypres à Menin (en fait de route ce n'est qu'une ligne imaginaire existant sur la carte !).

Singulière ironie aussi que les dénominations qui ont été conservées par la troupe et les états-majors en souvenir d'un temps plus miséricordieux pour désigner les différents points du champ d'entonnoirs. C'est ainsi par exemple qu'un P.C. de bataillon est installé dans le « Nouveau Château », une compagnie dans la « Maison Staiger », un soutien dans la

« ferme de l'artillerie ». L'homme ne peut pas se débarrasser de ses notions habituelles, même ici. Il eût été plus conforme à la physionomie de cette bataille d'établir un système de coordonnées de longitude et de latitude comme on le fait pour la surface monotone des mers. On parle toujours aussi de l'église de Poelcapelle, du carrefour de Paschendaele, du Haanebeek et du moulin de Grootemolen, du parc d'Herenthage et de Nonneboschen. Comme si on pouvait ainsi changer un trou d'obus plein d'eau en un arbre, en un mur, et en un coin de prairie !

Septembre et octobre arrivent. Combien de divisions sont déjà passées dans la bataille ! L'armée en tient le compte. Il arrive maintenant chaque jour de l'intérieur environ dix longs trains de munitions pour cet étroit secteur. On dresse toujours de nouvelles cartes de position où figurent la soi-disant ligne avancée de l'infanterie, le dispositif d'artillerie, la répartition du feu, les emplacements des soutiens, des états-majors et les limites de secteurs. Tout cela est un travail propre et consciencieux. Mais à l'avant c'est le bourbier.

Arrive une nouvelle période de pluie. Les déchets par maladie sont terribles. La dysenterie augmente par suite de l'humidité constante. La lutte avec l'eau est pénible et paralysante. La boue monte toujours plus haut. Le matériel continue à faire rage avec la même violence. On est sorti de la zone des casemates bétonnées et l'on ne dispose plus maintenant du moindre abri pour se protéger.

Nouvelles soi-disant journées de grand combat. Les 20 et 26 septembre, les 4, 9, 12, 22, 26, 30 octobre. Toujours le même tableau. Des zones de matériel d'un côté et de l'autre, et au milieu un léger combat d'infanterie. C'est un martyre sans pareil. Une désespérance, que l'on ne peut plus décrire.

Le 12 novembre le coin de Paschendaele tombe aux mains des Anglais. Puis c'en est fini aussi des fluctuations locales. Mais le matériel ne s'en soucie pas. Il continue à faire rage pendant un certain temps encore, d'une façon insensée, jusqu'à ce qu'il comprenne enfin que la bataille est terminée.

Résultat topographique : en quatre mois un gain de terrain de 20 kilomètres de large sur 8 kilomètres de profondeur. Un champ de boue qui ferait honneur à un paysage lunaire.

Des millions de tonnes d'éclats de fer. Au milieu des cadavres de deux cent mille hommes.

Usure de l'assaillant : des centaines de trains d'obus, des dizaines de milliers de canons, cent mille morts et trois fois autant de blessés. Au total une perte d'un demi-million d'hommes.

Usure du défenseur : moindre en matériel, égale en hommes.

Bilan stratégique : insignifiant.

Le maréchal Haig annonce que c'est la plus grande victoire que les Alliés aient remportée depuis la bataille de la Marne. Quelle déformation, quel abus du mot victoire ! La bataille des Flandres est la manifestation la plus stupide d'une banqueroute du commandement, qui a rejeté toute l'activité du combat sur le matériel et toutes les misères sur la troupe.

Qu'est-ce qui célèbre la louange du soldat allemand dans la bataille des Flandres ?

Ce ne sont pas les communiqués officiels, eux qui étaient dans l'embarras pour trouver de nouvelles paroles d'éloge et d'hommage. Ce ne sont pas les décorations dont on a gratifié généreusement les survivants.

Ce ne sont pas les monuments aux morts que l'on a élevés a l'intérieur.

Cette louange est chose toute silencieuse, toute discrète qui ne regarde que le cœur. Elle est faite d'hommage, de deuil douloureux, de frisson, de grincement de dents et de prière.

25
De l'Isonzo à la Piave

La lutte sanglante dans les marécages des Flandres aida aussitôt l'Entente à surmonter militairement la lourde crise de l'été 1917. Les Français tinrent fidèlement et complètement la parole qu'ils avaient donnée à Paris à Lloyd George.

Le général Pétain mit de l'ordre dans l'armée avec une main de fer. Les meneurs des mutineries de mai furent condamnés et fusillés. Le gouvernement réprima toutes les manifestations de faiblesse à l'intérieur. Une campagne de propagande énergique par la presse et le cinéma fut organisée. L'attention du peuple, las de la guerre, fut sans cesse attirée sur l'aide prochaine des États-Unis. Les unités américaines, qui arrivaient peu à peu, se montrèrent à Paris et dans les autres grandes villes de France. Avec leurs équipements brillants et leur confiance en la victoire elles firent une impression encourageante.

Mais tout cela n'aurait pas suffi, si les Anglais, en livrant la bataille des Flandres, n'avaient pas pris effectivement sur leurs épaules tout le fardeau de la campagne sur le front ouest. Ils le firent sans égard pour leurs pertes, sans se soucier du manque de résultats visibles et en engageant complètement tous les moyens de puissance de l'empire. Ils le firent en ayant clairement conscience qu'il ne s'agissait pas pour eux de remporter une victoire, mais d'accrocher les Allemands jusqu'à ce que les Français puissent marcher à nouveau et que les Américains soient arrivés.

Une circonstance particulière les aida en cette occurrence. La Direction militaire suprême allemande n'apprit pour ainsi dire rien des événements inquiétants qui étaient survenus dans l'armée française. Peut-être se serait-elle décidée, dans le cas contraire, bien que ses forces fussent encore fortement mises à contribution dans l'Est, et devant l'imminence de la bataille des Flandres, à attaquer énergiquement les Français.

La bataille la plus insensée et la plus dépourvue d'idée directrice de toutes les grandes batailles de la guerre a donc eu de ce fait, elle aussi, une importance décisive pour le bilan général de la guerre. Elle empêcha l'Allemagne d'entreprendre quoi que ce soit à l'Ouest. Elle l'empêcha d'utiliser, pour obtenir une victoire décisive, le moment peut-être le plus favorable de la guerre, celui où la Russie s'effondrait définitivement, où la guerre sous-marine donnait à plein, où la France vacillait et où l'Amérique ne pouvait pas encore intervenir.

Hésitants et tâtonnants, les Français tentèrent à nouveau en août pour la première fois la chance des batailles. Ils n'étaient pas encore capables de grandes actions. Mais les deux coups rapides que porta le général Pétain montrèrent bientôt quel changement était survenu dans l'armée française. Contre toute attente, ils furent couronnés de succès.

Le sol abreuvé de sang de la région nord de Verdun connut encore une fois l'ouragan des obus et la progression par vagues des lignes d'infanterie. Après une préparation d'artillerie de plusieurs jours, l'attaque eut lieu le 20 août sur les deux rives de la Meuse entre le bois d'Avocourt et le vieux fort de Douaumont si célèbre. Les divisions allemandes furent durement touchées. La cote 304 et le Mort-Homme durent être abandonnés. Le bois des Corbeaux et le bois de Cumières ainsi que le village de Regnéville repassèrent du côté français. Sur la rive droite de la Meuse l'ennemi poussa jusqu'au-delà de Samogneux, prit la côte de Talou et le bois des Fosses et atteignit le village de Beaumont.

Autant de noms, autant de souvenirs douloureux rappelant les coups allemands puissants du mois de février 1916, pendant lequel Falkenhayn avait fait déclencher la grande attaque contre la forteresse de la Meuse. Maintenant presque tout le terrain conquis était retombé aux mains de l'ennemi.

Les divisions d'intervention arrêtèrent l'adversaire sur la nouvelle ligne. On dut s'en tenir à des contre-attaques locales. Il ne fut pas question d'exécuter une contre-offensive générale, en raison de la situation précaire des réserves du front ouest. La bataille des Flandres faisait rage de toute sa violence. Il fallait se tirer d'affaire avec le moins de forces possible. Les conséquences locales de la bataille se firent sentir jusqu'au-delà du mois de septembre. Puis elle s'apaisa en guerre de position normale.

Mais ce ne fut pas tout. Les Français, à nouveau confiants dans leur propre force, nous portèrent un second coup. Cette fois Pétain choisit comme objectif le saillant dit de Laffaux. C'est là que la position Siegfried, nouvellement occupée en février, rejoignait la position que les Français avaient atteinte en mai au Chemin des Dames. Le front allemand formait en cet endroit un angle droit, qui faisait saillie en direction de Soissons à peu près jusqu'à Laffaux. On avait songé à plusieurs reprises du côté allemand à évacuer ce saillant, mais on y avait renoncé parce que du même coup toute la position du Chemin des Dames serait devenue intenable. On comptait néanmoins sur l'attaque française et on ne fut pas surpris.

Le résultat n'en fut que plus douloureux. Neuf jours durant les Français pilonnèrent les positions allemandes. La vallée de l'Ailette fut entièrement gazée. L'attaque se déclencha le 23 octobre 1917. Elle enfonça le saillant. Elle n'alla pas plus loin. On lutta avec acharnement pendant des jours pour les nouvelles lignes. Le 1er novembre la Direction suprême fit évacuer méthodiquement tout le Chemin des Dames et replier le front sur les pentes nord de la vallée de l'Ailette. L'évacuation s'effectua sans être gênée par l'ennemi et en ramenant tout le matériel.

La bataille mourut lentement. Il était manifeste que les Français devaient être considérés à nouveau comme des adversaires en pleine possession de leurs moyens.

Au milieu de mai, quand la bataille d'Arras et la double bataille de l'Aisne et de Champagne reprirent pour la dernière fois dans toute leur puissance, loin de là, sur le théâtre d'opérations italien, la dixième bataille de l'Isonzo commença. Les Autrichiens tinrent bon. Après de violents combats, qui traînèrent pendant trois semaines, la situation s'équilibra. Les Italiens avaient fait une poche au nord de Gorizia. Les pertes des Autrichiens avaient été supportables, celles des Italiens extraordinairement lourdes. La bataille eut aussi chez eux des effets moraux et ceux-ci se manifestèrent de la même façon que chez les Français. Mais les Autrichiens, qui ne maintenaient qu'avec peine l'esprit combatif de leurs troupes, n'eurent pas la force d'utiliser la situation à leur avantage.

Près de trois mois s'écoulèrent sans grands combats. Les deux adversaires étaient épuisés. Ce long repos permit à Cadorna de réorganiser son armée suivant l'exemple français et de préparer à fond sa onzième bataille de l'Isonzo. Élève fidèle du maréchal Haig, il procéda entièrement d'après la méthode de l'Ouest. Il concentra 5 000 canons et 50 divisions sur un étroit espace et après un bombardement roulant lança toute cette lourde masse, le 18 août, contre le front de l'Isonzo entre Gorizia et la mer.

Le moins faible se défend tant bien que mal contre le plus faible, malgré la supériorité matérielle de ce dernier. Les Italiens n'ont aucun allant. C'est là pour les Autrichiens une chance inouïe, car sous l'action du matériel leur force morale se paralyse de plus en plus. Il arrive déjà que des détachements entiers quittent leurs tranchées violemment bombardées. Le nombre des déserteurs est grand.

D'autres unités se battent d'une façon remarquable. Lorsque les Italiens forment une grande poche au sud de Gorizia, des bataillons autrichiens contre-attaquent et reprennent le terrain perdu. Mais lorsque par la suite Cadorna donne à son offensive une nouvelle extension vers le nord, ses divisions progressent d'une façon inquiétante au nord de Gorizia. Les Autrichiens déploient encore toute leur énergie pour tenir au moins en face des Italiens. Un dernier souffle d'esprit national passe sur cette armée déjà en décadence et qui n'est plus soutenue qu'artificiellement. Le Destin s'arrête encore une fois dans son cours. Les Italiens sont bloqués.

Cadorna est condamné à livrer des victimes au Moloch de la bataille de matériel. Le bombardement roule pendant des semaines sur l'Isonzo. Les vagues d'infanterie sortent presque journellement des tranchées. Le miracle s'accomplit : les Autrichiens tiennent.

Au début de septembre, la onzième bataille de l'Isonzo peut être considérée comme terminée. Ses résultats sont manifestes. Cela s'est bien passé encore une fois. Mais qu'arrivera-t-il si la douzième bataille se déclenche au bout d'un certain temps ? Sera-ce la dernière ? Exposer les Autrichiens à une nouvelle attaque de ce genre paraît chose impossible.

L'empereur Charles, dans cette situation difficile, connaît un remède simple pour son armée. Il se tourne vers son allié et lui déclare qu'il a besoin de l'aide allemande si on ne veut pas que le front autrichien d'Italie s'écroule. Il fait cette démarche au moment où les troupes allemandes ont un travail terrible dans les Flandres. L'attaque française sur les deux rives de la Meuse vient de se déclencher. On n'a même pas de troupes pour reprendre le terrain perdu. Il faut aussi compter sur de nouvelles attaques françaises et anglaises en d'autres points du front ouest. À l'Est on a eu la plus grande peine à récupérer quelques divisions pour exécuter l'opération destinée à mettre définitivement la Russie hors de cause.

Tous les soldats allemands sont employés. On en manque déjà dans tous les endroits.

Quant à la situation des renforts à l'intérieur elle donne beaucoup de mal.

Quelques divisions américaines ont déjà été mises en ligne dans les secteurs calmes du front ouest pour s'acclimater.

Peut-on dans ces conditions prendre la responsabilité d'envoyer également des troupes allemandes sur le front italien ? Mais il faut aussi retourner la question : Peut-on prendre la responsabilité de ne pas en envoyer ? Il n'y a pas à choisir, c'est une nécessité amère, mais inévitable. Bien que l'Allemagne ne sache encore rien de l'infidélité de l'empereur Charles, on sent cependant déjà à Berlin qu'on ne peut plus avoir confiance dans la politique de Vienne. Mais si le front italien s'écroule et si l'Autriche conclut une paix séparée, ni les succès défensifs que l'Allemagne a remportés à l'Ouest, ni l'écrasement de la Russie ne lui serviront à quoi que ce soit. Le théâtre d'opérations européen constitue un tout. L'effondrement d'une de ses parties amènera fatalement l'effondrement de l'ensemble.

Sept divisions allemandes sont récupérées sur les fronts est et ouest. Ce sont les dernières forces que l'on puisse donner.

Comme cela va de soi elles restent sous un commandement allemand. Elles sont groupées en une 14e armée et reçoivent pour chef le général Otto von Below qui a fait dix fois ses preuves dans l'Est et en Macédoine.

Elles ne partent pas pour l'Italie pour y renforcer défensivement le front autrichien. Leur mission est d'attaquer, car il faut qu'elles redeviennent disponibles le plus tôt possible pour pouvoir être engagées sur le front ouest. Il serait indiqué de bâtir un plan sur l'ancienne idée de Conrad von Hoetzendorf, de prendre l'offensive en partant de la zone d'Asiago et d'Arsiero et par un coup puissant en descendant l'Adige d'infliger à l'armée de Cadorna une défaite de Cannes dans la plaine de Vénétie. Il faut rejeter ce plan tentant. Les forces existantes sont loin d'être suffisantes pour une opération d'une aussi grande envergure.

C'est la chute du front de l'Isonzo qui semble à la Direction suprême la nécessité stratégique la plus urgente. Pour atteindre ce but par le chemin le plus court et le plus économique, l'attaque sera montée immédiatement au nord de la partie du front qui a été maintes fois disputée, sur le cours supérieur de l'Isonzo, dans la zone de Flitsch et Tolmino. En la portant dans la plaine en direction du sud-ouest par Cividale, elle atteindra son but à bref délai.

Ainsi donc, malgré toute la détresse du front ouest et la lourde pression qu'il supporte, malgré tous les efforts qu'elle est en train de faire dans l'Est, l'incomparable armée allemande déclenche au même moment dans le sud la douzième bataille de l'Isonzo. Celle-ci devient en quelques jours une des plus grandes, des plus brillantes, des plus remarquables opérations de toute la guerre.

On dirait la fin du cauchemar de l'horrible monotonie de l'Ouest et des steppes infinies de Russie, le cri d'allégresse d'un esprit combatif délivré, que même les marais sanglants des Flandres n'ont pu étouffer.

Au milieu d'octobre 1917, dans la contrée montagneuse à peine habitée où doit se produire l'offensive, s'accomplit une concentration dont les difficultés sont presque fabuleuses. Il est impossible de loger l'infanterie désignée pour l'attaque, même dans le voisinage du front. Les ressources les plus élémentaires en cantonnements font défaut. Les régiments allemands sont donc rassemblés en deçà de la chaîne des Karawanken, dans la zone de Klagenfurth, Villach et Krainburg. Ils y reçoivent leur équipement de montagne et se familiarisent avec leur nouvelle mission en s'exerçant en terrain montagneux.

Une semaine de marche à pied jusqu'au front, une randonnée en haute montagne sur des routes de cols étroites, qui ne permettent qu'en peu d'endroits aux voitures de se garer.

Tout le mouvement des colonnes doit se faire de nuit pour rester caché aux aviateurs ennemis. Pour ne pas encombrer les routes l'infanterie ne doit emmener avec elle aucune voiture à bagages. Chaque homme porte 80 livres et cela en montagne, alors qu'il faut surmonter des différences de niveau énormes.

L'artillerie a été installée au prix d'un travail de plusieurs semaines. Mettre une pièce en position dans cette région est souvent un tour de force de haut tourisme. Il faut traverser des crevasses de glacier et des pentes neigeuses, en longeant des abîmes presque verticaux. Les canons sont hissés sur les sommets avec des cordes, des animaux de bât, sur les épaules, en un labeur qui dure des journées. Toutes les munitions doivent être traînées, elles aussi, des vallées sur les hauteurs.

Les batteries exécutent leurs réglages sur les positions ennemies avec la plus extrême prudence. Il ne faut pas qu'elles révèlent à l'avance l'offensive projetée en déployant une plus grande activité.

Sur ces entrefaites l'infanterie arrive. L'ordre est de ne marcher que de nuit. Mais du fait de l'étroitesse et de la surcharge des deux routes d'accès au front, c'est chose complètement impossible. Les régiments restent quatre jours et quatre nuits consécutifs sur leurs jambes. Les hommes ne prennent de repos qu'aux bords de la route, accroupis sur leurs sacs.

La pluie d'automne tombe à flots. Les hommes sont transpercés jusqu'aux os. Vêtements et chargement se gorgent d'eau et deviennent deux fois plus lourds. Il arrive souvent que les cantonnements préparés ne soient pas atteints. Pas de feu où l'on pourrait se sécher. On ne quitte pas la route, car chaque foulée doit servir à gagner du terrain vers l'avant. Souvent on se faufile en colonne par un à travers l'embarras des voitures.

Les ravins sont des glacières. Les torrents roulent en cascades tumultueuses. Les convois s'ouvrent un chemin les uns après les autres à travers le défilé. Souvent toute la colonne reste immobile pendant des heures et personne ne sait où se trouve l'obstacle qui a provoqué l'arrêt.

Dans l'obscurité terrible des nuits d'octobre, des voitures roulent, entraînant attelages et conducteurs dans les ravins. Des fantassins épuisés se noient dans les cours d'eau sans que leurs camarades puissent les secourir. Quand un camion, un canon, un avant-train ne peut plus avancer il faut le jeter dans l'abîme. Entre la paroi rocheuse et le ravin il n'y a pas moyen de faire demi-tour, de se ranger sur le côté, et la marche ne doit pas être interrompue si on veut que tout arrive en temps voulu à l'objectif assigné.

Ce sont des fatigues telles que c'est tout au plus pendant la campagne de Serbie qu'on en a connues de semblables. Mais alors c'étaient des troupes en pleine force, bien nourries et habituées à vaincre qui les supportaient. Maintenant ce sont des hommes qui depuis deux ans ne reçoivent plus pour nourriture que ce que la science a estimé un minimum pour pouvoir vivre, qui doivent les surmonter.

Ces bataillons qui se fraient un passage par les routes des cols, ont derrière eux trois ans de guerre, trois batailles de matériel terribles, des douzaines de batailles de mouvement et trois hivers de guerre de position. Ils ont connu la faim et l'horreur et la mort de près. Ils ont été en France, en Russie, en Serbie, en Hongrie, en Roumanie, en Macédoine, puis à nouveau en France. Ils sont une partie de cette armée qui agonise lentement, intrépide, fidèle au devoir, habituée à la mort et devant laquelle le monde entier, plein de respect, met chapeau bas. Soldats d'un nouveau type, soldats sans enthousiasme et sans joie, soldats du devoir, de la camaraderie et de l'humanité, qui ne font pas de phrases.

Il n'est encore aucune mission, qui leur ait été confiée pendant ces trois années, qu'ils n'aient remplie. Ils rempliront encore leur tâche cette fois-ci avec ce naturel qui pendant trois ans est devenu une partie de leur essence même.

À demi gelés, mouillés jusqu'aux os, affamés et presque épuisés par les étapes terribles, les régiments allemands sont rassemblés le 23 octobre dans leurs zones d'attaque. Plus d'un chef éprouve des scrupules à lancer ses troupes à l'assaut dans un tel état. Mais le général Otto von Below ordonne, le 23 au soir, que l'attaque aura lieu le lendemain.

À l'aile nord de la 14e armée, dans la région de Flitsch, se trouve le groupement autrichien Krauss. Au centre les groupements allemands Stein et Berrer sont rassemblés de part et d'autre de Tolmino. En face d'eux, comme une menace, les sommets touchent les sommets. Les ravins touchent les ravins. Trois solides positions italiennes ont été organisées durant deux ans et demi et encastrées dans le roc. Vingt-cinq kilomètres de haute montagne et en arrière Cividale et les débouchés dans la plaine vénitienne. L'aile sud de l'armée d'attaque est formée par le groupement autrichien Skotti.

La concentration n'a pas échappé aux Italiens. Cadorna a reporté le centre de gravité de son armée de l'Isonzo inférieur et de Gorizia vers le nord. La 2e armée italienne du général Capello comprend les divisions italiennes les plus sûres. Elles sont numériquement de près d'un tiers plus nombreuses que les assaillants. Des déserteurs autrichiens trahissent le jour de l'attaque, primitivement fixé au 22 octobre. Ne la voyant pas se déclencher ce jour-là, Cadorna se trouble. Il ne peut pas s'imaginer que les Allemands aient terminé aussi vite leurs préparatifs ; il croit que l'offensive a été remise à une date beaucoup plus éloignée. Avec toute la fatuité victorieuse qui a caractérisé sa conduite de la guerre pendant deux ans, il annonce au monde entier, la veille de la grande bataille : « L'ennemi a rassemblé des forces puissantes pour attaquer. Il nous trouvera bien armés et prêts à tout. Il n'y a rien à craindre. »

À deux heures, dans la nuit du 23 au 24 octobre, le bombardement commence et vient déferler en un écho effroyable sur les parois des rochers. L'artillerie allemande, de ses milliers de canons, couvre de gaz les batteries ennemies. La nuit est sombre et noire. Sur les sommets la neige tourbillonne. Dans les vallées il pleut à torrents. Plus tard, le brouillard monte des pentes. Mais, de sommet en sommet, l'aube claire rougit lentement. L'artillerie italienne répond de plus en plus faiblement.

À partir de six heures et demie le bombardement à obus explosifs fait rage. Les rochers craquent. Le hurlement des éclats de fer et de pierres remplit les ravins. Dans ce tumulte aucun être humain ne bouge.

À huit heures précises, après que les lance-mines allemands ont coiffé encore une fois la première position italienne, l'infanterie s'élance de ses tranchées vers l'ennemi. Presque en même temps que les dernières marmites, elle arrive avec ses grenades devant les Italiens figés d'effroi.

Travail d'un quart d'heure. Les abris sont bondés d'ennemis qui lèvent les bras en l'air. Des officiers, qui veulent les pousser à résister, sont tout bonnement entraînés dans leurs flots. Des détachements entiers se précipitent au pas de course vers les positions allemandes, pour sortir de l'enfer du bombardement. Cela se passe si rapidement qu'on ne peut même pas leur donner de chef.

Le barrage ennemi se déclenche à peine. Avant que les comptes rendus de l'avant ne soient parvenus aux soutiens, les Allemands sont déjà sur eux. Des grenades éclatent en hurlant. Les défenseurs se rendent.

On grimpe les escarpements vers la deuxième position italienne, située jusqu'à 800 mètres au-dessus de la première. C'est la plus importante. Les réserves y sont entassées, homme contre homme.

Mais le Dieu des batailles est favorable aux assaillants. Les ravins remplis de brouillard et de nuages de poudre soustraient les troupes qui montent aux vues de l'ennemi. Aux endroits où l'artillerie italienne tire encore, ses projectiles vont tomber loin en arrière des positions de départ allemandes. Lorsque le commandement ennemi se réveille enfin, il est trop tard. Les casques d'acier redoutés surgissent déjà devant les tranchées. Les coups de cymbale des grenades résonnent.

Dans l'après-midi cette position est aussi liquidée.

Le groupement nord, celui de Krauss, ne remporte que de faibles succès avec ses divisions autrichiennes sur les pentes nord du massif de Krn ; sur les pentes sud il progresse davantage. La division nord du groupement Stein, la 12e division d'infanterie prussienne, pousse par contre en une ruée puissante à travers tout le système de positions italien et – fait unique dans toute l'histoire de la guerre – parvient dès le premier jour d'attaque jusqu'à Karfreit, dans la vallée de l'Isonzo, avec une partie de ses éléments. Elle se trouve ainsi à 28 kilomètres à l'intérieur des lignes adverses. Des détachements ennemis importants ont été de ce fait acculés dans la partie sud du Krn. Pris en flanc des deux côtés ils ne peuvent plus se replier au-delà de l'Isonzo. Pendant la nuit ils mettent bas les armes, par milliers.

Au centre, le corps alpin, à l'aile sud du groupement Stein, et le groupement Berrer ont escaladé les hauteurs au-delà de l'Isonzo. Ici aussi la deuxième position ennemie s'effondre après une attaque violente et de courte durée. Le groupement sud-autrichien, celui de Skotti, arrive lui aussi presque à la même hauteur.

Au-delà de Karfreit, la troisième et dernière position italienne court à travers le massif du Matajour et de la chaîne du Stol. Si elle tombe le lendemain, on pourra déjà combattre pour les débouchés dans la plaine.

Les pertes allemandes et autrichiennes sont des plus faibles. Tout a marché à merveille. La liaison entre l'artillerie et l'infanterie, chose la plus importante dans ce genre d'attaque, n'a été rompue nulle part.

Le moral des troupes, très déprimé pendant la nuit par les fatigues exorbitantes de la marche d'approche, est très élevé ; elles sont sûres d'être victorieuses. La première journée leur a déjà montré leur grande supériorité dans l'attaque. Quel contraste avec les terribles batailles de matériel de l'Ouest et la monotonie sans fin des steppes de l'Est. Les divisions autrichiennes affectées à la 14e armée se sont battues bravement, elles aussi.

30 000 Italiens ont été faits prisonniers dès le premier jour. Les routes derrière les Allemands en sont bondées. Ils peuvent encore à peine comprendre comment cela leur est arrivé. Ils s'acheminent, muets, ouvrant de grands yeux, et le visage étonné, vers la zone des étapes autrichiennes.

Le premier choc a formé une poche de près de 30 kilomètres dans le dispositif ennemi. Résultat presque fantastique, quand on songe aux difficultés terribles du terrain.

Dans la soirée de cette journée de malheur formidable pour son armée, Cadorna adresse le compte rendu suivant: «L'ennemi nous a trouvés bien préparés. En plusieurs endroits du front il y a eu des bombardements violents. L'attaque attendue n'a pas eu lieu. Vers midi le feu ennemi a diminué en raison du mauvais temps. Par la suite le feu de contre-préparation de nos batteries s'est modéré aussi.»

Le 25 octobre, le soleil brille dans un ciel bleu.

L'attaque hardie se transforme en une manœuvre en terrain libre.

De petits groupes de choc allemands capturent des bataillons entiers. Des détachements isolés mènent des affaires en règle contre des positions de montagne. Quelques centaines de fantassins, une demi-douzaine de mitrailleuses et de lance-mines portés par des animaux de bât, et parfois un canon – combattent pendant des jours en toute initiative. Ce n'est qu'occasionnellement qu'ils aperçoivent au-delà des sommets et des pentes les détachements voisins. Aucun ne se laisse influencer par le retard des autres. C'est comme une course à celui qui pourra le premier découvrir la plaine.

Un lieutenant du bataillon de montagne wurtembergeois s'empare en trois jours avec un de ces détachements, au cours d'une série d'actions indépendantes, de 7000 hommes et de 140 officiers et capture 90 canons, en ne perdant que 7 tués et 29 blessés. Parmi les prisonniers il y a des commandants de brigade et de régiment. C'est lui aussi qui avec sa poignée d'hommes s'est emparé du sommet de Matajour.

Une autre colonne, beaucoup plus faible, pousse également de sa propre initiative à travers toute la chaîne de hauteurs et se voit tout à coup, au troisième jour, avec ses 30 fusils, au bord de la montagne, au-delà de Cividale, Quartier Général de la 2e armée italienne. Prenant rapidement leur décision, ces hommes intrépides occupent l'unique route qui débouche des montagnes, se mettent en embuscade et arrêtent successivement un convoi de camions automobiles ennemi, un commandant de division avec ses officiers d'ordonnance et son automobile, qui était sur le point de rejoindre ses troupes dans la montagne, puis une cinquantaine de prisonniers. Prudemment ils ramènent leur précieux butin en arrière.

Des centaines d'actions isolées, dirigées par des officiers énergiques et exécutées par des troupes qui deviennent toujours meilleures, transforment l'action en une progression continue de toute l'armée vers la plaine.

Le 27 octobre le Mont Purgessimo, le dernier massif avant Cividale et la plaine, tombe. Cividale est enlevé le même jour dans la soirée. On ramasse les approvisionnements incommensurables, le ravitaillement en vivres de toute la 2e armée italienne. Les débouchés dans la plaine sont maintenant atteints partout. Quelques détachements ennemis, sans contact avec leur commandement, tiennent encore dans les montagnes. Ils sont peu à peu coupés et capturés.

Le mouvement continue désormais sans arrêt.

Dès la nuit du 27 au 28 octobre les troupes allemandes se mettent en marche sur Udine. C'est là qu'est installé Cadorna avec son Quartier Général. On veut essayer de l'enlever.

De courts combats s'engagent dans l'obscurité avec des détachements italiens, qui, arrachés brutalement à leur sommeil, croient apercevoir des spectres quand les Allemands surgissent au milieu d'eux. Des réserves ennemies amenées en toute hâte et qui ont encore reçu pour points de débarquement des objectifs situés dans les montagnes, sont capturées et envoyées sans le moindre arrêt à l'arrière telles qu'elles arrivent, sur leurs camions.

Elles n'ont pas besoin d'en descendre et ne témoignent pas la moindre tristesse pour la façon rapide dont la guerre se termine pour elles.

Les liaisons italiennes sont dans un désordre indicible. Aucun chef ne sait où sont les troupes voisines. Beaucoup sont capturés avec tout leur état-major alors qu'ils cherchent leurs propres compagnies. L'apparition subite des Allemands provoque partout l'effroi et une confusion irrémédiable.

Le général Berrer, chef du groupement d'attaque central désigné par son nom, arrive, en suivant la progression rapide de ses divisions, à les devancer largement et se trouve tout à coup au milieu d'une colonne ennemie. Il reconnaît trop tard son erreur. Il est frappé mortellement par une balle, le revolver à la main. Il s'effondre dans son automobile, inondé de sang, avec un léger cri. Le commandement du groupement passe au général Hofacker.

Le 28 octobre Udine est pris. Un train militaire italien chargé de 2000 hommes est capturé au moment où il entre en gare pour être débarqué. Le général Cadorna a quitté la place depuis quelques heures à peine.

Le roi, lui aussi, était encore dans la ville dans l'après-midi. Des fonctionnaires municipaux sont surpris par les Allemands en train de coller des affiches sur l'ordre du maire. Il y est dit que le front italien tient inébranlablement dans la montagne et qu'il n'y a absolument rien à craindre pour la ville.

Durant cette journée d'avance continue le front de l'Isonzo s'effondre aussi entre Gorizia et la mer. La 3e armée italienne se replie sans arrêt pour ne pas être jetée à la mer. L'opération, qui d'après le plan initial ne devait être qu'une opération à objectif limité, s'étend de plus en plus.

La panique règne déjà parmi les Italiens. Les troupes battues perdent leur cohésion. Elles ne savent plus que faire pour résister aux Allemands. La discipline disparaît à l'intérieur des unités. Des bandes entières s'enfuient, éperdument, jusqu'à une grande distance à l'intérieur de la zone des étapes où elles sont rassemblées.

Le 31 octobre, six jours après le commencement de l'attaque, le Tagliamento est atteint sur toute son étendue. La plaine entre le fleuve et les montagnes, d'où a soufflé la tempête, est parsemée des débris de deux armées italiennes. Les groupements allemands sont plus allants que jamais. Les Autrichiens aussi se battent bien.

Mais le Tagliamento est grossi et les Italiens ont détruit tous les moyens de passage sans égard pour leurs troupes qui sont encore à l'est du fleuve.

L'affaire est réglée en deux jours. Le groupement Krauss, au nord, entame l'opération. Ce sont des fantassins bosniaques qui franchissent les premiers la demi-douzaine de bras enflés du cours d'eau. Pendant la nuit, ils maintiennent leur tête de pont contre toutes les contre-attaques ennemies.

Le 3 novembre, au matin, tout le front du Tagliamento s'effondre avec une rapidité surprenante. Cette barrière naturelle elle-même n'assure aux vaincus aucune protection.

Le 9 novembre, les premiers poursuivants sont sur la Piave. C'est encore une fois le fameux lieutenant wurtembergeois avec sa poignée d'hommes qui a pris la tête dans ces combats aventureux. Les troupes sont équipées à la diable. L'artillerie n'a pu suivre qu'en très petite partie. Les unités traînent leurs bagages sur des charrettes à bras ou les font porter par des animaux de bât. Elles n'ont pas besoin de cuisines roulantes. Il y a suffisamment de rôtis à mettre à la broche dans le pays.

On peut encore une fois se rassasier à son aise. C'est un véritable soulagement. L'esprit offensif des troupes est d'une résolution farouche. Elles considèrent le large fleuve en grinçant des dents. Elles font leurs préparatifs pour le franchir.

Pendant que le commandement s'occupe encore des travaux préparatoires, une partie des unités traversent le fleuve de leur propre initiative. Pour la troisième fois ce sont les hardis Wurtembergeois et leur chef décidé. Des fantassins autrichiens se joignent à eux. À Longarone ils poussent un coin profond dans le dispositif italien et capturent avec leurs trains des milliers d'Italiens qui refluent du secteur nord du front d'attaque.

D'autres tentatives pour forcer également le fleuve par surprise, plus au sud, échouent entre-temps. Le groupement d'attaque nord de Krauss essaie de faire tomber le front ennemi à l'ouest de la Piave en l'assaillant de flanc par le nord. Mais dès le 13 novembre il se heurte sur le massif du Grappa à un adversaire qu'il ne peut rejeter. Le combat est néanmoins poursuivi, mais il prend bientôt un caractère sanglant et n'aboutit à aucun résultat.

Toutes les troupes qui sont le long de la Piave sont encore fermement persuadées que l'attaque continue. Mais la Direction suprême voit plus loin. Elle sait qu'en face six divisions françaises et cinq divisions anglaises, appelées par les Italiens en détresse, sont en train de concentrer. Elles sont sous les ordres du général Fayolle. Le général Foch est accouru et a discuté avec Cadorna les opérations ultérieures. Cadorna se montre à la hauteur du malheur qui s'est abattu sur son armée. Il refuse de suivre le conseil de Foch et de se replier encore davantage. Il veut tenir coûte que coûte le front de la Piave avec l'aide des renforts français et anglais.

S'en prendre maintenant à cet adversaire renforcé et qui s'est peu à peu ressaisi de sa défaite est au-dessus des forces des divisions allemandes. La nécessité oblige le commandement à se montrer modeste.

La vérité est amère. Il ne faut pas se laisser aller ici, en Italie, à poursuivre des buts qui ne peuvent être atteints : les forces sont plus nécessaires ailleurs.

Sous l'influence de Conrad von Hoetzendorf les Autrichiens essaient encore une fois de déclencher une offensive à objectif limité en partant du nord, de l'ancien coin d'Asiago et d'Arsiero. Mais Conrad von Hoetzendorf a encore une fois la malchance de son côté. Il ne peut obtenir que de petits succès initiaux. Les Autrichiens, laissés à eux-mêmes, ne sont plus capables de rien. La bataille a encore des soubresauts. Dans le Tyrol, dans le haut et dans le bas du cours de la Piave, des combats locaux s'engagent. Les divisions allemandes sont peu à peu retirées du front. Il faut qu'elles aillent sur le front ouest.

Le général Cadorna est sacrifié par le gouvernement italien. Il s'en va, chargé de la malédiction d'une défaite terrible et presque unique en son genre. En sept semaines son armée a perdu 300 000 prisonniers, en plus des tués et blessés. 3 200 canons, 3 000 mitrailleuses et plus de 300 000 fusils sont tombés aux mains des assaillants. À cela il faut ajouter l'équipement de deux armées.

La perspective de pouvoir encore attaquer un jour sur l'Isonzo disparaît dans les lointains.

Quel changement, quelle victoire après trois dures années de guerre ! Quel triomphe des vertus guerrières du soldat sur l'horreur interminable des effets du matériel.

Les Italiens ne se rétablirent jamais complètement de leur défaite. Anglais et Français durent rester auprès d'eux jusqu'à la fin de la guerre. La force de l'armée italienne était juste suffisante pour accrocher les Autrichiens.

Mais l'armée autrichienne, elle non plus, ne put plus arrêter l'évolution de sa décomposition morale. Le front italien fut exclu pour longtemps de la guerre au sens stratégique.

26
La paix à l'Est

Alors que tout est tension à l'Ouest et qu'on est en pleins préparatifs d'attaque contre l'Italie, la Direction militaire suprême ne perd pas de vue un seul jour son objectif, arriver coûte que coûte et aussi vite que possible à la paix dans l'Est. Depuis la révolution russe de mars on a perdu beaucoup de temps précieux. Il s'agit de réparer les erreurs commises, afin de pouvoir enfin récupérer toutes les forces pour le front Ouest.

Hindenburg et Ludendorff peuvent déjà se rendre compte qu'ils ne pourront plus livrer cette année la bataille décisive, sur ce front. L'obligation où nous nous sommes trouvés de rechercher en premier lieu, toujours sur de nouveaux théâtres, les bases permettant de bâtir la décision, a pesé sur nous pendant toute la guerre comme une amère fatalité. Il en fut ainsi de la grande campagne de Russie de 1915, de celles de Serbie, de Roumanie, d'Italie, de la dernière campagne d'été et d'automne 1917 contre la Russie révolutionnaire. Les grandes victoires remportées sur les autres fronts nous ont privés de la seule victoire, qui était tout pour nous, la victoire de l'Ouest.

Lorsqu'à la fin de juillet 1917, grâce à la puissance de choc de quelques divisions allemandes, l'offensive de Kerenski se trouve liquidée en Galicie et Bukovine, la Direction suprême prépare le plan de son action finale. Elle songe à exécuter cette action en deux opérations, l'une à l'extrême nord, en partant de la Courlande en direction de Saint-Pétersbourg, l'autre à l'extrême sud, en partant du Sereth vers la Moldavie, pour amener également la Roumanie à capituler. L'insuffisance de moyens oblige à déclencher les deux opérations l'une après l'autre. Celle du nord, que l'on considère comme la plus importante, parce qu'elle menace directement Saint-Pétersbourg, sera entreprise la première. La seconde, dirigée vers la Moldavie, ne vint pas à exécution, la campagne d'Italie ayant absorbé les troupes qui lui étaient destinées. Mais on constata heureusement que l'opération du nord était suffisante pour obtenir l'effet cherché.

Le 1er septembre, quelques divisions allemandes traversent la Duna entre Riga et Dunaburg, dispersent les Russes, capturent des milliers de prisonniers, conversent ensuite vers le nord et parviennent au golfe de Riga en passant à l'est et près de cette ville.

Militairement l'entreprise n'est pas trop dure. Les Russes sont si démoralisés qu'ils n'opposent qu'une faible résistance. Dès le 3 octobre l'ancienne ville de l'ordre teutonique est occupée. La population bourgeoise, en majorité allemande, salue les troupes qui entrent dans la ville comme des libérateurs. Elle a eu beaucoup à souffrir des agissements de la soldatesque russe indisciplinée et déjà fortement infectée de bolchevisme. Prélude des massacres effroyables qui devaient encore survenir par la suite.

Les troupes allemandes auraient bien poursuivi leur avance, si cela avait été nécessaire jusqu'à Saint-Pétersbourg. Mais si tentant que fût un tel plan, la Direction suprême ne pouvait travailler qu'en ne portant pas ses coups à fond. Il ne fallait pas qu'elle engageât un homme de trop. Judicieuse et exécutable au point de vue stratégique, une campagne en direction de Saint-Pétersbourg, eût été dans les circonstances du moment une fantaisie militaire.

À l'entrée du golfe de Riga, flanquant le golfe de Finlande et de Saint-Pétersbourg, se trouvent les trois îles baltiques d'Oesel, de Moon et Dagö. La Direction suprême veut s'en assurer la possession par une action combinée de forces terrestres et navales.

Les Russes, estime-t-on, ne considéreront l'opération que comme les prémices d'une campagne contre Saint-

Pétersbourg. Peut-être seront-ils ainsi amenés à se préoccuper un peu plus sérieusement de la paix.

Le 11 octobre, sous la protection d'une escadre de haute mer, une flotte de transport allemande quitte le port de Libau sur la côte de Courlande. Elle porte la 42e division allemande ainsi que certaines unités spéciales qui lui sont rattachées. De puissantes flottilles de chercheurs de mines ont nettoyé le barrage de mines de l'entrée du golfe.

Le 12 octobre les pièces lourdes des bâtiments de l'escadre tonnent sur le côté nord d'Oesel. Deux heures après les batteries de côte russe cessent le feu. Les premières troupes débarquent. Elles ne rencontrent qu'une faible résistance d'infanterie. En peu de temps elles s'emparent des batteries ennemies. Sur ces entrefaites les troupes restantes débarquent.

Comme un éclair l'avance allemande balaie l'île. Les pointes d'avant-gardes sont formées par des détachements cyclistes qui remplacent la cavalerie. L'infanterie suit à marches forcées. Les Russes s'entassent dans la partie est. Leur intention est de s'échapper par la petite île voisine de Moon, pour gagner de là la côte d'Estonie et le continent. Mais ils n'ont pas compté avec les torpilleurs allemands. Le passage vers Moon est barré.

Quelques combats ont lieu. Les Russes sont acculés dans l'angle nord-est de l'île et ne peuvent plus guère bouger. Le 15 octobre, ils capitulent avec armes et bagages. Trois jours après les îles de Moon et de Dagö sont également prises. Les Russes perdent plus de 100 canons et plus de 20 000 prisonniers. C'est à peine si un homme a pu s'enfuir sur le continent.

Les deux actions contre Riga et contre le groupe d'îles ont montré nettement que l'armée russe n'a plus aucune valeur combative. Tandis qu'à Saint-Pétersbourg Kerenski fait encore le fanfaron à la tête de la révolution social-démocrate, la bolchevisation de l'armée s'est presque achevée. Les hommes ont enlevé à leurs officiers tout pouvoir de commandement et ne leur permettent plus pour ainsi dire que pour la forme de rester auprès des troupes. Le véritable commandement est passé aux mains des conseils de soldats, qui agissent chacun à leur guise. Ils ne sont d'accord que pour terminer la lutte. On massacre, on pille, on rançonne déjà. Un vent de terreur s'élève déjà çà et là, sur les points où la troupe entre en contact avec la population bourgeoise. La haine sociale, attisée secrètement et bien préparée par l'étroitesse de vues de détenteurs brutaux du pouvoir, éclate avec des flammes qui sifflent comme celles d'un incendie.

Le 6 novembre, l'événement attendu survient enfin. Kerenski est renversé par les communistes. Le bolchevisme sort de son rôle invisible et s'empare ouvertement du pouvoir. La terreur rouge règne à Saint-Pétersbourg et recouvre bientôt tout le pays. La bourgeoisie est massacrée. Les opprimés proclament la dictature du prolétariat. Ils cherchent, en versant des fleuves de sang, en abattant bestialement leurs adversaires, à consolider leur domination et à effrayer toutes les forces de la réaction. Tout est sens dessus dessous. L'empire russe se disloque et se transforme instantanément en une masse déchaînée.

De la fournaise de ce chaos surgit la domination rouge de deux fanatiques, de deux apôtres d'un effroyable bouleversement de l'humanité. Lénine, le tsar rouge, et Trotski, le dictateur, deviennent les maîtres de la Russie. Leur esprit, leur force de volonté fascinatrice, – puisés dans les profondeurs secrètes, insondables et à jamais incompréhensibles pour nous Européens d'Occident, de l'âme russe, – transforment la patiente petite mère Russie en une mégère assoiffée de sang. De l'armée silencieusement sacrifiée du tsar, des soldats révolutionnaires débauchés de Kerenski, ils font une armée disciplinée, enthousiaste, jurant par leurs chefs : l'armée rouge.

Il n'y a plus rien à faire ici pour la diplomatie des puissances de l'Ouest. Les ministres de l'Entente le savent, eux aussi, et disparaissent de Saint-Pétersbourg. Il ne règne ici que des instincts primitifs que nul ne peut endiguer. Quelque chose de tout nouveau monte des profondeurs avec un visage grimaçant et tout ce qui existait est entassé dans la fournaise rouge. Le premier cri de triomphe du nouveau pouvoir est en même temps un appel à la révolution mondiale, c'est-à-dire à un combat contre toutes les puissances du passé, à un combat dans tous les domaines de la vie humaine, à un combat sans merci.

Au bout de quelques jours Lénine lance par radio le premier manifeste communiste : « À tous ! » Il s'adresse aux gouvernements et aux gouvernés. Il demande que les gouvernements se déclarent partisans de la paix devant leurs peuples et devant le monde ; que tous les peuples s'unissent pour créer un nouvel ordre de choses ; que l'on signe « un traité de paix officiel général sur la base de l'entente et de la collaboration ». Quel message raffiné ! Les prophètes de la révolution mondiale et du chaos, les promoteurs de la dictature sanglante du prolétariat se servent des trompettes de la paix ! Ils connaissent parfaitement la profonde lassitude, la résignation terrible des peuples qui combattent depuis trois ans sans avoir obtenu de décision. Ils connaissent la détresse physique et intellectuelle qui règne dans toute l'Europe et ils sentent que sur ce sol leur semence mûrit.

Au début de novembre, abandon du Chemin des Dames au sud de Laon, après la perte du saillant de Laffaux et, en même temps, apogée de la campagne d'Italie entre le Tagliamento et la Piave. Deux jours plus tard, victoire de la révolution bolcheviste à Saint-Pétersbourg. Le 10 novembre, dernier jour de grand combat dans les Flandres et perte de Paschendaele. Les événements se heurtent en un choc impétueux. La Direction suprême est dans une tension terrible : « Ma raison, dit Ludendorff, était à l'Est et en Italie, mon cœur sur le front occidental. Ma volonté dut mettre d'accord ma raison et mon cœur. Depuis longtemps déjà j'avais perdu toute joie. »

On croit déjà pouvoir respirer, tout au moins à l'Ouest, lorsque soudain un dernier coup s'abat, pour cette année-là, sur l'armée allemande. C'est le maréchal Haig qui le porte avec les Anglais qui viennent de perdre dans les marais des Flandres, avec la fleur de leurs hommes, la perspective de s'emparer de Zeebrugge et de la base sous-marine allemande. Le maréchal Haig qui, quatre mois durant, a adoré en vain les idoles de la bataille de matériel, est revenu à la raison.

Le bain de sang des Flandres a mené son cerveau qui travaille lentement à une autre conception. Une lueur lui est venue. Il commence à soupçonner que l'époque du pilonnage insensé poursuivi pendant des semaines est passée. Les ressources inépuisables du matériel lui offrent à la fois deux moyens de remplacer ce pilonnage ; ce sont les chars et les avions, dont on n'a pas utilisé suffisamment jusqu'alors les possibilités d'action. Il faut arracher le matériel à sa rigidité apathique, il faut lui donner de la mobilité, sans diminuer sa force destructrice. C'est là qu'est la nouvelle chance : concentration de force terrible et en même temps grande mobilité. Barrage roulant, chars de combat, avions, liés en une solide combinaison tactique et, au milieu d'eux, comme figurante, l'infanterie.

Trois cent soixante chars, un millier d'avions, un millier de canons, douze divisions, un secteur de combat de dix kilomètres – calcul judicieux.

Le 20 novembre à l'aube, le feu roulant anglais se met à gronder devant Cambrai, avec une égale densité sur tout le front. En même temps le ciel se remplit d'avions de chasse qui piquent à raser le sol. Le barrage se met aussitôt en mouvement. Derrière son rideau, protégé par les avions, suivi de petits groupes d'infanterie, l'essaim crépitant des chars géants débouche du bois d'Havrincourt et à perte de vue rampe à travers le terrain situé entre les deux fronts. Ils se faufilent parmi les entonnoirs, ils grimpent les talus des routes, ils conversent à droite et à gauche et tournent en cercle. Ils écrasent les réseaux de fils de fer en grinçant et franchissent sans s'arrêter les tranchées. Ils sont les maîtres incontestés du champ de bataille et tout ce qui est vivant se trouve placé sous leur domination paralysante.

Cela se déroule effroyablement vite. Avant que les réserves allemandes ne puissent entreprendre quoi que ce soit, les chars ont ouvert une brèche de dix kilomètres de large dans la position Siegfried. La 2e armée allemande se défend à grand-peine contre l'ennemi qui pousse de l'avant.

Dans la soirée les Anglais sont installés dans une poche de près de dix kilomètres de profondeur formant saillant jusqu'aux abords immédiats de Cambrai. Des unités de cavalerie sont engagées pour atteindre la ville. Mais dès que la crainte des chars est passée, les défenseurs se ressaisissent. Les brigades de cavalerie sont mitraillées à Cantaing, à quatre kilomètres au sud-ouest de Cambrai, et à Rumilly, à cinq kilomètres au sud de la ville.

La situation est suffisamment grave. La Direction suprême récupère tout ce qui peut être ramassé dans le voisinage en fait de réserves. Dès leur arrivée, les régiments doivent être jetés dans la bataille bouillonnante.

Les Anglais ont déjà complètement réalisé la percée, mais leur manque d'aptitude à s'adapter à des situations nouvelles les empêche encore une fois de l'exploiter. Lorsque le lendemain les divisions du maréchal Haig s'élancent à nouveau à l'attaque, la résistance se renforce. Quoi qu'il en soit la situation des Allemands est encore fort mauvaise. Le bois de Bourlon est pris par les Anglais. Les bataillons allemands abandonnent quelques parcelles de terrain en une défense désespérée.

La bataille se relâche momentanément. Le 27 novembre des régiments prussiens de la Garde et de Poméranie arrivent à pied d'œuvre. Ils consolident le front. On lutte avec acharnement pour le bois de Bourlon. Les Anglais se massent toujours de nouveau pour de grandes attaques. Cela ne leur sert à rien.

Le 30 novembre la 2e armée allemande a terminé ses préparatifs de contre-attaque. La riposte s'abat comme un orage sur l'ennemi qui a pénétré dans le front allemand. Un choc puissant déferle contre la face sud de la poche anglaise entre Crèvecœur et Vendhuile en direction de la grande route Cambrai-Péronne et du massif du bois d'Havrincourt, d'où a débouché l'attaque terrorisante des chars le 20 novembre.

Un deuxième choc frappe la face nord de la poche entre le bois de Bourlon et le village de Mœuvres. En même temps le centre allemand attaque entre Crèvecœur et le bois de Bourlon.

Les régiments allemands empoignent l'ennemi énergiquement. L'artillerie les suit au plus près pour être prête à repousser les chars. Sur tout le front de la poche le barrage tonne.

Les Anglais s'accrochent solidement dans les tranchées des anciennes positions de leurs adversaires. Mais les troupes de choc allemandes savent, par expérience, comme on prend des tranchées. Les combats d'infanterie révèlent un acharnement qu'on ne connaît plus depuis longtemps. L'un après l'autre les chars s'arrêtent, en panne ou en feu sous le bombardement. Des escadres de chasse allemandes se jettent sur leurs adversaires et en abattent un grand nombre.

On avance lentement et progressivement. On ne pouvait pas songer à exécuter une attaque ininterrompue qui n'aurait comporté qu'un seul bond de grande envergure. Les difficultés du terrain et l'expérience de l'ennemi en matière de grand combat s'y opposaient. La contre-attaque s'étend sur quatre journées, toujours relancée, toujours arrachant de nouveaux morceaux du front ennemi, toujours réorganisée sur de nouvelles bases. Elle frappe tantôt d'un côté, tantôt de l'autre.

On parvient ainsi jusqu'au 3 décembre au soir à chasser les Anglais de presque toutes les positions qu'ils ont conquises. Au sud l'attaque dépasse même la ligne Siegfried.

Le 4 décembre, les Anglais ramassent encore une fois pour une contre-attaque leurs divisions aux rangs éclaircis. Elles s'effondrent devant la défense allemande.

Le 5 décembre, la bataille de chars de Cambrai s'éteint aussi soudainement qu'elle a éclaté. Elle a révélé deux choses : en premier lieu que les chars constituent un danger terrible quand ils sont engagés en masse sur un terrain favorable ; en second lieu, contrepartie consolante, que la force offensive de l'infanterie allemande est intacte. C'était là en même un temps mauvais et un bon présage.

La 2e armée a subi de lourdes pertes. Celles de l'ennemi sont cependant au total plus importantes. Les Anglais ont laissé 9 000 prisonniers, 700 mitrailleuses et 150 canons sur le champ de bataille. Mais ce qui est le plus grave, c'est qu'ils ont perdu plus de cent chars, qui, démolis, couvrent le terrain.

La crise violente et brève de Cambrai est surmontée. D'autres événements passent au premier plan de la scène formidable.

Le 26 novembre, au moment le plus sombre de la bataille de Cambrai, les postes de T. S. F. allemands captent un radio de Pétersbourg. C'est une demande adressée à la Direction suprême par le commandant en chef des forces russes opposées au front allemand aux fins de savoir si on serait disposé du côté allemand à entrer en négociations au sujet de la conclusion d'un armistice. Le commandant en chef russe s'appelle Krylenko ; c'est un ancien enseigne de l'armée tsariste qui, par mécontentement personnel, a quitté en son temps le service militaire et est devenu communiste.

La Direction suprême invite les négociateurs russes à se rendre au Quartier Général du commandant en chef des forces de l'Est, à Brest-Litovsk. Huit jours plus tard la délégation y arrive. Le 7 décembre, on conclut tout d'abord un armistice de dix jours. Les Russes partent pour Saint-Pétersbourg afin de s'entendre avec les commissaires du peuple. Ils reviennent au bout de cinq jours. Le 15 décembre, l'armistice est signé. On convient que les négociations de paix proprement dites commenceront encore avant la Noël.

Le 9 décembre, un armistice est conclu également avec le gouvernement roumain.

Les trains militaires roulent sans arrêt de l'Est vers l'Ouest, à travers l'Allemagne.

En décembre également les premières divisions américaines constituées entrent en ligne sur le front ouest. D'autres débarquent déjà à Bordeaux. Il est manifeste que l'action de la guerre sous-marine n'a pas été suffisante pour empêcher les États-Unis d'intervenir avec toutes leurs forces militaires sur le continent.

Les forces affluent de part et d'autre vers la France où le calme s'est rétabli dans une certaine mesure après la bataille de chars de Cambrai.

Le centre de gravité de la conduite de la guerre passe à nouveau de la mer sur le continent. De tous les fronts les forces se concentrent vers l'Ouest.

Les contours de la dernière, de la plus grande, de la définitive décision de cette lutte de peuples commencent déjà à se dessiner.

Le Destin prend haleine profondément.

Le 22 décembre, la conférence de paix orientale se réunit à Brest-Litovsk. Les délégués russes déclarent aussitôt qu'ils ne sont disposés à signer qu'une paix sans modifications territoriales imposées de force et sans indemnités de guerre. Le droit des peuples à disposer d'eux-mêmes devra être pris comme base de cette paix. Ils réclament en second lieu que l'on donne à l'Entente l'occasion de participer aux négociations et de transformer la paix séparée de l'Est en une paix générale basée sur les principes indiqués.

Dès la première heure de la conférence, ils se posaient donc en demandeurs et non en vaincus. Ils savaient parfaitement que l'Allemagne et l'Autriche voulaient éviter coûte que coûte une nouvelle campagne sans limite à l'intérieur de la Russie. Ils savaient aussi que le sort définitif de la paix qui serait conclue à Brest-Litovsk ne serait réglé que plus tard, lors de la conclusion de la paix générale. Ils comptaient sur la force de propagande secrète que leur idée exercerait chez les peuples moralement affaiblis des Puissances Centrales.

Ces puissances étant obligées de mettre tout en œuvre pour obtenir la paix le plus rapidement possible, les Russes s'efforcèrent par un système raffiné de difficultés toujours nouvelles de faire traîner les négociations en longueur sans se mettre eux-mêmes en danger. Brest-Litovsk fut en premier lieu pour eux une tribune leur permettant d'exposer au monde entier leurs idées. Ils n'y perdirent pas non plus de vue le but de la révolution mondiale. Ils employèrent pour cela la méthode qui consistait à opposer constamment les peuples à leur gouvernement, sous le couvert de leur droit à disposer d'eux-mêmes.

En face de cette délégation cohérente, rigidement orientée vers son but et ne reculant devant aucun moyen de ruse, les représentants des Puissances Centrales, des vainqueurs, se trouvaient entre eux dans un désaccord humiliant. Toutes les oppositions funestes qui s'étaient révélées pendant la guerre dans le domaine politique entre l'Allemagne et l'Autriche, entre les principes monarchiques et démocratiques, entre la Direction militaire suprême et le gouvernement d'empire, entre les partisans d'une paix de conciliation et les partisans d'une paix de victoire, entre les exigences militaires et politiques, se manifestèrent dans leur conduite. Enfin les caractères des divers délégués étaient également si différents qu'ils donnaient le triste spectacle d'être divisés et de manquer d'unité de but. Les Russes assistaient à tout cela en souriant et veillaient à ce qu'il y ait toujours de nouvelles raisons de friction.

Après Noël, une invitation solennelle fut adressée à toutes les nations belligérantes pour leur demander de se trouver le 4 janvier à Brest, en vue de négocier la conclusion d'une paix générale, sans indemnités ni annexions. L'Entente ne répondit pas. Cette invitation n'avait été qu'une comédie d'atermoiement provoquée par les Russes et acceptée par force par les Puissances Centrales.

Les oppositions les plus graves surgirent aussitôt que l'on se mit à appliquer les nouveaux principes de paix à la situation de l'Est. Les Russes exigèrent que les Puissances Centrales évacuent les anciens territoires russes qu'elles occupaient afin que l'on pût y procéder à un plébiscite sur la nouvelle forme d'État à donner à ces territoires. Leur idée de derrière la tête était naturellement d'influencer le plébiscite dans le sens bolcheviste.

Tandis que l'on se perdait en discussions théoriques de longue haleine sur le droit des peuples à disposer d'eux-mêmes et sur son application, les délégués politiques des Puissances Centrales cherchèrent tout au moins à se mettre d'accord entre eux. Ils décidèrent que si la Pologne exprimait le désir d'entrer dans une union personnelle avec la maison impériale des Habsbourg, et la Lituanie et la Courlande avec la maison royale de Prusse, ces actes ne seraient pas considérés comme des annexions. Les trois pays auraient à exprimer leurs désirs par voie de plébiscite sous la surveillance des autorités d'occupation. Les délégués se garantirent en second lieu réciproquement que le principe « sans annexion » n'aurait de valeur que si le 4 janvier les délégués de l'Entente venaient effectivement prendre part aux négociations et si ledit principe trouvait son application générale chez tous les belligérants.

Enfin les délégués militaires parvinrent encore à faire décider que la cession d'une bande de territoire-frontière polonais à l'Allemagne aurait lieu à titre de simple mesure de sécurité militaire et ne serait pas non plus considérée comme annexion. Tous ces accords furent tout d'abord cachés aux Russes. Mais au bout de quelques jours on estima cependant opportun de leur en donner connaissance.

On en vint à des négociations agitées, au cours desquelles les Russes se posèrent en gens intègres dupés et stigmatisèrent, devant le monde entier, la duplicité et l'hypocrisie des Puissances Centrales. Rien ne put les amener à rester à Brest-Litovsk et ils partirent pour Saint-Pétersbourg en promettant de revenir le 4 janvier.

Pendant leur absence, le conflit des différents pouvoirs poursuivit chez les Puissances Centrales son cours humiliant. Le comte Czernin, ministre autrichien, reçut de son empereur l'instruction secrète de faire la paix coûte que coûte avec les Russes, au besoin même sans l'Allemagne.

Mais à Berlin un violent dissentiment survint aussi au sujet de la bande de territoire-frontière à exiger de la Pologne. Le colonel Hoffmann, délégué militaire allemand, croyait qu'on pouvait s'accommoder d'une bande plus étroite que celle qui avait été envisagée initialement. L'empereur se rangea à son avis. Le gouvernement, lui, était formellement opposé à toute sécurité stratégique. Ludendorff fut indigné du changement d'opinion de l'empereur ; il le considéra comme l'expression d'une offense personnelle et ne consentit qu'avec peine à ne pas offrir sa démission. Hindenburg chercha à s'entremettre. C'étaient là de vieilles oppositions, non encore cicatrisées, qui se manifestaient à nouveau pour un motif futile.

Telle était la situation quand les négociations de paix proprement dites commencèrent le 4 janvier à Brest-Litovsk. Cette fois, c'était Trotski en personne, qui se trouvait à la tête de la délégation russe. Les Russes avaient reconnu quelles occasions favorables la tribune de Brest-Litovsk leur offrait et avaient envoyé leur meilleur homme.

Comme il fallait s'y attendre, l'Entente n'avait pas levé un doigt pour répondre à l'invitation qui lui avait été faite.

Des deux côtés, la situation était devenue beaucoup plus embrouillée. L'Ukraine, faisant usage du principe russe du droit des peuples à disposer d'eux-mêmes, s'était proclamée entre-temps État indépendant. Mais les Russes se refusèrent catégoriquement à appliquer à eux-mêmes leur principe et déclarèrent que les Ukrainiens étaient des traîtres et des rebelles. Les Puissances Centrales soutinrent le mouvement ukrainien, parce qu'elles y voyaient un moyen de rendre leurs adversaires plus souples.

Trotski ne se départit pas de son calme. Il continua à faire chaque jour de longs discours de propagande sur la réconciliation des peuples et leur droit à disposer d'eux-mêmes, mais pendant ce temps, les troupes allemandes du front d'armistice étaient soumises, suivant un plan d'ensemble, à une propagande bolchevisante. Et contre les Ukrainiens la garde rouge se concentrait déjà en secret.

Pour rendre la tragi-comédie complète, les Ukrainiens, protégés des Puissances Centrales, demandèrent que certains territoires autrichiens fussent incorporés dans leur nouvel État. Les vainqueurs se trouvèrent ainsi presque complètement mis à la place des vaincus.

Deux semaines s'écoulèrent dans cette situation peu réjouissante. Sans se soucier de rien, Trotski continuait toujours à discourir sur les idées du bolchevisme, nouveau bienfaiteur du monde. Quant aux demandes concrètes des Puissances Centrales il n'en dit pas un mot. On n'avait pas avancé d'un seul pas. Ce spectacle faisait sur tous une impression lamentable.

Les Puissances Centrales perdirent alors, enfin, patience. Le cynisme des Russes allait trop loin. Au nom de l'ensemble des délégations le général Hoffmann demanda à Trotski une réponse précise aux questions qui leur avaient été posées et le menaça de mettre fin à la conférence et de reprendre les opérations de guerre.

Le lendemain Trotski disparut. Les membres de la délégation russe restés à Brest-Litovsk déclarèrent que leur chef était obligé de se rendre pendant six jours à Saint-Pétersbourg, pour des motifs de politique intérieure, mais qu'ils n'étaient pas autorisés eux-mêmes à continuer les négociations pendant son absence.

Trotski prit son temps. Il ne revint pas de Saint-Pétersbourg au bout de six jours, mais au bout de douze ; il s'excusa et fit mine de vouloir continuer le jeu qu'il avait joué jusqu'alors.

Entre-temps, les Puissances Centrales avaient continué leurs négociations avec les Ukrainiens. Elles laissèrent intentionnellement Trotski de côté à son retour. Le 9 février 1918, la paix fut signée avec l'Ukraine. Ce fut la paix dite « du pain ». Elle accordait aux Puissances Centrales le droit d'occuper l'Ukraine et d'utiliser pour elle ses approvisionnements en céréales. Politiquement, elle n'avait pas grande importance tant que les Russes n'auraient pas reconnu le nouvel État.

Ce n'est qu'une fois l'affaire réglée qu'on s'adressa à Trotski. Mais le Russe raffiné avait trouvé entre-temps un nouveau tour. Il déclara solennellement que la Russie ne pouvait pas admettre une telle violence, mais que comme elle n'était pas en situation de continuer la guerre, elle la considérait de ce fait comme terminée, sans qu'une paix soit conclue.

Puis il rentra chez lui avec sa délégation, pour se consacrer à la terreur intérieure et à la préparation de l'action rouge de représailles contre l'Ukraine et contre les autres États limitrophes.

La situation était passablement embrouillée. Les Autrichiens se montraient disposés à s'accommoder du nouvel état de choses. Mais la Direction suprême de l'armée allemande ne crut pas pouvoir prendre la responsabilité, peu de temps avant de rechercher la décision à l'Ouest, de laisser subsister dans l'Est une situation aussi instable et aussi incertaine. Le gouvernement d'empire partagea cette façon de voir.

Les hostilités recommencèrent donc le 18 février. À la campagne contre l'armée du tsar et à la lutte contre l'armée révolutionnaire du style Kerenski succéda l'attaque contre l'armée rouge de Lénine et de Trotski. On ne rencontra aucune résistance militaire. Les territoires qu'on occupa respirèrent. La terreur rouge y était déjà déchaînée. Les gardes rouges se conduisirent bestialement à l'égard de quelques soldats allemands qui tombèrent dans leurs mains couvertes de sang.

Dans le nord on occupa la majeure partie de l'Estonie. C'était une nouvelle menace contre Pétersbourg. Dans le sud des troupes allemandes et autrichiennes pénétrèrent en Ukraine. Dans les premiers jours de mars les villes de Kiev et d'Odessa furent prises et mises sous la protection des Puissances Centrales.

Aussitôt après le déclenchement de la nouvelle marche en avant, un radio arriva de Saint-Pétersbourg dans lequel le gouvernement russe se déclarait disposé à conclure la paix. Le 3 mars, celle-ci fut effectivement signée à Brest-Litovsk sans nouvelle discussion. La Russie consentit à perdre la Pologne, la Courlande, la Lituanie, l'Estonie, la Finlande et quelques territoires du Caucase qui étaient réclamés par la Turquie. La Russie Blanche devait être occupée par les troupes des Puissances Centrales, comme garantie du désarmement de l'armée russe et de l'exécution des conditions de la paix. La Pologne et la Finlande devinrent des États indépendants reconnus par la Russie. Elle dut également reconnaître l'Ukraine. Enfin, les Puissances Centrales se réservaient le droit de régler la question du statut politique de la Courlande, de l'Estonie et de la Lituanie.

Le 5 mars, la Roumanie conclut avec les Puissances Centrales des préliminaires de paix. Les négociations concernant la paix définitive furent poursuivies à Bucarest. Les Puissances Centrales cherchaient avant tout à obtenir des céréales et du pétrole. L'Autriche était déjà en proie à la famine. En janvier des troubles sérieux provoqués par la vie chère et d'allure nettement politique avaient ébranlé Vienne et d'autres villes.

Paix à l'Est – de la Baltique à la mer Noire.

L'Allemagne respira. C'était malgré tout une grande œuvre, le résultat visible d'une campagne qui avait duré trois ans et demi et qui avait été riche en victoires des plus brillantes – la première paix depuis le commencement de la lutte des peuples. On avait maintenant les mains libres pour la bataille décisive. Une vague de foi nouvelle et de confiance nouvelle déferla sur le pays.

Mais ce n'était pas une paix solide. Personne n'était content de soi.

On constata bientôt que la paix n'amenait même pas l'apaisement dans l'Est. Jusqu'à la fin de la guerre et longtemps encore après l'Allemagne n'y fut pas débarrassée de ses soucis. Plus d'un soldat allemand dut encore y laisser sa vie.

La détresse économique des Puissances Centrales les contraignit au cours de l'été 1918 à occuper toujours de nouveaux territoires. Charkov et le Bassin houiller du Donetz furent pris en garde. Dans le nord, la zone occupée fut étendue jusqu'à Narva et Dorpat. Partout il fallut s'opposer à la terreur sanglante des bolchevistes, qui ne se souciaient pas des conditions signées à Brest-Litovsk. Des troupes allemandes allèrent jusqu'au Caucase.

Les résultats économiques de ces occupations furent bien loin d'atteindre ce qu'on en attendait. Ils ne furent pas suffisants pour conjurer le danger de la famine. L'effondrement intérieur de l'Autriche ne fut écarté que pour un court délai.

Le moral affaibli des troupes allemandes ne résista pas partout aux tentations du bolchevisme. Lorsqu'elles furent transportées par la suite sur le front occidental, elles y eurent une mauvaise influence sur les divisions qui y combattaient. L'Est demeura pour l'Allemagne une blessure toujours ouverte.

À la fin de mars, la Finlande, qui avait été proclamée État indépendant à Brest-Litovsk, appela les Allemands à son secours. Les troupes des Soviets ne voulaient pas évacuer le territoire finnois comme l'impliquait le traité. Une division allemande, aux ordres du général von der Goltz, débarqua dans le sud-ouest du pays. De concert avec l'armée finnoise du général Mannerheim, elle encercla les rouges le 20 avril et les obligea à capituler.

Un conflit violent éclata entre les Bulgares et les Turcs à cause de la Roumanie. Les Bulgares réclamaient pour eux toute la Dobroudja. Les Turcs demandaient qu'à titre d'indemnité pour l'aide militaire qu'ils leur avaient prêtée les Bulgares leur rendissent une bande de terrain qu'ils leur avaient cédée en 1915, le long de la Maritza, afin qu'ils se rangent aux côtés des Puissances Centrales. L'Allemagne et l'Autriche durent engager toute leur autorité non pas pour régler, mais pour ajourner le différend. Elles prirent momentanément sous leur administration la partie nord de la Dobroudja.

Les dissentiments éternels entre l'Allemagne et l'Autriche en ce qui concernait le statut politique de la Pologne ne s'apaisèrent pas non plus à ce moment-là.

Par-dessus le marché, les milieux allemands qui, dans leur confiance crédule, croyaient toujours en une paix générale de conciliation sur la base des déclarations de Wilson, protestèrent violemment contre la paix qui avait été conclue dans l'Est, sous prétexte qu'elle était une manifestation de puissance. Ce ne fut qu'après de longs débats, aux nombreuses paroles amères, que l'on parvient à obtenir du Reichstag la ratification des traités. Les sociaux-démocrates restèrent à l'écart et s'abstinrent. Les gauches radicales votèrent contre. La paix orientale resta jusqu'à la fin un sujet de querelle dans l'opinion publique. Une nouvelle discorde s'ajouta de ce fait à toutes les discordes antérieures et fit que la tension intérieure devint presque insupportable.

Quant à la Direction suprême, dont toutes les pensées étaient dirigées désormais vers l'armée et vers la grande lutte finale sur le front ouest, elle dut encore laisser dans l'Est quarante divisions, bien que la paix y eût été enfin conclue. La vieille malédiction désastreuse qui condamnait l'Allemagne à disperser ses forces continuait à faire sentir son effet.

27
Vers la décision

L'année 1917 ne se termina pas sans apporter aussi, dans le coin le plus reculé du vaste théâtre de la guerre, une cruelle désillusion. Les forces de la Turquie faiblirent visiblement et causèrent à la Direction allemande de la guerre de sérieux soucis.

Après la victoire turque de Kut el Amara, l'Angleterre avait rassemblé sur le Golfe Persique un fort contingent de troupes pour exécuter au printemps 1917 une deuxième attaque, mieux préparée, contre la Mésopotamie et Bagdad. Dès février, la défense turque s'effondra au sud de Kut el Amara. Les Anglais poussèrent jusqu'aux abords de Bagdad et conquirent la ville des califes après un court combat. Ce n'est que beaucoup plus au nord que les Turcs réussirent à organiser à nouveau leur défense.

Au Caucase, la chance aida les Turcs à sortir d'une situation difficile. Au moment où le grand-duc Nicolas Nicolaïevitch était en train de préparer une attaque de grande envergure destinée à pousser jusqu'en Mésopotamie, la révolution russe éclata. L'opération ne vint pas à exécution. Le grand-duc dut abandonner son commandement bien qu'il se fût déclaré prêt à continuer à combattre sous le nouveau régime. C'était un Romanov et de ce fait il fallait qu'il disparaisse. En Palestine, les choses allèrent plus mal. En même temps qu'ils déclenchaient leur opération contre Bagdad, les Anglais cherchèrent à déboucher du canal de Suez en direction de Jérusalem. Ils parvinrent à peu près jusqu'à la frontière sud de la Palestine. Une guerre de position, en tous points semblables à celle du front occidental, s'engagea alors dans cette région, en plein désert. Les Turcs disputèrent aux étrangers la possession des Lieux Saints avec toute la bravoure de leurs ancêtres. Ils combattirent comme à Gallipoli.

Les Anglais ne renoncèrent pas à leur plan. En cette occurrence, ils tirèrent profit du fait que les Arabes, par vieille haine contre les Turcs, firent cause commune avec eux. Dès 1916, l'émir de La Mecque s'était rangé de leur côté. La guerre sainte proclamée par le Sultan n'avait trouvé aucun écho dans le monde mahométan. Personne ne s'en souciait.

À la fin de l'automne les Anglais renouvelèrent leur attaque contre Jérusalem. Après de violents combats les Turcs furent chassés de leur position du désert. Ils s'arrêtèrent encore une fois au sud de Jérusalem, à hauteur de Jaffa. Ce ne fut pas pour longtemps. Les Anglais débordèrent leurs positions et conquirent le 9 décembre, la ville sainte, berceau de la chrétienté. L'effet moral de leur victoire fut profond sur tout l'Orient. Le front turc se rétablit au nord de Jérusalem.

La première conséquence stratégique de cette défaite fut que le corps allemand d'Asie, qui venait d'être formé, et qui était destiné initialement à contribuer à la reprise de Bagdad, dut être dirigé vers le front de Palestine pour y empêcher un plus grand malheur. Les Anglais restèrent les maîtres incontestés de Bagdad et de Jérusalem. Leur main maintenait ouvertes deux blessures de l'empire ottoman. Les conditions préalables de l'effondrement militaire ultérieur de la Turquie se trouvaient ainsi réalisées.

La Turquie n'était pas le seul allié à préparer de lourds soucis à l'Allemagne. Les Bulgares, eux aussi, n'étaient de la partie que quand il s'agissait de ramasser du butin. Le peuple bulgare qui, à part une courte interruption, était sous les armes déjà depuis 1911, était extraordinairement las de la guerre. Les États-Unis, par un calcul raffiné, avaient omis de déclarer la guerre à la Bulgarie. Leur ministre continuait donc à résider librement à Sofia, où il constituait le foyer d'une propagande anti-allemande dangereuse.

Le moral de l'armée bulgare était profondément déprimé. Ses régiments étaient presque inactifs sur le vaste front gréco-macédonien ; ils politiquaient, assuraient à contrecœur et nonchalamment leur service et étaient persuadés que tout le malheur était dû uniquement aux Allemands. Si le roi, le chef d'état-major général et le président du Conseil n'avaient pas défendu la cause de la Quadruplice, on en fût déjà arrivé plus tôt à des événements inquiétants. Les quelques troupes allemandes des Balkans, dont les effectifs ne dépassaient pas au total la valeur d'une division, n'étaient pas suffisantes pour protéger ce vaste front. Il était à craindre qu'une attaque énergique de l'armée alliée d'Orient ne créât une situation très grave. Ici aussi le front des Coalisés portait une blessure que l'Entente maintenait ouverte intentionnellement.

Mais c'était pour l'Autriche que l'Allemagne éprouvait le plus de soucis. Depuis qu'au printemps 1918, le double jeu de l'empereur Charles et de son ministre avait été révélé par les publications françaises, on savait où on en était avec cet allié, on savait que l'Autriche était prête à tout moment à conclure une paix séparée et à abandonner l'Allemagne, si on lui faisait du côté adverse une offre tant soit peu acceptable.

Ce fut une chance dans cette situation que tout au moins du point de vue militaire les missions que l'Autriche avait à remplir fussent à ce point amoindries du fait de la défaite de l'Italie et de la conclusion de la paix dans l'Est qu'elles pouvaient être exécutées même par une armée n'ayant plus toute sa valeur. Certes, Vienne avait accepté que pour la décision générale qui allait être recherchée à l'Ouest des unités autrichiennes fussent mises aussi à la disposition de la Direction des opérations. Mais l'empereur Charles avait aussitôt retiré son offre. Guettant toujours l'occasion de conclure une paix séparée, il ne voulait pas, ainsi que son entourage, indisposer l'Entente en montrant des Autrichiens sur le front ouest. On ne croyait plus depuis longtemps à Vienne en la victoire. Si on ne s'était pas encore détaché ouvertement, c'était uniquement parce que l'occasion ne s'était pas présentée. On se contenta de fournir quelques batteries lourdes qui rendirent de bons services dans les combats de l'Ouest.

La Direction suprême n'ignorait pas la situation regrettable de ses alliés. Elle ne se faisait aucune illusion à ce sujet. Elle savait que la décision prochaine devait être recherchée exclusivement par l'armée allemande. Mais elle savait aussi que si cette décision était favorable, tout serait sauvé du même coup. D'un autre côté, la perspective justifiée d'une victoire générale assurait encore dans le camp de ses alliés la prépondérance aux forces qui défendaient intrépidement la cause commune. L'esprit défaitiste ne pouvait pas encore oser sortir de ses repaires lorsqu'il le faisait quand même, il ne rencontrait que mépris.

Et l'intérieur, en Allemagne ?

La querelle au sujet de la paix ne s'y apaisa pas un seul instant. En été 1917, l'Internationale social-démocrate convoqua ses membres à une conférence de la paix à Stockholm. Le gouvernement allemand permit, sans aucune difficulté, aux délégués de la social-démocratie d'y participer. Les gouvernements de l'Entente, y compris celui de l'Amérique, refusèrent par contre de délivrer des passeports à leurs gens. On s'en tint donc aussi, à Stockholm, à des manifestations platoniques.

En août, le Saint-Siège adressa de Rome aux belligérants un message de paix. L'Allemagne saisit la suggestion et la poursuivit. Mais l'Entente fit de telles réserves et de telles difficultés que le mouvement s'enlisa.

Wilson entra encore une fois dans l'arène des apôtres de la paix. Le 8 janvier 1918, il fit connaître dans un message au Sénat américain ses fameux « quatorze points », qu'il qualifiait de seule base possible d'une paix juste et durable. Il s'y trouvait en accord d'idées presque complet avec les Russes et proclamait le droit des peuples à disposer d'eux-mêmes et la liberté des mers. Les points concrets de son programme de paix concernaient le rétablissement de la Belgique, de la Serbie et de la Roumanie dans leur intégrité, la restitution de l'Alsace-Lorraine à la France, le droit de l'Italie de rectifier ses frontières avec l'Autriche, d'après la limite des nationalités, la création d'une Pologne libre avec accès à la mer, l'évacuation de tous les territoires occupés dans l'Est par les troupes allemandes et autrichiennes et la transformation des différents peuples de l'Autriche-Hongrie en États indépendants.

L'Autriche-Hongrie, dont la situation s'était modifiée de fond en comble dans l'Est au point de vue militaire, rejeta énergiquement, par la bouche du chancelier comte Hertling, l'hypothèse d'une cession de territoires allemands d'empire.

Le chancelier déclara avec raison que l'Entente n'avait qu'à venir prendre part aux négociations de Brest-Litovsk s'il s'agissait, pour elle, d'une paix de conciliation et de justice. Elle y avait été invitée. Les Autrichiens rejetèrent, eux aussi, par la voix du comte Czernin, les principes de paix du président des États-Unis, qui ne signifiaient ni plus ni moins pour la Double Monarchie que la dissolution.

L'Entente ne dit mot. Elle laissa M. Wilson à son rêve de réconciliation, car elle ne voulait pas le blesser. Elle estimait que son heure ne serait venue que quand, avec l'aide des Américains, elle aurait acquis la supériorité militaire sur l'Allemagne.

Le peuple allemand souffrait indiciblement, à l'intérieur, du blocus de la faim. La détresse dans tous les domaines de la vie s'était accrue à l'extrême pendant l'hiver 1917/18. Dans de vastes couches de la nation, la foi en la victoire était ébranlée et enterrée. Beaucoup préféraient la fin avec la terreur à la terreur sans fin. Ce ne fut que l'exclusion de la Russie du nombre des ennemis de la Quadruplice qui fit naître de nouvelles espérances et amena la majeure partie du peuple à attendre patiemment la victoire que la Direction suprême allait rechercher à l'Ouest.

Dès l'hiver 1916/17, de grandes grèves des masses ouvrières avaient paralysé, pendant un certain temps, une partie essentielle de l'industrie allemande des armements. Officiellement, il s'agissait de questions de salaires, mais en fait le mouvement était d'ordre politique.

Des choses plus inquiétantes encore se passèrent pendant l'été de 1917 dans la marine de guerre. Pour la première fois, la mutinerie militaire leva sa tête effroyable. Sur un certain nombre des bâtiments de guerre les équipages refusèrent d'accomplir leur service. Lorsqu'on fit une enquête sur les incidents, on constata qu'il existait une conjuration militaire aux nombreuses ramifications. Des milliers de marins appartenaient déjà à une association secrète. On leur avait laissé entendre que les flottes de l'Entente n'attendaient que le signal allemand pour déclencher de leur côté la révolution.

Les meneurs militaires furent traduits en conseil de guerre et fusillés. Les chefs spirituels du mouvement s'en tirèrent sans dommage. Le calme se rétablit en apparence dans la flotte. Mais le ver révolutionnaire continua son œuvre souterraine. L'inactivité funeste à laquelle la flotte était condamnée facilita son travail d'affouillement. C'est de là que devaient partir plus tard les événements qu'on n'aurait pas cru possibles sur le sol allemand.

Au cours de ce même hiver de grandes grèves survinrent également dans l'industrie. La crevasse fut bouchée tant bien que mal. Elle continua à s'agrandir dans les profondeurs. La propagande communiste travailla presque sans aucune gêne, entravant l'action des chefs ouvriers raisonnables. Depuis la conclusion de la paix avec la Russie les communistes avaient installé leur centrale de propagande à l'ambassade des Soviets de Berlin, où elle était protégée par tous les droits de l'exterritorialité.

Telle était la situation à l'intérieur. Et cependant le peuple, dans son ensemble, se reprit encore une fois à espérer. Tous ceux qui étaient de bonne volonté attendaient fiévreusement, avec la ferveur d'un croyant, la grande décision. Ceux qui doutaient furent rejetés à l'arrière-plan et pris eux-mêmes d'incertitude. Les sacrifiés silencieux, dont les fils, les pères et les frères étaient au front où ils allaient participer à la dernière et plus dure affaire, grognaient sans mot dire, mais continuaient à souffrir de la faim. Quand ils ne savaient plus que faire, ils se donnaient du courage mutuellement en souriant. L'amour de la patrie et la confiance dans l'armée, leur chair et leur sang, régnaient à l'intérieur comme avant. Jamais un plus grand effort moral ne fut imposé en une heure aussi grave à tout un peuple. L'intérieur, dans son ensemble, fit son devoir et se montra digne de l'armée.

Mais qu'arriverait-il si la grande décision à laquelle songeaient tous les cœurs n'était pas obtenue ? Si elle se tournait contre l'Allemagne ? Il ne fallait pas y penser. Le dernier atome de force morale devait être employé maintenant pour obtenir la victoire.

Des alliés de l'Allemagne, de la détresse émouvante de l'intérieur, de sa confiance encore une fois réveillée, tournons nos regards vers le soldat allemand, vers lui, qui est appelé, lui aussi, à participer à la suprême décision comme instrument et agent.

Quelle image de fidélité, de devoir et de virilité intrépide ! Il a derrière lui trois hivers de guerre. La détresse de l'intérieur ne lui est ni lointaine ni étrangère. Il la sent dans chaque fibre de son être, il la lit dans chaque lettre qu'il reçoit, il la vit à chacune de ses journées de permission. Il n'a personne pour l'aider à la supporter, car depuis longtemps tout est devenu silencieux et solitaire autour de lui.

Comme le passé est loin, dissipé, derrière lui ! La première avance victorieuse en France, le revirement amer de la Marne, les victoires et les marches dans l'Est, les assauts dans les Balkans, l'horreur des batailles de matériel, l'Italie, les jours durs de Cambrai, du saillant de Laffaux et des bords de la Meuse. En son âme, le fardeau de Verdun, de la Somme et des Flandres est comme un poids lourd, qui le tire vers le bas. Personne ne peut lui enlever ce fardeau en dehors de la mort, qui chaque jour rôde autour de lui et qui fut sa compagne la plus fidèle de toutes les années.

Où sont les camarades d'antan ? Tous sont disparus – partout des tombes, dans les Carpathes, sur l'Isonzo, dans les montagnes de Macédoine, sur la Duna, en Ukraine, sur l'Euphrate et le Tigre, en Flandres, sur les hauteurs de Lorette, en Champagne, sur l'Aisne, devant le Doaumont, au Grand-Armand. Partout des croix de bois blanc. Quand les changements incessants de la guerre le conduisent çà et là, il va aussi de temps en temps dans ces cimetières et y lit les noms sur ces croix ; il se rappelle ce qui se passait alors ; il revoit le visage de son camarade ; il entend ses dernières paroles. Mais il trouve beaucoup de croix mutilées par le pilonnage furieux de la bataille.

Il est devenu solitaire et silencieux. Parmi les nouveaux qui viennent au front, beaucoup sont pour lui des êtres d'un autre monde. Ils ont d'autres pensées, d'autres sensations. Ce qui est sacré pour lui est pour eux sujet de risée. Son dévouement naturel, ils l'appellent sottise et imbécillité. Ils prêchent des idéals nouveaux et cherchent à lui faire comprendre que tout ce pourquoi ses camarades sont morts est erreur et duperie. Les nouveaux éléments gagnent toujours plus de terrain et prennent le dessus. Leurs lectures préférées et leur sujet de conversation le plus abondant sont les tracts des aviateurs ennemis qui incitent à la désertion et qu'ils ont ramassés secrètement.

Les anciens se replient sur eux-mêmes et se taisent. Le passé est pour eux comme un voile sombre à travers lequel ils ne peuvent plus voir. Quel monde les sépare des nouveaux !

Où sont les vieux commandants de compagnie, ces rocs intrépides, piliers du champ de bataille, liés à la vie et à la mort avec leurs hommes ? Tous sont morts. Çà et là on en trouve parfois encore un. Il parle à peine. Son visage est vide, ses lèvres sont serrées, comme prêtes à parler, mais elles répriment leurs paroles. Il porte bien des décorations sur sa vareuse défraîchie. Mais en quoi cela l'intéresse-t-il encore ? Ces petites croix, ces étoiles ont participé au processus de dévalorisation générale. Qui sait encore pourquoi elles ont été méritées ? Cela aussi est tombé dans le silence intérieur et dans la solitude.

Ce n'est que quand deux êtres de cette trempe se rencontrent et se reconnaissent au visage, à l'attitude, aux conceptions communes ou à quelque mot de souvenir jeté dans la conversation, que dans le monde étranger des hommes nouveaux leur sort commun se réveille et s'exprime d'une façon muette, maladroite et gênée. C'est comme s'ils s'excusaient réciproquement d'être encore là et de ne pas avoir rejoint sous la terre leurs nombreux camarades. Puis on entend : « Sais-tu encore ? Te rappelles-tu encore ? Et celui-ci où peut-il bien être enterré ? Et celui-là ? Et le petit un tel, qui riait toujours, quand le Français tirait et le grand un tel qui priait toujours quand il montait en ligne ? »

Puis ils se séparent de nouveau, car la guerre appelle l'un d'un côté et l'autre de l'autre. Ils ne font pas de grandes manières et toute sentimentalité leur est étrangère. Bien que leurs chances de se revoir soient presque nulles, ils se contentent d'une poignée de main, comme s'ils se rendaient pour quelques heures à quelque affaire pacifique ou à une table d'hôte. Mais chacun entend en secret la question : à qui le tour ? Est-ce que l'un d'eux apprendra encore la mort de l'autre ou bien est-ce qu'il sera déjà mort lui aussi, quand la nouvelle de la fin de l'autre arrivera ?

Ce vieux soldat lit occasionnellement un journal. Alors il secoue la tête et il va trouver son voisin dans un autre abri et lui demande son avis. Mais son voisin est aussi peu compétent que lui. Discours de propagande communiste de

Brest-Litovsk. Longs discours au Reichstag allemand. Discours de paix pathétique en Amérique. Appels patriotiques des assemblées nationales bourgeoises à l'armée. Et toujours de nouveau : « Notre armée magnifique, habituée à remporter la victoire... et l'intérieur reconnaissant. »

Alors ils secouent tous deux la tête. Et ils commencent à parler tout doucement du service dans la tranchée, des nouveaux obus à fusées instantanées, du dernier règlement sur la lutte contre les chars où il est dit à peu près, que pour les vaincre, il suffit au fond de ne pas perdre son sang-froid. Puis ils échangent leur opinion sur la grande offensive. L'un ne jure que par le nouveau procédé de tir de l'artillerie, l'autre dit que c'est un crime que de ne pas avoir construit de chars.

Ils ne s'entretiennent que de la nature et de l'allure de l'offensive. La chose en soi est aussi solidement acquise pour eux que le tir de surprise qui s'abat chaque jour sur la position. Tout cela va de soi. Quant à ses chances de réussite ils n'en disent pas un mot.

Voici maintenant que le tir de surprise commence à claquer au-dehors. Le visiteur prend son journal et sort de l'abri pour contrôler ses guetteurs. L'autre rédige lentement le compte rendu du soir pour le bataillon. Il n'y a pas de danger qu'il l'oublie jamais. Quand il sera tombé et qu'il entrera au ciel, la première question qu'il posera à saint Pierre sera de lui demander où il peut se procurer un carnet de comptes rendus et où se trouve le poste de commandement du bataillon de secteur.

Il écrit : « Dans le secteur A2 rien de particulier. À 13 heures, un avion d'observation ennemi. À 13 h 30, tir de surprise de 60 coups environ sur les boyaux A1 à B3. Un blessé léger. La nuit dernière on a livré trois rations en moins. Prière de les envoyer par la roulante. »

Puis, quand le planton est parti avec le compte rendu, il se prend, resté seul et libéré tout à coup du présent, à songer à Verdun, à la Somme, aux Flandres, avec des sentiments imprécis, presque nébuleux. Puis tout à coup un sourire apparaît sur ses lèvres. Peut-être pense-t-il à son foyer. Que peut-il voir devant lui ? Sa femme et ses enfants ? Le visage d'un vieux père, les rides d'une mère ? Une maison sous les arbres ou un appartement dans une grande ville ?

Peut-être ne voit-il rien de bien déterminé. Peut-être n'est-ce que le premier souffle de ce sentiment intérieur qui lui dit qu'entre les ombres du passé et son foyer il n'y a plus que le dernier, le grand combat décisif.

Dehors, le tir de surprise est passé. Les guetteurs se relèvent. Quelques bruits de pas, des mots prononcés à demi-voix, un au revoir, un départ, puis... le silence.

La Direction suprême puisait sa foi en une décision victorieuse dans trois faits. Le premier était la supériorité dont le soldat allemand avait fait preuve dans l'attaque sur chacun de ses adversaires de la guerre mondiale. Le second était que l'engagement des Américains ne se faisait pas encore sentir. Il n'y avait effectivement en mars 1918 que six divisions américaines sur le front allié.

Mais le troisième fait, décisif celui-là, était que pour la première fois depuis le début de la guerre mondiale, il avait été possible de rassembler presque toute l'armée de campagne allemande sur le front ouest et par-là de compenser la supériorité numérique de l'ennemi.

Sur les 231 divisions allemandes au total il y en avait, en mars 1918, 193 sur le front occidental ; 42 avaient été ramenées de l'Est et d'Italie, 36 étaient restées dans l'Est, dont une en Macédoine et une en Turquie. La force totale de l'armée de l'Ouest s'élevait à 3 750 000 hommes. Cette armée disposait en chiffres ronds de 14 000 pièces d'artillerie.

Au cours de l'hiver 1917/18, la troupe fut réadaptée par principe à l'idée d'offensive aussi énergiquement et aussi systématiquement qu'elle l'avait été à l'idée de défensive pendant l'hiver 1916/1917. Toutes les divisions furent mises au repos pendant une période assez longue. Elles réapprirent à l'arrière les formations de la guerre de mouvement, que la rigidité des combats de l'Ouest avait fait disparaître dans un lointain presque légendaire.

Un nombre déterminé de divisions furent équipées de façon à être particulièrement mobiles. D'autres durent pour cela céder une partie de leurs moyens. On constitua ainsi une troupe d'attaque spéciale, qui était destinée à être engagée offensivement en première ligne et aux points sensibles des combats prochains. Les secteurs appelés vraisemblablement à demeurer calmes durent donner tout ce qui ne leur était pas absolument indispensable.

Les mesures les plus strictes furent prises pour assurer l'envoi des renforts de l'intérieur. Le désaccord éternel entre la nécessité de céder des hommes à l'économie de guerre et la nécessité de combler les pertes du front causa une tension inouïe. Elle dut être surmontée. La guerre absorbait en moyenne, sur l'ensemble des différents front, 160 000 hommes mensuellement, dont 60 000 retournaient au front après guérison. Le déficit mensuel s'élevait donc à 100 000 hommes et ce déficit était encore appelé à s'accroître considérablement avec l'augmentation de l'activité des opérations. Il pouvait encore être comblé durant un temps limité. 200 000 hommes environ pouvaient encore être récupérés dans la zone des étapes et sur les formations de l'intérieur. La plus jeune classe de recrutement, la classe 1900, était disponible et pouvait donner 250 000 hommes. Mais ce n'étaient plus des soldats à l'ancien sens du mot. Il n'était pas douteux que, même quand on parvenait à maintenir numériquement les effectifs, la valeur morale de l'armée baissait sérieusement chaque mois.

Le maintien des effectifs ne pouvait d'ailleurs être assuré, tout au plus que jusqu'au 1er mai 1918. À partir de ce moment-là, en admettant que le déchet mensuel demeurât le même, le déficit devait aller en s'accroissant de plus en plus. L'intérieur ne pouvait pas donner davantage, car il n'avait plus rien. Toutes les possibilités étaient épuisées. Jusqu'à l'automne 1918, il fallait compter sur un déficit d'un demi-million d'hommes.

Ces calculs, établis par l'administration suprême de l'armée, montraient de la façon la plus nette que la décision qu'on allait rechercher était la dernière. Il fallait l'obtenir le plus tôt possible, chaque journée modifiant la situation aux dépens de l'Allemagne. Si elle échouait, il n'était plus possible de continuer la guerre en ayant recours à de nouvelles attaques.

Si les forces de l'Allemagne étaient appelées à diminuer à partir de mai, celles de l'Entente subirent un accroissement rapide. Seuls les Français eurent à lutter dans leur propre pays avec les mêmes difficultés en matière de renforts. Alors leurs colonies leur fournirent ce qui leur manquait. D'après des calculs ultérieurs, elles ont été obligées de mettre à leur disposition pour le front un demi-million d'hommes. 100 000 d'entre eux ont été tués. Aux combattants de couleur du front s'ajoutèrent encore environ 200 000 travailleurs de couleur.

Les Anglais se trouvaient dans une situation beaucoup plus favorable. Les ressources en hommes de leurs Dominions étaient loin d'être épuisées. En mars 1918, il n'y avait pas moins de 1 800 000 ressortissants de l'empire britannique sur le front ouest. Ils tenaient tout le secteur compris entre la mer du Nord et la région de La Fère, c'est-à-dire la moitié du front. Le Canada avait fourni 228 000 hommes, l'Australie 440 000, l'Afrique du Sud 200 000, les Indes 1 160 000. Jusqu'au dernier jour de la guerre les ressources des dépôts dépassèrent les pertes.

Mais cette comparaison en soi déjà favorable à l'Entente, devenait brusquement des plus inquiétantes pour l'Allemagne, si on englobait les Américains dans les calculs. En mars 1918, il n'y avait que 300 000 Américains sur le front ouest. En mai, le taux mensuel des hommes débarqués passa à 200 000 ; en juillet, il monta à 300 000. En octobre 1918, il y avait au total 1 700 000 soldats américains sur le sol français et leur afflux n'était pas encore fini. Ils étaient tous admirablement équipés et, chose particulièrement importante, leur moral guerrier était intact.

Pour compléter ce tableau, il convient d'ajouter ici une comparaison des armées de tous les États belligérants engagées sur le front ouest à la fin de la guerre. On y voit apparaître en fait accompli ce que la Direction suprême était obligée, au printemps 1918, de considérer comme un danger menaçant au cas où elle n'aurait pas obtenu la décision.

En novembre 1918, l'Allemagne disposait à l'Ouest de 3 millions 400 000 soldats (non compris les troupes de l'intérieur). La France en comptait 5 millions 200 000 (front Ouest et intérieur), l'Angleterre 1 700 000 et l'Amérique 1 800 000. En d'autres termes, contre 3 millions 400 000 Allemands, il y avait, au jour de l'armistice, en France et en Belgique 9 millions de soldats. Ceux-ci disposaient de trois fois plus d'avions, deux fois plus de canons que l'Allemagne et possédaient avant tout 3 500 chars, alors que malheureusement l'Allemagne n'en avait presque pas. Elle n'en avait pas reconnu l'importance.

Si l'on prend pour base le nombre total de soldats qui ont été levés pendant la guerre dans tous les pays belligérants, il en résulte un tableau pareillement émouvant de l'infériorité numérique de l'Allemagne.

Contre 13 millions 200 000 Allemands, 9 millions d'Autrichiens, 900 000 Bulgares et 1 600 000 Turcs, on trouve du côté ennemi : 15 millions de Russes, 8 200 000 Français, 8 300 000 Anglais, 4 300 000 Américains, 5 600 000 Italiens, 1 800 000 Roumains, 1 000 000 de Serbes et de Monténégrins, 100 000 Portugais. Ce qui fait 24 700 000 soldats pour la Quadruplice contre 44 100 000 pour l'Entente.

Pour donner une idée du butin terrible ramassé par la mort au milieu de ces masses d'hommes rassemblés sur tous les théâtres de guerre, nous donnerons ici un relevé des chiffres de pertes totales pour autant que ces chiffres sont connus aujourd'hui.

L'armée allemande perdit pendant toute la guerre un total de 1 822 555 morts. Il faut y ajouter en chiffres ronds 4 278 000 blessés de sorte que l'ensemble de ses pertes par blessure ou mort dépasse 6 millions d'hommes.

La France, non compris ses colonies eut en chiffres ronds 1 250 000 tués. L'Angleterre, y compris ses Dominions, 1 600 000. Le chiffre des Russes qui ont été tués ne sera jamais connu même approximativement. Ce n'est pas exagérer que de l'évaluer à 3 millions d'hommes.

En totalisant les pertes subies de part et d'autre, sur tous les théâtres de guerre, sur terre et sur mer, on peut estimer à 11 millions ceux qui sont tombés de la mort du soldat, alors que 69 millions étaient sous les armes. En d'autres termes, un soldat sur six n'est pas rentré dans ses foyers. Mais si l'on ne prend pour base que le chiffre des soldats qui sont allés au front, on peut estimer qu'un soldat sur trois a été victime du feu ennemi.

L'Allemagne était entrée en campagne, en 1914, avec 2 millions de soldats. Presque autant ne rentrèrent pas dans leurs foyers. Le nombre total de ses pertes en tués et blessés est plus de trois fois supérieur au nombre total des soldats qu'elle avait au début des hostilités. On peut estimer qu'un dixième peut-être des soldats qui, en août 1914, étaient l'orgueil et l'avenir de la patrie allemande vivait et combattait encore à la fin de la guerre sans avoir été blessé.

Telle était la situation quand la Direction militaire suprême prépara la grande bataille de décision.

Elle se rendait parfaitement compte que son armée de l'Ouest, ne bousculerait pas et n'anéantirait pas l'ennemi d'un seul élan puissant. Les expériences de trois années de guerre sur le front occidental le lui montraient et lui interdisaient tout espoir fantaisiste. Hindenburg et Ludendorff rejetèrent le principe de la bataille de matériel de longue durée. Enfin le manque de moyens était aussi une entrave à son application.

La limitation des moyens s'opposait également à ce que l'on donnât un trop grand front à la première attaque. Il fallait se baser sur l'artillerie disponible. Il s'agissait d'être aussi fort que possible en un endroit pour pouvoir porter un nouveau coup avec les mêmes moyens, si la violence du premier n'était pas suffisante.

Il était hors du domaine des possibilités d'exécuter une préparation d'artillerie d'une semaine. La surprise et une action d'artillerie massive de quelques heures devaient la remplacer. La préparation mathématique de cette action d'artillerie fut un chef-d'œuvre des commandants d'artillerie divisionnaire. Aucun point de la position ennemie ne devait être négligé. Par des changements constants d'objectifs, des concentrations dirigées tantôt sur un point tantôt sur un autre, l'ennemi devait être sans cesse coiffé précisément au moment où il se disposait à sortir de ses abris. Le bombardement par obus toxiques de l'artillerie et des positions arrière ennemies fut préparé dans la plus large mesure.

La poussée en avant du matériel d'artillerie et de l'infanterie devait être réglée jusque dans le détail, depuis les profondeurs de la zone des étapes. Tous les mouvements devaient avoir lieu de nuit. Les calculs furent établis de telle façon que la totalité des unités et du matériel n'eut besoin d'affluer dans la zone de départ préparée que dans les dernières nuits avant l'attaque. Cela nécessitait un travail préparatoire énorme et demandait, en outre, que tous les ordres fussent exécutés de la façon la plus stricte par les troupes. Aucun bataillon ne devait se mettre en marche, ne fût-ce qu'une demi-heure trop tard, pour ne pas manquer la place qui lui était assignée dans la colonne de marche.

Après des études détaillées on se décida à exécuter la première et plus grande offensive contre le front anglais. On choisit pour cela le front compris entre Arras, au nord, et La Fère, au sud, de part et d'autre de Saint-Quentin. En attaquant dans cette région, on était amené à traverser la zone Siegfried, qui avait été évacuée et rasée au printemps 1917, et l'ancien champ de bataille des deux rives de la Somme. On s'en tint néanmoins à ce secteur parce qu'il offrait la perspective de séparer les Anglais des Français et de permettre de les prendre en flanc en direction du nord.

La largeur de la zone choisie pour l'offensive était de 75 kilomètres. 62 divisions dites d'attaque étaient disponibles pour l'opération ainsi que toute la réserve générale d'artillerie et toutes les armes spéciales. Trois armées furent engagées, la 17ᵉ dans la partie nord, la 2ᵉ au centre, la 18ᵉ dans la partie sud du secteur d'attaque. Les deux premières étaient sous les ordres du Kronprinz de Bavière, la dernière sous les ordres du Kronprinz impérial. La Direction suprême prit en main propre la direction générale de l'offensive et se rendit avec son bureau des opérations à Avesnes pour être immédiatement en arrière des armées d'attaque. Le G. Q. G. proprement dit fut transféré de Kreuznach à Spa, en Belgique.

Tous les préparatifs s'effectuèrent sans friction et sans grande gêne de la part de l'ennemi. Le matériel – milliers de canons, millions d'obus – fut amené à l'avant en sept nuits. Le secteur d'attaque en fut rempli jusqu'à refus : les canons, les dépôts de munitions, les convois se touchaient. De jour tout était dissimulé aux vues, canons et dépôts étaient recouverts de façon que les aviateurs ennemis ne pussent les reconnaître.

De temps en temps des dépôts de munitions sautèrent pendant la nuit, répandant des lueurs de feux de Bengale – coups de hasard heureux de l'artillerie britannique devenue nerveuse. Celle-ci tirait, en effet, avec moins de calme qu'auparavant, mais sans rien entreprendre de sérieux cependant. Les Anglais furent presque entièrement surpris.

Dans les deux dernières nuits l'infanterie allemande monte en ligne dans le secteur d'attaque. Pendant les nuits précédentes elle s'est rapprochée du front par marches successives depuis la zone des étapes, parfois même depuis le territoire belge. Une véritable migration de peuple s'accomplit secrètement. Cette concentration fut, en fait d'organisation, l'exploit le plus brillant de la meilleure armée de la guerre mondiale. Ce fut la dernière, la plus puissante, la plus grande expression de la volonté de vaincre de l'Allemagne.

Les nuits sont des nuits froides de brouillard. Les régiments bivouaquent. Tout se déroule silencieusement. Une attente où l'on n'entend pas un souffle recouvre tout. De jour les masses d'hommes sont dissimulées dans les villages et les bois. La nuit la terre les rend. Alors il n'y a plus un mètre de terrain libre sur aucune route.

Tout marche silencieusement, à la même allure. Il n'est pas permis d'allumer de lumière; il n'est pas permis de fumer une cigarette. En haut, dans l'obscurité, on entend le bourdonnement des avions ennemis. Alors tout s'arrête et reste silencieux, immobile.

Souvent, deux ou trois colonnes marchent côte à côte. Beaucoup passent à travers champs pour avancer plus librement. Les régiments se regardent avec étonnement pour la première fois de la guerre. Le sentiment d'un déploiement de puissance énorme pénètre chacun et le tranquillise. Volonté, résolution, confiance s'affirment.

Ils ont combattu pendant trois ans et demi sur tous les théâtres d'opérations d'Europe et hors d'Europe. Les numéros de leurs régiments rappellent des centaines de victoires. Ils viennent de Macédoine, de Roumanie, de Courlande et d'Italie. Maintenant, ils sont tous réunis avec les vieilles divisions de l'Ouest.

On dirait qu'ils n'ont souffert ces trois années durant de par le monde entier et qu'ils n'ont arrosé tous les champs de bataille de leur sang que pour préparer cette journée unique, grandiose et décisive. L'esprit et l'espoir d'un peuple à demi affamé et cependant confiant cheminent par la nuit en colonnes silencieuses et sans fin.

Les milliers d'ordres qui depuis des mois se rapportent à la grande attaque parlent tous du jour X. Le jour X, le jour inconnu, sera le jour de l'attaque. Les ordres qui le concernent sont rigoureusement secrets et ne doivent être écrits que par des officiers.

Le 18 mars 1918, dans la soirée, la Direction suprême transmet la brève indication que le jour X sera le 21 mars. Le 19 mars est donc le jour X–2, le 20 mars le jour X–1. Puis ce sera le jour X.

La Direction suprême n'a pas besoin de donner d'autres ordres. Tout va se dérouler maintenant suivant le programme prévu.

Le Destin n'a besoin que d'un signe mathématique infime. Trois années et demie de guerre et la configuration de l'Europe vont dépendre de la solution de cette équation à une inconnue.

Le 21 mars, au soir, peut-être connaîtra-t-on déjà la valeur de X.

28
La grande bataille

La nuit est froide et traîne en longueur interminable.

Des colonnes de marche isolées arrivent toujours et gagnent leurs emplacements. Les divisions de premier échelon sont entassées, au coude à coude, dans les tranchées des première et deuxième positions. Les divisions de deuxième échelon sont au bivouac derrière la zone de déploiement de l'artillerie. Tout est couvert de troupes.

Il fait clair de lune. À minuit les premiers brouillards montent, remplissant tout d'abord les dépressions. À deux heures du matin tout est submergé par une brume d'une blancheur de lait. On ne peut plus rien voir. On entend partout un bruissement monotone, ce sont les colonnes sur les routes.

Çà et là tombent quelques obus anglais. L'artillerie allemande tire un peu, elle aussi. Dans l'ensemble les tirs ne sont pas plus intenses qu'aux jours calmes de la guerre de position. Les percutants éclatent avec un bruit de ferraille, quelque part dans le brouillard.

À 4 heures 10 précises, un tremblement lumineux traverse la brume. Il est suivi à quelques secondes d'un tremblement sonore. En l'espace d'une minute des milliers de pièces d'artillerie sont à l'œuvre. Des lueurs brillent dans le brouillard comme des feux follets. Cela aboie, roule, mugit, siffle. Puis tous les bruits se mélangent en un roulement unique et confus.

Le feu roulant allemand est déclenché.

Deux heures durant tous ces tubes ne lancent que des obus toxiques. Les positions de batteries anglaises sont enrobées dans des nuages de gaz. Le résultat est tel qu'au bout d'une demi-heure le feu de l'artillerie ennemie est pour ainsi dire éteint. Elle ne s'est vraiment pas rendue compte de ce qui se passait.

À 6 heures du matin, l'artillerie allemande change de projectiles. Elle ne lance plus que des explosifs. Son feu se répartit sur les batteries et les positions d'infanterie ennemies. Le chœur des lance-mines lourds et moyens se mêle au concert et déverse inlassablement ses marmites gigantesques sur les premières tranchées ennemies. C'est un orchestre infernal.

Le brouillard devient de plus en plus épais. On ne peut plus voir à plus de trente mètres. Une sombre clarté apparaît lentement : c'est l'aube du 21 mars. Les gaz ont fait leur œuvre.

Cela continue ainsi trois heures durant sans une seconde de pause.

Pendant ce temps l'infanterie prend ses emplacements de départ. Le brouillard lui permet de se mettre en colonnes immédiatement derrière les tranchées. L'artillerie, désignée pour prendre part à l'assaut comme batteries d'accompagnement, vient se placer, équipée pour la marche en avant, au plus près derrière l'infanterie. Les chevaux sont harnachés, les conducteurs sont en manteaux. Des compagnies de sapeurs du génie construisent des ponts sur les tranchées allemandes, avec du matériel préparé à l'avance, pour permettre à l'artillerie de passer. De larges brèches ont été ouvertes dès la tombée de la nuit dans les réseaux allemands.

Les divisions de deuxième échelon rompent leurs bivouacs et roulent tentes et manteaux. Les cuisines roulantes distribuent du café chaud pour assouplir les membres engourdis par la nuit.

Pendant ce temps l'artillerie passe à la troisième et dernière phase de ses tirs sans que cela se remarque à l'oreille. Le barrage roulant se forme. Une petite partie de l'artillerie, comprenant surtout les mortiers lourds, continue à neutraliser les batteries ennemies. La masse des canons et des lance-mines concentre son feu sur la zone avancée de la position ennemie.

La vitesse de tir des différentes pièces atteint son maximum. Des artilleurs courent çà et là avec des seaux et versent de l'eau sur les tubes chauffés à blanc. Officiers, sous-officiers et hommes se relaient pour servir les pièces. C'est à peine si les pointeurs peuvent encore bouger les bras. Tout le monde porte des munitions des dépôts aux pièces. Les commandants de batterie ont leur montre à la main.

Les divisions de deuxième échelon prennent leur dispositif. Elles se rapprochent lentement de la première ligne en colonnes de bataillon. Les commandants de régiments sont à cheval. Chaque état-major a avec lui son fanion. Les trains de combat sont équipés pour la marche en avant. Les mitrailleuses reposent par trois l'une à côté de l'autre dans leur voiture. Les conducteurs se mettent en selle. Chaque voiture porte un paquet de fascines pour combler les tranchées et les entonnoirs de la position anglaise.

Le brouillard ne change pas, bien que, d'après la montre, il fasse maintenant plein jour. Dans l'air, on entend comme un bourdonnement d'essaim gigantesque. C'est le barrage roulant qui tend vers son maximum d'intensité.

Les commandants des compagnies d'assaut, dans les premières tranchées, ont eux aussi la montre à la main. Ils regardent leurs hommes. Pas de trace, nulle part, d'une émotion particulière. On ne parle pas. Beaucoup fument une cigarette. Ils aspirent profondément la fumée avec une complète indifférence et secouent leur cendre avec précaution. Chaque homme porte six grenades à main et cent cinquante cartouches. Les fusils sont chargés et au cran de sûreté. Le commandement : « Baïonnette au canon ! » passe de bouche en bouche à travers les rangs.

Dans le brouillard les explosions des mines lourdes rugissent tels des coups de tonnerre. Le bruissement sourd de la canonnade s'étend partout. L'atmosphère est remplie du hurlement des milliers d'obus qui cheminent vers leur but. On ne comprend plus le moindre mot. Mais on n'a pas non plus à parler. Quand le commandant de compagnie mettra sa montre dans sa poche et lèvera la main, on partira.

Les Anglais ne donnent pas signe de vie. La montre indique neuf heures trente. Encore dix minutes.

Çà et là, pour trois secondes, le corps énorme d'un avion volant au plus bas surgit du brouillard, fantomatique. On reconnaît sous les ailes les grandes croix de fer. Ils apportent aux troupes un dernier salut de l'arrière et signalent que tout est prêt.

Le bombardement ne peut plus être plus terrible. Les canonniers donnent à fond. Le brouillard flambe, crépite et vibre avec un bruit de fer insensé.

Puis, soudain tout est en mouvement.

Les états-majors dans les quartiers généraux de division. Les brigades, régiments, bataillons, l'artillerie d'accompagnement et les premiers échelons de l'artillerie qui a pris part à la préparation. Les colonnes de munitions et les trains de combat, les détachements sanitaires. Les escadrons d'estafettes, les équipages de ponts, les lance-mines. Les formations de deuxième échelon, bataillon après bataillon, compagnie après compagnie, batterie après batterie. Les états-majors à cheval, à travers champs. Les équipes de téléphonistes, les ballons captifs, les stations de T. S. F., les centres de renseignements avancés. Les boulangeries de campagne, les équipes de repérage au son, les trains régimentaires, tout se met en mouvement.

Derrière tous ces éléments marche le troisième échelon, les divisions qui sont pour la plupart en réserve de groupe d'armées ou de la Direction suprême. Colonnes de marche, artillerie, sapeurs, colonnes de munitions, états-majors et cavaliers.

L'infanterie d'assaut a débouché depuis longtemps des tranchées avancées, à neuf heures quarante précises, sur soixante-quinze kilomètres de front.

En tête sont les équipes de choc. Puis viennent les mitrailleuses légères. Les sapeurs font déjà passer les batteries d'accompagnement au-delà des tranchées. Puis viennent les vagues d'assaut, l'une après l'autre ; puis des colonnes de marche. Et au milieu de tout cela, toujours, les mitrailleuses lourdes portées par deux hommes. Des embouteillages se produisent aux points de passage. Des officiers du génie règlent la circulation. Des écluses de plus en plus nombreuses s'ouvrent vers l'avant. Le brouillard absorbe tout.

L'artillerie anglaise tire un coup de temps en temps. On entend quelque part le crépitement des mitrailleuses. Des grenades à main éclatent avec un bruit sourd.

Le barrage roulant est en marche. Il martèle son chemin pas à pas, dans la zone des positions ennemies, déversant une pluie de fer, broyant tout.

Tout ? Il doit bien y avoir encore quelque chose en vie. Des groupes de prisonniers aux casques plats refluent déjà à travers la ligne. Ils sont couverts de boue des pieds à la tête et ont des visages hébétés. Ils sortent tout droit de l'enfer.

Maintenant ce sont les premiers blessés qui arrivent en clopinant. Ils tremblent sous l'effort. Des infirmiers leur mettent des pansements provisoires. Beaucoup se sont mis eux-mêmes leur propre paquet de pansement autour de leurs mains et de leur front et continuent sans s'arrêter vers l'arrière en boitant. Tous sont pâles et ne disent pas un mot. On ne leur demande pas non plus comment cela va en avant. Leurs vareuses grises sont tachées de sang rouge sombre.

Le crépitement des mitrailleuses dans le brouillard est maintenant plus fréquent. Au bout d'un quart d'heure on peut observer qu'il s'éloigne davantage.

Maintenant, on apporte quelques hommes sur des brancards. Leurs visages sont blafards, leurs lèvres pincées et exsangues. Ils gisent sans mouvement. Seuls leurs yeux bougent pour regarder çà et là. Quelques-uns sont entièrement recouverts d'une toile de tente. Ce sont les plus misérables. Nulle part on n'entend de plainte.

Des unités d'artillerie de campagne de plus en plus nombreuses franchissent la première ligne. Les premiers éléments d'infanterie du deuxième échelon passent à leur tour, tous en colonne par un. Ils serpentent dans le terrain comme des fils sans fin. Les postes de commandement des bataillons se portent l'un après l'autre de l'autre côté des tranchées. Parfois un temps d'arrêt se produit quand une voiture se renverse. Alors tous interviennent.

Il ne vient de chez les Anglais que quelques coups de harcèlement. Ils éclatent quelque part dans le brouillard. Le bourdonnement des balles de mitrailleuses passe haut dans les airs.

Le roulement sourd du barrage s'éloigne lui aussi de plus en plus. L'artillerie change de position vers l'avant, par échelons.

À 11 heures le brouillard commence à se dissiper. L'air devient plus limpide. Quand un trou bleu s'ouvre dans les nuages on voit un soleil radieux. Pareils à des essaims d'insectes bruissants, les avions dansent les uns autour des autres. De temps en temps une lueur claire jaillit soudain, suivie d'une longue traînée couleur de poix dont la base descend rapidement pendant que la tête s'étale lentement en un nuage noir. On dirait un sapin géant suspendu dans les airs. Avion abattu et pilote frappé à mort.

Maintenant les saucisses jaunes des ballons captifs sont visibles, elles aussi. On a l'impression qu'ils se déplacent également vers l'avant. On en peut compter jusqu'à douze. Cela peut faire un front de trente à quarante kilomètres. En fait ils se portent en avant. On le constate aux écarts qui les séparent les uns des autres. C'est un bon signe.

Maintenant ce sont des cavaliers qui déjà franchissent lentement les tranchées avancées. Le bruit de la bataille s'éloigne de plus en plus. Les prisonniers arrivent en longues colonnes par quatre. Beaucoup portent entre eux des brancards sur lesquels gisent des blessés graves allemands. Leurs visages sont sombres.

Les divisions de deuxième échelon sont presque tout entières au-delà des tranchées. Les divisions de troisième échelon suivent dans l'après-midi. Entre-temps, toujours et toujours de l'artillerie et des colonnes de munitions. Maintenant tout se passe déjà dans cette région exactement comme en temps de paix. La guerre s'est éloignée. Dans le lointain on entend son bruit faiblement.

Dans la soirée, les mortiers lourds se présentent à leur tour pour passer parce que leur portée n'est plus suffisante. C'est un travail de forçats. Mais les sapeurs du génie sont obligés d'aller plus en avant pour aider les éléments de tête. Des hommes des bataillons de travailleurs et des formations d'étapes les remplacent alors dans leur travail. Pendant toute la nuit on se démène avec les lourdes pièces.

Des sapeurs des chemins de fer arrivent déjà et commencent à poser des voies.

Vers le matin, ce sont les lourdes sections d'aérostiers avec leurs puissantes voitures à moteur. Elles veulent avancer elles aussi, car de l'arrière elles ne peuvent plus rien voir.

Au lever du jour, les boulangeries de campagne sont là également. Ainsi donc, là où la veille dans la matinée, le feu roulant le plus formidable de toute la guerre s'est abattu quatre heures durant, là où la plus grande armée d'attaque de la guerre mondiale s'est mise en marche, on voit déjà, même pas vingt-quatre heures plus tard, des éléments d'étapes.

Loin, tout au loin, on peut entendre le bruit du combat.

Le 21 mars, au soir, le tableau de la bataille apparaît déjà dans ses grandes lignes.

La 17e armée du général Otto von Below, qui a débouché sur la partie nord du front d'attaque, entre Monchy-sur-Scarpe et Cambrai, a pris la première position anglaise d'un seul élan. Mais la résistance ennemie s'est renforcée de plus en plus entre la première et la deuxième position. L'armée a subi de fortes pertes et n'a plus progressé sérieusement. En quelques points elle est encore parvenue à pénétrer dans la deuxième position ; son attaque s'est enlisée cependant, dans son ensemble, devant cette position.

La cause de cet insuccès est à chercher dans le fait que les Anglais ont employé dans cette région, avec une grande décision, le procédé défensif qu'ils ont appris des Allemands. Leur ligne avancée n'était que faiblement occupée. Leurs réserves se sont portées en avant pour contre-attaquer ; elles ont ainsi bloqué l'avance de l'infanterie allemande et lui ont fait perdre le contact étroit de son barrage roulant resté toujours en mouvement.

La 2e armée du général von der Marwitz, chargée d'attaquer entre Cambrai et Bellicourt, au nord de Saint-Quentin, devait porter son effort principal à son aile droite, au sud de Cambrai, pour couper tout le saillant de Cambrai de concert avec l'aile gauche de la 17e armée. Du fait des hasards de la bataille et de l'allant des divisions le résultat de la journée fut le contraire de celui qu'on attendait. L'aile droite de la 2e armée ne put percer et resta accrochée devant la deuxième position anglaise, comme toute la 17e armée. Son aile gauche par contre réussit à submerger cette position dans l'après-midi et réalisa ainsi la condition préalable pour que la progression pût continuer le lendemain.

Ce qui s'était passé au centre, dans le cadre de la 2e armée, s'était produit également sur l'ensemble du front d'attaque. Alors que la Direction suprême recherchait et escomptait le succès principal dans le nord, les événements l'avaient provoqué dans le sud. Ne marquant aucun temps d'arrêt entre la première et la deuxième position anglaise, la 18e armée, aux ordres du général von Hutier, avait rejeté de ces deux positions la 5e armée anglaise, qui lui était opposée et, pleine d'allant et de résolution, était déjà parvenue dans la soirée, avec une partie de ses éléments, jusqu'aux abords de la troisième et dernière position. Elle avait fait plusieurs milliers de prisonniers et s'était emparée de presque toute l'artillerie anglaise de secteur. En fin de journée son aile droite enveloppait le bois d'Holnon, à l'ouest de Saint-Quentin, son centre continuait à progresser de part et d'autre de la Somme en direction de Ham, son aile gauche, partie de La Fère, était sur le point d'atteindre les abords immédiats du canal de Crozat.

Tout allait dépendre de la façon dont les choses se dérouleraient le 22 mars.

L'évolution de la situation stratégique conserva ce jour-là le même caractère fondamental que la veille. Les phénomènes qui s'étaient manifestés au cours de la première journée de bataille furent encore plus marqués. La 18e armée resta dans le mouvement en avant. La troisième position ennemie tout entière tomba en ses mains. Dans la soirée elle était en terrain libre et pouvait songer à des opérations stratégiques. Ses divisions de premier échelon menaient toujours le combat. Ses divisions de deuxième échelon, aussi nombreuses qu'elles, les suivaient, complètement intactes. Elles avaient elles-mêmes derrière elles, en troisième échelon, les réserves de la Direction suprême. L'armée rendit compte dès ce deuxième jour de bataille qu'elle avait fait 10 000 prisonniers et pris 150 canons.

L'aile gauche de la 2e armée continua à progresser avec la 18e armée. Le sort de son aile droite fut déterminé, comme le premier jour, par les événements qui survinrent à la 17e armée. Celle-ci se trouva engagée dans de durs combats pour la deuxième position anglaise. Elle dut déjà mettre en ligne son deuxième échelon et une partie de son troisième. On n'avait pas réussi à couper le saillant de Cambrai.

Le tableau prit encore un caractère plus net le 23 mars. La 18e armée atteignit, en un élan irrésistible, le canal de Crozat, sur toute son étendue entre Oise et Somme et le cours de la Somme entre Ham et Péronne. Son aile droite avait donc déjà traversé tout le terrain de la zone Siegfried et était arrivée à la lisière extérieure du champ de bataille de la Somme de 1916. On pouvait admettre que l'armée avait achevé de percer les positions ennemies. Les chiffres de son butin augmentaient puissamment. Ses divisions de deuxième échelon étaient toujours intactes. Si on réussissait à forcer rapidement le canal et la Somme, la progression pouvait devenir décisive. Les combats revêtaient déjà le caractère d'une poursuite en bataille de mouvement et terrain libre. Les troupes se battaient admirablement.

La journée du 23 mars apporta enfin une détente dans la dure tension qui régnait dans le nord. La 17e armée brisa la résistance ennemie avec ses divisions de troisième échelon et poussa par Croisilles et Mœuvres sur Bapaume. L'aile droite de la 2e armée se joignit à son mouvement. Le saillant de Cambrai céda. Si on ne réussit pas à couper les Anglais qui s'y trouvaient, le feu concentrique de l'artillerie allemande leur infligea cependant de lourdes pertes au cours de leur retraite.

Le lendemain, la 17e armée, enfin en plein élan, submergea la troisième position anglaise. Les événements semblèrent alors se développer ici aussi dans le sens voulu par la Direction suprême. Mais le fait que la 17e armée et l'aile droite de la 2e avaient déjà mis en ligne leurs dernières réserves demeurait une chose inquiétante. Leur dernier échelon était usé et avait besoin de repos avant d'être réengagé. La puissance offensive de la moitié nord de l'attaque n'était plus que limitée alors que sur la moitié sud la situation était bien plus favorable.

La Direction suprême se trouva placée dès le 23 mars, au matin, devant une très grave question à laquelle il fallait répondre en quelques heures.

On avait obtenu des résultats brillants. En deux jours les trois armées avaient fait quelque cinquante mille prisonniers et capturé plus d'un demi-millier de canons. La force offensive de l'infanterie allemande, jointe au travail précis de l'artillerie, avait chassé l'ennemi des positions qu'il avait tenues pendant des années et l'avait refoulé en terrain libre. On avait acquis, du premier coup, des succès que les Anglais et les Français malgré leur supériorité matérielle inouïe s'étaient en vain efforcés d'obtenir au cours d'une demi-douzaine de batailles de matériel de plusieurs mois de durée.

La question qui se posait à la Direction suprême était de savoir, non pas si l'offensive devait être continuée, mais comment elle devait être continuée. Le plan initial prévoyait que la 17e armée et l'aile nord de la 2e auraient à prononcer l'effort principal, à réaliser la percée et à faire tomber le front anglais en le prenant en flanc vers le nord. La 18e armée devait seulement couvrir l'opération face aux Français.

Or les événements incitaient précisément à agir en sens contraire. La course victorieuse de la 18e armée plaçait le commandement devant un fait acquis – la percée réalisée au sud – et demandait à être exploitée stratégiquement. L'accrochage de l'attaque dans le nord renforçait cette indication. Si on s'en tenait à l'ancien plan, la 18e armée serait obligée de renoncer à exploiter ses succès et de passer toutes ses forces disponibles à la 17e armée. Faire roquer de telles masses de troupes, immédiatement en arrière du front, avec la rapidité nécessaire, parut une mesure audacieuse et dangereuse.

Ne fallait-il pas saisir la victoire là où elle s'offrait ? Ne fallait-il pas s'adapter au cours des événements ?

Les ordres de la Direction suprême partirent aussitôt. Ils ne furent pas approuvés par tous les chefs d'armée. Mais il ne s'agissait maintenant que de les exécuter.

La 18e armée reçut l'ordre de traverser le canal de Crozat et la Somme sur toute leur étendue et de se porter sur Montdidier-Noyon. C'était la direction de Paris. Les 17e et 2e armées devaient faire converser peu à peu leur attaque vers le nord-ouest pour atteindre la ligne Arras-Amiens.

L'idée stratégique fondamentale de l'opération était de séparer les armées anglaise et française, de rejeter la première sur la côte vers Abbeville, la seconde sur Paris et de les battre toutes deux d'une façon décisive.

C'était étendre de plus de moitié l'objectif initial. La Direction suprême jouait le tout pour le tout.

Le 23 mars au soir, quelques compagnies franchissent la Somme entre Béthencourt et Ham. La nuit venue, le clair de lune brille. Des douzaines d'avions de combat anglais sont en l'air, piquent sans cesse vers le sol et attaquent l'infanterie allemande à la bombe.

Pendant ce temps, l'artillerie de campagne allemande se déploie le long de la rive est de la Somme et du canal. Le passage général est prescrit pour le lendemain huit heures. La préparation d'artillerie durera une demi-heure.

Des formations du génie sont poussées en avant. Elles préparent leur matériel de ponts volants. Quelques équipages de pont divisionnaires arrivent également. La masse de l'infanterie vient se coucher tout près de la rive dans des trous rapidement faits. Chaque homme creuse son propre abri sur lequel il tend pendant la nuit sa toile de tente.

L'artillerie, inquiète, tire des deux côtés. En face, les Anglais sont installés dans les tranchées des anciennes positions de la Somme.

Vers le matin le brouillard recouvre tout encore une fois. Les troupes qui doivent franchir la rivière se rapprochent de la rive. L'artillerie ennemie arrose le terrain çà et là.

Un peu après sept heures, le bombardement allemand commence. Il n'est pas très puissant et n'est nullement comparable au tir de préparation du 21 mars. Les batteries n'ont pas assez de munitions et ne connaissent pas assez les objectifs ennemis.

À huit heures précises, le passage commence. Le brouillard se dissipe presque en même temps. Après avoir protégé les troupes, il les trahit.

Le combat prend aussitôt des formes violentes. L'artillerie anglaise qui a pris position à découvert, transperce comme des écumoires les bateaux que les pontonniers ont amenés sur leurs épaules. Les sapeurs subissent de lourdes pertes. Des aviateurs anglais piquent vers les ponts volants et déversent sur eux la grêle de leurs bombes et de leurs balles de mitrailleuses. L'infanterie des unités de franchissement est soumise à de rudes épreuves.

Les compagnies qui ont passé la rivière la veille sont déjà engagées, elles aussi, dans de durs combats. Elles attendent avec impatience des renforts.

De petites îles, au milieu de la Somme, sont enlevées dans l'élan de l'assaut. Des masses d'infanterie allemande s'y entassent étroitement. Les mitrailleuses anglaises y font une moisson sanglante.

La lutte se concentre, en un acharnement terrible, autour des anciens ponts détruits ; sans se soucier de la grêle de balles qui s'abat sur elle, l'infanterie escalade leurs débris et se déploie sur l'autre rive.

Au bout de deux heures, les têtes de pont sont partout assez agrandies pour qu'on puisse passer à des attaques d'ensemble. Les bataillons des divisions de deuxième échelon empoignent les Anglais avec une énergie toute fraîche. Ces troupes n'ont qu'une préoccupation – maintenir l'attaque en mouvement. Elles ne craignent rien de plus qu'une nouvelle guerre de position.

Vers midi, la résistance ennemie est partout brisée. La Somme et le canal de Crozat sont franchis sur toute leur étendue. La progression reprend entre Péronne au nord et Chauny au sud. Elle est orientée sur Roye et Guiscard.

Les Anglais résistent opiniâtrement de coupure en coupure, particulièrement au nord, où l'ancien réseau de tranchées de la bataille de la Somme leur rend de bons services. Leurs fusils-mitrailleurs Lewis tirent jusqu'au dernier moment sur les groupes des assaillants. Ce n'est que quand ceux-ci jettent leurs rauques hurlements d'assaut et que les baïonnettes brillent qu'ils se taisent. Les combats sont d'une sauvagerie et d'un acharnement qu'on aurait pas cru possibles après trois ans de guerre. Mais le fantassin allemand a compris qu'il s'agit maintenant de vaincre ou de perdre la guerre.

Les 17e et 2e armées entrent, elles aussi, en plein mouvement. Le front de bataille tout entier, livrant de violents combats, s'efforce d'atteindre les objectifs prescrits, à savoir l'arc de cercle Noyon-Montdidier-Amiens-Arras.

Le 25 mars, à midi, la 18e armée n'a presque plus d'ennemis devant elle dans la zone Chaulnes, Nesle, Roye. La progression s'accélère. L'objectif si chaudement visé semble atteint. Les liaisons entre Anglais au nord et Français au sud semblent rompues. Les armées française et anglaise sont séparées.

Le 25 et 26 mars, cette hypothèse se confirme, La 17e armée dépasse Bapaume et converse sur Hébuterne, pour se diriger sur Arras. La 2e armée, qui a déjà Combles et le champ de bataille de la Somme derrière elle, s'avance sur Albert, son front fait face à Amiens. La 18e armée gagne la zone de Roye et porte son aile sud jusqu'aux abords immédiats de Noyon. Elle ne rencontre que de faibles arrière-gardes anglaises qui se défendent opiniâtrement, mais désespérément.

De nombreux camions automobiles, chargés de troupes françaises, arrivent par les routes venant de Montdidier. Elles sont faites prisonnières et transportées vers l'arrière comme elles sont arrivées. Ce sont des éléments de deux divisions territoriales, amenées de nuit de Paris pour consolider le front brisé de la 5e armée anglaise.

À la date du 27 mars on a déjà capturé 66 000 prisonniers et pris 1 100 canons sur l'ensemble du front d'attaque. Le combat revêt partout le caractère d'une bataille de mouvement en terrain libre. Au centre, c'est déjà la poursuite d'un ennemi battu et presque taillé en pièces.

Le 27 après-midi, l'aile nord atteint l'Ancre et la franchit en plusieurs endroits de part et d'autre d'Albert. Au sud de la Somme, Harbonnières et Rosières sont enlevés. Derrière les bois de Corbie s'étend Amiens. Occuper Amiens, c'est séparer définitivement les Anglais et les Français. En aval de ce point et jusqu'à la mer, près d'Abbeville, ils n'ont plus entre eux aucune espèce de voie de communication stratégique.

La vaillante 18e armée a continué sa course victorieuse jusque dans Montdidier en flammes et se prépare à conquérir les hauteurs situées de l'autre côté de la ville. À son aile sud elle a atteint l'Oise. La direction de marche de cette armée est orientée directement sur Paris.

La percée ainsi réalisée forme un coin énorme qui a 75 kilomètres de base et 60 kilomètres de profondeur. 250 chars de combat, 1 500 canons et 90 000 prisonniers ont été dénombrés. Les troupes d'attaque, engagées depuis six jours dans des combats ininterrompus, ont subi de lourdes pertes. Mais leur moral est un moral de victoire exacerbé.

Des dépôts de vivres et d'objets d'équipement considérables tombent en leurs mains. À demi mortes de faim, par suite d'une insuffisance de nourriture qui a duré des années, elles s'en saisissent et mangent, tant que leur estomac peut en prendre. En de nombreux endroits elles s'emparent de gros stocks de vin. Quelques unités se laissent arrêter par ces dépôts plus qu'il ne convient. Les longues privations qu'elles ont supportées engendrent chez elles une faim et une soif dévorantes. Toute cette abondance de biens sans maîtres excite leur appétit.

Est-ce que la décision de la grande bataille est obtenue ? Est-ce que la manœuvre recherchée en terrain libre est déjà amorcée contre les débris de l'armée anglaise et contre l'aile nord refoulée des Français ? Est-ce que – on peut encore à peine le concevoir – on va arriver pour la seconde fois devant Paris, qui d'après la carte n'est plus qu'à trois bonnes étapes ?

Est-ce que la grande bataille, la dernière, la bataille décisive est terminée ? Serait-il possible que le Destin se soit, enfin, rangé du côté de l'Allemagne ? Est-ce que l'on va toucher le prix de trois années de souffrance, de lutte et de mort ?

Le 27 mars 1918, la décision de la formidable guerre des nations ne tenait qu'à un fil et ne savait de quel côté pencher.

La 5e armée anglaise, qui avait eu, le 21 mars, à soutenir l'attaque de la 18e armée allemande, n'était plus, trois jours plus tard, qu'un amas de débris. Ses éléments disloqués se retiraient en direction d'Amiens. Sa conversion vers le nord-ouest ouvrait entre elle et les Français une large brèche dans laquelle il n'y avait presque aucune réserve. Les Français avaient en effet rassemblé la masse de leurs réserves stratégiques entre Soissons et Reims où le général Pétain avait attendu jusqu'au dernier moment l'attaque principale allemande. Les Anglais avaient disposé le gros des leurs plus haut dans le nord, pour couvrir coûte que coûte la partie nord de leur front et par-là, leur ligne de retraite vers l'Angleterre. La partie centrale, dans la région de Saint-Quentin, avait été négligée par les deux alliés.

Aussitôt que l'ampleur du choc allemand et que l'étendue angoissante de ses succès initiaux furent connus, le maréchal Haig, l'Anglais, et Pétain, le Français, commencèrent à discuter pour savoir à qui incombait le devoir de boucher la brèche qui s'était ouverte. Aucun des deux ne voulait sacrifier prématurément ses réserves. Lorsque finalement Haig donna ouvertement à comprendre que dans de telles conditions il replierait ses Anglais sur Abbeville et sur la mer sans égard pour l'aile nord française, Pétain céda. Les Français s'engagèrent à combler jusqu'à Montdidier la partie du front disloquée. Leurs premières divisions furent cependant entraînées dans le mouvement de reflux des Anglais. La brèche resta ouverte.

De la zone comprise entre Soissons et Reims les divisions françaises accoururent l'une après l'autre, pour protéger, entre La Fère et Noyon, le flanc nord découvert de leur armée. À chaque journée d'avance de la 18ᵉ armée en direction de Montdidier, la brèche alla en s'élargissant. Les divisions de Pétain arrivèrent cependant toujours à temps pour bloquer tant bien que mal la progression de l'ennemi.

Mais, à partir du moment où la 5ᵉ armée anglaise commença à se replier vers le nord-ouest, sur Amiens, elle dégarnit en même temps la zone au nord de Montdidier. Une large brèche s'ouvrit alors dans cette région, et pas un seul bataillon ne se trouvait provisoirement disponible pour la combler.

La bataille était ainsi arrivée à son point critique. Si les Allemands se rendaient compte de la situation et si les Alliés ne faisaient rien dans les vingt-quatre heures pour la modifier, la bataille pouvait être considérée comme une victoire allemande aux conséquences momentanément encore imprévisibles.

En cet instant, le plus critique que les Alliés aient eu à surmonter depuis la bataille de la Marne de septembre 1914, chacun ne songea qu'à ses intérêts propres. Le général Pétain prescrivit à ses armées de maintenir coûte que coûte la cohésion de l'armée française et de ne penser qu'en second lieu à la liaison avec les Anglais. La décision de se replier sur Paris et de couvrir la capitale contre les Allemands était fermement arrêtée dans son esprit. Mais le maréchal Haig était décidé, lui aussi, à n'abandonner en aucun cas la base anglaise d'Abbeville. « Les armées anglaises, dit le général Mangin à propos de la situation du 26 mars, vont se replier vers la mer, les armées françaises sur Paris. La séparation mortelle va s'accomplir et le chemin de Paris sera ouvert aux Allemands. Le malheur est devant la porte, parce qu'il n'y a pas de chef commun. »

Le lendemain, la 5e armée anglaise fit savoir au maréchal Haig qu'une brèche de 15 kilomètres de large, dans laquelle il n'y avait pas un soldat, s'était ouverte près de Montdidier entre elle et les Français et que si la cavalerie allemande perçait en cet endroit, il n'y aurait plus de salut.

À Paris, l'émotion était effroyable. Tout s'y passait exactement comme lors des journées de septembre 1914, quand les canons de la 1re armée allemande du général von Kluck tonnaient dans la vallée de la Marne, près de Meaux. La confusion augmenta encore lorsque des obus allemands de gros calibre s'abattirent tout à coup sur la banlieue de la ville. Ils provenaient de la forêt de Saint-Gobain, en avant de La Fère, où de nouvelles pièces géantes allemandes avaient été installées, et parcouraient un trajet aérien de plus de cent kilomètres. Le gouvernement se prépara encore une fois à partir pour Bordeaux.

Mais les dirigeants des pouvoirs publics conservèrent leur sang-froid et donnèrent le bon exemple à la population. Le vieux tigre Clemenceau était à son poste, lui qui devait prononcer plus tard ces paroles décidées : « Je me battrai devant Paris, je me battrai dans Paris et je me battrai derrière Paris. Je me battrai, si c'est nécessaire, jusqu'aux Pyrénées. »

Pendant que le maréchal Haig faisait déjà faire des préparatifs pour transporter, en cas de nécessité absolue, les divisions anglaises d'Abbeville en Angleterre, pendant que Pétain amorçait déjà sa retraite sur Paris, le Conseil de guerre suprême interallié se réunissait le 26 mars à Doullens.

Le roulement de la canonnade de la région de l'Ancre et le bruit de la bataille de Villers-Bretonneux pénétraient jusque dans la salle des délibérations. À chaque heure, de mauvaises nouvelles arrivaient du front. La nervosité était grande parmi les assistants. Le maréchal Haig et son chef d'état-major Wilson étaient venus du front. Le ministre de la Guerre, lord Milner, et le général Robertson étaient accourus de Londres. Les militaires français étaient représentés par le général Pétain et le major général Foch. Le Président de la

République Poincaré et le président du Conseil Clemenceau étaient venus de Paris.

Le maréchal Haig rejeta sur les Français la faute des malheureux événements qui s'étaient passés en disant qu'ils avaient imposé aux Anglais, à l'automne précédent, un secteur au-dessus de leurs moyens et qu'ils avaient en même temps disposé leurs propres réserves beaucoup trop au sud. Pétain déclara que les Anglais devaient s'en prendre à eux-mêmes, parce qu'ils avaient mis leurs réserves beaucoup trop au nord, afin de pouvoir couvrir la côte de la Manche avant tout. Chacun reprocha à l'autre, dans cette situation catastrophique, son égoïsme et son manque de zèle pour la cause commune.

Pendant ces discussions pénibles, on reçut du front un renseignement disant que Montdidier était pris par les Allemands et que ceux-ci s'apprêtaient à franchir l'Avre plus au nord en direction d'Amiens.

L'heure fatidique était arrivée. La dépression était à son comble. Personne n'exprimait encore clairement ses pensées. Mais alors qu'on discutait encore de mesures communes, chacun était déjà décidé à faire ce qui pouvait être utile à sa propre armée.

Le major général de l'armée française, le général Foch, qui s'était déjà signalé en 1914 pendant la bataille de la Marne et plus tard sur la Somme, par son calme inébranlable, profita de cet instant d'indécision pour démontrer dans un exposé minutieux qu'il ne fallait pas envisager la situation avec un pessimisme exagéré. Citant des chiffres sur les disponibilités alliées actuelles, sur l'usure des forces allemandes au cours de leur progression et sur la situation des transports en arrière du front franco-anglais, il prétendit qu'il était parfaitement possible de rétablir en quelques jours l'équilibre stratégique sur la ligne actuellement tenue.

Il ajouta que deux conditions préalables étaient toutefois nécessaires. En premier lieu, il fallait abandonner complètement l'idée d'une retraite anglaise sur Abbeville et d'une retraite française sur Paris. En second lieu, il était nécessaire de créer immédiatement un organe central possédant le droit de disposer librement de toutes les réserves anglaises et françaises. Il ajouta que ce n'était qu'en ayant le courage d'organiser complètement l'unité de commandement au moment où ce principe menaçait d'être entièrement perdu, que l'on pouvait maîtriser la situation. À son avis, du seul fait que l'on se déciderait à prendre immédiatement cette mesure, le danger serait déjà écarté.

L'opinion pondérée de Foch produisit un effet miraculeux dans cette foule agitée aux conceptions divergentes. Le maréchal Haig fut le premier à l'approuver. Les autres suivirent. Le résultat du Comité de guerre fut que le général Foch reçut mission « d'assurer la coopération des deux armées ». Bien que le terme de commandement unique n'eût pas encore été prononcé, les pleins pouvoirs conférés à Foch avaient cependant à peu près la même signification.

Les premiers ordres du nouveau généralissime des deux armées furent de suspendre les mouvements de repli et de pousser, en avant d'Amiens menacé, toutes les réserves françaises disponibles.

Il ne fut plus question désormais de battre en retraite sur Paris et sur Abbeville.

Montdidier brûle avec des flammes claires. Plus loin vers l'ouest, la bataille est accrochée aux pentes qui bordent la ville. Les régiments allemands s'y fraient un chemin lentement, opiniâtrement.

C'est un panorama de champ de bataille, qui dans son ensemble grandiose rappelle presque les tableaux des combats de la guerre de 1870/71. À l'œil nu, on aperçoit les batteries en position à découvert ; on les voit tirer et pointer ; on voit les obus explosifs ennemis s'abattre sur elles. Comme des troupeaux de moutons, les petits nuages des shrapnells se détachent sur les prairies et sur les jardins qui couvrent les pentes. Des lignes de tirailleurs s'avancent, puis se couchent pour tirer à nouveau.

Derrière des boqueteaux et des maisons, les réserves sont abritées par petits groupes. On voit des estafettes leur apporter l'ordre d'attaquer ; on les voit se déployer. On peut voir également par endroits l'ennemi exécuter des contre-attaques. Des grenades à main éclatent avec de petits flocons de ouate blanche.

Des douzaines d'avions surgissent çà et là, s'attaquent les uns les autres, se poursuivent en montant jusque derrière les nuages et piquent ensuite jusqu'au sol en une chute presque verticale. Les sillages blancs des balles traceuses de leurs mitrailleuses tendent à travers le ciel comme une toile d'araignée. Ils se précipitent sans cesse sur les petits groupes de fantassins du champ de bataille et les arrosent de leurs bombes et de leurs rafales de balles.

Tout s'étend à découvert devant les yeux. Les états-majors d'infanterie à cheval, avec leurs fanions de combat, sont arrêtés sur des mamelons et aux lisières des villages. La fumée de Montdidier en flammes monte verticalement des bas-fonds.

L'ennemi qui se trouve en face – fait caractéristique – n'est plus en tenue kaki, mais en bleu horizon. Ce n'est plus non plus une poursuite à laquelle il faut se livrer maintenant, mais un combat contre un nouvel adversaire, lui-même en bataille offensive en terrain libre, loin des tranchées et des obstacles.

Et sur tout cela le soleil se couche lentement, sans que l'on puisse constater de changement dans la situation. Les états-majors sont toujours aux mêmes endroits où ils étaient déjà à midi.

Dans la soirée, les régiments allemands attaquent encore une fois. Ils pensent toujours qu'il ne s'agit que d'une résistance momentanée, qui sera surmontée au plus tard le lendemain matin. Il faut d'abord que l'artillerie se déploie méthodiquement.

L'attaque de la soirée est repoussée. En bien des endroits, elle n'a même pas été mise vraiment à exécution. La troupe est fortement fatiguée et a subi pendant toute la journée de grosses pertes.

En haut, sur les pentes, là où les boqueteaux se touchent presque, crépite une fusillade grêle. En arrière, l'incendie de Montdidier luit de plus en plus rouge. Aux lisières des bois les fusées vertes et blanches commencent déjà à monter. À leur lueur de courts combats se déroulent, pour s'apaiser aussitôt. De temps en temps un obus part avec un bruit de basse puissant. Au bout d'un petit moment on entend au loin le déchirement étouffé de son explosion.

Des sentinelles en manteaux veillent, debout, le fusil à la main, le casque d'acier sur la tête, le masque à gaz pendu au cou par sa courroie. La lune brille faiblement. De légers brouillards se forment dans les clairières. On peut entendre le léger crissement des pelles, avec lesquelles l'infanterie creuse ses trous pour la nuit.

À minuit le silence est presque complet.

Vers le matin, de nouvelles compagnies d'infanterie arrivent de l'arrière. On est le 28 mars. L'artillerie est en place. Quand il fait plus clair, elle commence à travailler. Des craquements s'élèvent des forêts et des pentes. Dans les clairières des nuages de fumée noire flottent.

Pendant ce temps, l'infanterie a emballé ses affaires. Le combat doit reprendre à huit heures. Le tir de l'artillerie est mal réglé. En bien des points il tombe sur des postes amis. Quand il se met en mouvement, ses bonds sont trop grands. L'infanterie ne peut pas suivre à cette allure à travers bois.

En certains endroits on progresse. Des boqueteaux changent de mains. Mais partout, il y a des mitrailleuses françaises. On ne peut pas franchir les clairières. L'artillerie n'a plus de vues. Les troupes sont fatiguées. Beaucoup restent dans leurs trous dans la forêt et attendent.

Ce n'est pas douteux – ce n'est plus une action offensive du genre de celles d'il y a une semaine. Les soldats qui sont là ont subi un changement. Il apparaît que leur grand élan des premiers jours de l'offensive provenait surtout du sentiment que c'était la dernière attaque. La nouvelle résistance qu'ils rencontrent éveille en eux les premiers doutes. À l'enthousiasme succède la réaction. Les combats qui se déroulent au-delà de Montdidier ressemblent déjà de nouveau désespérément à la lutte de deux forces également épuisées, comme celle que l'on a appris à connaître pendant les batailles de matériel.

Le Haut-Commandement ne le voit pas encore. Les commandants de bataillon et de régiment, eux, le savent déjà. L'homme isolé ne le sait peut-être pas encore. Mais elle est déjà là – la rechute dans la morne indifférence de la résignation.

L'attaque doit être renouvelée dans l'après-midi. Elle ne vient pas à exécution. Celui qui ne saurait pas qu'une attaque a été ordonnée, ne constaterait aucun changement. L'artillerie tire. La fusillade crépite aussi çà et là. Mais c'est tout.

Comme il n'y a plus de réserves fraîches, on peut en déduire que la grande bataille, qui s'est déroulée pendant sept jours en une puissante course victorieuse de Saint-Quentin à Montdidier et au-delà est maintenant terminée.

Cette certitude paraît encore purement locale. Chaque chef subordonné l'a dans son secteur. Mais comme il ne connaît pas de façon sûre la situation dans les autres, il est enclin à admettre que cela va mieux ailleurs.

Mais le lendemain les divisions et les corps d'armée le savent aussi. Ce que le commandant de compagnie isolé ressent aujourd'hui à l'avant, le commandant de l'armée le sait le lendemain.

La grande bataille est terminée.

La 17e armée fut mise hors de cause la première. Le 28 mars, elle essaya encore d'attaquer et d'enlever Arras par le sud-ouest. L'opération s'enlisa dès le début. La Direction suprême, fidèle à son principe de ne pas se laisser entraîner à une bataille de matériel de longue durée, ordonna dans la soirée de suspendre l'offensive dans tout le secteur nord du front d'attaque. Elle comptait encore à ce moment-là que la 18e armée continuerait à progresser et que de ce fait elle relancerait aussi les opérations dans le nord.

La 2e armée, au centre, en avait fini, elle aussi.

Puis, le 30 mars, l'amère vérité apparut : la 18e armée était à bout également. Elle conquit bien encore quelques lambeaux de terrain au-delà de l'Avre. Mais le tableau général ne fut plus modifié.

La Direction suprême crut que ce n'était qu'une manifestation de fatigue momentanée, qui disparaîtrait quand on aurait donné à la troupe quelques jours de repos et qu'on aurait déployé plus d'artillerie. Le 4 avril une nouvelle attaque fut ordonnée, qui devait tout au moins faire encore tomber Amiens aux mains des Allemands.

L'attaque fut repoussée. Les pertes furent lourdes.

Alors la Direction suprême se rendit compte, elle aussi, que la grande bataille était finie.

Quinze jours après le déclenchement de l'offensive d'Arras à La Fère, des tranchées et des réseaux de fils de fer réapparurent sur le nouveau front. Guerre de position. Passé.

L'intérieur, qui huit jours durant avait poussé des cris d'allégresse, se tut. Un silence oppressant survint.

Qu'allait-il advenir maintenant ?

29
Pour la deuxième fois sur la Marne

Le 4 avril 1918, la 2e armée attaque pour la dernière fois en direction d'Amiens ; le 6 avril, la 7e armée prend l'offensive dans la zone à l'ouest de Laon et pousse jusqu'au canal de l'Oise à l'Aisne, dans la région de Coucy-le-Château ; le 9 avril, le feu roulant allemand se déclenche, de part et d'autre d'Armentières, sur trente kilomètres de front et prélude au deuxième coup contre les Anglais.

La Direction suprême comptait bien que l'on ne pourrait pas terrasser les armées de l'Entente en une seule bataille. Aussi, si entre le 24 et le 27 mars elle s'était prise à espérer que la grande bataille pourrait se transformer en une opération susceptible d'amener la décision de toute la campagne, l'échec de cette intention ne l'a point surprise.

Pendant que la grande bataille se déroule dramatiquement, les préparatifs de la seconde action se poursuivent d'une façon ininterrompue. Les batteries lourdes devenues disponibles entre Arras et La Fère montent, train après train, vers Lille. Les munitions sont déjà en place dans les dépôts. Une partie des divisions d'attaque est déjà prête. Le transport de celles qui manquent encore est préparé jusqu'au dernier homme et jusqu'à la dernière voiture.

Les plans d'attaque ont été établis depuis longtemps par le commandement de la 7e armée (général von Quast) et par celui de la 4e armée (général Sixt von Arnim). L'armature du nouveau choc est toute prête, elle n'attend plus que les forces vivantes qui doivent la remplir.

L'idée maîtresse de la nouvelle opération est d'achever de terrasser les Anglais qui ont été fortement affaiblis par la dernière offensive. Maintenant qu'on les a contraints à concentrer leur force défensive dans le sud, on veut les empoigner dans le nord.

Le secteur d'attaque s'étend depuis La Bassée, Armentières, la Lys de Warneton jusqu'en haut dans le champ de boue de la bataille des Flandres. Si on parvient, en suivant la Lys et la Douve, à pousser jusqu'à Hazebrouck et Cassel et avant tout à conquérir le massif du Kemmel, au sud-ouest d'Ypres, tout le front nord anglais entre la mer et la métropole des Flandres deviendra intenable. De là on dominera Calais et Dunkerque.

La 6e armée compte 17 divisions d'attaque spéciales, la 4e en compte 8. Au cours des journées suivantes, d'autres divisions arriveront encore, libérées dans le sud, si bien que le nombre total des divisions prenant part à la bataille s'élèvera à 35. L'artillerie de réserve générale est de nouveau engagée presque tout entière. Les principes tactiques de la préparation et de l'attaque initiale sont les mêmes que ceux qui ont si bien fait leurs preuves le 21 mars.

En même temps que le barrage roulant se déclenche, la 6e armée passe à l'attaque la première.

Des combats acharnés se déroulent à l'aile sud, où les Anglais, abandonnant leur première position, ont organisé un réseau de fortifications de campagne très puissantes autour des villages de Givenchy, Festubert et Richebourg. Ils ne cèdent ni ne fléchissent et infligent de lourdes pertes aux assaillants.

Le combat paraît ici sans espoir jusque dans l'après-midi. Les Anglais jettent dans la bataille de puissantes réserves et contraignent par moments les Allemands au rôle de défenseurs.

Entre-temps, la chance de la bataille se montre plus favorable au centre. Le front est tenu dans cette région, sur la rive droite de la Lys, entre Estaires et Armentières, par deux divisions portugaises qui n'ont jamais éprouvé de joie à séjourner sur le front occidental. L'attaque allemande les frappe comme un coup de tonnerre. Avant qu'elles ne se soient vraiment ressaisies, leur position est percée et disloquée. Les bataillons portugais s'enfuient précipitamment de la zone de feu et subissent de lourdes pertes aux passages de la Lys qui sont puissamment battus par les pièces à longue portée allemandes. Leurs débris répandent la panique jusqu'à l'intérieur de la zone des étapes anglaise et amènent le commandement à engager prématurément et à faux ses réserves.

Dans l'après-midi, la 6e armée atteint la Lys. Elle a poussé un coin de dix kilomètres à l'intérieur du front ennemi et a déjà capturé 6 000 prisonniers et plus de cent canons. Ses pertes sont restées supportables. Ses troupes se sont admirablement battues. On a même réussi sur un front étroit à franchir la petite rivière.

Alors commence une nuit qui n'a pas sa semblable dans toute l'histoire militaire. Brouillard et pluie alternent. Le feu roulant a amolli la vallée de la Lys si bien qu'elle rappelle le champ de boue des Flandres. L'artillerie anglaise tient le saillant prononcé de la ligne allemande sous un feu concentrique. Ses canons longs font jaillir du marécage de puissantes colonnes de boue. Les gaz se mélangent au brouillard. Le barrage claque sans arrêt.

Au milieu de ce chaos de fer et de boue les Allemands gisent sans protection dans le fond de la vallée, sans pouvoir s'enterrer même sommairement. Derrière eux l'artillerie de campagne peine pour pousser ses pièces en avant. Des sapeurs consolident les routes, construisent des chemins de madriers et traînent leur matériel de pontage rapide vers le front.

Quelques chars allemands, qui veulent accompagner l'attaque au-delà de la Lys, s'enfoncent sans espoir dans le marécage et doivent y rester. Des pièces doivent être laissées en arrière, parce que les forces des chevaux et des hommes sont insuffisantes pour les sortir de la boue. Toute la contrée est encore couverte de blessés de la veille.

Des unités d'infanterie fraîches se faufilent, en longues colonnes par un, vers le front, à travers la boue, l'obscurité et le feu. Pas de ravitaillement, car les cuisines roulantes sont restées en panne, elles aussi.

La pluie, le brouillard, l'obscurité et la fumée des explosions rendent l'orientation presque impossible. Et par-dessus tout cela le bombardement ennemi flamboie sans arrêt.

On passe ainsi, lentement, de la nuit à l'aube du 10 avril.

Dès les premières lueurs du jour le bombardement massif de l'artillerie allemande se déchaîne dans le secteur de la 4e armée, qui est restée sur la réserve le premier jour et qui va passer maintenant à l'attaque d'appui prévue pour elle. La lutte se déclenche entre Frélinghien et Zandvoorde, localité qui a acquis une renommée terrible dans la bataille des Flandres.

Une année s'est écoulée depuis que les effroyables explosions de mines ont fait sauter brutalement le saillant de Wytschaete, entre Warneton, Messines, Wytschaete et Saint-Éloi. Aujourd'hui, c'est la riposte qui arrive de l'autre rive du canal d'Ypres, avec son barrage roulant. Dans le brouillard son bruit horrible résonne.

Au bout d'une heure, la lutte s'engage encore une fois pour Messines et Wystchaete, débris de villages sur les hauteurs. C'est la troisième fois que baïonnettes et grenades y travaillent. La première fois, c'était en octobre 1914, à la fin de la bataille d'Ypres. La deuxième fois, c'était en juin 1917, lors de la perte du saillant de Wytschaete. Aujourd'hui, 10 avril 1918, sur le front de la 4e armée, c'est la troisième fois. Mais ce ne sera pas encore suffisant, et on en viendra encore par la suite à une quatrième et dernière fois.

L'attaque poursuivie le 10 avril, sur la partie sud du champ de bataille, aboutit à un résultat encore plus grand. La 6e armée peine toute la journée pour la ligne de la Lys. L'artillerie n'a pu être rapprochée qu'en partie pendant la nuit. Le passage, conçu sous forme d'action de grande envergure, s'effiloche en actions purement isolées.

Les bataillons, déjà fortement décimés pendant la nuit au cours de leur montée en ligne, avancent péniblement à travers le marécage. Des lance-mines, traînés à la bricole par l'infanterie, doivent remplacer l'artillerie. Les mitrailleuses ennemies – ce sont maintenant des Anglais qui sont là – tirent d'un chaos de maisons, de fabriques, de murs de jardins et de haies. Les vues, devenues meilleures, permettent aux aviateurs anglais d'intervenir dans la bataille et de harceler l'infanterie allemande.

Armentières, qui se trouve maintenant au centre du front de bataille, n'est pas englobé dans l'attaque en cours sur ses deux flancs. La ville, évacuée depuis longtemps par la population civile, est un amas de fabriques et de cités ouvrières. Les soutiens anglais sont abrités dans ses caves. Les pièces d'artillerie sont installées aux lisières extérieures. Les percutants des mortiers lourds allemands éclatent depuis deux jours sans arrêt dans les maisons et dans les rues. La pression, que la 4e armée exerce sur elle en venant du nord, prend la ville dans une tenaille de fer. Aussi lorsque le 11 avril, les bataillons de la 6e armée auront aussi franchi la Lys, au sud, les Anglais devront-ils l'évacuer précipitamment, en laissant 3000 prisonniers et 50 canons dans ses ruines.

La 6e armée parvient enfin, le 10 au soir, à passer la rivière sur un large front et à s'établir après de durs combats entre Estaires et Steenwerk. L'ennemi continue encore à résister avec acharnement dans le sud à Richebourg, Festubert et Givenchy. Sur tout le front entre Ypres et La Bassée, le bombardement bouillonne, violent, pendant la nuit.

Le 11 avril, l'attaque se poursuit péniblement, lentement, au prix de pertes sanglantes et de combats continus. Enfin Richebourg tombe, lui aussi. Les 12, 13 et 14 avril on livre également de durs combats. Les divisions sont presque à bout de forces. La poussée en avant de l'artillerie se heurte à des difficultés toujours plus grandes au fur et à mesure que l'on s'éloigne de la base de départ. Le 15 avril, sur la partie sud du champ de bataille, on atteint Merville et Meteren.

Les violents combats, qui ont commencé le 10 avril, sur le front de la 4e armée, durent toute une semaine.

À droite et à gauche de la Douve, les bataillons allemands venant de Warneton, poussent vers l'ouest. Au milieu du mois, la bataille a déjà dépassé l'ancienne position de Wytschaete et descend dans la plaine, qui s'étend entre les hauteurs de Wytschaete – Messines et le massif du Kemmel. Aucun soldat allemand n'a encore foulé cette plaine.

La pression puissante exercée en direction du Kemmel oblige les Anglais à se replier, plus au nord, dans la nuit du 15 au 16 avril, jusqu'aux abords immédiats d'Ypres. Ces coins abandonnés de Dieu, couverts d'éclats de fer rouillés et d'ossements humains et qui, jusqu'en avril 1917, portaient les villages de Poelcapelle, Zonnebecke et Gheluvelt, tombent l'un après l'autre aux mains des Allemands. La nouvelle ligne pousse jusqu'aux lisières de Langemark et dans la vallée du

Steenebeck. Au sud-ouest on s'est approché jusqu'à trois kilomètres d'Ypres. Son grand amas de décombres est à portée de main des guetteurs allemands. Les Anglais évacuent sans bruit toute la vallée, pour la conquête de laquelle ils ont sacrifié l'année précédente un demi-million d'hommes en quatre mois.

D'après les enseignements que l'on a tirés de la grande bataille initiale il faut considérer la bataille d'Armentières comme terminée, après de bons succès initiaux, elle s'est enlisée sans avoir atteint son but. Le fait que l'ennemi a subi de grosses pertes n'est pas décisif. Étant donnée la situation toujours plus troublante de l'Allemagne en ce qui concerne les renforts en hommes, la perte d'un seul soldat allemand pèse plus lourdement dans la balance que celle de trois soldats ennemis. La loi inéluctable de la bataille veut en outre que la mort choisisse toujours les meilleurs. Depuis longtemps déjà on ne peut plus les remplacer. Les Alliés ont été néanmoins contraints de jeter leurs réserves en toute hâte dans la bataille d'Armentières.

Cependant, la fournaise des combats qui était déjà en train de s'éteindre se rallume encore une fois brutalement. Après une préparation minutieuse et un déploiement d'artillerie puissant, des divisions allemandes, dont le fameux corps alpin composé de régiments bavarois et prussiens, s'élancent le 25 avril à l'assaut du massif du Kemmel entre Bailleul et Ypres.

Deux divisions françaises ont occupé la hauteur. Leurs mitrailleuses sont disposées comme sur les galeries de plusieurs étages superposés.

Le barrage roulant allemand monte les pentes de l'est et du sud-est. Des unités d'infanterie bavaroises et prussiennes le suivent.

C'est l'assaut des hauteurs de Spickeren en 1870, transposé à la mesure grandiose de la guerre mondiale. On attaque encore une fois suivant les vieilles et bonnes règles allemandes de la discipline et du mépris de la mort. Encore une fois, on croise la baïonnette au milieu du tumulte des lance-flammes, des avions, des grenades, des lance-mines, des mitrailleuses, des obus explosifs et des shrapnells. Encore une fois l'artillerie se met en batterie sous les gerbes des mitrailleuses et tire à vue directe dans les lignes de l'infanterie ennemie.

Les pertes des assaillants sont terribles. Les pentes sont littéralement couvertes de morts et de blessés. Les survivants passent au-dessus de leurs corps. C'est une course vers le sommet du Kemmel.

À midi, Anglais et Français sont obligés de descendre l'autre versant. Les tirs de représailles de leur artillerie se concentrent farouchement sur la colline, domaine de la terreur et de l'enfer.

Pendant la nuit, les défenseurs repoussent une série de contre-attaques parties de la plaine, avec de lourdes pertes pour les assaillants.

Mais les Allemands sont maintenant, eux aussi, à bout de forces.

Du Kemmel, leur vue s'étend librement vers le nord, l'est et le sud. Ce n'est que vers l'ouest qu'ils ont encore devant eux les derniers contreforts des hauteurs des Flandres. Au-delà, c'est la plaine jusqu'à la mer. Et là se trouvent Calais et Dunkerque. Si on avait réussi à pousser l'attaque dix kilomètres plus loin, tout le front nord anglais se serait fatalement effondré.

Le grand épuisement des troupes allemandes ne permet pas de songer à une nouvelle attaque dans ce secteur. L'usure subie au cours des deux batailles qui viennent d'être livrées, la grande bataille de Picardie et la bataille d'Armentières, est si grande que l'on ne peut attendre de succès en frappant de nouveaux coups que là où on pourra surprendre l'ennemi.

L'objectif suprême, ardemment convoité et cruellement nécessaire – la manœuvre en terrain libre contre les armées ennemies – a été encore moins atteint par la grande bataille d'Armentières que par la grande bataille de Picardie. Les 30 000 Anglais, Français et Portugais que l'on a capturés, les 450 canons que l'on a pris sont choses réjouissantes, mais non décisives.

Il faut beaucoup de courage, de foi et de volonté pour croire encore en la victoire.

Bon gré mal gré, la Direction suprême se vit obligée de tenir compte du fait que les armées allemandes avaient besoin d'un repos assez long avant de pouvoir être employées à de nouvelles grandes actions. Toutes les divisions d'attaque préparées pendant l'hiver ont été engagées au moins une fois, et en grande partie déjà deux fois. Leurs pertes ont été grandes. Devant l'impossibilité où l'on se trouve de les combler, leurs conséquences sont deux fois plus graves.

Les nouveaux fronts exigent que l'on maintienne en état d'alerte continue des forces puissantes pour être assuré à tout moment contre les surprises. L'ancienne ligne, dont les positions étaient parfaitement organisées et qui s'étendait presque en droite ligne de la Mer du Nord au Chemin des Dames au sud de Laon, est remplacée par une ligne en bien des points sinueuse, qu'il faut maintenant aménager. On manque partout de cantonnements pour loger les troupes, car on a désormais derrière soi le terrain dévasté des zones de combat. Les difficultés que l'on rencontre pour assurer le ravitaillement des unités et l'organisation de la zone des étapes donnent beaucoup de mal.

L'ennemi ne se contenta pas d'attendre passivement la continuation des attaques allemandes. Incapable de porter de grands coups, il s'efforça cependant, en déployant une grande activité locale sur presque tous les points, d'accrocher les troupes de combat qui lui étaient opposées. Le retrait du front de nouvelles troupes d'attaque fut rendu de ce fait pendant longtemps très difficile pour le commandement allemand.

L'Entente, elle aussi, avait de grands soucis. Le fait qu'elle avait perdu un demi-million d'hommes, 2 000 canons et quelques centaines de chars, d'une part, les deux poches menaçantes qui s'étaient formées dans son front, au nord face à Hazebrouck et au centre face à Amiens, d'autre part, ne restèrent pas sans effet. Plus grave encore était l'incertitude où elle se trouvait quant au point où serait appliquée la nouvelle attaque allemande sur laquelle elle comptait avec certitude.

Paris et Londres attendaient impatiemment l'aide américaine. Foch se rendait parfaitement compte qu'il ne pouvait rien faire d'autre d'ici là que de repousser tant bien que mal les attaques de ses adversaires. Les Allemands eurent donc le temps d'accorder à leurs troupes le repos dont elles avaient besoin et de bien préparer leur nouvelle offensive.

Mais un fait montrait cependant combien la situation de l'Allemagne était tendue à ce moment-là en dépit de toutes ses victoires ; malgré des efforts désespérés les sous-marins n'avaient pas réussi à enrayer l'afflux grandissant et toujours plus puissant des troupes américaines. En mai, le nombre des hommes transportés de l'autre rive de l'Océan était déjà monté à 200 000 sans qu'un seul transport de troupes ait pu être coulé.

À partir d'avril 1918, le tonnage mensuel coulé alla sans cesse en diminuant, alors que le chiffre des constructions neuves ennemies allait en augmentant sans arrêt. Le nombre des sous-marins détruits par l'ennemi devint presque double. La construction des nouvelles unités ne put plus équilibrer les pertes courantes, faute des matériaux nécessaires.

En trois ans, la défense ennemie s'était toujours plus perfectionnée. Au moyen d'appareils d'écoute excellents elle pouvait reconnaître de loin l'approche des sous-marins au bruit de leur moteur. Des masses d'avions assuraient un service de guet dans toutes les stations côtières d'importance. Ils reconnaissait la route des bâtiments au sillage de leurs hélices et les attaquaient par surprise avec de lourdes bombes marines quand ils faisaient surface.

Des centaines de bâtiments, dits chasseurs de sous-marins, patrouillaient sur les routes des vapeurs et faisaient une guerre de harcèlement acharnée aux taupes de l'Océan. Le système des convois, groupes de navires de transport naviguant sous forte escorte, avait été si développé que des sous-marins pouvaient suivre pendant des jours un convoi sans arriver à lancer une torpille.

Les routes les plus importantes de l'Océan étaient barrées avec des filets géants, où les sous-marins s'accrochaient sans espoir de salut pour ne plus revenir à la lumière du jour. Au printemps 1918, le détroit du Pas-de-Calais entre la France et l'Angleterre était si farci de douzaines de barrage de mines que les sous-marins ne pouvaient plus passer que par le nord de l'Angleterre.

Cet allongement énorme des routes d'approche et de retour modifia encore plus la situation aux dépens des sous-marins.

Ils perdirent aussi peu à peu de leur navigabilité. En mai, la situation était déjà telle qu'à tout moment un tiers des bâtiments était en réparation, un second tiers en cours de route, et le dernier tiers au contact de l'ennemi.

Personne ne pouvait douter que les calculs de la Marine sur les effets probables de la guerre sous-marine avaient été erronés. Bien qu'on coulât beaucoup plus de tonnage qu'on ne l'avait prévu, la crise des transports maritimes put être considérée comme terminée pour l'Entente au printemps 1918, alors que la Marine avait cru que l'on pourrait, dès l'automne 1917, amener l'Angleterre à se montrer disposée à faire la paix. La guerre sous-marine avait manqué son but.

Cela ne sert plus à rien aujourd'hui de savoir que Lloyd George a déclaré quelques années après la guerre : « Si les Allemands avaient déclenché, ne fût-ce qu'un peu plus tôt, leur arme sous-marine, qui sait si l'Angleterre existerait encore aujourd'hui ! » – ou bien que Churchill a dit – « Nous ne l'avons échappé que de justesse, on peut le dire aujourd'hui. Une augmentation, même faible, des effets de la guerre sous-marine nous aurait conduits à la famine et à la capitulation. »

Le 25 avril 1918, le massif du Kemmel était pris d'assaut et la bataille d'Armentières terminée. La Direction suprême se trouva de ce fait avoir épuisé les préparatifs qu'elle avait faits avant le 21 mars.

Il était établi d'avance que l'on continuerait à attaquer. La confiance en la victoire n'avait pas encore disparue. Il fut établi également que l'on s'en tiendrait à l'ancien but stratégique, anéantir les Anglais. Mais il était plus difficile de décider comment on atteindrait ce but.

Le plus court chemin eût été de continuer à attaquer en partant des deux poches existant près d'Hazebrouck et d'Amiens. Mais il était interdit de le prendre pour deux raisons. En premier lieu, les difficultés du terrain de combat dévasté rendaient la concentration des moyens d'attaque douteuse, si ce n'est même impossible. En second lieu, on savait que le nouveau général en chef, Foch, avait la majeure partie de ses réserves dans cette région, parce qu'il y attendait lui aussi la nouvelle attaque allemande.

Tout en conservant comme objectif d'anéantir les Anglais, la Direction suprême décida d'exécuter tout d'abord une attaque de diversion contre les Français. Une fois les réserves alliées accourues sur ce nouveau point, on déclencherait à nouveau l'offensive principale contre les Anglais.

Comme secteur de l'attaque de diversion on choisit le front de la 7e armée (général von Boehn), qui tenait l'espace compris entre Soissons et Reims, avec les bassins de l'Aisne et de la Vesle.

Au loin, dans le sud, il y avait la Marne. Mais on n'assigna pas à l'attaque un objectif aussi éloigné. Celle-ci ne devait être poussée que jusqu'à la vallée de la Vesle.

La 18e armée reçut pour mission de préparer une attaque de soutien avec son aile gauche, entre Noyon et Chauny, pour atteindre le confluent de l'Oise et de l'Aisne, à Compiègne. La 1re armée, voisine de gauche de la 7e armée, se prépara également à appuyer son offensive.

Tous les préparatifs furent faits dans le plus grand secret. On était parvenu avec le temps à retirer une trentaine de divisions des nouveaux fronts et à les recompléter en hommes et matériel. Complètement équipées elles gagnèrent leurs zones d'attaque à la fin de mai.

Quatre mille cinq cents pièces d'artillerie étaient en place.

Il fait une nuit de mai telle qu'on ne peut en imaginer de plus belle. Le Chemin des Dames, au centre du front d'attaque, est presque plongé dans un silence de mort. Sa crête est occupée par des divisions anglaises et françaises épuisées, que l'on a envoyées là pour se refaire sur un front calme et que l'on ne considère pas comme menacé.

À minuit, le bombardement allemand se met à rugir, causant une surprise terrible. Les batteries ennemies sont à nouveau prises sous les obus toxiques. Le fait qu'elles sont établies dans la vallée de l'Aisne favorise l'effet des gaz. La nuit est sans vent et tiède. Au bout de peu de temps l'artillerie ennemie est complètement réduite au silence.

Au petit jour du 27 mai, à 4 h 40, le barrage roulant, qui s'est formé dans la vallée de l'Ailette, monte les pentes nord du Chemin des Dames. L'infanterie le suit au plus près.

En un tournemain les groupes de choc s'emparent des passages du canal de l'Ailette. Du haut de la ligne des hauteurs les mitrailleuses crépitent vers les fonds. Mais au fur et à mesure que le barrage roulant mange le terrain en montant, leur chevrotement s'arrête. Des sapeurs sont à pied d'œuvre pour construire des ponts de circonstance sur le canal afin de permettre à l'artillerie de passer. Sous la protection du rideau de feu, qui atteint maintenant la crête et y forme comme une couronne tremblante d'explosions, les premières batteries franchissent le canal.

Sur ces entrefaites l'infanterie escalade déjà les pentes et s'empare de bataillons entiers qui se sont abrités dans les grands creux naturels des hauteurs. Le barrage roulant résonne sur le rebord opposé du plateau, chef-d'œuvre de calcul et de précision. Sur le rebord qui regarde les assaillants les grenades à main éclatent ; les lance-flammes jettent leurs nuages de poix.

Les lance-mines que les troupes ont traînés avec elles prennent position sur le versant nord. Les premiers canons sont hissés en haut de la pente en triplant les attelages. Ce sont les batteries d'accompagnement d'assaut, qui doivent marcher immédiatement avec l'infanterie. On leur a affecté des sapeurs, pour faciliter leur passage à travers les réseaux et les tranchées et pour les protéger contre des surprises ennemies.

Deux heures après le début de l'attaque les premières pièces sont au bord du Chemin des Dames et tirent à vue directe sur les ennemis qui se replient.

Au-dessus de la crête, le soleil de mai monte rayonnant. Dans le sud s'étale la vallée de l'Aisne. Partout on peut voir l'artillerie ennemie en train d'amener les avant-trains. Elle cherche à sauver ses pièces en se portant au-delà de la rivière. Mais l'artillerie allemande est aux aguets et fait barrage sur la rive. Au sud de l'Aisne on peut voir des réserves ennemies qui se hâtent vers le front disloqué. C'est un désordre qui frise la panique.

Maintenant les assaillants descendent déjà du versant sud du Chemin des Dames dans la vallée de l'Aisne. La violence de l'attaque augmente. Les bataillons allemands déferlent des hauteurs comme des torrents et gagnent les vallons qui conduisent à la vallée.

Autour de Vailly et de Pontavert la résistance ennemie s'accroche encore une fois au nord de l'Aisne. Mais entre ces deux points des compagnies allemandes passent déjà la rivière avec des ponts rapides et attaquent les deux villages en flanc. L'artillerie ennemie n'a pas eu le temps de s'échapper au-delà du cours d'eau. De nombreuses batteries tombent aux mains des assaillants avec leurs avant-trains, servants, chevaux et caissons.

Plus l'irruption devient profonde, plus l'infanterie allemande fait preuve de mordant. Les batteries d'accompagnement sont, à tout moment, à leur poste et ne quittent pas les talons de leur arme sœur. Souvent leurs pièces sont en plein dans la ligne avancée de l'infanterie. Pendant que la masse de l'artillerie de campagne se déploie sur les hauteurs du Chemin des Dames pour intervenir de là, dans les fonds, dans la bataille de l'Aisne, l'infanterie donne déjà l'assaut, au-delà de la rivière, aux pentes qui conduisent aux collines entre Aisne et Vesle.

À travers les hautes céréales, à travers les jardins en fleurs, à travers les villages dans les caves desquels la population, brusquement surprise, s'est réfugiée, l'attaque pousse toujours plus loin. Des réserves ennemies, qui arrivent de la Vesle, sont entraînées dans le tourbillon, avant qu'elles n'aient pu vraiment se déployer. À peine en position sur le Chemin des Dames, l'artillerie se voit déjà obligée de faire un nouveau bond en avant. Elle franchit l'Aisne et arrive sur des routes carrossables, à peine touchées par la guerre, où elle peut rattraper l'infanterie en trottant.

D'énormes approvisionnements tombent aux mains des troupes. L'ennemi n'a pas eu le temps de les détruire.

Dans la soirée, au coucher du soleil, les bataillons allemands descendent du nord en combattant dans la vallée de la Vesle. À droite, dans le fond, s'étend la vénérable ville de Soissons aux nombreux clochers. Au centre, le front approche de Braisnes et de Fismes. À gauche, une tenaille étroite enserre Reims de près par le nord. Ce n'est pas suffisant : quelques bataillons allemands traversent encore la Vesle dans la soirée entre Braisnes et Fismes pour pouvoir continuer à pousser aussitôt le lendemain.

En un seul jour l'attaque a atteint les points primitivement fixés comme objectifs de toute l'opération. 20000 prisonniers sont ramenés en arrière, 300 canons dénombrés. Les approvisionnements de toute nature, les dépôts de vivres et de munitions, qui étaient accumulés entre les vallées de l'Aisne et de la Vesle, sont incommensurables. C'est un succès initial comme il y en a eu rarement dans la guerre mondiale et qui montre ce dont la troupe est encore capable quand elle en arrive à la bataille en rase campagne.

Les divisions anglaises et françaises battues sauvent leurs débris au-delà de la Vesle. On expie terriblement l'erreur que le général Foch a commise en mettant presque toutes ses réserves dans le nord. Pétain demande instamment du secours.

Foch croit encore qu'il ne s'agit sur l'Aisne que d'une manœuvre allemande de diversion. Ses regards sont tournés vers le front nord des Anglais, où il s'attend chaque matin à apprendre le déclenchement de l'attaque allemande principale. Ce n'est qu'en hésitant qu'il cède ses divisions une par une à Pétain.

Il ne se rend compte de toute la gravité de la situation que lorsque les Allemands continuent leur avance le 28 avec une égale puissance. Dans la nuit la Direction suprême allemande a pris la décision de pousser l'opération au-delà du but initialement fixé et de la transformer, si possible, en une grande action.

Les divisions allemandes franchissent la Vesle sur un large front, s'emparent de Braisnes et de Fismes, s'ouvrent en éventail au cours de leur progression vers le sud-ouest et le sud-est, enveloppent Soissons et menacent Reims par-derrière.

Le mouvement continue sans arrêt.

Dans l'après-midi Soissons tombe. Des malentendus dans la direction locale du combat provoquent malheureusement l'évacuation de la ville. Le 29 au matin, après une nouvelle attaque, elle est définitivement aux mains des assaillants.

La 7e armée pousse puissamment vers la forêt de Villers-Cotterêts.

Au centre, dans la soirée du 29 mai, les régiments atteignent Fère-en-Tardenois et par-là le cours supérieur de l'Ourcq. La bataille déferle alors au milieu de la région qui près de quatre années auparavant a acquis une importance fatale pour les armées allemandes par suite de la retraite de la 1re armée du général von Kluck et de la 2e armée du général von Bülow.

À l'est, l'attaque reste toujours accrochée aux fortifications de Reims. Malgré tous ses efforts la 1re armée ne parvient pas à prendre la ville en ruine et à refouler l'ennemi dans la zone boisée qui la borde au sud.

L'aile ouest et le centre continuent encore à progresser au cours des journées suivantes. Mais les combats deviennent d'heure en heure plus acharnés, l'allure de l'avance se ralentit. Foch s'est enfin décidé à céder des réserves plus importantes à Pétain.

Au cours de durs combats la 7e armée pousse de l'avant jusqu'au 31 mai, et arrive jusqu'aux abords de la forêt de Villers-Cotterêts. Mais elle ne parvient pas à s'en emparer. La résistance s'est intensifiée. La force de l'attaque est paralysée.

Au centre, par contre, après une course victorieuse de quarante kilomètres de profondeur par-delà quatre lignes de hauteurs et trois cours d'eau transversaux, les assaillants descendent le 30 mai, dans la vallée de la rivière qui a déjà marqué une fois le Destin de l'armée allemande : la Marne est atteinte entre Château-Thierry et Dormans. C'est la première fois que les Allemands la revoient depuis qu'en septembre 1914, après une randonnée victorieuse plus grande encore, ils ont ramené leurs drapeaux sur sa rive nord.

On est arrivé à mi-chemin de Paris. De Montdidier et de Château-Thierry les branches d'une formidable tenaille se rapprochent de la capitale ennemie. Fermera-t-on cette tenaille ?

Sur la Marne l'attaque s'enlise. Le tableau des forces en présence, d'abord favorable aux Allemands, s'est modifié : Foch a, peu à peu, cédé trente divisions fraîches pour enrayer le danger qui menaçait le front et la capitale française. Or les divisions de choc allemandes sont décimées et ont besoin de repos.

Un résultat inattendu, considérable, a été obtenu. Les Alliés ont perdu 65 000 prisonniers, 878 canons, et 2 500 mitrailleuses. Si on parvient maintenant à attaquer avec des forces puissantes en partant de Château-Thierry et de Montdidier, on sera à la veille de la grande victoire. Mais c'est en cela que réside le destin tragique du commandement allemand : au moment où il a réalisé les conditions préalables pour saisir la victoire, le bras qui doit cueillir ces lauriers est à bout de forces.

Il n'est pas possible de douter que le front nouvellement atteint constituera un grave danger quand les Alliés seront assez forts pour passer à des contre-offensives d'ensemble. Il présente entre Soissons et la Marne, et entre la Marne et Reims, deux longs flancs de quarante kilomètres chacun, qui sont menacés par la forêt de Villers-Cotterêts et la montagne de Reims. Il ne dispose, en outre, que d'une seule voie ferrée, qui conduit de Laon à Fismes et Fère-en-Tardenois par Soissons et qui est même près de cette dernière ville sous le feu de l'artillerie à longue portée ennemie.

Pour soulager tout au moins le flanc ouest de la poche de la Marne, la Direction suprême déclenche, le 9 juin, l'offensive de l'aile gauche de la 18e armée, qui a été préparée en direction de Compiègne. Après de bons succès initiaux, le choc se disloque dans les bois, au sud de l'Oise. Son flanc droit est menacé par de puissantes attaques de chars français à Méry et Courcelles.

Des combats sanglants se poursuivent jusqu'au 14 juin sans grands gains de terrain. Puis l'attaque est arrêtée sur l'ordre de la Direction suprême. Compiègne n'est pas atteint. Le danger qui peut surgir de la forêt de Villers-Cotterêts subsiste.

Lorsque le renseignement annonçant la nouvelle apparition des Allemands sur la Marne arrive à Paris, la ville entre en pleine agitation. Pendant des mois on a parlé à la population de l'aide prochaine des Américains. Maintenant le danger d'effondrement est devenu imminent et les Américains ne sont pas là. Les organisations défensives de la place sont mises en état et de nouvelles troupes arrivent du sud de la France.

Mais Clemenceau, le vieux tigre, monte à la tribune du Parlement surexcité, rejette toute idée d'une nouvelle fuite du gouvernement et déclare : « Nous cédons, je l'avoue franchement. Mais nous ne nous rendrons jamais. Si nous sommes décidés à tenir jusqu'au bout, la victoire sera à nous. Les Américains arrivent et les Allemands perdent de leurs forces à chaque attaque.

Combattons jusqu'à la dernière heure, et la dernière heure nous appartiendra ! »

Puis il se rend en hâte sur la partie du front qui vacille entre Soissons et Reims et, de la puissance passionnée de ses discours, incite les troupes fatiguées à une nouvelle résistance.

La Direction suprême des armées allemandes, s'appuyant sur sa confiance en la victoire, se met cependant à préparer sa nouvelle attaque.

30
Renversement

Pour la dernière fois dans l'histoire de cette guerre, pour la dernière fois dans sa propre histoire, l'armée autrichienne se prépare à porter aide à son allié allemand. Sortant de la torpeur de mort qui, depuis la bataille de la Piave de novembre 1917, règne sur la plaine de Vénétie et dans le Tyrol, la malheureuse armée se relève encore une fois, entraînée par les victoires de l'Allemagne.

L'empereur Charles fait mettre en place ses divisions affaiblies par la faim, paralysées par la décomposition politique qui fait des progrès rapides dans leurs rangs, dépourvues d'équipement convenable et dotées d'un approvisionnement en munitions insuffisant. Il exerce lui-même le commandement suprême. L'état-major a préparé une offensive partant du coin où le front du Tyrol et le front de la Piave se touchent. L'attaque doit commencer entre Brenta et Piave et, en une poussée rapide, conduire à Venise.

La Direction suprême allemande a approuvé ce plan en tant que direction générale des opérations des Coalisés. Hindenburg et Ludendorff comptent pour le moins qu'il accrochera une partie assez importante des forces de l'Entente et qu'il soulagera le front occidental pour les opérations allemandes futures.

Ils savent que la situation des Autrichiens est mauvaise. Mais ils ne connaissent pas toute l'ampleur inquiétante de leur désagrégation intérieure.

Tout ce qui, en Autriche-Hongrie, parle allemand et se reconnaît encore partisan de la cause allemande, se cramponne encore une fois à l'espérance. C'est un dernier sursaut contre les forces de décomposition, le cri de révolte, déjà accompagné de sentiments d'angoisse secrets, d'une tradition brillante et vieille de plusieurs centaines d'années, tradition à l'effondrement de laquelle le cœur et la raison se refusent de croire. Le gouvernement lui aussi trouve encore une fois des paroles fortes et viriles pour proclamer sa fidélité à son allié.

Le jeune empereur, dépourvu par lui-même de jugement sûr, se laisse prendre par ces espoirs fallacieux de victoire. Il ne voit pas dans quel état sont ses troupes. Conrad von Hoetzendorf, chef malheureux d'une malheureuse armée, passe encore une fois au premier plan. Il propose à l'empereur de compléter le choc initial qui doit partir de l'angle de la Brenta, par une seconde attaque débouchant en flanc du Tyrol. Le général rêve pour la troisième fois de la vieille attaque partant du secteur Asiago-Arsiero, qui a déjà échoué deux fois. L'empereur donne son consentement.

Mais les généraux qui commandent sur le front de la Piave craignent que Conrad von Hoetzendorf ne puisse leur enlever les lauriers de la victoire. Ils s'adressent à l'empereur et le prient de laisser aussi leurs corps d'armée participer au triomphe attendu. L'empereur et son chef d'état-major général donnent encore une fois leur consentement.

Le plan d'opérations, conçu initialement pour un front de 30 kilomètres, est ainsi étendu à la légère sur un front de 150 kilomètres, comme s'il s'agissait de culbuter sans aucune peine une faible armée ennemie. Alors que les divisions ne possèdent presque plus de force offensive, leurs chefs s'emploient jalousement à partager entre eux les lauriers de la victoire qu'ils ont cueillis d'avance.

Le 15 juin, immédiatement après l'offensive allemande en direction de la Marne, l'heure de la dernière action de guerre active de l'armée austro-hongroise sonne. Des centaines de déserteurs ont renseigné l'ennemi depuis des semaines sur tous les détails de l'opération.

Les troupes de Conrad von Hoetzendorf sortent de leurs tranchées. Mais quand elles attaquent, elles sont coiffées par le barrage de feu de l'artillerie ennemie demeurée intacte et sont repoussées avec de lourdes pertes. En quelques endroits elles pénètrent dans la première ligne adverse méthodiquement évacuée, mais en sont rejetées par des contre-attaques. Dans la soirée on peut estimer qu'en ce point tout est déjà terminé. Les troupes ne sont pas capables de faire une deuxième tentative. L'artillerie a brûlé toutes ses munitions.

Sur le front de combat principal, entre Brenta et Piave, le résultat est tout aussi triste. En maints secteurs les Italiens cèdent. Mais ils n'ont qu'à montrer par leur bombardement qu'ils ont l'intention de reprendre le terrain perdu, pour que les Autrichiens renoncent déjà à tous leurs gains. Dans la soirée, leurs troupes se retrouvent dans leurs tranchées de départ, ayant subi de lourdes pertes et perdu tout espoir.

La situation n'est pas meilleure sur la majeure partie du front de la Piave. Ce n'est que sur le cours supérieur du fleuve, là où il sort des Alpes et contourne par l'est le massif puissant du Montello, que s'accomplit un dernier brillant exploit, bien que son issue soit malheureuse. L'aile nord du groupe d'armées Boroevic pousse avec une douzaine de divisions au-delà du fleuve et conquiert au cours de combats acharnés tout le bloc montagneux. Les Italiens se replient, en dissolution. Un rideau de feu épais s'abat sur les vaillants régiments austro-hongrois. Mais ils ne cèdent pas et repoussent au cours des journées suivantes toutes les attaques.

C'est alors qu'un nouvel adversaire se joint aux troupes ennemies. Sans qu'on s'y attende, le ciel ouvre ses écluses. Les torrents s'enflent et transforment la Piave en un fleuve impétueux. Les eaux furieuses brisent les ponts des sapeurs autrichiens et entraînent en tourbillonnant pontons et bois dans la vallée.

On ne peut apporter ni pain, ni cartouches, ni obus, ni canons, ni renforts à ceux qui sont accrochés sur l'autre rive. Ce que l'ennemi n'a pu faire, les éléments l'accomplissent en peu de temps. Invaincus, suivis par le feu de l'artillerie, de nuit, par la tempête et le bruissement sauvage des eaux, les débris de ces vaillantes divisions repassent la Piave.

Ainsi finit la dernière attaque de l'armée autrichienne. L'Italie pousse des cris d'allégresse. Les cloches sonnent. Des services religieux sont célébrés pour remercier Dieu. Des décrets solennels adressent aux troupes les remerciements de la nation. L'Entente répand le bruit d'une victoire considérable et en remplit le monde entier.

En Autriche, les cœurs de tous ceux qui sont germanophiles se serrent de douleur. Les forces qui travaillent à la décomposition intérieure lèvent la tête avec une insolence manifeste. Une controverse politique humiliante sur la défaite s'engage entre le Parlement hongrois et le Parlement autrichien, au cours de laquelle les Hongrois accusent les Autrichiens et les Autrichiens les Hongrois. Personne n'impose plus l'ordre et la discipline. Personne ne souligne que l'ennemi est aux portes du pays et que toute discorde intérieure est trahison.

Des transports de vivres venant de Roumanie et destinés à ravitailler l'armée allemande sont saisis officiellement sur le Danube et distribués à la population autrichienne. Partout, c'est la décomposition, partout la discorde, partout la course à la dissolution intérieure.

Les déserteurs du front se comptent maintenant journellement par centaines. Seules les unités de l'Autriche allemande, les Tyroliens, les Carinthiens et les Styriens, continuent à tenir inébranlablement comme avant. La propagande ennemie se sert des moyens les plus raffinés. Dans les tranchées italiennes des gramophones jouent des airs nationaux tchèques et slaves. En d'autres endroits des équipes de déserteurs, employées tantôt ici, tantôt là, entonnent des chansons. Des pains blancs frais sont montrés à la pointe des baïonnettes aux Autrichiens à demi morts de faim. Pendant la nuit des patrouilles ennemies sont reçues secrètement dans les tranchées autrichiennes et à l'aube celles-ci sont vides. Jour après jour les déserteurs descendent des montagnes, sans arrêt.

Peu de temps après sa défaite, l'empereur relève Conrad von Hoetzendorf de son commandement et le met à la retraite. La clique de la cour a besoin d'un bouc émissaire, qui prenne à son compte devant l'opinion publique la responsabilité du malheur. L'homme est en outre gênant parce que sa fidélité envers son frère d'armes allemand est inébranlable.

Le comte Czernin se retire, lui aussi, une fois la lettre de l'empereur à Poincaré tombée dans le domaine public à la suite des révélations du président du Conseil français

Clemenceau. Czernin prend sur lui la culpabilité politique comme Conrad a pris la culpabilité militaire. Il reçoit comme successeur le comte Burian, partisan absolu de la maison impériale. Il reçoit pour mission formelle de mettre fin à la participation des Autrichiens à la guerre en garantissant le plus possible les intérêts des Habsbourg et sans avoir d'égard pour l'Allemagne.

La Direction militaire suprême allemande conseille à l'empereur Charles de renoncer à l'avenir à toute opération indépendante de l'armée autrichienne et d'envoyer plutôt ses divisions disponibles sur le théâtre occidental.

Après d'assez longues hésitations, l'empereur y consent. En juillet, deux divisions arrivent sur le front Ouest. Elles n'ont que la moitié de leurs effectifs, sont presque sans discipline, ne disposent guère d'artillerie et n'ont pas de munitions. Beaucoup d'hommes n'ont même pas de fusil. Une partie d'entre eux sont pieds nus et doivent recevoir tout d'abord des chaussures allemandes. En septembre arrivent deux autres divisions. Elles sont dans un état encore plus lamentable. Elles ne peuvent même pas être mises en ligne en secteur calme et restent dans la zone des étapes.

Sur ces entrefaites l'Entente, libérée de tout souci pour le front italien, ramène sur le front occidental la majorité des divisions françaises et anglaises qui combattent en Italie depuis novembre 1917. Elles sont suivies peu à peu de quelques divisions italiennes.

La défaite de l'armée autrichienne en Italie est le premier indice indéniable et clair de l'effondrement.

Désormais les coups vont s'abattre les uns après les autres sans arrêt, avec une violence qui croîtra rapidement jusqu'à la fin amère.

Après trois dures batailles offensives, après des combats ininterrompus dans les lignes qu'elle a nouvellement occupées et qui sont à peine protégées, après une tension morale et physique de plus de trois mois, l'armée allemande voit le premier semestre de 1918 arriver à sa fin. On entre dans le mois de juillet.

La Direction suprême ne se courbe pas sous la pression qui pèse sur elle de toutes parts. Ses deux chefs font face résolument à la profusion de décisions, lourdes de responsabilité, qu'ils doivent prendre désormais presque journellement. Leur foi en la victoire n'est pas encore ébranlée. La dernière épreuve, que l'armée a surmontée entre Soissons et Reims, les affermit dans leur confiance. Il faut réussir. Qui connaît les soucis secrets qui surgissent déjà à ce moment-là dans leur âme ? Force de volonté et confiance en triomphèrent.

À la fin de juin le premier million de soldats américains est arrivé sur le sol français. Ils ont servi à constituer dans le saillant de Saint-Mihiel, au sud-est de Verdun, une armée indépendante sous les ordres du général Pershing. Leurs divisions sont déjà apparues également sur la Marne. Elles n'ont aucune expérience ni aucune habileté tactiques. Mais leur esprit combatif intact et leur abondance de matériel remplacent leur manque d'expérience guerrière. D'ailleurs, cette expérience, elles en auront aussi bientôt. Pour le mois de juillet, il faut compter que l'armée américaine subira un nouvel accroissement d'au moins 300 000 hommes. Ses effectifs augmentent comme une avalanche.

De paix il n'en est plus question. La parole est aux armes. Elles font entendre maintenant leur cliquetis depuis la mer du Nord jusqu'à Verdun. Les fronts mobiles deviennent de plus en plus vastes. La tension s'accroît de jour en jour. Il ne s'agit plus que de victoire ou de défaite.

Les divisions de combat allemandes ont fondu. On ne peut plus, même numériquement, se procurer les renforts nécessaires. Par ailleurs, leur valeur est si amoindrie que les vieux commandants de bataillon et de compagnie du front en sont effrayés.

La propagande de l'Entente contre la force de résistance morale des soldats allemands dispose pour son travail de ressources inépuisables. Elle ne reste plus maintenant sans effet. Les tracts jetés par avions se comptent par millions. On y retrouve toujours le même leitmotiv à savoir que les Allemands sont trompés par leurs propres chefs et qu'ils n'ont qu'à déclencher la Révolution pour obtenir une paix de conciliation. La Direction militaire suprême alloue une prime pour tout tract que les hommes rapportent. Mais cela ne sert à rien. Le poison continue son œuvre corrosive.

Le 21 mars, un bataillon de combat comptait encore en moyenne 800 hommes. En juillet, il n'en avait plus que 600, en août 400. Il a fallu dissoudre peu à peu quelques divisions pour pouvoir combler les effectifs des autres.

Le manque d'officiers expérimentés est effrayant. Ils sont presque tous tombés sur les champs de batailles. À l'intérieur, le corps secret des embusqués et des déserteurs commence à se montrer de plus en plus ouvertement. Déserter n'est plus une honte, mais une preuve de prudence.

Le fardeau de la guerre pèse plus lourdement sur les épaules courbées des quelques vrais combattants, des silencieux, des fidèles au devoir, des inébranlables. La ligne de combat se vide de plus en plus. Mais ces quelques hommes se trouvent toujours à l'avant, là où le destin les a placés.

Ils voient depuis longtemps comment cela finira, bien qu'ils n'en parlent pas. Ils ne croient plus à la victoire. Mais ils croient que l'on peut encore obtenir en combattant une paix supportable. Ils ont confiance en leurs chefs, en leur propre force. Ils savent que désormais, il ne s'agit plus que d'une seule chose et que tout le reste a perdu sa valeur. Et cette seule chose s'appelle... tenir.

Tenir auprès de son canon quand les chars de combat ennemis s'avancent en rampant et en grinçant à travers les champs de blé et quand l'infanterie amie, poussant le cri prolongé de « chars ! chars ! » – se replie déjà à droite et à gauche à travers la ligne d'artillerie.

Tenir près de sa mitrailleuse, quand les monstres d'acier du champ de bataille ont déjà déchargé, au loin derrière les lignes, des groupes de choc d'infanterie et retournent à leur base de départ pour ramener un nouveau chargement humain.

Tenir, quand l'essaim des avions de chasse ennemis remplit l'air de ses tournoiements et de ses loopings et pique sans arrêt vers la terre pour attaquer les quelques hommes qui gisent sur le sol. Tenir près de son lance-mines, quand les coups au but des canons longs ennemis éclatent et mettent les pièces hors de combat les unes après les autres.

Tenir, quand les balles de mitrailleuses bourdonnent comme des essaims d'abeilles.

Tenir auprès de son ponton, quand le rideau de feu du barrage ennemi fouette l'eau et que de l'autre côté de la rivière, sur la pente de la colline, l'infanterie se défend désespérément contre des forces supérieures.

Tenir au poste de secours, bien que le flot des blessés devienne trop nombreux et que le bras fatigué de manier le bistouri tombe épuisé.

Tenir, alors que l'on voit aujourd'hui tel camarade de l'ancien temps et demain tel autre s'effondrer sans un mot, en jetant les bras en l'air. Tenir jusqu'à ce que le dernier des anciens soit tombé et jusqu'à ce qu'enfin un éclat d'obus s'ouvre un chemin dans votre propre poitrine.

Tenir sans foi et sans espérance, uniquement par devoir, c'est là la suprême, la plus grande exigence.

Les préparatifs de la Direction suprême continuent sans arrêt. Son plus grand souci est de ne pas laisser l'initiative à l'ennemi et de s'en tenir au principe fondamental de l'offensive. Maintenant que l'opération de diversion dirigée contre les Français sur la Marne est terminée, le nouveau choc décisif contre les Anglais entre Ypres et Arras, destiné à terminer l'œuvre qui n'a pu être achevée en avril par la bataille d'Armentières, devrait suivre. Les 4e et 6e armées, maintenues constamment en haleine par l'ennemi, ont commencé leurs préparatifs.

Mais pour la deuxième fois la Direction suprême est obligée de s'incliner devant le fait amer que les troupes ont besoin de repos. La bataille de Soissons-Reims, les combats continus sur tous les fronts nouveaux, les lourdes pertes, l'épuisement des divisions de choc et les difficultés du ravitaillement en matériel exigent une pause d'au moins quatre semaines.

Par surcroît l'armée est atteinte d'une épidémie de grippe persistante qui rend mainte division complètement incapable de toute action. À chaque journée qui s'écoule sans que l'attaque soit déclenchée, la pression exercée sur le front allemand augmente. Chaque journée est un gain pour l'Entente, une perte pour les Allemands.

Pendant ce temps le général Foch concentre entre Aisne et Marne ses divisions de la Marne qui redeviennent disponibles. Il peut en outre retirer de plus en plus de divisions des parties calmes de son front. Les Américains prennent à leur compte les anciens secteurs. L'armée de manœuvre des Alliés s'accroît sans cesse.

C'est là un fait doublement pénible pour la Direction suprême. L'accrochage des réserves ennemies que l'on avait voulu obtenir par l'offensive Reims-Soissons n'est plus réalisé. Il faut décaler encore une fois l'attaque décisive contre les Anglais et la faire précéder d'une nouvelle opération d'accrochage contre les Français. Celle-ci sera immédiatement suivie de l'offensive principale.

La deuxième attaque de diversion aura lieu de part et d'autre de Reims et sera dirigée contre la partie du cours de la Marne comprise entre Épernay et Châlons. La Direction suprême veut en même temps, par cette action, tirer la 7e armée de la situation dangereuse où elle se trouve dans le saillant de la Marne entre Soissons et Reims. L'aile gauche de l'attaque, entre Reims et Tahure, sera formée par la 1re et la 3e armée. Elle aura pour direction Châlons. L'aile droite sera constituée par la 7e armée. Elle traversera la Marne de part et d'autre de Dormans et manœuvrera en direction d'Épernay. Elle s'y rencontrera avec la 1re armée. On veut ainsi couper Reims et le faire tomber.

L'attaque est ordonnée pour le 15 juillet 1918 suivant les méthodes jusqu'alors employées.

La nuit de juillet est d'un noir de poix et étouffante. Une tempête de vent chaud du sud balaie les forêts au nord de la Marne. L'horizon est sillonné d'éclairs.

Une heure après minuit d'autres lueurs se mêlent au vacarme de l'orage qui approche. Des jets de feu étincelants courent sur le front allemand de part et d'autre de Dormans. De la gueule de trois mille pièces d'artillerie jaillit le rugissement du bombardement roulant. Des trajectoires hurlantes aux mille voix traversent la Marne et s'abattent avec des gerbes de feu sur les pentes de la rive sud. L'artillerie française répond faiblement.

En même temps que la préparation d'artillerie se déclenche, de nombreuses compagnies du génie, quittant les villages et les boqueteaux situés en arrière du front allemand, se mettent en mouvement avec leurs ponts volants et leurs pontons. Elles ont pour mission de préparer le passage de la rivière à la faveur de la nuit et sous le couvert du bombardement, de façon que le franchissement puisse commencer en même temps que la mise en marche du barrage roulant. C'est une épreuve héroïque.

Pendant qu'à travers la nuit sillonnée d'éclairs les sapeurs peinent avec leurs pontons aux formes vagues, le bombardement ennemi se déclenche de toute sa violence. Les Français ont dû remarquer quelque chose. Il en résulte en outre que la préparation allemande à obus toxiques n'a pas eu d'effet suffisant. Le vent du sud a dissipé les nuages de gaz.

Un tiers des pontons sont déjà transformés en écumoires avant d'avoir atteint la rivière. Les sapeurs subissent de lourdes pertes au cours de leur approche. Les officiers doivent déployer toute leur énergie pour maintenir l'ordre au milieu du bruit infernal, des éclats d'obus et de l'obscurité. C'est ainsi qu'ils se mettent au travail tandis que de quart d'heure en quart d'heure le feu de l'artillerie française devient de plus en plus violent.

La vallée de la Marne, tout entière, rugit. L'air est empesté par les nuages de poudre et l'odeur doucereuse des gaz.

L'infanterie d'assaut arrive alors.

Il fait toujours profondément sombre. Les premiers pontons sont prêts sur la rive. L'infanterie y monte. Elle emmène avec elle des mitrailleuses et des lance-mines légers. Les Français lancent des fusées éclairantes. Les pontons ne peuvent être dissimulés. Ils sont exposés sans protection au feu de l'ennemi. Ils coulent l'un après l'autre.

Parvenir sur la rive ennemie semble chose impossible.

Vers le matin, on entend tout à coup un bruit étouffé, qui semble s'élever partout en même temps. Comme le bruissement puissant d'un voile invisible un souffle passe au-dessus de la Marne. Au bout de quelques secondes des flammes s'élèvent de la rive sud projetant une clarté aussi forte que celle du jour, si bien que les maisons de Dormans sont visibles pendant un instant. Puis un craquement terrible ébranle toute la nuit.

Des milliers de mines lourdes ont été lancées à la fois et sont tombées sur la rive ennemie.

C'est le moment où tous les pontons qui peuvent encore naviguer traversent la rivière. Les quelques minutes d'ébranlement qui paralysent l'ennemi suffisent pour prendre pied sur l'autre rive.

Déjà les groupes de choc se précipitent vers Dormans. Déjà les mitrailleuses crépitent dans l'obscurité, déjà le sourd travail des grenades à main est déclenché.

Au bout d'un quart d'heure le combat de rue se fait entendre dans le bourg. Un bataillon de la Garde y a pénétré.

Les premières lueurs du jour s'élèvent faiblement dans le sud au-dessus des collines.

À droite et à gauche de Dormans des éléments d'infanterie parviennent également au-delà de la rivière. Le combat acharné monte lentement les pentes de l'autre rive dans le jour naissant. L'infanterie se déploie.

Dormans est déjà tombé. Des réserves passent la rivière, avec les premiers lance-mines, les mitrailleuses lourdes.

Des pentes nord de la vallée, des équipages de pont descendent au trot avec bruit. Ils se forment sur la rive sous le feu de barrage ennemi. On les décharge comme sur le terrain de manœuvres. Les sapeurs sont déjà repartis par équipes. Les équipes de nage gouvernent les pontons. Les équipes de porteurs amènent les bois du tablier. Les équipes de poutrage placent le matériel pièce par pièce à l'entrée du pont.

Les pontons gagnent leur emplacement l'un après l'autre dans la ligne du pont. Ceux qui sont mis hors de service sont remplacés. Les obus s'abattent sur le tablier et sur les poutres. Des bois sont projetés en l'air aussi haut qu'une maison. Des blessés graves sont ramenés en arrière. Des hommes frappés à mort tombent à l'eau.

Sur ces entrefaites, il fait de plus en plus clair.

Un nouvel ennemi intervient dans le combat. Des avions de chasse français piquent avec leurs mitrailleuses crépitantes sur les constructeurs du pont. Des escadrilles de bombardement arrivent à grande hauteur. L'eau jaillit en fontaines puissantes.

Le général du génie de la 7e armée, qui est accouru personnellement à l'emplacement du lancement du pont, est jeté à terre par un obus. Son officier d'ordonnance et le commandant de bataillon de pionniers tombent avec lui.

Un avion français qui s'approche du pont avec trop d'audace est touché, s'abat en titubant et tombe dans la rivière en sifflant, entouré d'une fournaise de flammes.

Sans se soucier du barrage ennemi, les premières pièces d'artillerie arrivent déjà au trot et traversent le pont terminé. Sur l'autre rive l'attaque grignote le terrain pas à pas. Elle se heurte aussi à des Américains qui ont été engagés précipitamment au milieu des Français.

Les difficultés deviennent terribles à l'unique pont de bateaux au fur et à mesure que l'ennemi en reconnaît l'importance. Des nuages de gaz, provenant de la préparation allemande et restés sur place redescendent dans la vallée. L'artillerie ne gagne l'autre rive que goutte à goutte. Les avions ennemis ne s'éloignent pas un seul instant du point de passage.

Pendant toute la journée la lutte continue, acharnée. Dans la soirée les régiments allemands ont franchi la Marne sur vingt kilomètres de front de part et d'autre de Dormans. L'attaque a gagné jusqu'à cinq kilomètres de terrain en profondeur. Mais au prix de quelles pertes ! Il y a des compagnies qui ne comptent plus qu'une poignée d'hommes !

L'attaque s'est enlisée. Il est complètement impossible de la continuer le lendemain. Les troupes qui ont passé la rivière ne sont reliées à l'arrière que par les fils ténus de quelques ponts constamment disloqués par l'artillerie et l'aviation ennemies.

La lutte apparaît désespérée du moment où l'ennemi l'accepte. Après des combats héroïques, on a atteint une ligne qui n'est pas tenable.

Depuis la mi-nuit de ce 15 juillet, les 1re et 3e armées sont engagées elles aussi, à l'est de Reims, en Champagne, dans une lutte sans espoir.

Au début tout semble se dérouler favorablement.

Provoqué par le commencement du bombardement roulant allemand le barrage français se déclenche. Mais au bout d'une demi-heure l'artillerie allemande semble avoir nettement le dessus. Les gaz produisent leur effet.

Les clairs sommets calcaires du Mont-Haut, du Mont Poehl, du Mont-Pointu et du Cornillet faiblement dessinés dans la nuit sont encore visibles. Bientôt tout disparaît dans la vapeur comme si la terre se couvrait d'un brouillard sombre. Le roulement du bombardement se poursuit étouffé et terrible jusqu'au jour naissant.

Ici aussi, une partie des gaz, poussée par le vent du sud défavorable, reflue vers la position allemande. Le masque sur le visage, les assaillants sont accroupis par groupes denses dans les tranchées de départ, laissant tonner au-dessus d'eux le concert infernal.

À la seconde fixée ils sortent de leurs tranchées.

Le barrage roulant se déplace suivant l'horaire prévu. C'est à peine si quelques coups partent de la première position ennemie : cela paraît étrange aux officiers et aux hommes qui connaissent les rites de la guerre sur le front ouest. L'expérience ne permet pas d'admettre l'hypothèse que tout ce qui était en vie a été anéanti dans les tranchées adverses par la préparation d'artillerie.

L'anxiété s'accroît quand on trouve les première et deuxième tranchées complètement bouleversées par le feu, mais vides de toute trace d'occupation. Pas de tués, pas de blessés, pas de prisonniers. Pas de fusils, pas de sacs, pas de musettes, pas de bidons. Les tranchées ont été évacuées méthodiquement, manifestement dès le début du bombardement allemand, si ce n'est auparavant.

L'anxiété disparaît au cours de la poussée vers l'avant et sous l'excitation fiévreuse que provoque toute l'attaque même chez les soldats les plus expérimentés. Chacun ne songe qu'à ne pas perdre le contact du barrage roulant. Tant que l'on court dans l'angle mort qu'il forme derrière lui, on a des chances d'atteindre l'ennemi.

Les vagues continuent à progresser. Du fait des nuages de poudre et du brouillard naturel le terrain est devenu complètement invisible ; groupes de choc et mitrailleuses marchent accolés les uns aux autres. Plus en arrière les lance-mines et les deuxièmes vagues suivent. Le barrage, image unique de fumée et de vapeur, précède les assaillants.

On atteint ainsi les sommets des monts. Ici, en haut, l'air est plus pur. On enlève les masques. Le barrage descend lentement dans la vallée. L'infanterie suit.

On ne doit plus être loin de la deuxième position ennemie. Les chefs expérimentés échelonnent davantage leurs troupes en profondeur.

Une tension que l'on ne supporte plus qu'avec peine pèse sur le champ de bataille et l'on voudrait crier pour en être délivré.

Dix minutes plus tard, la délivrance est là, effroyable.

Au début, ce sont quelques mitrailleuses françaises isolées qui commencent à crépiter. Les groupes de choc allemands se mettent à l'œuvre suivant leur méthode habituelle. Les nids de résistance sont réduits l'un après l'autre.

Tout à coup, il semble que le barrage roulant, n'obéissant plus à ceux qui le règlent, a fait demi-tour et s'abat sur les troupes qu'il doit devancer. Une grêle d'explosions se déverse sur les assaillants. En un clin d'œil ils se trouvent en plein barrage.

Ils sont tombés dans le barrage français tendu sans la moindre brèche devant la deuxième position. Son effet est destructeur. Tandis que de nombreux groupes de choc sont mis hors de combat par des coups qui frappent en plein au milieu d'eux et que d'autres s'accrochent au sol, les plus décidés poussent résolument à travers le rideau de feu et s'élancent à l'attaque. Ils arrivent ainsi aux abords mêmes des tranchées françaises, pleines de monde, d'où le sifflement cinglant des mitrailleuses les accueille.

Tous se jettent à terre. Pendant qu'ils se préparent à attaquer, leur barrage roulant continue à se déplacer au-delà de la position française suivant l'horaire prévu. L'ennemi n'est presque plus touché par le bombardement.

La nuit arrive et protège les assaillants. On constate que les pertes sont moins élevées qu'on avait cru. Mais l'attaque est liquidée.

Vers le matin, l'artillerie allemande essaie encore une fois d'annihiler la position ennemie qu'elle connaît maintenant. Les bataillons, obéissant aux ordres donnés, s'élancent encore une fois à l'assaut. Mais le sort de l'attaque est réglé d'avance.

Le même jour, l'offensive de part et d'autre de Reims est arrêtée par ordre de la Direction suprême.

La bataille est perdue. La quatrième grande offensive de la série d'opérations déclenchées depuis mars, offensive qui devait précéder immédiatement la cinquième, a échoué. Personne ne peut douter de la défaite. Les troupes ont subi de lourdes pertes. La ligne atteinte est intenable. Chaque journée à venir enferme en soi les plus grands dangers.

La Direction suprême ne sait pas encore à cette heure-là que l'ennemi connaissait depuis dix jours environ le moment, le lieu et l'ampleur de l'attaque. On ne peut encore que soupçonner la trahison. Par la suite on apprend la terrible vérité. Des données précises sont parvenues au service de renseignements ennemi de l'intérieur de l'Allemagne. Des déserteurs du front ont confirmé ces indications. Grâce à cela le général Foch a pu concentrer en temps voulu ses réserves. Mais le commandement local français a pu, lui aussi, préparer sa défense de façon telle que tout s'est déroulé, à l'heure de l'événement, comme un mouvement d'horlogerie. Les divisions allemandes sont allées au-devant d'une destruction certaine.

Que faire maintenant ?

La 2e armée dans la région d'Amiens et la 18e, à Montdidier et Noyon, rendent compte qu'il leur faut envisager à très brève échéance de fortes attaques d'ensemble de la part de l'ennemi. Partout son activité de combat augmente.

Sur le front du Kemmel et plus au sud jusqu'à Arras, même tableau. Activité d'artillerie accrue, préparatifs visibles de l'ennemi, attaques locales pour tâter les lignes.

Une tension nerveuse, aux vibrations violentes, agite tout le front.

Mais c'est la 7e armée et la 9e armée, introduite récemment à sa droite dans la poche de la Marne, qui sont dans la plus mauvaise situation. Le danger qui, du massif boisé de Villers-Cotterêts, menace la 9e armée, s'accroît de jour en jour. Les tirs à longue portée français foncent sur Soissons et compromettent la seule voie ferrée qui doit ravitailler toutes les divisions du saillant de la Marne. Si elle est coupée, l'artillerie des deux armées sera presque sans munitions, l'infanterie sans vivres et sans cartouches.

On ne dispose pas d'assez de convois automobiles pour assurer le ravitaillement. Il n'y a plus d'essence ni de caoutchouc.

Des renseignements, donnés par des prisonniers français, parlent d'une puissante offensive française qui doit déboucher de la forêt le 14 juillet, jour de la fête nationale française. Des comptes rendus d'agents provenant de Suisse confirment ces nouvelles. La 9e armée, profondément inquiète, se tourne vers la Direction suprême. Celle-ci a fixé de son côté l'attaque de part et d'autre de Reims, au 15 juillet. Faut-il la décaler dans l'attente de l'attaque ennemie ?

Le général Ludendorff se rend à la 9e armée et vérifie ses mesures de défense en face de la forêt de Villers-Cotterêts. Il les trouve suffisantes. La tension attendue pour le 14 juillet passe, sans que l'attaque ennemie ait lieu. Naturellement, la

Direction suprême ne sait pas que Pétain n'a fait pour sa part que retarder l'attaque française, parce qu'il attend celle des Allemands avec certitude. Alors l'offensive allemande de part et d'autre de Reims se déclenche et échoue. À la tension continue qui pèse sur le flanc droit de la 7e armée vient s'ajouter maintenant la situation intenable de l'aile gauche, qui a franchi la Marne.

Il faut prendre immédiatement des décisions sur ce dernier point.

Mais même dans cette tension orageuse étouffante, qui au milieu de juillet règne sur tout le front ouest, entre la mer et Verdun, la Direction suprême ne perd pas son sang-froid. Le général Ludendorff ordonne immédiatement de replier derrière la Marne l'aile gauche de la 7e armée au cours des journées prochaines. Il croit ainsi avoir fait le nécessaire pour que les événements se déroulent avec ordre sur cette partie du front.

Ses pensées et son énergie se tournent vers son nouveau but. Il veut encore, bien que les conditions soient changées, tenter la bataille décisive contre les Anglais. Les 1re et 3e armées reçoivent l'ordre de récupérer toutes les divisions qui peuvent être rendues disponibles en Champagne et de les diriger sur Lille. L'artillerie lourde est déjà en cours de transport. La Direction suprême pense être prête à bref délai dans le nord.

Le 17 juillet, au soir, au lendemain de l'arrêt de l'attaque de Reims, le général Ludendorff quitte le G. Q. G. d'Avesnes pour se rendre à l'état-major du groupe d'armées Rupprecht.

Le 18 juillet, à l'aube, les entretiens commencent avec le groupe d'armées sur les nouvelles opérations projetées en direction d'Hazebrouck et de Calais, et qui ont pour objectif la côte entre Dunkerque et Calais. Toutes les décisions sont basées sur le fait qu'il faut que la date de l'attaque soit aussi rapprochée que possible, car elle doit non seulement frapper les Anglais d'une façon décisive, mais encore dégager le centre du front allemand sur la Marne. Il faut être prêt avant l'Entente, tout est là. Celui qui sera prêt le premier gagnera la partie.

Au milieu des discussions Ludendorff est appelé au téléphone. C'est la Section des opérations d'Avesnes. Cinq minutes de conversation. Lorsque le général revient, aucun changement n'est visible sur son visage.

Les dés sont jetés.

On lui a communiqué que le matin, entre Soissons et Château-Thierry, sur quarante kilomètres de front, plusieurs armées françaises ont attaqué avec plusieurs centaines de chars de combat et ont bousculé les divisions allemandes de position. Il n'y a pas de réserve sur place. Pour le moment l'ennemi a progressé de six kilomètres. L'artillerie de campagne allemande est perdue. Le nombre des prisonniers très élevé. La bataille n'est pas encore arrêtée.

La forêt de Villers-Cotterêts est devenue une fatalité.

Peu de temps après le groupe d'armées du Kronprinz impérial s'annonce au téléphone. Il confirme tous les faits précédents et ajoute qu'il a donné l'ordre d'engager au point d'irruption le plus vite possible les divisions qui ont déjà été retirées du front de Reims pour être transportées dans le nord.

Le général Ludendorff ordonne lui-même qu'une division qui se trouve au repos à Saint-Quentin soit également dirigée vers le front de combat.

Puis il retourne à Avesnes.

À deux heures de l'après-midi Hindenburg le reçoit à la gare. Ils n'ont pas besoin de parler longtemps. Ils savent ce que l'heure signifie.

Tous deux se mettent aussitôt au travail. Il est avéré qu'on n'est toujours pas parvenu à enrayer le choc ennemi. Une blessure, large et grave, est ouverte dans le front allemand. Les réserves sont encore loin. Les 9e et 7e armées sont sur le point d'être perdues.

Sous la poussée terrible des événements, on n'a pas le temps de calculer l'importance que ce second malheur survenu sur la Marne peut avoir pour la situation générale.

Mais tous savent déjà que la campagne de 1918 a échoué. Il ne sera plus question désormais que de combattre pour obtenir une fin supportable.

Pendant ce temps, l'aile droite de la 7e armée et l'aile gauche de la 9e luttent désespérément depuis l'aube du 18 juillet au prix des derniers restes de leur force de résistance. L'événement s'est abattu sur elles avec une violence terrible.

Trois armées françaises, Mangin, Degoutte et Berthelot ont attaqué de Soissons à Reims, mais surtout de Soissons à Château-Thierry, entre Aisne et Marne. Derrière leur front se trouve la forêt de Villers-Cotterêts. Les Français y ont rassemblé sous son couvert 320 chars d'assaut.

La journée du 14 juillet s'étant écoulée sans que l'attaque ennemie attendue se soit produite, les divisions allemandes se sont laissées surprendre presque complètement le 18.

Cette fois, les Français ont renoncé à toute préparation d'artillerie. Ils se sont libérés définitivement de la tactique stupide qui leur a si peu rapporté durant trois ans et qui leur a coûté la fleur de leur armée. Toute leur action est basée sur la surprise, la rapidité et la puissance du choc.

Au même moment où leur artillerie se déclenche comme un ouragan de fer et de feu, les escadres de chars, dérobées dans un brouillard artificiel, se portent en avant. Les avions les survolent. L'infanterie les suit en plusieurs vagues.

Le champ de bataille est couvert de champs de blé, hauts comme des hommes. Les groupes de chars légers rapides se fraient un chemin au milieu d'eux et apparaissent au loin sur les derrières des bataillons allemands de position.

Ils sont suivis par de puissants colosses d'acier contre le blindage desquels les mitrailleuses allemandes n'ont aucun effet. Méprisant toute réaction, ils pénètrent profondément dans le système de position allemand, y déchargent des fractions d'infanterie avec des mitrailleuses, se retournent aussitôt contre les défenseurs allemands, puis repartent vers l'arrière pour chercher un nouveau chargement.

Avant qu'une défense méthodique ait pu être organisée, les chars légers arrivent déjà au milieu des positions de batteries allemandes. On ne les voit que quand ils surgissent pour ainsi dire devant la bouche des pièces. Ils répandent partout l'effroi et celui-ci se transforme en maint endroit en panique.

Ils arrivent bientôt dans les quartiers généraux. Se portant tantôt d'un côté, tantôt d'un autre, ils surprennent des équipes de travailleurs qui sont occupées à faucher des champs de blé et des colonnes de transport qui, loin de la ligne de feu, sont en train de charger des munitions et du matériel. Le désordre est grand.

Quelques fractions isolées des bataillons de position se défendent encore à l'avant jusqu'à midi. Mais elles sont coupées et mises hors de cause les unes après les autres. Toute la zone des organisations défensives est disloquée et réduite en poussière. Presque toutes les pièces de l'artillerie de campagne tombent aux mains de l'ennemi.

Avec les débris des régiments de position, avec les bataillons de repos que l'on peut saisir, avec les éléments de tête, appelés en hâte, des divisions d'intervention qui ont été retirées du front, épuisées, les jours précédents, avec le personnel des trains régimentaires et les ordonnances, les divisions essaient de constituer une nouvelle ligne.

Le téléphone appelle l'état-major de l'armée. Le groupe d'armées lui annonce l'arrivée de nouvelles divisions et lui ordonne d'éviter coûte que coûte tout nouveau repli sinon la catastrophe pourrait prendre une ampleur imprévisible.

Pour le moment il n'y a sur place aucune artillerie notable.

Vers midi, la première résistance se dessine. Dans l'après-midi arrivent quelques bataillons envoyés en camions par le groupe d'armées. Ils se hâtent vers le terrain de combat.

Quelques batteries sont prélevées sur d'autres points. Des pièces contre avions prennent les chars à partie. Les monstres sont abattus par douzaines. Cela donne aux défenseurs un nouveau sentiment de sécurité. La peur des chars est surmontée pour ce jour-là.

Au fur et à mesure qu'il lui faut renoncer à l'appui des chars, l'infanterie ennemie perd de sa force offensive. Les Français ne parviennent pas à exploiter leur grand succès.

La tension demeure terrible néanmoins. Personne ne peut dire si la mince ligne actuelle, avec ses forces jetées au hasard et mélangées, pourra supporter demain un nouveau choc. En mettant les choses au mieux, c'est dans l'après-midi du lendemain que les nouvelles divisions mises en marche par le groupe d'armées et par la Direction suprême pourront être engagées. Depuis que la voie ferrée qui passe par Soissons est sous le feu, les nouvelles troupes qui arrivent doivent être débarquées au loin dans le nord, dans la vallée de l'Ailette. De là il leur faut gagner le front de combat par la route.

Avant de partir en auto pour le groupe d'armées du Kronprinz Rupprecht, en vue de discuter la nouvelle offensive des Flandres, le général Ludendorff avait – ainsi que cela a déjà été dit – donné l'ordre à la 7e armée de reporter derrière la Marne celles de ses troupes qui avaient franchi la rivière de part et d'autre de Dormans. L'évacuation de la rive sud avait été prescrite pour la nuit du 21. Les événements du 18 juillet surviennent au beau milieu de la préparation de ce mouvement.

La poussée profonde des Français entre Aisne et Marne met les éléments de la 7e armée qui se trouvent au sud de la Marne dans une situation désespérée. Si le 19 juillet les forces françaises qui sont en face de la 9e armée continuent à progresser vers l'est, les braves régiments de la 7e armée seront pris par-derrière et seront perdus.

Pour éviter toute panique et toute précipitation la Direction suprême maintient son ancien ordre de retraite pour le 21 juillet. Elle compte que le front entre Aisne et Marne se consolidera et tiendra tout au moins jusqu'à ce qu'au sud la retraite derrière la Marne soit terminée.

C'est donc pendant trois jours que les régiments doivent encore tenir dans cette région, bien que leur position soit perdue.

Ce qui était prévu, arrive. Le 19 juillet, Foch, encouragé par sa victoire entre Aisne et Marne, fait attaquer plus fortement la 7e armée allemande par le sud et le sud-est. Entre Château-Thierry et Reims l'armée Berthelot renouvelle son offensive du 18 juillet, tandis qu'en même temps les armées Mangin et Degoutte poursuivent leurs efforts devant la 9e armée. Le but des Français est clair. Il s'agit de comprimer le saillant de la Marne de trois côtés à la fois.

Ces journées imposent aux 9e et 7e armées des efforts inouïs. Mais depuis que la terreur du 18 juillet est surmontée, la troupe se fie à sa force et à l'efficacité de ses armes. Le front allemand se replie pas à pas en direction de Soissons et de Fère-en-Tardenois, sous la dure pression ennemie. On ne perd plus un seul canon.

La bataille fait rage sans interruption dans le saillant de la Marne le 19 et le 20 juillet.

Dans la nuit du 20 au 21 la 7e armée exécute sa retraite derrière la Marne. La rivière est soumise au feu le plus violent. Mais les divisions conservent un ordre exemplaire.

Aucun canon, aucun lance-mines, aucune mitrailleuse ne reste en arrière.

Les sapeurs du génie accomplissent leur service aux ponts avec un esprit de sacrifice héroïque. L'artillerie, retirée du front la première, va se mettre en position au nord de la rivière et couvre le passage de l'infanterie. Lorsque les dernières arrière-gardes sont passées, les sapeurs détruisent les passerelles.

Vers l'aube, il n'y a plus un seul soldat allemand au sud de la Marne.

Cinq jours se sont écoulés depuis que l'ouragan de fer de l'attaque allemande a déferlé, du nord au sud au-delà de la rivière – cinq jours, et quel changement !

Le 21, de grand matin, un bombardement roulant furieux s'abat sur les positions abandonnées de la rive sud de la Marne. Lorsque les Français et les Américains déclenchent ensuite leur attaque d'infanterie, ils trouvent les lignes allemandes évacuées. Vers midi les premières patrouilles apparaissent au bord de la rivière.

Le général Foch n'abandonne pas encore son projet d'infliger aux Allemands une défaite écrasante dans le saillant de la Marne. Les trois armées qu'il a disposées en demi-cercle attaquent concentriquement sans arrêt.

De nouvelles masses de chars sont amenées. L'aviation allemande est presque impuissante devant la supériorité numérique de l'ennemi. L'infanterie en est toujours réduite à ses mitrailleuses, ses lance-mines légers et à l'appui direct de l'artillerie de campagne.

Le front allemand résiste péniblement, au prix de lourdes pertes, à la poussée adverse. Çà et là une division cède. D'autres doivent s'adapter à ce mouvement de retraite pour ne pas être coupées.

La Direction suprême a acquis entre-temps la conviction qu'on ne peut plus tenir le saillant de la Marne. L'initiative de la bataille est passée à l'ennemi. Le commandement allemand est contraint de passer de renoncement en renoncement. Le 22 juillet, il a dû sacrifier l'attaque des Flandres. Puis, il lui a fallu abandonner l'idée de poursuivre ses opérations offensives. Maintenant, comme premier renoncement, en perspective, c'est le tour de l'évacuation de tout le saillant de la Marne. Le gain de l'offensive heureuse de la bataille de Soissons et Reims se trouve de ce fait complètement perdu. Chaque journée apporte des vérités amères.

Pas à pas, le front allemand se replie sur la Vesle en repoussant sans cesse de violentes attaques ennemies. Le 2 août le mouvement est terminé.

Une fois de plus la Marne est cachée, au loin, derrière les collines. Pour la deuxième fois les régiments allemands se sont éloignés de cette rivière fatale, durement éprouvés, et doutant de la victoire. Le souvenir du fameux mois de septembre 1914 accable les esprits. On occupe presque les mêmes positions que celles où on se trouvait alors, une fois la retraite terminée.

On se repliait alors pour se réorganiser et pour chercher à cueillir à nouveau la palme de la victoire. Aujourd'hui chaque officier et chaque homme sait qu'on a vu la Marne pour la dernière fois.

Bien haut au-dessus des nuages, règne le Destin. Pour la deuxième fois, après quatre années, l'armée allemande a perdu la bataille de la Marne, parce que son aile droite était trop faible.

Mais cette fois le Destin ne permettra plus de réparer l'erreur commise. La sentence est définitive.

Sur les autres fronts, également, la lutte était ponctuée à cette époque de violents orages locaux. Les tentatives de l'ennemi pour étendre son offensive à tout le front et la transformer en un assaut général se manifestaient déjà. De mauvais jours s'annonçaient.

En haut, dans les Flandres, la 6e armée dut sous la pression de l'ennemi céder quelque terrain, de la région sud du Kemmel jusque vers Merville. Elle ne se croyait pas en mesure de pouvoir résister à une grande attaque dans son ancienne position. La situation se détendit pour quelques jours. Mais tout redevint bientôt comme avant. L'ennemi manifesta son intention de passer à des actions plus importantes en déployant une vive activité de combat.

Deux autres points menacés du front furent supprimés. Une fois qu'il eut été établi qu'il ne s'agirait plus à l'avenir que de défensive, les têtes de pont dangereuses de l'Ancre, à l'ouest d'Albert, et de l'Avre, au nord de Montdidier, perdirent leur valeur stratégique. Sans attendre les attaques ennemies on abandonna ces deux bandes de terrain dans les premiers jours d'août.

Afin d'assurer l'unité de direction défensive du secteur particulièrement menacé Albert-Vesle, un nouveau groupe d'armées von Boehn fut constitué avec les 2e, 18e et 9e armées et intercalé entre les groupes d'armées du Kronprinz Rupprecht et du Kronprinz impérial. Tous les groupes d'armées reçurent l'ordre de se tenir sur la défensive pure.

Tandis qu'une vive agitation régnait sur les différents fronts et que de grandes attaques s'y annonçaient presque partout, une tâche amère restait à accomplir par la Direction suprême ; il lui fallait voir clair sur les conséquences du développement malheureux de la campagne de 1918. L'ennemi l'avait contrainte à renoncer à de nouvelles offensives. Elle estima qu'on pouvait encore lui tenir tête pendant longtemps en usant de la défensive. Elle avait cependant encore bien des soucis.

On ne pouvait plus ravitailler suffisamment l'armée en matériel. Il était complètement impossible de se procurer des hommes de renfort pour combler les pertes. L'obligation où l'on se trouvait de dissoudre sans arrêt de nouvelles divisions de combat créait une situation intenable. Les pauses pendant lesquelles on pouvait accorder du repos aux troupes devenaient de plus en plus courtes. La nécessité de rendre les unités plus mobiles allait en augmentant alors que le rendement des moyens de transport allait en diminuant.

On ne pouvait plus non plus méconnaître que la force de résistance morale des hommes s'affaiblissait. Les bonnes divisions ne se battaient plus comme autrefois. La terreur des chars était devenue épidémique. On payait terriblement l'erreur que l'on avait commise en n'attachant pas suffisamment d'attention à cette arme nouvelle.

Les causes de cette évolution étaient manifestes. Les vieux soldats étaient presque tous morts. Les renforts devenaient de plus en plus mauvais. La propagande de guerre ennemie ne pouvait plus être entravée. Les hommes affamés se précipitaient souvent sur les dépôts de vivres conquis et ce faisant négligeaient l'ennemi.

L'armée avait derrière elle quatre batailles offensives, plus dures l'une que l'autre. Il avait fallu les livrer toutes les quatre en majeure partie avec les mêmes divisions. Chaque bataille avait coûté un tiers des effectifs de combat des unités engagées. Calcul brutal, auquel on ne pouvait apporter aucun correctif. La première bataille défensive qui avait suivi ces batailles offensives avait montré combien la troupe était épuisée.

On était encore installé profondément en territoire ennemi. En mettant les choses au pire on pouvait songer dans la situation actuelle à se replier dans les positions de départ bien organisées du mois de mars. Mais les forces de l'Entente s'usaient, elles aussi, dans l'offensive. Rien ne semblait donc inciter à des décisions précipitées. Néanmoins, un commandement conscient de ses responsabilités ne devait pas se laisser entraîner par obstination et opiniâtreté dans une situation d'où on ne pourrait plus sortir par la suite.

Au cours de graves entretiens, Hindenburg et Ludendorff se trouvèrent d'accord pour estimer qu'il fallait tout d'abord employer toutes les forces à consolider les fronts atteints. Ce n'est qu'ensuite qu'ils voulaient s'adresser au chancelier pour lui suggérer de tirer les conséquences politiques des faits nouveaux. Prenant en considération les tentatives qui seraient faites ultérieurement pour obtenir une paix supportable, la Direction suprême renonça aussi à l'idée de se replier immédiatement dans la position Siegfried et d'abandonner à l'ennemi sans combat les gains des quatre batailles offensives. Elle ne croyait pas que la situation exigeât déjà des décisions aussi radicales.

Aux cris d'allégresse de toute l'Entente, le général Foch fut nommé maréchal de France, après la bataille victorieuse de Soissons-Château-Thierry.

La seconde victoire de la Marne obtenue après des efforts inouïs, après des crises et des pertes terribles, après quatre années de patience, transforma brutalement la sourde pression due aux défaites antérieures, les craintes pour la capitale, la lassitude de la guerre, la faim, le manque d'espoir et la désespérance, en un regain de volonté de vaincre. La grande moisson semblait prochaine.

Le 24 juillet, le nouveau maréchal convoqua à son Quartier Général les commandants des armées anglaises, françaises et américaines. Il leur rappela dans quelle situation on se trouvait quatre mois auparavant, le 27 mars, quand le grand conseil de guerre des Alliés s'était réuni à Doullens, au bruit des canons allemands tonnant devant Amiens. Il put leur dire avec fierté qu'il s'agissait maintenant de presser partout l'ennemi affaibli par ses offensives et de le disloquer.

Et cela jusqu'au jour, dont l'aube s'annonçait déjà visiblement, jour de l'offensive générale dont le but serait d'anéantir l'ennemi, de libérer le sol de la France et de la Belgique et de porter triomphalement les drapeaux alliés sur le Rhin.

31
Effondrement dans les Balkans

En abandonnant le saillant de la Marne et en évacuant les positions les plus menacées de la région sud du Kemmel et du nord de Montdidier, la Direction suprême croit avoir surmonté la première crise. Le cours des événements semble confirmer cette hypothèse. Le 4 août, tous les groupes d'armées annoncent un relâchement de l'activité ennemie.

Ce n'est que dans le secteur de la 2e armée, entre Albert et Moreuil, que la tension continue à être aussi forte qu'auparavant. Les troupes épuisées, tenues sans arrêt en haleine par l'ennemi, croient entendre à plusieurs reprises des bruits de chars en marche. Le commandement de l'armée fait vérifier ces renseignements.

On acquiert la conviction qu'il s'agit de bruits normaux, comme on en perçoit à chaque relève ennemie du fait d'une circulation de voitures plus intense. Par ailleurs, l'ordre a déjà été donné précédemment de remplacer, au cours des nuits prochaines, les divisions les plus fatiguées.

C'est au milieu de ces mouvements de relève que le nouveau coup de l'Entente frappe la 2e armée, le 8 août. Il est exécuté avec les mêmes moyens que le premier, celui du 18 juillet. Ses effets sont encore plus terribles.

De part et d'autre de Villers-Bretonneux, sur un front de 30 kilomètres, après quelques minutes d'un bombardement furieux, des centaines de chars anglais font irruption dans les positions allemandes. Des nuages de brouillard artificiel les cachent. Sans se préoccuper de l'infanterie allemande, invulnérables et conscients de leur supériorité, ils franchissent les tranchées hâtivement creusées, écrasent les défenses accessoires, encerclent les villages, se postent en tirant aux carrefours et surgissent au bout d'une demi-heure au milieu des positions de batteries.

L'artillerie, dans le brouillard qui enveloppe les chars, ne peut pas tirer un seul coup. Elle perçoit bien, au bruit des moteurs, l'approche des spectres sombres, mais elle ne les découvre que quand leurs ombres noires apparaissent au voisinage même de la ligne des pièces.

L'infanterie allemande qui est demeurée en avant est bousculée par des divisions canadiennes, australiennes et françaises reposées, qui la capturent en majeure partie. Il n'y a bientôt plus rien dans la première position.

Des bandes de soldats allemands en désordre refluent à travers la ligne d'artillerie. Par terreur panique des chars et lassitude du combat ils ont échappé à leurs officiers.

Quelques nids de tirailleurs se défendent sans espoir contre des forces supérieures. Des batteries démolissent à vue directe, à cinquante mètres, les colosses gris du champ de bataille, puis saisissent leurs carabines pour contenir l'infanterie adverse. Des commandants de régiments et de brigades occupent les tranchées voisines de leurs postes de commandement et arrêtent l'ennemi.

De la ligne des lourds chars colosses se détachent les petits chars rapides. Des fractions de cavalerie s'avancent au trot derrière eux. Des escadres d'avions de chasse leur ouvrent la voie, attaquant du haut des airs tout adversaire. Tirant violemment autour d'eux, les chars légers se hâtent de prendre les devants.

Leurs bruits résonnent sur le champ de bataille où toute résistance s'est morcelée. Une dissolution impuissante se répand.

Deux heures après le début de l'attaque des escadres de chars, suivies de la cavalerie anglaise, apparaissent à 14 kilomètres derrière le front allemand dans les Quartiers Généraux de division. Il semble qu'il ne reste plus rien de la défense allemande. Est-ce la fin ?

Non, ce n'est pas la fin, loin de là !

Il y a toujours des chefs de pièces de mitrailleuses, qui voient à droite et à gauche, les lèvres serrées de mépris, les bandes de lâches jeter leurs fusils et lever les bras, et qui malgré tout tirent encore.

Il y a toujours des canons, qui continuent leur travail, bien qu'à droite et à gauche l'infanterie anglaise ait déjà poussé à plusieurs centaines de mètres en arrière des batteries.

Il y a toujours des fantassins qui, traînant des cartouches, rampent à plat ventre sur le sol, exposés à la grêle du feu des avions ennemis.

Des grenades éclatent toujours. Il y a encore des groupes de choc qui partent à la contre-attaque suivant le bon ordre ancien et devant qui l'ennemi se replie en une peur panique.

Elle vit encore la vieille armée !

Au milieu des bandes qui battent en retraite, elle est toujours là, çà et là, répartie sur le champ de bataille, semblable à un esprit que le bruit du combat et le chaos ont fait sortir de la fosse commune.

Le soldat allemand vit encore ! Dans ses veines battent encore la sauvagerie du combat, l'horreur de la défensive sanglante, le mépris de la mort, le sacrifice dédaigneux de la vie en face des lâches défaillants. Étouffé depuis des mois en une amère solitude, le cri fiévreux du dernier combat jaillit de sa poitrine.

C'est la consolation de l'isolé qui se défend contre l'écroulement général. C'est la manifestation de cette sourde espérance, que depuis des mois les constatations amères ont ancrée l'une après l'autre dans son âme. C'est la délivrance qui, à la vue de l'effondrement, se jette dans les bras de la mort après un tel excès d'efforts et de puissance.

Cet homme, on le voit encore agir, çà et là, sur le champ de bataille complètement désorganisé. Là où il se trouve, l'ennemi n'a aucune chance de succès. Dans la soirée, on peut dire qu'ils ont tous péri, ceux de cette trempe. Mais leur opiniâtreté a suffi pour permettre de former une nouvelle ligne avec des réserves amenées par camions, des cavaliers, des hommes, des convois et des bataillons de repos des régiments relevés.

La bataille marque un temps d'arrêt. Le lendemain, il est clair que le front est encore une fois sauvé. Cette journée du 8 août a coûté 25 000 prisonniers, 400 canons, la destruction de 6 divisions et une perte de terrain de 20 kilomètres de large sur 12 kilomètres de profondeur.

La constatation qu'elle permet de faire est encore plus grave. Pour la première fois des unités n'ont pas, ouvertement, fait leur devoir. C'en est fini de la force de résistance de la masse. La maigre réserve des braves sera vite dépensée.

À l'avenir, le commandement ne pourra plus compter qu'une division en vaut une autre. Tous les calculs tactiques seront minés désormais par le facteur incertain de la décomposition intérieure.

Jour de malheur, jour de deuil !

Du fait de la poche profonde qui s'est formée dans le front de part et d'autre de Villers-Bretonneux, en direction de Chaulnes et de Péronne, la situation de l'aile droite de la 18e armée, à Montdidier, est devenue intenable. Dès le 9 août, l'armée française du général Debeney, qui se trouve en face d'elle, attaque violemment au nord de Montdidier. Le même jour, l'attaque de l'armée française Humbert se déclenche également dans le secteur entre Montdidier et l'Oise en direction de Noyon.

Foch poursuit la même idée que celle qu'il a déjà cherché à réaliser dans la poche de la Marne. Il a lancé ses armées de trois côtés à la fois contre le saillant allemand, qui s'est formé entre Arras et La Fère, à la suite de la grande bataille de mars. Exactement comme pour la poche de la Marne le commandement allemand se vit obligé, après l'effondrement de son flanc droit, d'évacuer, ici aussi, en combattant tout son saillant pour se replier sur une ligne droite.

Les mouvements de repli.furent exécutés par échelons, en livrant des combats incessants, mais sans tomber encore une fois dans une situation aussi terrible que celle qui était survenue le 8 août. Au bout de dix jours la 2e et la 18e armée se trouvèrent sur la ligne Albert-Chaulnes-Roye-Noyon.

On comptait que l'on aurait dans la nouvelle position quelque temps pour souffler. Il était à prévoir que ce délai ne serait pas de longue durée. On fut donc amené à envisager comme nouveau bond en arrière l'ancienne position Siegfried.

Pourrait-on alors tout au moins tenir cette ligne que l'on avait quittée le 21 mars, il y avait cinq mois, avec la meilleure armée du monde, pour une attaque sans pareille ?

Pourrait-on la tenir tout au moins jusqu'au moment où on aurait la perspective d'obtenir de l'ennemi une paix supportable ?

Les événements du 8 août 1918 donnèrent à la Direction suprême la conviction qu'il n'y avait plus de temps à perdre maintenant pour préparer la conclusion d'une paix sur la base de larges renoncements. Hindenburg et Ludendorff firent la démarche que leur imposait le cours des événements.

Sur leur conseil, l'empereur convoqua pour le 14 août au G.Q.G. à Spa, en Belgique, les hommes d'État responsables de Berlin. L'empereur d'Autriche avait aussi annoncé sa visite pour le même jour avec son ministre des Affaires Étrangères et son chef d'état-major général.

Le Kronprinz prit également part au conseil du trône du 14 août. La Direction suprême était représentée par Hindenburg et Ludendorff. Le gouvernement d'empire avait envoyé le chancelier comte Hertling et le secrétaire d'État des Affaires Étrangères, l'amiral von Hintze. Étaient en outre présents les chefs des cabinets militaire et civil de l'empereur, et l'adjudant général de l'empereur, le général von Plessen.

La gravité de la situation apparut tout entière lourde de destin. Avec clarté et sans illusions Ludendorff décrivit l'état des fronts, la lutte pénible et sans espoir des armées en face d'un adversaire qui se renforçait sans cesse. Il résuma son avis en disant qu'il était encore possible de se tenir sur la défensive stratégique, mais qu'on ne pouvait pas faire davantage. Il n'était plus possible d'amener la paix uniquement par les armes. Il fallait terminer la guerre par la diplomatie.

L'exposé de Ludendorff une fois fini, le secrétaire d'État décrivit la situation politique. Elle n'était pas moins troublante que la situation militaire. La volonté de vaincre de l'Entente s'accroissait prodigieusement. Les neutres, de par leurs sympathies, étaient pour la plus grande part du côté de nos adversaires. Les alliés de l'Allemagne ne participaient plus à la guerre qu'à contrecœur. L'Autriche était sur le point de s'effondrer et s'attendait avec une inquiétude mortelle sur le front d'Italie à une offensive ennemie, qui devait se terminer aussi fatalement par une catastrophe militaire.

Alors sur la demande de l'empereur le Kronprinz parla lui aussi. Il partagea point par point la manière de voir exposée par Ludendorff et Hintze.

L'empereur lui-même prit la parole après lui. Il conclut ses déclarations en chargeant le gouvernement de faire une offre de paix à nos ennemis au moment opportun, par l'entremise d'un gouvernement neutre, de préférence la reine des Pays-Bas.

Le chancelier accepta la mission, au nom du gouvernement. On envisagea comme « moment le plus favorable » celui où on réussirait encore une fois à obtenir des succès militaires, ne fût-ce que d'ordre défensif.

On s'entendit ensuite sur une série de mesures destinées à relever la force de résistance morale de l'intérieur qui était fortement déprimée.

La conclusion fut exprimée par Hindenburg. On y trouva la ferme confiance et la calme assurance que le général feld-maréchal conservait même dans cette situation.

Après le Conseil de la Couronne, l'empereur Guillaume reçut en présence de ses conseillers responsables l'empereur d'Autriche et sa suite. Le comte Burian, ministre des Affaires Étrangères autrichien, demanda, au nom de son impérial maître, que la Quadruplice s'adressât directement à l'ennemi dans le plus bref délai pour obtenir une paix de renoncement. C'était la capitulation. L'empereur Guillaume et le chancelier d'empire déclarèrent qu'une telle démarche était prématurée et n'était nullement justifiée par la situation militaire. Ils prièrent instamment les Autrichiens de ne rien entreprendre sans avoir pris contact avec leur allié allemand.

L'empereur Charles et le ministre des Affaires Étrangères accédèrent à cette demande tout en maintenant cependant leur proposition d'une offre de paix immédiate.

Lorsque les Autrichiens prirent congé, l'empereur d'Allemagne et le chancelier d'empire avaient le sentiment qu'ils tiendraient leur parole.

Mais ils s'illusionnaient.

Les premières préoccupations de la Direction suprême furent de pourvoir à la création de nouvelles positions arrière destinées à servir de bases à la défensive stratégique projetée. Les batailles défensives que l'on avait livrées jusqu'alors avaient montré que l'on ne pouvait plus compter que les troupes conserveraient leurs positions actuelles.

La première position envisagée comme position de repli principale fut la ligne Siegfried. On ne pouvait plus espérer la tenir pendant longtemps. On disposait comme autre ligne pour une retraite par échelon de la position Wotan, à l'ouest de Lille et de Douai, et de la position Hermann entre Tournai et Valenciennes-Le Cateau-Guise. Celle-ci se reliait au sud à la position Hunding-Brunehild qui passait par Rethel, Vouziers, Grandpré et la région nord de Verdun.

Il fut en outre prescrit de reconnaître et d'organiser pour le cas de nécessité extrême une nouvelle et dernière position en territoire ennemi, la position dite Anvers-Meuse, sur la ligne Anvers-Bruxelles-Charleroi-cours de la Meuse jusqu'au nord de Verdun. Les travailleurs manquaient pour la construire. La position resta en gros sur le papier.

Les 4e, 6e et 7e armées au nord, les 18e, 9e, 7e, 1re et 3e armées au centre, entre Roye et l'Argonne, semblaient tenir solidement. Ce ne fut qu'à la 2e armée, qui avait été si fortement touchée par l'abordage des chars anglais le 8 août, qu'aucune détente ne voulut se produire, même après sa retraite jusqu'à hauteur de Chaulnes. Son front continua à se disloquer lentement, bien qu'il eût dû trouver maintenant un appui dans les anciens restes des positions de la Somme.

La Direction suprême s'employait activement à remédier à la situation dans cette région quand, à partir du 16 août, – non pas contre toute attente, mais cependant sur une étendue et avec une puissance qui surprirent – six armées anglaises et françaises se lancèrent successivement à l'assaut sur tout le front compris entre Arras et Soissons. Cette série d'offensives atteignit son point culminant le 20 août.

Encore une triste journée, la troisième.

Entre Oise et Aisne, dans la zone de Noyon et de Soissons, à l'aile sud de la grande attaque, barrage roulant, escadres de chars et avions de chasse submergèrent les positions de la 9e armée allemande, qui dut se replier en subissant de lourdes pertes sur Chauny et Coucy-le-Château, pour s'établir, le 22 août, mortellement épuisée, derrière le canal de l'Oise à l'Aisne et derrière l'Ailette. Son aile gauche s'accrocha aux hauteurs à l'est de Soissons.

Au centre de l'attaque, les 2e et 18e armées furent plus heureuses, les 20 et 21 août. Des combats acharnés se déroulèrent autour de Noyon, Roye, Chaulnes et Braye, au milieu du terrain de la bataille de la Somme. Les chars ennemis ne purent produire leur plein effet dans ce champ de bataille bouleversé. Là où l'infanterie anglaise et française dut aborder l'infanterie allemande sans leur protection, elle fut encore repoussée exactement comme elle l'avait été au cours de toutes les batailles défensives des années passées. Les fractions ennemies qui pénétrèrent dans les lignes en furent chassées par des contre-attaques. L'artillerie accomplit des exploits extraordinaires.

Mais cela ne servit plus à rien. Le repli de la 9e armée jusqu'à Chauny mit en danger le flanc sud de la 18e armée, Lorsque, les 23, 24 et 25 août, la 17e armée fut ébranlée à son tour entre Arras et Albert et se reporta en combattant sur Bapaume, l'aile nord de la 2e armée se trouva également en l'air. Menacées des deux côtés, les 2e et 18e armées durent abandonner les positions qu'elles avaient courageusement tenues entre Braye-Chaulnes-Roye-Noyon et se replier pas à pas sur Péronne, Nesle et Ham.

Partout l'ennemi suivit de près, s'efforçant ardemment de transformer le repli lent et ordonné des Allemands en une bataille en retraite destructrice.

La Direction suprême se rendit parfaitement compte de ce danger. Pour y parer, toutes les armées menacées reçurent l'ordre de se décrocher suffisamment de l'ennemi pour recouvrer leur liberté d'action. Comme objectifs du nouveau mouvement de retraite on assigna à la 17e armée la position Wotan, aux 2e et 18e armées la position Siegfried, à la 9e armée la position Siegfried et le Chemin des Dames.

Les mouvements furent terminés le 9 septembre. Ils furent exécutés en ordre parfait. Les troupes fatiguées accueillirent comme un soulagement la perspective de rejoindre les anciennes positions qu'elles avaient quittées six mois auparavant pour partir à l'attaque. L'ennemi suivit sans élan offensif. Il était épuisé, lui aussi.

La première conséquence amère de la nouvelle situation fut l'évacuation du saillant de la Lys et du massif du Kemmel. Sans être gênée par l'ennemi et invaincue, la vaillante

6e armée abandonna de nuit, aux Anglais, le sol abreuvé de sang de la bataille offensive d'Armentières. Le 4 septembre elle était installée sur la ligne Saint-Éloi-Armentières-La Bassée.

Ainsi donc, dans la première décade de septembre, tous les gains pour lesquels l'armée allemande avait versé son sang au cours de quatre batailles glorieuses étaient retombés aux mains de l'ennemi. De la Mer du Nord à Verdun, les armées se retrouvaient dans leurs positions de départ de mars. Quel changement en six mois à peine ! On était passé de la certitude de la victoire à la certitude de la défaite, de l'apogée du déploiement de forces à l'impuissance de l'inéluctable.

Le 12 septembre, pour fournir une première preuve de leur aptitude guerrière, les Américains attaquèrent au sud de Verdun le saillant allemand de Saint-Mihiel. L'étincelle de la bataille jaillit sur un secteur du front qu'elle n'avait pas touché jusqu'alors. L'évacuation du saillant était préparée. Mais l'enlèvement du matériel l'avait tellement retardée que l'attaque américaine tomba en pleins préparatifs. La position allemande elle-même était encore complètement occupée.

Les divisions américaines obtinrent ainsi un succès facile, qui accrut extraordinairement leur propre opinion de leur valeur. Elles firent 15 000 prisonniers et capturèrent 100 canons. Le 16 septembre les divisions allemandes arrivèrent dans la position qui avait été préparée à la base du saillant entre Combles et Pont-à-Mousson et bloquèrent rapidement l'offensive américaine.

La Direction suprême crut encore une fois qu'elle allait pouvoir souffler.

Le Destin le voulut autrement.

Il ne laissa aux Allemands aucun répit, aucune pause pour reprendre haleine. Marchant tout droit vers son but, il les jeta de malheur en malheur.

Il trouva pour cela toujours de nouvelles dispositions. Avec un plaisir diabolique il changea de théâtre d'action et sauta du front ouest où les armées allemandes l'arrêtaient encore, à l'extrémité opposée du formidable théâtre de guerre.

L'armée allemande n'était pas encore remise du dernier coup de massue du front occidental, les divisions allemandes se repliaient encore du saillant de Saint-Mihiel devant les

Américains, que l'armée alliée d'Orient se portait en Macédoine à l'attaque de la Bulgarie. C'était le 15 septembre 1918.

Les Bulgares n'opposèrent, pour ainsi dire, aucune résistance. Les 500 000 Anglais, Français, Italiens, Serbes et Grecs se répandirent au-delà du front tenu si bravement pendant des années.

Durant quelques jours les quelques régiments allemands constituèrent encore des îlots de résistance. Ils furent enrobés et submergés par les forces supérieures adverses. Les Bulgares jetèrent leurs armes et regagnèrent leurs foyers pour retrouver femmes et enfants. L'effondrement fut rapide, terrible et impossible à enrayer.

Deux semaines plus tard, le gouvernement bulgare conclut avec l'Entente un armistice, qui équivalait à un asservissement complet du pays. Le tsar Ferdinand abdiqua. L'armée d'Orient se déversa vers le nord à travers la Serbie et vers l'est vers la frontière de la Turquie d'Europe. La Hongrie et la Turquie étaient ouvertes au mélange de peuples qui s'avançait vers elles.

Dans cette détresse suprême et la plus terrible, la Direction suprême dut prélever à nouveau des divisions allemandes sur le front ouest pour les diriger vers la Hongrie et jeter pour la dernière fois dans la lutte des défenseurs allemands pour protéger son compagnon d'armes défaillant.

En octobre, les Alliés apparurent devant Belgrade et dirigèrent leurs regards au-delà du Danube dans la direction de la Hongrie. Trois années s'étaient écoulées depuis que la 11e armée allemande, aux ordres de Mackensen, avait franchi le fleuve, pour entreprendre, au tonnerre de la canonnade, une course victorieuse sans pareille à travers la Serbie.

Les Balkans étaient perdus. Le danger qui menaçait les Puissances Centrales de ce côté était gigantesque.

Le 19 septembre, quatre jours après la défaite bulgare, une puissante attaque anglaise perça les médiocres positions turques au nord de Jérusalem. La résistance des Ottomans, jadis si vaillants, s'effondra sans bruit. Les trois mille fusils allemands qui étaient au total disponibles ne purent endiguer le flot du malheur.

C'est en vain que le général Liman von Sanders rassembla son corps d'Asie, dans la région de Damas, pour y opposer une nouvelle résistance. La supériorité de l'ennemi était trop grande. Les formations turques entrèrent en dissolution et s'enfuirent vers le nord en bandes désordonnées. Les Allemands les suivirent lentement et en ordre parfait, en combattant sans cesse.

À la fin d'octobre, les Anglais atteignirent à Alep la voie ferrée de Bagdad. Le front turc de Mésopotamie, privé de sa seule artère de ravitaillement, s'effondra alors complètement. Le 30 octobre un armistice fut conclu pour tous les fronts du théâtre d'opérations turc.

Une flotte de guerre anglo-française apparut sans combattre dans le Bosphore, qu'elle s'était en vain efforcée pendant quatre ans de forcer. Le gouvernement turc resté fidèle à l'alliance allemande se retira. Le nouveau gouvernement mit en accusation l'ancien ministre de la Guerre Enver Bey.

Les conditions d'armistice enlevèrent à la Turquie toute indépendance et laissèrent déjà apparaître les bases de la paix de violence que l'Europe avait l'intention d'imposer aux vaincus.

Telle était la situation des Alliés de l'empire allemand, quand le 28 septembre, deux semaines après la fin de sa dernière grande attaque entre Arras et Soissons, le maréchal Foch, sans se soucier du grand épuisement de ses propres troupes, lança le front allié de l'Ouest, de la Mer du Nord à Verdun, à l'offensive générale de son adversaire allemand mortellement blessé.

Le même jour, Hindenburg et Ludendorff, parfaitement conscients de la gravité de cette décision, demandèrent à l'empereur de conclure la paix en faisant une offre directe à nos ennemis.

32
La capitulation

Dans les premiers jours de septembre le secrétaire d'État allemand aux Affaires Étrangères se rend à Vienne. Depuis la dernière conférence qui a eu lieu au G.Q.G. allemand le gouvernement de l'empereur Charles a fait pression sans arrêt pour que la démarche de paix des Coalisés eût lieu sans délai. Lorsque le secrétaire d'État arrive dans la capitale autrichienne, tout y est déjà en cours de dissolution. Les Hongrois sont en train de se détacher de l'Autriche. Les Tchèques se conduisent comme s'ils étaient déjà un État indépendant. Chaque nationalité pratique une politique de libre arbitre.

L'empereur, qui voit chanceler les fondements du trône des Habsbourg, n'a plus qu'une pensée : il espère pouvoir maintenir son trône, en apportant lui-même la paix à ses peuples qui tendent à se séparer les uns des autres. Tout en s'engageant encore une fois solennellement vis-à-vis de son compagnon d'armes allemand à attendre et à ne rien entreprendre par lui-même, il est déjà décidé depuis longtemps, ainsi que ses conseillers, à faire l'inverse.

Accablé de lourds soucis, le secrétaire d'État von Hintze quitte Vienne et se rend aussitôt au G. Q. G. allemand à Spa. Il n'y laisse subsister aucun doute sur le fait qu'à son avis les Autrichiens vont faire leur démarche funeste, malgré leurs assurances contraires. Pour éviter cette extrémité, il est décidé de déclencher, sans nouvelle perte de temps, l'entremise de paix des neutres. Dans l'intervalle un mois entier a été perdu. L'amélioration de la situation alors attendue sur le front ne s'est pas produite. On est obligé de constater au contraire qu'elle est devenue beaucoup plus mauvaise. Mais ce qui est décisif, c'est la défaillance de plus en plus manifeste des alliés de l'Allemagne.

Tandis que l'on négocie encore avec les Autrichiens pour garantir coûte que coûte l'unité de la démarche à faire, l'inconcevable survient. Le 14 septembre, le gouvernement autrichien, contre la volonté de l'Allemagne, invite directement l'Entente, dans une note, à entamer des pourparlers d'armistice et de paix.

Toute l'Allemagne est atterrée devant ce fait qui annonce aux yeux du monde ennemi la fin d'une communauté d'armes de quatre années. Un cri d'allégresse sauvage lui répond de l'autre côté. La réponse négative que l'Entente daigne envoyer à la Monarchie danubienne en décomposition se perd au milieu du bruit qu'elle provoque et du cliquetis des armes qui se fait entendre à nouveau de la Mer du Nord à la Meuse. Étonnés, l'empereur Charles et ses conseillers sont obligés de reconnaître que leur tentative pour sauver le trône des Habsbourg aux dépens de l'Allemagne a soulevé des vagues de haine et de destruction à l'intérieur et suscité de nouvelles forces à l'extérieur. Pas de pitié pour l'Autriche, même au prix de l'abandon de son allié allemand.

Le lendemain de la note funeste de Vienne aux gouvernements de l'Entente le front macédonien s'effondre. Quatre jours plus tard la résistance turque en Palestine s'écroule. Le malheur progresse à pas de géants.

Peu après le fameux Conseil de la Couronne du 14 août, où l'on a décidé de recourir à une entremise de paix neutre, le vice-chancelier von Payer a mis les chefs de parti du Reichstag au courant de la gravité terrible de la situation et les a priés de faire cesser la discorde intérieure, de mettre toutes les forces au service des dures heures prochaines et de faire en sorte que l'armée pût remplir jusqu'au bout sa mission amère.

Sourdement émus les députés écoutent les déclarations du vice-chancelier. L'effroyable situation de l'armée qui leur est révélée pour la première fois sans ménagement leur montre l'abîme au bord duquel le peuple allemand est parvenu. De violents reproches s'élèvent contre la Direction suprême qui a tardé aussi longtemps à renseigner le Parlement. Il apparaît brutalement qu'il ne s'agit plus que de liquider la guerre perdue.

Le 20 septembre, le parti social-démocrate majoritaire publie ses exigences politiques. Il demande la suppression de l'état de siège et la libre manifestation des opinions dans la presse et en public, la réforme de la Constitution, la transformation du gouvernement en y englobant les sociaux-démocrates.

Les journées qui suivent sont employées à discuter les exigences des gauches. La majorité parlementaire actuelle s'efforce de faire entrer la social-démocratie dans le gouvernement pour éviter la constitution d'un bloc révolutionnaire formé des socialistes majoritaires et des indépendants. Ce n'est qu'au moyen de l'alliance avec la social-démocratie que l'on croit pouvoir encore éviter le pire.

Du haut de la tribune du Reichstag des paroles dures et passionnées sont dirigées contre la Direction suprême, à laquelle on attribue la faute du renversement soudain du moral à l'intérieur. Ce que quelques-uns seulement savaient initialement devient bientôt connu de tous. Chacun sait que la Direction suprême demande la paix. Une vague d'ébranlement profond traverse le peuple tout entier.

Le vieux chancelier comte Hertling qui, du fait qu'il était un parlementaire considéré, a été appelé à succéder au bout de peu de temps à Michaelis comme chancelier, subit le même sort que Bethmann-Hollweg autrefois. On lui donne à comprendre qu'on ne le considère pas comme le chef désigné de la nouvelle coalition étendue vers la gauche. Les partis ne veulent plus rien savoir non plus du secrétaire d'État aux Affaires Étrangères. La question de leurs successeurs est encore loin d'être éclaircie.

On arrive ainsi à la fin de septembre.

Sur le front saignant de l'Ouest, qui tient depuis trois semaines la position Siegfried en un effort désespéré, l'offensive générale de Foch se déclenche de la mer à la Meuse.

Il semble que l'armée allemande blessée va enfin s'écrouler. Trois armées, une belge, une anglaise et une française, déferlent contre le front des Flandres. Quatre armées attaquent la position Siegfried entre Arras et La Fère, ligne de départ de la grande attaque de mars. Contre le saillant de Laffaux et contre le Chemin des Dames un groupe d'armées franco-américain donne l'assaut. Deux armées françaises et une armée américaine commencent à attaquer entre Reims et l'Argonne.

La tenaille géante est mise en œuvre. L'ordre de Foch incite les masses alliées, épuisées par les efforts sanglants qu'elles ont fournis depuis le 18 juillet, à un dernier effort.

La victoire s'offre à elles. Le lion allemand saigne de blessures innombrables. L'Autriche s'effondre. Des Balkans la fatalité s'approche, inévitable. L'Italie s'équipe pour attaquer l'armée austro-hongroise qui est entrée en décomposition et qui, les yeux hagards, hébétée, voit venir sa fin.

Les canons rugissent, les chars s'avancent par centaines, les avions de chasse remplissent les airs de leurs essaims.

Les armées sont côte à côte, les canons se touchent dans une débauche de matériel. En avant donc pour le dernier acte du drame mondial !

À bas le Boche exécré !

Au Rhin !

L'artillerie lourde anglaise tonne encore une fois sur le champ de boue de la bataille des Flandres. Le combat fait rage encore une fois sur les villages démolis, sur les tranchées creusées au cours de trois batailles, sur la forêt d'Houthulst aux arbres fauchés. On combat encore une fois pour Dixmude pour Bischoote, pour Langemark, où en octobre 1914, les rangs des jeunes volontaires ont trouvé la mort.

L'attaque de chars qui se déclenche le 28 septembre, derrière des rideaux de brouillard artificiel, contre tout le front de la 1re armée, trouve les divisions aux effectifs réduits à leur poste. Les canons de leurs mitrailleuses sont pointés menaçants dans les entonnoirs. Le barrage fait rage. Les divisions d'interventions entrent dans la bataille.

Quel aspect ont ces divisions ! Comme elles sont hachées, et étiolées, et épuisées ! Les régiments ne comptent plus que deux bataillons au lieu de trois ; les bataillons ont trois compagnies au lieu de quatre. Les compagnies quarante fusils au lieu de deux cents. On peut embarquer facilement toutes les troupes combattantes d'une division dans un seul train.

Les bottes sont déchirées, les uniformes en loques. Depuis des semaines l'intendance ne peut plus les remplacer.

Depuis des mois les hommes n'ont plus eu de repos, n'ont plus quitté leurs vêtements. Leurs estomacs se révoltent contre la maigre pitance sans pommes de terre et sans viande qu'on leur donne. Leurs crânes sont vides et insensibles, la grippe rôde encore dans leurs membres. Les pieds sont enflés par les marches perpétuelles d'un secteur à l'autre. L'artillerie a tout juste assez de chevaux pour changer ses pièces de place. Les pauvres bêtes qui, depuis des mois, n'ont plus pour ration qu'une poignée d'avoine et des feuilles sèches, font pitié à voir. Elles sont plus suspendues à leurs timons qu'elles n'y font de travail. Quand un obus les abat, elles sont encore condamnées, comme cadavres, à apaiser la faim lancinante des hommes. Chacun s'y taille une tranche avec son couteau. Il n'en reste que le squelette et les intestins.

Ces compagnies de 30 à 40 fusils, pâles, sales, couvertes de vermine, aux barbes broussailleuses, gisent accroupies dans quelque coin, derrière une grange ou dans un champ. Quand cela se déclenche, elles se préparent sans mot dire, prennent leurs fusils à la main et entrent dans la bataille, derrière leurs chefs, comme une bande de combattants voués à la mort.

Alors personne ne rit plus, personne ne parle plus. Chacun vit pour soi seul. Chacun a en soi cette désespérance muette et désolante qui se cache sous l'apparence d'une complète indifférence. Avec le naturel que leur a donné une pratique de plusieurs années, les compagnies exécutent leur contre-attaque, ramènent leurs blessés, puis s'accroupissent pendant la nuit dans des trous d'où la bataille les tire à nouveau dès les premières lueurs de l'aube.

Le miracle s'accomplit. Devant la 4e armée, dans les Flandres, les trois armées de l'aile nord alliée, sous les ordres du roi des Belges, sont repoussées avec des pertes sanglantes, au cours de trois journées de bataille violentes. Seul le massif de la forêt d'Houthulst demeure aux mains de l'ennemi. Économisant ses forces défensives précieuses, la 4e armée renonce à toute tentative pour reprendre le terrain perdu. Les deux partis restent face à face, épuisés. L'attaque contre la base de sous-marins allemande a échoué encore une fois.

Entre-temps la lutte s'est engagée, depuis le 27 septembre, entre Cambrai et Saint-Quentin, pour la position Siegfried. L'artillerie franco-anglaise ne parvient pas à écraser les défenseurs.

Les chars rencontrent dans les tranchées profondes de gros obstacles. Les Allemands ont trouvé en outre pour les repousser un moyen nouveau qui a fait ses preuves. Ils ont placé devant la position une rangée de petites mines, invisibles, mais très efficaces.

L'infanterie allemande lutte désespérément contre les masses ennemies. Trois jours après le déclenchement de l'assaut l'affaire est pour ainsi dire réglée ici aussi. La position a tenu en général. Ce n'est qu'au sud et près de Cambrai que l'ennemi a pu faire une poche dans le front. On manque de forces pour l'en chasser en contre-attaquant. Les 17e et 2e armées doivent se contenter de l'encager des deux côtés.

Au pivot de la partie nord du front ouest, le saillant de Laffaux pointe toujours vers Soissons. Tout se répète. Exactement comme un an auparavant, mais cette fois avec l'appui des Américains, les Français poussent un coin aigu dans le front allemand et font tomber le saillant. Exactement comme alors, le Chemin des Dames doit être évacué sur toute son étendue.

En ordre parfait, la 9e armée se replie derrière la coupure de l'Ailette. C'est la sixième fois en quatre ans que cette ligne de hauteurs abreuvée de sang change de mains après une violente bataille. La sixième et dernière fois.

En même temps la bataille s'allume entre Reims et Verdun. À l'ouest de l'Argonne les Français essaient de pousser sur Mézières. Cela ne leur sert à rien. Ils sont repoussés avec de lourdes pertes par les divisions des 1re et 3e armées allemandes.

À l'est de l'Argonne, le général Pershing a engagé ses Américains. Excités par leur succès du saillant de Saint-Mihiel, ils se précipitent en masses d'attaque compactes, héroïquement, mais sans expérience, au-devant des mitrailleuses allemandes et subissent des pertes terribles. Mais leur élan guerrier ne se paralyse pas aussi vite. Ils surmontent leur premier effroi et arrachent au groupe d'armées Gallwitz, au cours de durs combats, les ruines de quelques villages.

Ils n'obtiennent pas davantage. La marche triomphale sur Charleville, coup mortel contre le point le plus sensible du front allemand, n'a pas lieu. Au bout de six journées sanglantes Pershing doit arrêter le combat.

L'armée allemande, blessée à mort, privée de tout espoir, a repoussé avec ses dernières forces l'assaut massif des alliés. Entre la Mer du Nord et la Meuse la tension inouïe fait place à un épuisement impuissant. Les assaillants sont obligés de se regrouper.

Avec ses dernières forces ! Si glorieuse que soit l'issue de cette bataille meurtrière, il est certain, pour autant qu'un homme peut en juger, qu'elle sera tout autre, si la bataille se répète. Ce n'est qu'une pause.

La Direction suprême fait travailler avec un zèle redoublé à la construction des positions arrière. L'ordre est donné de renvoyer à l'intérieur tout le matériel qui s'est accumulé derrière le front ouest en quatre années de guerre. La fin approche.

En cette même journée du 28 septembre où les armes se heurtent entre la Mer du Nord et la Meuse, le général Ludendorff entre dans le cabinet de travail de Hindenburg. Au cours d'une nuit sans sommeil il a tout repassé encore une fois dans son esprit, la lutte sans espoir de l'armée, le désordre politique à l'intérieur, l'effondrement des alliés de l'Allemagne. Sa décision est fermement arrêtée.

Calmement il expose au général feld-maréchal son opinion. Hindenburg l'écoute avec une profonde émotion. Puis il lui dit qu'au cours de la nuit, il était arrivé à la même conviction et qu'il avait l'intention de lui dire précisément ce qu'il vient de lui rapporter. Il faut dégager l'armée de sa mission angoissante. Lui demander davantage, c'est aller au-dessus de ses forces.

« Le général feld-maréchal et moi », a écrit Ludendorff, « nous nous séparâmes avec une forte poignée de main, comme des hommes qui viennent de conduire au tombeau un être cher et qui veulent rester unis non seulement dans les heures heureuses, mais encore dans les heures les plus dures de la vie. Nos noms étaient attachés aux plus grandes victoires de la guerre mondiale ; maintenant encore nous étions d'accord pour dire qu'il était de notre devoir de prêter nos noms à cette démarche que nous avions cherché à éviter par tous les moyens qu'on peut imaginer. »

Ils confèrent ensuite tous deux avec le secrétaire d'État von Hintze, qui vient d'arriver au G. Q. G. Le lendemain ils se présentent tous les trois à l'empereur. Celui-ci les écoute calmement et avec fermeté. Lui non plus n'est pas surpris.

Le secrétaire d'État von Hintze apporte les propositions du gouvernement d'empire pour solutionner la crise actuelle. Le gouvernement conseille instamment à l'empereur de former immédiatement un nouveau cabinet sur la base du pur parlementarisme.

La mission du nouveau cabinet devra être, à l'intérieur d'exécuter les réformes constitutionnelles, à l'extérieur de faire la paix.

Hindenburg et Ludendorff proposent ensuite de faire la démarche dont la nécessité est devenue pour eux évidente. Il s'agit d'une offre directe du gouvernement allemand au président Wilson de s'entremettre pour conclure armistice et paix sur la base de ses quatorze points.

Ce que cette démarche signifiera à l'extérieur, tous le savent, c'est la capitulation. Quant aux conséquences qu'elle aura à l'intérieur, on ne peut encore les prévoir pour le moment.

Profondément ému l'empereur donne son assentiment.

Le 30 septembre, le chancelier d'empire rend visite, lui aussi, à l'empereur. Il lui remet sa demande de démission pour faciliter la formation du nouveau gouvernement sur une base parlementaire. L'empereur l'accepte.

L'empereur, le feld-maréchal et le secrétaire d'État partent ensuite pour Berlin afin de lancer la formation du cabinet et la démarche de paix qui a été décidée. Ludendorff ne peut les accompagner. C'est sur ses épaules que pèsent les soucis terribles que l'on éprouve pour le front ouest.

À Berlin, les partis majoritaires ne sont pas demeurés inactifs pendant ce temps. Il existe déjà une liste ministérielle provisoire établie par le vice-chancelier von Payer avec le concours des partis.

M. von Payer restera vice-chancelier. Le docteur Solf deviendra secrétaire d'État aux Affaires Étrangères, le général von Scheuch, ministre de la Guerre. Comme secrétaires d'État purement politiques et hommes de confiance de leurs partis, on a envisagé les députés Erzberger, Groeber et Trimborn du centre, Hausmann du parti populaire progressiste, Bauer et Scheidemann de la social-démocratie majoritaire. Il ne manque plus que le chancelier.

Encore une fois, on se met à chercher un homme fort dont la personnalité serait à la hauteur des difficultés de la situation. Ni la Couronne ni le Reichstag ne peuvent fournir cet homme. On perd un temps précieux. Finalement, on choisit le prince Max de Bade, parent rapproché du grand duc de Bade. Il est à la fois en rapports étroits avec la dynastie et agréable aux partis.

Les personnalités sont prêtes. Il faut maintenant arrêter le programme du gouvernement. On perd encore une fois du temps. Le désordre humiliant qui règne dans toute la situation politique empêche l'union qu'il serait indiqué de réaliser en quelques heures. Rien n'est prêt, tout est à faire. Il faut négocier sur l'état de siège, sur la censure, sur la réforme du droit de vote, sur la journée de huit heures, sur les assurances sociales, sur la réforme des impôts et sur l'État unitaire, alors que pour le moment une seule chose est nécessaire : réaliser la trêve de Dieu intérieure pour lutter contre l'extérieur. La situation terrible de l'Allemagne demande un gouvernement capable de se présenter au peuple en lui disant que l'heure amère où la guerre se trouve perdue est arrivée et que la patrie exige désormais de ses citoyens à l'intérieur et à l'extérieur la plus stricte discipline et le plus grand esprit de sacrifice.

Avec amertume, Ludendorff attend, à Spa, que l'écheveau parlementaire soit débrouillé. Chaque journée qui s'écoule aggrave la situation de l'armée. Chaque journée peut contraindre la Direction suprême à prendre des décisions fatales. Chaque journée rend plus dures les conditions que l'on doit attendre d'un adversaire impitoyable. Mais on ne peut rien faire avant que le gouvernement ne soit formé. De

Serbie les Alliés marchent vers la Hongrie. Les Autrichiens se sont séparés de leur allié. Le front occidental, épuisé mortellement, vient de subir encore une fois l'attaque générale de l'Entente. Déjà la position Siegfried s'effrite près de Cambrai.

Le 1er octobre, Ludendorff télégraphie au chancelier d'empire pour lui demander instamment que l'offre de paix soit envoyée sans délai. Il lui dit que pour le moment la troupe tient encore mais qu'on ne peut prévoir ce qui arrivera le lendemain.

Dans la soirée il renouvelle sa demande plus instamment encore. Il croit que les politiciens de Berlin sont plus pressés de régler leur programme politique intérieur que de conclure la paix et ne comprend pas cette attitude.

Le chancelier répond que la formation du cabinet n'est pas encore terminée. Il demande si on ne peut pas attendre jusque-là. Ludendorff objecte que si la constitution du cabinet est encore tant soit peu douteuse, il se voit dans l'obligation de s'en tenir à sa demande d'envoi immédiat de la note de paix.

À Berlin, on est d'avis que sous la pression terrible des événements Ludendorff a perdu les nerfs. On l'apaise en lui disant que le cabinet sera formé le lendemain et que la note pourra être expédiée dans la nuit du surlendemain.

Le 20 octobre, le cabinet n'est toujours pas formé.

Alors Ludendorff télégraphie de Spa que l'armée ne peut plus attendre 24 heures. Il faut que la note soit en route dans la nuit du 2 au 3 octobre, au plus tard le 3 à l'aube. En même temps, il fait mettre encore une fois les chefs de partis au courant de la gravité mortelle de la situation par son délégué à Berlin : « C'est pourquoi il ne faut pas perdre de temps », leur fait-il dire, « chaque journée peut aggraver la situation et donner à l'ennemi l'occasion de s'apercevoir nettement de notre faiblesse actuelle. » Il conclut en demandant que l'on prenne enfin au sérieux, en cette heure suprême, la formation d'un front national unique à l'intérieur. Il faut que l'ennemi sache qu'il se heurtera à la volonté inflexible de l'Allemagne de continuer la lutte si on nous impose une paix humiliante.

Cette déclaration, faite à titre rigoureusement confidentiel, perce dans l'opinion publique. La consternation est énorme.

Le bruit court déjà dans tous les milieux et même dans les journaux que Ludendorff a déclaré que la conduite de la guerre est défaillante et que l'armée est en train de s'effondrer. Les ennemis de l'extérieur jubilent, ceux de l'intérieur sentent qu'ils approchent de leur but. La population bourgeoise, désemparée, ne sait que faire.

C'est dans ces circonstances que le 3 octobre le premier gouvernement parlementaire du peuple allemand est formé.

Le nouveau chancelier se refuse encore, comme premier acte officiel du nouveau gouvernement, à reconnaître la défaite et à demander l'armistice et la paix. Il demande un délai de huit jours. Il croit qu'on parviendra à obtenir une paix plus supportable si l'armée tient au moins encore quelques semaines, et si l'on essaie d'arriver directement à des préliminaires de paix sans armistice.

Il se tourne vers Hindenburg et lui demande s'il se rend compte qu'une offre de paix dans la situation actuelle équivaut à l'abandon de l'Alsace-Lorraine et d'une partie des territoires de l'Est, ainsi qu'à la perte des colonies. Le feld-maréchal répond au chancelier que la Direction suprême est dans l'obligation de s'en tenir à l'envoi immédiat de la note de paix.

C'est alors que le 4 octobre de grand matin, la note suivante du gouvernement allemand est adressée au Président des États-Unis d'Amérique par l'entremise du gouvernement suisse :

« Le gouvernement allemand prie le Président des États-Unis de prendre en main le rétablissement de la paix, de donner avis de cette demande à tous les États belligérants et de les inviter à désigner des plénipotentiaires à l'effet d'engager des négociations. Il accepte comme base des pourparlers de paix le programme exposé par le Président des États-Unis d'Amérique dans son message du 8 janvier au Congrès et dans ses autres manifestations ultérieures, notamment dans son discours du 27 septembre. En vue d'éviter une plus longue effusion de sang le gouvernement allemand demande la conclusion immédiate d'un armistice général sur terre, sur mer et dans les airs. »

Après une courte pause et un regroupement de son matériel le maréchal Foch lance encore une fois ses armées contre le front allemand de l'Ouest. Bien que du fait du surmenage des troupes de l'Entente on n'en vienne pas à des batailles aussi violentes que celles de la première offensive générale de la fin de septembre, des failles inquiétantes se produisent cependant sur quelques points du front. En outre, au sud de Cambrai, là où les Anglais et les Français ont déjà fait une poche dans la position Siegfried, à la fin de septembre, l'effritement continue sans arrêt. Dans la première décade d'octobre les Anglais parviennent jusqu'au Catelet, mais ils peuvent être repoussés encore une fois.

On est ainsi obligé dans ce secteur qui relève de la 2e armée, de battre en retraite tout d'abord jusqu'à la position Hermann. Celle-ci n'est qu'incomplètement organisée. On ne pourra pas la tenir longtemps. Devant la menace constante de voir le front se briser en un point quelconque du fait de la tension énorme qu'il subit, la Direction suprême adresse aux armées une directive leur prescrivant de se replier partout en combattant dans la position Hermann.

Malgré toutes les tentatives de l'ennemi, les mouvements s'effectuent en bon ordre en livrant des combats incessants. On commence déjà à constater que l'ennemi éprouve de grandes difficultés de ravitaillement.

Son infanterie n'a plus aucun élan offensif. Là où elle n'est pas appuyée par des chars et des avions, elle n'obtient aucun résultat.

Les troupes allemandes conservent leur discipline. Les manifestations de démoralisation restent limitées à quelques unités et ne gagnent pas la masse. Chacun sait que son propre sort est désormais indissolublement lié à celui de l'ensemble. Tout sera perdu dès que l'ordre disparaîtra.

Au sud de la 2e armée, la 18e armée abandonne en premier lieu, au cours de ces mouvements de repli, la ville de Saint-Quentin. Cédant le terrain pas à pas, elle quitte La Fère le 6 octobre. À sa gauche, où par suite du resserrement du front la 9e armée a été de nouveau dissoute ainsi que l'état-major du groupe d'armées Boehn, les 7e, 1re et 3e armées évacuent en combattant et en se retirant à leur honneur, la coupure de l'Ailette et Laon, le secteur de Reims et les champs de Champagne abreuvés de sang. Le 17 octobre, elles se trouvent dans la position Hunding-Brunehild, sur la ligne Sissonne-Rethel-Vouziers-Grandpré. La 5e armée fait converser son aile droite en arrière sur Dun-sur-Meuse en gardant le contact avec la 3e. Son aile gauche reste au nord-est de Verdun, sur son ancien emplacement. De Verdun à la frontière suisse aucun changement n'est apporté au front.

Les 4e, 6e et 17e armées, entre la mer du Nord et Cambrai, se replient lentement au cours de la retraite générale, par Ostende, Zeebrugge, Lille et Lens, en subissant une forte pression ennemie. La base des sous-marins a été évacuée au préalable méthodiquement par la marine, les bâtiments sont rentrés dans les ports de l'intérieur. À la fin d'octobre les armées se trouvent ici aussi dans la position Hermann, entre la frontière hollandaise, près d'Ecloo, et Deinze, Tournai et Valenciennes où elles se relient à la 2e armée.

Les Alliés déploient à nouveau tous leurs efforts pour transformer les mouvements de repli des armées allemandes en un reflux désordonné ! Pendant que les diplomates s'emploient déjà à interrompre la lutte inutile, Foch veut coûte que coûte arriver encore à obtenir des succès militaires décisifs, afin d'enlever aux Allemands la possibilité de reprendre le combat encore une fois.

Ses troupes, épuisées par les longues marches, les combats continus et la défense opiniâtre des Allemands, sont maintenant à près de 100 kilomètres des terminus de leurs voies ferrées. Ponts et routes sont détruits. En arrière d'elles s'étend la zone où la guerre de position a sévi durant plusieurs années, le terrain d'une douzaine de grandes batailles de matériel.

Les convois de camions automobiles sont surmenés. Quelques armées ne peuvent pas amener à leurs troupes suffisamment de vivres, *a fortiori* de munitions. Les chars de combat ne suivent pas. Les escadres d'avions de chasse souffrent de l'éloignement de leurs terrains.

L'infanterie alliée est non moins fatiguée que l'infanterie allemande. Elle ne comprend pas pourquoi il faut continuer à combattre, après que les Allemands ont demandé un armistice. Une autre gêne provient du fait qu'il faut ravitailler dans les territoires évacués par l'ennemi une population civile de plus en plus nombreuse. La guerre déjà assez cruelle par elle-même gagne en effet maintenant des régions fortement peuplées.

Les Alliés ont en main la possibilité d'arrêter la lutte quand ils le voudront, d'épargner une détresse terrible à leurs propres populations et la mort à leurs soldats. La continuation de cette lutte inégale n'aurait aucun sens, si la parole de Wilson sur la paix de justice avait encore de la valeur. Ce n'est que parce que les Puissances de l'Entente s'efforcent de ne pas tenir compte de l'idéologie du président américain et qu'elles veulent imposer à l'Allemagne la paix dont elles ont arrêté depuis longtemps les bases d'un commun accord, qu'elle conserve son sens cruel.

C'est pour cela qu'il faut continuer à combattre.

Dans la dernière décade d'octobre les Allemands sont installés à nouveau sur un front solide. Pour la troisième fois, Foch doit chercher de nouveaux moyens. Grinçant des dents l'Entente voit que l'armée allemande est encore loin d'être battue et vaincue.

Pendant ce temps, à Vienne, l'empereur Charles essaie de sauver de sa souveraineté ce qui peut encore en être sauvé. L'aveu public de la défaite exprimé dans la note particulière du 14 septembre a brisé le reste de sentiment d'autorité qui unissait encore les différents peuples de la Monarchie. Les discussions du Parlement ne sont plus que la caricature d'une assemblée nationale commune. L'Entente a reconnu depuis longtemps déjà les Tchèques comme nation indépendante et comme nation en guerre contre l'Autriche-Hongrie.

Vienne croit que la dissolution complète pourra encore être évitée si on fait les trois quarts du chemin au-devant des groupements qui tendent à se détacher les uns des autres. Le 1er octobre, le Président du Conseil, baron von Hussarek, annonce que la Couronne est décidée à accorder une autonomie complète aux peuples de l'Autriche dans le cadre de la Monarchie. Celle-ci sera transformée en un État fédératif.

Il reçoit en réponse un refus ironique de presque tous les groupements. Les Tchèques se considèrent déjà comme séparés de la Monarchie. Les Polonais veulent sortir de l'union et passer au nouvel État polonais. Les Slovènes et les

Croates veulent passer à la Serbie, les Roumains de Hongrie à la grande Roumanie, les Ukrainiens à la République ukrainienne. Quant à la Hongrie, l'appui le plus solide de la Monarchie, elle ne veut rien savoir sur son propre sol de l'indépendance des nationalités, parce qu'elle devrait renoncer elle-même à d'importants territoires.

L'évolution ne peut plus être arrêtée. Malgré la protestation de la Hongrie, l'empereur fait paraître, le 14 octobre, un manifeste dans lequel il assure solennellement l'autonomie à « ses chers peuples d'Autriche », tout en soulignant cependant formellement que la Hongrie ne doit pas être touchée par cette transformation.

Le Parlement hongrois fait alors le pas décisif. Le président du conseil hongrois déclare au nom du Parlement, que la Hongrie reconnaît bien encore la souveraineté royale des Habsbourg mais que, par ailleurs, elle se détache de l'Autriche et va entamer immédiatement, en tant qu'État indépendant, des négociations de paix personnelles avec l'Entente. En cette occurrence elle ne tiendra aucun compte des alliances et des obligations qui ont été assumées par la Monarchie austro-hongroise.

On ne s'en tient pas à cette manifestation oratoire, on la transforme immédiatement en actes. L'ordre est envoyé aux unités hongroises de rompre le combat et de rentrer dans leur patrie sans se préoccuper des Autrichiens. Les régiments exécutent cet ordre sans retard. Cessant de prendre part aux combats peu de jours avant l'attaque italienne que l'on peut considérer comme certaine, ils quittent leurs tranchées et se mettent en marche en chantant vers leurs foyers.

L'effondrement de la Monarchie est chose accomplie. Tout ce qui a existé pendant des années s'écroule sans résistance dans le vertige des événements, comme s'il s'agissait d'une bagatelle.

Les Italiens, soutenus par des divisions anglaises et américaines attaquent le 24 octobre sur tout le front. C'est exactement un an après le commencement de la campagne victorieuse austro-allemande de la Piave. Dans le Tyrol, des unités autrichiennes font encore un effort pour défendre leur patrie. Elles parviennent à repousser les Italiens en des combats sanglants. Mais le malheur survient sur la Piave.

Anglais et Américains franchissent le fleuve sans rencontrer de résistance et brisent d'un seul coup le front autrichien. C'est fini.

Le 30 octobre, l'empereur Charles télégraphie à l'empereur Guillaume qu'il est dans l'obligation de rompre le combat et de demander aux Italiens un armistice immédiat. Et il ajoute : « Mais si les Italiens posent comme condition que les voies ferrées traversant le Tyrol et la Carinthie soient mises à la disposition des troupes ennemies pour se porter en direction de tes États, je me mettrai à la tête de mes Autrichiens allemands et leur interdirai le passage par la force. Tu peux compter fermement là-dessus. »

Fière parole d'empereur ? Non, dernière phrase héroïque, mais qui n'est pas dite sérieusement. Le 3 novembre, le gouvernement autrichien accepte les conditions ennemies qui livrent tout le Tyrol aux Italiens et ouvre la frontière sud de la Bavière aux armées ennemies.

Après la Bulgarie et la Turquie, c'est le tour de l'Autriche-Hongrie. L'Allemagne reste seule.

Le lendemain de l'envoi de l'offre de paix et d'armistice au Président des États-Unis, le nouveau chancelier d'empire, le prince Max de Bade paraît devant le Reichstag assemblé, présente le nouveau gouvernement et dit : « Quel que soit le résultat de notre offre de paix, je sais qu'il trouvera l'Allemagne fermement décidée et unie aussi bien pour une paix loyale que pour une lutte finale à vie et à mort, que notre peuple est prêt à accepter s'il y est contraint. Aucun découragement ne me saisit à la pensée que cette seconde hypothèse peut se réaliser, car je connais l'esprit des forces puissantes qui existent encore dans notre peuple et je sais que la conviction irréfutable que chacun combat pour sa vie doublerait ses forces. »

Le 9 octobre, la réponse de Wilson arrive. Le président exige avant l'ouverture de toutes négociations l'évacuation de l'Alsace-Lorraine et des territoires occupés. C'est désarmer l'Allemagne, lui enlever toute possibilité de reprendre ultérieurement la lutte pour réaliser la fière parole du chancelier d'empire. L'Allemagne doit mettre bas les armes pour recevoir les conditions que lui dicteront ses ennemis.

La note du gouvernement américain contient, d'autre part, une phrase singulière qui à première lecture est difficile à comprendre : « Le président croit également être en droit de demander si le chancelier parle uniquement au nom des autorités qui, jusqu'à présent, ont dirigé la guerre. »

C'est là une première indication que Wilson a l'intention de se mêler de la situation intérieure de l'Allemagne. Sa question ne peut s'expliquer que s'il fait allusion à la Couronne impériale allemande. Mais à Berlin on fait encore semblant de ne pas comprendre.

Le 12 octobre, la réponse adressée à Wilson part. Le Gouvernement d'empire se déclare d'accord au sujet de l'évacuation des territoires occupés et de l'Alsace-Lorraine. À la seconde question du président il répond : « Le gouvernement actuel qui porte la responsabilité de la démarche de paix, a été formé à la suite de négociations avec la grande majorité du Reichstag et en accord avec elle. S'appuyant dans chacun de ses actes sur la volonté de cette majorité, le chancelier parle au nom du gouvernement allemand et du peuple allemand. »

Attendue avec anxiété, la seconde note de Wilson arrive le 14 octobre à Berlin. Il y est fait allusion à un discours du 4 juillet 1918 du président, dans lequel il était exigé que tout pouvoir militaire ayant en main la possibilité de troubler la paix du monde de son propre arbitre fût anéanti.

Il y est dit ensuite : « Or le pouvoir, qui a fixé jusqu'à présent le sort de la nation allemande, est un de ceux que le président visait dans ce discours. Il appartient à la nation allemande de le changer. Les paroles précitées du président constituent naturellement une condition qui doit être remplie avant la paix, si celle-ci doit être le fait du peuple allemand lui-même. »

Wilson demande donc tout simplement que le peuple allemand se débarrasse de l'empereur et de la Monarchie s'il veut avoir la paix.

Ludendorff part immédiatement pour Berlin. Il commence à se rendre compte où conduit la demande de paix adressée à Wilson. Le 17 octobre, il prend part à une séance du cabinet d'empire. Le chancelier lui demande si, sur la base de la situation militaire, on peut envoyer à Washington une réponse énergique ou s'il faut s'incliner. Ludendorff répond que l'on doit répondre énergiquement. Le ministre de la Guerre croit que l'on pourra peut-être encore trouver au total 60 à 70 000 hommes de renfort à l'intérieur. Les autres membres du cabinet trouvent aussi des paroles énergiques pour rejeter la demande de Wilson. Le vice-chancelier pense qu'il faut inculquer au peuple la conviction que nous nous trouvons évidemment dans une situation sérieuse, mais que tout n'est pas encore perdu.

Ludendorff retourne immédiatement à Spa. Le 20 octobre, la seconde réponse de l'Allemagne est envoyée à Wilson. En de longues déclarations elle expose encore une fois, en détail, les réformes intérieures qui ont été accomplies. On y montre que désormais tout le pouvoir est aux mains du gouvernement formé par le Reichstag. Il y est dit ensuite que ce gouvernement compte que le président ne tolérera aucun acte inconciliable avec l'honneur du peuple allemand et avec la conclusion d'une paix de justice.

La troisième réponse de Wilson arrive dès le 23 octobre. Le président parle enfin crûment et sans ambages. Il dit : « Il est évident que le peuple allemand ne possède pas le moyen de soumettre à sa volonté les autorités militaires de l'empire, que l'influence dominante du roi de Prusse sur la politique de l'empire n'est pas affaiblie et que l'initiative et la décision demeurent toujours aux mains de ceux qui ont été jusqu'à présent les maîtres de l'Allemagne. Si les États-Unis sont obligés de négocier avec les dictateurs militaires et les autocrates monarchistes de l'empire, il leur faudra non pas entamer des négociations de paix mais exiger une reddition. À taire les choses fondamentales, il n'y a rien à gagner. »

Cela signifie – paix si vous vous débarrassez de l'empereur, asservissement, si vous le conservez.

Hindenburg et Ludendorff partent encore une fois pour Berlin. Ils vont trouver l'empereur et lui déclarent que dans ces conditions l'armée est prête à continuer à combattre. L'empereur les écoute avec une profonde émotion, sans prendre de décision.

La journée n'est pas encore finie que le chancelier d'empire demande à l'empereur le renvoi de Ludendorff, en ajoutant que, s'il n'a pas lieu, il devra se retirer lui-même.

Le lendemain Hindenburg et Ludendorff sont convoqués chez l'empereur. Ludendorff soupçonne déjà de quoi il s'agit. Le général feld-maréchal l'a amené auparavant à renoncer encore une fois à la décision définitive de donner sa démission.

L'empereur, au contraire de la veille, taciturne et réservé, adresse à Ludendorff de violents reproches au sujet d'un ordre du jour qui a été transmis à l'armée et dans lequel il est question de volonté de continuer la lutte, ce qui est en opposition avec les directives du gouvernement. Cet ordre n'est pas encore parvenu aux troupes pour leur être distribué. Ce n'est donc qu'un prétexte.

Ludendorff répond qu'il a l'impression douloureuse de ne plus posséder la confiance de Sa Majesté. Il demande à être relevé de son poste.

L'empereur accepte.

33
Novembre

Le 27 octobre, jour du renvoi de Ludendorff et de la désignation du général Groener pour lui succéder, la dernière réponse allemande au président américain part. Elle est courte et résume encore une fois, en cinq phrases brèves, le contenu de tout l'échange de notes antérieur. Elle conclut par cette phrase : « Le gouvernement allemand envisage maintenant la proposition d'armistice qui doit amener une paix de justice, comme le président l'a caractérisée dans ses déclarations. »

Le gouvernement reste à nouveau muet sur la demande de Wilson concernant l'abdication de l'empereur. Mais le développement des événements à l'intérieur de l'Allemagne déclenche la question.

Toute une série de représentants diplomatiques allemands en pays neutres assaillent le gouvernement de Berlin de télégrammes pressants pour lui dire que cela ne sert à rien de se dérober à la demande du président ; que cela ne suffit pas d'avoir sacrifié Ludendorff ; que Wilson vise l'empereur et personne d'autre ; que la position du président vis-à-vis de la volonté d'anéantissement de l'Entente est affaiblie à un tel point par l'aggravation de la situation militaire que la question de l'abdication est devenue pour Wilson une question de prestige ; que si l'Allemagne ne vient pas au-devant de lui sur ce point et s'il n'obtient aucun résultat, il ne pourra pas faire passer sa paix de justice et l'Entente aura les mains libres.

Le chancelier présente ces comptes rendus à l'empereur sans exprimer d'avis personnel. L'empereur Guillaume quitte Berlin et retourne au G. Q. G. à Spa.

Le 26 octobre, le secrétaire d'État et député social-démocrate Scheidemann demande pour la première fois ouvertement, au nom de son parti, l'abdication de l'empereur. La presse de gauche discute cette question avec une franchise telle que l'on dirait qu'il s'agit uniquement de donner le coup de grâce à la Couronne. Les partis du centre laissent entendre qu'ils ne feront absolument rien pour la maintenir.

Depuis longtemps les organisations politiques qui travaillent à la révolution et à la dictature au sens russe sont solidement liées les unes aux autres. Le 7 octobre, à Gotha, a eu lieu une première conférence d'empire du groupement Spartacus. La situation y a paru mûre pour préparer la lutte décisive contre la bourgeoisie et la social-démocratie. On y a décidé de poursuivre l'agitation communiste dans l'armée de campagne encore plus énergiquement qu'auparavant, de préparer la formation de conseils de soldats et d'ouvriers, pour pouvoir disposer au moment du combat d'une organisation prête à la lutte. Tous les préparatifs ont été amorcés en liaison étroite avec le ministre plénipotentiaire soviétique à Berlin.

Le parti social-démocrate indépendant, intercalé entre les socialistes majoritaires et le groupe Spartacus, prépare pendant ce temps la grève générale des syndicats industriels. La social-démocratie majoritaire devient de jour en jour plus radicale. Le centre bourgeois, qui fait partie du gouvernement avec la social-démocratie majoritaire, règle de son côté son attitude sur les égards qu'il doit à son compagnon de coalition de gauche. Il craint que la défaite de la bourgeoisie et des pouvoirs existants ne puisse être évitée au moment où la social-démocratie majoritaire glisse vers les gauches révolutionnaires.

Le cercle des événements commence à se fermer. Le 28 octobre, l'empereur ratifie les modifications que le Reichstag a décidé d'apporter à la constitution. Après avoir déjà renoncé auparavant au droit de constituer le gouvernement et de décider de la paix et de la guerre, la Couronne abandonne maintenant sans résister sa dernière et plus haute prérogative : la direction suprême de la guerre passe à un conseil de guerre parlementaire. L'empereur n'est plus chef suprême de l'armée que de nom. Les troupes n'apprennent la fin de cette institution vieille de plusieurs siècles et qui a fait ses preuves dans toutes les campagnes prussiennes qu'avec l'effondrement général de tout l'ordre existant.

La mutinerie éclate ouvertement parmi la flotte rassemblée depuis quelques jours à Wilhelmshafen. La guerre sous-marine a été arrêtée par ordre du gouvernement d'empire sur la demande du président Wilson. Mais l'amirauté a pris la décision d'engager en un seul bloc la flotte de haute mer contre la flotte anglaise pour soulager l'armée de l'Ouest qui perd son sang dans son dernier combat. Le 28 octobre, les éléments stationnés à Wilhelmshafen reçoivent l'ordre de sortir du port pour aller vers la Jade, où toute la flotte doit se rassembler.

Il est trop tard. Le travail souterrain des radicaux a fait du trop bon travail. On s'est servi d'un moyen raffiné. On a dit aux matelots que leurs officiers étaient décidés, devant la défaite certaine, à sacrifier les navires ; que les équipages n'étaient que du bétail d'abattoir qui allait être conduit à la mort, les yeux fermés, dans l'intérêt d'une fausse notion d'honneur.

Une fois l'ordre d'appareiller donné, la plupart des bâtiments se mettent en marche. Le croiseur-cuirassé *Margraf* reste en arrière. Son commandant télégraphie par T. S. F. au chef de la flotte que son équipage refuse de lever l'ancre. Les meneurs de la mutinerie sont arrêtés.

Le 29 octobre, des révoltes éclatent aussi sur le *Grosser Kurfurst.* Elles sont réprimées. Le 30, les bâtiments qui étaient stationnés à Kiel, arrivent conformément à l'ordre donné dans la baie de la Jade. Mais de graves incidents se produisent aussi à bord de ces navires. Le 31, les équipes de service refusent sur plusieurs navires de lever l'ancre. Des chauffeurs retirent le charbon des foyers des chaudières.

La flotte ne peut pas prendre le large. De nouvelles arrestations ont lieu. On constate en l'occurrence que les matelots ont conclu entre eux des accords nettement définis. Ils ont décidé de ne pas dépasser Héligoland et d'éteindre les feux aussitôt qu'on leur demanderait d'aller plus loin. Ils sont bien encore disposés à repousser les attaques anglaises éventuelles, mais ils ne veulent, en aucun cas, attaquer eux-mêmes.

Le chef de la flotte, l'amiral von Hipper, qui a commandé autrefois l'avant-garde allemande, lors de la bataille du Skagerrack, cherche à se rendre maître de la mutinerie en séparant les escadres. La 3e escadre est renvoyée à son port de base de Kiel, par le canal de la Baltique.

C'est d'elle que viendra, quelques jours plus tard, la dernière impulsion.

Des journées de tension terrible suivent ces événements.

L'armée autrichienne se dissout. Le 3 novembre elle signe à Padoue un armistice sans conditions avec les Italiens. Des troupes italiennes poussent vers le nord par le Brenner et s'approchent de la frontière sud de la Bavière. De Munich, on envoie au-devant d'elles quelques unités bavaroises. Mais les événements intérieurs qui se déroulent à Munich obligent à rappeler immédiatement ces régiments.

Au cours de ces journées, les armées alliées de l'Ouest passent à nouveau à l'attaque générale des positions Hermann et Hunding-Brunehild. À Valenciennes, de durs combats s'engagent, au cours desquels les divisions allemandes se replient lentement. Entre l'Argonne et la Meuse, les Américains poussent opiniâtrement en direction du nord. À l'horizon de cette lutte désespérée se dessinent la menace d'une percée du centre allemand au nord de Verdun et l'encerclement de toute l'aile nord jusqu'à la mer.

La Direction suprême se décide à donner l'ordre de retraite générale dans la position Anvers-Meuse. Elle veut ainsi conjurer le danger de l'encerclement. Elle croit en outre qu'elle ne doit plus se laisser entraîner à une bataille défensive de grand style sur les positions actuelles. Pareille bataille n'a d'ailleurs plus de sens non plus. Le temps des audaces stratégiques est passé depuis que l'on ne combat plus pour la victoire. Il faut s'attendre d'un jour à l'autre à l'armistice sur les conditions duquel on ne peut pour ainsi dire exercer aucune influence.

Les armées se replient en combattant. L'ennemi suit avec hésitation. Durant des jours, ce ne sont que combats en retraite dans des trous rapidement creusés et, la nuit, des marches de repli dans la position de recul suivante. Des efforts formidables sont, encore une fois, imposés aux troupes. Elles les fournissent. Bien que les cas où des divisions se montrent défaillantes deviennent de plus en plus fréquents, bien que le nombre des prisonniers aille en augmentant, la cohésion du front demeure assurée.

L'ennemi ne parvient pas non plus, en cette suprême action de grande envergure, à s'arroger la victoire. Il doit se contenter de suivre son adversaire blessé à mort à l'allure que celui-ci lui impose. Chaque matin, le lion couvert de sang se retourne, en grinçant des dents, pour recevoir pendant toute la journée de nouvelles blessures. Pendant la nuit, il reprend sa marche rampante vers l'arrière en laissant derrière lui une trace sanglante.

Les manifestations, qui déferlent de toutes parts sur le gouvernement d'empire pour lui demander de prendre l'initiative de l'abdication de l'empereur, atteignent enfin leur but. Le 1er novembre le Ministre de l'Intérieur prussien arrive au G.Q.G. à Spa et propose à l'empereur de déclarer volontairement qu'il renonce au trône. L'empereur répond qu'il fera son devoir ; qu'il ne pense à abandonner ni l'armée qui dans ces heures difficiles a besoin de son chef suprême, ni l'intérieur que l'on n'a pas le droit de priver de sa plus haute autorité. Le ministre retourne à Berlin.

Les mutineries, qui ont éclaté à Wilhelmshafen, ne peuvent plus être réprimées. Les matelots demandent que les hommes arrêtés soient remis en liberté. La 3e escadre, à Kiel, est déjà en révolte ouverte. Les hommes des dépôts de Kiel font cause commune avec les mutins. Des liaisons secrètes les relient depuis longtemps avec le personnel des établissements industriels.

Le 4 novembre, le drapeau rouge est hissé sur les fiers bâtiments de la 3e escadre. Le pavillon de guerre impérial est baissé. La garnison passe tout entière aux mutins. Des cortèges se forment et circulent à travers la ville avec des drapeaux rouges. Partout des conseils d'ouvriers et de soldats surgissent du sol. Les officiers sont destitués, arrêtés, maltraités.

L'ancien ordre des choses s'effondre sans bruit. Quelques hommes, qui cherchent à se défendre, sont abattus à coups de fusil. Leurs corps gisent dans les rues où le feu des mitrailleuses crépite. Des manifestes révolutionnaires sont affichés aux murs. Les bâtiments publics tombent en quelques heures aux mains des révoltés. Partout flotte le drapeau rouge. Les masses ouvrières proclament la grève générale, le peuple descend tout entier dans la rue. Dictature du prolétariat ! À bas la bourgeoisie ! Au mur les prolongateurs de la guerre ! À Berlin !

Au nom du gouvernement d'empire le député social-démocrate Noske se rend en hâte à Kiel afin de s'entremettre pour rétablir l'ordre. On songe à engager des forces militaires de l'extérieur, mais on ne passe pas aux actes.

Noske n'est pas encore arrivé que les flammes dévorantes de l'effondrement se répandent librement sur toute la côte allemande. Tout ce qui existe flambe dans leur fournaise comme paille sèche. Personne pour donner l'ordre de résister, personne dans cet engourdissement semblable à la mort pour prononcer le mot libérateur.

Le 5 novembre, la vague rouge submerge Hambourg et Lubeck. La tragédie de Kiel se renouvelle.

Au milieu de cet effondrement arrive la quatrième note de Wilson. Le président déclare qu'il a reçu les remarques des gouvernements alliés au sujet de ses propositions. Ils sont prêts à conclure la paix sur la base des quatorze points. Ils font seulement « quelques réserves au sujet de la notion de liberté des mers ». En outre, ils sont d'avis que « l'Allemagne doit réparer les dommages qu'elle a causés par ses attaques sur terre, sur mer et dans les airs à la population civile des pays alliés et à ses biens. »

Pour conclure, il est dit « que le maréchal Foch a reçu pleins pouvoirs pour recevoir les représentants dûment accrédités du gouvernement allemand et leur donner connaissance des conditions d'armistice ».

Il n'est plus question de négociations.

Le 7 novembre, la commission d'armistice allemande présidée par le secrétaire d'État Erzberger franchit les lignes allemandes et les lignes ennemies et arrive à Compiègne, Quartier Général du maréchal Foch.

Le même jour la révolution hisse le drapeau rouge à Munich. Le roi Louis de Bavière quitte la ville. Presque tous les centres industriels de l'Allemagne du nord, de l'ouest et du centre tombent aux mains des conseils d'ouvriers et de soldats.

Les secrétaires d'État sociaux-démocrates du gouvernement adressent un ultimatum à leurs collègues du ministère. Ils exigent l'abdication de l'empereur et du Kronprinz avant le lendemain midi.

Le 8 novembre au matin, le ministère révolutionnaire bavarois proclame, par la bouche du député social-démocrate indépendant et écrivain Kurt Eisner, la déchéance de la dynastie des Wittelsbach et la formation de l'État populaire de Bavière. Au Brunswick, le duc Ernest-Auguste renonce à son trône ; en Saxe-Weimar-Eisenach, le grand-duc fait de même.

La liste des dynasties qui s'effondrent est ouverte.

Dans le courant de la journée du 8 novembre, le général feld-maréchal et le quartier-maître général acquièrent la conviction que, devant les progrès accomplis par la révolution à l'intérieur et dans la zone des étapes, le plan de marcher sur Berlin n'est plus exécutable. L'armée dont les forces sont tendues à l'extrême ne peut pas continuer la guerre en luttant sur deux fronts à la fois, à l'intérieur et à l'extérieur. Toutes les conditions préalables pour que cela soit possible font défaut.

Le 9 novembre, à 10 heures du matin, Hindenburg et Groener se présentent chez l'empereur pour y faire leur rapport. Un grand nombre d'officiers de haut grade ont été en outre convoqués. Le général feld-maréchal se lève et demande à l'empereur de le relever de ses fonctions. Il déclare que c'est pour lui une chose extrêmement pénible que d'être obligé de déconseiller à son empereur et roi de se mettre à la tête de l'armée pour abattre le mouvement à l'intérieur.

Le général Groener dépeint la situation désespérée de l'armée combattante et l'extension de la révolution à l'intérieur. Les communications de l'armée avec l'arrière sont déjà aux mains des révolutionnaires sur la ligne du Rhin. Le drapeau rouge flotte aussi dans la zone des étapes. La révolte a éclaté par endroits dans l'armée de campagne. Il est absolument impossible de continuer à combattre ne fût-ce que quelques jours. On n'a plus de vivres ni de munitions. Il est également impossible d'abattre la révolution avec l'aide de l'armée de campagne. Le moral de l'armée n'est plus à la hauteur d'une telle mission.

L'adjudant-général de l'empereur, le colonel-général von Plessen, et le chef d'état-major du groupe d'armées du Kronprinz impérial, le général comte Schulenburg, prennent position contre le général Groener. L'armée, disent-ils, a besoin de l'armistice et de quelques jours de repos. Redevenue dans la main de ses chefs un instrument sur lequel on pourra compter, elle sera alors en situation de réprimer la révolte à l'intérieur.

Le général feld-maréchal et le général Groener comprennent parfaitement les sentiments qui guident ces deux officiers, mais ils ne peuvent pas approuver leurs projets. Ils exposent encore une fois l'impossibilité d'une telle décision.

L'empereur penche tout d'abord pour l'opinion du colonel-général von Plessen et du général comte Schulenburg. Cependant, après de nouvelles déclarations de Hindenburg et de Groener, il décide que l'idée de reconquérir l'intérieur avec l'armée de campagne doit être abandonnée. Mais il s'en tient fermement à l'idée de reconduire lui-même l'armée pacifiquement dans ses foyers, une fois l'armistice signé.

Le général Groener prend encore une fois la parole :

« L'armée rentrera tout entière et en ordre sous la conduite de ses commandants d'armée et de corps d'armée, mais elle ne le fera pas sous le commandement de Votre Majesté, car elle ne soutient plus Votre Majesté. »

9 novembre à Berlin.

La capitale est en révolution. Grève générale dans les fabriques. Tout le monde est dehors. Des détachements de matelots révolutionnaires sont arrivés de Kiel et de Hambourg. Des coups de feu éclatent dans les rues. On donne l'assaut aux prisons et aux bâtiments publics. Partout on hisse des drapeaux rouges.

Les masses se déroulent dans l'avenue Unter den Linden. Sur la place du château les têtes se touchent. On chante la Marseillaise des travailleurs. Des orateurs excitent le peuple. Les bourgeois baissent les rideaux de fer de leurs devantures et demeurent assis, pâles, dans leurs chambres, ressassant cette pensée dans une morne torpeur : Effondrement-effondrement-effondrement !

Le 4e bataillon de chasseurs, qui a été ramené du front, a été appelé quelques jours auparavant de Naumbourg pour réprimer la révolte menaçante. Dans la matinée ses compagnies passent à la révolution. Les bataillons de dépôt de presque tous les régiments de Berlin les suivent en quelques heures. Dans l'après-midi c'est à peine s'il y a encore une unité qui lève un fusil pour défendre l'édifice de l'État qui s'effondre.

À 9 heures du matin, les secrétaires d'État sociaux-démocrates annoncent qu'ils quittent le gouvernement. À 10 heures, ils se réunissent en séance avec les indépendants révolutionnaires. À 13 heures, le gouvernement jusqu'alors en fonctions déclare qu'il se retire et remet les affaires aux mains du député Frédéric Ebert, président du parti social-démocrate.

Alors, à 15 heures, le député social-démocrate Philippe Scheidemann se rend sur le grand escalier extérieur du Reichstag et proclame la république allemande.

À Spa.

Pendant la nuit, on est allé chercher en automobiles sur toutes les parties du front un grand nombre d'officiers combattants de grade élevé, commandants de régiments et de divisions. L'uniforme couvert de boue, arrachés à la tension terrible du combat, la tête encore pleine du grondement des coups de départ, l'imagination remplie des images horribles du champ de bataille, épuisés de fatigue et ne se doutant de rien, ils se rassemblent.

Le matin de bonne heure, le feld-maréchal a pu saluer hâtivement un certain nombre d'entre eux. Le colonel Heye commence à les interroger.

Pendant qu'Hindenburg et Groener sont encore au rapport de l'empereur, le gouvernement d'empire téléphone de Berlin que la révolution est sur le point d'être maîtresse de la capitale, que les unités des dépôts passent aux révolutionnaires et qu'il n'a aucune possibilité de réprimer le mouvement. Il estime que le dernier moyen d'éviter la guerre civile sanglante est d'obtenir l'abdication de l'empereur. Pour qu'elle ait encore de l'effet, il faut qu'elle ait lieu sans délai. Il s'agit de minutes, Berlin est déjà dans le sang.

L'empereur se rend, avec les personnalités qui sont auprès de lui, dans le parc de sa villa. Les discussions y continuent par groupes isolés. Une tension formidable pèse sur tous les participants. Il est 13 heures. La situation est devenue si terrible dans la zone des étapes que l'on discute déjà la question du passage de l'empereur en territoire neutre.

Pendant que l'empereur parle avec le Kronprinz, arrivé de Charleville, le général Groener s'approche avec le colonel Heye. Celui-ci rend compte de l'interrogatoire des officiers du front. Il déclare que la plupart sont d'avis que, pour le cas d'une guerre civile, on ne peut pas pour le moment compter sur la troupe, qu'on ne peut pas garantir la fidélité des régiments et que l'armée ne demande qu'une chose : l'armistice et rentrer dans ses foyers.

Nouvel appel de Berlin. Le gouvernement est encore en fonctions. Il faut que l'empereur abdique à la minute s'il veut sauver la monarchie.

L'empereur se déclare prêt à un abandon limité. Il renoncera à la couronne d'empereur d'Allemagne, mais restera roi de Prusse. Une note est rédigée dans ce sens.

L'ex-secrétaire d'État von Hintze est chargé de téléphoner à Berlin le contenu de la déclaration. Le bureau du cabinet du chancelier répond à l'appel. Que veut le secrétaire d'État ? A-t-il l'abdication ? Comment ? Seulement le consentement à abdiquer en tant qu'empereur ? Il est trop tard. Pourquoi trop tard ? Qu'est-ce que cela signifie ? Écoutez ce que l'on va vous téléphoner. C'est un communiqué du bureau télégraphique officiel Wolf qui vient d'être remis par le gouvernement.

L'amiral Hintze écrit le communiqué.

Ce n'est pas possible ! C'est inimaginable ! Il demande que le chancelier vienne personnellement à l'appareil. Le prince Max de Bade s'annonce enfin. M. Hintze proteste : c'est un coup d'État.

Le chancelier prend entièrement sur lui la responsabilité de la déclaration du bureau officiel des communiqués.

L'amiral von Hintze se rend auprès de l'empereur et de son entourage. On n'entend personne respirer quand il lit le texte de la déclaration qui a été publiée par le gouvernement. Elle est ainsi conçue : « L'Empereur et Roi s'est décidé à renoncer à la couronne. Le chancelier restera en fonctions jusqu'à ce que les questions qui sont liées à l'abdication de l'empereur, au renoncement au trône du prince héritier de l'empire allemand et de Prusse et à l'organisation de la régence soient réglées. Il a l'intention de proposer au régent de désigner le député Ebert comme chancelier. »

Sur le front.

Temps de novembre. Pendant la nuit il pleut déjà à torrents. Pendant le jour le soleil perce encore de temps en temps. Combat chaque jour, dès l'aube, quand les troupes ennemies prennent le contact des nouvelles positions occupées pendant la nuit. Cavalerie, chars légers, artillerie de campagne et aviation, aviation, aviation.

Vers midi l'infanterie ennemie arrive, elle aussi. Ses vagues s'avancent en hésitant. Le feu des mitrailleuses allemandes les saisit. Les batteries sont en position immédiatement en arrière de l'infanterie, dans les parcs, aux lisières des bois, derrière les maisons. Les quelques munitions que l'on possède encore doivent être dépensées avec ménagement. On ne tire presque plus qu'à vue directe.

Çà et là la ligne cède. En d'autres endroits elle est reportée en arrière pour éviter que certaines fractions ne soient coupées. L'ennemi fait moins de prisonniers maintenant. Chacun sait que la fin est pour demain ou pour après-demain. Personne ne veut se faire prendre pour rester peut-être encore des mois accroupi derrière des fils de fer français, alors que les autres seront déjà dans leurs foyers auprès de leur mère.

Quand l'artillerie prend sous son feu violent les positions qu'elle a reconnues, l'infanterie se replie. Il ne s'agit plus maintenant de payer de son sang chaque mètre de terrain abandonné. Chacun a auprès de soi un compagnon silencieux, paralysant : la crainte oppressante d'être encore obligé de croire que pareille chose est nécessaire un jour ou deux avant la fin.

Pendant la nuit la retraite continue. Aux carrefours et aux ponts se dressent les silhouettes des sapeurs du génie enveloppés dans leurs manteaux. Aussitôt que le dernier canon, la dernière mitrailleuse est passée, le feu est mis au dispositif de mine. Une flamme rouge sombre, un coup sourd et un nuage noir. Les arrière-gardes d'infanterie suivent les colonnes de marche.

À l'aube on est à nouveau dans des trous et on attend l'ennemi. Le même jeu recommence.

De l'intérieur on n'apprend plus grand-chose. C'est bien ainsi. Des bruits sinistres circulent. On n'y croit pas. Nous ne sommes pourtant pas en Russie ! Comment cela serait-il possible dans l'armée allemande ?

Le 10 novembre au soir, l'armée invaincue et combattant toujours dans une ferme cohésion arrive aux abords de la ligne Anvers-Bruxelles-Charleroi-Givet-Mézières-Stenay-Dun. À partir de là vers le sud c'est l'ancien front des quatre années de guerre, presque inchangé.

Dans la zone des étapes la révolte fait rage, déchaînée par les événements de l'intérieur. On pille. Les gens, dont la paix et le bien-être ont été assurés pendant des années par les troupes du front qui les ont protégées de leurs corps, volent maintenant les dépôts qui doivent permettre à ces troupes de vivre pendant leur retraite. Des officiers sont destitués. Des conseils de soldats se forment et tiennent le haut du pavé. Des drapeaux rouges apparaissent ici aussi.

La ligne du Rhin, avec les villes de Düsseldorf, Cologne, Coblence, Mayence et Ludwigshafen, est aux mains des révolutionnaires. Ils n'ont rien de plus pressé à faire que de couper les artères de ravitaillement de l'armée de campagne.

Tout cela ne parvient que sous forme de bruits confus aux divisions qui, étroitement serrées sur quelques kilomètres de profondeur, se replient, en combattant toujours, dans le plus grand ordre.

Plus d'un est encore atteint par une balle ou un éclat d'obus. Plus d'un lève encore les bras en l'air et s'abat sur ce sol que quatre ans auparavant les armées allemandes ont traversé en une marche triomphale. Les fusils sont encore tenus bien en main par les fantassins. Les tireurs des mitrailleuses visent encore. Les batteries tirent encore avec ordre et discipline.

Couverte de gloire et de blessures, virile et digne de son grand passé, l'armée tient jusqu'à la minute suprême où l'ordre lui est donné de poser les armes.

L'après-midi à Spa.

L'empereur persiste à demeurer roi de Prusse. Il ne veut en aucun cas reconnaître la déclaration arbitraire du gouvernement d'empire. Il veut aussi rester aux armées.

De nouvelles discussions s'engagent. Elles aboutissent à cette constatation que l'on ne dispose d'aucune troupe pour entreprendre quelque chose à l'intérieur. On examine le cas où il serait nécessaire que l'empereur se rende à l'étranger et on songe à la Hollande. Aucune décision ferme n'est encore prise sur cette question.

Lorsque, vers 17 heures, le général feld-maréchal quitte l'empereur il le fait avec la ferme conviction de le revoir et de recevoir ses ordres le lendemain.

Entre sept et huit heures du soir le colonel-général von Plessen se présente au maréchal et lui rend compte que l'empereur s'est décidé à partir immédiatement pour la Hollande.

Profondément ému, Hindenburg veut encore une fois se rendre en hâte auprès de l'empereur, qui se trouve avec quelques personnages de sa suite dans le train de la cour. Le général von Plessen le lui déconseille. Peu de temps après arrive la nouvelle que la décision a été abandonnée.

Le 10 novembre, au matin, le maréchal apprend que l'empereur a quitté le Quartier Général à cinq heures et a passé, en automobile, la frontière hollandaise.

Le Kronprinz se déclare prêt devant le gouvernement révolutionnaire à ramener à l'intérieur son groupe d'armées. Le gouvernement refuse. Le 12 novembre, le Kronprinz part, lui aussi, pour la Hollande.

Le général feld-maréchal von Hindenburg, dernier pilier de l'ordre subsistant, dernière colonne et la plus solide de l'armée, demeure à la place où l'amour et la confiance du peuple l'ont appelé en des temps plus grands. Il se met à la disposition du gouvernement pour ramener l'armée en ordre dans la patrie.

10 novembre à l'aube.

Télégrammes de la commission d'armistice de Compiègne. Quoi ? Elle existe encore ? Au milieu des événements terribles qui se déroulent dans le pays, au milieu de la révolution intérieure, on a presque oublié le poing brutal qui s'est abattu sur la nuque du peuple allemand.

Le gouvernement provisoire qui s'est formé sous la présidence d'Ebert et auquel appartiennent encore les anciens secrétaires d'État, est frappé de consternation. C'est l'effondrement complet, le chaos. Aucun pouvoir gouvernemental prétendant imposer de telles conditions au peuple allemand ne pourra se maintenir. Si c'est là le commencement de la paix de justice, que sera cette paix elle-même ? Au-dessus de la forêt de Compiègne se dresse cruel, sans pitié, avide de destruction, le *Vae victis !*

Dans les rues les masses, dont le moral est celui des jours de fête, poussent des cris d'allégresse. On célèbre bruyamment la victoire de la révolution. Les dernières dynasties du sol allemand sont renversées. Sociaux-démocrates et indépendants délibèrent au sujet de la formation d'un conseil des délégués du peuple qui sera chargé d'exécuter le programme de la révolution.

Le maréchal Foch exige l'évacuation du nord de la France, de la Belgique et de l'Alsace-Lorraine dans un délai de quinze jours. Dans un second délai de dix jours les armées allemandes devront avoir passé le Rhin. Les troupes alliées occuperont des têtes de pont au-delà de Cologne, Coblence et Mayence. Une zone de trente kilomètres à l'est des territoires occupés devra également être évacuée par les troupes allemandes. L'Est devra être entièrement abandonné ; les troupes allemandes devront partout se retirer derrière les frontières de 1914. La paix conclue avec la Russie et la Roumanie est déclarée nulle et non avenue.

Le maréchal Foch demande en outre 5 000 canons, 25 000 mitrailleuses, 3 000 lance-mines, 1 700 avions en bon état. Il réclame 5 000 locomotives, 150 000 wagons, 5 000 camions automobiles.

Il exige la livraison immédiate de tous les sous-marins, de 6 croiseurs cuirassés modernes, de 10 vaisseaux de ligne, de 8 petits croiseurs et de 50 torpilleurs du type le plus récent.

Mais, chose la plus inouïe, le blocus de l'Allemagne sera continué. La guerre d'affamement sera poursuivie afin que les vaincus n'en viennent pas à songer dans leur désespoir à se cabrer contre le *Vae victis !*

À midi, les sociaux-démocrates et les indépendants sont d'accord. Ils constituent un conseil des délégués du peuple comprenant quatre sociaux-démocrates et quatre indépendants sous la double présidence d'Ebert et de Haase. La victoire de la révolution est un fait accompli. Un décret des nouveaux détenteurs du pouvoir annonce l'introduction de la loi de huit heures, de la liberté absolue de réunion et de la liberté de la presse, du droit de vote pour tous les hommes et toutes les femmes à partir de vingt ans.

Entre-temps, la dictature du prolétariat s'est déjà mise à l'œuvre pour tirer la couverture à soi. De toutes les organisations révolutionnaires possibles on a formé « le Comité exécutif des conseils d'ouvriers et de soldats ». Il lance des proclamations contre le conseil des délégués du peuple et appelle au combat pour la dictature du prolétariat. Les éléments radicaux se rassemblent autour de lui. La lutte des demi-révolutionnaires contre les révolutionnaires intégraux s'annonce sanglante.

Hindenburg télégraphie à la commission d'armistice à Compiègne. Il faut s'efforcer d'obtenir des adoucissements. Les délais d'évacuation imposés provoqueront la dislocation complète de l'armée. Il est humainement impossible de les observer. Si on ne réussit pas cependant à obtenir des adoucissements, il faudra signer quand même.

Le cabinet des secrétaires d'État, qui continue toujours à fonctionner à Berlin à côté du conseil des délégués du peuple et du Comité exécutif des conseils d'ouvriers et de soldats télégraphie à la délégation de Compiègne de joindre au procès-verbal, lors de la signature, une protestation solennelle disant que les conditions imposées déchaîneront la famine et l'anarchie en Allemagne.

Le maréchal Foch, le vainqueur, repousse tout additif, toute déclaration et toute négociation ultérieure.

Son épée est sur la table.

Vae victis !

Alors on signe. À six heures du matin, le 11 novembre, dans la forêt de Compiègne, dans le wagon-salon du maréchal Foch.

11 novembre.

Dans la matinée, l'ordre arrive aux troupes de suspendre les hostilités sur tout le front à partir de midi.

Les mitrailleuses crépitent encore çà et là. Des obus passent en sifflant, dans les deux sens et éclatent en dégageant de petits nuages ronds de fumée grise. Des maisons brûlent. Les explosions d'obus de gros calibre montent des parcs et des jardins, droites comme des cierges. Des aviateurs tiennent l'air. Les fils blancs et ténus de leurs balles traçantes se croisent.

Vers midi le combat diminue visiblement d'intensité.

Il faiblit lentement et avec hésitation. Par moments il s'arrête déjà entièrement pour quelques secondes. La guerre râle et respire difficilement.

Puis des crépitements aux tons grêles éclatent à nouveau. Peut-être est-ce une mitrailleuse qui tire sa dernière bande dans le bleu du ciel.

Encore un obus.

Deux avions se suivent. Le petit Spad monoplace pique vers ses lignes en décrivant une courbe rapide. Le Fokker se cabre, monte presque verticalement, se retourne sur la queue et repart vers l'arrière.

Tout à coup c'est un silence de mort.

Lentement les fantassins sortent de leurs trous.

En face d'eux, à cent mètres, les sentinelles ennemies sont debout, baïonnette au canon. Les casques plats des Anglais et les casques ronds des Français sont nettement reconnaissables. On se voit pour la première fois depuis quatre ans sans se tirer les uns sur les autres.

Le silence persiste.

Cinq minutes, dix minutes, une demi-heure.

Les compagnies, poignées d'hommes, se rassemblent et se dirigent vers les cantonnements qui leur ont été assignés.

Des sentinelles restent en arrière. C'est vrai – ce n'est pas un rêve – ce n'est pas un cauchemar – tout est passé. La guerre est finie. On ne tire plus. Il n'y a plus de balle, ni d'éclat d'obus. Les listes de pertes sont closes.

On reverra ses foyers.

Au plus profond des cœurs jaillit une émotion sourde, une hésitation violente entre l'allégresse et la douleur atroce.

Ô terre natale ! Ô patrie !

34
Vae victis !

Retraite vers le Rhin.

Les conditions dictées par les vainqueurs n'accordent pas un seul jour de repos aux armées allemandes. Le formidable mouvement de reflux de leurs masses commence le 12 novembre, sous les ordres du général feld-maréchal von Hindenburg.

Du fait de la révolte qui a éclaté dans la zone des étapes les divisions sont obligées de faire presque entièrement mouvement par voie de terre. Les difficultés de ravitaillement sont surmontées. Les quelques routes disponibles sont couvertes de convois. Il arrive souvent que dix divisions doivent marcher sur une seule et même route.

Mais on se tire d'affaire, parce que l'on est talonné par la contrainte d'une nécessité inflexible et que la troupe conserve encore sa discipline.

À travers la plaine belge, à travers les Ardennes, dans la vallée de la Meuse, dans le pays de collines luxembourgeois, sur la Moselle, dans les Vosges – partout des colonnes de marche. À chaque pas on traverse des champs de bataille qui virent jadis des victoires allemandes. Le sentiment de révolte éprouvé à l'idée que la guerre est perdue est dominé par le désir de rejoindre ses foyers, de revoir femme, enfants et parents.

Tout ressemble encore à un rêve pénible. On ne peut encore saisir nettement ni le passé ni l'avenir. On flotte dans une demi-obscurité singulière.

Mais, un jour, on voit plus clair. Les colonnes passent la frontière. Sol allemand, villes allemandes, villages allemands.

L'intérieur fait ce qui est de son devoir. Les drapeaux flottent. Des guirlandes ornent les rues. Les forêts ont donné leur dernière verdure. Sur les visages joyeux de ceux qui reçoivent les troupes il y a des larmes. Quel revoir !

La patrie reçoit en vainqueurs ses fils rentrant dans leurs foyers.

Et cela continue à travers l'Eifel, le long de la Moselle moyenne, à travers le Palatinat. Les dernières troupes. Mouchoirs agités, drapeaux, saluts, au revoir !

Encore quelques cyclistes, une patrouille de cavalerie. La route les prend, la forêt les enveloppe. Disparus.

Les mains tremblantes, on roule les drapeaux, on brûle les guirlandes. Silence paralysant durant toute une journée. Abandon, dont l'amertume étreint la gorge.

À une journée de marche derrière les troupes qui se sont retirées, les colonnes ennemies suivent. Fanfares entraînantes des clairons, marches éclatantes à la cadence rapide. Spahis en manteaux blancs sur des chevaux arabes. Visages de nègres aux yeux écarquillés. Colonnes bleu horizon sans fin, en uniformes déchirés. Bataillons en kaki, hautes silhouettes, regards curieux. Vainqueurs qui n'ont pas confiance en leur victoire !

Régiments aux visages puissants et bien portants. Têtes hautes, dans la conscience d'avoir amené la décision de la guerre et d'avoir accompli une œuvre sacrée. Chacun avec l'équipement de luxe d'un voyageur fortuné qui parcourt le monde.

Français, Anglais, Américains, Belges, Italiens, Portugais, Canadiens, Indiens, Australiens, Zélandais, Marocains, Sénégalais. Parades, proclamations en langues étrangères, discours. Des canons, des canons, des canons. Cavalerie, chars de combat, convois. Et toujours de nouveau de l'infanterie, de l'infanterie, de l'infanterie. Colonne après colonne, un fleuve intarissable.

Vainqueurs en pays vaincu.

Puis un jour les troupes allemandes franchissent le Rhin.

Les régiments traversent les ponts les uns après les autres, en ordre parfait. Quand ils sont arrivés de l'autre côté, les musiques militaires se font entendre. Vieilles marches : marche de Hohenfriedberg, de Torgau, de Radetzky et Fredericus Rex. Puis « Deutschland, Deutschland über alles ».

Cela résonne comme une vague de douleur, de fidélité et de serment au-delà du fleuve. Cela se brise contre les murs de la cathédrale, aux pierres de taille des rives, aux bateaux, aux pignons des maisons. Cela se répercute mille fois et se condense toujours de nouveau au-delà du fleuve. Dix mille têtes sont découvertes. Les visages sont d'airain sous les casques d'acier. Drapeaux après drapeaux.

Les commandants de régiment sont à cheval et font défiler devant eux leurs bataillons. Pour la dernière fois. Les pavés résonnent. Les fusils reposent d'une façon impeccable sur les épaules. Les compagnies succèdent aux compagnies, leurs chefs en tête. Mitrailleuses, lance-mines, trains de combat.

Les commandants de régiment ont la main droite au casque. Les visages sont immobiles. La main ne tremble pas. Mais on peut voir l'un d'eux enlever son casque devant son régiment. Visage durci par les intempéries, cheveux blancs comme neige. Il reste ainsi, sans bouger, sur son cheval jusqu'à ce que son dernier fusilier soit passé. Puis il s'effondre.

Maintenant, c'est l'artillerie. Canon après canon. Batterie après batterie. Les conducteurs en casque d'acier, les pièces ornées de branches de sapin. Les chefs de pièce à côté des chevaux de tête, les commandants de batterie dans la colonne. Roulement sourd. Cela ne veut pas finir, ni de nuit, ni de jour. Les cloches des églises sonnent. Les rues sont une mer de couleurs et de drapeaux.

Escadrons de cavalerie, compagnies du génie, colonnes du train.

Et toujours à nouveau de l'infanterie. Régiment après régiment.

Les voyez-vous ? Invisibles, les esprits de ceux qui sont restés là-bas au front planent au-dessus d'eux, formant une seconde armée au-dessus de l'armée visible. Et ils sont placés de telle façon qu'au-dessus de chaque vivant il y a presque deux morts.

Les commandants de régiment, qui sont à cheval, les voient, les invisibles. Les commandants de bataillon les reconnaissent aussi. Les commandants de compagnie s'entretiennent avec eux. Les habitants, qui sont rangés sur les bords de la rue, sentent leur présence au bouillonnement d'amertume qui monte de leur âme.

Et chaque mousquetaire, chaque fusilier, chaque grenadier, chaque canonnier, chaque sapeur, en devine un à sa droite, un à sa gauche, un devant lui et un derrière lui, un de ceux qui ne sont plus là, mais qui marchent cependant dans la colonne.

« Adieu, camarade, ne m'oublie pas ! »

« Reste avec nous, camarade, viens avec nous à la maison. »

« Je ne peux pas camarade, c'est impossible. »

Coups de cymbales, fanfares, roulements de tambour, mouchoirs agités.

Visages déchirés de douleur et de rage.

Les sabots des chevaux frappent le sol, les bottes résonnent, roulement sourd des canons. Commandements brefs, yeux étincelants. Et par-dessus tout cela le tintement des cloches, de clocher en clocher, au-dessus des toits, des places, des hommes et du fleuve.

Et quelque part, comme un salut de cette armée invisible, comme une réponse à ceux d'en haut, comme un adieu et une espérance silencieuse, quelque part résonne cet air : « Je ne puis te tendre la main, demeure dans la vie éternelle, mon bon camarade, mon... bon... camarade ! »

Vae victis !

Les journées de Noël à Berlin sont remplies de combats de rue sauvages. Il semble presque que la force des défenseurs se paralyse et que ce pauvre pays vaincu est menacé du pire, de la dictature du prolétariat sur le mode russe.

Mais les derniers restes de l'ancienne armée, qui ont survécu à sa dissolution, sont là, quand il s'agit de réprimer le chaos intérieur. Des corps francs s'organisent, constitués par des chefs résolus. Ils se rangent aux côtés du nouveau pouvoir gouvernemental et luttent contre les puissances de terreur. Les combats sont d'une sauvagerie sanglante et sans pitié.

L'ennemi extérieur, lui aussi, oblige encore une fois à prendre les armes. Sans attendre les négociations de paix, la nouvelle république de Pologne, profitant de l'impuissance de l'Allemagne, se jette sur des territoires de l'empire. On dirait que les provinces allemandes ne valent plus un centime. Le 28 décembre les dernières troupes allemandes sont maîtrisées à Posen par des francs-tireurs polonais. Toute la province passe sans bruit aux mains des étrangers.

Mais l'ancienne armée apparaît à nouveau. Des corps francs acceptent le combat. De leurs corps ils forment une digue devant la Haute-Silésie. Les mitrailleuses crépitent encore une fois. Les batteries tirent encore une fois. Les groupes de choc travaillent encore une fois avec la vieille énergie de jadis.

Le général feld-maréchal von Hindenburg se rend dans l'Est. La Direction suprême est transférée à Colberg. Le gouvernement se décide à prendre aussi de son côté des mesures de guerre. Dès lors aucun mètre de sol allemand n'est plus abandonné aux bandits.

Longtemps encore le calme fuit ce pauvre empire allemand tourmenté sur lequel pèse impitoyablement la main cruelle des vainqueurs. Le 16 janvier 1919, l'armistice est prolongé à Trèves. L'Entente fait payer cette prolongation en réclamant à son adversaire désarmé et en proie aux troubles intérieurs, la livraison de toute sa flotte de commerce.

Le 19 janvier, le peuple allemand élit l'Assemblée nationale qui est appelée à donner à la République allemande une Constitution et à conclure la paix extérieure. La capitale est toujours menacée par les radicaux. L'Assemblée nationale doit se réunir à Weimar. Elle élit comme premier président de la République allemande Frédéric Ebert et forme un ministère sous la direction du député social-démocrate Scheidemann.

Les combats avec les spartakistes durent jusqu'à l'été. En avril un gouvernement des conseils se forme à Munich sur le modèle russe. La terreur rouge fait rage et emploie les moyens les plus horribles. Des troupes bavaroises, wurtembergeoises et prussiennes sont obligées de s'emparer de la ville après des combats sanglants et de rétablir l'ordre. En mai, la guerre civile se déchaîne en Saxe. Après un dur combat les radicaux sont écrasés ici aussi.

La lutte se rallume toujours, çà et là, Berlin aussi traverse encore des journées pénibles. Mais avec le temps le nouveau pouvoir réussit à s'imposer.

Vae victis !

Les gouvernements de l'Entente comptent que l'Allemagne arrivera à maîtriser la vague sanglante du communisme qui, en fin de compte, les menace eux aussi. Ils prennent le temps de raffiner entre eux les conditions brutales de leur paix.

Depuis le 18 janvier la conférence de la paix siège à Versailles, sans les Allemands. Wilson est venu d'Amérique pour défendre son idéal. Il se heurte à la phalange des puissances qui ne veulent pas se laisser arracher un liard des exigences qu'elles comptent imposer aux vaincus. La victoire d'une grandeur inattendue qu'elles ont remportée et l'effondrement intérieur de l'Allemagne leur assurent une supériorité qui leur permet de monnayer leur victoire jusqu'au dernier fil.

Wilson reconnaît bien la duperie inouïe dont il a été victime. Il voit bien pour quels buts on a abusé des soldats américains ; ces buts n'ont plus rien de commun avec l'idéal d'humanité qu'il leur a donné lors de leur départ. Mais lui, qui s'est imaginé être l'arbitre du monde et l'annonciateur d'une nouvelle conception de l'État, se laisse imposer à Versailles une paix dont les conditions sont, article par article, phrase après phrase, un mépris des principes qu'il a proclamés.

Qu'importe à l'Entente que Wilson ait promis aux Allemands une paix de justice et la réconciliation des peuples ? Que lui importe les conditions auxquelles l'Allemagne a déposé les armes ? Le vaincu n'a pas de conditions à poser, il n'a qu'à les accepter. Les voici ! *Vae victis !*

Au début de mai, une délégation allemande est envoyée à Versailles pour recevoir connaissance desdites conditions. Elle est présidée par le ministre des Affaires Étrangères du gouvernement Scheidemann, le comte Brockdorff-Rantzau. En un discours mordant, gonflé d'humiliations et d'offenses, le vieux Clemenceau remet au comte le texte des conditions. Wilson est présent et ne dit mot.

Un cri traverse l'Allemagne. On dirait qu'un bandeau est tombé des yeux du peuple allemand et que ses regards terrifiés aperçoivent un abîme d'une profondeur incommensurable. Cri de fureur et d'impuissance, sursaut de rage.

Le gouvernement fait déclarer par la bouche du chancelier que la main se dessèchera qui signera une telle paix, car elle n'est qu'une tentative d'asservissement d'un peuple de soixante millions d'habitants, en plein cœur de l'Europe.

L'unité nationale se réveille encore une fois devant de telles conditions.

L'Alsace-Lorraine revient à la France, les cercles d'Eupen et de Malmédy échoient à la Belgique, les provinces de Posen et de Prusse occidentale, une partie de la Prusse orientale, de la Haute-Silésie et de la Poméranie à la Pologne. Memel, Dantzig, le Schleswig du nord et le territoire de la Sarre sont séparés de l'empire allemand. Memel et Dantzig sont placés sous la protection de la Société des Nations. Le nord du Schleswig échoit au Danemark ; en Sarre, un plébiscite fixera dans quinze ans à quel État le pays appartiendra. Jusque-là il sera gouverné par une commission de la Société des Nations. Mais la France obtient la possession des mines de la Sarre que l'Allemagne devra racheter et, par le moyen d'une union douanière, l'exploitation politico-économique du territoire. L'Allemagne se voit arracher toutes ses colonies ; pour dissimuler ce vol, celles-ci sont réparties entre les puissances de l'Entente sous le nom de territoires à mandat.

L'armée allemande du temps de paix est ramenée de 800 000 hommes à 100 000. Le service militaire obligatoire est supprimé. L'armée ne doit avoir ni chars de combat, ni avions, ni artillerie lourde, ni gaz ; ses autres armements sont limités à l'extrême. Tout le matériel du temps de guerre encore existant et qui dépasse les taux fixés doit être livré. Toute l'industrie de guerre doit être détruite, toutes les forteresses de l'Ouest rasées, la plupart des canons des places de l'Est enlevés. Les associations militaires sont interdites. Un réseau de commissions militaires interalliées est réparti dans toute l'Allemagne pour surveiller dans le moindre détail l'exécution de ces conditions.

La marine est ramenée à 6 bâtiments de ligne d'un tonnage limité, 6 petits croiseurs et 21 torpilleurs avec un effectif total de 15 000 hommes. Tous les autres navires de guerre doivent être livrés. Ils devront être conduits par des équipages allemands dans un port anglais. La construction et l'emploi des sous-marins sont interdits.

Les Pays Rhénans et le Palatinat seront occupés pendant quinze ans par les troupes alliées en garantie de l'exécution des conditions de paix. L'Allemagne paiera les frais de cette occupation. Une toile d'araignée de commissaires militaires exercent le contrôle de l'administration civile. Au bout de cinq années, à compter à partir de l'entrée en vigueur de la paix, les Alliés évacueront la zone de Cologne ; au bout de cinq autres années la zone de Coblence, enfin pour finir la zone de Mayence.

Les prisonniers de guerre allemands doivent demeurer en pays ennemi jusqu'à ce que la paix soit ratifiée par l'Allemagne. Les peuples, qui prétendaient combattre pour le droit des gens, violent ainsi le droit le plus primitif que possède tout soldat prisonnier de rentrer dans ses foyers une fois le combat fini. Le chagrin de centaines de milliers de familles servira leur froid calcul politique.

L'Allemagne devra réparer complètement tous les dommages causés par la guerre aux Alliés. La grandeur de ces dommages ne sera pas fixée par des arbitres tant soit peu impartiaux, mais par les Alliés eux-mêmes sans entendre l'Allemagne. Quarante milliards de marks devront être versés immédiatement, vingt autres avant le 1er mai 1921, quarante autres avant 1926. Les paiements définitifs seront déterminés ultérieurement.

Tous les bâtiments de commerce en cours de construction seront livrés. Les biens des citoyens allemands séquestrés à l'étranger pendant la guerre demeureront aux mains de l'ennemi. Le principe de la proscription de la propriété privée admis pour le temps de guerre se trouve ainsi étendu au temps de paix. Pendant cinq ans l'Allemagne devra construire chaque année dans ses chantiers 200 000 tonnes de navires pour les Alliés.

700 étalons, 40 000 juments, 4 000 taureaux, 149 000 vaches laitières, 40 000 veaux et génisses, 1 200 boucs, 120 000 brebis, 10 000 chèvres et 150 000 porcs devront être cédés.

Pendant cinq ans l'Allemagne devra livrer annuellement 45 000 000 de tonnes de ses meilleurs charbons, puis pendant cinq autres années 35 000 000. En plus du matériel déjà versé, elle devra céder encore 5 000 locomotives, 150 000 wagons et 5 000 camions automobiles.

Les Alliés obtiennent le droit de la nation la plus favorisée pour leurs relations commerciales avec l'Allemagne, c'est-à-dire qu'ils pourront presque à volonté et sans droits importer tout ce qu'ils voudront. Les avions alliés pourront survoler le territoire allemand comme si c'était leur propre territoire. La navigation aérienne allemande est interdite. Les fleuves allemands, le Rhin, la Moselle, l'Elbe, l'Oder, le Memel sont soumis à un règlement de navigation international.

L'empereur Guillaume sera traduit par l'Entente devant un tribunal pour « violation très grave de la loi morale, internationale et du caractère sacré des traités ». L'Entente demande effectivement son extradition au gouvernement hollandais, pour exécuter cette comédie humiliante. Mais le gouvernement hollandais s'y refuse.

L'Entente établira une liste des criminels de guerre allemands dont elle exige la livraison à ses tribunaux militaires. Cette plaisanterie insensée est, elle aussi, du plus grand sérieux. La liste est remise à l'Allemagne et contient 859 noms de personnalités les plus renommées : Hindenburg, Ludendorff et Tirpitz sont du nombre, ainsi que les commandants de sous-marins survivants. Il n'y en a plus beaucoup.

La première application qui est faite par l'Entente du fameux droit des peuples à disposer d'eux-mêmes proclamé par Wilson consiste à dire que l'Autriche allemande, dernier lambeau de parler et de sentiments allemands de la Monarchie danubienne disloquée, ne devra pas se joindre à l'empire allemand.

Pour jeter aux yeux du monde sur cette œuvre d'infamie et d'étroitesse de vues égoïste un voile de justification morale, on exige de l'Allemagne, sous la menace des armes, – nouvelle façon d'établir le droit et de confirmer un jugement – qu'elle signe sans réserve aucune cet aveu de culpabilité : « Les Gouvernements alliés et associés déclarent et l'Allemagne reconnaît qu'elle et ses alliés sont responsables, en tant que promoteurs, de toutes les pertes et de tous les dommages que les gouvernements alliés et associés et leurs ressortissants ont subis du fait de la guerre qui leur a été imposée par l'agression de l'Allemagne et de ses alliés. »

Vae victis ! Aucun miracle n'a plus lieu.

Le comte Brockdorff-Rantzau soutient avec dignité à Versailles une lutte désespérée contre la phalange de ses adversaires décidés à anéantir l'Allemagne. Il ne dispose d'aucune arme, si ce n'est d'ordre moral. Mais celle-ci n'a pas de valeur dans ce milieu. Il accepte toutes les humiliations et toutes les offenses. Il n'obtient presque rien.

Le 16 juin, les conditions définitives lui sont remises. Clemenceau, refusant toute nouvelle négociation, exige qu'elles soient acceptées dans un délai de cinq jours. Les troupes alliées, qui sont sur le Rhin, reçoivent l'ordre de se tenir prêtes à pénétrer en Allemagne. M. Wilson a quitté Paris et l'Europe, pour ne pas être obligé d'assister à cette fin de son arbitrage mondial.

Lorsque la délégation allemande quitte Versailles pour Weimar ses délégués sont odieusement insultés par la population et assaillis à coups de pierre.

Le gouvernement allemand donne sa démission. Un nouveau cabinet est formé avec les sociaux-démocrates et le centre, sans les démocrates. Il a pour président le député social-démocrate Bauer ; pour ministre des Affaires Étrangères, Hermann-Muller. Le dilemme : « Signer ou ne pas signer quel que soit le danger », émeut passionnément le peuple tout entier.

Intermède le 21 juin. Les marins allemands, qui sous la dictée de l'ennemi, ont dû conduire sous la surveillance de navires de guerre anglais les bâtiments allemands dans la baie de Scapa Flow, coulent leur flotte. Six croiseurs cuirassés, dix bâtiments de ligne, huit petits croiseurs, cinquante torpilleurs et cent sous-marins s'enfoncent presque tous dans les flots, pour se libérer de la honte qui pèse sur eux depuis la révolution. Ce sont les anciens vainqueurs du Skagerrak qui accomplissent cet exploit.

Le 22 juin, l'Assemblée nationale accepte par 257 voix le projet de signature. 138 voix se prononcent contre l'acceptation. 5 députés ne savent pas s'ils doivent dire oui ou non.

L'honneur national se cabre encore une fois devant l'insulte et la honte. Le gouvernement refuse de reconnaître l'aveu de culpabilité qui lui est imposé.

Clemenceau déclare glacialement qu'il ne peut y avoir d'additifs au traité, qu'il s'agit de signer sans conditions ou de continuer la guerre. L'épée, posée sur la table, est levée.

Après avoir à nouveau consulté l'Assemblée nationale le gouvernement allemand fait savoir qu'il se soumet à la force.

Le 28 juin 1919, dans la galerie des Glaces de Versailles, qui a vu quarante-quatre ans auparavant la fondation de l'empire allemand, le document qui selon la volonté de ses auteurs doit rayer l'Allemagne du nombre des puissances mondiales est signé...

TABLE DES MATIÈRES

Troisième partie

L'effondrement

Achevé d'imprimer en juin 1998
sur système Variquik par l'imprimerie Sagim
à Courtry (77)

Édition exclusivement réservée aux adhérents du Club
Le Grand Livre du Mois
15, rue des Sablons
75116 Paris

Imprimé en France
Dépôt légal : juin 1998
N° d'impression : 2939
ISBN 2.7028.2136.7